# 日本怪異妖怪事典

# 中部

朝里樹 監修

高橋郁丸
毛利恵太
怪作戦テラ 著

笠間書院

# はじめに

本作は、全国の怪異・妖怪を地方別に紹介する『日本怪異妖怪事典』シリーズの中部編となります。

第一弾『日本怪異妖怪事典 北海道』、第二弾『日本怪異妖怪事典 関東』、第三弾『日本怪異妖怪事典 東北』、第四弾『日本怪異妖怪事典 近畿』に続く、第五弾に当たります。

本シリーズは全八巻を予定しているため、後半の先陣を切る作品ということになります。

ここではまず、シリーズ全体に係る監修者として、本シリーズがどのようなものかを説明したいと思います。

既にほかの巻で読んだという方もいらっしゃるかと思いますが、この巻から初めて手に取ってくださる方もいるかと思いますので、ご容赦いただければ幸いです。

『日本怪異妖怪事典』シリーズは、日本の各地に伝わる伝承や伝説、神話、昔話、都市伝説などから、物語や絵画、現代の児童書などで創作されたものまで、怪異・妖怪を幅広く集め、地方ごとに紹介する事典です。

北海道、東北、関東、中部、近畿、中国、四国、九州・沖縄、それぞれの八つの地方に伝わっている妖怪、もしくはその地方を舞台にした創作に登場する妖怪などが対象となります。

そして本作はその中でも中部地方に焦点を当てた作品です。現在でいう新潟県、富山県、石川県、福井県、山梨県、長野県、岐阜県、静岡県、愛知県に伝えられた、もしくは現れたとされる怪異・妖怪たちがこの本の中に所狭しと並べられています。

執筆者は全国の妖怪を集め、記録し、「松籟庵」というブログやTwitterの「瓶詰妖怪(@bottle_youkai)」というアカウントで紹介するなど、中部地方に限らず、数多《あまた》の妖怪を収集・研究している毛利恵太さん。

妖怪同人サークル「怪作戦」を発足し、愛知県を中心として妖怪の研究や収集、創作などの活動をしている怪作戦テラさん、新潟県の妖怪を研究され、著書や講演を通して、新潟県の妖怪・怪異文化の普及に努めている高橋郁丸さんのお三方となっております。

いずれの方も中部地方の怪異・妖怪に精通しており、他の妖怪事典や図鑑ではなかなかお目にかかることができないような怪異・妖怪も本書には盛りだくさん載せられています。

中部地方にお住まいの方はもちろん、そうでない方も、怪異・妖怪に興味があるならば、ぜひページを開いて、本文を読んでください。

そこには、たくさんの人々によって伝えられ、生み出されてきた様々な怪異・妖怪たちが待っていることでしょう。

中部妖怪たちの魅力を、ぜひご堪能いただければ幸いです。

**朝里樹**

# はじめに

『日本怪異妖怪事典　中部』は、日本の中部地方（新潟県、富山県、石川県、福井県、山梨県、長野県、岐阜県、静岡県、愛知県）に関連する怪異・妖怪を対象として編纂《へんさん》された事典です。怪異と妖怪の違いについては学術的視点や創作的視点などによって見解が異なることもありますが、本書においては「異質な、奇妙なものごと」という点で共通したものとして同列に扱っています。

本書で扱っている怪異・妖怪は必ずしも地域の伝説や伝承、昔話などに立脚したものばかりではありません。現代の我々が一口に「怪異・妖怪」と語るものごとの中には、物語・芸能・絵画などの領域に登場するものごとも多く含まれています。

以上を踏まえた上で、本書における収録対象は以下のように定められています。

▼一、地誌や伝説、昔話や寺社縁起などにみられるもの

▼二、民間伝承や俗信などにみられるもの

▼三、随筆や説話集にみられるもの

▼四、世間話や噂、実話怪談や都市伝説にみられるもの

▼五、物語や演芸など芸能にみられるもの

▼六、絵画などにみられるもの

▼七、児童書など現代の創作性の高い書籍にみられるもの

一〜四は各地域で伝承されていたり、特定の場所と紐付けられて語られている一方、五〜七は登場もとである作品の設定に依拠している側面が強くなっています。『日本怪異妖怪事典 関東』の著者である氷厘亭氷泉氏はこの区分を「伝承妖怪」「画像妖怪」と命名し、区別して扱う必要性を説いています。本書もその区分に準拠し、「画像妖怪」に分類される怪異・妖怪は「その他」の章にまとめられています。

また、本書を含むこのシリーズは基本的に四七都道府県に「伝承妖怪」を分類していますが、実際のところ、この地域にはこのような特徴の妖怪がいる、というはっきりとした差異というものはほぼ存在しません。全体を俯瞰《ふかん》すれば、どの妖怪も類似例が各地に多くあることが見えてきます。特に隣接地域はその類似性が顕著にあらわれてくるので、近代以降の行政区分である都道府県での分類は、あくまで便宜上のものであるという意識を持つ必要があるでしょう。

地域の郷土誌や昔話の本などには、本書には記されていない無数の妖怪たちがまだ潜んでいるでしょう。本書が中部地方の怪異・妖怪たちを知る機会となり、また更に広く深く調べようとするきっかけとなるならば幸いです。

毛利恵太

# 目次

# 凡例

一、この事典は日本の中部地方において、文献に記録された、また著者による聞き書きで集められた怪異・妖怪、そしてそれらと密接に関わっている俗信・習俗、あるいは物語・芸能・絵画などで表現された奇妙な物事を集成したものである。これらを出現地域や記録地域に基づき「新潟県」「富山県」「石川県」「福井県」「山梨県」「長野県」「岐阜県」「静岡県」「愛知県」の県ごとに分別し、五十音順に並べている。県境に跨《また》って伝わるもの、複数の県で同様の例が確認できるものについては「広域」に、地域における伝承や記録ではなく物語や絵画として創作されたと思われるものは「その他」に、それぞれ別項を作成してまとめている。

一、項目名は怪異・妖怪の名称である。これらは原則として資料の原文において使用されている名称を用いている。原文において名称が用いられていないもののうち、参考にした資料で編纂者が命名をしている場合はこれを採用し、解説において引用元の資料を明記している。編纂者による命名もない場合は、原文における表現を利用した筆者による命名がなされ、解説において「筆者命名」と明記している。

一、参考文献は項目ごとに解説で書名を挙げている。このうち、書籍および雑誌の名称には『　』を、雑誌記事および論文の名称には「　」を用いて提示している。項目末尾には執筆時に実際に使用した文献を記している。特に古典資料については、該当資料の翻刻を収録した書籍を示している。

一、解説中に別の怪異・妖怪の名称を挙げた時、当事典に別項目として挙げられている怪異・妖怪については太字を用いている。また同シリーズの既刊に挙げられている怪異・妖怪については、それが収録されている巻名も併記している。

一、著者は原則として県ごとに執筆を担当しているが、一部においては複数の著者が分担している。分担がなされた項目については末尾に担当著者の名前を記している。

# 新潟県

# 【あ】

## 上路の山姥 ［あげろのやまんば］

新潟県糸魚川《いといがわ》市上路に、山姥神社がある。近くには金時手玉石と呼ばれる石があり、白鳥山の山頂近くには山姥の住処《すみか》とされる「山姥の洞」、満月の夜、その上で山姥が舞ったという「踊り岩」がある。このような伝説があることから、観阿弥が謡曲「山姥」の舞台にした。謡曲「山姥」では、京の都で山姥の山廻りの舞をみごとに舞う「百萬山姥」と呼ばれた白拍子が登場する。あるとき百萬山姥は善光寺参りを思い立ち、船に乗って境川（富山県）に上陸し、上路の道を歩き、途中で本物の山姥と遭遇する。山姥は自分を知らない百萬山姥に恨みを言い、困っている人を助けることもあるのに、人に見えるのは恐ろしい鬼女の姿。山姥は自分の本当の姿を世の人たちに伝えてほしいと百萬山姥に訴えるが、すぐにそれは物事に執着した誤った思いだと恥じて、夢のように姿を消す。

［参考文献］高橋郁丸『新潟の妖怪』

## 悪鬼の房太郎 ［あっきのぼうたろう］

延暦年間（七八二〜八〇六）、新潟県柏崎市関矢の喜右衛門という豪族宅に子供の頃から住み込みで働いていた房太郎が、夜な夜な出かけるようになっていた。その頃、夜ごとに何者かに人が襲われていたが、正体はわからなかった。ある夜、鬼が現れて近くの家に宿を求めていた僧を襲ったが、逆に僧に腕を斬り落とされた。僧は布教にやってきた天台宗の僧、伝教大師最澄だった。最澄が血の跡を追い、関矢の家にたどり着いて、鬼の正体を現した房太郎を退治した。房太郎は三つに斬られ、野田の堺山に埋められ首塚・腹塚・足塚が作られたという。柏崎には伝教大師開基の房鬼山常福寺がある。

［参考文献］駒形覐『にいがたの怪談』

## 菖蒲塚古墳 ［あやめづかこふん］

菖蒲塚古墳は新潟県新潟市の真言宗金仙寺の敷地内にある。源頼政の側室、菖蒲の前の墓と言われている。頼政は平家打倒のために以仁王《もちひとおう》とともに挙兵し敗走してゆかりの者とともに越後に逃れたという伝説がある。寺の伝では金仙寺は創立を嘉禄二年（一二二六）七月、開基は源頼政の家来、猪隼太守資法名道金であるとしている。猪隼太は源頼政とともに鵺《ぬえ》退治をした伝承がよく知られている。菖蒲の前はこの地で仏門に入って妙栄と号し、貞応二年（一二二三）八月一八日八三歳で亡くなり、法名は貞阿禅尼としている。寺には菖蒲の前の護持仏といわれる木造りの観世音菩薩の座像がある。三～四月にここで竹を伐ると必ず雨が降るという。菖蒲塚の近くには猪隼太の墓と言われる円墳、隼人塚がある。また、矢川にかかる橋を間手《まて》橋といい、頼政がやってくるのを菖蒲の前がここで待っていたからだという地名伝説も残る。

［参考文献］新潟県『新潟県史蹟名勝天然紀念物調査報告．第一輯』

## 五十嵐小文治［いからしこぶんじ］

新潟県三条市笠堀に、高貴な姫君が住んでいた。そのうち一人の若い青年が姫君のもとへ通ってくるようになり、世にも稀《まれ》な美しい男だったので、姫は青年のとりこになった。毎晩通ってくるが、いくら尋ねても素性を語らなかった。そのうちに姫は身重になったが青年は身の上を打ち明けないので、姫は苧環《おだまき》（紡いだ糸を巻いたもの）に針を付け、帰ってゆく青年の襟に針を刺して後を付けた。青年は五十嵐《いからし》川上流の雨《まご》生《い》ケ池の大蛇で、蛇には毒である金物を刺されたので死んだ。姫は玉のような男の子を生んだ。その子は非凡な力を持つ五十嵐小文治である。源頼朝に仕え、飯田の山に城を築いた。那須与一が飯田を訪れた時、小文治は五十嵐神社を案内した。小文治が邪魔な石を投げると杉の木にめり込み、その石は杉抱き岩と呼ばれた。杉の木は室戸台風で枯れたため、伐採されて五十嵐神社の収納殿に保存されている。

［参考文献］高橋郁丸『新潟の妖怪』

## 異獣［いじゅう］

異獣という名は鈴木牧之《ぼくし》が著書『北越雪譜』のなかで命名した。人ではないが獣とも異なる、という存在だ。あるとき十日町の縮《ちぢみ》問屋から堀之内の問屋へ急ぎの荷物があり、竹助という山道に慣れた者が堀之内から山道へ入って十日町へ向かった。山中で昼食を食べていると、背の高い毛むくじゃらなものが現れて竹助の食べている飯を指さし、欲しがっているようだった。そこで飯を与えたところ、喜んで食べた。竹助が、「急ぎの使いなので行くぞ」と言うと、異獣は竹助の荷物を背負ってくれ、竹助は楽に十日町に行くことができたという。

機織りをする女性からも握り飯をもらい、月やくで機が織れないと女性が愚痴を言うと、異獣が月やくを止めたという不思議な話も『北越雪譜』に書かれている。

［参考文献］鈴木牧之・山東京山『北越雪譜』

## 井随村大蛇地蔵尊［いずいむらだいじゃじぞうそん］

嵐潟新田（現・新潟市）に五尋《ひろ》（約七・五メートル）の太さの柳があった。その柳の下に胴の太さが一尋（約一・五メートル）余り、長さ二五尋（約三八メートル）の大蛇が棲んでいて、田畑を荒らしていた。宝暦三年（一七五三）九月、ひと月も続く長雨が降り、田圃《たんぼ》が潟になると大波を立てて大蛇がその中を泳いでいた。井随の幡本嘉左ェ門は、鉄砲で大蛇を撃った。弾は大蛇のあごに命中し、もう一発撃ってとどめを刺した。大蛇の死体を火葬場で燃やしたところ、蛇の骨は俵に五俵もあった。人々は喜んで殿様に報告すると、殿様も喜んで褒美は何がよいかと尋ねた。嘉左ェ門が「一年分の村普請を免除してほしい」と言い、聞き届けられた。大蛇の骨は村の外れの道野辺に葬られ、そこに地蔵様が建てられたという。

［参考文献］潟東村誌編さん室『潟東村誌』

## 一目入道［いちもくにゅうどう］

一目入道は加茂湖（新潟県佐渡市）の主であり、頭上に一つ目を持っていた。ある日、一目入道は湖の端の柳につながれていた馬に跨《またが》り遊んだ。すると馬主がやってきて、入道は捕らわれてしまった。入道は許しを請い、これから毎晩一貫の鮮魚を瑠璃《るり》の鉤《かぎ》に付け、この柳に下げて献上するので、魚を釣るのに必要な、その瑠璃の鉤だけは返してほしいと言った。馬主は約束を受け入れ逃がしてやった。

翌朝から約束通り取れたての魚が鉤にかけられて柳の木に下がっていた。馬主は入道が言った通り鉤を湖へ返し、魚を持ち帰った。何年かこうしたことが続いた後、馬主は約束を破って鉤を持ち帰った。すると入道は魚を貢がず、毎年正月一五日に馬主の家を襲うようになった。入道の祟《たた》りがなくなった頃、馬主は観音堂を建て、本尊の白毫《びゃくごう》に入道の鉤をはめたという。そのお堂は、加茂湖の潟端《かたばた》集落に残っている。

［参考文献］中野城水『続編傳説之越後と佐渡』

## 犬神長者［いぬがみちょうじゃ］

佐渡はかつて犬神長者の持ち物だった。真野湾（新潟県佐渡市）の海は彼の田地で、小木《おぎ》の湾は彼の苗代だった。家訓により、田植えは一日で終わらせていた。ところがある年のこと、日暮れ間際になっても田植えが終わらなかった。長者は大変怒り、鶴ヶ峰に登って軍扇で太陽を招き留めて田植えを終えた。その後、にわかに勢力が衰えて島を追われることになった。長者が船に乗って逃亡するときに、長者が愛育していた茶坊主・犬・鶏などが浜辺まで彼を追ってきた。しかし長者の船ははるか沖合に浮かんでいた。彼らは嘆き悲しみ、遂には石と化してしまった。犬神平には、犬・鶏・御茶坊主と呼ばれる石が残っている。

［参考文献］藤沢衛彦（編）『日本伝説叢書』第8佐渡の巻

## 入船地蔵尊［いりふねじぞうそん］

享保三年（一七一八）九月、丹後国（京都府）の桶屋船が佐渡の夷湊《えびすみなと》に停泊していたところ、佐渡羽黒山（羽黒山正光寺《しょうこうじ》か）の僧が「新潟に渡海したい」と船に乗ろうとした。船夫は断り、僧は立ち去った。その船が新潟湊（新潟市）の入り口にさしかかると船の動きが鈍くなった。船尾に二尺八寸（約八五センチ）の石地蔵が鎮座しているのに気付き、海中に投げ捨てたところ、船は全く動かなくなった。お地蔵様を粗末にした罰と考え、石地蔵を引き揚げると、入り風が吹いて新潟湊へ入ることができた。そのためこの地蔵を「入船地蔵尊」として崇敬した。入船地蔵尊は年号が刻まれている地蔵としては新潟島の中では最も古く、享保三年佐州羽黒山覚念と刻まれている。

［参考文献］蒲原宏『にいがたふる里さんぽ話』

## イルカの権現詣り ［いるかのごんげんまいり］

　毎年四月二四日、能生《のう》白山《はくさん》神社（新潟県糸魚川《いといがわ》市）の祭礼の頃になると、イルカの大群が西から東へと弁天岩の周囲を回遊する。これを土地の人はイルカの権現詣りと言った。イルカは権現様のお札を呑んでいるのだという。

　また、イルカが一休みしている時、弁天様があまりに綺麗なので見とれて大事な数珠を忘れていってしまい、毎年その数珠を探しにやってくるのだ、という話もあった。

　また、村上市の多伎《たき》神社は毎年五〜六月頃、何百と数限りないイルカが一列になって参る「いるかの不動参り」が見られるという。

［参考文献］能生町図書館『おらが村の昔語り』、中村忠一『岩樟舟夜話』

## 牛池 ［うしいけ］

　新潟県十日町市笹の沢に意地悪な姑と優しい嫁が住んでいた。機織りの上手な嫁は毎日機を織り、日頃から家で飼っていた黒牛をかわいがっていた。ある時、機織りの作業を失敗し、姑が嫁を許さなかった。嫁が傷機（傷ついた織物）を抱えて泣いていると、かわいがっていた黒牛が後ろに寄り添い、自分の背に乗れというようなしぐさをした。嫁が黒牛の背に乗ると、黒牛は嫁を乗せ林に囲まれた池に向かっていった。それ以来、黒牛と嫁の姿は消え、月の明るい晩になると池の底から機を織る音が聞こえてきた。それからこの池は牛池と呼ばれるようになった。

［参考文献］駒形覐『にいがたの怪談』

## 臼負婆々 ［うすおいばば］

　宿根木《しゅくねぎ》は佐渡島の南端近くに位置する港町で、北前船が寄港し、目付の役人がいた。丸田金左衛門という人が宿根木の目付となり、ある日、アカエの京という場所で地元の人を二人連れて釣りを楽しんでいた。次々とアカエイを釣り上げていたが、突然釣り糸が動かなくなり雨も降り出した。すると、海の底から白っぽいものが泳ぎながら近付いてきた。海上に現れると、それは色の白い姥《うば》で、目付き鋭く海岸にいる人たちをジロジロと見た。背には臼のようなものを背負っていた。皆を見回した婆はまた海に入った。気味が悪くなった金左衛門が釣りをやめ、供の者に尋ねると、「この辺りで『臼負婆々』と呼んでいるもので、時々出てくるので珍しいものではない」と言ったという。

［参考文献］堤邦彦・杉本好伸（編）『近世民間異聞怪談集成』

## 鵜の岩［うのいわ］

新潟県糸魚川《いといがわ》市能生《のう》の弁天岩の西の海上に、鵜の岩、一つ岩と呼ばれる岩がある。四月二四日の能生白山神社の祭礼の日に、この岩に必ず一羽の鵜が来るという。これは能登（石川県）の一宮・気多《けた》大社の鵜祭りの鵜が神の使者として参拝に来るのだという。昔から、この鵜は龍神の使者だともいう。

［参考文献］『越後能生郷おらが村の昔語り』

## 越後の山人［えちごのさんじん］

『北越奇談』では山男と呼ばれ、妙高山の山中に出没するという。樵《きこり》が毛皮を作って山男に与えるなど、ほほえましい交流があったことが記されている。言葉はしゃべれないが意味を理解し、人の心が読めてご飯好きだという。しかし、恐ろしい一面もある。また、三和《さんわ》村（現・上越市）の鬼新左衛門という人が、神聖な山神の祠《ほこら》の近くで狩猟を行っていたところ、山男に投げ飛ばされて、それがもとで寝付いて亡くなったという。柳田國男の『山の人生』では、禁じられていた妙高山（新潟県妙高市）の硫黄の採取をしたところ、背の高いものが小屋に入ってきて、首謀者が首をねじ切られたと記されている。この妖怪を、山人と呼ぶ人もいる。

［参考文献］崑崙橘茂世『北越奇談』、柳田國男『山の人生』

## 往生院の亀［おうじょういんのかめ］

新潟市は天領になる前は長岡藩領だった。長岡の殿様が城下の名工に石亀を彫らせたが、不要になったため、新潟の山内家に払い下げられた。山内氏は石亀を檀那寺《だんなでら》である往生院に寄付し、寺の入り口に据え置いた。その亀が苔《こけ》の生えた甲羅で目玉を金色に光らせて真っ赤な口を開け、住職の枕元に来て「コーアン（住職の名）水くれや」と夜な夜な現れるので困ってしまった。また寺の付近の檀徒や町家にも現れるので苦情が寺に来るようになった。石亀の主の山内氏は壊したり捨てたりすると祟《たた》りが怖いので、石屋に頼んで甲羅に似た六角形の高さ二メートルの石の塔を作って石亀の背中に刺したら、石亀は目をむいて空を見上げ、血の涙を流した。石亀の霊を供養すると、動かなくなった。山内氏は大正八年（一九一九）に往生院の鐘楼脇に亀の甲羅の苔を洗い流し、大きな御影石の台座の上に、六角形の塔とともに移して墓とした。

［参考文献］柳都山人『にいがた夜話』

## 大男［おおおとこ］

江戸時代、高田藩領の人々は妙高山（新潟県妙高市）、黒姫山（新潟県糸魚川《いといがわ》市）、焼山（新潟県糸魚川市・妙高市）、新潟県から長野県に跨《またが》る戸隠、立山という山々で仕事をしていた。山仕事をしていると、山男にも時々遭遇した。高田大工の又兵衛の弟は、山道で八尺（約二・四メートル）くらいの裸の男に出会った。男は驚いたようだったが、無言で山へ去っていった。手には一羽のウサギを下げていた。

新潟県南魚沼市の八海山では、御室《おむろ》、千本檜《ひのき》の小屋で、寒さのため夜半に薪が足りず絶えしまった。すると、身の丈三丈（約九メートル）ほどある大男が薪や芝を与えたという。

［参考文献］大和町史編集委員会『新潟県大和町史中巻』、崑崙橘茂世『北越奇談』

## 大鳥夕だち［おおとりゆうだち］

新潟県村上市勝木《がつぎ》の山奥に雄・子・尼という名の三つの池があり、夫婦の蛇と子蛇が棲んでいた。この池は村の用水池だったが、この池で鎌を研いだり鍬《くわ》を洗ったりすると村に凶事があり、田畑の収穫がなくなったりした。蛇には金気が毒なので池の主が怒るのだと恐れられた。

ある時、作男が「自分が犠牲になって主を退治する」と鎌を投げ込んだ。その後、庄屋の家に女が現れ「長々世話になったが池に棲めなくなったので山奥の大鳥池に引っ越しする」とさめざめと泣き、「池の水をおあげすることができなくなったので、水不足になったら山の入道雲に頼めばできるだけ手伝いをする」と言って消え入るように立ち去った。それから、炎天には大鳥夕立が降るようになった。

［参考文献］中村忠一『岩棹舟夜話』

## お手玉石・八幡切り石［おてだまいし・はちまんきりいし］

新潟県糸魚川《いといがわ》市鬼伏《おにぶし》に鬼が棲んでいた頃、八幡神と鬼が力比べをした。鬼は五つの石でお手玉をすることにし、八幡神は大きな石を二つに割ることにした。八幡神は成功したが、鬼は失敗して負けてしまった。八幡神が割った石の半分は佐渡に飛んで行った。半分は残り、八幡切り石と呼ばれている。

［参考文献］『越後能生郷おらが村の昔語り』

## 乙和池［おとわいけ］

談議所・長福寺で乙和（音羽）という美しい女性が働いていた。ある春の日に蕨《わらび》を取りに出かけ、当時女人禁制であった金北《きんぽく》山《さん》（新潟県佐渡市）近くまで登ってしまった。その時、乙和は月役（月経）があって腰巻を汚してしまったが山の中に池があったので腰巻を池の水で洗った。すると立派な男が近付いてきて夫婦になる約束を交わしてしまった。乙和は逃れるように寺に帰ったが、翌日白い馬に跨《またが》った男が乙和を迎えに来た。いぶかしく思った僧が後を追い、池に入ろうとした乙和を問いただすと「和尚様には長々お世話になりながらご恩返しもせず申し訳ないが、前世の因縁事で池の主に見込まれてしまった」と、形見の品を残してそのまま池に飛び込んで消えてしまった。七月二三日は乙和が池に入った日なので、長福寺では供養祭が行われる。

〔参考文献〕藤沢衛彦（編）『日本伝説叢書』第8佐渡の巻

## おとわ吹雪〔おとわふぶき〕

西神納《かんのう》（現・村上市）の村外れに草庵《そうあん》を結んだ僧が、雪の積もった土手を念仏しながら歩いていると青い火があがった。見ると、土手の上に白く青ざめた若い女がうなだれて立っていた。念仏を唱えると女が身の上を語った。女はおとわといい、壮絶な嫁いびりにあっていた。夫が留守の二月七日の晩、姑に四方の竹藪《たけやぶ》の雪を払えといわれ、薄着で雪を払っていたが、このままでは死んでしまうと家に向けて歩き出した。しかし、途中で力尽きてしまい、七日経つが雪で誰にも気付いてもらえないので実家に知らせてもらえないだろうか、と泣きむせんだ。僧ももらい泣きし、更に念仏を唱えると女も消えてしまった。

このことがあってから毎年のように七日は大雪、八日には大吹雪になる。この日の吹雪を「おとわ吹雪」という。

〔参考文献〕中村忠一『岩棹舟夜話』

## 鬼の小指の跡の残る石〔おにのこゆびのあとののこるいし〕

新潟県糸魚川《いといがわ》市小見《おみ》の熊野権現に大きな親子の石が祀《まつ》られている。ある時、青鬼と赤鬼が力比べをして、この石を見た青鬼が一押しで動かしてみせると言うと、赤鬼が小指だけで投げ飛ばせると言って投げ飛ばした。石に道を塞《ふさ》がれた人たちが困ってしまい、何日もかかって観音様の境内に移動して安置した。石は二メートルほどあり、鬼の小指の跡が残っている。

〔参考文献〕『越後能生郷おらが村の昔語り』

## お藤の逆さ藤〔おふじのさかさふじ〕

魚野川（新潟県魚沼市）が小出と堀之内の境にかかる辺りに「瀬場の渡し」という渡し場があった。ここの渡守は、浅井辰政の残党である浅井長左衛門といった。諸国を放浪した後に越後入りをし、魚野川のほとりに住み着いていた。彼の妻は娘を産むとすぐに亡くなった。娘はお藤と名付けられた。お藤は年頃になると大変美人になった。ある年、殿様が領内の見回りをして瀬場の渡しに立ち寄った時にお藤を見初めた。こうしてお藤は殿様に見初められ、奥女中として城にあがる。しかし、その後ささいなことが原因で暇を出され、悲しみのあまり裏山で首を吊ってしまった。それ以後、山の藤は皆逆さに咲くようになった。人々はお藤を哀れみ、この山を藤権現と呼ぶようになった。

〔参考文献〕駒形覐『にいがたの怪談』

## お松とお杉〔おまつとおすぎ〕

伊勢（三重県）の宇治の町のある宿屋に二人の娘が泊まった。越後蒲原《かんばら》郡石瀬《いしぜ》のお松とお杉という者で、二人で伊勢参宮をしたとのこと。出立の際宿料の仕訳を差出すと、「二〇〇文どうしても足りない。ここのご主人は越後の方へ御出でになるでしょうから、その時きっとお返しいたします」という。宿の人は越後へ行くことなどあろうかと思ったが承知した。すると翌年用ができて主人が越後を訪れた。石瀬へ通りかかった時、お松とお杉の家はどこかと尋ねたが、わからずに村を通り過ぎたところ、村外れに枝ぶりがよい松の木があった。そこで休み、松に見入っていると地上に着きそうな枝に「さし」に通した銭がかかっていた。見ると二〇〇文あり、これはと思って辺りを見回すと山の麓に老杉がそそり立って居た。二人の娘はこの二本の木の精だった。「お松」は枯れてしまったが、「お杉」は新潟市指定天然記念物となっている。

［参考文献］高橋郁丸『新潟の妖怪』

## おまん井戸［おまんいど］

長岡から柏崎へつながる曽地《そち》峠（新潟県柏崎市・長岡市）に、おまん井戸と呼ばれる古井戸がある。この曽地峠に一人の武士が住んでいた。その武士は若く美しかったので、本妻おまんがいたのだが、言い寄る女性がたくさんいた。武士はおまん以外は寄せ付けなかったが、三〇を過ぎた頃に一人の若い女性に夢中になった。武士は別人のようになり、女性の言いなりとなって妻おまんを刃《やいば》にかけて殺し、井戸に投げ込んだ。井戸の水はおまんの悲憤と怨恨で沸き立った。夫と女は、おまんの祟《たた》りで間もなく死んだ。井戸におまんと呼ぶと泡立つという。その水を飲む人はいない。

［参考文献］駒形覐『にいがたの怪談』

## 大里峠の大蛇［おりとうげのだいじゃ］

新潟県関川村蛇喰《じゃばみ》に住んでいた「おりの」という女性が、夫が仕留めて味噌漬けにした大蛇を食べ、大蛇になってしまった。ある時、蔵の市という座頭が大里峠（山形県・新潟県）を通り、琵琶を弾いて語っていた。するとどこからか女性が現れてその歌声に聞きほれ、蔵の市に「自分は蛇体で、体が大きくなったので荒川・女川《おんながわ》一帯を湖にするから、早く安全なところに逃げろ」と言った。蔵の市は自分の身より水底に沈められる村を助けねばならないと下関《しもせき》大庄屋の三左エ門に大蛇の話をして息絶えた。三左エ門と村人たちは、大里峠に鉄くぎをたくさん打ち、大蛇を退治した。この伝説をモチーフに、昭和六三年（一九八八）から「大したもん蛇まつり」というイベントが始まった。蔵の市の琵琶は大蔵神社に祀《まつ》られている。三左エ門の屋敷、渡邉邸は国指定の重要文化財である。

［参考文献］高橋郁丸『新潟の妖怪』

# 【か】

## 怪物少女［かいぶつしょうじょ］

寛政年間（一七八九〜一八〇一）、新潟県五泉市小面谷《こつらだに》の農家の子守の娘が念力を持ったという事件があった。娘は近くの茶店で友達が柿を食べているのを見ながら、お金がないので我慢していたところ、顔の赤い僧が「おまえに柿をやろうか」と言うと、店の柿が勝手に飛んできて娘の袂《たもと》に入った。それからというもの、欲しいと思うものが少女の懐に勝手に入るようになった。娘を子守に雇った家が気味悪く思って親元へ返そうとすると、家財道具が家の中を飛び回った。この話を聞いてやってきた村長が娘を叱ると、鍬《くわ》が飛んで村長を打とうとした。村長は領主に訴え、足軽が派遣されたが、勝手口から飛んできた手斧《ちょうな》に鼻を落とされそうになり逃げ帰った。顔の赤い僧は天狗だったのだろうと言われた。その騒ぎもいつの間にか止んだ。「怪物少女について怪異をなす」と『北越奇談』では説明している。

［参考文献］崑崙橘茂世『北越奇談』

## 鏡ヶ池［かがみがいけ］

新潟県上越市五智《ごち》を一人の旅僧が訪れた。水を所望しても家によってはいただけないことがあったことから、山が遠くにあるため水を汲《く》みに行くことができず、里が水に不自由していることを知った。旅僧は砂丘の上に立ち、目を閉じて手を合わせ、声高らかに読経を始めた。すると強い雨が降り始め、僧の足元に池ができた。旅僧はその池のそばに庵《いおり》を結び、池に姿を映して仏像を刻んでいた。すると対岸の葦《あし》の間に美しい娘が微笑み、葦の葉で美しい音を奏でた。僧は草笛の音をかき消すように鑿《のみ》を振るって仏を刻み続けた。出来上がった仏像の台には「空海刻」と刻まれていた。弘法大師が姿を映したということで、この池は鏡ヶ池と呼ばれた。池の魔の乙女が葦笛を作ったことから、この池に生える葦は片葉となった。

［参考文献］中野城水『傳説之越後と佐渡』

## 蝸牛さま［かぎゅうさま］

沢海《そうみ》藩主四代の帯刀政有は天和三年（一六八三）、藩主となるために佐川佐内を伴ってやってきた。佐内は讒言《ざんげん》で政有から忠義の家臣を遠ざけ、城を増改築して藩の財政を困窮させた。藩士らは「このままでは御家は滅亡する」と貞享四年（一六八七）五月に佐内の寝込みを襲い、首だけを出す生き埋めの刑にした。左内は怒り「我が亡魂は幾千万の蝸牛となって領内の作物を食い尽くし、末代まで祟《たた》ってやる」と言い残してこの世を去った。翌年から毎年無数のカタツムリが現れて田畑の作物を食い荒らした。佐内の怨霊ではないかと噂され、焼《やけ》山《やま》に小さな祠《ほこら》を建てて祀《まつ》った。その後、カタツムリの姿は見えなくなり、地元住民は今でも「蝸牛様」と信仰している。

［参考文献］新潟市『新潟市民文化遺産ガイドブック 江南区』

## 角間のねじり杉［かくまのねじりすぎ］

一人の僧が角間の村を通りかかった。夏の暑い盛りだったので、道端の家に入って一杯の水を頼んだが、その家では、「水などないよ」と相手にもしなかった。どこの家からも断られた僧は、日が暮れても一杯の水も飲むことができなかった。僧は自分のひもじさより仏のありがたさを知らずに過ごす村人を哀れんだ。そして傍らの小さな杉の木をねじって「このまま伸びよ」と言い残してどこかへ立ち去った。杉は僧の言い付け通り、ねじれたまま大きくなっていった。村人も初めて仏様の大きな力を知り、仏様を信仰するようになった。そして、「これは弘法様のねじり杉だ」と村人から大切にされるようになった。この杉の木は、昭和六〇年（一九八五）に新潟県の天然記念物に指定された。

［参考文献］中里村史専門委員会『中里村史 通史編 上巻 自然・原始・古代・中世・近世』

## 火車［かしゃ］

新潟県南魚沼市雲洞《うんとう》にある雲洞庵に「火車落しの袈裟《けさ》」がある。この袈裟は天正年間（一五七三～九二）、雲洞庵住職の北高《ほっこう》和尚が火車を追い払った時にかかった血の跡が残っている。

『北越雪譜』によると、ある冬の日に火車が葬式の列を襲って棺《ひつぎ》を奪おうとしたので、北高和尚が火車の頭を鉄如意で打って一喝したところ、火車の額が割れ、火車は血を流しながら逃げた。袈裟の血は、その時のものだという。その火車は、火の玉に乗ったふたまたなる稀有《けう》の大猫という。『奇異雑談集』では火車が死人を摑《つか》んだところに北高和尚が飛び付き、死体とともに一丈（約三メートル）も引き上げられても死体を離さなかったので火車は諦めて去っていったという。そのため、北高和尚はどんな罪人でも助けられる人だと有名になった。

［参考文献］鈴木牧之・山東京山『北越雪譜』、高田衛（編、校注）『江戸怪談集 上』

## 火井［かせい］

火井とは天然ガスのことと思われる。新潟県内各地で産出していた。『北越奇談』には三条市如法寺《にょほうじ》をはじめ、各地の火井について記述されている。如法寺（新潟県三条市）の百姓某の家の囲炉裏の隅に石臼があり、その穴に竹を挿して火をかざすと穴ごとに竹が燃えるという。新潟県見附市の川の渡し場では川原の砂に管を挿して火をかざすと挿した管の口に何ヶ所も灯がともって夜行に便利だった。長岡市の郷比礼の山沢の水も火をかざすと水上で火が燃えたという。上越市の吉村の大滝家では井戸を掘ったところ、タバコの吸い殻の火が井戸に引火した。糸魚川《いといがわ》市上野尾（上能生《かみのう》か）の原の谷間に風の出る洞があり、火をかざすと空中で車輪のように火が燃えた。長岡市寺泊大和田山の間には、泡立っている水たまりがあり、火をかざすと燃えたという。

［参考文献］崑崙橘茂世『北越奇談』

## 片葉の葦［かたはのあし］

親鸞上人越後七不思議の一つ。親鸞上人は承元元年（一二〇七）、念仏をすれば救われるという専修念仏の教えが禁止され、越後国府に配流となった。居多《こた》ヶ浜（新潟県上越市）に上陸した親鸞は、越後一の宮居多神社に参拝した。海面に夕日の輝きを見て、日の丸の中に「南無阿弥陀仏」の名号を書き、「末永くこの教えを守ってください居多の神様。阿弥陀様と生きとし生けるものがいる限りは」と詠んで、念仏が盛んになるように祈願した。すると、一夜にして居多神社境内の葦が全て一方に向かって合掌するように南へ向き、片葉になったと言われている。居多ヶ浜は親鸞上人上陸の地として、至る所に案内板がある。居多ヶ浜・五智《ごち》・国府には片葉の葦が所々に見られるという。

［参考文献］廣瀬南雄『伝説の親鸞』

## 河童のわび状［かっぱのわびじょう］

加茂歌代《うたしろ》（新潟県佐渡市）の藤左衛門という者が、加茂湖のほとりで草刈りをし、馬を引いて帰ってくると、馬に河童がくっついていた。怒って天秤棒《てんびんぼう》で打とうとすると、許しを請い、「二度と悪さをしないというわび証文と、毎日魚を届けるから許してくれ」という。許してやると、翌朝約束通りにわび状と魚が馬小屋の木の鉤《かぎ》のところにかけてあった。わび状は水鏡に映すと読めるものだった。魚は毎日届いたが、木の鉤が腐ってしまったので鉄製にしたら魚は届かなくなった。

［参考文献］駒形覐『にいがたの怪談』

## 鎌鼬［かまいたち］

かまいたちに遭うと、出血が少ないのに傷口がぱっくり開く傷を負わせられる。弥彦山（新潟県西蒲原《かんばら》郡）の黒坂という所によく出没したとも言われている。

新潟県新発田《しばた》市では、太刀を構えた神様がいる所に人間が入ったので、神様が怒って、人々はかまいたちによる刀の傷を受けるのだという。暦を焼いた灰を患部に付けると治るといい、暦を大切にしないとかまいたちに遭うという。

［参考文献］直江広治（監修）・新発田市史編纂委員会（編）『新発田市史資料』第5巻下

## 神使いの佐渡渡り［かみつかいのさどわたり］

冬の日本海は常に大荒れだが、一二月二

〇日過ぎに一日だけ海が穏やかになる日があるという。その日には必ず弥彦の森から一羽の烏《からす》が佐渡に向かって飛び立つという。その烏は弥彦の神のお使いで、その日だけは佐渡まで見渡せるほど海が穏やかで好天になるという。土地の人は「神使いの佐渡渡り」と呼び、その日はおめでたい日だとしている。

［参考文献］小山直嗣『新潟県伝説集成 下越篇』

## 雷様の巣［かみなりさまのす］

新潟県佐渡市羽茂《はもち》の伝説では「東山には雷様が棲んでいる。その巣は頂上近くにあるらしい」といわれている。日照りの年に、一人の男が東山に行って雨乞いをすると、出てきたのは子雷様を連れた女雷様で、「今日は男雷様は越後へ行かれて留守だ。折角の頼みだが駄目だ」と断られてしまう。案の定、佐渡には一粒の雨も降らず、越後の山々には黒雲がかかって大変な雨が降ったという。そして、東山に雷様が棲んでいたという証拠として、東山の頂近くにメノウがたくさん出るという。メノウは雷様が人間の腹から抜いた臍《へそ》が化石化したものとされる。東山は、一説によると笠取峠であろうという。かつて笠取峠では雨乞いが行われ、雷塚がある。麓の丹坂からはメノウが産出されたという。

［参考文献］中野城水『続編傳説之越後と佐渡』

## 鬼舞［きぶ］

昔この地で鬼と神様が闘った。神様が負けてしまい、鬼は喜んで二日二晩舞い狂ったため鬼舞（新潟県糸魚川《いといがわ》市）という地名となった。その鬼を退治しようと石にお経の字を一文字ずつ書き、ムカイ山と呼ばれる所にまくと、鬼は隣の村へ移りそこで退治されたという。鬼が退治された地は鬼伏《おにぶし》という。

［参考文献］『越後能生郷おらが村の昔語り』

## 桐一兵衛［きりいちべい］

村松城主堀丹波守の家来に野口源八という強い侍がいた。殿様の使いで、ある夜おのぼり峠という所に差しかかると、小さい子供が「早く歩いてお父さまに抱かれ」と言って追いかけてきた。不審に思って足を速めると、やはり同じことを言って追いかけてくる。これは化物だと思って刀で斬りつけると、斬られた化物は二人になり、斬るたびに一人増えていつの間にか数え切れないほどたくさんになった。源八は「これはかなわない」と逃げ出すと、化物たちは騒ぎ立てながら追いかけてくる。捕まりそうになった時にどこかで鶏が時を告げる声を上げた。朝になったと思った化物たちは散り散りになって消えてしまった。その声は、源八の刀の目貫《めぬき》に挿した鶏のものだった。追いかけてきたのは、桐一兵衛または斬一倍という妖怪だったという。

［参考文献］文野白駒『加無波良夜譚』

## 首塚［くびづか］

高橋源助は長岡藩領曽根組大庄屋であった。曽根村（現・新潟市）は用水が不足しており、日照りの年は旱魃《かんばつ》に苦しんでいた。源助は割前村（現・新潟市）地先の西川から六キロの用水路掘削引水を計画し、曽根郷四〇〇町歩を干害から救おうと藩に願い出た。彼の声望をねたむ者がいて承認されなかったが、首を賭けて責任をとることで許可を得た。曽根用水は天和元年（一六八一）一〇月九日に竣工された。しかし、ねたみを持つ者の策謀で樋管《ひかん》の中に板をはめられたため通水せず、源助はその場で打ち首となった。樋管に落ちた源助の首は、板をくわえて飛び上がった。すると一気に通水し、首は樋管から押し流され、曽根に流れついて首塚に祀《まつ》られた。曽根村耕地の水不足は解消し、二〇〇町歩の水田が用水の恵みを受けている。

［参考文献］西川町文化財調査審議委員会『西川町史考その18』

## 首祭り［くびまつり］

新潟県新潟市馬堀の名主であった田辺小《こ》兵衛《へえ》は、水害や日照りに悩む農民のために、長岡藩に直訴して西川から馬堀まで水路を引いたが、細工をされて通水できなかったため、首をはねられた。はねられた首は水路に細工された板をくわえて出てきたため、馬堀は通水された。罪人扱いとなった小兵衛は墓を作ることも許されなかったが、一〇〇年後に村人が三根山藩に願い出て墓を作った。それ以降、毎年小兵衛の法要「首祭り」が続いている。後に田辺小兵衛俊重のお墓をまもる長恩院というお堂が建てられた。

小兵衛は私財を投じて測量し、長岡城主に直訴して正保元年（一六四四）に用水筒開発に成功したが、長岡藩の届けに不備があり幕府巡検の際に小兵衛独断の工事であるとして自害させた。この出来事が首祭りのもととなる話を作り出したのかもしれない。

［参考文献］新潟市潟環境研究所『みんなの潟学―越後平野における新たな地域学』

## 雲上公［くものうえこう］

雲上佐一郎は後鳥羽天皇第四皇子であるとか、戦国時代の豪族であると言われている。本庄出羽介と対戦し、戦いに敗れて宮の下村まで退いて自害したという。身分の高い人であるため普通には焼けず、榎《えのき》さまと呼ばれる榎の巨木があるところに特別な板を敷いて荼毘《だび》に付した。雲上公は河内神社の祭神とされている。

また、文治年中（一一八五〜九〇）の伝説では落ち延びてきた平家の一族の一人として伝えている。源氏の追手が村に乗り込み、便所の踏み板に罠《わな》をかけたため雲上公は命を落とした。その時、雲上公の娘が便所に薪をおおい、硫黄にお歯黒水を注いで火を放ち、自分もその火の中に飛び込んだという。それ以降宮の下の人々は便所に踏み板を用いず、硫黄を忌む。河内神社に祀《まつ》られたのも雲上公の恨みを恐れたためと言う。

〔参考文献〕中村忠一『岩樟舟夜話』

## 黒鳥兵衛［くろとりひょうえ］

黒鳥兵衛は前九年の役（一〇五一～六二）で源頼義・義家父子に討たれた奥州の豪族安倍貞任の部下の息子で、主君の遺志を継ぎ、後三年の役（一〇八三～八七）に乗じて挙兵したという。

秋田県鳥海山の天狗から武術や魔術を習ったといわれ、夏に雪を降らせるなど不思議な力を使って越後で暴れ回った人物である。越後の豪族が決起して黒鳥兵衛と戦ったという伝説が各地に残っている。新潟市の緒立《おたて》八幡神社には黒鳥兵衛の塩漬けの首と体が別に埋めてあり、昔は双方が互いを求めて胴鳴り（ドーンと地響きのような音がする）という現象が起きたという。緒立には、黒鳥兵衛の霊が皮膚病に悩む少女の夢枕に立って与えたという緒立温泉がある。

〔参考文献〕高橋郁丸『絵草子黒鳥兵衛ものがたり』

## 黒姫山胴鳴［くろひめやまほらなり］

胴鳴りというのは、秋晴れの日の天気が崩れる前に必ずこの音がする。落雷のような、雪崩のような音で、空から聞こえてくるようだが、どこから聞こえるのかはっきりとはわからない。頸城《くびき》では黒姫山から、蒲原《かんばら》（現・新潟市）では守門岳《すもんだけ》や粟《あわ》ヶ岳から、岩船（現・村上市及び岩船郡）では外道山から聞こえるという。県内各地で聞くことができたという海鳴り、胴鳴りは、第二次世界大戦後は建築物がたくさん建ったせいか、海岸線の変化のせいか聞くことができなくなった。

〔参考文献〕崑崙橘茂世『北越奇談』

## 弘法大師塩井［こうぼうだいししおのい］

新潟県長岡市上塩《かみしお》に旧上塩谷村の村社であった巣守《すもり》神社がある。その敷地内、川のほとりに塩の宮がある。塩の宮には弘法大師が塩を求める地域民に授けたという言い伝えがある。天明・天保の飢饉《ききん》や終戦直後に、漬物などの料理用の塩分として使われたという。飢饉時に汲《く》み取る人があまりにも多く枯渇したこともあったようだ。体の弱い子供や病人には、塩水が湧く井戸「塩の井」の水で粥《かゆ》を炊くと、非常においしく食べられ「お授け粥」と言われた。塩の宮には弘法大師の像があり、像が見下ろすところにこの井戸がある。現在も巣守神社の信者によって守られている。

〔参考文献〕栃尾観光協会ＨＰ

## 蛟竜［こうりゅう］

新潟県三島《さんとう》郡出雲崎町勝見浜の海岸の絶

壁が崩れ、崩れた所から蛟竜が出て海に入った。崩れた所は蛇崩《じゃくずれ》と呼ばれた。その後、勝見の五左衛門という人が、山の崩れ落ちた辺りの海底が光っているのを見た。不思議に思って毎晩見ていたが、いつも輝いているので、若者に命じて海底を探らせたところ、海底に白石があることがわかり、取って自宅に運ばせた。すると海の光は消えたが、石は燦然《さんぜん》と輝いていた。このことは代官が知るところになり、五左衛門はしぶしぶ貸し出した。石は江戸まで送られ、三年後に返された時には輝きはなくなっていた。現在、出雲崎町尼瀬《あまぜ》地内に蛇崩高台という名称が残っている。

［参考文献］崑崙橘茂世『北越奇談』

## 郡殿の池［こおりぜんのいけ］

昔、上野山（新潟県小千谷市）の土川の辺りに立派な郡司（有力者）がおり、その奥方が川で洗濯をしていた時、寒気がしてふと川の中を見ると大きな蛇に見つめられていた。それは郡殿の主で、奥方は見込まれてしまった。奥方は家に帰ったが日に日に弱り、郡司は諦めて「祟《たた》りが来る前に嫁に行くか」と駕籠《かご》に乗せて嫁に出した。途中で奥方はバリ（おしっこ）をした。池の主はそのバリをめがけて土の中をもぐってきた。それでバリ池と郡殿の池は今でも底がつながっているという。そのおかげで田の水には不自由しなくなった。雨が降らない時は雨乞いをすると龍になった蛇と奥方が必ず雨を降らすという。郡殿の池のほとりに弁財天のお宮があり、池の浮島がお宮から見て東へ動くと晴れに、西へ動くと曇り、北へ動くと雨になるという。

［参考文献］山田佐千夫『方言で読む越後魚沼の昔咄』

## ゴヘイギツネ

御幣《ごへい》稲荷神社（通称「青山稲荷」）に「青山狐」（通称「ゴヘイ狐」）という人を化かすことで有名な狐がいた。ある時、赤錆の庄屋、藤次右衛門という人が新潟へ用事に行った帰り道、誤って青山狐におしっこをかけてしまった。狐は目の前で石地蔵を背負うと赤ちゃんをおぶった娘に化けた。藤次右衛門の言葉を信じた人々がその娘を火であぶると、娘の姿のまま死んでしまった。藤次右衛門は奉行所に突き出され、首をはねられる。あの世に向かう藤次右衛門は鐘の音に導かれ蓮《はす》の花咲く池にたどり着き、「私が乗るのはどの葉だろう」と池の中へ入ったものの蓮の葉に乗れず、騒いでいた。人々の笑い声で我に返ると寺町の池の中にいることに気付いた。いつの間にか化かされていたのだ。このような逸話がいくつか残っている。

［参考文献］崑崙橘茂世『北越奇談』

## 権五郎火［ごんごろうび］

三条市五十野の権五郎という人が旅の博《ばく》打《ち》打ちとサイコロの博打で勝ち続け、大勝ちした。権五郎が良い気持ちで家に帰る途中、夜道を追ってきた相手の博打打ちに殺害された。権五郎の遺念が燃え、怪火と化したのが権五郎火だという。付近の農家では、この権五郎火は雨の降る前触れとされており、権五郎火を見た農民は稲架の取り込みを急いだといわれている。

［参考文献］外山暦郎『越後三條南郷談』

# 【さ】

## 逆さ竹［さかさだけ］

親鸞上人越後七不思議の一つ。親鸞上人は越後に遠流《おんる》となり、上越の国府を訪れた後、鳥屋野《とやの》（新潟県新潟市）の地に三年ほど草庵《そうあん》を建てて布教をしていたという。初めは誰からも相手にされず布教に苦労したため、「この里に親の死したる子はなきか御法《みのり》の風になびく人なし」と和歌を詠んで、持っていた竹の杖《つえ》を地面に刺して念仏の教えを説いていた。しばらくすると、その竹から芽が出て、逆方向に枝葉が繁茂し、立派な竹藪《たけやぶ》になったと伝えられている。後に能登国（石川県）から新潟に移っていた西方寺が、東本願寺から親鸞上人史跡護持の命を受けて移転し、顕彰に努めている。この竹藪は、大正一一年（一九二二）に国の天然記念物に指定された。

［参考文献］大場厚順『越後の親鸞——史跡と伝説の旅』

## 鮭のオオスケコスケと王瀬長者［さけのおおすけこすけとおうせちょうじゃ］

信濃川（新潟県・長野県）と阿賀野川（新潟県・福島県）の合流地点の渦巻く淵《ふち》に大助小助という夫婦の鮭がおり、霜月一五日はそこを通るので網を入れることを禁じられていた。王瀬長者がそれを無視して漁師に命じて鮭を獲ろうとしたため、その祟《たた》りによって長者の一族は亡くなったという。王瀬長者は広大な敷地と信濃川と阿賀野川の合流している河口に鮭網の漁獲権を持っていた。王瀬長者の屋敷の木戸跡が上木戸・中木戸・下木戸・山木戸（新潟県新潟市）で、長者が牡丹《ぼたん》を植えた所が牡丹山、藤を植えた所が藤見町であるという地名伝説が残っている。新潟県新潟市中央区沼垂《ぬったり》の法光院は王瀬長者の菩提寺《ぼだいじ》で、五輪の供養塔が残されている。霜月一五日、川の近くに行き「オオスケコスケ今上《のぼ》る」という声を耳にすると死ぬとも言われている。

［参考文献］鏡淵九六郎『新潟古老雑話』

## 鮭の宮まいり［さけのみやまいり］

一一月一五日は三面《みおもて》川（新潟県村上市）の主、鮭太郎が瀬波の多伎《たき》神社と宮の下の河内神社へお参りする日といわれている。秋になると腹に子を持った鮭が、海から生まれ故郷のこの川へ群れをなして上ってくる。一一月になると鮭太郎は次郎、三郎の鮭を先頭にしてたくさんの魚族を従えて川を上ってくる。そして一五日の月の出を待って、多伎神社の前に浮かんで礼拝し、宮の下の河内神社にお参りするという。この日は漁師も漁をせず、両神社に参拝して漁があるように願をかける。

［参考文献］中村忠一『岩樟舟夜話』

## 三仏生の百塚［さぶしょうのひゃくづか］

新潟県小千谷市三仏生に夕日長者という人物が住んでいた。隣町にある来迎寺の朝日長者や堂塚山長者と権力を競っていた。この三仏生に百塚と呼ばれている石塔群がある。この塚は夕日長者が造立したものといわれているが、何かの供養のためなのか、土地の境目を示しているのか、金銀財宝を埋めているのか、目的がはっきりしていない石塔群である。この百塚には数えてはいけないという言い伝えがある。百塚の近くで子守をしていた母親が、赤子があまりむずかるので子守唄代わりに百塚の間を塚の数を数えながら歩いて百数えたところでおぶった赤ん坊の泣き声がピタリとやんだ。気付いたら赤子の首がなく、「百」と数えた塚の上に首が乗っていた。それ以来、塚の数を数える者がいなくなった。

［参考文献］駒形覐『にいがたの怪談』

## 猿供養寺の人柱［さるくようじのひとばしら］

昔、一人の旅の僧がこの地に来た時、何匹もの大蛇が集まって「黒倉山の大熊川や姫鶴川をせき止めて池を作り、住処《すみか》にしよう。しかし人間が栗の木の杭《くい》を四十八叩きにして深く打ち込み、人柱を建てたら地すべりが止まってしまう」と話していた。その後、猿供養寺（新潟県上越市）の村にたどり着いた僧は地すべりによって荒れた村を哀れに思い、村人たちに大蛇の話をして「四十八叩きの秘法と人柱」のことを教え、大蛇の秘法を話してしまったので自分の命も長くないと思い、自ら進んで人柱になったという。それ以来地すべりは止み、村では毎年七月に僧の供養を行っていた。昭和一二年（一九三七）に正浄寺《しょうじょうじ》で客土の採掘中に大甕《おおがめ》を掘り出し、中から座禅姿の人骨を発見したことから、伝説が事実であったことが証明された。村人たちはこの僧に感謝して人柱堂を建立した。

［参考文献］駒形覐『にいがたの怪談』

## 三度栗〔さんどぐり〕

親鸞上人の越後七不思議の一つ。流罪が放免になった親鸞は新潟の北東部に足をのばした。源氏の家臣渡辺競《わたなべのきおう》の妻が、親鸞の教えに導かれて夫の命日に親鸞の信者となった。夫の供養のために妻が親鸞に焼いた栗を差し出すと、親鸞は「南無阿弥陀仏」の名号を与えて栗を土に埋めた。すると焼いた栗は芽を出し、立派な栗の木になった。そして一年に三度実をつける三度栗となった。村人はそこに草庵《そうあん》を構え、聖人から頂いた南無阿弥陀仏のお名号を安置した。草庵は「専念寺」となり、移転を重ね現在地にて「孝順寺」となった。当時の栗の木は枯れ、その後、若木が育ったものが現在の栗の木である。本堂に三度栗の標本が展示されている。山号は焼栗山。

［参考文献］廣瀬南雄『伝説の親鸞』

## 椎谷の観音様〔しいやのかんのんさま〕

弘仁二年（八一一）、新潟県柏崎市椎谷の海に毎晩光が現れた。不思議に思った村人が光をめがけて網を下ろしてみると、正観世音菩薩像が引き揚げられた。村人たちは山の上にお堂を建ててその像を本尊として安置した。その後、観音堂は一度焼失し、観音像は行方不明になったという。その頃、佐渡の宿根木《しゅくねぎ》に丸山治久という人が、椎谷観音に子授け祈願をしたところ、子供が生まれた。忠三郎と名付けられた子は七歳で眠るように急死した。寛永七年（一六三〇）、住職の夢枕に観音様が立ち「戻ってきた」と告げる。お堂に行ってみると観音様が戻っていた。お参りに来た丸山夫妻は観音様が忠三郎とそっくりだと気付き、本尊様が子供として生まれ変わったのだと思った。現在の建物は明和七年（一七七〇）九月に再建され、柏崎市指定の文化財に指定されている。

［参考文献］駒形覐『にいがたの怪談』

## 紫雲寺潟のお福〔しうんじがたのおふく〕

紫雲寺町（現・新発田《しばた》市）に紫雲寺潟という大きな潟があった。そばに紫雲寺という寺があったことから潟の名となった。紫雲寺には美しい小僧が住んでいた。村の真野という長者の一人娘であるお福は小僧に思いを寄せていて、鐘つき堂に潜んで小僧に思いを告げたが、小僧は「私は仏に仕える身」と逃げ出したので、お福は後を追い、立ちすくむ小僧を小脇に抱えて潟の中へ飛び込んだ。その夜から降り出した雨は七日七晩降り続き、七日目の晩に近くを通りかかった人が、潟の中で小僧をくわえた大蛇を見た。お福は大蛇になったと噂された。その後、紫雲寺潟は干拓されて狭くなったため、住めなくなったお福は隣の潟に移った。そのためお福の名を一字とって「福島潟」と名付けられたという。

［参考文献］駒形覐『新潟県伝説の旅』

## 慈光寺の天狗［じこうじのてんぐ］

新潟県五泉市滝谷の慈光寺は村里を離れた山中にあり、松や杉など古木が鬱蒼《うっそう》と茂る中に建っている。この山は天狗が多く、客人が泊まると色々と奇怪なことをして驚かせた。

ある時、僧が全て出かけ、寺の手伝いをする子が留守を守っていると髪の長い旅の僧がやってきてしばらく休み、「今日は祇園祭の日だが見たくないか」という。行けるわけがないと答えると、旅の僧はその子を連れて出かけた。するとあっという間に祇園の賑《にぎ》やかな祭りの場に着き、見物していて飽きなかった。日暮れになり、帰り道で旅僧は菓子屋で干菓子を買い、見る間に寺に帰ると旅の僧はたちまちいなくなった。手伝いの子の話を怪しんだ寺の僧が見ると、箱には京二条通の菓子屋の印があった。

天狗は悪戯《いたずら》をしたが和尚の注意はよく聞いた。現在、天狗を祀《まつ》った慈戒堂がある。

［参考文献］崑崙橘茂世『北越奇談』

## 七面大蛇［しちめんだいじゃ］

文永八年（一二七一）、佐渡に遠流《おんる》となった日蓮上人が乗船した船が寺泊から出航した。強風で角田《かくだ》浜（新潟県新潟市）に漂着すると角田浜の人から「角田で暴れている七つの頭を持った七面大蛇という悪蛇を退治してほしい」と頼まれ、日蓮上人が角田の岩屋に行き、七面大蛇に向かって法華経を読むと、大蛇は七面天女に姿を変えた。七面天女は日蓮上人に従い、後に山梨県身延山《みのぶさん》に移り住んだという。七面大蛇の棲んでいた岩屋は妙光寺の敷地内にあり、「七面大蛇教化の岩屋」といわれている。毎年八月一九日、妙光寺では七面大明神の法要が行われる。七面大蛇がいた頃、岩屋には海水が流れ込んでいたといわれる。近くには海水浴場がある。

［参考文献］巻町『巻町史 資料編6 民俗』

## 蛇頭［じゃがしら］

かつて新潟市秋葉区横川浜周辺は鎌倉潟と呼ばれる湿地帯で、開発しようとしても大蛇が暴れて作業ができなかった。元和六年（一六二〇）、新発田《しばた》藩主溝口宣勝から開発の御判物《ごはんもつ》を頂いた長澤宗右衛門という人が、作業の人たちの先頭に立って「横川浜村肝煎《きもいり》宗右衛門大蛇へ申入る」として君命でこの地を開発すること、開発の邪魔をしないこと、身を隠してくれればその霊を弁天としてこの地に祀《まつ》ることを大蛇に訴えた。開発は無事に終わり、竜王堂を建てて弁天様を祀った。一説によると、開発の前後に大蛇の死体が発見されたのだという。竜王堂は無人であったため、現在「蛇頭さま」は横川浜の本住寺に寺宝として大切に保存され、毎年一一月七日、御会式の日にご開帳されている。

［参考文献］小須戸町史編纂室『小須戸町史』

## 珠数掛桜［じゅずかけざくら］

親鸞上人越後七不思議の一つ。小島に逗《とう》留《りゅう》した親鸞が発つ時、いつも佐五郎の家に集まって親鸞の話を聞きに来ていた村人たちが見送りに来た。親鸞は村人たちを前にして最後のお話をした。そして手にした珠数を桜の枝にかけて、「私が広める御法《みのり》が偽りでなければ、これから後、この木の花房が珠数のようになって咲くだろう」と教えを説いた。すると、その桜の木は毎年のように珠数をかけたように桜の花がつながって咲くようになったといわれている。後に佐五郎の子孫がここに梅護寺《ばいごじ》を建てたという。この桜は昭和二年（一九二七）に天然記念物に指定された。現在、梅護寺（新潟県阿賀野市）では八房の梅、珠数掛桜を見ることができる。

［参考文献］廣瀬南雄『伝説の親鸞』

## 酒呑童子［しゅてんどうじ］

酒呑童子は京都の大江山で源頼光に討たれた鬼である。『御伽草子』の中で酒呑童子は「本国は越後」と言っている。酒呑童子は新潟県燕《つばめ》市砂子塚で生まれ、その後、新潟市楞厳寺《りょうごんじ》で学び国上寺《こくじょうじ》の稚児《ちご》となった。稚児は国上寺と弥彦神社を往復して書簡を運んだ。村の娘たちは美しい酒呑童子を見るために稚児道に集まって恋文を渡した。しかし酒呑童子は仏門にあるので、女性からの手紙には目も通さず、つづらの中に納めていた。すると、女性の恨みの炎がつづらから噴き出て、酒呑童子はその火に顔を焼かれて鬼になったという。その後、弥彦山、高野山などを転々とし、仲間を増やして大江山にたどり着いた。越後を離れる前、酒呑童子は長岡市軽井沢の茨木《いばらき》童子とともにいた。長岡市熊袋《くまのふくろ》からは虎熊童子が子分に加わった。

［参考文献］高橋郁丸『新潟の妖怪』

## 将軍杉［しょうぐんすぎ］

国の重要文化財に指定されている平等寺（新潟県東蒲原《かんばら》郡）本堂の東に、推定樹齢一四〇〇年、国指定文化財天然記念物の将軍杉がある。杉としては幹回りが日本一の巨木。将軍・平惟茂《たいらのこれもち》がこの地に住んだことにちなんで将軍杉と呼ばれている。

惟茂は戸隠の鬼女、紅葉《もみじ》を退治した武将である。平繁盛の一五番目の子だったことから余五君、後に将軍となったと伝えられることから余五将軍と言われている。

昔、集落の人々は阿賀野川の水運で生計を立てていたが、ある時、新しい船に使う帆柱がないので将軍杉を伐採して作ることを決め、翌朝斧《おの》を持って杉のところに行ってみると、杉は一晩にして枝下の部分まで地下へ沈んでしまったという。これ以来、村人たちは将軍杉を手厚く保護しているという。

［参考文献］新潟妖怪研究所『新潟伝承樹木地図』

## 似類［じるい］

西川沿いの曽根と対岸の鈴木村で若者が水遊びをしていたところ、得体の知れない二尺（約六〇センチ）くらいのものが高さ一丈（約三メートル）ほどの空中を飛んで、しきりに翻っていた。回転するごとに棒を振るうような音がした。初めは子供たちが釣り竿などで叩こうとしていたが当たらず、若者たちも手に手に棒や舟の棹《かい》で叩こうとしたが回転が速くて打てなかった。やがてたくさんの人が集まって叩き落そうと騒いでいるうちに飛び去ってしまった。集まった人たちが空を見上げていると、皮膚も破れるのではないかと思うほどの激しい風雨が起き、人々は一斉に逃げ帰った。

［参考文献］崑崙橘茂世『北越奇談』

## 周防守のどくろ［すおうのかみのどくろ］

平安時代、新潟県南蒲原《かんばら》郡田上町《たがみまち》にある護摩堂城城主の羽生田《はにゅうだ》周防守が奥州から都を目指して越後に進軍してきた黒鳥兵衛《くろとりひょうえ》と合戦した。周防守は討たれて敵軍に首を奪われたが、周防守の妻で捕虜となっていた秋篠《あきしの》が夫の首を奪い返して五泉市長橋に逃れた。そして周防守の首を村人が羽黒神社境の八幡社に納めたという。

神社の境内には周防守にちなんで周防杉と呼ばれるご神木が大切に保護されている。高さは三五メートル、市の天然記念物になっている。

［参考文献］駒形覐『にいがたの怪談』

## 鈴木化け物［すずきばけもの］

新潟県新発田《しばた》市中ノ目新田近くに鈴木永正という長者の住んでいる屋敷があったといわれている。この辺りは福島潟に近く、池の端、中ノ目、天王などの村で、よく火の玉が飛んでいたという。火の玉は地上一メートルほどの高さを、時には速く時にはゆっくり飛び回った。火の玉にちょっかいを出すとどこまでも付いてくるので、出会ってもかまうものではないという。この火の玉は鈴木長者が亡くなる前に埋めた膨大な黄金が、その場所を伝えるために現れるのだとか、一族が火事で全滅したのでその魂が飛んでいるのだなどと伝えられている。この火の玉を鈴木化け物、鈴木屋敷の火の玉と呼んだという。

［参考文献］駒形覐『にいがたの怪談』

## すっぽん料理屋亀六［すっぽんりょうりやかめろく］

新潟市は江戸時代、八千八川と呼ばれるほど川がたくさんあり、また市街地を縦横に堀が巡っていた。そのため、亀やすっぽんがたくさん棲息《せいそく》しており、料亭や料理屋ではすっぽん料理を出す店が多かった。すっぽん料理屋の亀六は、毎日数百匹のすっぽんを料理していたが、ある時から夜な夜なすっぽんの幻覚に襲われるようになった。灯りを消すと布団の上にびっしりとすっぽんが乗ってくる様子が見え、灯りをともすと消える。灯りを消してはまたすっぽんが上がってくるので寝ることもできなくなった。我慢ができなくなった亀六は料理屋をやめて出家し、巡礼の旅に出たといわれる。江戸時代、料理屋がたくさんあったのは新潟市の古町8番町商店街〜古町9番町商店街辺りと推測される。ほぼ同じ場所で弘化三年（一八四六）に創業し今も続く老舗料亭鍋茶屋もすっぽん料理の店であった。

［参考文献］崑崙橘茂世『北越奇談』

## 砂まき狸［すなまきたぬき］

新潟県佐渡市市野沢《いちのさわ》の妙照寺の大門小路に砂まき狸が棲んでいた。二宮神社の女神様（順徳天皇の二の宮忠子女王、玉島姫）が父のおられる真野宮《まののぐう》へお通いの時、道が大変傷んでいたので、この砂まき狸が砂をまいて姫の歩く道を綺麗にしたという。この砂まき狸がまいた一筋路に気付いた人は、その跡を見て「ははあ、また二宮にはお通りがあった」と噂し合った。

［参考文献］藤沢衛彦（編）『日本伝説叢書』第8佐渡の巻

## 関の寒戸［せきのさむと］

一つ岩団三郎の四天王の一人。関の寒戸にお杉というおなごムジナがいた。お杉は他所《よそ》者の能登の船頭に肌を許した罰でムジナの守り神である知行山の神の怒りを買い、山が崩れて船頭とともに岩の下敷きになり死んだ。村人はお杉を憐《あわ》れみ大杉神社（新潟県佐渡市）を建てたという。寒戸神社ともいう。毎年八月二七日が縁日である。「関のお杉は魔性の肌よ 一夜抱かせて 石になる」「関の寒戸に明かりが上がる どこの一九があげるやら」と歌に歌われている。一説に、おかねさん（庚申《こうしん》）の夜は男女が一緒に寝てはならぬという戒めを破ったとも言われている。

［参考文献］駒形覐『にいがたの怪談』

## 関山の毛塚［せきやまのけづか］

新潟県南魚沼市関山に源教という僧が草《そう》庵《あん》に住んでいた。冬の夜に寒念仏《かんねぶつ》をして、草庵に帰る時に魚野川にかかる粗末な橋を通る。この橋はわずかな出水にも流れ、冬の間は雪に埋もれるため川に落ちて溺死する者も絶えなかった。川で溺死した者のために橋に立って鉦《かね》を鳴らし回向をすると、亡霊の女が現れた。橋から落ちて死に、四十九日だという。お菊と名乗るその女は、源教の回向のおかげで成仏できるが髪のせいでさまよっているといい、毛を剃《そ》ることを頼まれる。源教は承諾し、草庵でお菊の髪を剃る。剃った毛はお菊の衣の中に吸い込まれるように消えていったが、源教はわずかばかりの毛を手中に残した。お菊は手を合わせて消えてしまう。源教は村人とともに草庵で百万遍の供養を行い、関興寺《かんこうじ》住職に頼み、お菊の戒名をもらって毛塚の石塔を建てて供養をした。

［参考文献］鈴木牧之・山東京山『北越雪譜』

## 善道寺龍神井［ぜんどうじりゅうじんい］

新潟県上越市清里区梨平《なしだいら》の水嶋磯部神社の祭礼には、坊ヶ池の龍神がいつも雨雲に乗って宮参りをし、村人とともに「古代詞」を踊ると伝えられ、祭礼の後には必ず夕立があるという。

徳川三代将軍家光の頃、江戸で「幡随院《ばんずいいん》」を創立した幡随意上人が善導寺で百日説法を行った時、一日も欠かさず聞きに通った男がいた。それが直峰《なおみね》城主杢田《もくた》主膳で、幡随意上人は主膳が変化した杢田龍を得度《とくど》させ、龍である苦しみから解脱させた。龍はそのお礼に、龍の玉・竜水・竜灯を献上した。今でもそれらは善導寺に残っている。

善導寺には龍神井戸と呼ばれる井戸がある。この井戸は坊ヶ池につながっていると信じられ、善導寺で法事があるときは必ずどこかの畳がぐっしょり濡れていることがあり、「龍神が来た」と言われた。

［参考文献］高橋郁丸『龍の玉の秘密』

## 即身仏［そくしんぶつ］

即身仏は修行僧のミイラである。生きているうちに五穀を絶ち、木の実を食べ、漆液を飲み、自身を腐りにくい体にしている。日本最古の即身仏である弘智法印は、千葉県の生まれで、全国を行脚してたくさんの寺院を建立した。貞治二年（一三六三）、六六歳のとき、長岡市野積《のづみ》で入定した。新潟県は、弘智法印のほかに観音寺（村上市）の仏海上人、真珠院（柏崎市）の阿月秀快上人、菱潟《ひしがた》全海堂（阿賀町）の全海上人、大円寺（新潟市）の観海上人など、多くの即身仏が存在する。

仏海上人と観海上人は明治期の即身仏。墳墓発掘禁止令や自殺幇助《ほうじょ》に触れるため、石室に入ったままだった。仏海上人は昭和三〇年代（一九五五〜六四）の学術調査で、観海上人はテレビ番組の企画で掘り出されて姿を現した。

［参考文献］高橋郁丸『新潟の妖怪』

# 【た】

## タテ池の主 〔たていけのぬし〕

新潟県糸魚川《いといがわ》市大洞《おおほら》の向い山に今は農地になってしまったが、タテ池という池があった。昔は大きな池だったので、池の中に舞台をかけて年に一回舞を舞った。あるとき一人の稚児《ちご》が池の主にさらわれてしまった。池の主は大蛇とも鯉ともいわれている。その事件以後、祭りをやめ、舞は糸魚川市の能生《のう》の神社で行うようになった。今もその神社の傍らに主を祀《まつ》る石祠《せきし》が残っている。

〔参考文献〕『越後能生郷おらが村の昔語り』

## タロダイバサ

新潟県新潟市太郎代《たろうだい》にある塔娑山金龍庵のご本尊様は「太郎代観音」と呼ばれ、寺の外で雨ざらしになっている。お堂を建てると、屋根が吹き飛んでしまうからだという。この太郎代観音に関連して、新発田《しばた》市で「太郎代の観音様に屋根をかけるとタロダイバサが壊すので、太郎代観音は露天仏である」という昔話が残っている。このタロダイバサは「つながった狼の一番上に乗って」やってくるといわれている。この太郎代はかつて源義経が通った場所であり、ここで義経の家来の一人が亡くなり葬られているという。その家来の鎧《よろい》には金がついているので、寺で大般若《だいはんにゃ》の法要がある時は法灯の火、お彼岸の中日には、落日が反射して、目も開けられないことがあるという。

〔参考文献〕稲田浩二・小沢俊夫（編）『日本昔話通観 第10巻』

## 長見寺の茶釜 〔ちょうけんじのちゃがま〕

新潟県三条市新屋《あらや》に長見寺という寺がある。この寺のある下田郷では旧正月二月末頃、「農人日待ち」という行事があった。これは手打ちそばを作って修験者を招き、豊作を祈願するものだったが、新屋集落に山伏がいなかったので、長見寺の住職が集落を回り、お経を上げていた。多くの家を回るので、後まわしになる家からは苦情が出るほど多忙だった。ある年、遅く回る家に早々坊さんが現れて大いに喜ばれた。夕暮れ時、住職が最後の家へ行くと、二度も来たと不思議がられた。ある時、茶釜の蓋《ふた》をとってみると、日待ちのご馳走のそばがぎっしり詰まっていたので、茶釜が住職に化けたとわかった。茶釜の蓋を寺の墓地に手厚く埋めたので、文化年間（一八〇四～一八）以来蓋はなく、化けることもなくなったという。

〔参考文献〕駒形覐『にいがたの怪談』

## 津軽石［つがるいし］

慶長年間（一五九六～一六一五）、弘前城の城主津軽信牧《のぶひら》が佐渡沖で暴風に襲われた。その時、日頃信心している弥彦明神（新潟県西蒲原《かんばら》郡）に鳥居の奉納を約束して難を逃れた。そのため、お礼として毎年弥彦に使者を出していたが、約束した鳥居の奉納は延び延びになっていた。するとある日、弘前城内に二つの火の玉が飛び交い大騒ぎとなった。これは弥彦明神の怒りだと考えた城主は、急いで鳥居を奉納し、ついでに火の玉のもととなった二つの石も一緒に納めた。

神社ではこの石を「津軽石」または「重い軽いの石」とも呼んだ。何か願掛けして石を持ち上げる時、願いが叶うなら石は軽く持ち上がり、叶わない時は重くて持ち上がらないという。

［参考文献］小山直嗣『新潟県伝説集成 下越篇』

## 繋ぎ榧［つなぎがや］

親鸞上人が鳥屋野《とやの》（新潟県新潟市）で布教をしていた頃、護摩堂山（新潟県南蒲原《かんばら》郡）城主の宮崎但馬守が上人に帰依し、親鸞上人を城中に招いた。親鸞上人をもてなすときに、護摩堂山の名産の榧を焼いて差し上げた。すると親鸞上人は自分の語る教えが仏の御心にかない、人々が浄土に往生することができるならば、この貫きたる焼き榧が芽を吹いて生い茂るだろう、と庭へ投げると、すぐに芽が出て成木となり、たわわに実が成った。しかもその実にはつながれていた時の穴が開いていた。更に上人が「南無阿弥陀仏を一心に唱えると地獄行が転じて極楽往生することができるのは手のひらを返すようなものである」と言うと、この榧の木の枝先が逆さまになって生い茂った。

現在、榧の木は田上《たがみ》の了玄庵に残り、国指定文化財天然記念物となっている。

［参考文献］廣瀬南雄『伝説の親鸞』

## 稲島薬師と鎧潟の大蛇［とうじまやくしとよろいがたのだいじゃ］

昔、鎧潟（現・新潟市）の大蛇が角田山《かくだやま》に移り棲みたいと思い、欅谷《けやきだに》の虚空蔵様にお伺いをたてた。虚空蔵様は「角田山に沢が一〇〇あったら棲んでもよい」と言った。大蛇は沢を数えたが、何度数えても九九までしかない。実は、虚空蔵様が沢を一つ手で隠していた。大蛇は諦めて鎧潟へ帰ったが、四月八日と一〇月九日の稲島薬師のお祭りだけは登山を許されたので、その日は雨になるという。虚空蔵様の所にある大欅を「龍灯」と呼び、みだりに伐ると怪我をすると言う。木の皮を煎《せん》じて飲むと神経痛などに効くと言う。角田山の稲島登山道に欅谷という谷があり、そこに虚空蔵様が祀《まつ》られている。

［参考文献］巻町『巻町史 資料編六』、巻町役場『巻町双書 第一六集』

## 道念寺と白たんぽぽ

〔どうねんじとしろたんぽぽ〕

新潟県燕《つばめ》市大保《だいぼ》村新田（現・燕市大保）の様々な塔が立っている所は、もと路傍の原で、あるいは火葬場だったという。そこに昔、大飢饉《ききん》の年に餓死した村人や旅人が埋葬されたという。三河奉行も務めたという人が、出家して道念坊と名乗って諸国修行の旅に出た。大保村の五兵衛家に世話になっているとき、餓死の塚を弔おうと考えた。道念坊はそこに入定することにした。鉦吾《しょうご》を叩き、念仏を唱えながら塚に埋めてもらった。「鉦が聞こえている間は命があると考えてもらいたい。自分が成仏し、餓死者が救われたならば、その証拠として塚の周りのたんぽぽが黄色から白に変わるだろう」と遺言した。鉦吾の音は、入定から一週間聞こえ、その後白たんぽぽが咲いた。白たんぽぽはこの塚の辺りや米納津《よのうづ》土手に限って咲いている。

〔参考文献〕藤田陳平『米納津物語』

## 富永の隕石

〔とみながのいんせき〕

天保八年（一八三七）六月一一日午後四時頃、弥彦山（新潟県西蒲原《かんばら》郡弥彦村）と国上山《くにがみやま》（新潟県燕《つばめ》市）の間から音を立てながら何かが飛んできて、富永村の三番割という田圃《たんぼ》の中へ落下した。草取りの最中、田の中に落ちてきて一丈有余（約二・五メートル）の水柱があがった。驚いた女性が一人倒れ、田は一坪ほどの範囲の稲が赤く焼け、真ん中に握りこぶしほどの穴が開いていた。村人が掘っていくと地下約六尺（約一・八メートル）のところから石が出てきた。これを田辺家に運び、巻の代官所に届け出て、代官は長岡の殿様に伝えた。

この石はオコリ（マラリア）に効くという噂が広まり、人に頼まれた馬方などが許可を得てヤスリなどで石を削って持ち帰った。村の若者たちも削った粉を販売したため、角がすっかり削られて石が丸くなってしまったという。現在東京の国立科学博物館に所蔵されている。

〔参考文献〕藤田陳平『米納津物語』

## ともかつぎ

ともかつぎというのは、海で死んだ海女の亡霊のこと。死体があがらず、お経も読んでもらえなかった魂が海の中をさまよい、寂しがって友を呼ぶために現れるのだという。もし、ともかつぎから貝を受け取ったり、ついていったりすると、二度と水上に上がることができない。岩船（現・村上市）ではともかつぎからものをもらうときは、念仏を唱えながら後ろ手で受け、後ろを見ないで逃げれば助かることがあるという。それでも幾度も現れて仲間を呼びに来るため、岩船には海女がいなくなったという。

〔参考文献〕新潟県漁業協同組合編集委員会『新潟県漁村生活誌』

## とら堤「とらつつみ」

新潟県村上市有明から桃川に行く街道の北東に清くすんだ池があり、とら堤と呼ばれている。村の大きな家におとらさんという働き者で器量よしの娘が嫁入りした。姑にもよく尽くしたが、姑は昼となく夜となく嫁をいじめとおした。いじめが日に日にひどくなり、おとらはとうとう家を抜け出し、池に身を投げた。おとらの母親は悲しみ、日頃使っていた機織りの品々を池の底へ沈めてやった。すると月の明るい夜、池の底から静かに機を織る音が聞こえてくるという。

［参考文献］中村忠一『岩樟舟夜話』

# 【な】

## 新潟湊の龍「にいがたみなとのりゅう」

日本一長い信濃川（新潟県・長野県）。たくさんの支流を持ち、江戸時代は川幅も今より広かった。寛政五年（一七九三）一一月二〇日、小舟で新潟へ向かっていた『北越奇談』の著者崑崙橘茂世《こんろんたちばなしげよ》は通船川《つうせんがわ》（新潟県新潟市）から信濃川へ抜けると、海からやってきた龍に出くわした。雲の中に潜んでいる龍の姿を見ようと刀を構えて船の中から見上げていたが、龍は雷鳴とともに去っていったという。寛政三年（一七九一）には通船川と思われる川に一三本の雲が下がっていたといい、崑崙橘茂世はこれを龍が水の中で雲を呼んだものだろうと考えて「巻水《けんすい》」と呼んだ。江戸時代には龍の起こす暴風雨を避けるために海辺の家は屋上に鎌を立て、竜巻が起きた時は人々が集まり、鍬《くわ》や鋤《すき》を持って振り回したという。

［参考文献］崑崙橘茂世『北越奇談』

## にかっこ谷「にかっこだに」

新潟県糸魚川《いといがわ》市須川から川詰村（現・糸魚川市）へ通じる街道がある。旅人が頻繁に往来する街道で、歌や踊りなどが伝承される道でもあった。この街道を大っぴらに歩けない旅人は山道を通った。山道は険しい道であった。飢饉《ききん》の頃、乳飲み子を抱えた親が、この谷へ子供を投げ捨てて間引きをしたといわれる。投げる時に抱えあげられた子はあやされているものと思い、にかっと笑う。それでこの谷をにかっこ谷と言う。

［参考文献］『越後能生郷おらが村の昔語り』

## 奴奈川姫［ぬなかわひめ］

糸魚川《いといがわ》（現・糸魚川市）の奴奈川姫は出雲の大国主命に求婚される。姫は大国主命を嫌って逃げ回り、自害したという伝説もある。大国主命は糸魚川に住み着いたわけではなく、奴奈川姫を残して出雲へ去り、天照大神に出雲を譲って姿を消す。奴奈川姫と大国主命の子供である建御名方命《たけみなかたのみこと》は、天照大神の軍に抵抗して内陸の諏訪《すわ》まで追われる。信越の山中に幼子を連れた山姥《やまんば》の伝説が点々とあり、奴奈川姫と建御名方命であるとも言われている。諏訪に入り、建御名方命は地元の洩矢神《もりやのかみ》と戦わずに和睦し、洩矢神は彼の傘下に入ったという。建御名方命は諏訪大社の祭神として祀《まつ》られ、奴奈川姫は高志沼河姫《こしぬなかわひめ》として御座石《ございし》神社という神社に祀られている。

［参考文献］高橋郁丸『新潟の妖怪』

## 猫寺［ねこでら］

承応年間（一六五二～五五）、雲水の柏葉が新潟県阿賀野市折居《おりい》の折居庵に居を構えた。折居庵には黒い猫が棲み着き、柏葉は自分の食事を割いてでも黒猫に与えてかわいがった。ある夜、黒猫が夢枕に立ち、自分の寿命が尽きると別れの挨拶をし、「世話になった恩返しをしたい。明日の朝、北の方角から迎えが来るので同行してほしい」と告げた。朝起きると黒猫が死んでおり、柏葉は黒猫を庵の裏にねんごろに葬った。

その頃、新発田《しばた》藩の御用金を取り扱う岩村家の葬儀が行われており、葬儀の最中に棺桶《かんおけ》が空中に上がって騒ぎになっていた。「折居庵の柏葉に読経してもらうといいだろう」と告げて立ち去った行者風の男がいた。岩村家は使いを出し、柏葉の読経で棺桶をおろした。岩村家は大変喜び、折居庵のある山地をならして大きなお寺を建てた。このお寺を岩村寺といい、墓地には今も丸石の黒猫の墓がある。

［参考文献］駒形覐『にいがたの怪談』

## 猫又吉十郎［ねこまたきちじゅうろう］

新潟県上越市大町の土橋稲荷神社（通称猫又稲荷）には猫又が埋葬されているという。この猫又は、富士山に棲む富士大権現のお使いという神聖な存在だった。源頼朝が富士の巻狩り（狩場を包囲し獣を中に追い詰めて射とる狩猟）に来たため避難したときに人を食べてしまい、富士大権現に知られ富士山から追放されてしまった。身を隠しながら戸隠を経て、上越市中ノ俣の重倉山に棲み着いた。猫又は山の畑の漆を掻《か》いて全身に塗り、浜に出て砂を塗り込んで鉄石のように身を固めた。天和二年（一六八二）二二歳の若者が手首を残して食べられた。天和三年（一六八三）には相次いで二人の被害者が出て、五〇人の足軽が猫又退治に向かったが怖気《おじけ》づき、村一番の強者《つわもの》の吉十郎が病をおして出かけ、壮絶な戦いの末に猫又を退治した。吉十郎の子孫の宅には、吉十郎が猫又退治のときに使った刀が残されている。

［参考文献］北条時宗「祭文台本　猫又吉十郎」（『あしなか』通巻29号）

## 念吉亀［ねんきちがめ］

安倍玄的《げんてき》という医師が延享三年（一七四六）に最初に住み着いて新田を開発した。その頃、堤外地などの水損地で一定の収穫高をみることができない土地を公的に流作《りゅうさく》場《ば》と呼んでいたため、長い間流作場という地名だった。この流作場に念吉という酒癖の悪い男がいた。懲らしめるために藪《やぶ》に縛っておいたが、反省しないので手足を縛り、俵に詰めて信濃川へ投げ込んだ。念吉は大亀となって祟《たた》ってやると言いながら流された。そのために川欠け（川の決壊）があると念吉亀の祟りだと言われた。今は流作場と言う地名もなくなったが、新潟県新潟市中央区三和町の三社神社は「天領流作場鎮守」として流作場や安倍玄的を偲《しの》ぶことができる。

［参考文献］鏡淵九六郎（編）『新潟古老雑話』

# 【は】

## 白山神社の蛇松明神［はくさんじんしゃのじゃまつみょうじん］

あるとき、信濃川が大洪水を起こし、白山神社の神主が濁流の中に光り輝く白い蛇を発見した。川の中から助け上げて社殿近くの松の木に放してやったところ、その松の幹の皮がウロコのように変化した。蛇は助けられたお礼に神社の守り神になると告げた。以来、蛇松明神として崇《あが》められた。

一説によると、この蛇は新潟県五泉市の白山で暴れていた大蛇で、白山に建つ慈光寺の傑堂能将禅師が法力によって山から追い出したと言われている。慈光寺から能代《のうだい》川を下り、小阿賀野《こあがの》川から信濃川に入って逃げるうちに力尽きて溺れ、流されたようだ。蛇松神社大祭は毎年五月一八日に行われている。

〔参考文献〕高橋郁丸『新潟の妖怪』

## 白山の大蛇と能代川〔はくさんのだいじゃとのうだいがわ〕

新潟県五泉市の慈光寺に蛇枕石《じゃまくらいし》という石がある。白山（一〇一二メートル）の麓にある慈光寺を開いた傑堂能勝という僧侶が、白山に棲んでいた大蛇を追い払ったとき、蛇が僧侶の祈禱《きとう》の力に苦しみ枕にしたという。大蛇は白山に棲んでいたときには洪水を起こしたり作物を荒らしたりしていた。山を追われた大蛇は、のたうち回りながら川を作って海へ向かった。それが能代川（五泉市・新潟市）で、別名九十九曲川《くじゅうくまがり》ともいわれている。傑堂能勝は、大蛇が川筋の人々に迷惑をかけないように、中野橋・橋田・石倉・土深《どぶけ》（五泉市）などにお地蔵様を建てた。そのため、大蛇も川から上がることができずにどんどん力がなくなり、小阿賀野川から信濃川に入って海に向かって流され、新潟市の白山神社にたどり着いた。

〔参考文献〕高橋郁丸『新潟の妖怪』

## 化け銀杏の精〔ばけぎんなんのせい〕

新潟県佐渡市新穂《にいぼ》大野の清水寺《せんすいじ》の境内に雄のイチョウの木がある。あるとき、近くの農家に住む美しい娘のもとに気品のある若者が現れ、一晩語り明かし、ともに過ごした証と言って小判を一枚残して立ち去った。こうしたことが数日続き、娘の父親は不思議に思って清水寺の住職に小判を見せた。和尚が小判を火にあぶって経を読むと、たちまち小判はイチョウの葉に変わり、若者は寺のイチョウの精であることがわかった。和尚が木に注連縄《しめなわ》を張って供養すると、若者は現れなくなった。落葉の季節には多くの葉が地面に落ちるが、今も一枚だけ地面に落ちずにどこかへ飛んで行くという。このイチョウの木は現在では市指定文化財に指定されている。

〔参考文献〕児玉宗栄（著）・井出文蔵（絵）『佐和田国仲の伝説と世間話：佐渡の民話』

## 化けもん小路〔ばけもんこうじ〕

新潟県村上市飯野《いいの》にばけもん小路と呼ばれる所がある。人が寝静まる真夜中に、糸車の音がする。人が怪しんで障子の破れから覗《のぞ》いてみると、髪の真っ白なお婆さんが茶の間で糸車をひいている。真夜中にその小路を通ると、抜け首がゲラゲラ笑っていたり、シクシク泣いていたりする時もある。

これは狐やタヌキのしわざという人もあれば、地下の無縁仏の祟《たた》りだという人もあり、気味悪がられた。

〔参考文献〕中村忠一『岩樟舟夜話』

## 裸押し合い祭りと化け猫〔はだかおしあいまつりとばけねこ〕

新潟県南魚沼市浦佐の普光寺の毘沙門《びしゃもん》堂

堂守の珍念は、実は化け猫だった。ある日、按摩《あんま》の杢市《もくいち》を呼んで、肩を揉《も》ませたところ、杢市は珍念の骨格が人と違うことに気付き、逃げ出して村人に告げた。村人は総出で毘沙門堂を取り囲み、逃げようとした化け猫を踏み潰して退治したという。また、普光寺に棲み着いた猫が化け猫になり、堂守を次々食い殺していたが、堂守志願の修行僧がやってきて按摩に化けた猫と格闘、退治したという話もある。村人たちは猫が生き返らないようにムシロを被せてみんなで「サンヨサンヨ」と踏みつけたという。

どちらの話も化け猫が退治された日が三月三日（旧暦の一月三日）で、堂の中にネコシキという厚手のムシロを敷いて「サンヨサンヨ」と唱えながら化け猫退治記念の押し合い祭りをするのだという。

［参考文献］駒形覐『にいがたの怪談』

## 八石山の火の玉［はちこくやまのひのたま］

八石山（新潟県柏崎市）善《ぜ》根《ごん》城主は多くの人から敬われている殿様だった。これをねたんだ北条城主は自分の娘を善根城主に嫁入りさせることを考えた。善根城主は、もとは同じ毛利なのだからと喜んで承知し婚礼の式を挙げた。しばらくして北条城主が善根城主に酒宴の案内を出した。善根城主が少しの家来を連れて北条城へ行くと、珍しいご馳走で大変なもてなしを受けた。そして北条城主は善根城主と家来たちを全員殺してしまった。知らせを受けた善根城主の奥方は馬を飛ばして夫の仇討ちに出たが、途中の橋が落とされており引き返した。奥方は父を恨んで自害、火の玉となって北条の田畑を焼き払い、城にも飛んでいった。北条城と善根城主開基の周広院では家鳴り、振動が激しかった。北条の普広寺四世竜山文経禅師は善根城主の霊を供養し、火の玉を鎮めた。

［参考文献］駒形覐『にいがたの怪談』

## 八海山の田かき馬［はっかいさんのたかきうま］

新潟県では節供には農作業をしないという約束事がある。五月六日は節供なので馬を入れて田かきをしてはいけない日だったのに松之山の与作という男が、禁を破って田かきを始めた。ところが馬が言うことを聞かないので与作が思い切り馬を叩くと馬が逃げ出した。慌てた与作が馬を追うと馬は空高く舞い上がり八海山（新潟県南魚沼市）の周りを回り始めた。与作も必死に追いかけていたが、力尽きてしまった。

毎年、春の雪解けの頃になると、八海山に馬と馬を追う与作の姿が雪形（春先に現れる山の残雪の形）となって現れる。今ではこの姿が現れるのを目安として田かきが行われている。

［参考文献］大和町史編集委員会『大和町史中巻』

## 盤台島［ばんだいじま］

京都からやってきた三条左衛門は本名を橘左衛門定明といい、三条城（新潟県三条市）を築城した。三条左衛門と闘う黒鳥兵衛《くろとりひょうえ》は部下に城が落ちたという噂を流させた。信濃川の船頭たちはその噂を各地に広げていった。都へ帰っていた三条左衛門の奥方一行は、帰ってくる船の上で鬨《とき》の声を聞いた。奥方たちが何事かと船頭に聞くと、長岡の船頭は「黒鳥兵衛の軍に攻められ、城が落ちた」と嘘をついた。奥方や姫、お付きの女性たちは絶望し、川に身を投げた。

鬨の声は三条城に下田の五十嵐小文治の援軍があったためだった。奥方たちの無念の思いが祟《たた》りとなって、長岡の船頭が盤台島（現・三条市。三条大橋付近にあった中洲）を通ると船が沈むようになった。このため、船が盤台島を通る時には、どの船も「三条船だ」と叫びながら通るようになった。

［参考文献］高橋郁丸『絵草子黒鳥兵衛ものがたり』

## 菱山の奇事［ひしやまのきじ］

『北越雪譜』では菱山（菱ヶ岳）（新潟県上越市）の雪崩の記述がある。「毎年春になると夜中に雪崩があり、その音は二里（約八キロ）ほど先まで聞こえる。山の近くに須川村、菖蒲《しょうぶ》村という集落があり、須川の方へ真っすぐに雪崩れた年は豊作で、斜めに菖蒲の方へ雪崩れた年は凶作である。それは少しも外れたことがない」とある。更に、「白衣白髪の老翁御幣《ごへい》を持って雪崩に乗り下る」とある。現在、新潟県上越市安塚で見ることができるのは、菱ヶ岳に現れる「はね馬」と呼ばれる白馬の雪形である。馬の尻尾が細くなると豆まき、首が切れると粟《あわ》まきの時季など、馬の形は農耕の目安となっている。更に出現した馬の形により作物の豊凶を占い、見る人によっては安塚の町の吉凶までわかるという。

［参考文献］鈴木牧之・山東京山『北越雪譜』

## 人柱おせん［ひとばしらおせん］

西川沿いの新潟県新潟市の矢島の堤防の近くに「お仙地蔵」と呼ばれる地蔵尊が安置されている。元禄時代（一六八八～一七〇四）の中頃、洪水で善光寺へ水を引く用水路の樋管《ひかん》が抜け、堤防が流されて田も畑も泥の海となった。近くの村の者も応援に来たが樋管のところだけは何度修理しても押し流される。村人が困って鎮守様に集まり神のお告げを聞くと「若くて美しい娘を人身御供にして川へ沈めれば水の勢いは弱まる」ということだった。そこへ若く美しいお仙という娘が通りかかり、「私の命で村の難儀が救われるのならば」と言って激流の中へ飛び込んだ。すると水の勢いが弱まり、堤防も樋管も修理することができた。お仙の亡骸《なきがら》はいくら探しても見付からず、お仙の霊を慰めるために石地蔵様を祀《まつ》って「お仙地蔵」と呼んで供養した。

［参考文献］潟東村編纂室『潟東村誌』

## 福島潟のお福［ふくしまがたのおふく］

干拓された紫雲寺潟（新潟県新発田《しばた》市・胎内市）からお福大蛇が移り棲んだために福島潟（新潟市）となった潟は、新発田藩が幕府の許可を得て開発することとなった。山本丈右衛門という人が開田請負を願い出て潟の周りに長い土堤を築いたが、春先や梅雨時の出水で土堤が崩れてしまった。翌年、土留めを補強し、丈右衛門が土堤を見回って破堤を防いでいた。雨の日の夕方、丈右衛門が土堤を見回っていると、若い女が佇《たたず》んでいて「自分はお福と申して、この潟に棲んでいる主の大蛇だが、大きな杭《くい》を体に打ち込まれて苦しんでいるので杭を抜いて助けてほしい」と哀願した。丈右衛門は気の毒に思ったが、人々の苦労が流されてしまうことを思いそのまま帰った。丈右衛門はその後、飯山にお福の菩提《ぼだい》を弔うため福音寺《ふくおんじ》を建てた。

［参考文献］高橋郁丸『新潟の妖怪』

## 衾［ふすま］

人里離れた夜道を歩いていると、前とも後ろともなくふわりと柔らかな大風呂敷のようなものが頭から被せられる。これはどんな名刀で斬っても斬れないが、一度でも鉄漿《かね》（お歯黒の液）で染めたことのある歯で食い切れば、たやすく切れるという。そのため昔は男でも一度は鉄漿をつけたものだという。

［参考文献］不苦楽庵主人『佐渡の昔話』

## 二ツ岩の団三郎［ふたついわのだんざぶろう］

佐渡金山（新潟県佐渡市）では、灰吹き法という方法で金を精製している。精製の時に必要なふいごは、狸の皮で作られている。佐渡にはふいごの材料として狸が大量投入され、数が増えたといわれている。山本修之助の『佐渡名勝録』には、相川の二ツ岩団三郎貉《むじな》を筆頭に、一〇〇以上の狸の名が記録されている。**関の寒戸《さむと》**、徳和の善達、潟上の才喜坊、おもやの源助といった狸が、団三郎の四天王と呼ばれている。団三郎は、金山から運び出されてこぼれ落ちた金の粒を拾ったり、人が落とした小銭を貯めたりして、金貸しを始めたといわれる。

団三郎は佐渡市相川下戸村《おりとむら》の山中にある二ッ岩大明神に祀《まつ》られている。ご神体は巨大な岩である。

［参考文献］高橋郁丸『新潟の妖怪』

## 坊ヶ池の龍神［ぼうがいけのりゅうじん］

青柳の池と呼ばれた坊ヶ池（新潟県上越市）は、山の中にある神秘的な池で、池畔の御祓《おはら》い石場と呼ばれるところでは雨乞いの祭りが行われていたという。この池の主は竜姫といい、直峰《なおみね》城の城主であった杢田《もくた》主膳は龍神を守護神として祀《まつ》っていたが、竜姫に気に入られ、姫が一〇〇日余りも雨を降らさず農民が困窮したため、妻子と別れて泣く泣く婿に入ったという。日照りの時には安塚の人が坊ヶ池に雨乞いに行くと必ず雨が降るという。清里地区に残っている伝説には、龍の夢を見て懐妊した女性が産んだ坊太郎という子供が、釣りに行って龍に変化し、主になったという。そのため青柳の池は、坊ヶ池と呼ばれるようになったのだという。

［参考文献］高橋郁丸『龍の玉の秘密』

## 星の降る池［ほしのふるいけ］

新潟県村上市北新保《しんぼ》の大池には星が降るといわれていた。夜になると池には小さな炎が燃え、長い叫び声があがる。声は大きく光っている星の方へ近付いていき、星は叫び声の方へ流れて池の底へ飛び込む。里の人は「星が流れるのは里人の誰かが極楽へ入った印だから、仏様と同じように手を合わせて拝むとしあわせになる」と言った。この大池の真上に続いている星が「極楽の道」という星の群れで、星たちは地獄から極楽まで続いているとも言われた。

［参考文献］中村忠一『岩樟舟夜話』

# 【ま】

## 馬追ヶ池［まおいがいけ］

五十嵐《いからし》川源流の守門岳の中腹、吉ヶ平《よしがひら》の雨生《まごい》ヶ池（新潟県三条市）には龍神がいる。そのため雨乞いの池として知られた。魔生ヶ池、馬追ヶ池とも呼ばれていた。かつてここには「沢の行者」という行者がおり、金鶏の飾りのついた錫《しゃく》を持っていて霊験あらたかであった。あるとき、樵《きこり》の弥太が行者を殺して錫を奪うと、落雷があって弥太は死に、その後の大雨で雨生ヶ池ができたのだという。この池には白田螺《しろつぶ》がいて、日照りの時に行者が山に登り、この白田螺を取るとたちまち大雨になる。田に水が行きわたるとすぐに白田螺をもとの場所に戻す。もし、白田螺が死ぬと洪水になるという。五十嵐小文治はこの池の主と人間の間に生まれた。

［参考文献］崑崙橘茂世『北越奇談』

## 巻機山［まきはたやま］

新潟県南魚沼市大木六《おおきろく》に弥治右衛門という男が住んでいた。弥治右衛門は母の病気の治療に黄蓮《おうれん》という薬草が効くと知って、巻機山に探しに行った。薬草は見付かったが、山の中で日が暮れてしまった。困っていると家の灯りが見え、中に入ると美しい女が機を織っていた。弥治右衛門が宿を乞うと、女はここは人間の来る所ではない、ここには泊めることはできないので、麓まで案内するという。しかし、決して後ろを振り向いてはいけないと言って弥治右衛門を背負い、飛ぶような速さで山を駆け下りた。驚いているうちに麓に着き、女は弥治右衛門をおろした。弥治右衛門が女を見ようと振り向くと、振り向きざまに片目が潰れてしまった。この女性は機織の神様で、後に木六神社に祀《まつ》られたという。

［参考文献］高橋郁丸『新潟の妖怪』

## 真人ムジナ［まっとむじな］

小千谷市真人にある若栃《わかとち》集落に悪戯《いたずら》好きなムジナがいた。真人ムジナと呼ばれ、火事と葬式の真似が大得意で村人を驚かせ、困らせた。村人は小千谷陣屋の役人に、退治するように頼んだが、失敗してますます悪戯がひどくなった。住処《すみか》の穴に閉じ込めて火で燻《いぶ》して退治しようとしたら、穴を掘って佐渡まで逃げたという。この洞穴は今も残っている。真人ムジナが団三郎になったのだという人もいる。

［参考文献］駒形覐『にいがたの怪談』

## 見上入道［みあげにゅうどう］

夜中、坂道を上る時に見上入道が出る。上がっていく時に前方に小坊主のようなものが現れて立ちふさがる。おや、と思っている間に大きくなり、見上げれば見上げるほど大入道になって、遂に後ろに仰ぎ倒れるものだという。これは見上入道だな、と早く気付いて「見上入道見越した」と呪文を唱えて前に打ち伏せば消え去り、危険な目に遭うことはない。佐渡市の歌見《うたみ》や赤《あか》泊《どまり》にも見上入道の話がある。

［参考文献］不苦楽庵主人『佐渡の昔話』、小山直嗣『新潟県伝説集成 佐渡篇』

## 虫川太子堂の桂［むしかわおうじどうのかつら］

新潟県上越市浦川原区虫川の集落が大火事に遭ったとき、太子堂が焼け、太子像も行方不明になった。その後、田植えの季節に一人の男の子が現れて作業を手伝ったり子守をしたりするようになった。不思議に思った人が男の子の後を付けると、男の子は桂の木の洞へ入った。村人が洞を覗《のぞ》くと、中に行方不明となった太子像が正座していた。村人はお堂を建て直して祀《まつ》った。

［参考文献］新潟妖怪研究所事務局『新潟伝承樹木地図』

## 無縫塔［むほうとう］

新潟県五泉市、雷山《いかずちやま》の麓の永谷寺《ようこくじ》は近くに早出川《はやで》という渓流がある。雷山に築城していた雷城の落城の際、城主の一人娘菊姫が早出川の東光院渕に身を投じた。姫は永谷寺の和尚の功徳によって成仏し、渕の龍神と化した。感謝の気持ちからか歴代の住職が亡くなる七日前になると渕から墓石となる丸い石を届けるようになったという。寺ではこの石で作った住職の墓を無縫塔、村人はオボト石と呼んでいる。

人々が無縫塔と名付けた後、何度渕に投げ込んでも一晩でもとの場所に上がっているという。ある時、無縫塔が打ち上がった時に住職が「私には大願があるから、まだ死ぬわけにはいかない」と、その石を渕に投げ込んで寺を去ったところ、命に別状なく長生きをしたという。

［参考文献］駒形覐『にいがたの怪談』

# 【や】

## 焼鮒 榎に現れた奇跡［やきふな えのきにあらわれたきせき］

親鸞上人の越後七不思議の一つ。新潟県新潟市鳥屋野《とやの》の草庵《そうあん》で布教していた親鸞上人が、鳥屋野を出立することになった。山田の人々が別れを惜しんで宴を催した時、信徒が焼いた鮒を献じたが、親鸞は榎に袈《け》裟《さ》をかけ、焼鮒を山王神社境内の池に放した。すると鮒は生き返って泳ぎ出したと伝えられている。寛政八年（一七九六）、親鸞が袈裟をかけたという榎が傷み、伐り倒されることになった。木挽《こびき》が二本に分かれた幹を伐ると片方から親鸞上人の姿、もう片方には焼鮒の姿が現れた。そのため山王神社の神官である田代家に安置した。親鸞上人の姿の方は火災で黒焦げになってしまったが、どちらも田代家に大切に保管されている。

［参考文献］高橋郁丸『新潟の妖怪』

## ヤサブロバサ

ヤサブロバサは新潟県内各地に出没する妖怪である。伝説の中心は弥彦村（新潟県西蒲原《かんばら》郡）である。吹雪の夜、風に乗って飛んできて、夜更かししている子供や、言うことを聞かない悪い子供をさらって食べてしまうという。魚沼市の話では、息子と嫁に死なれ、乳飲み子の孫にまで死なれた婆が、悲しみのあまりに孫を食べて鬼婆になってしまったという。江戸時代の弥彦神社の神官、高橋光則が書いた『櫻井古水鏡』によると、代々弥彦神社の鍛冶の棟梁であった黒津家の当主の母がそれまで鍛冶が大工より格が上で、棟上式も一番に務めていたのが、立場が逆転し、憤慨してヤサブロバサとなったという。後に典海大僧正の説教によって改心し、妙多羅天女となる。一〇月一五日、弥彦村の宝光院で、妙多羅天女法要が開催されている。

［参考文献］国嶋兵五郎『櫻井古水鏡』、高橋郁丸『新潟の妖怪』

## 八房の梅［やつふさのうめ］

親鸞上人の越後七不思議の一つ。親鸞がこの里に滞留していた時、佐五郎という男の家に泊めてもらい、佐五郎夫婦に念仏の教えを説いたところ、夫婦は信者になった。親鸞は喜び「帰命尽十方無碍光如来」の十字名号を書き与えた。佐五郎が食事のお膳に梅干しを出すと、親鸞は梅干しを食べてその種を庭に植え、念仏のありがたさを説いた。すると梅干しが芽を出し、枝葉が茂って薄紅の八重咲きの花が咲いた。そして花一つに八つの実を結ぶようになったと伝えられている。親鸞はこの地で数ヶ月間滞在して布教したと伝えられ、梅の木は梅護《ばいご》寺《じ》（新潟県阿賀野市）内の草庵《そうあん》跡にあって、今でも一つの花に八つの梅の実をつけたところを見ることができる。

［参考文献］廣瀬南雄『伝説の親鸞』

## 雪女［ゆきおんな］

新潟県魚沼市宇津野に吾作という男がいた。年の瀬となり、銀山平まで正月用の鮭《さけ》捕りに行った。枝折《しおり》峠（新潟県魚沼市）で吹雪に遭い、途方に暮れていると雪の中に一軒の家があった。一夜の宿を求めると、女性が一人おり、「自分のことを人に話すな」と言って泊めてくれた。三年後、雪の中で一人歩く女に出会い、時間も遅いので家に連れて帰ると両親に死に別れ、身寄りがないので下野《しもつけ》の親類を訪ねるといい、吾作はすっかり同情してしまった。その後、吹雪の日が続き、女は吾作の家にとどまり二人は夫婦になった。一〇年後のある夜、吾作は女の顔を見ながらふと、枝折峠の女のことを思い出し、妻に「そっくりな女がいた」と話してしまうと、女はその時の女で雪女だった。約束を破った男は殺される定めだったが、三人の子供を授かっていたため、子供を託され許された。

［参考文献］駒形覐『にいがたの怪談』

## 与茂七火事［よもしちかじ］

大竹与茂七は中之島村の名主だった。正義感が強く農民を助け、上役である大庄屋の無理難題には真っ向から立ち向かった。そのため大庄屋から嫌われていた。当時、中之島村は新発田《しばた》藩領だった。

宝永七年（一七一〇）から数年、大変な凶作となったため、村民の窮状を見かねた大竹与茂七は大庄屋から一五〇両を借りて救済に当てた。翌年豊作になり、大庄屋に借金を返済したが受領の証文を受け取り忘れ、大庄屋は借金を返せと言い出した。手元に証文がない大竹与茂七は新発田の奉行所に訴えられ、大庄屋に買収されていた役人により正徳三年（一七一三）に斬首されてしまった。その後、大庄屋も役人も狂い死に、新発田の町は大火事となった。新発田藩は大竹与茂七の冤罪《えんざい》を認め、諏訪《すわ》神社境内に五十志霊《いそしれい》神社を建てて大竹与茂七の霊を慰めた。中之島にも与茂七地蔵が建っている。

［参考文献］駒形覐『にいがたの怪談』

## 鎧潟の由来［よろいがたのゆらい］

鎧潟（現・新潟市）は新潟平野で一番大きな潟といわれた。源義家が、黒鳥兵衛《くろとりひょうえ》を討つためにやってきた時に、この潟で泥の付いた鎧を洗ったので、鎧潟と呼ばれるようになった。

一説によると、味方の氏潟城（鯵潟城）に立て籠もった黒鳥兵衛が、加茂次郎義綱に討たれた際に、黒鳥兵衛の首を黒鳥に、胴は氏潟に埋めて、義家の鎧は鎧潟に沈めたからだとも言われている。鎧潟は昭和四〇年代（一九六五～七四）にすっかり埋め立てられて田園地帯となった。

［参考文献］新潟市『新・新潟歴史双書1「新潟市の伝説」』

# 【ら】

## 良寛さまと水神相伝［りょうかんさまとすいじんそうでん］

新潟県長岡市島崎は、曹洞宗の有名な僧・良寛が晩年暮らした地である。良寛が世話になっていた木村家の前には島崎川が流れている。江戸時代には屋敷前に船着き場もあった。島崎川は西川、信濃川へ合流していて二日で新潟まで物資を運ぶことができる大切な水路だった。そのため島崎は船問屋、船宿、料理屋が軒を連ね、とても賑《にぎ》わっていた。良寛のいた木村家の隣に桑原家がある。良寛は世話になった桑原家に「水神相伝」という由来の書を書き残した。そこには、河童が桑原家の馬を島崎川に引きずり込もうとして、馬が暴れて陸に上がってしまい、秘薬を授けることを条件に命乞いをして秘薬の阿伊壽の作り方を桑原家に伝えたことが書かれているという。

［参考文献］高橋郁丸『新潟の妖怪』

## 霊雁の湯［れいがんのゆ］

正徳三年（一七一三）正月三日の夜、高島庄右衛門の夢枕に白髪の老翁《ろうおう》が立った。そして「これより東北に当り老松の下に岩石の間に霊泉あり、これに浴すれば諸病平癒せざることなし、汝《なんじ》速やかにこれを開発して衆生を救済すべし」と告げた。三日間毎夜同じ夢を見たため、庄右衛門はただごとではないと思ってお告げの場所に行ってみると、一羽の傷ついた雁が泉流につかってはそばの岩で休んでいた。これを見て、霊夢はこの湯のことだと思ってその水を汲《く》み、有効な鉱泉と知った。

現在、この源泉は岩室温泉（新潟県新潟市）となり、岩室温泉は新潟県内でも屈指の温泉地となっている。霊雁の湯は公園として整備されており、囲みを造って大事にされている。

［参考文献］岩室村史編纂委員会『岩室村史』

## 椀貸し伝説 「わんかしでんせつ」

新潟県内には各地に椀貸し伝説があるが、佐渡のムジナも椀を貸してくれるという話があった。和尚と禅問答をしたという禅達《ぜんたつ》ムジナも椀を貸したが、小倉のムジナも椀を貸した。小倉のスミヤ家にスミヤの風穴と呼ばれる穴があり、このムジナ穴は地下を通って小倉ダムの馬ブチという所まで続いていた。ここに棲むムジナは「カザアナ様」と呼ばれ、お金や椀、衣装まで貸してくれた。決めた期日に借りたものを返し、団子や赤飯をお礼に供えたという。しかし、この椀を返さずに売り出してしまった者がいて遂にムジナは現れなくなった。

[参考文献] 児玉宗栄（著）・井出文蔵（絵）『佐和田国仲の伝説と世間話：佐渡の民話』

# COLUMN 新潟県の妖怪01

『日本書紀』（第二七巻）に、「天智天皇七年秋七月（中略）越国献燃土与燃水」という記述がある。燃える土はアスファルト、燃える水は石油と考えられる。新潟以外でも存在していたはずだが、これを珍しいものとして献上したのは新潟人に不思議なものを感知する能力が高かったからではないだろうか。そのため、新潟には七不思議が多く、江戸時代の書物『北越奇談』には昔から伝わる「古《いにしえ》の七奇」として燃土・燃水・白兎・海鳴・胴鳴・無縫塔・火井（天然ガス）が紹介されている。さらに県内各地に伝わる七不思議を集めた「俗説十有七奇」も紹介されている。明治四十七年には「越後伝説四十七不思議解」（中原敬蔵／編）という本も出版された。現在でもバスツアーなどで「親鸞聖人越後七不思議めぐり」が健在である。

妖怪研究で有名な井上円了氏は新潟県の出身。円了は北越戦争で焦土と化した長岡を目の当たりにした世代だ。円了の妖怪研究は妖怪撲滅を目指すものではなく、人を不幸にする因習を取り除くためものであり、「妖怪研究の結果は、心内の暗天地に真知真楽の光明を与うるにあり」と述べている。その北越戦争で長岡藩側を主導した河井継之助は、大きな権力に対し反骨精神で抗った存在と捉えていたのか「北越の三豪傑」の一人に酒呑童子を挙げている（『河井継之助伝』今泉鐸次郎著による）。

妖怪は新潟においては得体の知れないものではなく、災いを光に導く存在だったのかもしれない。

［高橋郁丸］

# 富山県

# 【あ】

## アオボン

富山県の水島村（現・小矢部《おやべ》市水島）と鷹栖《たかす》村（現・砺波《となみ》市鷹栖）の境にある、勝満寺ガーラ（虎杖川原）という所の話。

寂しい場所の木の枝にいて、下を通る人を脅かしたという。

［参考文献］林宏「砺波地方怪恠譚（一）」（『とやま民俗』一〇号）、佐伯安一『砺波民俗語彙』

## 赤杓子の渕［あかしゃくしのふち］

富山県黒部市宇奈月町に伝わる。

黒部川の赤杓子の渕には大蛇が棲み、赤い杓子を好んだ。そのため、ここを通る人は難を避けるため、赤い杓子を渕に投げ込んだという。

［参考文献］北日本放送『伝説とやま』、宇奈月町教育委員会「黒部峡谷のすがた」（『黒部峡谷誌料』）

## アズキトギトギウメボッシャスイスイメンパコロガシ

富山県魚津市鉢に伝わる。

この集落のジョーヨモンノコザカという坂道は子供たちの遊び場であり、積雪の頃はソリやスキーで遊ぶ子供もいる。そして日没後も帰らずに遊んでいる子供に対し、親が「アズキトギトギウメボッシャスイスイメンパコロガシが出るぞ」と脅かしたのだという。

「アズキトギトギ」は「小豆を研ぐ」、「ウメボッシャスイスイ」は「梅干しが酸っぱい」、「メンパコロガシ」は「メンパ（曲げ物の弁当箱）を転がす」という意味にそれぞれなるだろうか。小豆を洗う音が聞こえる「アズキアライ」や薬缶《やかん》などが転がってくる「ヤカンザカ」「カンスコロガシ」などの妖怪と類似する点もあるが、これらが並んで一つの単語となっている理由など、詳細は不明。

［参考文献］森俊「「アズキトギトギ　ウメボッシャスイスイメンパコロガシ」？　富山県魚津市鉢の妖怪伝承」（『とやま民俗』五八号）

## アマノズサ

富山県下新川郡朝日町蛭谷《びるだに》に伝わる。

子供たちだけで集まって留守番をしていると、アマ（天井裏）から長持が藁縄《わらなわ》に吊るされて下がってくる。その中にはうまそうな饅頭《まんじゅう》が入っているので、子供たちは喜んで食べてしまった。食べ終わると長持はアマへと上がっていき、再び下がってくる。また中に饅頭があるのかと蓋《ふた》を開けると、中には髭《ひげ》だらけの薄汚い爺、アマノズサがいて「さっきの饅頭のぜんくせー（さっきの饅頭の銭をくれ）」と叫ぶのだという。

天井裏（アマ）の爺様（ズサマ）という意味の名前だろうか。

［参考文献］森俊「アマより出現する怪」（『とやま民俗』五〇号）

## アマボン

富山県滑川《なめりかわ》市に伝わる。

アマとは天井裏の物置のことで、ここにいる妖怪のことだという。子供を脅かしたりする時にこの名前を出した。

［参考文献］佐伯安一『砺波民俗語彙』、滑川の民俗編集委員会・滑川市立博物館（編）『滑川の民俗 中』

## 錨の竜 ［いかりのりゅう］

筆者命名。富山県魚津市に伝わる。

「錨の溝《どぶ》」として伝わっている民話。昔、片貝川が経田《きょうでん》の坂の下へ流れ込んでいた頃、河口は船着き場として栄えていた。ある時、大時化《しけ》となった海から一艘《そう》の帆掛け船が避難してきた。船が錨を下ろしていると、錨綱が途中で切れ、海に落ちた錨が竜となった。竜は大暴れしたので、船は行方がわからなくなってしまった。

それからしばらくして、坂の下の金持ちであった高瀬彦左衛門という人の家に、堂々とした侍が訪ねてきた。侍は「私は錨の溝の主で、今度愛本《あいもと》（宇奈月町）の主と結婚することになった。ついては祝いの膳を一揃い貸してほしい。明日の晩、松の木の下に並べておいてくれ」と語ったので、彦左衛門は言われた通りにした。すると返ってきたお膳の隅に、米粒が三粒くっついていた。家の者が知らずに流してしまったが、その夜に例の侍が夢枕に立ち「惜しいことをしたものだ、あの米粒を食べていたら百万長者になっていたのに、もはや運の尽きだ」と語った。彦左衛門があんまりなことだと言うと、侍は「なら、いい泉を出してあげるから、そこで茶店でも出して暮らすことだ」と言った。それから、その言葉通り坂の下に名物となる泉が湧いたので、彦左衛門はそこで茶店を出して暮らしたのだという。

［参考文献］魚津歴史同好会方言調査委員会『ふるさと魚津 風土に生きる方言』

## 一眼隻脚の妖怪 ［いちがんせききゃくのようかい］

富山県富山市の祖父岳《じいだけ》の話。『肯搆泉達《こうこうせんたつ》録《ろく》』巻之一五の「布谷《ぬのたに》村」に記されている。

布谷村（現・富山市八尾町《やつおまち》布谷）では、蘇夫嶽《そふだけ》（祖父岳）には一眼隻脚の妖怪がいると語られている。『山海経《せんがいきょう》』でいうところの「独脚鬼」の類いだとされている。

蘇夫嶽の麓には桂原という村があるが、ここに住む人が薪を採るために山に登り、この妖怪に殺された。脳を吸われたように頭頂に大きな穴を開けられて死んでいたのだという。他に山腹で炭焼きをしていた二人も殺されたが、これは投げ殺されたようであった。葦《あし》の芽が生えたぬかるみに全身傷だらけの死体が転がっており、泥にも縦横の痕跡が残されていたという。

婦負《ねい》郡小竹村（現・富山市呉羽町《くれはまち》）の若

宮紀伊（神主と思われる）の弟が一八歳の時、祭礼を行って佐五兵衛という人の家に泊まったが、深夜に目覚めると背の高く髪が箕《み》のような大きさの女がこちらを見て笑っていた。神官は身の毛がよだつほど驚いたが、心の強い男だったので「我が汝《なんじ》になんの害をもたらしたか。我を脅かすは汝の楽しみのためであろう。益のないことゆえ速やかに去れ」と言うと、その道理を解したのか、少しして立ち去り戻ってくることはなかったという。

また、ある山伏が野宿している時に妖怪に遭遇し、山伏は剣で迎え撃ったが、妖怪は山伏を摑《つか》んで投げ、剣を持ち去ってしまったという。

［参考文献］『越中史料』一巻

## 一尺じいさん［いっしゃくじいさん］

富山県氷見《ひみ》市に出たという。

貝谷という所に市谷《いちや》橋という橋がある。ここに背丈三〇センチ余りのお爺さんが立っていて、キセルをくわえてニタリと笑う。村人たちは一尺じいさんと呼んで気味悪がっていたが、道路が舗装されてから現れなくなったのだという。

［参考文献］平野威馬雄『日本怪奇物語』

## 井戸菊の谷の狒々［いどきくのたにのひひ］

筆者命名。富山県中新川郡上市町伊折《いおり》の話。『三州奇談』巻之五に「異獣似鬼」として記されている。

この狒々は風雲を起こして風の中を飛行する。よく人を引き裂いて、投げ散らかして捨てるのだという。

昔、伊折村に源助という樵《きこり》がいた。彼は大力で足も速く、二、三人の友と山で猟をして獣の肉を食おうと山に入ったところ、一日のうちに猿や狸などを七〇匹余り、刀も使わず拳で打ち殺してきたというほどの剛気の者であった。ある時、井戸菊の谷という所に樵たちが初めて入ろうとしたら、風雲が起こって谷に入ることができず、集まった人々が次々と投げ散らされたので、皆帰り去った。そのなかにいた作兵衛という少し気の弱い樵が、獣の気に打たれて気を失ってしまった。すると作兵衛の体は空中に摑《つか》み上げられ、腕を引っ張られて引き裂かれそうになった。源助が作兵衛の来るのが遅いと怪しみ、もとの場所に戻るとその有様だったので、走り寄って作兵衛の足を摑んで引き下ろそうとした。しかし作兵衛は襟髪をくわえられているようで引き下ろせず、その様子は心魂が抜けたようにぐったりとして、口から血を大量に吐いていた。源助は大いに怒って罵《ののし》り叫んだが、それでも放さなかった。作兵衛の目口から流れ続ける血で源助の体は真っ赤に染まり、寅《とら》の刻（午前三時頃）に至って遂に怪獣は去ったようで、作兵衛の体は源助の背中に落ちた。源助は作兵衛を守り、呼びかけながら夜を明かした。日の出の後、村人が谷までやってきた。作兵衛を介抱すると生気があったので、水を飲ませ食べ物を与え、山小屋で寝かせたら五、六日で本復した。

源助はというとその日のうちに休みなく谷に入り、一番に大きな木を伐採したが、怪しいことはなかったのだという。

この出来事の他にも、源助は度々大蛇などの怪物と遭遇したという。それについても「異獣似鬼」に記されている。

［参考文献］堀麦水『三州奇談』（石川県図書館協会）

## 黄金の松［おうごんのまつ］

富山県中新川郡立山町白岩《しらいわ》に伝わる。

白岩の西の方に三本の松の老木がある。これは黄金の松と呼ばれ、昔は膳椀や大判小判などを頼めば、必ず望みに応じて貸してくれたのだったが、ある不心得者が返さなかったので、それ以来は頼みに応えることはなくなったのだという。

［参考文献］『富山県史』民俗編

## 大釜の鮭［おおかまのさけ］

筆者命名。富山県中新川郡立山町の芦峅《あしくら》の話。

芦峅にあった大きな釜が洪水で常願寺川に流され、そのまま川の主になったのだという。

毎年、芦峅で祭りがある時、この川の主は鮭の姿になって祭りへ行く。これを普通の鮭だと思って捕らえると、急に釜の姿に戻り、ゴーンと鳴りながら流れていくのだという。

［参考文献］北日本放送『伝説とやま』

## 大ガメ［おおがめ］

富山県下新川郡入善町《にゅうぜんまち》の話。

入善町の漁師の間では「みがまえ（詳細不明）のカメがくるぞ」「時化《しけ》てくると赤いランプがつくそうな」といった噂が囁《ささや》かれていた。ある漁師は嵐の夜に怪物と出くわし、慌てて逃げ帰ったのだという。赤いランプとは大ガメのランランと光る目で、提灯一個ほどの大きさだったという。また他の人が見たカメは畳六枚ほどの大きさで、首は馬の首のように太かったのだという。

［参考文献］富山市日本海文化研究所「富山湾沿岸漁業民俗調査報告書」（『富山市日本海文化研究所紀要』五号）

## 大化け貝［おおばけがい］

富山県富山市本丸の富山城に出た。

豊臣秀吉による慶長の役の時、浅野幸長の軍勢が朝鮮の慶尚道西生浦という海岸の港町に駐屯した。その晩から北の森林で怪火が出るようになったので、兵たちが死霊や魔の物の仕業かと恐れるようになった。士気に関わると案じた幸長は一人で森に入り、怪火の出処から直径三尺（約九〇センチ）もあるかという大貝二個を見つけ出した。幸長がこの大貝を日本に持ち帰って秀吉に献上したところ、秀吉は一個を淀君の手水鉢《ちょうずばち》とし、もう一個を幸長に与えた。幸長が授かった大貝は長く芸州広島藩の浅野家にあったが、八代藩主・浅野斉賢《なりかた》の三女・久美姫が富山藩の一〇代藩主・前田利保に輿《こし》入れする際の持参品の一つとして、富山城の庭に置かれることとなった。

それからある春の時、久美姫改め延姫は大奥の者どもと花見の宴を催した。この時、奥女中の一人に千乃という美人の娘がいたが、彼女が酔い醒ましに集いを離れていると、美しい若衆が現れた。千乃と若衆は恋に落ち、それから夜ごとに若衆が千乃のもとを訪ねて逢引《あいびき》するようになった。この噂が奥女中の間に広まり、風紀が乱れたとして中老役の滝尾という老女が千乃を問いただすことになった。詰問された千乃は白状し、「若衆が時々忍んで来るが、淫《みだ》らなことは口にせず、ただ添い寝して朝鮮の物事について語ってくださる」と明かした。滝尾は怪しいものを感じたので、夜に千乃のもとに若衆が来るのを待ち受けた。滝尾は若衆の帰り際に、月明かりで若衆の足元に影がないことを見て取り、懐剣を抜いて若衆の背に投げ付けた。すると若衆は煙のように消え失せたので、夜明けの後に庭を探ったところ、件《くだん》の大貝に傷が付き、そばに懐剣も落ちていたのを見つけ、大貝が若衆に化けたのだとわかったのだった。

［参考文献］小柴直矩『越中伝説集』

## おせん落とし［おせんおとし］

富山県下新川郡朝日町に伝わる。

昔、笹川の久助の家におせんという娘がいた。おせんが近所の老婆と二人で山菜を採るため山に入ったら、赤いお椀の欠片《かけら》を拾った。老婆は山でそんなものを拾うのではないと言ったが、おせんは大事そうに懐に入れた。その帰り道、山道を下って谷へ出ると、一本の大木が倒れて自然の橋になっていた。老婆は、さっき来たときにはなかったのにと不思議に思ったが、おせんは気にせず橋を渡った。するとたちまち橋は谷川に落ち、おせんもろとも姿が見えなくなってしまった。大木の橋に見えたのは大蛇だったのだ。慌てた老婆が村に帰ってこのことを伝え、村人総出でおせんを助けに行ったが、見付かることはなかった。それから、ここを「おせん落とし」と呼ぶようになったのだという。

［参考文献］北日本放送『伝説とやま』

## 乙女川［おとめがわ］

富山県西礪波《となみ》郡石動町《いするぎまち》（現・小矢部《おやべ》市石動町）に伝わる。

昔、石動町を流れる乙女川の川べりを歩いていた里人が、川の真ん中に立つ一人の女を見た。二八余りの容色艶麗《えんれい》な女で、左右の手に斧《おの》を持っている。里人は見慣れぬ女だと恐る恐る見つめていると、女の姿は雲に隠れて消え失せてしまった。それから誰言うともなく、この川を乙女川と呼ぶようになったのだという。

［参考文献］小柴直矩『越中伝説集』

## 苧桶三昧［おぼけざんまい］

富山県西礪波《となみ》郡鷹栖《たかす》村（現・砺波市鷹栖）に伝わる。

苧桶とは苧（麻やカラムシといった葉か

ら紡いだ糸）を入れておく桶のこと。『砺波民俗語彙』には以下のように記されている。その昔、欲張りな老婆がいて、三〇尋《ひろ》の糸で一把とする苧かせ（紡いだ糸を巻き取る木の枠）をごまかし、二八尋の糸しか巻かなかったので、死んだ後地獄に落ちた。それを口惜しがって夜な夜なサンマイ（三昧。火葬場のこと）に現れ、一つ二つと数えて二八まで数えると「くやしやくやしや」と言って苧桶を転がすのだという。『鷹栖村史』の記述は微妙に異なる。神島村との境目には「苧桶三昧の地蔵さん」と呼ばれる地蔵がある。昔、欲張りな婆さんが三〇目で一把とする苧綛《おかせ》をごまかして二八目までにした。その死後、地蔵のある辺りに地獄を作り、一つ二つ三つと数えて二八まで数えては「くやしやくやしや」と苦しんで苧桶を転がすのだという。

［参考文献］佐伯安一『砺波民俗語彙』、中明宗平『鷹栖村史』

## 小又谷の大入道 ［おまただにのおおにゅうどう］

筆者命名。富山県中新川郡上市町東種《ひがしたね》に伝わる。

上市町東種では、毎年二月二日に山祭りをする。昔、ある年の二月二日に村の猟師九人が、小又谷のヤエンコウ（猿のこと）を獲りに行った。すると目の前に大入道が現れ火炎を吹いて、猟師が持っていた八本の槍をみるみるうちに溶かしてしまった。しかし、広田源吾の持つ槍だけは溶けなかった。そして霧で夜のように暗い中、この槍の先から出た光を頼りに、どうにか帰ることができたのだという。この槍は上市町の稗田《ひえだ》で、鬼神が一夜のうちに鍛えた九九九本の槍のうちの一本だったのだという。これ以来、九日に行われていた山祭りの日付を二日に変えたのだという。

**鬼神大王波平行安**の話のように、鬼などが一晩で数多《あまた》の武器を鍛えるという話は各地に存在する。

［参考文献］『富山県史』民俗編

## 泳ぎ出した釜 ［およぎだしたかま］

富山県新川郡松倉村（現・魚津市松倉）の話。

鹿熊城（松倉城の別名）があった山の麓に角川《かどかわ》が流れている。昔、この城下に住む農家が一個の手取り釜を所持していた。この釜の足は亀の形をしていた。天文年間（一五三二〜五五）、この釜を角川のほとりに持っていき、洗って水に浸しておいたが、うっかりそのまま忘れてしまった。後で気付いて取りに戻ると、釜の足が動き出したので、驚いて水から引き揚げた。すると三足の足が揃って動き、そのうち一つが抜け落ちて逃げようとした。主人は急いで釜を持ち帰って赤銅で包み、名物釜として秘蔵したのだという。

後年、前田利長が鹿熊城を巡見した時、「名城だが、地中に磁気が多く、刀槍が鈍って思うように戦ができなくなるだろうから、この城は捨てた方がよい」と語ったと伝わっている。

釜の足が地中の磁気に反応したということなのだろうか。

［参考文献］小柴直矩『越中伝説集』

# 【か】

## カザボコ

富山県下新川郡生地《いくじ》町《まち》（現・黒部市生地）に伝わる。

一般に光るものは海が荒れる前兆なので、漁師が最も忌むものである。生地ではカザボコといって、青い玉が天から下がってくると風が吹くのだという。

**ヒカリモン**も参照。

［参考文献］藤井昭二『富山湾 この知られざる世界』

## カワウソ大明神［かわうそだいみょうじん］

富山県富山市梅沢町の円隆寺の話。

常願寺川から分流して富山市を通り神通川に注ぐ川をイタチ川と呼ぶ。このイタチ川の西側に円隆寺があり、ここには立山の血ノ池地獄のほとりで出土したという如意輪観音の像が祀《まつ》られている。この観音像はカワウソ大明神と呼ばれ、イタチ川周辺の遊女たちが厚く信仰していたという。その由来は不明だが、大明神には胡瓜《きゅうり》を供える習慣があったという。

血の池地獄が女性が死後に行く地獄とされていたことを考えると、それに関連する土地から出土した観音像ゆえに、女性の信仰が多く集まったのだろう、と紹介されている。

［参考文献］廣瀬誠「母たちからの伝承」（『とやま民俗』五二号）

## 川鰈［かわがれい］

富山県富山市の神通川にまつわる話。『三州奇談』巻之五「神通の巨川」に記されている。

昔、神通川に架かる舟橋の上流には淵《ふち》があり、その水は富山城の本丸まで回っていた。この淵の主は川鰈というもので、この鰈が体の表裏を翻すと、水中から白い光が輝いた。舟橋を渡っている人がそれのせいで目が眩《くら》み、水に落ちてこの悪魚の餌食になってしまうのだという。

ある時、当時の城主だった富山大蔵卿（二代藩主・前田正甫《まさとし》か）が水練を得意としていたので、富山城の本丸の下まで潜水した。大蔵卿が探し回ったので、水怪たちは皆逃げ去ってしまい、残っていたのは米搗《つ》き臼ただ一つだった。この臼もまた、水怪の一つだとされた。

『越中伝説集』の「神通川の川鰈」や『伝説とやま』では、「神通の巨川」に併記された川鰈の話と大蔵卿探索の話を同じものとして扱っているが、原文において川鰈と米搗き臼が同一かどうかは明言されていない。

［参考文献］堀麦水『三州奇談』（石川県図書館協会）、小柴直矩『越中伝説集』、北日本放送『伝説とやま』

## カワラビ

富山県西礪波《となみ》郡北蟹谷《かんだ》村臼谷（現・小矢《おや》部《べ》市）に伝わる。

石川県との境に近い旧北蟹谷村臼谷の寺に、カワラビが刀を置いていったという話がある。カワラビが何ものかは不明で、その名前から「頭の上に火でも灯していたのか」と考える向きもあるが、川ワラベの転《てん》訛《か》とも考えられる、と報告では記されている。

［参考文献］林宏「砺波地方怪恠譚（一）」（『とやま民俗』一〇号）

## カワラボズ

富山県の砺波《となみ》地方に伝わる。

庄川や西川（小矢部《おやべ》川）のような大きな川によくいたという。ナマズのようなものだというが、頭の天辺にハチ（皿）があり、そこに一滴でも水があるとタワイニ（途方もなく）強くなり、馬をカタイで（担いで）行くほどの力を持ち、川の縁で人や馬を水の中に引きずり込むなどした。しかし頭の皿に水がないと三文の値打ちもない（それぐらい取るに足らなくなるという意味か）のだという。

昔、ある人が川へ遊びに行くとカワラボズが悪さをしていたので、捕まえて綱で括《くく》っておいた。この時のカワラボズの頭には水がなかったから捕まえられたのだが、そこにババサ（老婆）が来て持っていた柄杓《ひしゃく》で頭を叩いたので、柄杓に付いていた一滴の水が皿に入った。それによって力を取り戻したカワラボズは綱を引きちぎって逃げてしまったのだという。

［参考文献］林宏「砺波地方怪恠譚（一）」（『とやま民俗』一〇号）

## 川原呼び声［かわらよびごえ］

富山県の神通川、井田川、熊野川に出た。

大正三年（一九一四）八月一三日に大洪水があり、三〇〇人近くが死亡した。それから、死者のあった川原で亡霊の噂がいくつも流れた。水が減った一四日以降、夜になると川原や橋を通行する人に、「助けてくれ……」と哀れな声が袖に縋《すが》るように聞こえてくるという話が広がり、神通新大橋を中心に上流の有沢橋から下流の北陸線鉄橋下まで亡霊が出ると噂された。柳の陰から青いガスのような光を放って現れ一丸となって音を発して消えたとか、神通町《じんづうまち》の民家では雨がショボショボ降る夜は「助けてくれ……」という声で夜も眠れないとか、桜橋を中心として赤十字社病院裏から奥田村堤防、元地蔵堂の辺りでも「助けてくれ……」を耳にするとか噂された。このせいで夜に川漁をする漁師たちも怖がって仕事に支障をきたしたので、八月下旬に大施餓《だいせが》鬼会《きえ》を修めた。以降この噂は止んだのだという。

［参考文献］小柴直矩『越中伝説集』

## 川を越す妖婆［かわをこすようば］

富山県の神通川に出た。

ある人がヨルカワ（夜間の川漁）に赴いた時、一人の老婆が「深いぞ、深いぞ」と言いながら川を渡ってきたのだという。こんな時間に老婆が一人で川を渡るのはいかにも不自然なので、狐狸《こり》の類いだろうと考えたという。また、このような怪異に遭遇した時、漁師は決まって船の端を竹竿やズコカチ（鮭打頭棒《さけだとうぼう》）で叩いて音を出すのだという。

［参考文献］森俊「神通川川漁における怪異伝承」（『とやま民俗』五七号）

## 蟻王殿［ぎおうでん］

富山県の立山の昔話。

立山の麓に住む樵《きこり》が山に入って谷間を見渡すと、朝日を受けたような黄金色に輝いており、不思議に思って降りてみると立派な御殿があった。「蟻王殿」と書かれた額の掲げられた門に近付くと、衣冠束帯の人が出てきて樵を御殿に招いた。樵は御殿の大王に出会い「私は先年、貴方に大恩を受けたので、その恩返しをしたいのです」という話を聞き、御殿で様々なもてなしを受けた。樵が恩返しの理由を尋ねると、大王が自分たちは蟻であると正体を明かし、先年蟻の国が飢饉《ききん》だった時、樵が谷に捨てた梨の実によって国民の多くが救われたのだと語った。樵は一〇日、二〇日と御殿で過ごし、土産ももらって谷から登ってきたが、外の世界では妻子が既に故人で孫の世代となっていて、五〇年の歳月が経っているとわかったのだった。

［参考文献］小柴直矩『越中伝説集』

## 北山石蔵［きたやまいしぞう］

富山県中新川郡立山町に伝わる。『越中旧事記』に記されている。

昔、飛騨の小萱江に北山石蔵という者がいた。この者は貪欲かつ猛悪な性格で、よく生き物の命を奪い、人を害していたが、ある時、遂にとがった牙の生えた鬼神へと変じてしまった。立山に隠れ住んでいたが、別山の金剛童子に追い立てられ、牙が抜けて口を噤《つぐ》んで死んだ。その牙は雄山《おやま》神社に宝物として納められたという。

［参考文献］『大日本地誌大系』第一三冊　諸国叢書　北陸一

## グザ

富山県上新川郡大山町（現・富山市）の亀谷《かめがい》銀山の話。

亀谷銀山は大正時代には閉山されているが、これが衰微したのは、坑夫が炊きたてご飯だけ食べて冷や飯を谷に投げ捨てたり、立山町横江の神社の神木を伐って坑内の矢留木にするなどしたからだという。この神木を運んだ時、後から見るからに醜いグザ（菊目石面・あばた面のこと）が二人付いてきた。これがシキ（坑道のこと）に入った途端、天地鳴動して坑道が崩れ落ちたのだという。このため、今でもオチリコミには坑夫が百数十人も埋まったままなのだという。

［参考文献］『富山県史』民俗編

## 蜘蛛男［くもおとこ］

富山県の立山を舞台にした話。

昔、立山の麓に一つの村があった。ある日、村人たちはどうにかして立山の頂上を見届けたいと考え、大勢で食料を持って山を登り始めた。しかし、山奥深くに入るとオイオイと大声で呼ぶものがある。何かと思うと森の中から人間とも牛ともつかない、真っ黒い大きな化け物が五、六匹も飛び出して人々を追いかけ始めた。逃げる人々のなかで、一人の男が転んでしまい、化け物の手が男の方に触れた。しかし男は死にもの狂いでその手を振り払い、何とか逃げ延びることができた。人々は村へ帰り着いたが、化け物に触られた男は、後で真っ黒い毛が生えてきたのだという。

そんなことがあってからしばらくして、村に他所《よそ》の村から一人の嫁が来た。嫁は山で仕事をする時、初めは村人に連れ歩いてもらっていたが、そのうち一人でも行けるようになった。しかし、この嫁が妊娠して出産したかと思うと、産まれてきたのは三つの卵だった。これを割いてみると何百何千という小蜘蛛が散らばり出てきた。嫁に仔細《しさい》を尋ねてみると、嫁が山で薪を取っていると、一人の立派な男が現れて、お前は一人かと聞いてきたのだという。一人だと答えると、男は嫁の代わりに薪を集めてくれた。それから、嫁が山のどこに行っても必ずその男が現れて、仕事を代わってくれたのだという。人々は嫁に、その男は立山の蜘蛛男というものだから、今度からは仕事をしてくれると言っても決してお願いしてはいけないと言い聞かせた。やがて嫁の体調も戻ったが、それからの嫁は、目の前に常に蜘蛛の巣がいっぱい張っているように見え始め、働くことも出歩くこともできなくなり、遂に病気になって死んでしまったのだという。

［参考文献］土橋里木『甲斐昔話集』

## くも若衆［くもわかしゅ］

富山県黒部市の黒部峡谷の話。項目名は『伝説とやま』の「黒薙《くろなぎ》のくも若衆」から引用。

黒部峡谷には温泉地がいくつかあるが、その一つである黒薙に、一人の若い娘が湯治に来ていた。娘はとても美しかったので言い寄る若者が多かったが、娘には既に恋人がいたので全て断っていた。その恋人もまた美しい若衆で、毎夜娘の所に忍んで来たが、なぜか添い遂げようとはしなかった。ある夜、娘はその理由を問うと、若衆は娘に捨てられることが怖いと語ったので、娘は決して捨てたりしないと固く約束を交わした。夜が明け、目を覚ました娘が若衆を探すと、夜具から縁側へ長い蜘蛛《くも》の糸が引いてあるのを見た。すると嵐が吹き荒れ、一匹の大きな山蜘蛛が現れたかと思うと長い脚で娘を摑《つか》み上げた。山蜘蛛はそのまま、血の流れる娘の死体を抱いて立山へと去っていったのだという。

［参考文献］青木純二『山の伝説　日本アルプス篇』、小柴直矩『越中伝説集』、北日本放送『伝説とやま』

## 越之湖の鼈［こしのこのすっぽん］

富山県黒部市堀切の話。『越中旧事記』に記されている。

ここには昔、越之湖という湖があったが、ここに甲羅の大きさ一丈（約三メートル）余りの鼈が棲んでいた。この鼈は毎年人を取ることがあったので、明和年間（一七六四～七二）に近在の人々が相談し、湖上に島を作って祠《ほこら》を建て、毎年六月に祭りを行うようにした。これによって人が取られることはなくなったのだという。

越之湖は現在埋め立てられ、跡地は黒部市総合公園の一部となっている。

［参考文献］『大日本地誌大系』第一三冊　諸国叢書　北陸一

## コズノボー

富山県西礪波《となみ》郡太美山《ふとみやま》村臼中（現・南砺《なんと》市臼中）に伝わる。

三、四歳の子供の姿をしていて、とらえどころのない影のようなものだという。よく人間に悪さをするという。

［参考文献］佐伯安一『砺波民俗語彙』

## コチョボ

富山県の砺波《となみ》地方に伝わる。

**人形神**《ひんながみ》も参照。ヒンナサマといえば普通は雛《ひな》人形を指すが、憑《つ》き物としてはコチョボとも呼ぶ。

三年間、三〇〇〇人の人々に踏ませた墓場の土を使って作った人形であり、また三寸（約九センチ）ほどのヒンナを一〇〇〇体作って鍋で煮ると、一つだけ浮かび上がってくるものもそう呼ぶ。このコチョボには一〇〇〇の霊が籠もっていると考えられた。

［参考文献］佐伯安一「礪波のヒンナ神」（『民間伝承』一三巻一二号）、林宏「砺波地方怪恠譚（一）」（『とやま民俗』一〇号）

## 子投げ婆［こなげばば］

富山県の話。『三州奇談』巻之五に「武家の怪例」として記されている。項目名は白川まり奈『妖怪天国』から採用した。

富山の武士・古市伊織の屋敷には、結び直さずに放置している竹垣があった。もしこの竹垣に触ると、必ず屋敷の中で過ちを犯す人が出てくるとされていた。この謂《いわ》れの始まりは享保元年（一七一六）頃の変事によるという。その頃、剛力で知られた古市伊織の家臣に、新蔵というこれまた無双の武術者がいた。ある夜、新蔵は主人の命で使いに出て、近隣にある椎《しい》の大樹の辺りを通った。この木の辺りを通る者は必ず子供を抱いた老婆に出会い、老婆が抱いている子供を投げつけてくると噂されていた。投げられた赤子を斬りつけると、子供は石となり、最後は肝を潰して逃げるしかないのだという。そのような噂があったので、この道を夜に通る者はいなくなったが、新蔵が通りかかると、噂の通り怪しい老婆に出会った。老婆は恐ろしげな赤子を投げつけてきたが、新蔵は赤子を意に介さず、老婆に飛びかかって刀で抜き打ちに斬りつけた。すると老婆は「わっ」と声を上げて消え失せ、赤子もまた消えてしまった。新蔵が使いを終えて屋敷に帰り、事の次第を主人に話して刀を調べると、刀は血で朱色に染まり、傷も残っていた。翌朝になって調べると、屋敷裏手の植え込みに大きな穴があり、その中で古狢《ふるむじな》が死んでいた。これこそ正体であろうと、人々は新蔵を褒め称《たた》えた。

この出来事は国主にまで届き、ぜひ新蔵を召し抱えたいという話になったが、伊織はこれを拒んでしまった。これを聞いた新蔵は大いに怒り、次第に乱暴者になっていった。ある日、新蔵は外出した主人を迎えに行く途中で妓館《ぎかん》に立ち寄って酔い潰れ、役目を果たさなかった。その上密かに屋敷から逃げ出そうとしたので、主人も遂に怒って手討ちにしようとし、互いに刀を抜いて斬り合いとなった。その時、背面にあった竹垣を飛び越えて逃げようとした新蔵は、袴《はかま》の裾が竹垣に引っかかって逆さまに倒れてしまい、そのまま殺されてしまった。この竹垣はかつて新蔵が殺した古狢の穴の真上にあり、人々は狢の仇討ちだったのだろうと話し、誰も竹垣を直そうとしなかったのだという。

［参考文献］堀麦水『三州奇談』（石川県図書館協会）、白川まり奈『妖怪天国』

## 子撫川［こなでがわ］

富山県小矢部《おやべ》市の子撫川の伝説。『肯搆《こうこう》泉達録《せんたつろく》』巻之一五や『越中旧事記』などに記されている。

昔、東国から京都へと向かう僧がこの辺りの家に来て、茶を所望した。僧は年若くとても美しかったので、その家の娘は一目惚れしてしまった。僧が旅立った後、茶碗に僧の飲み残した茶があったので、娘がこれを飲むと、そのまま懐妊してしまった。父母は相手のことについて尋ねたが、娘は何も答えなかった。産まれた子供が三歳になった頃、例の僧がまたここに立ち寄ったので、娘はこれまでの出来事を語って子供を僧に会わせた。僧が呪文を唱えながら子供の頭頂から脚の下までを撫でると、子供は泡のようにとろけてしまったので、これを川に流したのだという。

［参考文献］『越中史料』一巻、『大日本地誌大系』第一三冊 諸国叢書 北陸一、小柴直矩『越中伝説集』

## 小星垂［こぼしだれ］

富山県富山市八尾町《やつおまち》の話。

昔、西町に茨又吉《いばらまたよし》とあだ名される、世間体のあまり良くない男がいた。この者が臨終の時、夜半に小星垂（流れ星）があった。その翌朝に又吉は死んだので「又吉は生きながら鬼に摑《つか》まれていった」「息の止まる時、赤鬼が火の車を引いて東の虚空へ飛んでいった」「又吉は火の車の中で両手を上げて苦しんでいて、火の車は火の粉をしたたかに散らしていった」などの様々な評判が語られた。坊主たちもこれを利用して説教をしたのだという。

『八尾史談』においては、これらの噂は今ならば信じる者もなく、馬鹿げたことを語る坊主もいないだろう、としている。小星垂は空を流れる光の一種に過ぎず、それらは流れる空の高さによって三種の説がある。距離が最も遠いものを「星の宿替《やどかえ》」「よばへ星」、または流星といい、中空に起こるのを小星垂といって又吉のときのような臆説をなし、最も近い空中で起こるのを「山鳥の尾火ひく」と山鳥が光って飛ぶように考えたのだという。正体はいずれも流れ星であるとして、前述の話が出た時代は、学問の開かれていない暗黒時代であった、と記している。

［参考文献］松本駒次郎『八尾史談』

# 【さ】

## 犀の化物［さいのばけもの］

富山県上新川郡大山町（現・富山市）などに伝わる。

小口《おぐち》川の奥の方、ヒバコ谷との合流点近くに水須《みずす》の椿滝という所がある。ここに一つの大石があって、昔の人は「犀や牛」と命名していた。犀や牛に似た、角の生えた化け物がいるとされ、実際に犀が滝を登っていったのを見た者がいるという。

神通川の寺津の淵《ふち》にも犀が棲んでいたという。鎌倉時代に将軍・源頼朝が大病を患い、命の危機に瀕した。この病は、生きた犀の角を粉末にして飲めば平癒するとされたので、重臣である畠山重忠が神通川の犀から角を取ろうと考えた。重忠は許しを得て寺津の淵に赴き、犀を殺したのは良かったが、生きているうちに角を取らなかったので効き目がなくなってしまった。死んだ角を献上した重忠はかえって疎んじられるようになり、重忠はこの犀角に三帰妙王像を彫って念持仏とした。この像は上行寺《じょうぎょうじ》の什宝《じゅうほう》となり、重忠の墓所もこの寺にある。

西砺波《となみ》のアバラ田という所にも犀が棲んでいたという話があり、犀の話は富山の各地にあったようである。

これらの犀は、現在我々が知る動物のサイ（ライノセラス）というより、中国から伝来した霊獣や幻獣としての水犀や通天犀が変化、定着したものだと思われる。また『富山県史　民俗編』においては、サイはもともと水や川、谷間に多く使われた名であると説明されている。

長野県の**犀龍**も参照。

〔参考文献〕大山町史編纂委員会『大山町史』、『富山県史』民俗編

## サエゾボン

富山県の砺波《となみ》地方に伝わる。

サエゾとは腸チフスのことで、これが重症の時には病人の足元にたくさんのボン（坊さん）が来て体を押さえたり揺すったりしているという。これを気力で追い払った人が、病気から快復するのだとされた。

〔参考文献〕林宏「砺波地方怪恠譚（二）」（『とやま民俗』一一号）

## 早百合のぶらり火［さゆりのぶらりび］

富山県婦負《ねい》郡（現・富山市）の神通川の辺りの話。『三州奇談』巻之五に「妬気成霊」として記されているほか、愛妾《あいしょう》・早百合については多くの話が残されている。

神通川の辺りにぶらり火と呼ばれる燐火《りんか》が出る。昔、佐々成政が富山の守護だった時、早百合という愛妾がいた。しかし、別

の妾が嫉妬して、早百合と竹澤という家臣が密通して子供を作ったという話を成政に讒言《ざんげん》した。成政は大いに怒り、竹澤を呼び出して自ら刀を抜いて手討ちにした。そして早百合の髪を摑《つか》んで神通川まで引きずり、柳の木に縛り付けて、その前で親族一八人を処刑した。親族たちは無実の罪に怒りながら死に、早百合もまた恨みながら死んだ。それ以来、成政の勢いは衰え、戦でも負けが続いて遂に滅んでしまった。その後も早百合の執念は残り続け、天気が悪い時に、獄門にされた首が数多く並ぶのが見えるとか、暗夜に「早百合、早百合」と呼ぶと女の首が現れるとか噂された。ぶらり火は夜になると出て、その形は女の首を引きずるように見えるのだという。

『大日本老樹名木誌』には「一本榎《えのき》」として、富山市磯部町の神通川堤防にある榎を紹介している。天正一一年（一五八三）、富山城主・佐々成政は奥女中の讒言を信じ、愛妾・早百合と近臣であった岡島金一郎を姦通《かんつう》の罪で殺し、またその親族一二人も処刑した。それ以来、この榎の木を七回巡りながら「早百合、早百合」と唱えると、早百合の亡霊が現れると言われるようになったという。

**糠塚《ぬかづか》のふらふら火**も参照。

［参考文献］堀麦水『三州奇談』（石川県図書館協会）、本多静六『大日本老樹名木誌』

## 山燈龍燈［さんとうりゅうとう］

富山県中新川郡上市町眼目《さっか》の立山寺《りゅうせんじ》の話。『東遊記』後編巻之二に「龍燈」として記されている。

中新川郡の眼目山《がんもくざん》（立山寺の山号）では、毎年七月一三日の夜、庭の松の梢《こずえ》に灯火が灯る。一つは立山の頂上から飛来し、もう一つは海中から飛来し、どちらも松の梢にとどまる。これを「山燈龍燈」と呼び、この辺りに住む人は毎年見るのだという。龍燈と言って海から灯火が出てくる例は多くあるが、この寺のように山と海から一度に灯火が出て松にとどまることは、珍しいことなのだという。

［参考文献］橘南谿『東西遊記・北窓瑣談』

## シオノミ

富山県射水《いみず》市の新湊《しんみなと》など各地の海浜に伝わる。

『富山県史』民俗編によると、海辺で光るもので、藁《わら》などにもくっついたという。夏から秋によく見られたという。

「富山県内漁村地域民俗資料緊急調査報告書その一」によると、夜に海辺に光るものが出て、それを手や頭に塗りつけて遊ぶのだという。藁を使った台網に付きやすく、ホタルのような光を発する夜光虫の一種として、地域の人々は特に怖がらないのだという。

**みの虫**などと類似のものと思われる。

［参考文献］『富山県史』民俗編、富山県教育委員会「富山県内漁村地域民俗資料緊急調査報告書その一」（『中部地方の漁村・漁撈習俗』一）

## 七宝鳥 ［しっぽうからす］

富山県下新川郡入善町《にゅうぜんまち》の話。

ある山里に源兵衛と源左エ門という兄弟がいて、向かい合った家を建てて暮らしていた。ある日、一羽の鳥が家に来て「七宝、七宝」と鳴いて西の方へと飛び去った。次の日も、その次の日も鳥は来て「七宝、七宝」と鳴いたので、兄弟は「あの鳥は日輪様の化身だ」と考え、その後を付いていくことにした。二人は鳥の後を追って野山を越え、やがて金花銀花が咲き、雲雀《ひばり》のさえずる広い野原へと来た。先導していた鳥が地面に降りて「七宝、七宝」と鳴きながら土をほじくったので、兄弟も土を掘り返してみると土の柔らかい良い土地であるとわかった。そこで兄弟は「神様からのお授けだ」と喜んで、この土地を開拓して農地とし、豊かな実りで幸福な身分になったのだという。この兄弟が舟見野《ふなみの》の地の先祖だとされている。

［参考文献］入善町誌編纂委員会『入善町誌』

## 渋田恵美悪 ［しぶたえみさか］

富山県の二上山《ふたがみやま》の話。『続三州奇談』巻之七に「二上鳥石」として記されている。項目名の読みは『近世奇談全集』から引用している。

文禄・慶長年間（一五九三～一六一五）の頃、二上山にはまだ城が残っており、養老院別院も所々が荒れていたがまだ残されていた。その頃、高岡の辺りに武具を好んで扱う商人がいたが、この二上山から小柄《こづか》や小刀、鐙《あぶみ》などの武具を拾い集めて売る人が多いという話を聞きつけた。欲にかられた商人は山に入って武具を探したが、そのまま深入りしすぎて道に迷ってしまった。とうとう山奥で疲れて仰向けに倒れると、傍らの石の上に奇妙な人が臥《ふ》せっているのを見つけた。その異人はむっくりと起き上がると、商人に向かって「汝《なんじ》は何者か、なぜ領地を侵しに来た。早々に去れ」と叱りつけた。その異人は青い素襖《すおう》を着て髪は女のように長く、杖《つえ》に縋《すが》って立っていた。商人は怪しんで「ここはどなたの領地なのか、あなたは何というお方か」と問うた。異人は応えて「ここは越中守家持《やかもち》卿（大伴家持か）の領地である。そして我はその家臣・渋田恵美悪という者である。鷲《わし》を飼ってその羽を取る仕事をしている。そして世相が変わるなかでも武具の守護をしている。早々に去らなければ鷲に追いかけさせるぞ」と言った。そして持っている杖を振りながら「ホウホウ」と呼ぶと、辺りの石や草の間から鷲や熊鷹《くまたか》が現れ、商人を引き裂こうとした。商人は恐れて「私は鳥獣を殺生した覚えもないが、もしやここは衆合地獄か」と問うたが、悪鳥たちは聞き入れず、嘴《くちばし》や爪を鳴らして襲いかかろうとしたので、商人は転げ落ちるように逃げ帰り、ようやく麓の村にたどり着いた。話を聞いた村人たちは商人を先頭に山を探したが、その場所に行くことも異人に会うこともできなかった。しかし辺りに散らばる石はどれも鳥の形をして嘴があり、斑紋もあってまるで鳥のようだったという。

［参考文献］堀麦水『三州奇談』（石川県図書館協会）、『近世奇談全集』

## ジャー

富山県南砺《なんと》市城端《じょうはな》に伝わる。

ジャーとは目に見えぬ大きな蛇で、池や淵《ふち》の主と想像されていることが多い。

城端には蛇喰《じゃばみ》という土地がある。昔はここに大きな池があり、その主が毎年人身御供を要求していた。ある年に老婆が自ら志願して生贄《いけにえ》となり、池のほとりに立った。すると池からジャーが出てきたので、老婆は「ジャーや、ジャーや、お前は何にでも化けられるそうだが、死に土産に一回、できるだけ大きくなってみせてくれ」と頼んだ。するとジャーはみるみるうちに大蛇となったので、老婆は「今度はできるだけ小さくなってみてくれ」と言った。そこでジャーがミミズのように小さくなってみせると、老婆はすかさずそれを手のひらに載せ、呑み込んでしまった。それ以来ジャーは出てこなくなり、蛇喰という地名が付いたのだという。

［参考文献］林宏「砺波地方怪恠譚（二）」（『とやま民俗』一一号）

## 十六人谷［じゅうろくにんだに］

富山県黒部市宇奈月町舟見《ふなみ》に伝わる。

昔、一六人の樵《きこり》が黒部の奥山に入り、伐採を始めた。樵たちはそこで大きな柳の木を見つけ、明日はこれを伐採しようと決めてその日の仕事を終えた。夜、年長の樵の夢に女が現れ「決してあの柳だけは伐ってくださるな」と戒めて姿を消した。翌日、年長の樵は夢の話をして柳を伐らないように言ったが、他の樵たちはその話を信じず、そのまま柳を伐り倒してしまった。その夜、年長の樵がふと目を覚ますと、寝所に夢に現れた女が来て、他の樵たち一人ひとりに顔を近付け、息を吸い取るようにしてから去っていった。夜が明けてから調べると、一五人の樵たちは皆死んでいて、年長の樵だけが無事だった。それからこの辺りの谷を十六人谷と呼ぶようになったのだという。

上記とは別の話も伝わっている。昔、一六人の若者と飯炊きの老人が谷に小屋を作り、山仕事をしていた。ある夜、老人が目を覚ますと、小屋の中に若い女が入ってきて、寝ている若者一人ひとりの顔に口を寄せていった。老人は震えながら夜明けを待ち、朝になって調べてみると若者たちは皆舌を抜かれて死んでいた。老人は何とか羽入《はにゅう》村（現・下新川郡朝日町山崎）まで逃げ帰り、このことを人々に話した。そこで、村から二人の兄弟が選ばれ、鉄砲を携えて谷へ向かっていった。すると夜中に青い火が恐ろしい勢いで近付いてきたので、次々と鉄砲を撃ち込んだが、まるで手応えがない。そこで最後の留弾《とめだま》を狙い定めて撃ち込むと、火は消え去った。夜が明けてから血の流れた跡を追いかけると洞穴があり、その中で大きな山猿が死んでいたのだという。

［参考文献］青木純二『山の伝説 日本アルプス篇』、北日本放送『伝説とやま』

## 庄川の川太郎［しょうかわのかわたろう］

富山県南砺《なんと》市の五箇山《ごかやま》地域の話。

宝永年間（一七〇四〜一一）の頃、次右衛門の畑から、毎晩胡瓜《きゅうり》を盗んでいく者がいた。次右衛門は警戒したが止めることができなかったので、胡瓜に毒草を仕込んでおいた。すると翌日、そこに川太郎が倒れていた。川太郎の死体は腐って蝿が湧き、畑で作物が取れなくなってしまったので、困った次右衛門は城円寺の和尚に厄払いを頼んだ。和尚は川太郎に引導を渡し、祠《ほこら》を建ててその霊を慰めたので、畑に害はなくなった。それから毎年六月七日に祭りを行っていたが、寛保年間（一七四一〜四四）の頃に一度、祭りを怠った時があった。するとたちまち蝿が湧いて出てきたので、すぐに祭りを再興して長く続けたのだという。

［参考文献］宮永正運『越の下草』、北日本放送『伝説とやま』

## 常願寺川の主［じょうがんじがわのぬし］

富山県の常願寺川の話。

安政の大地震が起きた時、常願寺川の上流から長さ七〜九メートルの鯨のようなものが流れてきて、河口付近からまた上流へと引き返し、川の水を猛烈な勢いで騒ぎ立てていった。この怪物が流れていくとき、川の中から青く光る何かがボカリボカリと二、三度立ち上がるのを見た人もいた。人々はこれらを常願寺川の主だろうと噂し、恐れたのだという。

［参考文献］北日本放送『伝説とやま』

## 生霊市［しょうりょういち］

富山県中新川郡立山町の立山の話。『越中旧事記』に記されている。

立山の地獄谷に追分地蔵堂があるが、毎年七月一五日の夜、胡蝶《こちょう》が多く現れて飛び回って遊ぶのだという。これを生霊市と呼び、高い卒塔婆を建てて無縁仏の菩提《ぼだい》を弔うのだという。

生霊は精霊と同一のものであり、死者の霊を指すものと思われる。

［参考文献］『大日本地誌大系』第一三冊 諸国叢書 北陸一

## 女郎岩［じょろういわ］

富山県東礪波《となみ》郡利賀《とが》村（現・南砺《なんと》市利賀村）に伝わる。

昔、岩淵《いわぶち》から向かいの「ひょう谷」という山に行く途中の作橋で時々変なことが起こった。橋を渡ろうとしたら橋がなく、諦めて帰ろうとするとちゃんと橋があったりしたという。ある朝、下利賀に住む人が橋を渡ろうとすると、女の人が橋の真ん中で髪の毛を梳《くしけず》っていた。その女の人が振り向いて、「私がこんなことをしていたと、他の人に決して話してはならない。もし話したなら、下利賀の女を七人、毛のない人にしてしまうぞ」と言った。しかし、これを聞いた人がしばらくしてこのことを人に話してしまったので、下利賀に「かびす（頭に髪の毛のない人）」が七人もできてしまったのだという。例の橋は女郎岩という岩の上に架けられていて、今も岩に橋場の跡が刻みつけられている。この女郎岩が橋を重いと感じて、自分で橋を架けたり外したりしていたのだという。

［参考文献］高田安徳『利賀の民話』

## 白兎の怪［しろうさぎのかい］

富山県上新川郡大山町（現・富山市）に伝わる。

花崎の豪農で野口伝名《のぐちでんめい》という者がいた。野口の家は色々な事績を挙げた家系であり、その屋敷も豪壮なものであった。その七代目である伝名の時、毎夜屋敷内に二人の美女が出現した。これが出る時、家人はうなされて眠ることができず、悩みの種となっていたので、伝名は何とかして退治してやろうと考えた。そこで名刀を抱えて折をうかがい、遂に機会あって斬りつけることができた。「キャッ」という声を上げて逃げ出した化け物の血の跡をたどっていくと、屋敷内の洞穴に続いていた。そこには大きな白兎の怪物の死骸があったのだという。化け物を斬った刀は花崎の宮に奉納してあったが、いつの間にかなくなってしまったのだという。

［参考文献］大山町史編纂委員会『大山町史』

## 白装束の女［しろしょうぞくのおんな］

富山県上新川郡米道村《よねみち》（現・立山町釜ヶ渕）に出たという。『加能越金砂子《かのうえつきんすなご》』に記されている。

米道村の三郎右衛門という農民が、貞享（一六八四～八八）の頃に立山の麓へ萱《かや》刈りに行った。すると二〇歳ほどの白装束の女が山の上から走ってきて、三郎右衛門に「萱刈りに来るのならば、先だって私に案内もせず来るとは何事か」と叱りつけた。そして荷縄で三郎右衛門を縛り付けていなくなってしまった。三郎右衛門は家に帰って縄を解《ほど》いてもらったが、その後病気になって一、二年ほどして死んでしまったという。

［参考文献］日置謙（校訂）『加能越金砂子』

## 神蛇［しんじゃ］

富山県南砺《なんと》市蓑谷《みのだに》の蓑谷山に伝わる。『北国奇談巡杖記』巻之二に記されている。

蓑谷山の頂上に縄池（縄ヶ池）という広さ三七〇間（約六七〇メートル）四方の池があり、神蛇が棲むとされている。毎年七月一五日の夜、容顔美麗な女の姿となって現れ、池の上で遊楽するので、人の登山を禁じるのだという。

昔、ある里人が豊作のお祝いに村長などを招いた宴会をしようと考えたが、必要な数の食器を用意できずにいた。里人は困って、この池のほとりでそれについての独り言を呟《つぶや》いたら、池の水面が動揺して朱塗りの膳椀が一〇人前も浮かんできた。これこそ池の主の力と感じた里人は厚く御礼して膳椀を借り、宴会が終わった後、池に返しに来た。感謝して膳椀を池に浮かべると、ずるずると沈んで消えていった。この話が人々の間に広まり、物の入り用の時は池で「何人前お貸しください」と祈れば、次の日には必ず祈った分が浮かんでいたので「家具貸しの池」とも呼ばれるようになった。しかし、ある時一人の老尼が三人前の膳椀を借り、一〇日ばかりも返さず、その上、中椀二つを壊したまま返してしまった。すると池が荒れて波立ち、大雨とともに洪水を起こして老尼の家を押し流し、老尼も死んでしまった。それから池で祈っても頼んでも膳椀を貸してくれることはなくなったのだという。

［参考文献］『日本随筆大成』二期一八巻

## ズドボン

富山県の五箇山《ごかやま》や細島《ほそじま》に出たという。

五箇山相倉（現・南砺《なんと》市相倉）では、村の若衆がチョーズ場（手水場、トイレか）で一つ目の化け物に出会った。これはと思ったら追いかけてきたが、夜が明けると姿を消したという。

細島（南砺市利賀《とが》村細島）でも、養蚕業をしている時に大きなズドボンが入ってきた。村人のなかにはその朝、六尺（約一・八メートル）以上の大男を見たという噂もあったという。

ズドボンの詳細は不明だが、体の大きい化け物、一つ目の化け物と並べて報告されているので、これらと同類と考えられる。

［参考文献］『富山県史』民俗編

## ずんべのばばさま

富山県下新川郡入善町《にゅうぜんまち》の話。

大正八年（一九一九）、入善町の吉原に在住する漁師がブリをたくさん捕り、近所に一匹ずつ配った。しかし、柳原の方に一人で住む「ずんべのばば」と呼ばれていた後家さんには届かなかったので、今に見ていろと大変怒った。翌日、その漁師がブリを捕る網を引き揚げていると、錨《いかり》に摑《つか》まったざんばら髪のばばさまの遺体がヌーッと上がってきた。それを見た皆が驚き騒いでいる間に、ブリ網はズルズルと海の中に沈んでしまった。それ以来、この漁師の家ではブリを捕るのをやめてしまい、漁をする時には方丈さん（僧侶、住職か）にお参りしてもらう習わしになったのだという。

［参考文献］富山市日本海文化研究所「富山湾沿岸漁業民俗調査報告書」（『富山市日本海文化研究所紀要』五号）

## センポクカンポク

富山県東礪波《となみ》郡利賀《とが》村（現・南砺《なんと》市利賀村）に伝わる。『民間伝承』六巻八号の「センポク、カンポク」で報告されている。

死人のある家のカケミシロ（掛け筵《むしろ》）に現れる怪物。一週間経つとオート（大戸）の外に出て番をする。三週間は家にいて、四週間くらいすると墓場に行くという。その顔は人間に似ていて、四つ足であり、ドンビク（蛙《かえる》）の大きいもの、つまりガマと同じものだという。

「ムカシアッタ」と昔話をする時、よくこの化け物が話に出た。ガマは術を心得ていて、虫でも蝶《ちょう》でも飛んでいるものを自分の口の中に飛び込ませるから、カサゴットやテンテンゴットの神と呼んで神として扱う（ゴットとはガマガエルのこと）。命の危機に際して、テンテンゴットの神に念ずると、ガマの術で助かる時があるのだという。

現在は「センポクカンポク」と一つの名前として扱われることが多いが、報告の表題は「センポク、カンポク」と読点が入っている。これは「センポク、或《ある》いはカンポク」という二つの名前の併記の可能性もあるが、類例が報告されていないため検証は難しい。

〔参考文献〕金子総平「センポク、カンポク」（『民間伝承』六巻八号）

## 蕎麦騙り〔そばかたり〕

筆者命名。富山県富山市八尾町《やつおまち》の聞名寺《もんみょうじ》の話。『八尾史談』に「天狗蕎麦を騙る」として記されている。

聞名寺の鐘楼のそばにある桜の木は三〇〇年くらいの老樹であり、昔は枝が六、七間（約一〇〜一二メートル）も伸びて浄円寺坂の上にかかるほどだった。ある夜、四半刻に蕎麦屋が浄円寺坂を下ろうと歩いていたら、桜の木の上から呼び止める声がした。蕎麦屋が恐怖で震えながら立ち止まると、上からするすると銅の盥《たらい》が下がってきて「蕎麦を五膳盛れ」と命じてきた。蕎麦屋は言われた通り五、六膳の蕎麦を盥に入れ、そのまま早々と自分の店へ帰っていった。帰った蕎麦屋は店に居合わせた人々にこの出来事を語り、皆恐怖の念を抱いたが、大西太郎兵衛という柔道剣道を心得、ものの道理をわきまえた人が「蕎麦の代金は取ってきたのか」と尋ねた。蕎麦屋が「代金どころか空き皿もそこへ捨て置いてきた」と答えると、太郎兵衛は「天狗であれ鬼であれ、物を買って代金を払わぬ奴があるものか。明日の晩、俺が行って代金を取ってきてやる」と言った。次の夜、太郎兵衛は蕎麦屋の姿に変装し、浄円寺坂を下っていった。すると例の桜の木の下で呼び止められたので、身震いしたふりをして立ち止まった。そして再び銅の盥がするすると降りてきたので、太郎兵衛は素早くこの盥を縄から解き放って、「昨夜の蕎麦の代金としてこれをもらっていく」と高らかに声を上げ、泰然と蕎麦屋に帰っていった。太郎兵衛は蕎麦屋にこの出来事を語って盥を渡したが、蕎麦屋は後から災いが来るのを恐れて受け取らなかったので、そのまま太郎兵衛のものとなったのだという。

〔参考文献〕松本駒次郎『八尾史談』

# 【た】

## 大蛇の雀

［だいじゃのすずめ］

富山県東礪波《となみ》郡上平《かみたいら》村（現・南砺《なんと》市）に伝わる。

小瀬谷川の水源である池ノ平の池には、大蛇が棲んでいるという。蛇は池に一〇〇〇年、川に一〇〇〇年、海に一〇〇〇年棲むことで功を積み、竜になって昇天するとされており、この大蛇も川で修行するため、大洪水を利用して小瀬谷川から庄川に入る。しかし、谷の下流にある小橋は留め金や釘が使われているので、金物を嫌う大蛇は近付けない。そこで大蛇はここを通る時は雀の姿になって飛び、巻（庄川の渦巻く所）の上の松に止まってから、もとの大蛇に戻って川に入るのだという。そのため、庄川の付近の松にはシン（松の穂先）がないのだという。

［参考文献］北日本放送『伝説とやま』

## 滝橋の大蛇

［たきばしのだいじゃ］

富山県中新川郡上市町に伝わる。

昔、青どろという滝橋の淵《ふち》に、深い洞穴が二つあり、そこに大蛇が棲んでいた。大蛇はよく女の子に化け、淵の近くの欅《けやき》の木に来ており、彼女に会う人は何度も会うが、会わない人は一度も会わなかった。ある男がその女の子に「お前の一番嫌いなものはなんだ」と尋ねると、「タバコのヤニだ」と答えたので、男は家でタバコを煮てヤニを取り、手桶《ておけ》に入れて欅の木に持っていった。そして女の子に化けていた大蛇にヤニをかけ、逃げる途中で「俺が嫌いなのは大判小判」と言いながら駆けた。夜になると、その女の子が男の家を訪れ、仕返しとばかりに玄関に大判小判を積んでいったので、男は村一番の長者となったのだという。

この大蛇は人に危害を加えたことはなかったが、淵の近くにはカラトウと称する美しい大蛇の橋が時折できた。また淵の上流の上市町眼目《さっか》の辺りにはジョラタンという田があり、そこにも女に化けた大蛇が出たのだという。

［参考文献］東洋大学民俗研究会『富山旧白萩村の民俗 富山県中新川郡上市町旧白萩村』

## 智明坊

［ちみょうぼう］

智妙坊とも。富山県中新川郡立山町の立山に伝わる。『越中旧事記』に記されている。

昔、森尻に智明坊という驕慢《きょうまん》な僧がいた。智明坊はある時、牛のような声で吠《ほ》えたかと思うと天狗となり、自ら光蔵坊と名乗って市谷に住み着いた。しかし劔山の刀尾《たちお》権現に追い立てられて逃げていった。この時に落とした爪が、雄山《おやま》神社に宝物として納められているという。

また『伝説とやま』などに記された別話もある。森尻の寺には智妙坊という、欲深く信者からお布施を取り立てて生活する僧がいた。ある日、智妙坊は人々の先導として立山を登っていたが、一ノ谷で足を滑らせて谷に落ち、そのまま牛の姿となって吠えながら遠ざかっていった。智妙坊が連れていた人々が立山参りを済ませ、帰り道に一ノ谷に来た時、「智妙坊、智妙坊」と呼ぶと、先ほどの牛が現れ、吠えながら畜生が原の方へと去っていったのだという。

［参考文献］『大日本地誌大系』第一三冊 諸国叢書 北陸一、北日本放送『伝説とやま』

## 茶碗ころがし ［ちゃわんころがし］

富山県婦負《ねい》郡八尾町《やつおまち》（現・富山市八尾町）の話。

昔は川に河童や川獺《かわうそ》が多くいたが、町ができてから河童たちはいなくなり、代わりに橋の下に茶碗ころがしが棲むようになった。ある時、怠け者の嫁が仕事をしないで寝てばかりいたので、うっかりして夕飯用の米がなくなっているのも忘れていた。嫁は日が暮れてから夫に叱られ、近くの家へとご飯を借りに行くことになった。すると、茶碗ころがしが出てきて、嫁が持っていたご飯の入った茶碗を転がして食べてしまったのだという。

［参考文献］石崎直義『日本の民話五五 越中の民話 第二集』

## 釣鐘岩 ［つりがねいわ］

富山県高岡市伏木国分《ふしきこくぶ》に伝わる。

伏木国分の沿岸にある岩礁のなかでも東にあるのがウナガシマという岩礁で、釣鐘岩とも呼んでいる。海に潜ってこのウナガシマを見ると釣鐘そっくりの形をしている。昔、釣鐘を積んだ一艘《そう》の船がこの岩の近くまで来た時、突然大波が起こって沈没してしまった。積んでいた釣鐘も沈み、岩の根元にある洞穴に棲んでいた大蛸《おおだこ》に被さって包んでしまったという。そして、この大蛸は一年に一度、釣鐘を被ったまま海の上に顔を出し、鐘を鳴らすのだという。

［参考文献］北日本放送『伝説とやま』

## 闘鬼が岩の大トカゲ ［とうきがいわのおおとかげ］

富山県富山市芦生《あしゅう》に伝わる。

下《した》夕地区芦生の神通川の峡《はざま》に、昔は闘鬼が岩という大岩があった。ある時、太兵衛という人が水神の像を刻み、ここに祀《まつ》った。八月一四日にはこの水神の前で導師を招いて川施餓鬼《かわせがき》を行っていたが、祭りが始まると、この岩に四〇センチほどの大きなトカゲが現れる。トカゲは読経の間は瞬きもせずじっとしていて、終わると姿を消してしまう。人々は岩の主なのだろうと話している。

［参考文献］小柴直矩『越中伝説集』、北日本放送『伝説とやま』

## 藤義丞［とうぎじょう］

富山県中新川郡立山町の立山に伝わる。『越中旧事記』に記されている。

国見坂から一里先の分かれ道を左に行くと市谷があり、そこに畜生ヶ原がある。昔、奥州に住む藤義丞という者が立山を登った時、ここで眠り続け、そのまま角の生えた馬へと変じたのだという。その角は雄山《おやま》神社に宝物として納められているという。

［参考文献］『大日本地誌大系』第一三冊　諸国叢書　北陸一

## 止宇呂尼［とうろに］

富山県中新川郡立山町の立山に伝わる。『越中旧事記』や『諸国里人談』などに記されている

昔、若狭の小浜《おばま》に止宇呂尼という尼僧がいた。彼女は年増女とかむろ姿の少女の二人を連れ、当時は女人結界（女性が入ることを禁じた領域）だった立山を登ろうとした。尼僧たちが立山の入り口に来たとき、そこに積んであった材木が石になってしまった。これは材木坂の材木石と呼ばれるようになった。坂を登る途中、年増女は神罰で一本の杉の木へと変じた。これは後に美女杉と呼ばれるようになった。少女が怖がって先に進もうとしなかったので、尼僧はその場で放尿しながら娘を罵《ののし》った。尿が落ちた所に穴が開き、後にそこは叱《しか》り尿《ばり》と呼ばれるようになった。更に進むと、今度は少女も一本の杉に変じてしまった。これはカムロ杉と呼ばれるようになった。一人になった尼僧はなおも進み続けたが、遂に額から角を生やし、そのまま石と化した。後にこれを姥石《うばいし》と呼ぶようになった。尼僧は石になる時、最後の力で頂上に向けて鏡を投げた。これが落ちた所で石となり、鏡石と呼ばれるようになった。

また、止宇呂尼の額の角は雄山《おやま》神社に宝物として納められているという。

［参考文献］『大日本地誌大系』第一三冊　諸国叢書　北陸一、『日本随筆大成』二期二四巻、北日本放送『伝説とやま』

# 【な】

## 泣石［なきいし］

富山県礪波《となみ》郡栃上新村（現・砺波市）の話。『越中旧事記』に記されている。

小矢部《おやべ》川の普請の時、宮嶋谷という所から石を切り出すことになり、大きさ二間（約三・六メートル）余りの大石を切ろうとした。しかしその石が突然、牛が吠《ほ》えるような声で泣いたので切るのをやめたのだという。

［参考文献］『大日本地誌大系』第一三冊　諸国叢書　北陸一

## 七姫平の魔［ななひめだいらのま］

富山県中新川郡立山町の立山の話。

立山の七姫平という所にある、大きなブナの木の下で泊まると、魔が出るという。芦峅《あしくら》の市助という樵《きこり》が米味噌を背負って山に入ったが、七姫平で日が暮れたので炭焼き小屋に泊まった。市助が夜中に目を覚ますと、小屋の入り口に若い女が立っていた。息を殺して様子をうかがうと、女は小屋の中に入ってきて、味噌を入れた一升桶《おけ》に顔を入れた。その後、女はにっこりと笑って風のように立ち去ったので、味噌桶を調べてみると水で洗ったように綺麗に舐《な》め尽くされており、一筋の長い髪の毛のみ残されていたという。

［参考文献］北日本放送『伝説とやま』

## 偽来迎［にせらいごう］

項目名は著者命名。富山県中新川郡立山町の立山の話。

昔、氷見《ひみ》市の西光寺という寺に安貞という僧がいた。安貞が立山を登って頂上に至った時、空中に忽然《こつぜん》と三尊が影向《ようごう》したので、そこにいた人々は御来迎《ごらいごう》だと手を合わせて拝んだ。しかし、安貞は声を上げて「凡夫の穢《けが》れた目に仏の姿が見えるだろうか、これは魔が妖異をなしているのだろう。正体を現せ、愚かな者らを誑《たぶら》かすな」と罵《ののし》った。すると三尊は大きな正体を露《あら》わにした。数丈もの一本脚を岩角から伸ばし、眼光は稲妻のように輝いている。これを見た人々は恐れて地に伏したが、やがて雲霧が立ち込め、その姿は消えてしまったのだという。

［参考文献］玄妙『真宗全書』三二巻　先哲遺事　一編

## 入道岩［にゅうどういわ］

富山県中新川郡立山町の立山の話。

立山室堂《むろどう》（室堂小屋）は江戸時代に加賀藩によって建築された。この建築工事の時、すぐ下の入道雲のように大きな奇岩を割ることになった。石工や人夫たちが入道岩に槌《つち》を打ち込んでいくと、上から真一文字に裂けた。この時、吉次郎という石工が使っていた槌を岩の裂け目に落としてしまったので、拾おうと裂け目に潜り込んだ途端、岩の裂け目が自ら閉じてしまった。一同が驚いていると、岩の閉じた裂け目からどす黒い血が流れ出した。仲間の復讐《ふくしゅう》に駆られた人夫たちが再び槌を振るうと、一撃のたびに裂け目から血潮が溢《あふ》れ出し、最後に入道岩は打ち砕かれたのだった。

［参考文献］青木純二『山の伝説　日本アルプス篇』、小柴直矩『越中伝説集』

## 糠塚のふらふら火［ぬかづかのふらふらび］

富山県婦負《ねい》郡友坂村（現・富山市婦中町友坂）に伝わる。

友坂村に朋坂山とも呼ばれる小さな宮があるが、そこに糠塚というものがある。ここでは雨が降る静かな夜や晴れた夜に火の玉が出て神通川近辺を飛び回るのだという。これを糠塚のふらふら火と呼ぶが、他にサヨリ火とも呼ぶ。これは昔、佐々成政の妾で早百合という女がいたが、これが手討ちにされ死骸を神通川に投げ込まれたので、その魂が火の玉となって出るのだという。この火に「サヨリサヨリ」と呼びかけると近付いてくるのだという。

**早百合のぶらり火**も参照。

［参考文献］小柴直矩『越中伝説集』、北日本放送『伝説とやま』

## 猫又山［ねこまたやま］

富山県黒部市宇奈月温泉の猫又山の話。

元和年間（一六一五～二四）、越中国の南の空から北にかけて、血のように真っ赤な雲が流れた。その後、黒部峡谷に猫又が出現するようになった。この猫又はもともと富士山に棲み、木花咲耶姫《このはなさくやひめ》を祀《まつ》る富士権現に仕える老猫であった。お使いとして重用されていたが、源頼朝が富士で巻狩りをした時、その軍兵を食い殺して逃げ回ったので、怒った権現によって富士から追放され、黒部へと流れてきたのだった。猫又は黒部で暴れ回り、多くの人を殺したので、村人は困って代官に訴えた。代官は早速猫狩りをすることを決め、大勢の勢子《せこ》や狩人を集めて猫又を追い詰めた。しかし猫又の憤怒《ふんぬ》の形相に狩人たちは立ちすくみ、その隙に猫又はどこへともなく立ち去ってしまった。それ以来この山を猫又山と呼ぶようになった。

その後、月の美しい晩には山中の猫の踊り場という所にたくさんの子猫が集まり、立ち上がって奇怪な踊りを始め、夜が明ける頃には姿を消してしまうようになったのだという。

［参考文献］青木純二『山の伝説 日本アルプス篇』

## ネズン

富山県の砺波《となみ》地方に伝わる。

『とやま民俗』一一号の「砺波地方怪恠譚《かいかいたん》（二）」によると、夜中に急に金縛りにかかったように息苦しく動けなくなることを「ネズンにモサレル」といい、鼠が布団の裾で何か呪《まじな》いみたいなことをしていると考えたという。

『とやま民俗』五七号の「神通川川漁における怪異伝承」に、「ネズミにムサレル」という話が載っている。神通川と支流熊野川のブチアイ（川の枝分かれする場所か。富山市布瀬町辺り）では、しばしばネズミにムサレル（鼠に騙《だま》される）のだという。これは船を着岸させて船上で仮眠をしている者が、突如うなされて手足を伸ばした拍子に川へ落下してしまう現象を指す。

いずれにおいても、鼠（ネズン）が寝ている人に悪さをすると考えられていたようである。

［参考文献］林宏「砺波地方怪恠譚（一）」（『とやま民俗』一〇号）、廣瀬誠「母たちからの伝承」（『とやま民俗』五二号）、滑川の民俗編集委員会・滑川市立博物館（編）『滑川の民俗 中』

# 【は】

## 白幣を振る老翁［はくへいをふるろうおう］

富山県富山市太田の話。

安政の大地震が起こった時、立山の大鳶、小鳶（立山連峰の鳶山《とんびやま》）も崩れ、山津波が起きた（鳶山崩れと呼ばれる）。この時、山から押し寄せた洪水の先頭に立ち、それを先導するように白い御幣を振る老翁の姿を見た人が多くいた。やがてこの老翁が刀尾《たちお》権現（富山市太田の刀尾神社）の境内に入って消えると、そこで洪水は止まり、そこから下の村々は難を逃れたのだという。

［参考文献］北日本放送『伝説とやま』

## 化け藤［ばけふじ］

富山県下新川郡三日市町（現・黒部市三日市）に伝わる。

三日市の八心大市比古《やごころおおいちひこ》神社の鳥居前、道を隔てた向かいに藤の木がある。月夜の晩に男が通ると、藤は若く美しい娘に化け、女が通ると綺麗な小姓に化けて出たのだという。

『大日本老樹名木誌』によると、この藤の木が種々の怪異をなしたので、人々は化け藤と呼んだのだという。天正年間（一五七三～九二）、有志の人々が木の下に小祠《しょうし》を建てて霊を祀《まつ》ったので、それ以来怪しいことは絶えたのだという。

［参考文献］辺見じゅん・大島広志・石崎直義『日本の伝説二四　富山の伝説』、本多静六『大日本老樹名木誌』

## 鳩神様［はとがみさま］

富山県下新川郡入善町《にゅうぜんまち》に伝わる。

小摺戸《こすりど》村一宿《ひとやどり》のお宮の神体は鳩神様といって、九斗三升くらいの盤持石《ばんもちいし》（力石とも。力比べなどに用いられる石）である。

昔、新屋《あらや》に住む青年がこの盤持石を盗んで持ち帰る途中、ドーゼ川に落としてしまった。引き揚げようとしたが三人がかりでも五人がかりでも揚げることができなかったので、仕方なくそのままにして帰ってしまった。一宿に住む源七という農民が、夢のお告げでドーゼ川の盤持石を持ち帰るよう言われたので、翌日に一人でドーゼ川に行って持ち帰った。前は五人でも上がらなかった石が源七一人で簡単に持ち帰ってこられたので、これはただの石ではないと大きな松の木の下に置いておくと、松の枝が西側にだけ伸びて盤持石を覆ってしまった。不思議なことが続いたので、村人たちはこれを神体にしたのだという。

［参考文献］入善町誌編纂委員会『入善町誌』

## 花の精の三女神［はなのせいのさんめがみ］

筆者命名。富山県の長棟《ながと》鉱山や有峰《ありみね》の鉱山の話。

鉱山が盛りの頃、ある祝宴に三人の美しい女が現れて舞い踊った。三人はそれぞれ純白、薄紫、淡紅の衣装を身に着けていた。そのうち、酔った鉱夫の一人が女の手を取ろうとした途端、三人は姿を消してしまい、それから鉱脈も絶えたのだという。これは山に咲く花の精で、純白はミズバショウ、薄紫はヤナギラン、淡紅はクガイソウの精だったという。

この話は長棟鉱山の話とも、有峰の鉱山の話ともされている。

［参考文献］北日本放送『伝説とやま』、『富山県史』民俗編

## 針千本［はりせんぼん］

富山県下新川郡入善町《にゅうぜんまち》飯野や黒部市若栗、射水《いみず》郡伏木町《ふしきまち》（現・高岡市伏木地区）に伝わる。一二月八日に行われる針供養（針千本、はりせんぼとも）の風習と関連した話。

『富山県史 民俗編』によると、入善町飯野、黒部市若栗では仲の悪い嫁姑の話が伝わっている。姑の婆さんと仲が悪かった嫁が、ある日忍びきれずに海に身投げしてしまい、魚の針千本となった。一二月八日になると海が必ず荒れ、針千本が風に吹き上げられて、婆さんの顔に食い付いたのだという。

『郷土研究』一巻一〇号の「針山供養針千本」には、伏木町新港の類似の話が記されている。あるところに仲の悪い嫁と姑がいた。一二月の初め頃、姑は嫁に針山（針さしとも。裁縫道具の一つ）の針を盗んだと難癖をつけ、とうとう嫁は海に身を投げてしまった。それから風が強く吹いて海が大荒れになり、嫁の死体の代わりに毬《まり》に針を刺したようなものが海面に浮き上がってきた。それから毎年一二月五、六日頃には海が荒れ、針を刺した毬が浮き上がるようになり、これを針千本と呼んだ。そして一二月八日には、娘のいる家では針仕事を半日休むようになり、針山に饅頭《まんじゅう》を供えて祝うようになった。また、娘を嫁に出す時には饅頭を贈る。これは嫁が針のために難渋にあわないようにという習慣である。

［参考文献］『富山県史』民俗編、京都風来坊「針山供養針千本」（『郷土研究』一巻一〇号）

## 般若蛇［はんにゃへび］

富山県西礪波《となみ》郡石動町《いするぎまち》（現・小矢部《おやべ》市石動町）の話。

安永（一七七二～八一）の頃、石動町と東福町をつなぐ大橋のそばに富山屋という町家があった。ある朝、庭の様子が怪しいというので人々が縁側から見ると、小さい蛇が生け垣に登り、楢《なら》の葉をねじ押さえて家のうちを睨《にら》み付けていた。大きさは二尺（約六〇センチ）程度だが、赤い両脚を持ち鳥のような一寸（約三センチ）ほどの角が二本生えていて、顔の形が般若面のようで

あった。人々が騒いでいるうちに一陣の風が吹き、その姿は消えてしまった。この蛇は大昔からこの家に棲み、一〇〇年前も二尺程度の大きさだったという。

［参考文献］小柴直矩『越中伝説集』

## ヒカリモン

光ルモンとも。富山県射水《いみず》市放生津町《ほうじょうづまち》に伝わる。

放生津の漁師たちは、沖合から二上《ふたがみ》山麓の守山《もりやま》の辺りに、光る狼煙《のろし》のようなものを見ることがあるという。これが出ると初風が出て、一、二時間もすると南西の強風になって海が荒れてくるという。一般に光るものは海が荒れる前兆なので、ヒカリモンと呼んで漁師は最も忌む。

［参考文献］富山県教育委員会「富山県内漁村地域民俗資料緊急調査報告書その一」（『中部地方の漁村・漁撈習俗』一）、藤井昭二『富山湾 この知られざる世界』

## 火点し［ひとぼし］

ヒトボスとも。富山県の砺波《となみ》地方に伝わる。

狐火のこととされる。クロ（畦畔の林）がたくさんあった頃、雨のすぼすぼ降る夜やカスミダッタ（靄《もや》のかかった）夕方には、地面から数尺離れた所に青くて後光のない火が行ったり来たりするのが見え、ヒトゲ（人の気配）がすると消えてしまったのだという。

［参考文献］林宏「砺波地方怪恠譚（一）」（『とやま民俗』一〇号）、『富山県史』民俗編

## 火柱［ひばしら］

ヒバスラとも。富山県の砺波《となみ》地方に伝わる。

藪《やぶ》の陰や墓地から不意に火の柱が立つことがあり、それが倒れた方角で、近いうちに必ず火事があるのだという。鷹栖《たかす》の消防組が藪から火柱が立つのを見て、それが小学校の方角へ倒れたので警戒を強化したという話や、砺波市小杉の安楽寺近くの墓地で青い火柱と赤い火柱が立ち「今ねる（倒れる）ぞー」という声がして倒れたという話などがある。ヒバスラはネンモー（念妄）のなすものだといわれるが、トバ（イタチ）たちが連なって立ち上がり、それが倒れるのが火柱に見えるのだという話もある。

［参考文献］佐伯安一『砺波民俗語彙』

## 人形神［ひんながみ］

富山県砺波《となみ》市に伝わる。

『民間伝承』一三巻一二号の「砺波のヒンナ神」によると、砺波地方では急にシンショがよくなる（財産家になる）家があると、「あの家はヒンナを祀《まつ》っている」といって僻《ひが》んだという。ヒンナは墓場の土を三年の間に持ってきて、三〇〇〇人の人に踏ませたもので作った人形である。これより一層念の入ったものだと、七つの村の七つの墓

場から持ってきた土を、人の生き血で捏《こ》ね、自分の信じる神の形に作って、人のよく通る所に埋めて一〇〇〇人に踏ませる。これを祀ると欲しいものは何でも持ってきて、用事を言い付けないと「今度は何だ、今度は何だ」と催促するくらいなので、たちまちシンショがよくなる。しかし因果応報で死ぬ時になってもヒンナは離れないので、非常に苦しんで地獄へ落ちるとされている。ヒンナを離すには、まずヒンナを懐に入れて川に入る。するとヒンナは苦しんで笠の上へと登るので、笠をそっと抜いで川に流す。するとヒンナは笠の下に主人がいるものと思って、そのままボンボコボンボコと流れていくのだという。

『とやま民俗』一一号の「砺波地方怪恠譚《かいかいたん》(二)」にもヒンナの報告がある。商家の身代が急に良くなったりする(儲《もう》かる、繁盛する)とヒンナを使ったのではないかと噂された。ヒンナは目に見えないものであり、これを使う人の欲しいものをなんでも持ってきてくれて、面白いほど身代が良くなるのだという。このヒンナはナナザンマイ(七三昧。七ヶ所の火葬場)の土を用いて作るといわれ、これをもとに戻さなければ死んでも死にきれず、随分な苦しみ方をして地獄に落ちるのだという。

**コチョボ**も参照。

[参考文献]佐伯安一「砺波のヒンナ神」(『民間伝承』一三巻一二号)、林宏「砺波地方怪恠譚(二)」(『とやま民俗』一一号)

## ボーコン

富山県の沿岸部に伝わる。

亡魂という意味か。海が荒れた時に船の先に立っていて、これが出ると船の中に水を入れて沈めてしまうという。また、清川、四方《よかた》、新湊《しんみなと》では漁をしていて船が危うくなったとき、強い光とともに「オーイ、オーイ」と呼んでくるという。他にも海坊主のような姿が見えたとか、富山の某デパートくらい大きいものだったという話もある。

[参考文献]『富山県史』民俗編、藤井昭二『富山湾 この知られざる世界』

# 【ま】

## 松の木[まつのき]

富山県中新川郡上市町に伝わる。

昔、秋葉山に松の木があった。ある日、行者が来て松の木に「おいてくれ」と頼んでそこに泊まった。夜になり、行者が南無阿弥陀仏を唱え始めたところ、松の木が「お前みたいなのは出ていってくれ」と言った。それでも行者が松の木に泊めてほしいと頼んだところ、松の木は「どうしても出ていかないのなら、頭から水を被せてやる」と言って行者に水をかけた。水をかけられた行者は秋葉山を降り、村の人々にこの出来事を話したのだという。

〔参考文献〕東洋大学民俗研究会『富山旧白萩村の民俗 富山県中新川郡上市町旧白萩村』

## ミオノシ

富山県高岡市守山の辺りに伝わる。

守山の山の方で光るものをミオノシといったが、これは南西風の前兆とも考えられた。

〔参考文献〕『富山県史』民俗編

## 妙年の河伯〔みょうねんのかはく〕

富山県中新川郡滑川《なめりかわ》町の有金《ありかね》村（現・滑川市有金）の話。『続三州奇談』巻之八に「妙年河伯」として記されている。

安永四年（一七七五）八月のこと。有金村のそばに今井川という、這槻《はいつき》川の支流がある。高月村専福寺の住職が用事からの帰り、朝六時半頃に今井川を通りかかると、岸に一人の少女がいた。少女の顔色は雪のように白く光っていて、雛《ひな》のようにとても美麗であった。背丈は二尺（約六〇センチ）余りで髪飾りに簪《かんざし》を挟んでいて、衣服は五色の見事なもので、人間の織物には見えなかった。着物の裾は腰の周りまでで、両足は白い膝まで露《あら》わになっていて、袖口は網のようになっていて手も真っ白だった。人と似たような姿をしているが、背丈はとても低く、住職と度々顔を見合わせ、微笑む様子もあった。住職は総身から汗を流し、戦慄《せんりつ》を止めることができなかった。やがて二、三人の商人が岸を通りかかり、その物音を嫌った少女は川に入って音もなく消えてしまった。住職は何とか専福寺に帰ったが、寺の下人がその顔色が悪いのを見て驚き、薬を用意して養生させた。数日して本復し、この出来事について櫟原《いちはら》の神主に尋ねると、神主は「それは河伯（川の神）であろう」と答えた。恐らく、この河伯はまだ幼い子供だったのであろうと推測されている。また、越中では大河の深みから鈴の音が聞こえることがあるというが、これは幼い河伯が遊び歌う時に鳴らす鈴なのだろうとも記されている。

〔参考文献〕堀麦水「続三州奇談」（『三州奇談』石川県図書館協会）

## 未練坊〔みれんぼう〕

富山県氷見《ひみ》市長坂に伝わる。

石動山《いするぎやま》登山口の血坂という所に、夜な夜な物の怪が出没し、更には日中でも石動山参拝の人々に危害を加えるようになった。石動山大宮坊の別当が、武勇の誉れ高かった源伊勢之助という者に、この妖怪の退治を命じた。伊勢之助は夜に血坂で妖怪の出るのを待ち伏せ、これを斬り殺した。夜が明けると、そこには全身白毛の大猿が倒れていた。伊勢之助がこの死体を担いで帰る途中、大猿はにわかに生き返り、伊勢之助の首に噛《か》み付いて「俺は長年修行をして法力によって幽明界を往復する神通力を持っている。俺を殺したと思っても、俺には生も死もない。今こそお前の命を取って恨みを晴らしてやる」と語った。伊勢之助は苦しみながら「それほどの神通力を持っているものが、悪事を働くとはうなずけない。俺は長坂や光西寺（長坂にある寺院）のために、しなければならないことが多く残っている。お前がここで死んでくれて、俺を長らえさせてくれるなら、お前を我が家の守護神として子孫の代まで敬うだろう。南無石動山五社権現、我が願いを聞き給え」と言うと、大猿は再び死んでしまった。伊勢之助は大猿を手厚く葬って祠《ほこら》を建立し、これを未練坊とした。伊勢之助は様々な事業を成し遂げた後、この守護神のために尽くそうと生きながら大甕《おおがめ》の中に座して土葬されたという。

［参考文献］氷見市史編修委員会『氷見市史』

## 百足ガ渕［むかでがぶち］

富山県上新川郡大沢野町（現・富山市）の話。

大沢野には、百足ガ渕という神通川の渕があり、大きな百足が棲んでいた。しばしば川原へと這《は》い上がってくるが、黒く光る背中と真っ赤な腹が鎧《よろい》のように輝き、また渕に沈む時は神通川が黒く光ったのだという。ある時、水練の達人だった河原覚浄という人がこの渕に網を投げたところ、引き揚げることができなくなった。覚浄は大百足の仕業かと思い「水に潜ってでも見参するぞ」と広言すると、たちまち船の下の水が盛り上がった。覚浄が負けじと「卑怯《ひきょう》であろう、姿を見せろ」と怒鳴ると、渕の東の崖下に天女のような美女が現れた。その美しさに覚浄は船端を叩いて褒めそやすと、女の姿は消え、網はスルスルと上がったのだという。

［参考文献］北日本放送『伝説とやま』

## 餅の白鳥［もちのはくちょう］

富山県下新川郡入善町《にゅうぜんまち》に伝わる。

昔、下立《おりたて》村粕塚《かすつか》（現・黒部市宇奈月町）に、金銭財宝に富んだ長者があり、歳が一八の美しい娘がいた。娘が年頃となったので椚山《くぬぎやま》の坂東長者の所に嫁入りすることとなり、とても豪華な準備が整えられた。そして娘の出立の時、土の上を歩かせるのも可哀想ということで、七日七晩も餅を搗《つ》いてたくさんの鏡餅を作り、坂東長者の家までの二里あまりの道に敷き並べた。しかし、並べられた餅の上を娘が歩いた後から、次々と白い鳥に変わって空高く飛んでいってしまった。それから後、粕塚の長者の田畑は五穀が実らなくなったのだという。

［参考文献］入善町誌編纂委員会『入善町誌』

# 【や】

## ヤマノカミノタイコ

富山県東礪波《となみ》郡上平《かみたいら》村（現・南砺《なんと》市上平地域）の話。

この話の話者が子供の頃、留守番をしていた時に言い付けられていた水汲《く》みに行った。水はちょろちょろと出ていたので五升樽を一杯にするのに一時間くらいかかり、その間ずっと山の神（天狗ともいう）の太鼓が聞こえてきたという。二人で打っているようで「ステテコデンデン、デンデコデンデコ」と聞こえてきた。親が帰ってきた時「一人で寂しかったろう」と言ったので「太鼓が聞こえていたので少しも寂しくなかった」と答えた。それぐらい恐ろしい気は全然しなかったのだという。曇って霞《かすみ》がかった時によく聞こえ、昼夜で差はなかったという。また一人で叩くような「ドーンドーン」という音も聞こえるという。

［参考文献］佐伯安一「越中の〝山の神〟断片」（『伊勢民俗』三巻三・四号）

## ヤマノバーバノタイコ

富山県東礪波《となみ》郡大鋸屋《おがや》村（現・南砺《なんと》市）に伝わる。

大鋸屋村の若杉で、狢《むじな》が仰向けになって腹を叩くのだという。春の夜に多く、聞こうと思っていると聞こえず、うっかりしていると聞こえるが、聞こえてきた年は豊年になるのだという。

［参考文献］佐伯安一『砺波民俗語彙』

## ユキオン

雪鬼または雪女。富山県の砺波《となみ》地方や滑《なめり》川《かわ》市に伝わる。

雪の中から出る妖怪。形や悪さなどははっきりしないが、子供を脅す時に「ユキオン来るぞ」などと用いるという。

『砺波民俗語彙』では「雪鬼」と記しているが、『滑川の民俗 中』では雪鬼か雪女のこととしている。

［参考文献］佐伯安一『砺波民俗語彙』、滑川の民俗編集委員会・滑川市立博物館（編）『滑川の民俗 中』

## 妖鼠［ようそ］

富山県礪波《となみ》郡五社村（現・小矢部《おやべ》市五社）の話。『続三州奇談』巻之八に「妖鼠領墳」として記されている。

五社村に妖しい鼠が棲み着き、小獣などを次々と殺すということがあった。人々は当初は犬や狼の仕業だろうと考えていたが、次々と飼い猫が姿を消し、墓場の辺りで食い殺された死骸が見付かるということが続いた。安永七年（一七七八）の春、五社村に伊兵衛という力自慢の若者がいたが、用事があって隣の道明村へ行き、夜半になって帰路に就いた。この時、伊兵衛は人からもらった猫を一匹懐に抱き、塚原古墳の辺りを通ったが、突然そこの塚の一つが崩れる音がして、何か怪しいものが伊兵衛の膝に飛び付いてきた。懐の猫は身を震わせて恐れたが、伊兵衛は怪物の首と思しき部分を引っ摑《つか》んで二、三間も投げ飛ばした。しかし怪物は再び飛びかかって、伊兵衛の足に食い付いてきたので、伊兵衛はこれを蹴り飛ばして待ち構えた。怪物は伊兵衛の肩や背中、胸など五ヶ所を嚙《か》み破ったが、怒った伊兵衛が首を捕らえて振り下ろし、締め上げて殺した。しかし、伊兵衛の抱いていた猫も、どういうわけか死んでしまった。伊兵衛は怪物の死骸を家に持ち帰り、翌日に調べてみると、それは大きな鼠だった。その顔はとても大きく四、五寸もあり、体は一尺八寸（約五五センチ）、首にかけては二尺三、四寸（約七〇センチ前後）、尾の長さは二尺（約六〇センチ）あり、先端が切れていた。毛は禿《は》げて皮も古びており、恐ろしい有様だった。近所の猫を集めて取らせようとしたが、どんな猫もひと目見ただけで逃げ去り、毒気を恐れるかのようだった。不思議なことと思い、外に死骸を晒《さら》しておき、どこかの猫が食べてしまうかと思ったが、近くの村々から集めた猫も近寄ることなく、そのうち鳶《とび》が飛んできて死骸を持ち去って食べてしまったという。

［参考文献］堀麦水「続三州奇談」（『三州奇談』石川県図書館協会）

## ヨウユウ

富山県婦負《ねい》郡駒見村（現・富山市駒見）の話。

『肯構泉達録《こうこうせんたつろく》』巻之一五「駒見村」には、ある家で長年飼われていた「ようゆう」という姥狼《ろうろう》が人に化けたという話を記している。ある時、山伏が夜更けに呉服山の古坂を通っていると、狼の群れが現れて山伏を追いかけたので、恐れて木の上に登って逃げた。すると、狼たちは体を重ねていき、その一番上に姥が跨《また》って山伏を引き下ろそうとした。そこで山伏が短刀で姥の肘を斬り落とすと、狼たちも散り散りになって逃げ去った。山伏は夜が明けてから木を降り、駒見村に立ち寄ったところ、ある家で先ほどの姥が傷に苦しみながら寝込んでいた。しかし山伏の姿を見るやいなや逃げ出し、そのまま行方知れずになったのだという。

『越中旧事記』巻之上には「ヨウユウ」という老尼について記している。この老尼は狂犬の姿になって様々な怪しいことをしていたが、ある時山伏に足を斬られて里を離れた。それから三年ほどして、射水《いみず》郡（現・射水市）のあら山から駒見村の八右衛門という農家のもとに手紙をよこした。犬の書いた手紙だとして、人々の評判になったのだという。

〔参考文献〕『越中史料』一巻、『大日本地誌大系』第一三冊 諸国叢書 北陸一

## ヨナランモン

富山県富山市五番町の話。

この話の記録者の幼少期、夜に笛や太鼓を鳴らしたりすると「ヨナランモンが来るぞ」と母から叱られた。当時は「用のない者」という意味かと考えていたが、後年になって「この世ならぬ異界の者」であったのだろうと気付いたのだという。

〔参考文献〕廣瀬誠「母たちからの伝承」（『とやま民俗』五二号）

# 【ら】

## 狸化茶釜〔りけちゃがま〕

富山県婦負《ねい》郡八尾《やつお》町《まち》室牧《むろまき》（現・八尾町地域）に伝わる。

昔、源義家に敗れた安倍宗任《あべのむねとう》は婦負郡の室牧谷に落ち延び、家来の大竹弥九郎にこの地を開拓するよう命じた。その後、戻ってきた宗任は村を作り上げた弥九郎を労《ねぎら》い、安倍家の秘宝「狸化茶釜」を与えた。

この茶釜は「栗拾茶釜」とも呼ばれ、夜中に動き出して栗を一杯に詰めて戻ってくるという不思議な茶釜であった。これは今も八尾町東町のある家に保管されているが、ある時動き出した茶釜を見て驚いた人が殴り付けてしまったため、傷付いて動かなくなったのだという。また、この茶釜が旅に出てお嫁の茶釜を連れて戻ったという話もあり、この嫁さん茶釜も八尾町上新町のある家に残されているのだという。

〔参考文献〕北日本放送『伝説とやま』

## 六治古の妻〔ろくじこのつま〕

富山県富山市婦中町《ふちゅうまち》長沢の話。『肯構泉《こうこうせん》達録《たつろく》』巻之二に記されている。

昔、長沢に六治古《ろくじこ》という人が住んでいた。六治古は貧しかったが、一緒に住む母に常に孝行していた。ある日、母に魚を食べさせてやろうと考え、農作物を一匹の鮭《さけ》と取り替えて帰ろうとしたが、その途中で鮭に対して哀れみの気持ちが起こって川の水に浸してやると、鮭はそのまま川に逃げてしまった。その後の年の瀬に、二人の住む家に一六歳ばかりの美しい女が来て宿を乞うたので、快く泊めてやった。その日から女

は日々家の仕事を手伝い、帰る様子もなかったが、六治古も母も女の孝心に感心し、そのまま留め置いた。やがて六治古と女は夫婦となり、息子も生まれた。月日が経ち、老母が病に罹《かか》って亡くなると、妻は六治古に「私の正体は龍女です。あなたの日々の孝行を龍王が知り、私を遣わしたのです。これまであなたを助けてまいりましたが、もとの所に帰らなければなりません。もし子供が私に会いたがったら、山の中の新しい池まで来てください」と語り、空を飛んで去ってしまった。その後、残された六治古と息子が山で池を探して覗《のぞ》き込むと、その水面に妻の面影が走り過ぎていった。それからこの池を走影池《はしりかげのいけ》と呼ぶようになった。また息子は大きくなって天児《あまご》六郎忠清という勇猛な武士になったのだという。

[参考文献]『越中史料』一巻

COLUMN 02

# 郷土誌・民俗報告に潜む妖怪たち

妖怪について書かれた本を読んだ皆さんの中には「自分の住む地域の妖怪についてもっと知りたい・もっと調べたい」と考えた方もおられるだろう。このコラムでは、そんな皆さんのために、地域の妖怪を調べる方法、なかでも書籍から妖怪を調べる方法について、簡単にアドバイスしたいと思う。

まず、地域の郷土史家や郷土研究会が発行した郷土誌・民俗報告書、あるいは役所が編纂《へんさん》した市町村史などを手に取ろう。地域の公共図書館に行けば、これらの資料は「郷土資料」として収蔵されていることが多い。

次に、資料のどこを読むべきか。「伝承」や「言い伝え」、ストレートに「妖怪」といった章があればわかりやすいが、実際のところ、わざわざ妖怪のために一章を割いてくれている奇特な資料はそう多くはない。しかし、一見妖怪とは関係ないと思われる民俗報告の中にこそ、妖怪の情報が含まれていることが多いのである。

地域の生活の中で利用されていたジンクスや療法、禁忌や迷信などを記録した「俗信」（死にガラス、ママッカカサなど）や、一年の中で行われる祭礼や集会などが報告されている「年中行事」（はげん様、人喰鵺《ひとくいぬえ》など）、人が生まれてから死ぬまでの一生に関わる習俗について記された「人の一生」（風三郎、マドウなど）などには、妖怪に類する報告が書かれていることが多い。この他にも「家の作り」や「生業《なりわい》」などの中にも、妖怪についてのちょっとした記録が残されていることがある。

伝承妖怪は人の生活に密接して語られるものなので、民俗報告の様々な部分にひっそりと記録されている。一冊の郷土資料を読む時に隅々まで目を通すことで、これまで意識していなかった小さな妖怪たちを確認することができるだろう。

［毛利恵太］

# 石川県

# 【あ】

## あかとり

石川県鳳至《ふげし》郡能都町《のとまち》高倉地区（現・鳳珠《ほうす》郡能登町）に伝わる。

船で海に出ていて時化《しけ》になった時に、船に入った水を出す柄杓《ひしゃく》をよこせと、海の中から言ってくるものがある。この妖怪をあかとりという。このような場合、柄杓の底を抜いて渡す。そのまま渡すと船に水を入れられて沈んでしまうからだという。

〔参考文献〕中央大学民俗研究会『常民』六号

## 赤蜂〔あかはち〕

石川県羽咋《はくい》郡志賀町《しかまち》に伝わる。

高爪山辺りから南へ二、三里（約八〜一二キロ）先の海上では、夜中になると時々赤い光が、強い灯火のように輝くことがある。これは赤蜂という怪物の仕業であるという。

『能登国由来書』によると、六月二七日の夜に富木《とぎ》の海中から観音（高爪山の大福寺か）に向かって龍燈が参ると伝えられていた。

〔参考文献〕尾佐竹猛「能登の龍燈伝説」（『郷土研究』三巻六号）

## 悪魚〔あくぎょ〕

『閑度雑談』上巻に記されている。

加賀国に井筒屋勘六という者がいた。勘六は幼い頃から能楽の太鼓を打つことを趣味とし、寝食に代えるほど打ち込んで、その妙技を得たと言われるほどであった。ある時、勘六が船で海を渡っていると、海上で船が止まって少しも動かなくなった。船員が「悪魚が船を背負ってしまった。そのうちに船を覆して、我々を食らうつもりなのだろう。皆で念仏を唱えてくれ」と青くなって嘆きながら言うので、皆驚いて泣き叫ぶしかなかった。しかし勘六は泰然自若として携えていた太鼓を取り出し、一生の精力を込めて大喝声とともに打ち鳴らした。その声は天や海底まで響き、不思議にも船はたちまちに動き出した。人々は喜び、船はつつがなく港にたどり着いたのだという。

〔参考文献〕『続日本随筆大成』六巻

## 操り人形〔あやつりにんぎょう〕

石川県加賀市山中温泉の話。『三州奇談』巻之一に「傀儡《くぐつ》有気」として記されている。

宝暦一〇年（一七六〇）から、加賀の医王寺（国分山医王寺）で御堂修繕のために芝居や富籤《とみくじ》などが開催され、門前が大いに賑《にぎ》わった。そのなかでも人形芝居は、淡路の政右衛門という者が毎年来ては芝居を行い、大好評を得ていた。そのうちに山代《やましろ》（山代温泉の辺り）でも人形芝居をやることとなり、あちこちに芝居道具を運ぶことになった。やがて年の瀬となり、芝居道具を山中や山代の家々の蔵に預け、翌年の春からまた芝居を再開することとした。それら道具を預かることになったある農家の蔵に、人形の入った長持が積まれていたが、その蔵の辺りで物音がするようになり、二、三〇人もの人が集まって話をするような声も聞こえるようになった。近くを通りかかる人は「今夜も誰か客人がいるのだろう」と考えていたが、その家の人が蔵の様子をうかがうと何の気配もなく、放置しておくと再び人が集まるような気配がする。家の人は芝居の人形を多く預かったためだろうと笑い話にしていた。その頃、人形浄瑠璃《じょうるり》をする竹本折太夫という人がその話を聞き「人形というのは必ずそういうことがあるものだ。私の使う楽屋では、上等な人形はきちんと装束をまとわせて、役者が本番を待つように丁寧にかけ置き、逆に雑兵の人形は手足も整えずにかけ置く。上等な人形が威厳を保ったまま置かれている前を歩く時は、人形遣いやその他の者たちも皆、敬う姿勢で過ぎるようにする。このように人形を敬わなければ、舞台で動かしても天然の威厳が伴わない。なので、人形には自然と人の気が入って満ちるものである。使い続ければ奇妙なことは起きるもので、夜に動き出すことはいつものことだ」と語ったのだという。

　この後、竹本は江戸の屋敷で起きた人形にまつわる怪異を語るのだが、その段は省略する。

［参考文献］堀麦水『三州奇談』（石川県図書館協会）

## 荒火［あれび］

石川県鳳至《ふげし》郡能都町《のとまち》高倉地区（現・鳳珠《ほうす》郡能登町）に伝わる。

昔、海上に青い火が焚《た》かれているように見える時があった。これを荒火と呼び、雨が降った晩とか小雨が降る晩に出てくる。その高さは三、四尺（約〇・九〜一・二メートル）ほどで、同じ船に乗っていた三人が同時に見たが、害を加えてくることはなかったという。

［参考文献］中央大学民俗研究会『常民』六号

## 一老大権現［いちろうだいごんげん］

石川県金沢市清水谷町《しみずだにまち》に伝わる。

清水谷の直乗寺《じきじょうじ》に祀《まつ》られている天狗。もとは高坂町の森本川左岸の天狗壁に棲んでいたが、清水谷の長老の夢枕に現れ「清水谷の寺に行きたい」と告げたので、祀られるようになったという。集落の守護神として、様々な御利益があるとして信仰されている。

［参考文献］金沢市史編さん委員会『金沢市史 資料編一四 民俗』

## 狗龍［いぬりゅう］

石川県の金沢川南町（現・金沢市片町）の話。『三州奇談』巻之二に「土中狗龍」として記されている。項目の読みは『近世奇談全集』による。

宝暦二年（一七五二）の早春、川南町の額谷屋《ぬかたにや》という所で、夜に閉めたはずの雨戸が、夜明けになると開かれ、屋内の灯火が吹き消されるという出来事が続いていた。やがて怪物が戸を開けて入ってくるのだという話になり、女子供は向かいの家に引っ越し、男たちで家の番をすることになった。近くに住む人は「夜更けに唄をうたう小坊主がいた」とか「人のように立って歩くものが、戸締まりを開けて中に入り、行灯《あんどん》を吹き消していた」といった話も出てきた。やがて二月一五日の夜、雨が降った月の暗い時分に怪物が現れたが、人の物音を恐れてか、引き返して土蔵に入り込んでしまった。土蔵の厚い土壁に穴を掘って入り込んだので、待ち構えていた人々は土蔵を取り囲み、鎌や棒で駆り立てた。すると蔵の大戸から疾風のように宙を飛んで出てきたので、斎藤金平という人が刀で打ち落としたが、怪物は起き上がって縁の下に入り込んだ。大勢で探し出し、槍で突き伏せて頭を斧《おの》で潰すと、おびただしく血を吐いて死んだが、その間に少しも声を上げなかった。見ると槍で突いた跡も残っておらず、斧も皮には傷を付けられず、内側の骨が砕けて死んでいるようだった。その姿は犬に似ており、足は短く、三角形の体型で灰色の毛を持つ獣だった。

これは何物かと話し合っていると、大阪から来た人が鍛冶町であった出来事を語った。ある家の老婆が行方知れずになって数ヶ月が経ち、ある日亭主が家の縁の下に穴が開いているのを見付けた。穴の下には水が湧いており、行方知れずになっていた老婆が食い殺されていた。更に奥には何かが潜んでいたので、町役人に伝えて穴の口を塞《ふさ》ぎ、潜んでいる辺りから掘り下げて獣を引きずり出したのだという。

人々は獣の正体を「ミタヌキというものだろう」とか「狗龍というもので、これの雛《ひな》は謝豹虫《しゃひょうちゅう》というものだ」などと語り合ったという。

［参考文献］堀麦水『三州奇談』（石川県図書館協会）

## 嘘吹く野兎［うそふくのうさぎ］

石川県の山の上新町（現・金沢市山の上町？）の話。『奇事談』に記されている。

戸田織部の家来である木村惣太夫という者が、山の上新町に住んでいた。ある時、隣家の人から「先ほど、家の周りを嘘を吹きながら何遍も回る者がいた。昨夜も来ていたが、どうも怪しい」という話を聞いたので、惣太夫がすぐに外へ走り出して見回したが、怪しいものはいなかった。恐らくまた来るだろうと考え、準備をして待ち構えていると、やはり山の方から何者かが嘘を吹きながらやってきた。家を回る姿は闇夜の中でよく見えなかったが、惣太夫が声を上げて追いかけると、小藪《こやぶ》の方へ逃げていった。なおも追いかけると足に獣の毛のようなものが当たったので、捕まえようとしたが振り切られ逃げられてしまった。火を灯して辺りを調べると、兎の尾の毛と思われるものを踏み付けていた。不思議なことだと考えていたが、実は惣太夫は四、五日前に角山の方にある合歓《ねむ》の大木を伐っていた。合歓の木は兎が好んで棲む木だから、それを伐った惣太夫を恨んだのだろうとある人は語ったのだった。

［参考文献］堀麦水『三州奇談』（石川県図書館協会）

## 海鳴り小坊主［うみなりこぼうず］

石川県羽咋《はくい》郡一宮村の気多《けた》神社（現・羽咋市寺家町《じけまち》の気多大社）に伝わる。

『民俗学』一巻四号の「気多通信（一）」には以下のように記されている。気多神社にはかつて真言宗の寺院も多く属していた。上杉謙信が能州を侵略した時、この村の城に僧兵が立て籠もっていたが、落城とともに海に没したという。以来、神社の森に入るとどれほど凪《な》いだ日であっても、どうどうと海鳴りが聞こえる。村人はこれを僧兵の悲鳴だと考え「三千小坊主の海鳴り小坊主」というのだという。

『石川県羽咋郡誌』には「沖の鳴小法師」として記録されている。昔、一宮には寺院が多かったが、畠山氏がこれを焼き払い、僧侶たちは海に逃げて溺死してしまった。その亡魂は海底に残り、悲鳴を上げて沖を鳴らすのだという。しかしこれは潮や風によって音が響くものである、と説明している。

［参考文献］藤井春洋「気多通信（一）」（『民俗学』一巻四号）、『石川県羽咋郡誌』

## 海坊主［うみぼうず］

石川県鳳至《ふげし》郡能都町《のとまち》高倉地区（現・鳳珠《ほうす》郡能登町）に伝わる。

ある人が仲間とイカ釣りに海に出た。しかし、イカがよく釣れたので夢中になってしまい、仲間に置いていかれてしまった。一人で船にいると、海坊主がトモ（艫）から上がってきて「もう帰った方がよいのではないか」と言ってきた。その人は驚いて夢中で帰ったが、浜に着いた途端に死んでしまったという。

［参考文献］中央大学民俗研究会『常民』六号

## 榎の釣瓶［えのきのつるべ］

石川県鹿島郡中能登町徳前《とくぜん》の話。

重右衛門という者の屋敷跡に榎の老樹があり、枝が一〇間（約一八メートル）も伸びて昼でも陰が暗くなるほど茂っていた。夜になると、この木の上から釣瓶が下がってきて、その中には温かいぼた餅が入っているというので、若者たちが毎夜この木の下に集まってこれを食べていた。しかしある夜、木の上から何かが「たんべたんべにおかいもちあらうか茄子《なす》漬食ってお茶上がれ」と声をかけてきたのだという。

［参考文献］『石川県鹿島郡誌』

## 黄蔵主［おうぞうす］

石川県かほく市七窪《ななくぼ》の話。『続三州奇談』巻之三に「七窪の禅狐」として記されている。

安永年間（一七七二〜八一）の初め頃、この辺りには稀有《けう》な狐妖《こよう》がいた。ある冬も近くなった晩秋の頃、能登の惣持寺に向かうため、七窪の砂道を進む一人の僧がいた。途中で疲れてしまった僧は松の古木にもたれて一眠りしたが、目覚めると傍らに別の僧が休んでいた。旅僧はもともと関東生まれで遠慮を知らない者だったので「貴方はどこの僧か、どこへ行こうとしているのか」と問うと、「どこの出身だろうと僧は僧だ。それを疑うのは何事か」と答えてきた。その後も問答を繰り返したが、旅僧が怒って「法も受けず師もいない僧など、犬にも劣るものだ」と言うと、相手の僧はきょろきょろと周囲を見回した。そして旅僧が寝ながら片足を松にかけて小便を放つのを見て、驚いて「クハイクハイ」と鳴いて、獣の姿に変じて逃げ出してしまった。旅僧は不思議なことだと怪しみ、道中で知り合った人々にこの出来事を語ると、酒井の永光寺の僧が「それはこの辺りの野にいる、黄蔵主という年経た黄狐だろう」と語った。旅僧も合点がいき、目付きや物言いは確かに野狐のようだった、こちらの言動で相手は犬の化けた僧だと勘違いして逃げたのだとわかった。七窪は禅僧がよく通る所なので、狐が法語を覚えて問答をしようと現れるのだろうとされた。

［参考文献］堀麦水『三州奇談』（石川県図書館協会）

## 尾添の猫女［おぞうのねこおんな］

筆者命名。石川県石川郡尾口村尾添（現・白山市尾添）に伝わる。

昔、尾添にケチで有名な七太夫という人が住み、その娘も父の教えを守って金以外には目もくれない生活をしていた。しかし、猫だけはかわいがっており、ある日「お前は鼠を捕るのがうまいから、魚も捕れるだろう」と言うと、猫は出かけて夕方には魚を二匹捕ってきた。それからはいつも猫が魚を捕るようになった。やがて女の所に二匹の猫が来たので一緒に飼い、三匹の猫が戯れるのを見て楽しみ、しまいには一緒に外を駆け回るようになった。ある時、裏山で猫と遊んでいると、一匹の大蛇が現れて襲いかかってきた。しかし二匹の猫が大蛇の両眼を爪で引っかき、もう一匹が喉に噛《か》み付いたので、女は腰の鎌で大蛇を殺した。三匹の猫は大蛇の肉を食ってしまった。そのようにして暮らすうちに、やがて女の顔は猫のような凄《すご》い顔に変わり、手足も毛だらけになってしまった。池に映った自分の顔を見て驚いた女は、三匹の猫とともに家に帰らず洞穴に棲むようになり、雲を起こして雨を呼び、空を飛ぶようになった。それからというもの、隣村では葬式を出すと黒雲が下《くだ》ってきて棺《ひつぎ》を奪われるようになった。その頃、泰澄《たいちょう》（修験道の僧。白山の開山者）の弟子であった浄定という行者が越《お》智《ち》山にいた。村人が浄定に救いを求めると「三日後に退治してやろう」と約束した。すると三日後に風雨雷鳴が激しくなり、四匹の猫が泥中から飛び出してきた。村人がこれを捕まえて浄定の所へ連れていき、竜ヶ馬場の坂口に埋めて封じた。竜ヶ馬場の四塚がその場所なのだという。それから時が経った嘉祥三年（八五〇）、比叡山の僧・円住が白山を登山した時、その夢に猫が現れて回向を頼んだ。円住が頼まれた通りに回向すると、たちまち四匹の猫が躍り出て、尾添の南谷に入っていった。これが猫ヶ島《ねっこがしま》の由来であり、今もここは野良猫の棲む洞穴が多いのだという。

［参考文献］尾口村史編纂専門委員会『石川県尾口村史 第二巻 資料編二』

## 小野の老翁と老婆［おののろうおうとろうば］

筆者命名。石川県の大聖寺《だいしょうじ》（現・加賀市）の話。『三州奇談』巻之一に「小野の老翁」として記されている。

享保年間（一七一六～三六）の末頃、大聖寺藩の家士・坂井数右衛門という、武芸に優れた沈勇の武士がいた。彼は夜に一人で鳥狩りに行く習慣があり、ある冬枯れの頃の暗い夜、小野坂に一人で来ていた。山道を歩いていると、明かりを灯して前を行く人がいた。誰だろうと疑問に思い、歩みを速めて追い付こうとしても、向こうも足早に進み、こちらが止まると向こうも立ち止まるので、なかなか追い付けない。よく見るとその明かりは提灯や行灯《あんどん》のものではなく、星のように輝くものであった。怪しく思い、刀の鍔《つば》を緩めながら力任せに歩いて、何とか追い付いて相手を覗《のぞ》き込むと、それは九〇歳ばかりに見える老翁で、手に光り輝く玉を持っていた。その後ろにも人影があり、そちらは同じ年頃の老婆であった。すると老婆の姿が後ろから伸び上がり、前に立つ老翁の持つ玉にふっと息を吹きかけ、光を消した。たちまち周囲は真っ暗闇になり、二人の老人は声もなくどこかへと姿を消してしまった。

［参考文献］堀麦水『三州奇談』（石川県図書館協会）

## お歯黒鮒・おかね火［おはぐろふな・おかねび］

石川県鹿島郡七尾（現・七尾市古城町《ふるしろまち》）の七尾城址に伝わる。

七尾城が落城する時（上杉謙信に攻められた「七尾城の戦い」と思われる）、城中の侍女たちは縄目の恥を受けるよりはと、城中の池に身を投げて死んでしまった。この池に棲むお歯黒鮒はその侍女たちの怨霊なのだという。

また、夏秋の頃、小雨の降る夜一〇時頃に、城址の一角から怪火が起こってふわりふわりと七尾町に向かい、郡町《こおりまち》付近で消えてしまう。これを土地の人はおかね火と呼び、討ち死にした畠山氏の家臣の亡魂が火となって現れ、もしもこれに触れてしまうと命を奪われるとされた。

また、城址から武器などを掘り出して持ち帰ろうとすると、後ろ髪を引かれるような心地になって一歩も前に進むことができなくなり、掘り出したものをもとの場所に戻せば何事もなくなるとも伝えられている。

［参考文献］『石川県鹿島郡誌』

## オリヤ様［おりやさま］

石川県鳳至《ふげし》郡門前町（現・輪島市門前町）に伝わる。

中央大学民俗学研究所『常民』二七号に記されている。村の北西（折矢という所）にある崖の下の洞窟に古狐が棲み着いていた。この狐は悪いことはせずに、村人がお金や膳椀、家具などに困っている時、洞窟の前で願いをかければ注文通りのものを用意してくれたという。

ある時、皆月《みなづき》湾の小崎を丸く出すとよいとして、眷属《けんぞく》の狐を率いて山の大岩を海に落として埋め立てた。何千何万という狐が狐火を焚《た》きながら大岩を転がし、港を作ろうとしたのだという。しかし、京都の東本願寺へお参りに行った時、道中で一休みして寝ている間に正体を現して殺されてしまったという。

『七浦村志《しつらそんし》』には、皆月の北西のオリヤという所に大岩窟があり、そこに老狐が棲んでいると記されている。村人に家具を貸していたが、ある人が借りたもののうち一つをなくしてしまってから、決して貸してくれなくなったという。またオリヤ様は皆月に港を造る時にも尽力してくれたが、本願寺に参詣した際、山中で昼寝をしていたら狼に害されてしまったのだという。

［参考文献］中央大学民俗研究会『常民』二七号、石川県七浦小学校同窓会『七浦村志』

# 【か】

## 貝岩［かいいわ］

石川県能美《のみ》郡国府村（現・小松市）に伝わる。

鵜川《うかわ》の岩神の辺りに、大きな貝の形をした大岩がある。この岩は昔から夜になると赤ん坊の泣き声を発するとされていた。明暦年間（一六五五〜五八）、小松城主・前田利常が築城の際、石垣のために鵜川の石を用いた。城主がそのために現地を視察に来た時、この貝に似た石を珍しいと思い庭石にしようと考えた。多くの人夫が掘り起こそうとした途端、西の方の小松城辺りに黒煙が立ち上り、人夫たちは異変を恐れてその日の仕事を中止した。小松では何も異変はなかったというので、仕事を再開して石を掘り起こし、崖下まで運んだ。ところがその夜はしきりに赤ん坊の泣き声が聞こえ、翌朝に行ってみると石はもとの所に帰っていた。城主もこのことを知り、石を小松城に移すことを断念したのだという。

［参考文献］国府村史編纂委員会『国府村史』

## 怪墓［かいぼ］

石川県羽咋《はくい》郡邑知《おおち》町円井《つむらい》（現・羽咋市飯山町）の話。

円井にある一基の立派な墓から幽霊が出るという噂が立った。昔、吉岡家という富豪の家が老婆を残して死に絶え、莫大《ばくだい》な遺産の処分ができないまま老婆も死んでしまった。その死霊が残っているのだという。

［参考文献］宮崎九鬼「怪墓探査」（『加能民俗』二巻五号）

## カイラゲ

石川県鳳至《ふげし》郡七浦《しつら》村（現・輪島市門前町）の話。

昔、樽見《たるみ》の刑部《ぎょうぶ》に住む主人が、村の下方の海岸に出て、飛び石を渡って海中の巨岩まで進んで釣りをした。しかし家に帰ろうとすると、先ほど渡った飛び石がなくなっており、そのまま帰ることができずに死んでしまった。それ以後、土地の人はこの巨岩を刑部石と名付けた。彼が飛び石と思って渡ったのは、カイラゲという怪物が背中を並べていたのだという。

このカイラゲは梅花皮《かいらぎ》、つまり鮫《さめ》の類いを指すと思われるが、詳細は不明。

［参考文献］石川県七浦小学校同窓会『七浦村志』

## 火蛇［かじゃ］

『三州奇談』巻之四に「赤蛇入亭」として記されている。

宝暦九年（一七五九）の夏頃、加賀藩の青山家に仕える木村弥左衛門が同役数名と屋敷にいると、屋敷の門前に一条の赤気《せっき》（赤色の雲のようなもの）が起こって往来し始めた。怪しく思って様子をうかがっていると、長さが一尺五、六寸（約四五〜四八センチ）もあり、烈火のように赤い蛇が、地上から三尺（約九〇センチ）ほど浮かびながら門内に入ってきた。騒いでいるうちに蛇は玄関に入り、屋敷の中を往来していたが、やがて杉戸に近付いて触れたかと思うと、苦もなく突き抜けて姿を消した。杉戸には鉄砲で撃ち抜いたような跡が残されていたという。

別の話として、金沢に出たものも記されている。元文四年（一七三九）に、ある武家の家来が徒党を組んで主人を殺害する事件が起こり、罪人は皆捕らえられて磔《はりつけ》となることが決まった。刑を受ける人数が多いため、刑場を広げる必要があり、周囲の松の古木を伐り倒すこととなった。その中には太さが二抱えほど、高さは一七、八間

（約三〇～三二メートル）、枝分かれもなく上の方が鬱蒼《うっそう》と茂った大木があった。これを伐るため、一人の樵《きこり》が縄を張ろうと木を登り始めたが、途中で真っ逆さまに落ちて死んでしまった。同じような事故が続いたため、人を登らせるのはやめ、長い竿を使って縄を張った。それから数日かけて根元から伐り倒したが、幹の中心は空洞となっており、その深さはうかがい知ることもできないほどだった。すると、その洞の中から長さ三尺ばかり、朱で染めたかのような赤い蛇が飛び出し、人々が騒いでいるうちに草むらに姿を消してしまった。これが火蛇というものかと、取り沙汰されたという。

［参考文献］堀麦水『三州奇談』（石川県図書館協会）

## 蟹淵［かにぶち、がんぶち］

石川県能美《のみ》郡国府村（現・能美市）に伝わる。

和気《わけ》村はよく旱魃《かんばつ》に悩まされる土地だった。夏の炎天が続く時は鍋谷川の水源地である蟹淵へ行き、淵の主である蟹に雨乞いをする習わしであった。村人が総出で酒を一樽と鍬《くわ》を持って蟹淵に集まり、大きな火を焚《た》いて酒樽の栓を抜いて淵に投げ込み、鍬で淵の水戸口《みとぐち》を切り開く。そうすると淵の主が怒って雨を降らせるのだという。しかしある年の雨乞いで、鍬で水戸口を切り開こうとすると淵から一匹の大蟹が這《は》い上がってきた。村人は驚いて鍬を振り下ろし、蟹の足を傷付けてしまった。蟹が淵の中に沈んで姿を隠すと、にわかに空が曇って大雷雨となった。村人たちは恐ろしさのあまり夢中で山を降りたが、その背後から雷鳴に交じって「鍋谷七村《ななそん》なけりゃ和気三ヶ村《さんかそん》押し流す」と大声が聞こえた。それから後、和気村の農民が一人で山中温泉へ湯治に行った時、足を怪我した侍と一緒になった。旅の話などをしていると、その侍が鍋谷の住人だとわかったが、鍋谷では見かけない人だと思いながら日を過ごした。やがて帰郷の日となり、二人は連れ立って帰路に就いたが、農民が家に帰って振り返ると侍は姿を消していた。同じ日の夕方、鍋谷の炭焼きが法谷川を下っていると、立派な姿の侍が山を登ってきた。炭焼きが「どこのお方ですか」と問うと、「私は一〇〇〇年も前からこの上の淵に棲むものだ」と答えて去っていったという。

また、別の話も伝わっている。和気村の農民が三昧口の河原へ馬を洗いに行くと、箕《み》のように大きな甲羅の化け蟹が淵から出てきて、馬の尾を引いたり足を挟んだり悪《いた》戯《ずら》をするので、怒った農民が鍬で蟹を傷付けた。蟹はそれから姿を見せなくなったが、それから間もなく、山代《やましろ》で湯治をしている者のなかに「自分は和気村の者だが、足を痛めたので湯治に来て、近いうちに鍋谷へ引っ越そうと思っている」と語る若者がいた。同じ頃、これから鍋谷に行くという立派な身なりの武士が湯谷山の峠で休んでいるのが見られたが、これと同じ人だったのだろうかと噂になった。こうして化け蟹は和気から鍋谷に移ったのだが、まだ和気に恨みがあり、寺畠の村がなかったら洪水を出して和気を押し流してしまおうとしているのだという。

［参考文献］『石川県能美郡誌』、国府村史編纂委員会『国府村史』

## 蕪太郎兵衛［かぶたろうべえ］

石川県河北郡川北村木越（現・金沢市木越町）に伝わる。

木越には藤右衛門と長四郎という二人の旧家がいて、両家とも、藩が重用する家だった。この藤右衛門は別名・蕪太郎兵衛と呼ばれており、かつて検地の時、夜間に境界線を変えて地積を変更していた。今も細雨の降る時は、この太郎兵衛の亡魂が境界線の辺りをさまよって、これを守ろうとするのだという。

［参考文献］『石川県河北郡誌』

## 河北潟の大亀［かほくがたのおおがめ］

石川県河北郡内灘村《うちなだ》（現・河北郡内灘町）に伝わる。

小濱《おばま》神社の神職・斎藤政隣がある夜に雪隠《せっちん》（トイレのこと）に入ると、冷たい手が尻を撫《な》でてきた。政隣がこれを捕らえると、正体は大亀だった。大亀は「私は河北潟の守護神である。もし私を解放してくれれば、黒津舟《くろつぶね》の民は永遠に害さないと約束しよう」と哀願したが、政隣はなおも許さなかったので、大亀は更に船酔い止めの妙薬の作り方を伝授し、ようやく許されたという。この後、斎藤氏の娘が浜松の寺に嫁ぐことになり、薬の製法をその寺に譲ったのだという。

［参考文献］『石川県河北郡誌』

## 釜の妖神［かまのようじん］

石川県能美《のみ》郡安宅町《あたかまち》（現・小松市安宅町）に伝わる。

安宅町には、神主様河道という名の海岸があったが、ここの沖には一個の釜が沈んでいるという。昔、この辺りに住む人にとても怠け者の妻がいた。妻は家で使う釜の底を磨くのを怠り、そのため釜の底は煤《すす》がこびり付いて層をなすほどだった。ある日、姑に叱られた妻は、仕方なく川岸に行って釜を洗おうとしたが、その日は春の暖かな陽気だったので、釜を放り出して昼寝をしてしまった。すると、放り出された釜が怒って自ら水底に入り、そのまま死んで妖神となってしまった。その後、この辺りで奇妙な音を発して遊泳する子供を脅かし、ひどい時には子供を捕らえて溺死させるようになったのだという。

［参考文献］『石川県能美郡誌』

## カワソの名剣［かわそのめいけん］

石川県金沢市二俣町《ふたまたまち》の本泉寺に伝わる。

二俣は豊吉《とよよし》川と田ノ島川が落ち合う地点であり、その合流した川が本泉寺の門前を流れていた。これを不便に感じた蓮如上人（浄土真宗の僧）は逗留《とうりゅう》中に川の掘替工事を始めた。その工事中の一月、蓮如が外出すると大勢の人夫が集まり、一匹のカワソ（河童）を捕まえて殺そうとしていた。このカワソは何度も人畜に危害を加える凶悪なものであった。しかし蓮如はこれを助け、懇々と罪を諭して川に放してやった。するとその晩、蓮如のもとを訪ねたカワソは、栗の木の皮に包んだ短剣をくわえてきた。短剣には長谷部国重の銘が刻まれており、命を救われたカワソが恩返しに持ってきたのだという。この短剣はそのまま本泉寺の伝来となり、藩政時代には藩主前田氏が徴収したが、その後寺宝として返され、毎年四月二五日の蓮如忌の時にお披露目される。

［参考文献］小倉学「カワソ（河童）の名剣」（『加能民俗』四巻四号）

## カワラメ

石川県石川郡白峰村（現・白山市白峰地区）に伝わる。

白峰地方ではカッパをカワラメと呼ぶ。「川童メ」が由来か。「メ」とはこの地方の方言で、動物類を呼ぶ時に「熊メ」「蛇メ」というようにして付ける接尾語である。

カワラメは毎年のお盆の頃、龍宮の乙姫様に盆の札（盆の贈り物）として人間のシンノコ（肛門）を三本持参しなければならない。そのため、二百十日《にひゃくとおか》（雑節の一つで、立春から二一〇日目を呼ぶ）頃までは、川に入るのは危険だとされた。しかし「ヒョースベハ、カワダツオトコ、セインハウジノスナワラ」と三度唱えればシンノコは取られない、また鉄片や赤い切れ地（布切れか）を持っていればカワラメが怖がるのだという。カワラメの頭上には深い凹みがあり、そこに水をたたえていれば千人力だが、水がなくなればたちまち力を失ってしまう。昔のカワラメ捕りは金銀造りの太刀を持って川淵《かわぶち》に潜り、カワラメの水入れを割って捕まえた。ヒネた（干した？ 保存した？）カワラメの皮は高価で売れたのだという。

［参考文献］小倉学「白山々麓白峰地方のカワラメ（河童）」（『加能民俗』四巻三号）

## ガンノコウ

石川県鳳至《ふげし》郡柳田村（現・鳳珠《ほうす》郡能登町柳田）の周辺に伝わる。

『石川県鳳至郡誌』には以下のように記されている。柳田村の五十里《いかり》から十郎原《じゅうろうはら》に行く道に沿うように小川がある。ここの淵《ふち》に大蟹が住み、夜中になると小童《こわっぱ》に化けて通る人を苦しめていた。しかし、この地を訪れた弘法大師が、この大蟹を神として祭り、人々の憂いをなくそうとした。これを聞いた十郎原の神明明神が弘法大師に協力し、明神の被っていた烏帽子《えぼし》を大蟹に被せ、これを諭して川の中の龍淵に埋めた。大蟹は烏帽子とともに石になり、そこの谷は和郎ヶ谷（和郎は童男の意）と呼ばれるようになった。旱魃《かんばつ》の時はこの蟹の甲石を掘り出すと雨が降るとされたので、乾田の多い金《かな》蔵《くら》（町野村）の村人が掘り出そうとしたが、湿田の多い柳田村の村人が阻止しようとして、竹槍や鎌が振るわれる争いになることが多かった。蟹甲石は直径二尺（約六〇センチ）余りの扁平《へんぺい》な楕円形の石で、蟹甲石から八尺ほど下流にある烏帽子石は、長さ三尺（約九〇センチ）ほどである。

『加能民俗』五巻九号の「ガンノコウの話　鳳至郡柳田村字五十里の雨乞い伝説」には、土地で採集したガンノコウ＝蟹甲石の話がいくつか紹介されている。輪島の方で娘に育てられた蟹が、娘を嫁取りに来た大蛇を退治した後に柳田のワランタン（童の谷）に来たなどいくつかのバリエーションがあるが、いずれにおいてもガンノコウを掘り返して雨を降らせるために村々の間で水争いがあった史実を伝えている。

［参考文献］『石川県鳳至郡誌』、今村充夫「ガンノコウの話　鳳至郡柳田村字五十里の雨乞い伝説」（『加能民俗』五巻九号）、今村充夫「蟹の甲石伝説の要素」（『加能民俗』五巻一一号）

## 菊仙女［きくせんにょ］

石川県白山市の白山に伝わる。『大語園』三巻に記されている。

白山の水晶滝には、かつて一人の仙女が練行し、菊の花だけを常食としていた。人々は菊仙女と呼び、幾年月を生きてきたかわからないが、その顔は少女のように若く美しかった。養老年間（七一七～七二四）、白山を開山した泰澄《たいちょう》法師が瑞雲《ずいうん》が谷間にたなびいているのを見て、お供の行者に「あの雲の下に、常とは異なる人がいるから、行って尋ねてきなさい」と命じた。行者が谷へ行き水晶滝に着くと、石の上に座す仙女を見付けた。行者は「何年ここにいるのか」「何を修行しているのか」と色々と尋ねたが、仙女はただ知らぬ存ぜぬと答えるだけだった。行者はどうすることもできずに泰澄のもとに戻り、見聞きしたことを報告した。すると泰澄は「その者は長生の術を得ており、我は無上菩薩を証するものであり、それぞれ行く道が全く異なる。会っても双方に利益がないだろう」と語って会おうとはしなかったという。その後、菊仙女は村人たちに「私はこれから天下の名山を周遊するので、記念にこれを植えておく」と言って、五、六本の菊を水際に植えて去っていった。この菊は様々な病気の薬として重宝したのだが、安元年間（一一七五～七七）に国司がこの菊に税を課したので、いつの頃からか、全て枯れ果ててしまったのだという。

『本朝神仙記伝』上巻には「菊女仙」として紹介されている。

［参考文献］巖谷小波『大語園』三巻

## 鬼神大王波平行安［きじんだいおうなみひらゆきやす］

石川県鳳至《ふげし》郡剱地《つるぎじ》村（現・輪島市門前町）に伝わる。『能登名跡志』上巻に記されている。

昔、この村にどこから来たとも知れない若い男が来て、入婿となった。男は刀鍛冶を得意としていたが、その作業をするところを決して人に見せなかった。妻は不思議に思い、ある時隙間から男の作業場を覗《のぞ》き込んだ。すると男は鬼の姿となり、口から炎を吹き出し、鉄を伸ばして刀にしていた。男はこの有様を妻に見られたことを恥じて、自身が打った数百の刀を持って波の上を走り去っていった。男は妻と別れる時、一振りの刀を投げ与えていったが、その刀には「鬼神大王波平行安」という銘があったという。

〔参考文献〕太田頼資『能登名跡志』（石川県図書館協会）

## 吉兵衛淵の亀〔きちべえぶちのかめ〕

石川県江沼郡月津《つきづ》村額見《ぬかみ》（現・小松市額見町）に伝わる。

額見の六兵衛淵（現在は畑になっている）に、昔は大亀が棲んでいて、毎年夏になると多くの人を害して悩ませていた。ある日、六兵衛という者が神社の雑草取りをしていると、一人の童子が来て、六兵衛を背負って遊泳したいと願ってきた。六兵衛はすぐにこれが亀の化身であることを見破り、捕まえて殺そうとした。捕まった亀は命乞いをして「我が命を助けるなら、これから先は汝《なんじ》に代わって神社の草取りをしよう」と約束した。六兵衛は亀を許して放してやったので、その後数十年は神社に雑草が生えることはなくなったのだという。

原典での表題が「吉兵衛淵」となっているが、本文においては六兵衛淵となっている。どちらが正しいかは不明。

〔参考文献〕『石川県江沼郡誌』

## ぎゃわず女房〔ぎゃわずにょうぼう〕

石川県金沢市吉原町の昔話。

昔、ダラなあんま（愚かな若者）がいて、飯を食わない嫁を欲しがった。するとそこに若い娘が来て「飯を食わないから嫁にしてほしい」と言ったので、嫁にした。娘は本当に飯を食わずによく働いていたが、あんまは隠れて食っているのではないかと疑い、ある日山仕事に行くと嘘をついて家の天井裏から見張ってみた。昼時になっても嫁は飯を食わなかったが、夕飯の支度をする時、鍋で尻を洗って、その水で味噌汁を作っていた。家に帰ったあんまは「かい餅（ぼた餅）を持って里帰りに行ってこい」と重箱を持たせて嫁を送り出した。そしてこっそり後を付けると、嫁は田圃《たんぼ》の肥溜めで姿を消し、肥溜めからかい餅を食うぎゃわず（蛙《かえる》）の声がしてきた。その後、あんまは家に帰ってきた嫁に「足を洗え」と煮え湯の入った盥《たらい》を出した。盥の湯に足を入れた嫁は、反り返って死んでしまったのだという。

〔参考文献〕金沢市史編さん委員会『金沢市史 資料編一四 民俗』

## 霧船〔きりふね〕

現在の石川県七尾市の話。『続三州奇談』巻之六に「霊寺の霧船」として記されている。

昔、前田家に仕えていた寺田という人が所口《ところぐち》（現・七尾市所口町）に住んでいたが、長齢寺（七尾市小島町）に詣でようと考え、九月一五日に宿を出た。朝の霧深い時間に町外れの新川の橋を渡っていると、橋の下から一艘《そう》の船が出てきて、川を上っていった。船には多くの人が乗っているようだったが、霧が深くて誰なのか判然とせず、ただ話し声だけが聞こえてきた。寺田が船の人に声をかけようと川沿いに行くと、その先にも一艘の船があり、人の声が聞こえてきた。更に二、三艘も船が続き、これはおかしいと思って走り寄ると、川の続いていないはずの辺りにも船の音や人声がして、追いかけるうちに長齢寺の坂に至った。既に川からはるかに遠い場所なのに、変わらず音だけは続いているので、坂を登って振り返ってみると、朝の霧や雲の中、木々や竹林の間が船で埋め尽くされ、一〇〇艘もあるように見えた。これは怪異の仕業かと、目をこすり心を改めても船は消えず、朝日の中でますます鮮やかに見えていたが、長齢寺の鐘の音が響くと次々と消え失せ、霧も晴れ渡っていったという。この辺りには似たような話が多くあり、七月一四日か九月一五日に必ず現れる。九月一五日は関ヶ原の戦いがあった日であり、前田利政に仕えた水軍が今もこの地に残っているのだともされている。

〔参考文献〕堀麦水『三州奇談』(石川県図書館協会)

## 金火・三谷の火〔きんか・みたにのひ〕

石川県小松市八幡《やわた》の話。『三州奇談』巻之二に「八幡の金火」として記されている。

小松から金沢までの山越えの道は上使街道という道で、小松からその道を一里ほど行くと八幡という所がある。この八幡の道沿いに古い松の木が一本あり、数里先からもよく見える。その形は車蓋《しゃがい》(車の上の傘のような覆い)のようで、幹の中は虚《うろ》になっている。この松を金火の松と呼び、夜ごとにこの松から燐火《りんか》が出るのだという。火縄の火のようなものが一、二丈(約三〜六メートル)ばかりの高さを飛び、小松の町中まで来ることもある。ある人は蜘蛛《くも》の火だろうと言っている。

また、他に三谷の火というものもある。これは大きな燐火で、近付いて見ると人の形をしたものが三人、太鼓のようなものを囲んでいるように見えるのだという。この辺りはかつて斬刑場があり、人の血が地中に入って鬼燐《きりん》となったとされている。また、この近くには太郎丸・次郎丸という村があり、何を祀《まつ》っているか知らぬ野社がある。かつて、二人の公達《きんだち》とそれに仕える忠臣が一人、ここまで落ち延びてきたが、敵に騙《だま》されて公達は死んでしまった。臣は大いに怒って、道沿いの松の根元で自殺し、その心火が燃えて松を焼いた。これが金火の松となったのだという謂《いわ》れも伝わっている。

〔参考文献〕堀麦水『三州奇談』(石川県図書館協会)

## グズ

石川県江沼郡動橋《いぶりはし》村(現・加賀市動橋町)の伝説及び祭礼。

振橋《ふりはし》神社の境内には、昔は毒蛇が棲み、火を吐いて害を与えたり、川下から上ってきて妙齢の子女をさらったりしていたので、人々は恐れていた。ある時、大己貴神《おおなむちのかみ》がこの地に来て、自らこの毒蛇を退治したのだという。以来、ここに小祠《しょうし》を建立して大己貴神を祀《まつ》るようになった。この神社の祭礼は八月二七日から三日間あるが、その日は氏子中から薪材を集め、境内中央で火を焚《た》き、これを怪物退治の斎火《いむび》として大己貴神を記念する。この祭りを屑焼祭と呼ぶ。

現在もこの祭りは行われているが、昭和初年にこの毒蛇伝説に基づき、屑をグズ（魚のゴリ）に変え、巨大なお化けグズを張子で作って町内を練り歩き、神社の境内で焼く「ぐず焼き祭り」となった。これに併せて、お化けグズの伝説も新たに創作されたようである。

［参考文献］『石川県江沼郡誌』、加賀市文化財総合活用事業実行委員会『加賀ふるさと検定 加賀市歴史文化学習帳二』

## 九人橋［くにんばし］

石川県金沢市に伝わる。『北国奇談巡杖記』巻之一に記されている。

金沢城下の味噌蔵町に、九人橋という小さな橋がある。この橋を一〇人で並んで渡ると、昼夜を問わず一〇人のうち一人の影が見えなくなるのだという。一人ひとりで渡る時はなんの問題もなく、一〇人が揃って手を取り合って渡ると起きる。疑問に思う人々が色々と試してみても、必ずこのようになる。どういう人の影が消えるのかというと、列の右端や左端、あるいは中央にいる人の影が消えたりして、その時ごとに違うのだという。

［参考文献］『日本随筆大成』二期一八巻

## 九万坊［くまんぼう］

石川県金沢市の各地に伝わる。

もともと、黒壁山や満願寺山などの金沢市の山地一帯は魔所として恐れられていた。ここにいる魔の正体は天狗とされ、それを祀《まつ》る祠《ほこら》などがあったが、明治初期に淫《いん》祠《し》として破却された。この信仰が復活したのは明治三五年（一九〇二）とされ、この頃に九万坊天狗の名が使われるようになった。松本米二郎という者が黒壁山で祈願中に、九万坊・八万坊・照若坊という三権現が現れたので、これを薬王寺の本尊として安置した。以降、金沢市のあちこちの寺院で祀られるようになった。

［参考文献］金沢市史編さん委員会『金沢市史 資料編一四 民俗』

## 海月の火光［くらげのかこう］

「海月の火の玉」としても知られる。石川県加賀市大聖寺《だいしょうじ》神明町の話。『三州奇談』巻之一に「火光断絶の刀」として記されている。

元文年間（一七三六～四一）、大聖寺藩の家中に小原長八という武士がいた。ある時、長八は所要があって全昌寺という寺の辺りを夜半に通りかかると、浦風に乗って火の玉がゆらゆらと現れた。夜の暗闇の中でも、その光は辺りを赤々と照らすほどであった。火の玉が近付いてきたので、不敵者で知られていた長八が刀を抜いて斬り付けると、手応えはなかったものの火の玉は二つに割れ、長八の顔に張り付いてきた。顔に糊《のり》を被せられたような心地になり、覆われた両目から見ると、山々や寺院が朱で塗ったように赤く見えた。長八が袖で顔をこすると、ねばねばとした松脂《まつやに》のようなものが衣服に付き、次第に視界はもと通りになっていった。ねばねばとしたものはなかなか落ちず、顔には翌日になっても残り続けた。その後、長八が浦辺に住む老人にこのことを尋ねると「海洋にある海月は、時に風に乗って飛行することがある。暗夜にそれを見ると火光のように光っている。この類いのものであろう」と語り、考えてみると、確かに生臭さもあったように感じたという。

［参考文献］堀麦水『三州奇談』（石川県図書館協会）

## 鞍馬の天狗［くらまのてんぐ］

石川県松任市成町《なりまち》（現・白山市成町）に伝わる。

『石川県石川郡誌』によると、出城《でじろ》村の成《なり》に村山という家があり、その祖先は円八という者だった。ある夜に円八は天狗にさらわれてしまったが、数年後に飄然《ひょうぜん》と帰ってきて、天狗の秘伝であるとしてあんころ餅を作り始めたという。村山家の庭には樹齢一七〇年という柏《かしわ》の木がある。これは元文二年（一七三七）六月一六日に円八が老年に及び柏の苗木を植えて、これが繁茂する限りは我が家の商売も安泰であると言い残したとされ、これを天狗柏と呼ぶのだという。

『昔話伝説研究』二号の「加賀・能登の天狗伝説考」には、実地採訪による別話が紹介されている。ある日、円八は家の庭に柏の木を植え、その翌日の元文二年六月一七日に天狗にさらわれた。そしてある夜、女房の夢に現れ「今は鞍馬の天狗のもとで修行をしているが、妻子に心を惹かれては妨げとなるので、夫婦の縁を切りに来た。ついては生計の手段としてあんころ餅の製法を伝授しよう」と伝えたのだという。それから六月一七日を円八の命日とし、天狗を信仰するようになった。円八の遺物を納めた土蔵からは、時々太鼓や鈴の音がしたのだという。大正一一年（一九二二）に家の娘が病死した時、母屋に連接する祠堂《しどう》を建て、円八の遺物や天狗の眷属《けんぞく》を祀《まつ》って円八坊大権現あるいは天狗堂と呼ぶようになったという。

［参考文献］『石川県石川郡誌』、小倉学「加賀・能登の天狗伝説考」（『昔話伝説研究』二号）

## 黒坊主［くろぼうず］

石川県能美《のみ》市仏大寺町《ぶったいじまち》の話。『三州奇談』巻之二に「長田の黒坊」として記されている。

昔、長野村（現・能美市寺井町）に住む人が、日ごとに小松の方へ通っていた。ある日、小松に行く道中で長田川に来ると、噂になっていた黒坊主と出会った。黒坊主は目鼻や手足の区別ができないもので、見ているとずっと伸び上がっていく。これを見た彼は、心が強く力量もあると評判だったので、走り寄って持っていた杖《つえ》で横ざまに殴り付けた。すると毛皮の上から殴ったような感覚がして、黒坊主は横に倒れて川に落ちていった。川獺《かわうそ》の類いの仕業だったのだろうが、尻尾を出す暇もなく殴り倒され、黒坊主の姿のまま水に落ちて消え失せてしまったのだという。

［参考文献］堀麦水『三州奇談』（石川県図書館協会）

## 欅の天狗［けやきのてんぐ］

石川県鹿島郡徳田村（現・七尾市飯川《いがわ》町《まち》）に伝わる。

徳田村の飯川神社の境内に、周囲三丈八尺（約一一・四メートル）、高さ一〇間（約一八メートル）の欅の大木がある。この木には昔、天狗が棲み着いていたという。天狗は七尾の酒の元祖である堀岡という人の酒蔵に酒を飲みに行くことがあり、また村内で起きる凶事を予言したのだという。

［参考文献］本多静六『大日本老樹名木誌』

## けんどん下げ［けんどんさげ］

石川県能美《のみ》郡国府村（現・能美市）に伝わる。

下和気《しもわけ》にある国造橋という小橋の辺りは竹藪《たけやぶ》が多く、その中に一本の大きな榎《えのき》があった。昔は夜遅くなると、この榎の上にけんどんさげという化け物が出て、けんどん（千石篩《せんごくどおし》。籾《もみ》の選別に用いた農具）を縄で下げ、通行人がその中に足を踏み入れると上から釣り上げるのだという。日暮れ後に女子供が一人歩きするのを戒めて作られた話かもしれない。

［参考文献］国府村史編纂委員会『国府村史』

## 虚空蔵坊［こくぞうぼん］

石川県七尾市東三階町《みかいまち》の話。

昔、東三階に虚空蔵山虚空蔵寺という大きな寺があった。ある時、小僧が和尚の使いで満仁《まに》（満仁町）に書状を運んでいたが、道中でなくしてしまった。ひと晩かけて探したが見付からず、申し訳ないと思った小僧は川に身を投げて死んでしまった。それ以後、春の末から秋の初めにかけて、二宮川に沿う川堤の上を、怪火がふわりふわりと行きつ戻りつして、丑《うし》三つ時頃に西三階の淵《ふち》の辺りで消え失せるようになった。これを「こくぞうぼん」と呼んだ。ある年の夏、若者数名がこくぞうぼんの正体を見届けようと川堤に出かけ茂みに隠れていると、身の丈六、七尺（約一・八～二・一メートル）もあり、青白い衣を身に着けた大男を見た。大男はうつむきがちに悶《もだ》えながら足早に過ぎ去っていき、その衣の裾の辺りはぼんやりとしていたのだという。

**番頭火**も参照。

［参考文献］『石川県鹿島郡誌』

## ゴメキ石［ごめきいし］

石川県鹿島郡能登島町須曽《すそ》（現・七尾市能登島須曽町）に伝わる。

昔、太閤さん（豊臣秀吉）が大阪城を作る時、日本中から石を集めさせた。その時に、須曽の立派な石も選ばれ、瓢簞《ひょうたん》の刻印が付けられた。しかし運搬が困難だったのか、結局運ばれることはなかった。そのためか、この石は残念がって時々ゴメク（泣く）ようになったのだという。対岸の石崎の漁師が夜に警告するようなゴメク声を聞いて、すぐに家に帰ったのだという。

［参考文献］小倉学「ゴメキ石」（『加能民俗』一二巻二号）

# 【さ】

## さいかちの怪［さいかちのかい］

石川県金沢市金石《かないわ》冬瓜町《かもりまち》（現・金沢市金石）に伝わる。

冬瓜町地内に樹齢三〇〇年以上はあるという皀莢《さいかち》の老木がある。この木は昔から蛇の棲家《すみか》とされ、枝や幹を傷付けると必ず怪我人が出るとして畏怖されている。この木から採れる莢《さや》は中風の薬に利用され、採取や剪定《せんてい》の時にはセンベン（菓子類）を供える。明治一五年（一八八二）一二月五日に付近で大火事があったが、この木は焼失を免れたため、神聖視されるようになったという。

［参考文献］『金石町誌』

## 猿鬼［さるおに］

石川県鳳至《ふげし》郡柳田村（現・鳳珠《ほうす》郡能登町）に伝わる。

柳田村当目《とうめ》の岩窟には、昔、猿鬼という怪物が棲み着き、乱暴を働いていた。そこで八百万《やおよろず》の神が相談し、能登国の一の宮である気多《けた》大明神（羽咋《はくい》市の気多大社）と三井の神杉《かんすぎ》姫（輪島市三井の大幡神杉《おおはたかむすぎ》伊豆牟《いずむ》比咩《ひめ》神社）に神軍を任せ、猿鬼征伐に乗り出した。神杉姫が筒矢で猿鬼の目を射て、逃げる猿鬼の首を鬼切丸で斬り落として退治した。猿鬼を祀《まつ》った所が岩井戸神社であり、猿鬼の目に矢が当たった所を当目、猿鬼の流した黒い血が川のようになった所を黒川、猿鬼が射られた目をオオバコの葉で洗った所を大箱と名付けたという。

別の伝説では、当目の岩窟に猿鬼と呼ばれる老狒《ろうひ》が住み、一八鬼の郎党を従えていたとしている。猿鬼たちは里の少女をさらい、田畑を荒らしたので、垂仁天皇が石衝《いわつく》別王《わたけのみこと》（磐衝別命）を遣わして退治させたのだという。

［参考文献］『日本伝説大系』六巻、小倉学・藤島秀隆・辺見じゅん『日本の伝説一二　加賀・能登の伝説』、『石川県鳳至郡誌』

## 三俄の常火［さんがのつねび］

石川県能美《のみ》郡国府村（現・能美市）に伝わる。

昔から、夏の蒸し暑い無風の夜には、遠い所の古い塚や川岸の草むらから、火の玉とも狐火とも違う火がチョロッチョロッと消えたり灯ったりした。これをサンガの常火と呼んで恐れていた。

大正の末頃、和気《わけ》の馬場谷に夜な夜なその三俄の常火が現れるという評判が立ち、新聞にまで掲載された。近在の人々はこれを一目見ようと、夕方から鍋谷川の下流の橋に集まって見物を始めた。実は村の青年二人が兎を捕る罠《わな》をかけるため、夜に提灯を灯して畑にいたのを誰かが見ており、人のいないはずの夜の山畑に火が見え隠れする、と昔の言い伝えを思い出して騒ぎになったものであった。この話を聞いた二人の青年は、わざと夜の同じ時間に蠟燭《ろうそく》に火を灯し、上げたり下げたりしてから村に帰っていたので、騒ぎはますます大きくなって新聞記事にまでなってしまった。人が集まっているのを知り、露見したらただごとではないと思った青年だったが、それでも見せるのがエチケットだろうとまた蠟燭で火を演じたが、帰ってみるとどうも人為的だと評判になっていたので、それから火は出なくなり、噂も消えていったという。

［参考文献］国府村史編纂委員会『国府村史』

## 三昧太郎［さんまいたろう］

石川県鹿島郡や羽咋《はくい》郡に伝わる。

『石川県鹿島郡誌』によると、火葬場には三昧太郎という大入道の怪物がいて、人に相撲を挑んで背負われることを望む。これは一〇〇〇人の死体を焼いた灰の化生《けしょう》であるので、水を渡ることができない。三昧（火葬場）の周囲に溝を掘るのはこの怪物のためなのだという。

『加能民俗』四巻三号の「河童駒引譚・其の他」には、石川県羽咋郡高浜町（現・羽咋郡志賀町《しかまち》高浜町）のサンマイタロの話が記されている。サンマイタロは人間の形をしているが、人間よりよほど大きい。人の妄念が化けて出たものだという。またサンマイタロは相撲が大変好きだという。昔、千路《ちじ》村（現・羽咋市千路町）の某《なにがし》がサンマイ（火葬場）の近くを通っていると、「頼んまい、頼んまい」と声がする。見ると千路のサンマイタロが「今日は須場《すば》（現・羽咋市次場町《すばまち》?）のサンマイタロと相撲を取る約束をしているが、川を渡れないので背負ってくれ。そうすればお前に一生涯気楽に飯を食わせてやる」と言ってきた。そこでサンマイタロを背負って川を渡り、須場まで連れていった。千路のサンマイタロと須場のサンマイタロが相撲を取ると、須場のサンマイタロはしきりに「人臭い、人臭い」と気にしたので、千路のサンマイタロが勝った。その後、再びサンマイタロを背負って帰ると、別れ際に財布を一つもらい、これを決して他所《よそ》に持っていくなと言われた。それからその家は栄え続けたのだという。

『加能民俗研究』通巻三一号の「クワンクワン考 方法としてのオノマトペへ」によると、羽咋郡志賀町や輪島市別所谷町、氷《ひ》見《み》市上田などで、サンマイ（火葬場）でカーンカーン、ドーンドーンといった音が聞こえてきたら近いうちに人死にがある、という俗信がある。これは、サンマイタロウが杭《くい》を打ったり拍子木を叩いたりする音だともされた。また、子供をしつけるために「いつまでも遊んでいるとサンマイタロウが出るぞ」「悪い子供はサンマイタロウのところにやって焼いてしまうぞ」と脅かすこともあり、サンマイタロウは隠亡《おんぼう》などと同様の、火葬に携わる被差別民を指すものでもあったと考察されている。

〔参考文献〕『石川県鹿島郡誌』、長岡博男「河童駒引譚・其の他」（『加能民俗』四巻三号）、大門哲「クワンクワン考 方法としてのオノマトペへ」（『加能民俗研究』三一号）

## 死人坊［しにんぼう］

石川県七尾市能登島に伝わる。

人が死ぬ二、三日前に、死人坊というものが通る。これは誰でも見られるものであるが、同じ所にいたとしても、そこにいる皆が見るわけではない。死人坊は来世に落ち行く姿で、檀那寺《だんなでら》へと御礼参りに行くのだという。

〔参考文献〕中村浩「能登島採訪録」（『民俗学』一巻二号）

## しゅけん

石川県七尾市の山王社（現在の大地主神《おおとこぬし》社）の話。

昔、七尾の山王社では、毎年、見目好い娘を人身御供に捧げていた。ある年、白羽の矢がある家の一人娘に立ち、父は何とか救う道はないかと夜に山王社の社殿に忍び入った。丑《うし》三つ時に様子をうかがうと「若い娘を取り食らう祭りの日も近付いてきたが、越後のしゅけんは我がここにいるとは知るまい」と呟《つぶや》く声がした。父は喜んでしゅけんの助けを得ようと越後を尋ね歩いたが、手がかりも得られなかった。しかし、山の中にしゅけんと呼ばれるものがいると聞き、向かってみると全身真っ白な一匹の狼が現れ「このしゅけんに何用か」と問うてきた。父が事の次第を語って娘の命を救いたまえと願うとしゅけんはうなずいて「久しく以前、外の国から三匹の猿神が渡ってきて人々を害するようになった。我はそのうち二匹を噛《か》み殺し、残る一匹は行方をくらませていたが、能登の地に隠れているとは思わなかった。行って退治してくれる」と言って、父とともに海の上を駆けて七尾に戻った。しゅけんは娘の身代わりとして唐櫃《からびつ》に潜み、暴風雨の夜に神前に供えられた。翌日に人々が様子を見に集まると、年経た大猿が血に染まって倒れていたが、しゅけんもまた死んでいた。人々はしゅけんを手厚く葬り、後難を恐れて人身御供の形代《かたしろ》として、三匹の猿にちなんで三台の山《だ》車《し》を山王社に奉納した。「車が人を食う」という魚町の山車は、この山王社の猿から来ているのだという（青柏祭《せいはくさい》の山車のことと思われるが、詳細は不明）。

［参考文献］『石川県鹿島郡誌』

### ジョウイリ

石川県鳳至《ふげし》郡七浦《しつら》村暮坂《くれさか》（現・輪島市門前町暮坂）に伝わる。

昔、ある修行僧がこの地で生き埋めにされた。それ以来、村で人が死に瀕すると、鈴の音がこの辺りに長く響くようになったのだという。ジョウイリとは入定を意味する言葉とされている。

［参考文献］石川県七浦小学校同窓会『七浦村志』

### 鉦鼓が淵［しょうこがぶち］

石川県かほく市の茶臼山に伝わる。『北国奇談巡杖記』巻之一に記されている。

茶臼山のほとりにある淵なのだが、ここで毎日、夜の始まりから丑三《うし》つ時まで、鉦鼓を叩いて池の周囲を巡る音がする。里人が怪しんで確認に来ても何もなく、去ってからしばらくすると、また聞こえてくるのだという。ここには昔、近くの長谷山観音院という寺院の堂守をしていた大円という老僧がいた。大円は毎夜、山々を巡って修行をしていたが、ある夜に山賊に襲われ、衣を奪われて池に沈められてしまった。しかし大円は修行を果たさなければ命を終えられないという執念を残したため、今もその修行の音が聞こえてくるのだという。

［参考文献］『日本随筆大成』二期一八巻

### 小祠の怪物［しょうしのかいぶつ］

石川県鹿島郡北大呑《おおのみ》村（現・七尾市）、七尾市百海町《どうみまち》の話。

白鳥《しらとり》（北大呑）と百海の間、海岸にタブの木に覆われた小さな祠《ほこら》がある。いつの頃からか、ここに一種の怪物が現れて人々を悩ませるようになった。ある時、庄屋の重造が用事で庵《いおり》（庵町か）へ赴いた帰り、夕方にこの地で怪物に遭遇したが、重造の佩《はい》刀《とう》が自ら鞘《さや》を抜け出て怪物を斬り付けた。重造が家に帰ってから刀を検《あらた》めると、鮮血が刀を染めていたのだという。この怪物は時々海に入って鯨となり、人々を誑《たぶら》かしていた。今は廃れてしまったが、毎年六月二〇日には怪物の害を防ぐため、弓を射る神事をしていたという。

［参考文献］『石川県鹿島郡誌』

### 白頭［しらこび］

石川県鹿島郡能登島町半浦《はんのうら》（現・七尾市能登島半浦町）に伝わる。

昔、神社のある所に洞穴があり、ここにシラコビが棲み着いていた。その正体ははっきりしないが、タヌキやキツネの年経たものだったらしい。ある人が農作業に出て帰ってきてみると、生まれて間もない赤ん坊が小鳥を串刺しにしたように串に刺されて囲炉裏であぶられていた。これはシラコビの仕業であった。シラコビは毎晩お宮に出たが、ある日巡査がシラコビと格闘の末に打ち負かしたので、それ以来出てこなくなったのだという。

［参考文献］若月麗子「半浦の伝説」（『ひでばち』八号）

## 人面のくさびら［じんめんのくさびら］

筆者命名。『三州奇談』巻之三に「埋物顕形」として記されている。

寺西霜台の屋敷に、一つの塚がある。昔、若狭入道宗寛という人がいたが、ある時に寝所の間に臭気が漂っていたので、近習に命じて周囲を調べさせたが、何事もなかった。天井を探してみると、一つの生首が見付かった。一四、五歳ぐらいの雅《みやび》やかな若衆の首で、生きているかのように笑みを浮かべていて、謂《いわ》れもわからない怪しいものだったので、屋敷の隅に埋めて首塚とし、その上に桐《きり》の木を植えた。すると宝暦年間（一七五一～六四）の初めの秋の半ば頃、この塚から怪しいくさびら（茸《きのこ》）が生えてきた。その形は霊芝《れいし》のようで、二股に割れた茎を割いてみると、中には若衆少年の顔が彫り込まれたように、目鼻や耳口のように見える部分が揃っていた。あちこちで尋ねてみたが、これが何なのかを知る人はいなかったという。

［参考文献］堀麦水『三州奇談』（石川県図書館協会）

## 水門の主［すいもんのぬし］

石川県河北郡花園村（現・金沢市花園八幡町）に伝わる。

森下川の下流、高田橋の辺りにある才田《さいだ》用水の水門の下に、水神が棲息《せいそく》していると伝えられている。ある年、水門を修理する時に水底に建物を見た者がいた。そこには白髪の老夫婦が住み、時に蛇体となって岸辺の葦原《あしはら》にその姿を現すのだという。

［参考文献］『石川県河北郡誌』

## 菅谷の巨蟒［すがたにのうわばみ］

石川県の菅谷（現・加賀市山中温泉菅谷町）の話。『三州奇談』巻之一に「菅谷の巨蟒」として記されている。

宝暦三年（一七五三）の五月、江沼郡荒谷（現・加賀市山中温泉荒谷町）に六兵衛、長吉という猟師の兄弟がいた。二人は剛気な気性で鉄砲に秀で、毎日猟で獣を得ていた。この日、兄弟は初めて菅谷の奥地に入ったが、風が生臭く、草木がしぼんでいるように思え、何となく恐ろしくなってすぐに谷を出た。帰ってから友人の猟師にこのことを話すと、菅谷の奥地にはうわばみが棲み、これに遭遇したら生きて帰ることはできないと教えられた。しかし長吉は「一匹の小蛇のために谷から帰る道理はない」と言って再び入ろうとしたので、六兵衛も一緒になって谷へ入っていった。そして谷の奥地へ分け入ると、二抱えもある大きさの牛の頭のようなうわばみがいた。鼻息は山風のようであり、鼻を突く臭気が漂い、岩にまとう体の長さは測ることもできないほどであった。兄弟は少しも恐れず、鉄砲でうわばみの鼻頭を狙って撃ち込むと、山鳴りとともに樹木が揺れ、臭気と黒煙で辺りが暗闇のようになった。兄弟は鉄砲を担いで逃げ出したが、谷の暗闇の中で風が吹いて石が砕け、大木がねじ切れる音が響き渡った。やがて何かが倒れる音がして、さすがの兄弟もその凄《すさ》まじさに腰が抜けて座り込んでしまった。その後、谷の中でうわばみが死んでいるのが見付かり、引き下ろして測ってみると、胴回り八尺（約二・四メートル）ばかり、長さは九間（約一六・三メートル）余りあったという。

［参考文献］堀麦水『三州奇談』（石川県図書館協会）

## すすけ行燈［すすけあんどん］

石川県七尾市鍛冶町の安楽寺辺りの話。『続三州奇談』巻之六に「七尾網燐」として記されている。

安楽寺の前や寺町の間には、昔からすすけ行燈という怪火が出る。毎年四、五人はこれを見て驚くのだという。煤《すす》けた角行燈のようで、地面を離れて五、七尺（約一・五～二・一メートル）ほど浮かんでいる。人と行き合うとしばらく消え、去ると再び灯る。人によっては火が飛び越えるように動くのだという。

［参考文献］堀麦水『三州奇談』（石川県図書館協会）

## 清太ムジナ［せいたむじな］

石川県鳳至《ふげし》郡門前町（現・輪島市門前町）に伝わる。

雑座《ぞうざ》という所の清太という者が、碧雲寺（門前町の寺院）の建立のために来て、夜遅くに帰った。その途中にあるカイケという昼も夜も暗い所を通ったが、前の方に大きな火の玉が現れたり消えたりした。そして火の玉から青白い体の女の人が現れ、清太をじっと見つめた。そこで清太は持っていた脇差で斬り付けたところ、石に当たったような音がして火の玉は消えた。家に帰ってから脇差を見ると、先端が三寸（約九センチ）折れていたのだという。

『七浦村志《しつらそんし》』には「カイケの怪」として同様の話が記載されている。

［参考文献］中央大学民俗研究会『常民』二七号、石川県七浦小学校同窓会『七浦村志』

## そうはちぼん

ちゅうはちぼんとも。石川県鹿島郡中能登町の眉丈山《びじょうざん》の話。

秋の日暮れから夜になろうとする時間に、眉丈山中腹から怪火が出て、東から西へと移り行くのだという。そうはちぼんは羽坂《はざか》の六所の宮から現れ、一の宮の六万坊へと向かおうとする。昔、そうはちぼんは一の宮権現に人を餌食にしたいと願い出た。すると権現は鶏が鳴く前に来れば人をやろうと約束した。それから毎夜、そうはちぼんは人を喰おうと現れ、八つ時頃に良《よし》川《かわ》の山を過ぎ、金丸《かねまる》の辺りでまごつき、柳田の辺りで鶏の鳴き声を聞いて仕方なく六所の宮に引き返すようになった。この鶏は権現が鳴かせるのだという。

西照寺の住職が若い頃に見たという話も記されている。住職が寺に帰ろうと眉丈山の中腹に差しかかると、大きな高張提灯のような明るいものが現れ、山の背から谷に向かって真一文字に緩々《ゆるゆる》と進んでいくのを見たのだという。

［参考文献］『石川県鹿島郡誌』

## 鼠妖［そよう］

石川県金沢市竪町《たてまち》の話。『三州奇談』巻之二に「少女変鼠」として記されている。

金沢竪町の横小路にある脇田何某の長屋で、鼠妖と呼ばれる怪事があった。延享年間（一七四四～四八）の一〇月頃、長屋の内に鼠が現れ、衣類や道具、金物などまで食い散らされて傷付き、長持や簞笥《たんす》に幾重にも仕舞い込んでも、食い破られてしまうということがあった。色々な手立てで防ごうとしても被害は止まなかったが、そのなかでも、ある一二歳になる奉公娘だけが、衣類や道具、紙や鬢《びん》付け油などを損なうことがなかった。色々試してみても理解できないことが多く、この娘の仕業なのだろうと主人に訴え出ても、納得できないということで、まずは鼠を狩り出そうとしたが、罠《わな》も猫も役に立たなかった。毎夜この被害が続いたので、仕方なく娘を呼び出して問いただしてみたが、明確な答えがなかったので、暇を取らせて実家のある石坂町へと帰すと、その夜からふっと鼠は出なくなった。あまりに不思議なので、娘を呼び戻して再び尋ねてみると、今度は隠さずに話し始めた。娘が眠りに就くと、鼠が数多く来て胸の上に登ってきて、それから後は夢の中のような心地になる。箱の蓋《ふた》を開けたり長持を引き出したりしたのも、身に覚えがあるが、恐ろしくて同僚にも話せなかった。夜の間は鼠とともに駆け巡り、昼は疲れ果てて気分が悪くなってしまう。どうか罪を許したまえと、娘は涙を流したのだった。あまりの不思議さに、何かの病気なのだろうと慰めて実家へと戻してやったが、娘は久しく病気を患ってしまい、その後どうなったかはわからないのだという。

［参考文献］堀麦水『三州奇談』（石川県図書館協会）

# 【た】

## 高尾の坊主火［たこのぼうずび］

石川県金沢市の高尾城址に伝わる。

加賀国の守護大名・富樫政親が高尾城で一向一揆と戦い、討ち死にした。夏になるとその怨念が火の玉となり、高尾山の頂上に現れ、西の野々市（現・野々市市）の方に飛ぶ。子供たちは帰るのが遅くなると「高尾の坊主火が出てくるぞ」と年寄りに言われたのだという。

［参考文献］金沢市史編さん委員会『金沢市史　資料編一四　民俗』

## 谷の山番［たにのやまばん］

石川県鳳至《ふげし》郡七浦《しつら》村の餅田（現・輪島市門前町餅田）の話。

餅田に大畑という山林があり、人々は餅田の谷と呼んでいる。昔は欅《けやき》の大樹が茂っていて昼でも暗く、怪物が棲息《せいそく》しているとして、みだりに近付くことがなかった。ある年、百成大角間《どうめきおおかくま》の農民が桑の葉を盗み取ろうとこの谷に入ったところ、一つ目の大入道に遭遇した。巨眼が鏡のように輝き、口は耳まで裂け、手足に針のような剛毛が生えており、今にも飛びかかろうとしてきたので、農民は大いに恐れて逃げ帰った。それ以来、これを谷の山番と呼び、山林守護の神として畏敬したのだという。

［参考文献］石川県七浦小学校同窓会『七浦村志』

## タンガイ様［たんがいさま］

石川県鹿島郡能登島町（現・七尾市能登島）に伝わる。

野崎の田の真ん中に杉の木が一本あり、以前は八幡様を祀《まつ》っていたので宮跡と呼んでいる。この田にはタンガイ様という貝がいて、その貝から出る水を目に付けると薬効があるとされていた。貝はもとの所に戻しておかなければならなかったが、ある婆さんが「これを焼いて食べたらもっと効き目があるだろう」と考えて食べてしまったら、逆に盲目になってしまったのだという。

［参考文献］『能登島町史　資料編』二巻

## たんたん法師［たんたんほうし］

石川県金沢市木越町、小松市波佐谷《はさだに》に伝わる。『三州奇談』巻之四に「大人の足跡」として記されている。

木越の光琳寺があった所に大人《おおひと》（巨人のこと）の足跡がある。土が落ち窪《くぼ》んでおり、草は一本も生えず、足の指の跡まで残っている。また、能美《のみ》郡の波佐谷にも、山の斜面に同じような足跡があり、やはり草が生えない。更に越中の栗殻山《くりからやま》（倶利伽羅山）にも同じものがあり、その大きさは長さ九尺（約二・七メートル）余り、幅四尺（約一・二メートル）ばかりである。これら三つの足跡は七、八里（約二八〜三二キロ）ほどの隔たりがあり、能美郡においては、これは「たんたん法師」の足跡であると伝えている。

［参考文献］堀麦水『三州奇談』（石川県図書館協会）

## 池中の鞍［ちちゅうのくら］

石川県石川郡倉岳村（現・白山市と金沢市の境にある倉ヶ岳辺り）に伝わる。

倉ヶ岳には、加賀の守護大名・富樫氏の隠居城（倉ヶ岳城）があった。また、この山上には大小二つの池がある。長享二年（一四八八）六月八日、一向一揆との戦によって富樫政親は命を落としたのだが、この時政親は敵将の水巻忠家という者と馬上で相討ちになり、馬もろともにこの池の中に沈んだと伝えられている。このため、晴れた日には池の底に鞍があるのが見え、また六月八日はその鞍が水面に浮き上がってくるのだという。

［参考文献］京都下鴨村金澤生「池中の鞍」（『郷土研究』一巻二号）

## ちっきんかぶり

石川県七尾市能登島えの目町、八ケ崎町に伝わる。

昔、鰀目《えのめ》と八ヶ崎の間を「どうの川」という小川が流れていた。ここにちっきんかぶりという怪物が棲み、村民を害していた。小屋の谷に住む興助、惣左衛門の二人が、村民のために苦労してこの怪物を斬り殺した。二人は「小屋もの（賤民《せんみん》への呼称の一つ）」だったが、この功により村に住むのを許されたのだという。この怪物を埋めた所を「どんだ」と呼び、松を植えて記念とした。また「興助・惣左衛門の抜いた刀鞘《さや》は竹でも身は本物や」という俚謡《りよう》も歌われたという。

［参考文献］『石川県鹿島郡誌』

## 長太のムジナ［ちょうたのむじな］

「長太ムジナの話」として知られる。石川県鳳至《ふげし》郡大沢村（現・輪島市大沢町）などに伝わる。

大沢村の芹池《せりいけ》の松林は入ると怪しいことが起きるということで、誰も入らなくなった。そこで長太という肝の据わった樵《きこり》が松林を買い取り、仕事をするようになった。すると夜に船の帆のような白いものが道を塞《ふさ》いだり、大きな荒坊主が現れたりするようになり、また小屋の外から「お前の母が病気だから、早く家に帰れ」と呼びかける声がしたり、大木を伐り倒す音、山が鳴動する音などが響いたりした。それでも長太は動じず日々の仕事を続けたので、遂に怪物が現れ「我はこの山に八〇〇年暮らす狢《むじな》である。今宵こそお前を殺してやろう」と言い、長太もそれに応じて戦い始めた。なかなか勝負がつかず、長太は疲れ果てて負けそうになるが、狢の隙を突いて斧《おの》を叩き付け、何とか撃退した。翌朝、近くの小屋で怪物が血を流して死んでいるのが見付かり、これこそ長太の退治した狢であろうということになった。それから四、五年後、長太のもとに美女が現れ「我は芹池山に一七〇〇年棲む狢である。我が夫がお前の手によって殺されたので、その仇を討ちに来た」と言い、数日の間長太を悩ませた。しかし長太が観音の御守をもらい受けて首から下げると、その力には敵わず、再び長太の前に現れて「お前が夫の法会を営み、畜生道から救ってくれるのなら、我も仇討ちをやめよう」と頼んだ。そこで長太は僧侶を招いて法会を営み、殺した狢を成仏させた。それから怪しいことは起こらなくなったのだという。

中央大学民俗研究会『常民』二七号には、鳳至郡門前町（現・輪島市門前町）の長太ムジナの話を報告している。上尾沢と皆月《みなづき》の間をつなぐ細い道での話。上尾沢の人が皆月で買い物をして、夕方や夜にこの道を通って帰ると、突然道に岩が盛り上がったり先へ進めなくなったりする。しばらくすると消えるが、持っていたものが石や木の葉に変わったり風呂敷包みが空になったりした。時には大蛇や化け物の姿になって盗んでいくこともあった。ある男が角灯を持って帰る途中、どうも後ろから付いてくるものがあるので、石を拾って後ろに投げ付けた。すると手応えがあり、人影が消えた。「前に出て勝負しろ」と言うと、ムジナが出てきて勝負することになった。まずマサカリで勝負したが決着が付かず、男は「お前の金玉は広がるそうだが、どっちが広げられるか勝負しろ」と言って大きな風呂敷を内股から出して広げた。ムジナも張り合って金玉を広げたが、風船のようになって割れてしまい、山へ逃げていった。それ以来、ムジナは出てこなくなったという。

［参考文献］石川県輪島市教育委員会『輪島の民話』、藤島秀隆『加賀能登の伝承』、藤島秀隆「『長太・貉物語』（仮称）翻刻と解説及び小考」（『加能民俗研究』通巻二四号）、中央大学民俗研究会『常民』二七号

## 長面妖女 ［ちょうめんようじょ］

石川県加賀市の大聖寺《だいしょうじ》の話。『三州奇談』巻之一に「長面の妖女」として記されている。

大聖寺藩に仕える御坊主組に津原徳斎という人がいた。ある日の夜半、徳斎が住まいのある中町へ帰る途中、耳聞山《みみきやま》という松の群れ立つ少し高い所を通っていると、手に持つ提灯の火が消えてしまい、進むことも戻ることもできなくなってしまった。すると五、六間ばかり先に、提灯のような灯が行くのが見えたので、近付いて見ると裸足の女が灯りを下げて歩いていた。行き先が同じようなので後を付いて歩いていると、女は徳斎の家の近くにある榎《えのき》の切株のそばで立ち止まり、こちらを振り向いた。女の持つ灯りが自分の目より高い所にあるので、よく見ると女の背丈は切株と同じ三丈（約九メートル）ほどもあり、その顔もまた三丈もの長さになっていた。徳斎は驚

いて家に駆け込み、下人を起こして再び外に出るも、女も灯りもいなくなっていた。この辺りに棲む古狸の仕業だろうとされたが、他にも顔が三尺（約九〇センチ）ばかりある女に出会ったとか、舟の上から岸を見て、顔が三尺もある女が後ろを向いて灯火を吹き消しているのを見たとかの話もあった。人に害をなしたという話はなかったという。

［参考文献］堀麦水『三州奇談』（石川県図書館協会）

## 槌子坂［つちのこざか］

石川県金沢市に伝わる。『北国奇談巡杖記』巻之一に記されている。

金沢城下の小姓町（現・少将町）に、槌子坂という坂道がある。昼間でも気味悪い所で、小雨の降る夜半などは、人が通るところころと転がってくるものがある。それは搗臼《つきうす》くらいの大きさの横槌であった。真っ黒な姿をしており、彼方此方《かなたこなた》と転がり回って、消えようとする瞬間に「呵々《かか》」と二声ばかり笑って雷鳴のような音を響かせながら光って消えてしまうという。これを見た者は昔から何人もいて、毒気に当たって二、三日は寝込んでしまうという。このため、その地を槌子坂と呼ぶようになり、夜には道を行き交う人も絶えたという。

［参考文献］『日本随筆大成』二期一八巻

## 梅雨蛇［つゆへび］

石川県江沼郡東谷奥村四十九院（現・加賀市山中温泉四十九院町）に伝わる。

四十九院の道路近くの山林に、高さ一〇尺（約三メートル）、周囲六間（約一一センチ）ばかりの岩石がある。この岩石の中央には割れ目があり、毎年梅雨の頃に、蛇の背中をこの隙間に見ることがある。もしこの蛇に触れてしまうと、大暴風雨が起こると伝えられた。

［参考文献］『石川県江沼郡誌』

## 釣瓶落の怪［つるべおとしのかい］

石川県加賀市細（細坪町？）の話。

荒屋敷に竹藪《たけやぶ》があり、そこに釣瓶落というものがある。夜、その竹藪を通ると、井戸へ下げる釣瓶が天から下がってくる。これに手で触ると引っ付いて取れなくなり、驚いて足で取ろうとすると足も引っ付いて取れなくなる。両手足が引っ付くと、釣瓶はそのままずるずると引っ張り上げられ、その人は天に取られてしまうという。子供が村の中を一人で歩くことを戒める話なのだという。

［参考文献］黄地百合子ほか『南加賀の昔話』

## 天刹［てんさつ］

石川県金沢市橋場町（現・並木町）の浅野川稲荷神社に伝わる。

『金沢市史 資料編一四 民俗』によると、天刹は越中立山で一〇〇〇年の行を積んだ白狐で、金沢城下に現れては吉凶禍福の予知などをして人々を驚かせていた。しかし、人間世界から離れる時が来たとして姿を消してしまったという。姿を消す前に、懇意にしていた嶋屋喜右衛門から切望され、「稲荷大明神」の神号を書き与えた。後年、その神号を上堤町の浅野屋次兵衛が譲り受け、その子孫が神社に奉納したのだという。

『咄《はなし》随筆』下巻には「狐に似たる出家」として、天刹という僧侶についての話を記している。本多安房守がある年、能登の涌浦《わくうら》（和倉温泉か）へ湯治に行った。安房守は所ノ口の橋本屋という宿に泊まり、保養のためとして時々近くの山々や浦々で遊興していた。ある時、小舟に乗って竹沙から漕《こ》ぎ出し、押ヶ崎・二つ岩・屏風《びょうぶ》崎などを過ぎ、涌浦を一見してから瀬嵐という所で休息した。そこには人丸明神という神を祀《まつ》った古い小さな祠《ほこら》があり、その前に石の五重塔があった。安房守はこの石塔を殊の外気に入り、土地の者に願って譲り受けた。祠には新しい石塔を建て、譲り受けた石塔は金沢に移したのだが、それ以来安房守はひどく体調を崩してしまった。その頃、高岡から天刹という僧侶が来て、武家や町方に出入りしていた。その人相は普通のものではなく、狂言の伯蔵主《はくぞうす》（「釣狐《つりぎつね》」の白蔵主か）に似ており、食事をする時は箸《はし》を自由に使えず、親しい家においては手攫《てづか》みで食べていた。天刹は様々なことを見通すかのように語って聞かせ、あちこちを歩き回っていたが、安房守の体調については、神の大切にしていたものを持ち去ってしまったためであると語った。これを聞いた安房守は例の石塔のことを思い出して、これを瀬嵐へと返した。しかし体調はますます悪くなっていき、当地での医者ではどうにもならないということで、京都へ飛脚をやって御典薬を招き寄せることになった。その頃、安房守の家来の某《なにがし》という者が御調物《みつぎもの》のために京都に来ていたが、その者のもとに天刹が現れて「そなたは明後日には金沢に帰ることになる、支度をしておくように」と伝えた。その後飛脚が来て御典薬を招くことが告げられ、それに同道することになった。後から考えてみると、天刹が金沢にいた日と京都で某に会った日は一日違いだったのだという。安房守は結局本復せず、正徳五年（一七一四）三月一九日に死去し、天刹は享保七年（一七二二）頃に死んだのだという。

『三州奇談』巻之四にも「浅野の稲荷」として、浅野川神社にまつわる白狐の話が記されている。

［参考文献］金沢市史編さん委員会『金沢市史 資料編一四 民俗』、日置謙（校）『咄随筆』、堀麦水『三州奇談』（石川県図書館協会）

## どす神［どすがみ］

石川県鹿島郡中能登町能登部上《のとべかみ》の能登部神社の話。

能登部神社の苗裔祭《ばっこまつり》の時、西馬場の宮からご神体を取り出して背負い、上の宮の奥殿に納めるが、どす神も背負うため、道中で人に会うのを禁忌としている。もし人に会えば喰い殺せと神託があり、誤ってご神体を目にしてしまった者はたちどころに病気になってしまうという。祭事は一一月一九日の神無月に行われるが、この神は出雲に参ることもできないので、他の神の留守の間に催事を行うのだという。

［参考文献］『石川県鹿島郡誌』

# 【な】

## 鍋太郎［なべたろう］

石川県能美《のみ》郡国府村（現・能美市）に伝わる。

鍋谷の上の村に、世瀬という旧家があった。この家にはいつの頃からか、鍋太郎という姿を現さない若者が住み着くようになった。夜に囲炉裏を囲んで四方山《よもやま》話をする時、鍋太郎は横座（囲炉裏の奥正面、通常は一家の主人が座る席）に座って世間話や御上の法度、昔からの言い伝えなど何でも話し、日中は水汲《く》みや米搗《つ》き、肥桶《こえおけ》運びなどを飯も食わずに自分からよく働いた。姿が見えないので手桶や肥桶が宙を飛ぶように見え、米搗きでは杵《きね》が上下に動いてみるみる米が白くなっていった。

ある時世瀬の人が鍋太郎に「ご馳走を出してくれぬか」と頼むと、鍋太郎は蕗《ふき》の塩漬けや茸《きのこ》の粕漬け、どぶ酒など山家のご馳走を次々と出した。人々は喜んで平らげたが、正月などに我が家で出す料理に似ていると思って棚を調べると、保存していた食物がすっかりなくなっていた。鍋太郎に聞くと「世間渡るにや、ごまかしやならぬ、天にや仏が見てござる」と言ったので、人々は身勝手を反省した。

その後のある日、世瀬の人々と鍋太郎が本吉（美川）の町へ木炭を売りに行った。その頃の港は春であり、海で捕った鰯《いわし》を浜で干していた。しかし毎晩干粕《ひかす》が盗まれるので漁師たちは苛立っていた。そこへ世瀬の人々が姿の見えない者と話しながら来たので、これは怪しいと捕まえて舟小屋に連れ込んで唐辛子で燻《いぶ》した。鍋太郎はこらえきれず「我は吉原お藪《やぶ》に千年、鹿島の森に千年、鍋谷淵に千年棲む川獺《かわうそ》の大化けである。ご恩はきっと返すから、どうか命だけは助けてくだされ」と姿を現して懇願したが、とうとう殴り殺されてしまった。泣いて助けを乞うた世瀬の人々も仕方なく、鍋太郎の遺体を海に葬って帰っていったのだという。

［参考文献］国府村史編纂委員会『国府村史』

## 南無阿弥陀仏のいちょう
［なむあみだぶつのいちょう］

石川県能美《のみ》郡尾口村（現・白山市瀬戸）に伝わる。

尾口村の瀬戸神社の境内に、周囲三丈（約九メートル）余り、高さ二〇間（約三六メートル）、樹齢五〇〇年を超えるイチョウの大木がある。この木からは毎年、数百万枚の葉が落ちるが、そのなかに一枚だけ「南無阿弥陀仏」の字が浮かび上がったものがあるという。もしこれを踏み付けてしまうと、その人は必ず失明するとされ、村人たちはこの木の下を歩くことを戒めているという。

［参考文献］本多静六『大日本老樹名木誌』

## 納戸橋の怪物
［なんどばしのかいぶつ］

石川県石川郡鳥越村（現・白山市）に伝わる。

ある男が小松から歩いてくると、お坊さんが現れて「納戸橋に立っている男に、この手紙を渡してくれ」と頼まれた。男は不審に思ったが、字が読めなかったので別宮《べっく》に行って任誓様（浄土真宗の僧）に相談した。任誓様が手紙を読んでみると、そこには「この手紙を持つ者を捕って食らえ」と書いてあったので、これを「この者に福を与えよ」と書き換えて持たせてやった。男が納戸橋へ行き、そこにいた男に手紙を渡すと、納戸橋の男が追いかけてきた。手紙を渡した男が走って逃げ、家の中に入ると、納戸橋の男は金襴《きんらん》の袋を投げ込んでいったのだという。

［参考文献］中央大学民俗研究会『常民』二二号

# 【は】

## 白山の梟怪
［はくさんのきょうかい］

石川県白山市三宮町の白山《しらやま》比咩《ひめ》神社の話。『三州奇談』巻之三に「白山梟怪」として記されている。

昔、白山比咩神社の修理のため、多くの職人が集められて山に入ったが、夜は仕事道具を置いて里に降りていたので、雑用役の男二人が道具の番をするために、夜も神社に残っていた。ある夜に男の一人が拝殿にいると、木の上に梟《ふくろう》が来てしきりに鳴き始めた。男が軽率にも梟の鳴き真似をして応えると、梟は社殿の棟木に下りてまた鳴いた。男が重ねて応えると、梟はだんだんと近付いてきて、庭にまで下りてきた。そうして声を競わせていると、幾千羽という梟たちが集まってきたので、男は驚いてどうすることもできなくなってしまった。もう一人の男がこのことを神主に告げると「時々このような奇事が起きる。もしこの争いに人が負ければ、害を免れることはできないだろう」と言い、人々を呼び集めて梟を相手に叫ばせた。こうして梟との争いは続き、夜明け頃になると、怪鳥たちは散り散りに飛び去り、程なくして夜明けの鐘も鳴って、一羽もいなくなったという。

〔参考文献〕堀麦水『三州奇談』（石川県図書館協会）

## 白面の悪女［はくめんのあくじょ］

白醜人《しらしゅうと》としても知られる。石川県七尾市田鶴浜の話。『続三州奇談』巻之五に「浜鶴の怪女」として記されている。

寛政年間（一七八九～一八〇一）のある時、本郷（現・輪島市門前町）に住む北村という人が田鶴浜の秋祭りに行って、夜の九つ頃に一人で帰る途中、岡野の橋まで来た。橋を半ばまで渡ると、橋詰の欄干に一人の女がすっくと立っているのが見えた。女は頭に何も被らず、髪を引き上げて結んでいた。着物はよく見えなかったが、紺色の木綿の前垂れを身に着けていた。その笑い顔は大きく裂けて歯は黒ずみ、目はきょろきょろとして、顔付きが四面で色白く、はなはだ醜かった。一本足で立っているようで、前垂れが一尺もないほど短いので足首が露《あら》わになっていた。北村は「これこそ噂に聞く、この辺りに出る妖怪だろう」と考え、もう逃げることは叶わないだろうと、小脇差を用意しながら静かに橋を歩いて怪女へと近付いていった。怪女は何かものを言ったようだったが、それも聞き取らないように心していると、近くの坂の上から松明《たいまつ》を灯した二、三人が来た。怪女はそれに気を取られたようで、どこかへと飛ぶように消えてしまった。北村が近付いてきた松明の持ち主たちにこのことを話すと、それはいつもこの辺りに出る妖怪だろうということで、近くの宿まで送ってもらい、明朝に帰宅した。

また、これより一年前の同じ頃、高畠駅の馬士《まご》・久助という者もこの怪女に会って長く患ったという。久助は荷物を田鶴浜に運び、酒に酔ってから夜更けに馬に乗って帰っていた。すると、例の橋の近く、ある家の軒先に怪女の姿があり、紺色の前垂れが確かに見えた。久助は普通の女が立っていると思い、声をかけようと近付くと、怪女は屋根の上からふわりと飛び降りて久助の首を押さえ、逆さまに引っ張り上げた。その様は巴《ともえ》御前や板額《はんがく》御前が馬上の敵を摑《つか》もうとするかのようであった。久助は助けを求めようとしたが、大声を出すことができなかった。それでも何とか声を上げていると、聞き付けた人たちが駆け寄ってきたので、怪女は久助を近くの草の中に投げ捨てて消えてしまった。村人が久助を助け起こしたが、それから三〇日ばかりも腰が立たずに寝込んでしまったという。大方、青《あお》鷺《さぎ》や鸛《こうのとり》が妖怪をなすのだろうとされた。

　この橋を流れる川の水源は、白醜人の池と呼ばれる池であり、山奥にある底の知れない池に悪蛇が棲み、時々怪をなすのだという。また雨乞いの霊験もあり、鉄くずを池に投げ込むと必ず暴風雨を起こすとされた。この白醜人という名こそ、例の怪女を指すものなのかもしれない。

［参考文献］堀麦水『三州奇談』（石川県図書館協会）

## 化物屋敷［ばけものやしき］

　石川県鹿島郡七尾町（現・七尾市）に伝わる。

　安永六年（一七七七）の秋頃、七尾町に大野という俳人が住んでいた。彼の屋敷では怪火が燃えて化け物が出ると噂されていた。ある日、隣に住む傘屋の主人が来て、「昨夜、怪火を灯した人影のようなものが出て、屋敷の中をあちこち歩き回っているのを確かに見ました。祈禱《きとう》などをした方がよろしい」と話したが、大野は化け物の存在を信じず、そのまま捨て置いた。その三、四日後に、屋敷の下女が宵頃に土蔵の前まで行き、叫び声を上げて倒れた。手当をして話を聞くと、四角い提灯のような火が地上から一尺（約三〇センチ）ばかりの所をふわりふわりと飛び、後ろから顔の真っ青な恐ろしい人が現れて睨《にら》み付けてきて、そのまま積んである薪の中に入っていったのだという。薪を取り除《の》けて探しても怪しいことはなく、化物屋敷の噂は一層高まった。するとある日、楓居という人が屋敷を訪ね、「この屋敷に化け物が出るのは、化け物がここを気に入って棲みたいと考えているからだ。棲みたいと思っているものは棲ませてやればよい。ただしこの屋敷は全てが新しく、古いものを少しも用いていないので、化け物にとっては棲みにくくなっている。少し古いものを集めて化け物の好みそうな所を造ってやればよいだろう」と言った。そこで大野は近所の古城址から古い木や石を取り寄せ、新築の屋敷を少し古びさせ、温井備中《ぬくいびっちゅう》の屋敷跡にあった大石を手水鉢《ちょうずばち》にして用いるなど、屋敷の中を古くなるよう整えた。するとその後、化け物は出なくなったのだという。

［参考文献］『石川県鹿島郡誌』

## 機具淵の大鯰［はたぐぶちのおおなまず］

　石川県江沼郡月津《つきづ》村額見《ぬかみ》（現・小松市額見町）に伝わる。

　昔、額見の機具淵に怪物が棲み、毎夜出てきて人や家畜に害を与えていた。村人たちは相談し、これを退治しようということになったが、ある日この淵に大亀が浮かんでいるのを見付け、これこそ怪物の正体だろうと殺そうとした。すると翌日、大亀に乗った明神が水上に現れ、「この亀は明神の使者なので、決して害を加えてはならない。お前たちが怪物を退治したいと考えているのなら、この淵から村に行く路上に灰を撒《ま》き、その上に韮《にら》を置くべし。そうすれば怪物は歩行が困難になるから、その機に乗じて一撃を与えるべし」と告げた。村人たちはその通りにして怪物を打ち倒し、夜明けになって確認すると、怪物の正体は大鯰だったのだという。

［参考文献］『石川県江沼郡誌』

## 八階松の小蛇［はっかいまつのこへび］

石川県鳳至《ふげし》郡七浦《しつら》村（現・輪島市門前町）の話。

皆月《みなづき》の北、オサガクチという所に八階松という一本の老松がある。この木の上には金色の小蛇が棲み、時々梢《こずえ》から神酒徳利あるいは茶釜を吊り降ろすことがあるという。そのため、人々はこれを恐れて木に近付かなかったという。

［参考文献］石川県七浦小学校同窓会『七浦村志』

## 花見の姉妹［はなみのしまい］

筆者命名。石川県白山市釜谷の話。『三州奇談』巻之二に「釜谷の桃花」として記されている。

宝暦三年（一七五三）の桃の節句、釜谷神社の山に小松細工町（現・小松市細工町）に住む青年が三人連れで花見に来た。酒に酔いながら歩いていると、夕暮れ頃に滝の流れ落ちる所まで来た。そこには二五、六歳ぐらいの人妻のような女と、そのお供らしい一八、九歳ほどの娘がいた。池のほとりに青い敷物を広げ、弁当を出していたが、青年たちが来たのを見て、何かを隠す様子だった。青年たちは女たちに声をかけて敷物に上がり、ともに酒を飲み始めた。青年の一人が隠されていた器を取り出すと、その中には草を搗《つ》いて作った団子が入っていた。女たちは「これは私たちが密かに貯えていたもので、人が食べるべきものではない」と言ったが、青年は気にせず食べてしまった。ここで青年たちのなかであまり酒を飲んでいなかった者が、この女たちは人にあらざる者たちではないかと思うようになった。日が暮れるに従って、女たちの顔色が光るようになり、目も物凄《ものすご》い様子に見えてきたので、青年は女たちに別れを告げ、他の二人を連れて立ち去った。山の麓まで戻り、人々にこの話をすると、その女たちについて誰も知る者はなく、お供もなく年若い女たちが遊んでいるのは奇妙だという話になった。その後、小松の町へ帰ると、団子を食べた青年が腹痛を訴え、大声で「餅は返すぞ」と叫び続けたが、しばらくして目鼻口耳の七つの穴から水が大量に流れ出し、その夜のうちに死んでしまった。当時、人々は老猿の仕業だったのだろうと話したという。

［参考文献］堀麦水『三州奇談』（石川県図書館協会）

## 浜姫［はまひめ］

石川県江沼郡橋立《はしたて》村（現・加賀市橋立町）に伝わる。

山には山姫、浜には浜姫、辻には辻姫がいると考えられていた。田尻の人が片野の白岩の辺りに来たら、綺麗な浜姫がいるのを見たが、あまりにも綺麗なので気味が悪くなって帰ったのだという。浜姫に見られると影を呑み込まれて死んでしまうのだという。

［参考文献］山下久男『加賀江沼郡昔話集』

## 浜幽霊［はまゆうれい］

石川県輪島市に伝わる。

夜に磯釣りや舟釣りに行くと、他に誰もいないのに「オーイ、オーイ」と声をかけてくるものがある。人々は薄気味悪く感じて「ハマユウレイが出た」と言って早くに帰ってしまうのだという。

この記事においては、その声はアシカの鳴き声と全く同じなので、それが正体であると結論付けている。

［参考文献］四柳嘉孝「奥能登のアシカの伝承」（『加能民俗』一二号）

## 番頭火［ばんとうび］

石川県鹿島郡中能登町の話。

長曽《ながそ》川と久江《くえ》川の間を往来する怪火があり、これを番頭火と呼ぶ。昔、ある村番頭が大切な書状をなくしてしまい、それが原因で病気になって死んでしまった。その一念が火となって行きつ戻りつしながら書状を探しているのだという。

［参考文献］『石川県鹿島郡誌』

## 火取魔［ひとりま］

石川県江沼郡山中町（現・加賀市山中温泉）に伝わる。

山中町には蟋蟀《こおろぎ》橋という橋があり、この近くにウバノホトコロという場所がある。ここを夜に提灯を下げて通ると、スーッと火が細くなり、通り過ぎるとまたポッカリと明るくなる。地元ではこれを火取魔の仕業だとしている。

［参考文献］長岡博男「ウバノホトコロ」（『民間伝承』三巻九号）

## 風怪［ふうかい］

石川県羽咋《はくい》郡志賀町《しかまち》福井の話。『続三州奇談』巻之六に「雷余の風怪」として記されている。

安永七年（一七七八）五月七日の夜、所《ところ》口《ぐち》（現・七尾市所口町）から三里（約一二キロ）ほど離れた堀松（現・羽咋郡志賀町堀松）の西、福居という所で雷とそれによる火災があった。しかし、夜の間に破壊された一四、五軒の家のうち、落雷による火災で焼けたのは二軒だけで、それ以外の家は別の原因があった。ある場所に雷が落ちると同時に、黒く丸く長いものが現れた。それは人の形のようではあるが、なんとも見定めることができなかった。胴回り一尺（約三〇センチ）に三尺（約九〇センチ）ばかりの高さで立ち上がり、家の中に飛び込んでくるくると舞うと、家具や障子、唐紙などが舞い上がり、風によって吹き散らされて外の早苗《さなえ》田《だ》に飛び散ってしまった。

その後は向かいの家や隣の家に入り込んで同じように暴れ、一二軒の家はことごとく荒らされてしまった。この怪物は二つ三つで収まる数ではなく、どれほど現れたのか把握できなかった。家々は風で吹き乱され、建具や敷物も田に散らされ、植えたばかりの早苗も駄目になってしまったのだという。

七、八年前にも、所口で似たような怪物が出た。ある四ツ辻から風が吹き出し、町内を舞い過ぎ、この時にあちこちの店の道具・障子・上敷などが浮かび上がったが、空に飛んでいくほどではなかった。その後橋の上から川の中へと入り、静まったかと思うと、二刻半ほどしてから川より跳ね上がり、中酒見の門、正屋の辺りを舞い歩いた。日中のことであり、数百人の人が騒いで見物したのだという。

［参考文献］堀麦水『三州奇談』（石川県図書館協会）

## 茯苓の精 ［ぶくりょうのせい］

石川県能美《のみ》郡今江村（現・小松市今江町）の話。『三州奇談』巻之二に「切通の茯苓」として記されている。

今江村には切通しという大道があり、近くに松の木が四、五本生えている。この道は串という遊里があり、夜になっても多くの人が行き交っていたが、同時に怪異に遭遇したという人も多かった。夜にこの道を通ると、遠くから人の呼ぶ声が聞こえてくる。知らない人は振り返ったりするが、よく知って慣れた人は「例の声だろう」とさっさと行き去ってしまう。また、他にも提灯の火を取られてしまうことも多かった。雨の夜にこの道を歩いていると、提灯の火が消えてしまい、しばらくしてからまた元通りに灯るのだという。土地の人はこれを茯苓（松の木に寄生するマツホドという菌類の核。古くから生薬として珍重されてきた）の精であるとしている。気を付けていると、松の香りが強く漂ってきて、それから必ず提灯の火が消えるのだという。

［参考文献］堀麦水『三州奇談』（石川県図書館協会）

## 舟止の薬師 ［ふねとめのやくし］

石川県鳳至《ふげし》郡七浦《しつら》村（現・輪島市門前町）に伝わる。

真言寺に安置され、後に鵜山《うやま》の神社に移された薬師像は、左腕が切断されている。これは昔、小崎《おざき》を通行する船舶を停止させるなどしていたため、舟人が怒って斬り落としたのだという。

［参考文献］石川県七浦小学校同窓会『七浦村志』

## 蛇の小石 ［へびのこいし］

石川県能美《のみ》郡小松町（現・小松市）に伝わる。

小松町に勇松《いさみまつ》という非常に足の達者な人がいた。勇松が魚市場に勤めていた頃、尾《お》小屋《ごや》鉱山へ使いに行った道で、数人の農民が一匹の蛇を殺そうとしていた。勇松は可哀想に思い、この蛇を買い取って近くの谷へ放してやった。そして使いを終えて帰路に就き、先ほどの谷まで来ると、一人の婦人が現れて小声で話しかけてきた。婦人は「私は先ほど貴方に救ってもらった蛇でございます。命の恩人へのお礼として、この石を差し上げます。この石で病人の患部を擦《さす》るとたちまち回復し、またこの石を持ってこの谷に来たのなら、飲めば病人が直ちに全快する水をあげます」と言って、黒い小石を渡して去った。勇松はこの小石を肌身離さず持ち歩き、病人の患部を擦ってやると、不思議にも二、三日の間にすっかり治ってしまった。しかし、この評判が広がって小松警察署の知るところとなり、この石は取り上げられてしまったのだという。

［参考文献］石川県ＪＨ生「不審の石」（『民族と歴史』四巻一号）

## 蛇の卒塔婆 ［へびのそとば］

石川県能美《のみ》郡安宅町《あたかまち》（現・小松市安宅町）に伝わる。

安宅町から牧村の長崎に至る道の右側に、松林がある。この松林に卒塔婆があるが、この卒塔婆は内部が空洞になっていて、無数の蛇で満ちているのだという。夫婦ではない男女が手を携えながらこの卒塔婆の周囲を七回半回ると、卒塔婆から蛇が出てきて悩殺してしまうのだという。

［参考文献］『石川県能美郡誌』

## 坊主火 ［ぼうずび］

石川県能美《のみ》郡鳥越村（現・白山市）に伝わる。

昔、石川郡高尾村に油売りがいたが、生前に油を量る枡《ます》の底に鬢《びん》付け油を塗り、質量をごまかして売っていたので、死後に罪を償うために化けて出るのだという。鶴来《つるぎ》

の方面から数百の火光が列を作り、手取《てどり》川の対岸である広瀬河合を経て、出合《であい》の辺りから鳥越城山を登る。山を登る時、火光は次第に数を減らして一直線となり、そのまま一団となって上空へ飛んで消えるのだという。

［参考文献］『石川県能美郡誌』

# 【ま】

## 水クシ［みずくし］

石川県鳳至《ふげし》郡能都町《のとまち》高倉地区（現・鳳珠《ほうす》郡能登町）に伝わる。

一人でイカを釣りに行くと、水クシが舟に乗ってきて水を入れるので、一人でイカ釣りに行ってはならないとされている。海へ行った人が行方不明になると「水クシがとった」とされるという。

［参考文献］中央大学民俗研究会『常民』六号

## 水熊［みずくま］

石川県能美《のみ》郡川北町の話。『三州奇談』巻之二に「水嶋の水獣」として記されている。

昔、中島で手取《てどり》川の普請をし、蛇籠《じゃかご》を使って川堤を築いた。すると中川堤のもとに、死んだ牛のようなものが現れて、水中で背中を晒《さら》していた。朽ちた大木のようにも、苔《こけ》むした石のようにも見え、泳ぎが得意な者が近付いて撫《な》で回してみたが、荒波の中なので詳しく調べることができなかった。ただ、手触りは黒い皮のようで、頭も目もなく、両方に枝のようなものが二、三本飛び出ているのがわかった。大方、枯れ木の根だろうということになり、川の水が少ない時を見計らって、鍬《くわ》で叩いたり竹で突いたりしたが、ばんばんと音がするだけで鍬も食い込まなかった。ある時、上流から椰《や》子《し》の実と呼ばれる木の実が流れてきた。これは白山の谷間に生える木の実で、毛の生えたような皮で覆われ、中は髑髏《どくろ》のような実と白い油で満ちており、油は吸うと甘い。これが例の黒いものの近くに流れてくると、枝のような手を伸ばして抱え込み、目口もない部分に実を押し当てて中の白い油を吸い取って、また流れに放した。これを見た人々は驚いて、やはり生き物だったかと打ち殺そうとしたが、鍬の歯も立たなかったのだからと、藁《わら》に火を付けて黒い皮の上に載せてから次々と草を投げ付けて火を大きくした。するとしゅうしゅうと油の臭いが漂ってきたので、ここぞとばかりに鍬を打ち付けると、焼け爛《ただ》れた部分に切れ込みが入り、黒い血が少し流れ出した。途端に地面が覆《くつがえ》ったようにどうどうと音が響き、今まで水の少なかった川が急に増水し、大波が立って洪水となった。人々が慌てて逃げ出すと、例の黒いものは水の中で転がるように流れていき、流れていった先はたちまち淵《ふち》となった。そしてこの辺り一帯は洪水の難を受け、あちこちに被害が出た。そのため、人の力ではどうしようもないということで、一〇〇日の間、朝になったら家ごとに川に向かって普門品《ふもんぼん》を唱えて観音菩薩の慈悲に縋《すが》った。するとある夜、闇の中に薄赤い光が出て、例の黒いものが水の中を上流へと上っていくのが見え、その後洪水は収まったという。

［参考文献］堀麦水『三州奇談』（石川県図書館協会）

## ミソシ

ミズシとも。石川県鹿島郡中島町（現・七尾市中島町）などに伝わる。『加能民俗』四巻三号の「鹿島郡中島町のミソシ（河童）」、『西郊民俗』通巻一一三号の「水死人の捜索と鶏」などに記されている。

ミソシが馬に食い付いてその肝を取ろうとする、または水に入った子供の尻の穴に手を入れる。これを捕まえて人畜を害さないと約束させ、放してやる。後にお礼として魚を持ってくるが、臭くて食べられなかったことが多いようである。

ミソシとミズシは混同して使われるが、ミソシの方が古い呼び名であるらしい。「水死人の捜索と鶏」によると、石川県石川郡尾口村釜谷（現・白山市）では手取《てどり》川の淵《ふち》にミズシが生息し、これに引きずり込まれて死ぬ者が少なくなかったという。ミズシによって死んだ者の死体が見付からない時は、鶏を川の上に浮かばせて探す。死体のある所で鶏が鳴いて知らせるのだという。

［参考文献］室木弥太郎「鹿島郡中島町のミソシ（河童）」（『加能民俗』四巻三号）、小倉学「水死人の捜索と鶏」（『西郊民俗』通巻一一三号）、中央大学民俗研究会『常民』二七号

## 三つ足のゴット［みつあしのごっと］

筆者命名。石川県石川郡尾口村尾添《おぞう》（現・白山市尾添）に伝わる。

尾添では蛙《かえる》のことをゴットと呼ぶ。尾添の上の方に野平という平地があり、そこの目付谷川寄りの所にある窪地《くぼち》をゴッタ窪（ゴットヶ窪）と呼ぶ。昔、ここには四〇〇坪ほどの池があり、三本足の蛙が棲んでいた。この蛙は年に一人ずつ村人を捕って食べるので、村の庄屋が何とか退治できないかと考えた。そして、池の土手を破って水を流してしまえば、蛙も棲めなくなるだろうと考え、実行した。蛙は棲んでいた池に水がなくなったので、目付谷川を下って瀬戸のお鍋岩の下の淵《ふち》に棲み着いた。それから、尾添の川筋で事故死があると、村人はお鍋の三つ足ゴットの仕業だろうと話したという。

［参考文献］尾口村史編纂専門委員会『石川県尾口村史第二巻 資料編二』

## 明神壁［みょうじんかべ］

石川県石川郡鳥越村（現・白山市）に伝わる。

若原に明神壁というものがある。明《みん》国から日本に来た人が、非常にものの できる人だったので神様として祀《まつ》られた。明神壁の方からドンドコドンドコと太鼓の音が響くことがあり、誰かが「神さんが太鼓を打っている」と気が付くと、もうその音は止ま

っていたりする。麓に住む者の願いを叶えてくれて、お膳が足りない時に「何人前のお膳を貸してください」とお願いすると貸してくれたが、ある時に返されたお膳が一人前足りなかった。それから、願いを聞き入れてくれなくなったという。

［参考文献］中央大学民俗研究会『常民』二二号

## メーシリ

石川県羽咋《はくい》郡高浜町（現・羽咋郡志賀町《しかまち》高浜町）に伝わる。

夏の頃、川で子供が溺死するのはメーシリにダッコ（はらわた）を抜かれるからだという。河童のことをメーシリあるいはミズシ（**ミソシ**を参照）といい、胡瓜《きゅうり》を先に川に投げ入れてから水浴びをすればメーシリに取られない。逆に胡瓜を食べてから水浴びをするとメーシリにダッコを抜かれて死ぬとして禁忌にされている。

末吉村（現・羽咋郡志賀町末吉）にはメーシリから伝授された疳《かん》の薬を売っている家がある。この家の先祖が馬を連れて草刈りに行った時、川で水を飲んでいた馬をメーシリが生け捕りしようとした。メーシリは馬の手綱を自分の体に巻き付けて水中に飛び込んだが、馬が驚いて跳ね返り、メーシリを家まで引っ張ってしまった。家の主人はこのメーシリを捕まえたが、メーシリが泣いて命乞いをし、助けてくれたら疳の妙薬の処方を教えると言うので、助けてやった。以来、その家では疳の薬を売っているのだという。

［参考文献］長岡博男「河童駒引譚・其の他」（『加能民俗』四巻三号）

## 物貸石［ものかしいし］

石川県鹿島郡高階《たかしな》村池崎（現・七尾市池崎町）に伝わる。

池崎から直津《ただつ》に行く途中に、横打ちと呼ばれる畑地がある。ここに昔は大きな石があり、物貸しの神様とされていた。村人がこの石に必要な品を頼めば、膳椀や金銭を貸し与えてくれた。しかし、天正年間（一五七三〜九二）に石動山《いするぎやま》の僧侶が来て様々な品を借りたが、返すことをしなかった。すると物貸しの神様は怒って誰にも品を貸さないようになったのだという。

［参考文献］『石川県鹿島郡誌』

# 【や】

## やいこん婆［やいこんばば］

石川県能美《のみ》郡国府村（現・小松市）に伝わる。

鵜川《うかわ》御坊屋敷の川下に、小さな滝と淵《ふち》があり、幾百年を経た欅《けやき》の老樹が淵に被さるように立っていた。この欅を伐ろうとすると切り口から血が流れるといわれ、また夜遅くには川に白髪の婆さんが出て茶釜を洗うと恐れられていた。昔は盆の一三日の夕方、精霊迎えとして子供が藁《わら》を集め、この木の下で迎え火を焚《た》く習わしだったが、どんなに火が大きくなっても木の葉が焦げなかったのだという。

関係は不明だが、呪《まじな》いの一つとして「やいこのばば」というものも紹介されている。疫病が流行し収束し始めた頃、藁で大きな尉《じょう》と姥《うば》の人形を作り、これを担いだり、荷車に乗せたりして村内を一周した後、川に流したのだという。

［参考文献］国府村史編纂委員会『国府村史』

## やすなが淵［やすながぶち］

石川県能美《のみ》郡大杉谷村赤瀬《あかぜ》（現・小松市赤瀬町）に伝わる。

赤瀬から北の方に三町（約三三〇メートル）ばかり先、下の橋と打谷橋の間にあった淵。かつては水底に蛟龍《こうりゅう》がいるかと思われるほど深い淵だったが、明治二九年（一八九六）の大洪水で土砂が流れ込み、埋まってしまった。昔、赤瀬にやすなという美しい乙女がいた。唄をうたうことを得意としていたが、片方の目が不自由であった。ある時、富山から薬売りがこの村に来て、戯れにこの乙女と契りをなしたが、その後、夜の間に密かに逃げ去ってしまった。やすなは薬売りが逃げたことを知って驚き、すぐに後を追いかけた。やすなは淵の上の絶壁で男を見付けたが、月明かりが水面に薬売りの姿を映し、その影を本人と間違えたやすなは彼を抱き止めようと淵に飛び込み、そのまま死んでしまった。やすなの怨霊は一つ目の大蛇となり、この淵に棲み着いて人々に害をなしたという。

［参考文献］『石川県能美郡誌』

## 薯蕷娘［やまいもむすめ］

石川県の宝達山《ほうだつざん》の話。『続三州奇談』巻之二に「薯蕷化人」として記されている。

宝達山は薯蕷（山芋）が多く採れる山として知られ、周辺の山里に住む女たちは、山芋掘りを生業《なりわい》にしている。南の方の白生村（詳細不明）にも、山芋掘りをする家があったが、今はおさんという娘が一人だけとなり、日々山に入っていた。おさんは二

○歳ばかりで、肥えていたが色白で美人であった。ある日、山に入って鶴嘴《つるはし》で穴を掘っていたところ、とても大きな山芋を掘り当てたので、夢中になって周りを掘り広げていた。すると土の下からかすかに「おさん、おさん」と呼ぶ声がしてきた。おさんは一度は逃げようとしたが、戻ってその声に何者かと問うと「私はお前の妹である。驚かなくていいからもう少し深く掘りたまえ」と答えたので、慎重に少しずつ掘り進めた。すると鶴嘴の先に何かが巻き付くような音がして、引き上げてみると白い衣をまとった八、九歳ばかりの女の子が、鶴嘴に摑《つか》まっていた。女の子は色白で髪も白く、愛らしくかわいらしかったので、おさんは恐ろしい思いも消えて女の子を家へと連れて帰り、体を暖めさせて稗粥《ひえがゆ》を食べさせた。三、四月ほど世話をすると、一二歳ばかりの少女となった。それからおさんは二人連れで山に入って山芋掘りを始めたが、女の子は山芋のある場所が不思議とわかり、また傷付けずに大きな山芋を掘り出すことができたので、多くの富を得ることができた。おさんは女の子に鶴嘴にちなんでおつると名付け、家を直して新しい着物を仕立てるなどした。それから二年ほど過ぎたある日、おつるはおさんに「白い木綿の着物をこしらえてください。私はそれを着て金沢で山芋を売ってきます」と頼んだ。そこでおさんは着物を用意し、おつるはそれを着て山芋を背負い、一人で金沢へと旅立っていった。しかしそれから何日も音沙汰がなく、心配したおさんが金沢へ向かおうとすると、一人の武士が訪ねてきて「おつるは今、ある大家のもとで良い身分となって金沢に暮らしている。姉君をお迎えするために参りました」と言ったので、おさんはその武士とともに金沢へ行き、同じように良い身分となって裕福に生活したのだという。

〔参考文献〕堀麦水『三州奇談』(石川県図書館協会)

## ヨウダツ

石川県能美《のみ》郡辰口町(現・能美市辰口町)に伝わる。

岩本の天狗岩の近くに往生寺という所がある。この話の話者が子供の頃、夜にここへ蛍を取りに行くと、谷川の所に誰かがしゃがんでいた。声をかけるとブルブルとなってその人の体が大きくなった。驚いて後ずさると、またブルブルとなって大きくなった。何とか家へ逃げ帰ってこのことを話すと、「わらにゅう(稲積《いなづみ》のことか)のように大きくなっただろ、ヨウダツというバケモンで、よく出る」と教えられたのだという。

〔参考文献〕辰口町史編纂専門委員会『辰口町史 第一巻 自然・民俗・言語編』

## 四人の巨人〔よにんのきょじん〕

石川県鳳至《ふげし》郡七浦《しつら》村薄野《すすきの》(現・輪島市門前町薄野)に伝わる。

薄野に住むある老翁《ろうおう》は、皆月《みなづき》から酔っ払って帰ってくることを常としていた。ある夜、市ノ坂の付近で四人の巨人に捕まえられ、三度地面に投げ付けられ、これからは夜に出歩かないと誓わされ、やっと解放されたという。その時、巨人の一人が煙草を吸おうと火打ち石を打ったが、その火花の長さは三尺（約九〇センチ）もあったのだという。

〔参考文献〕石川県七浦小学校同窓会『七浦村志』

## 【ら】

### 老狐の火防刀〔ろうこのひぶせがたな〕

石川県能美《のみ》郡寺井野村寺井（現・能美市寺井町）に伝わる。

寺井の即得寺《そくとくじ》には、長さ七寸五分（約二二・五センチ）の白鞘《しらさや》の刀が納められている。昔、三道山《さんどうやま》の付近に雄雌の白狐が住み、よく人を誑《たぶら》かしていた。その頃、即得寺の門前に久蔵という馬士《まご》がいた。久蔵が火釜《ひがま》村から酒樽を運んで帰っていると、一人の老婆と出会った。久蔵はこの老婆が老狐の化けたものと見破り、逆に騙《だま》して馬の背に乗せてから縄で縛った。そして即得寺まで連れ込んで煙で燻《いぶ》すと、老狐は正体を現した。それを見ていた寺僧の専恵はこれを見て憐《あわ》れみ、久蔵を諭して狐を放してやった。その翌日、専恵のもとに老狐が来て礼を言い、火防の効があるという刀を贈って去った。それからは二匹の老狐は寺の辺りに棲むようになり、同じ日に寺の床下で死んでしまった。この寺は村で何度かあった火災においても、難を逃れ続けたのだという。

〔参考文献〕『石川県能美郡誌』

### 老猫仁三〔ろうびょうじんぞう〕

石川県金沢市金石《かないわ》海禅寺《かいぜんじ》町《まち》に伝わる。

本町海禅寺町に魚商を営む作太郎という者がいた。作太郎が八歳の頃、二十数年を経たという老猫を姉の家から連れてきて飼い始めた。老猫は年を経るとともに老婆に扮して踊るとか、人の姿で他家に入り込んだとか言われるようになり、色々と奇怪な行動を取るようになった。ある日、作太郎が金澤という上客から大鯛二尾の注文を受けたが、その頃は不漁が続き、どうしても手に入れられなかった。すると老猫はこれを聞いて、どこからか見事な鯛を運んできたのだという。しかしある時、隣の家の棚から祭壇の食物を盗んでしまい、その家の老婆に火箸《ひばし》で腹を刺されてしまった。それから老猫は姿を消してしまったが、山中温泉で傷を癒やし、老婆に復讐《ふくしゅう》しようとした。作太郎の家人の夢に老猫が現れ復讐のことを語ったので、それを聞いた老婆は過去の行いを悔い、龍源寺の飯炊きとなって仏恩に縋《すが》ったのだという。

［参考文献］『石川県石川郡誌』

## COLUMN 両面宿儺外伝03

『日本書紀』に記された異形の人・宿儺《すくな》（両面宿儺）については、岐阜県の章で紹介しており、またインターネットの掲示板に書かれた怪談「リョウメンスクナ」については『日本怪異妖怪事典　東北』で項目が立てられているが、ここではまた別の説話を紹介する。

岐阜県大野郡宮村（現・高山市一之宮町）には、飛騨国の一宮である水無《みなし》神社がある。ここの伝説によると、位山《くらいやま》（水無神社の神体山）には七難《しちな》という鬼が棲んでいて、人々を苦しめていたという。『飛州志』では神威によって七難を誅殺《ちゅうさつ》したとされ、その頭髪も水無神社の宝物として遺されている。しかし別の伝説によると、天皇が両面宿儺に命じて退治させたとされている。この他にも、下保郷殿村（現・関市下之保殿村）の高沢山《たかさわやま》に棲む毒竜を、顔が両面・手四本・足四本の宿儺という者が退治したという話や、雲中を飛行していた両面宿儺が、金山町《かなやまちょう》（現・下呂市金山町金山）の小山で大陀羅尼《だいだらに》を唱えて国家安全・五穀豊穰を願ったという話などが語られている。これらは記紀に記された飛騨国の宿儺を、当地の寺社がそれぞれの寺社縁起に取り入れたことで、地域の説話にも根付いていった例と見るべきだろう。

ユニークな例としては、江戸時代の黄表紙である『模文画今怪談《ももんがこんかいだん》』に記された話がある。信州（長野県）で井戸を掘ろうとしたら、五輪の石塔が出てきた。石塔の下には石の箱に収められた大きな白骨が入っていたが、その髑髏《どくろ》は前後両方に目鼻口歯が揃った両面の頭だった。これは仁徳天皇の時代、この国にいた両面の人の髑髏だろうと評議されたという。話の真偽は不明だが、飛騨国の宿儺がモデルになっていることは間違いないだろう。

［毛利恵太］

［参考文献］大林太良『私の一宮巡詣記』、近藤瑞木（編）『百鬼繚乱　江戸怪談・妖怪絵本集成』

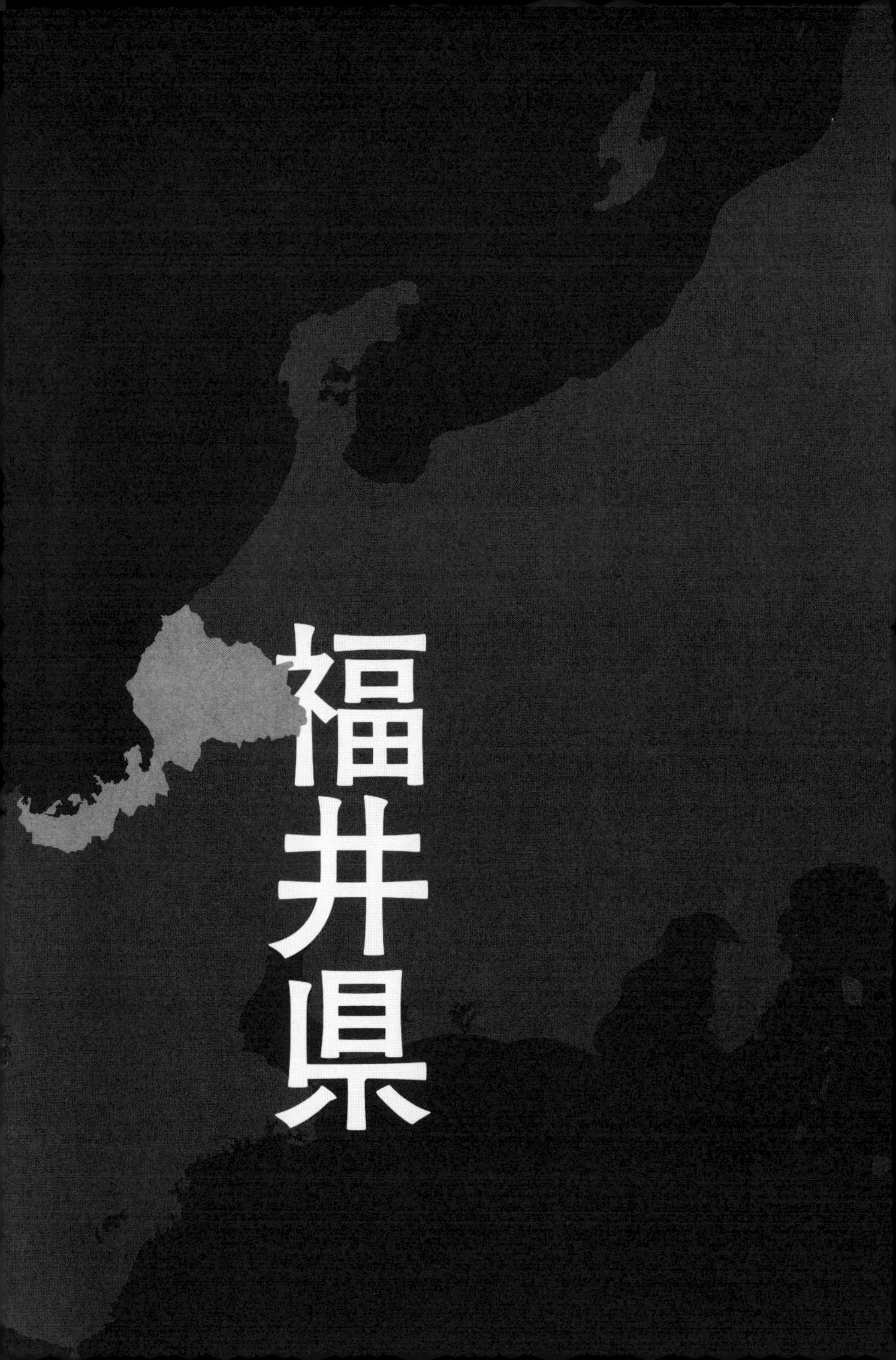

# 福井県

# 【あ】

## 赤岩［あかいわ］

福井県大野郡遅羽《おそは》村（現・勝山市遅羽町）に伝わる。

九頭竜川の流れを覆うような格好をした岩があり、その下に人が通れるほどの洞窟がある。人々はここを「赤岩」と呼び天狗の棲む魔窟と考えていた。勝山のある金持ちがここに別荘を建てたが、夜に夢で「なぜわしの住処《すみか》に別荘を造ったのか、すぐに壊さなければこちらで壊してしまう」とお告げがあった。しかし金持ちが相手にせずそのままにしていたところ、ある夜半に何かが天から降ってきて、別荘をめちゃくちゃに打ち壊してしまった。それからは誰もここに別荘を建てようとはしなかったという。

［参考文献］鯖江女子師範学校郷土研究部『福井県の伝説』

## 朝倉義景の霊［あさくらよしかげのれい］

福井県福井市の朝倉山の麓に伝わる。

朝倉山の麓に乱れ橋という橋がある。朝倉義景が敗戦し軍勢が乱れたことからこの名が付いたとされ、義景の妄念が女になって現れ、夜な夜な通行人の首を取ったのだという。

別説では、義景の亡霊のため、この橋を嫁入り行列が通ると道具が跳ね飛んだので乱れ橋と名が付いた。祠《ほこら》を建てて祀《まつ》ってからはこのようなことはなくなったのだという。

また、義景が馬に乗ってこの橋まで来たとき、馬の脚が乱れたのでそう呼ぶのだともいう。ある夜、願休寺の尼僧がここに義景の幽霊が佇《たたず》んでいるのを見たのだという。

［参考文献］筆者不明「分類・福井県伝説集追補（一）」（『南越民俗』二巻四号）

## 芦谷池ヶ原の大蛇［あしだにいけがはらのだいじゃ］

福井県敦賀《つるが》郡粟野《あわの》村（現・敦賀市）の黒河山の話。

黒河山に周囲約二〇町（約二・二キロ）余りの池があり、芦谷池ヶ原と呼んだ。昔この池には大蛇が棲んでいたが、長く生きたので昇天しようとしていた。しかし、人の体に入り込まなければ昇天は難しいので、池に人が来るのを待っていた。ある時、老婆が二人の友人と山へワラビ採りに来て、池のほとりで昼食を取った。老婆が池に水を飲みに来たので、大蛇は小魚の姿となって老婆のもとへ近付き、水と一緒に老婆に飲み込まれた。すると老婆の額に一二本の角が生えてきた。池の水面でこれを見た老婆は驚き悲しんで、友人に「このような姿になっては村に帰れない。ここでお別れをするが、もしも渇水があっても私の村では水に困らないようにしましょう」と語って池の中に飛び込んでしまった。数十年後、この辺りで大洪水が起き、大蛇はこれに合わせて昇天するため雨瀧谷を出ようとしたが、滝から落ちて腰を打って倒れてしまった。そのため七日七夜血の川ができ、大蛇は昇天することができなかったのだという。

〔参考文献〕山本蕙市「敦賀の伝説異聞」（『南越民俗』三巻四号）

## 味真野の狐［あじまののきつね］

福井県今立《いまだて》郡味真野村（現・越前市味真野町）に伝わる。

昔、味真野に年を経た古狐がいて、多くの眷属《けんぞく》を率いていた。そして、味真野を通る人の髪を剃《そ》り落として坊主にしてしまうなど、往来する人を巧みに騙《だま》して困らせていた。その頃、余川（現・越前市余川町《よかわちょう》）に炭というあだ名の男がいた。炭は炭作りを生業《なりわい》とし、老母にはよく孝行する男だったが、その他の人には強情で非道な行いばかりしていた。ある日、炭は作った炭を牛の背に載せ、味真野を通って武生《たけふ》まで運び、その帰り道に味真野まで迎えに来た老母と出会った。炭は母の慈悲深さに喜び、母を牛の背に乗せて色々語りながら帰ったが、野原の終わり辺りで母が用を足したくなったとして、炭を先に帰らせた。炭が先に家に帰ると、母は炉端で糸車を引いていたので、不思議に思って話を聞くと、母は少しも家から出ていないということだった。その後も炭運びの帰りになると同じようなことが続き、炭は曲者の正体を見極めようと考えた。その日の帰り道も母が出迎えてくれたが、炭は母を牛の背に乗せ、転がり落ちてはならないと縄で厳しく縛ってしまった。やがて野原の終わりに差しかかり、母は用を足したいので降ろしてくれと頼んできたが、炭は素知らぬ顔で家路を急ぎ、家に本物の母がいるのを確かめてから、牛の背の母を煙で燻《いぶ》した。すると母は狐の正体を現して涙ながらに許しを請うたので、炭は狐にこの地を立ち去るよう誓わせてから放してやった。これ以来、老狐は肥前国へと去っていき、味真野は静かになったのだという。

〔参考文献〕鯖江女子師範学校郷土研究部『福井県の伝説』

## 荒れガラス［あれがらす］

福井県遠敷《おにゅう》郡名田庄《なたしょう》村（現・福井県おおい町）や美浜町新庄に伝わる。

死の予兆としてカラスの鳴き声を**死にガラス**と呼ぶが、他にもカラスが荒れ狂うように鳴くと、大風が吹いたり災害が起こるといわれている。これを荒れガラスと呼ぶ。

〔参考文献〕『福井県史』資料編一五

## 言奈地蔵［いうなじぞう］

福井県南条郡鹿蒜《かひる》村（現・南条郡南越前町）に伝わる。

敦賀《つるが》から今庄《いまじょう》へ向かう山道に木ノ芽峠が

あり、その頂上に地蔵が立っている。昔、麓に住む馬子が大阪の商人を連れて峠を越えていたが、商人が一〇〇両を懐に入れていると聞き、女房を医者に見せる金欲しさに商人を殺して金を奪ってしまった。その一部始終を地蔵に見られていた気がしたので「地蔵さん、今見たことは人に言うな」と声をかけると、地蔵が「地蔵は言わぬが、お前こそ言うな」と返した。馬子は驚いて地蔵に手を突いて謝り、そこであったことを誰にも話すことはなかった。数年後、今度は若い旅人を連れて峠を越えて地蔵の前に来た時、うっかり旅人にその時のことを話して聞かせてしまった。実はこの旅人は殺された商人の息子で、仇を訪ねて旅をしていたのだった。馬子は観念してお縄につき、敦賀の奉行所で討たれた。それからこの地蔵のことを「言うな地蔵」と呼ぶようになったのだという。

［参考文献］鯖江女子師範学校郷土研究部『福井県の伝説』、杉原丈夫・石崎直義『日本の民話七三　若狭・越前の民話　第二集』

## 五十八の鬼女［いかばちのきじょ］

福井県三方《みかた》郡西田村（現・三方上中郡若狭町）に伝わる。

海山区の小字・五十八の奥の森林に、中が空洞になった巨木があり、そこを鬼女が住処《すみか》としていた。鬼女は時々村落に現れて衣類食物などを奪い、更には外で遊ぶ子供をさらって餌食にするなどしたので、人々はとても苦しめられていた。鬼女は体も長大で猛獣のように獰猛《どうもう》だったので抵抗することもできなかったが、安太夫という男は武術の心得もあって、この鬼女を退治しようと考えた。安太夫は八幡大菩薩に祈願し、甲冑《かっちゅう》に大小刀、長柄の鎌槍や鉄製のカンジキを用意し、雪深い時期に鬼退治へと向かった。大木の洞穴で六尺（約一・八メートル）余りの巨体、髪を振り乱し、凹状の顔に口は裂け、爛々《らんらん》と輝く眼光の鬼女と相対したが、積もった雪で思うように動けない鬼女を追い詰め、遂にこれを殺したのだという。

［参考文献］鯖江女子師範学校郷土研究部『福井県の伝説』

## イッパク

越前国福井藩にまつわる伝説。ここでは明治時代にアメリカから日本に赴任し、福井や東京で教鞭《きょうべん》をとった理科教師ウィリアム・グリフィスの未刊行原稿『大名政府』を中心に紹介する。

グリフィスが福井に滞在中に地元民から見聞した話によると、藩主・松平忠直は悪魔を妾にしていたのだという。忠直が狩りに出ていた時、ある美しい女の幻影を見た。忠直は幻影の本人を求めて、使者を越前の全てに派遣したところ、それとそっくりな女が見付かった。彼女はイッパクという名で無比の魅力があり、忠直は彼女を妾とした。しかしイッパクは女性の姿をした悪魔であり、忠直に多くの邪悪な行為を吹き込んだ。忠直は罪人や獣を刀で斬り刻むことに異様な情熱を傾けるようになり、遂には妊婦の腹を裂いて胎児を取り出すことまでするようになったという。人々はオーザカ（大阪）で殺されて死んだ戦士の霊（大阪の役の死者か）がイッパクの中に入り、藩主の家系を呪ったのだと考えたという。福井城の御角櫓《おすみやぐら》にはイッパクの亡霊が隠れているとも噂されており、グリフィスが来日する数年前には、公（当時の役人か）の命令で勇ましい男がここを夜間に見張ったという。真夜中になると、美しい女が現れて防塁をしずしずと歩き始めた。女が見張りのそばを通る時、自分がイッパクの魂であり、今見たことを誰かに話したら直ちに死ぬだろうと語った。見張りはその時、女の背中がゾッとするようなネバネバした怪物の背中であるのを見た。翌朝、彼は見聞きしたことを公に話したが、その数週間後に死んでしまったのだという。

　以上のグリフィスが見聞した話のもととなったと思われる話は、『福井県の伝説』や『越前の民話』にも、松平忠直の乱行の話として複数記されている。イッパクは恐らく忠直の出家後の名・一伯に由来し、悪女の名は一国とされている。忠直が見付けた美女の絵姿から国中を探した話、妾となった一国が全く笑わなかったが、妊婦が殺された時だけ笑ったという話などいくつも伝えられている。また、杉原丈夫は『越前の民話』の「福井の殿様」において、この一連の話について詳しく解説している。

**御角櫓《おすみやぐら》のお化け**も参照。

［参考文献］ウィリアム・グリフィス（著）・杉原丈夫（訳）「大名政府」（『若越郷土研究』一一巻六号）、鯖江女子師範学校郷土研究部『福井県の伝説』、杉原丈夫『越前の民話』

## 歌う金魚［うたうきんぎょ］

項目名は筆者命名。福井県敦賀《つるが》市の話。『福井県の伝説』に掲載されている。

　敦賀市にある浦底《うらそこ》の池には種々の色とりどりな金魚が泳いでいたが、池の主がいるということで、金魚を獲ってはならないとされていた。しかし猪之助《いのすけ》という漁師がこの金魚に見とれてしまい、事あるごとに池に行って金魚を眺めていた。一週間もすると、猪之助はたまらなくなって、遂に一匹の大きな金魚を捕まえてしまった。夜になって、喉の渇きを覚えた猪之助は浦底の池まで行って水を飲み、そのまま池の中に沈んでしまった。こうして猪之助は行方知れずになり、池からも魚が消えてしまったので、池の北側に猪之助の墓を立て、池のことを猪之ヶ池と呼ぶようになったのだという。

　この話はＴＶアニメ『まんが日本昔ばなし』にも「金魚のうた」として採用されている。これの直接の引用元となったと思われる話は、『日本の民話七三』に「金魚に取憑《つ》かれた若者」として記されている。

　昔、敦賀の浜の浦底に大きな池があり、たくさんの金魚が住んでいた。池に金魚が泳ぐ光景はとても美しかったが、村の年寄りたちは「あの池の金魚は池の主のお使いだから、もし捕ったら祟《たた》りがある」と言い伝えていたので、人々は池に近寄ることも怖がっていた。ある日、漁師の猪之助という若者が池の中を覗《のぞ》き、金魚の群れに見とれていると、池の中から「月夜の晩に池を出て竜宮へ行きたい」といった哀しそうな歌声が聞こえてきた。それから猪之助は怖さも忘れ、雨の日も風の日も毎日池の金魚を覗くようになり、とうとう十五夜の満月の夜に池に行ったまま帰ってこなかった。そしてこの時から池の中の金魚も残らず消えてしまった。猪之助は金魚の精に取り憑かれ、金魚たちと一緒に竜宮へと行ってしまったのだという。

［参考文献］鯖江女子師範学校郷土研究部『福井県の伝説』、杉原丈夫・石崎直義『日本の民話七三 若狭・越前の民話 第二集』

## 乳母の蛇 ［うばのへび］

福井県今立《いまだて》郡神明村（現・鯖江市神明町）に伝わる。

岡野の西にある琵琶山の麓には溜池があり、昔は周囲約二〇町（約二・二キロ）もある大池だった。丹生《にゅう》郡立待《たちまち》村の西光寺に、仏教を深く信仰する乳母がいた。乳母は自分の生きているうちに悟りの道を開けないと考え、長生きするために蛇の姿になろうと、この大池に身を沈めたのだという。それ以来、西光寺の報恩講には乳母が変じた蛇がお参りに来るので、毎年雨が降る。そのため、報恩講のことを蛇盆講ともいったのだという。

この池は埋められてしまったので、乳母の蛇は南条郡の夜叉《やしゃ》ヶ池に移り住んだともいわれている。

［参考文献］鯖江女子師範学校郷土研究部『福井県の伝説』

## うはばん

福井県坂井郡雄島《おしま》村（現・坂井市）に伝わる。

「うはばん」は「うわばみ」のことだろうか。

安島《あんとう》に田中という酒造りの家があったが、この家の蔵の石垣に二匹の小蛇が棲んでいた。家の者が残り物などを与えていたが、ある時「大きくなって人を害さないなら来て食べろ、害するなら死んでしまえ」と言ったら、片方は死に、もう片方はそれからも食べ物をもらってだんだんと大きくなったが、人を害することはなかった。しかしあまりに大きくなったので人々が怖がって酒を買いに来なくなり、家の者から事情を聞いたうはばん（大蛇）は福良《ふくら》の海へと入っていったのだという。

それから福良の海に黒い條《すじ》がある所はこのうはばんの通り道とされた。またうはばんが海を通る前には、海の水がチクチクと刺すように痛くなるので、海女たちは「うはばんが通る」として陸に上がるのだという。

［参考文献］鯖江女子師範学校郷土研究部『福井県の伝説』

## 馬石 ［うまいし］

福井県大野郡和泉村（現・大野市）の話。『笈埃《きゅうあい》随筆』に記されている。

穴馬《あなま》村（和泉村の旧称。もとは美濃国《みののくに》郡上《ぐじょう》藩に属していた）の山に深さ三里（約一二キロ）の穴があり、そこに馬石がある。日照りの時、この洞窟に入って馬石を鞭打つと、必ず雨が降る。しかし、鞭《むち》打った人は三年以内に死んでしまうので、村のなかでも年を経た者が役を担うのだという。

［参考文献］『日本随筆大成』二期一二巻

## ウミアマ

福井県雄島《おしま》村安島《あんとう》（現・坂井市三国町安島）に伝わる。

ウミアマは大勢と一緒にいる時は現れず、一人で海に潜っていると現れるという。こちらが上がると向こうが潜り、逆にこちらが潜ると向こうが上がるように動き、後ろ鉢巻の姿しか見ることができない。その後ろ鉢巻姿で中途に浮いているのを見ると、テキイ（病気）になってしまうという。そうなった場合、人形を作って流してやればよいとされた。また、海の中途に傘が浮いているのを見ることがあるとも伝わっている。

［参考文献］柳田國男『海村生活の研究』

## うるしが渕の木の竜［うるしがふちのきのりゅう］

項目名は筆者命名。福井県福井市の話。

日野川と足羽《あすわ》川が合流する辺りに、うるしが渕という深い渕がある。ここには大きなウルシの木があり、秋になるとたくさんのウルシの実がなって、渕に落ちていた。近くの村に住む二人の兄弟は、秋にはこの渕の中に入り、泳いでウルシの実を拾って売っていた。ある時、兄が利益を独り占めしようと思い、木で大きな竜の頭を作って渕に浮かべておいた。波に揺られる木の竜を見た弟は怖がり、渕に入ろうとしなかった。そして夕暮れ時に兄は気付かれないように渕に入り、ウルシの実を一人で集めていたが、木の竜がいつの間にか本物の竜になって、兄を飲み込んでしまったのだという。

［参考文献］杉原丈夫・石崎直義『日本の民話七三　若狭・越前の民話　第二集』

## 絵日傘［えひがさ］

福井県敦賀《つるが》郡東浦村（現・敦賀市）に伝わる。

寛永年間（一六二四〜四五）に、横浜の孫助という者が岡崎半島の蛇穴の近くで船に乗っていた。その時、海底を見ると絵日傘が一本あり、これが自然と開いたり閉じたりを繰り返していて、あたかも生きているかのように動いていた。孫助はこれを見て怖気《おじけ》づき、すぐさま逃げ帰ったのだという。

**劔《つるぎ》神社の怪牛**も参照。

［参考文献］山本蕙市「敦賀の伝説異聞」（『南越民俗』三巻四号）

## 大鼈［おおすっぽん］

福井県福井市の福井城に出たという。松平春嶽の『真雪《みゆき》草紙』に記されている。

福井城のお堀には大きな鼈が棲んでいる

と噂されていた。春嶽自身は信じていなかったが、嘉永年間（一八四八～五五）に呉服町から出火して大火事になった折、二の丸の角櫓《すみやぐら》から火事を確認していた時、櫓の下のお堀から大鼈が浮かんでくるのを見た。はっきりとは見えなかったが、甲羅の幅は六尺（約一・八メートル）ばかり、長さは九尺（約二・七メートル）ばかり、頭と首は一尺（約三〇センチ）ばかりのようだったという。

［参考文献］『松平春岳全集』一巻

## 大蛸［おおたこ］

福井県敦賀《つるが》郡東浦村（現・敦賀市）に伝わる。

敦賀の海に冠岩という島があり、その東に白ぐりという岩がある。この近くには貝がたくさん棲んでいるので、多くの人が捕りに行っていた。ある時、孫介という男が貝を捕るために海に潜ったが、あまりに長く浮き上がってこないので、他の人が探しに潜った。すると水面下三尺（約九〇センチ）ばかりの所でくるりくるりと回っていて、その下に周囲五尺（約一・五メートル）ばかりの柱のようなものがつながっていた。二、三人で孫介の足を持って引き上げたが、柱のように見えたものは大蛸の足で、その蛸の頭は冠岩ほども大きかったという。

［参考文献］山本蕙市「敦賀の伝説異聞」（『南越民俗』三巻四号）

## 大なだれ［おおなだれ］

福井県大野郡勝山町片瀬村（現・勝山市片瀬）の話。

昔、片瀬に七郎左衛門と八郎左衛門という大金持ちの家が二軒あった。しかしこれらの家の人たちは大層欲張りであった。この村では節分の日は鰊《にしん》漬けを食べるという習慣があったが、この家の嫁が「今日は節分ですね」と言っても、姑は「いや今日ではない明日だ」と言い、次の日には「昨日済んでしまった」と言って少しも鰊漬けを食べさせなかった。するとある日、大なだれが起きて「七郎左、八郎左かいて行くぞ」という声とともに家を流し去ってしまった。この時助かったのは、馬桶廻（馬の世話をする役目）の子供一人だけだったのだという。

掛け声とともに流下が起きるという話は**ヤロカ水**とも類似している。

［参考文献］鯖江女子師範学校郷土研究部『福井県の伝説』

## 大なまず［おおなまず］

福井県福井市北山町に伝わる。

北山のジンロクどんという長者の庭に、湖のように大きな池があり、その中に大なまずが棲んでいて、お祭りの時はハンギリ（大桶《おおおけ》）に一杯の赤飯をやっていた。しかし時が経ってから、これ以上はどうすることもできないということで、五〇人がかりで捕まえ、ホダンベ川に放した。すると川の水が溢《あふ》れて大洪水になったという。

〔参考文献〕筆者不明「分類・福井県伝説集追補（一）」（『南越民俗』二巻四号）

## おかぐら

福井県今立《いまだて》郡北新庄村（現・越前市）に伝わる。

昔、天台宗の真盛上人がこの地に布教に来た時、路傍の大石を高座にしたので、人々はこの石を高座石と呼び、また近くに架かっている橋を高座橋と呼んだ。この高座橋の北の川の中には、昔は怪物が棲んで人に危害を加えた。その怪物は神楽獅子《じし》のような大きな口をしていたので、人々は「おかぐら」が出ると恐れたのだという。

〔参考文献〕鯖江女子師範学校郷土研究部『福井県の伝説』

## おきちが池〔おきちがいけ〕

福井県吉田郡志比谷《しひだに》村（現・吉田郡永平寺町）に伝わる。

おきちが池は別名・血脈《けちみゃく》池《いけ》ともされている。寛元年間（一二四三～四七）の頃、この地の地頭・波多野義重の妾におきちという女がいた。寵愛《ちょうあい》されていたが本妻から嫉妬され、奸計《かんけい》にはめられて、池に突き落とされてしまった。その後、おきちの怨霊が昼夜を問わず本妻を苦しめたので、永平寺の道元禅師に助けを求めた。禅師は池のほとりに行って仏祖伝来の血脈（仏教の教えが代々受け継がれてきた流れを血のつながりにたとえて記した系譜）を投じ、おきちを供養した。それでおきちは成仏し、現れることはなくなった。しかしその後も、この池を荒らすと大雨が降るとされた。

〔参考文献〕鯖江女子師範学校郷土研究部『福井県の伝説』

## 御角櫓のお化け〔おすみやぐらのおばけ〕

福井県福井市の福井城の話。

福井藩三代目の殿様・松平忠昌の時代に、松平家秘蔵の名刀が行方知れずになるも、殿の夢で御角櫓（城郭の隅に建てられた櫓）にあるとわかった。家来が取り戻そうと櫓の中に入ったところ、髪を振り乱した官女の幽霊が現れて笑いかけてきた。刀を取って戻ってきた家来はそのまま死んでしまった。

この幽霊は、大坂の陣で活躍した越前勢を恨んだ淀君の妄念が化けたものと考えられた。

〔参考文献〕鯖江女子師範学校郷土研究部『福井県の伝説』

## おにぎり形の岩〔おにぎりがたのいわ〕

福井県足羽《あすわ》郡六條村上六條（現・福井市）に伝わる。

朝倉義景の墓のそばには亀の形になった岩が五、六個あり、その上におにぎり形の岩がある。義景の命日にはこのおにぎり形の岩が上へと舞い上がり、下の岩に落ちてカチンと当たる。その音は物凄《ものすご》く、雷でも落ちたようなのだという。近所の人はそれを聞いても「今日は義景さんの命日だったか」と至極平気なものなのだという。おにぎり形の岩は朝倉義景の魂だといわれている。

〔参考文献〕中塩清之助「伝説と妖怪譚」(『南越民俗』三号)

## おはる狐〔おはるきつね〕

福井県坂井郡(現・坂井市)に伝わる。

坂井郡新保《しんぼ》村(現・坂井市三国町新保)の灌頂寺《かんじょうじ》には、おはるという名の狐が住んでおり、人を騙《だま》して頭を丸坊主にしてしまうのだという。ある商人が川西に向かう時、草むらでたくさんの狐が殿様行列に化けるのを見た。その行列が道を歩いているのを眺めていたが、実はそれは本物の殿様行列で、商人は捕まってしまった。打ち首になるところを檀那寺《だんなでら》の住職にとりなしてもらい「頭を剃《そ》ってお坊さんになる」という条件で許された。頭を剃り住職にお礼を言っていたところを近くの百姓に声をかけられ、全て狐に騙されていたと気付いたのだった。

また、おはる狐は松原の奥に豪壮な邸宅を構えて棲んでおり、村の人が法事や祝儀で食器などが多数必要な時、その付近でお願いをすると、必要な数だけ膳椀を貸してくれるのだという。他にもおはる狐が子供を産む時、医者に使者を送ってお産を手伝ってもらい、お礼として本物のお金を与えたという話もある。

おはる狐が人間の家に嫁ぎ、子供もできて幸せに暮らしていたが、ふとした拍子に正体がばれて逃げてしまったという話もある。

〔参考文献〕杉原丈夫「おはる狐」(『南越民俗』一号 創刊号)

## オベロコさん

福井県丹生《にゅう》郡天津《あまつ》村(現・福井市)に伝わる。

昔、親子二人暮らしの茶屋にとても美しい嫁さんが来たが、姑はひねくれた性格で嫁さんをいじめていた。子供が産まれても姑のいじめは止まらず、とうとう嫁さんは子供を背負ったまま古井戸に身を投げてしまった。それから古井戸の近くでは、長い髪を振り乱し、子供を逆さに背負った女が「オベロコさん、サイコロさん……」と悲しげに唄う姿が見られるようになったという。

〔参考文献〕鯖江女子師範学校郷土研究部『福井県の伝説』、大矢真一「分類・福井県伝説集」(『南越民俗』六号)

## お面様〔おめんさま〕

福井県大野郡村岡村滝波(現・勝山市滝波町)に伝わる。

昔、平泉寺(勝山市平泉寺町にある平泉寺白山神社)が焼き討ちにあった時、小原に住む者が七つの面を盗んできた。その後、若者が宴会をした時にこの面を被って踊ると、三つの面だけ顔にくっついて離れなくなってしまった。無理に取ったら顔が傷付いてしまったので、若者は怒ってこの三面を滝波川に投げ捨ててしまった。正月一一日、滝波の太次右衛門が川に流れてきた三つの面を見付け、拾おうとすると翁面《おきなめん》が三本足の烏《からす》となって田の周りを飛び回った。滝波の人はこれを崇敬して祀《まつ》り、烏の飛び回った田を「お面田」と呼んだ。三つの面は普段は仕舞われているが、毎年二月一一日（昔は正月一一日）には首長の家の仏壇にかけ、人々に拝観させる。この時、お面の相が円満であれば豊作、怖い顔であれば凶作と占うのだという。

［参考文献］鯖江女子師範学校郷土研究部『福井県の伝説』

### オヤマサン

福井県三方《みかた》郡西田村（現・三方上中郡若狭町）に伝わる。

オヤマサンとはイルカの別名。昔、敦賀《つるが》の女郎はタンスの底を叩いて御神島《おんがみじま》に参るのが習慣だった。しかしある年、女郎のなかに不浄の者がいたため、船が沈没して乗っていた女郎が行方不明になった。その亡魂がイルカになったのだという。イルカはすべすべした肌をした魚で人が捕まえると泣くのだという。

［参考文献］玉岡松一郎「若狭常神小集　三方郡西田村」（『近畿民俗』一巻三号）

## 【か】

### 片目のお静［かためのおしず］

福井県坂井郡の丸岡城（現・坂井市丸岡町）の話。

織田信長の命により、柴田勝家の甥《おい》・勝豊が丸岡城を建てようとした際、石垣をいくら積んでも崩れてしまうことが続いた。このため人柱を埋めようという計画になり、これに志願したのがお静という女性だった。お静は美しかったが病気で片目を失明しており、また夫に先立たれて二人の息子を一人で育てていた。お静は息子たちを侍として取り立ててもらうことを条件に人柱に志願し、勝豊もこれを約束したので、お静は生きながら城の中央に埋められた。しかし、城が完成した後に勝豊は他の土地に移封となり、約束が守られることはなかった。お静の亡霊はこれを恨み、片目の蛇となって城に棲むようになった。それから毎年、お堀の藻刈《もかり》の日には必ず雨が降るようになった。そのため、お静の涙雨だとされ、「濠《ほり》の藻刈に降るこの雨は、いとしお静の血の涙」という俗謡が唄われた。またお静の姿は度々城に現れたが、いつも片目を恥じるかのようにうつむいていたという。

　明治四〇年（一九〇七）頃に、ある老婆にお静の亡霊が取り憑《つ》き、蛇の動作を真似させたので、人々はお堂を建立してこれを祀《まつ》ったという。現在の丸岡城の敷地にも、お静の祠《ほこら》と慰霊碑が置かれている。

　このお堀にはお静の妄念が移ったとされる片目の白鯰《しろなまず》がいるとも言われていたが、明治時代に外堀を埋める時に実際に片目の白鯰が捕まった。ある男たちがこの白鯰を祭りの見世物にし、祭りが終わった後に食べてしまったところ、一夜の間に片目を失明してしまったのだという

［参考文献］鯖江女子師範学校郷土研究部『福井県の伝説』、大矢真一「分類・福井県伝説集」（『南越民俗』六号）

## 鐘が窪［かねがくぼ］

　福井県今立《いまだて》郡河和田《かわだ》村（現・鯖江市河和田町）に伝わる。

　椿坂の山には、朝倉氏の菩提寺《ぼだいじ》があり、そこで使われた鐘は黄金を混ぜて造ったものでとても美しい音を出した。寺が焼かれた後、この鐘を大日谷（昔はダイノクダンと呼ばれたようである）という平地へ移すこととなった。人々が引っ張ったり担いだりして途中まで運び、昼食を取ろうと休憩していると、鐘が自分から林の中を転がりだし、ある所で地中に沈んでしまった。その時、鐘運びに別司（詳細不明）が来なかったので、「別司、別司」と泣きながら沈んでいったという。その場所には鐘が沈んだ深い穴が残り、人々はこの辺り一帯を「鐘が窪」と呼んだという。

［参考文献］鯖江女子師範学校郷土研究部『福井県の伝説』

## カマトバ

　福井県大野郡大野町（現・大野市）に伝わる。

　土橋の庄という土地の坂になっている所で転ぶと、必ずカマトバという恐ろしい鬼が出て手や足に思い切り食い付いてから姿を消してしまうという。そのため、この辺りを通る時は注意して歩かなければならないとされた。

［参考文献］鯖江女子師範学校郷土研究部『福井県の伝説』、大野市史編さん委員会『大野市史』一二巻方言編

## 亀と大蛇の合いの子［かめとだいじゃのあいのこ］

　福井県吉田郡東藤島村（現・福井市藤島町）の話。

　昔、亀と大蛇の合いの子の化け物が出

て、度々野に出る人々を食ったので、時の天皇がこれを憂えて皇大神宮を祀《まつ》らせた。これによって難を逃れた村人は新しい村ができるごとに社を一社ずつ増やしていき、やがて一九の神社が建てられた。これが十九社の始まりとなったのだという。

藤島町の十九社については詳細不明。南条郡南越前町にも十九社神社があるが、関連性は不明である。

［参考文献］鯖江女子師範学校郷土研究部『福井県の伝説』

## 亀入道［かめにゅうどう］

福井県の海に出たという。『譚海《たんかい》』巻九に記されている。

若狭の海には、大亀の体に僧侶に似た頭を持つものがいて、時々漁師の網にかかる。漁師はこれを亀入道と呼び、殺してしまうと祟《たた》りがあるとして、酒を呑ませてから放してやるのだという。中国でいう海和尚と同類であろう。

［参考文献］津村正恭『譚海』

## ガメ橋の火玉［がめばしのひだま］

福井県今立《いまだて》郡北中山村（現・鯖江市）に伝わる。

落井に住む者と松成に住む者の間では、よく水の扱いで諍《いさか》いがあった。洪水の時に松成で堰戸を下ろすと落井が浸水の被害を受けるため、大水の時は境界のガメ橋という土橋に両地の者たちが集まって大喧嘩をした。ある時、喧嘩で落井の者が三人も怪我をして死んでしまった。その年から、夜になると火の玉が三つ一緒になって落井とガメ橋の間を「しまったしまった」と言いながら往復したのだという。落井の者たちは村のために死んだ三人のために石碑を建て、六月二五日にはお祭りとお参りをした。そして三人が遺言で「松成とは縁組もしてはならない」としたため、松成との取引は少なくなったという。

［参考文献］鯖江女子師範学校郷土研究部『福井県の伝説』

## 消えた花嫁［きえたはなよめ］

福井県坂井郡竹田村（現・坂井市）に伝わる。

ある家の主人が町で買った揚《あげ》（油揚げの意か）を持って帰り道を歩いていたら、花嫁衣装を身にまとった美女が立っていた。花嫁は赤ん坊を抱いていたが、主人に近付いて「この赤ん坊を背負わせてください」と頼んできた。主人が赤ん坊を受け取り、手に持っていた揚を下に置いてから向き直ると、花嫁は姿を消していた。奇妙に思って抱いていた赤ん坊を見ると石になっており、馬鹿馬鹿しいことだと置いていた揚を取ろうとしたら、これもまた消えてしまっていたという。

［参考文献］鯖江女子師範学校郷土研究部『福井県の伝説』

## 切株の龍［きりかぶのりゅう］

福井県今立《いまだて》郡下池田村（現・今立郡池田

町）に伝わる。

五作という爺さんが家に帰る途中、大きな切株が転がっているのを見付けて、薪にしようと背負って持ち帰った。奇妙なほど重い切株をどうにか家まで運んだが、その夜外に置いておいた切株から「池野《いけの》に帰りたい、池野に帰りたい」と泣き声が聞こえてきた。五作は慌ててもとの場所に返そうと切株を背負ったが、持ち帰った時とは打って変わって綿のように軽くなっており、楽々ともとあった場所へ返せた。

その後、ある女が子供を連れて池野にある沼へ行くと、にわかに雨が降り出し水面が波立ち、沼の中から大蛇が現れて他の沼に移っていった。これによって、池野の沼に棲む大蛇が切株となって昼寝をしていたが、それを五作が持ち帰ってしまったのだとわかったという。

［参考文献］鯖江女子師範学校郷土研究部『福井県の伝説』

## 九頭龍［くずりゅう］

福井県大野郡富田村（現・大野市）に伝わる。

村の南にある荒島山には、昔は九つの頭を持つ龍が棲んでいて、通行人を食ったり田畑を荒らしたりしていた。それを見ていた荒島山は、九頭龍に「一年に三匁《もんめ》の金を、この下に流れている川に流してやるから、この山を出て川に棲め」と諭した。そこで龍は川に棲むようになったので、この川は九頭竜川と呼ばれたという。また、この川を泳ぐ鮎《あゆ》は胸の辺りに黄金色の模様があるが、これは山から流れてくる金によるものなのだという。

［参考文献］鯖江女子師範学校郷土研究部『福井県の伝説』

## 首無し行列［くびなしぎょうれつ］

福井県福井市に伝わる。

天正一一年（一五八三）四月二四日は、豊臣秀吉と柴田勝家が北ノ庄城で戦い、勝家が自害して果てた日である。それから、毎年四月二四日の夜には、首無し馬に乗った柴田勝家の亡霊が通るとか、首のない白衣の人が白馬に乗って行列を作って歩くといわれ、これをひと目でも見ると必ず死んでしまうという。このため、その日の夜は身分を問わずどの家も扉や窓を閉ざし決して外を見ないようにしたが、それでも禁を犯したり刻限を間違えたりして亡霊を見た者が、その年のうちに死んだという噂が多かったという。だが、もしこれと行き合っても「柴田勝家の家来」とか「天下の名将柴田勝家公」と言えば逃れられるとされた。

［参考文献］鯖江女子師範学校郷土研究部『福井県の伝説』、寺門良隆「首無し行列の話」（『郷土研究』二巻九号）、筆者不明「分類・福井県伝説集追補（一）」（『南越民俗』二巻四号）

## 黒入道［くろにゅうどう］

福井県南条郡武生町《たけふちょう》（現・越前市）に伝わる。

松原通りは維新前の昔は非常に寂しく、両側に大きな松の木が並んでいた。ある夜、雨がしとしと降るなかを帰路に就いている人が、松の木の横合いから音もなく出てきた大入道と遭遇した。大入道は黒装束で白い鼻緒の草履を履き、ゲラゲラと白い歯をむき出して笑うので、その人は腰を抜かしてその場にへたり込んでしまった。恐ろしさのあまり下の方から上の方へ見上げていくと、大入道の背丈がますます伸びて何丈にもなったのだという。そういった噂は度々出ていて、正体は古狸の仕業だろうと考えられていた。

[参考文献]「新聞切抜き 新福井日報昭和十二年七月武生の座談会より」（『南越民俗』五号）

## 子生まれガラス［こうまれがらす］

福井県遠敷《おにゅう》郡名田庄《なたしょう》村（現・大飯《おおい》郡おおい町名田庄地域）や三方《みかた》郡美浜町新庄に伝わる。

死の予兆としてカラスの鳴き声を**死にガラス**と呼ぶが、他にもカラスが大変賑《にぎ》やかに鳴いていると、どこかで子供が生まれるのだという。これを子生まれガラスと呼ぶ。

[参考文献]『福井県史』資料編一五

## 御前様［ごぜんさま］

福井県三方《みかた》郡三方町に伝わる。

江戸時代にとある家の先祖が足軽をしており、主家の娘と愛し合うようになった。このことが主人に知られたので田井野に逃げ帰ったが、娘は想いを捨てることができず、駕籠《かご》に乗って足軽を訪ねてきた。途中の駕籠休場で休んでいたら、村人が来て「悪人が来たから殺してしまえ」といわれ、娘は村人たちの手で殺されてしまった。するとその年から毎年悪性のオコリ（熱病）が流行するようになった。村人たちは巫女《みこ》から殺した娘を祀《まつ》るよう言われたので、駕籠休場に宮を建て、娘の下駄をカタミタマシイとして祀った。このため、宮の名は姫御前となった。今はこの下駄もなくなり、木表に娘の名を書いたものを神主に祈禱《きとう》してもらい、祀っているのだという。

[参考文献] 國學院大學民俗学研究会『民俗採訪』昭和三三年度号

## 言葉石［ことばいし］

福井県敦賀《つるが》市の話。『東遊記』巻之一に記されている。

敦賀にある蠑螺《さざえ》が岳を二八町（約三キロ）も登ると、言葉石と呼ばれる石がある。この石は樵《きこり》がここを通りかかった時、自分の話した言葉が周りに響くのを怪しんだことから人々に知られるようになった。石の高さは一三間（約二三・六メートル）、横幅は二〇間（約三六メートル）もある。この石に向かって呼びかけると、言葉で応じてくるので「石がものを言うのか」と怪しまれたという。

蠑螺が岳は敦賀八景の一つにも選ばれた名勝地で、言葉石について詠んだ和歌もいくつか存在する。

〔参考文献〕橘南谿『東西遊記・北窓瑣談』

## ゴロ池〔ごろいけ〕

福井県遠敷《おにゅう》郡名田庄《なたしょう》村（現・大飯《おおい》郡おおい町名田庄地域）の話。

奥坂本の奥に小さな池がある。ある人がこの池に行くと一匹のゴロ（泥の中にいる魚）が泳いでいたので、焼いて食うために捕まえて帰った。すると外から「ゴロ返せ、ゴロ返せ」と声がして、金網に乗せて焼いていたゴロがピンピンと跳ねて外へ出ていってしまった。そのゴロは池の主だったので、それからこの池をゴロ池と呼ぶようになったのだという。

「ゴロ」はヌマチチブのことかと思われるが、詳細は不明。

〔参考文献〕杉原丈夫・石崎直義『日本の民話七三 若狭・越前の民話 第二集』

## こんか虫〔こんかむし〕

福井県今立《いまだて》郡河和田《かわだ》村（現・鯖江市河和田町）に伝わる。

莇生田《あぞうだ》で戦があった時、ある大将が稲株につまずいたために殺されてしまい、その時に「俺はこの稲のために負けたのだ。この恨みはきっと晴らすぞ」と言った。それからこの大将の魂が「こんか虫」となって付近の田に付いた。そのため、莇生田では毎年七月二三日に、小学生や青年団がこんか虫送りという行事をするようになった。

〔参考文献〕鯖江女子師範学校郷土研究部『福井県の伝説』

# 【さ】

## 桜の瘤〔さくらのこぶ〕

福井県三方《みかた》郡南西郷村（現・三方郡美浜町）に伝わる。

昔、庄兵衛という人が仕事終わりに酒に酔い、上機嫌で帰路に就き、真っ暗な中で見覚えのない道に来て困っていたところ、ふと見上げると大きな桜の幹に大きな顔がニタニタと笑っているのが見えた。空が白むまで腰を抜かした庄兵衛が確認すると、顔に見えたのは桜の木の瘤だった。それからというもの、他の人もここを通った時に顔を見たと噂になり、この桜を伐ってしまおうということになった。しかし鋸《のこぎり》を数回挽《ひ》いたところで、伐ろうとした人が急な腹痛を訴えそのまま死んでしまったので、誰一人この桜を触るものはいなくなってしまったという。

［参考文献］鯖江女子師範学校郷土研究部『福井県の伝説』

## 三鬼神［さんきじん］

福井県今立《いまだて》郡鯖江町東小路（現・鯖江市）に伝わる。

享保年間（一七一六～三六）、平柳杢右衛《もくえ》門《もん》という正直者の武士が鯖江藩の御勘定所に勤めていたが、上役の鈴木という者によって陥れられ、無実の罪で首をはねられてしまった。その後、評定所の付近で杢右衛門の怨霊が現れるようになり、人々は恐れて夜は近付かないようになった。やがて間《まな》部《べ》詮勝《あきかつ》が藩主となった時、杢右衛門の怨霊が詮勝の枕元に立って冤罪《えんざい》を訴えたので、詮勝は事の真相を調べるよう命じた。やがて鈴木の悪行が明らかになったので、鈴木家は長泉寺に追放され、平柳家には藩主自身が法号をしたため、大施餓鬼《だいせがき》を執り行って怨霊を慰め、評定所の東南の隅に石の祠《ほこら》を建てて祀《まつ》った。これが三鬼神の祠と呼ばれるようになったという。

現在は鯖江市桜町にある西山公園の東側に移築され、甲弓山《こうきゅうさん》鬼神塚として残されている。

［参考文献］鯖江女子師範学校郷土研究部『福井県の伝説』

## 死にガラス［しにがらす］

福井県遠敷《おにゅう》郡名田庄《なたしょう》村（現・大飯《おおい》郡おおい町名田庄地域）や三方《みかた》郡美浜町新庄に伝わる。

「カラス鳴きが悪いと人が死ぬ」という俗信が各地にある。カラスが家の屋根に止まって「カァーカァー」と長く尾を引いた哀調を帯びた声で鳴いていると、その家の誰かが死ぬのだという。しかもその鳴き声はその家の人には聞こえないのだという。名田庄村や美浜町新庄ではこれを死にガラスと呼ぶ。

**子生まれガラス**、**荒れガラス**も参照。

［参考文献］『福井県史』資料編一五

## 姉妹鐘［しまいかね］

福井県大飯《おおい》郡高浜町の佐伎治《さきち》神社に伝わる。

昔、大嵐のあとで、高浜の海岸へ小さな梵鐘《ぼんしょう》が一つ打ち上げられたので、浦人が拾い上げてこの神社へ納めた。この梵鐘は朝鮮にあった姉妹の鐘の妹鐘の方で、一緒に流れてきた姉鐘の方は海底に沈んだまま、上陸できなかった。それで妹鐘が姉鐘を恋しがって、撞《つ》くと「あねごーん」と鳴るそうである。日照りが続くと、妹鐘を海辺へ運び出して七日間海中に浸し、姉鐘に対面させる。すると必ず雨が降るといわれている。神社に奉納されている鐘は高さ九三センチ、平安時代の作で若狭地方では最古の和鐘とされている。海底の姉鐘の方は、天気の良い日には船から見えるそうだが、引き揚げようとすると烏賊《いか》の群れがやってきて、墨を吹いて隠してしまうといわれている。

［参考文献］鯖江女子師範学校郷土研究部『福井県の伝説』

### 蛇の目傘の娘［じゃのめがさのむすめ］

著者命名。福井県坂井郡鷹巣《たかす》村（現・福井市）の話。

天菅生《あますごう》の川べりで、あるおばさんが帰路に就いている途中、柳の木の下に蛇の目傘をさした若い娘が立っていた。おばさんが「おやすみなさい」と声をかけると、娘はだんだんと大きくなって「ヒ、ヒ、ヒ」と大きな声で笑った。これは化け物だと思ったおばさんが南無阿弥陀仏と唱えたら、その娘は消えたのだという。

［参考文献］中塩清之助「伝説と妖怪譚」（『南越民俗』三号）

### 昌寿寺の妖怪［しょうじゅじのようかい］

福井県遠敷《おにゅう》郡野木《のぎ》村（現・三方上中郡若狭町）に伝わる。

加福六《かぶろく》には昔、昌寿寺という寺があった。ここは夜な夜な妖怪が出るということで無住の寺となっていたが、狩りをしていた二人の侍が一夜の宿として入った。すると床下から毛深い太い腕が出て一人の侍の足を摑《つか》み、それを見たもう一人の侍は驚いて逃げ去った。摑まれた方の侍は臆することなくその妖怪から話を聞いた。妖怪は「私はある先妻の霊ですが、後妻によって虐げられたので、今も苦しみさまよっております。今からここで赤い火と青い火が立ち昇りますから、どうか青い火を斬り伏せてください」と語ったので、侍は承諾し、刀を携えて待ち構えた。やがて青い火と赤い火が光を放ちながら縄のように長く昇ったので、侍は刀を一閃《いっせん》して青い火を斬った。すると火は消え、妖怪は美しい女へと変じ、侍にお礼を述べて古い扇子箱のようなものを差し出した。後になってこれを開いてみると、中には小さい紅猪口《べにちょく》のようなものが一つ入っていたという。

［参考文献］鯖江女子師範学校郷土研究部『福井県の伝説』

### 陣太鼓の音［じんだいこのおと］

福井県南条郡南越前町の杣山城《そまやまじょう》址周辺に伝わる。

杣山の麓の湯尾《ゆのお》村、宅良《たくら》村、南杣山村などの地域で、空の晴れた月夜の晩に戸外に出ると、杣山城のあった辺りから陣太鼓の音が聞こえてくるという。城の跡にまだ妄念が残っているのだとされた。

［参考文献］吉田健三「杣山城を繞る口碑」（『南越民俗』三巻二・三合併号）

### 真鍮眼の化け物［しんちゅうまなこのばけもの］

福井県敦賀《つるが》郡松原村（現・敦賀市松原町）に伝わる。

白木のおんかという山に、しゃく谷という谷があり、そこに天狗の松という大きな松がある。昔、あたらしやという家のぬけという人が木を伐りに行くと、天狗の松に真鍮眼の化け物が手をかけてぶら下がっているのを見た。化け物はぬけをじろりと睨《にら》み「俺はここに棲む化け物である。今ここで命は助けてやるが、帰ってからこんな化け物がいると人に話せば、お前の命はすぐになくなるぞ」と言った。ぬけは大急ぎで帰り、この出来事について生涯誰にも話さなかった。しかし死ぬ間際に「しゃく谷には真鍮眼の化け物がいるから、一人で行ってはいけない」と話して死んだ。葬儀が済んでぬけを火葬したが、翌日に火葬場へ行くと灰が少しも残ってなかったのだという。

[参考文献] 鯖江女子師範学校郷土研究部『福井県の伝説』

## 銭の霊［ぜにのれい］

福井県大野郡阪谷《さかだに》村（現・大野市）に伝わる。

坂井郡の豊原寺は三千坊といわれるほどの僧兵を抱える大きな勢力だったが、一向一揆で攻められて焼亡した。その際、孫谷山の道人が岩の下に黄金を埋めたが、何年か経ってある人の夢に銭の霊となって現れ、「夜、岩の下から出て龍宮に行こうと思う。お前に望みがあるなら、その場に来て行列の先頭を倒せ。そうすれば他も全て銭と変わるだろう」と伝えた。その人は銭欲しさに言われた日時に向かうと、綺麗に着飾った騎馬武者が幾百人と行列を作り、チャリンチャリンと行進していた。その人は先頭の武者を倒そうとしたが、威勢の良さに尻込みしてしまい、結局行列の最後の雑兵を倒した。すると雑兵は鍋銭（鍋鉄で鋳造したような質の悪い銭）に変わり、他の武者は全て淵《ふち》に沈んでいったという。

[参考文献] 鯖江女子師範学校郷土研究部『福井県の伝説』

## 善徳虫［ぜんとくむし］

福井県遠敷《おにゅう》郡国富《くにとみ》村（現・小浜《おばま》市）に伝わる。『若狭郡県志』第六巻に記されている。

昔、善徳という僧侶が国富村の人の手によって殺されたため、その霊魂が虫となって稲を荒らしたのだという。この虫は色が黒く大豆の半分ほどの大きさで、羽を持って空を飛び多く子をなすのだという。貞享年間（一六八四～八八）は特に被害が大きかったため、国主が銭を用立て、国富村の住人が虫を拾い集めて埋めた所に善徳塔という塔を建てたので、以降害はなくなったのだという。

[参考文献]『大日本地誌大系』一三冊

## 底喰［そこばみ］

福井県吉田郡西藤島村（現・福井市）に伝わる。

福井市を流れる底喰川には、昔は底喰という恐ろしい大蛇がいて、姿を見た人の肝を奪っていたのだという。

[参考文献] 鯖江女子師範学校郷土研究部『福井県の伝説』

## 蕎麦好きの虫［そばずきのむし］

福井県敦賀《つるが》市の話。

敦賀の小谷寺にいた清源という坊主が花ぐるまという名の女と結婚し、坊主をやめて蕎麦屋を始めた。蕎麦屋は大いに繁盛していたが、この店に毎日欠かさず来て、かけ蕎麦を五杯も食べて帰る蕎麦好きの男がいた。ある日の夕飯時前、いつもより早く男が蕎麦屋に来たが、まだ蕎麦を打っていなかったのでしばらく待つことになり、そのまま眠り込んでしまった。亭主が蕎麦をこねていると、どこからともなく蚕に似た虫が一匹現れて蕎麦粉を舐《な》め始めたので、奇妙な虫もいるものだと思って裏庭に捨てた。出来上がった蕎麦を男の所に持っていったところ、男はそれまでとは打って変わって蕎麦を余し気味にすすってさっさと帰ってしまった。先ほどの虫は男の腹の中にいた蕎麦好きの虫で、男が眠っているうちに外へ這《は》い出てしまったのだという。

この話はＴＶアニメ『まんが日本昔ばなし』にも採用されている。

［参考文献］杉原丈夫・石崎直義『日本の民話四四　若狭・越前の民話　第一集』

# 【た】

## 竹藪から出た化け物［たけやぶからでたばけもの］

福井県敦賀《つるが》市泉《しみず》の話。

泉村に、九衛門《くえもん》辻子《ずし》という小路があり、めくら川というどぶ川が小路を横切って流れていた。雨の夜にここを通りかかると、竹藪から「下駄貸そかあ、傘貸そかあ」と呼ぶ声がするので、人々は怖がって日が暮れたらここを通ろうとしなかった。ある時、泉村の彦三郎という者が酒に酔いながらここを通り、やはり声をかけられたが、酔った勢いで「下駄も傘も貸してくれ」と返したところ、竹藪から一本の唐傘と一足の高下駄が躍り出てきた。彦三郎は下駄を履いて傘をさして家に帰った。あくる朝、借りてきた下駄と傘を確認したら、馬に履かせるわらじ一足と馬の脚の骨一本が転がっているだけだった。村人はめくら川に棲むカワウソが悪さをしていたのだろうと言っていたのだという。

この話はＴＶアニメ『まんが日本昔ばなし』にも採用されている。

［参考文献］杉原丈夫・石崎直義『日本の民話四四　若狭・越前の民話　第一集』

## 太郎右衛門島［たろうえもんじま］

福井県南条郡河野《こうの》村糠浦《ぬかうら》（現・南条郡南越前町糠）に伝わる。

キリシタンの信仰者だった太郎右衛門は、処刑される時に「自分の死後に奇異の現象が起きた時は、この霊魂がまだこの地にいるのだと知れ」と言い残した。太郎右衛門が葬られた辺りを太郎右衛門島と呼ぶようになったが、毎夜、一〇時頃になるとゴーッと音を立てて鳴動するのだという。

太郎右衛門は農民の組頭であったが、浦にたどり着いた宣教師を家に泊めたことで、その教えを信じるようになった。太郎右衛門はキリシタンを篤く信仰し、踏み絵を畳の下に奉《たてまつ》って祈っていたが、後に奉行所に密訴され、庄屋組中ともども召し出された。役人が用意した仏絵像を踏むよう命じられ、他の嫌疑者たちが踏めなかったものを太郎右衛門は堂々と踏んだのだという。

［参考文献］南条郡教育会『福井県南条郡誌』

## ダンジュクサン

福井県三方《みかた》郡三方町田上《たがみ》（現・三方上中郡若狭町田上）に伝わる。

田上にはダンジュクサンという神があり、霜月（一一月）二三日に天に昇るので、小豆の餡《あん》を付けた鏡餅ぐらいの大きさのぼた餅を供える。そして年を越した正月一一日には天から降臨するので、朝早くに家の近くの田畑で鍬《くわ》を使って土を打ち起こし、白米を少し撒《ま》く。次に稲藁《いなわら》一摑《つか》みを折り曲げて縄にしたものを二つ作り、稲苗に見立てて畑に挿す。そしてアキホウ（恵方）に向かって拝み、家に帰って神仏に雑煮を供える。これはツクリゾメ（作り初め）の行事であり、三方町向笠《むかさ》でも同様のことをする。

［参考文献］『福井県史』資料編一五

## 茶屋たんばば［ちゃやたんばば］

福井県大飯《おおい》郡大飯町本郷（現・大飯郡おおい町本郷）に伝わる。『日本の民話四四　若狭・越前の民話』に「狐に憑《つ》かれた婆さん」として記されている。

明治の初め頃、大飯町本郷の市場村に住む婆さんが、高い熱を出してうわ言を言いながら苦しんだ。医者に見せたり神仏に祈ったりしても効き目がないので、拝み屋さんに呪《まじな》いをしてもらうと、婆さんは恐ろしい顔付きで「我こそは茶屋谷の稲荷大明神なるぞ」と言い始めた。これは茶屋たんばば（茶屋谷に棲む老狐）が憑いたものと大騒ぎになり、婆さんの体中に灸《きゅう》をすえるなどして追い出そうとしたが治ることはなかった。仕方ないので婆さんを連れて茶屋谷まで行き、平生の悪行を悔い改めてお供え物などをしたら、間もなく熱病は消えた。しかし、婆さんの顔や体には灸をすえた跡がそのまま残り続けたのだという。

［参考文献］杉原丈夫・石崎直義『日本の民話四四 若狭・越前の民話 第一集』

## 血綿［ちわた］

福井県の海に出たという。『嘉良喜《からき》随筆』巻之三に記されている。

血綿というものが、若狭の海に出たのだという。ユブユブした赤い綿のようなものが幅一間（約一・八メートル）ほど広がり、五里も一〇里も続いているのだという。これが出る時は兵乱があると古来より伝えられていた。

［参考文献］『日本随筆大成』一期二三巻

## 鴆［ちん］

福井県足羽《あすわ》郡下文殊村（現・福井市上細江町）の粟島《あわしま》神社に伝わる。

鴆とは中国に伝わる、猛毒を持つという鳥。

文明年間（一四六九～八七）に、朝倉氏七代当主・朝倉孝景への反逆を企んだ者たちが粟島神社に集まって密談していたところ、鴆がその一座の中に飛び込んできた。集まっていた者たちはこれを捕まえて酒の肴にしようとしたが、鴆の羽風に当たり、皆死んでしまった。鴆は社殿に入って消えてしまったので、これは粟島神社の祭神が鴆の姿をとって逆賊を滅ぼしたのだろうと考えられた。

［参考文献］鯖江女子師範学校郷土研究部『福井県の伝説』

## 塚倉［つかくら］

福井県大野郡下味見《しもあじみ》村（現・福井市）に伝わる。

横越畷の小高い所に、塔碑のような石が積み重なり、土で覆われた場所があり、里人はこれを塚倉と呼んでいる。ある年、田を改正しようとこの辺りを発掘して、堆積していた石を足羽《あすわ》川に投げ捨てると、川底から「塚倉に帰りたい帰りたい」と悲鳴がするようになったので、驚いて全て拾い上げてもと通りにしたのだという。

［参考文献］鯖江女子師範学校郷土研究部『福井県の伝説』

## 椿女郎［つばきじょろう］

福井県今立《いまだて》郡北新庄村（現・越前市）に伝わる。

北新庄村の長尾と中新庄の間に長さ約半町（約五五メートル）くらいの坂がある。この坂の頂上に一〇〇年も二〇〇年も経っている椿の古木が茂っており、ここに昔から椿女郎という化け物が夜な夜な現れて、道行く人の袖を引くのだという。

［参考文献］「新聞切抜き 新福井日報 昭和十二年七月武

生の座談会より」（『南越民俗』五号）

## 劔神社の怪牛 ［つるぎじんじゃのかいぎゅう］

福井県敦賀《つるが》郡東浦村（現・敦賀市）の劔神社の伝説。

以下は『福井県の伝説』に記されている話。岡崎半島の麓の巌洞には龍神が棲んでいると伝えられていた。ある人がこの巌洞の辺りに行った時、腰に佩《は》いていた刀が抜け落ちて海に落ちてしまった。慌てて海に潜って拾い上げたが、このような出来事も龍神の祟《たた》りであろうと恐れて、社殿を建ててその刀を奉納した。これが劔大明神（劔神社）である。それから間もなく、ある年の正月四日に、海中から大きな牛のような怪獣が現れ、奉納されていた刀をくわえてまた海中に沈んでいった。このため、劔神社では一月四日には「宮の行い」として怪牛退除の神事が行われた。

『南越民俗』三巻四号「敦賀の伝説異聞」には以下のような異聞が記されている。岡崎山の麓には蛇が棲むという巌洞がある。昔、木峠の八蔵という者が主命により鵜《う》を捕りに来たところ、この穴の上の岸壁から刀を落としてしまった。刀は海中を漂って穴の中に流れ入ったので、八蔵は意を決して穴に入っていった。穴の奥には豪壮な宮殿がそびえ立ち、その中には直衣《のうし》に烏帽子《えぼし》姿の大将が上座におり、左右に群臣が控えていた。大将たちは八蔵を捕らえ投獄しようとしたが、八蔵が日頃信仰していた観世音に助けを求めて普門品《ふもんぼん》を唱えると、たちまち座を下りて八蔵を拝み、刀を差し出した。刀を取り戻した八蔵が帰ろうとして徘《はい》徊《かい》していると、杉津浦《すいづうら》の野原に出た。後に八蔵は岡崎山の麓に祠《ほこら》を建て、刀を納めて劔の神としたのだという。これ以降、岡崎の蛇の穴付近では何度か怪しい物事が起きたのだという。

**絵日傘**も参照。

［参考文献］鯖江女子師範学校郷土研究部『福井県の伝説』、山本蕙市「敦賀の伝説異聞」（『南越民俗』三巻四号）

## つるべおろし

福井県遠敷《おにゅう》郡知三《ちみ》村（現・大飯《おおい》郡おおい町）に伝わる。

三重区の字・山田の外れに大きな木が二本立っている。ここにつるべおろしという化け物が出て、夜道を通る人に問答をかけてくる。問答に負けると取って食われてしまうといい、この問答がとても難しいので、道を通る人は皆負けてしまうのだった。とある賢い男が化け物をやっつけてやろうとそこに向かい、かけられた問答に全てうまく答えた。すると化け物は弱ってその夜を最後に出なくなったので、人々は喜んで木の下に石碑を建てたのだという。

［参考文献］鯖江女子師範学校郷土研究部『福井県の伝説』

## 天狗の屋根葺き ［てんぐのやねふき］

福井県今立《いまだて》郡河和田《かわだ》村小坂（現・鯖江市河和田町）に伝わる。

ある家で屋根葺きのユイ（集落で行う、大規模な協同労働のこと）について相談していたところ、天狗が現れて「自分が葺いてやるから、その代わりに誰も顔を出すな」と言った。言われた通りに任せると、夜中に大きな騒がしい音がして、明けてから見ると屋根は全て葺き終わり、地面は藁《わら》で掃き清められていたのだという。

［参考文献］福井市宮林談「断片資料報告」（『南越民俗』二号）

## デンデコ太鼓［でんでこたいこ］

福井県今立《いまだて》郡河和田《かわだ》村（現・鯖江市河和田町）に伝わる。

河和田村では天狗が太鼓を鳴らしながら笑い騒ぐことがあり、デンデコ太鼓といえば天狗の太鼓のことであるという。

［参考文献］福井市宮林談「断片資料報告」（『南越民俗』二号）

## 東尋坊［とうじんぼう］

福井県坂井郡雄島《おしま》村安島浦《あんとううら》（現・坂井市三国町安島）の東尋坊の伝説。

『越前国名蹟考』や『越前国名勝志』には、大野郡平泉寺村（現・勝山市平泉寺町）の平泉寺（現在は平泉寺白山神社）の悪僧の話を記している。平泉寺に東尋坊という、力の強い悪僧がいた。その乱暴に寺も困り果て、遂に安島浦へ海辺見物に行った時、力を合わせて東尋坊を断崖から突き落として殺してしまった。すると晴天がたちまち曇り、雷雨とともに大地が鳴動して多くの人を害した。東尋坊の突き落とされた断崖の辺りは東尋坊池と呼ばれ、東尋坊の怨霊がこの断崖に留まっているのだとされた。平泉寺の祭礼が行われる四月五日の前後は風や雷雨が激しく起こり、人々が平泉寺へ登ろうとすると海の水が荒れ狂って東尋坊の怒りの形相が浮かび上がるのだという。

『日本の民話六 北陸地方』や『日本の民話七三 若狭・越前の民話 第二集』には、これとは真逆の善僧の話が紹介されている。昔、荒木別所（現・福井市）に次郎市という人がいた。生まれつき力が強かった次郎市は、力強いだけではいけないと考え、比叡山で修行をして坊主になり、平泉寺（現・勝山市の平泉寺白山神社）に招かれて当仁坊と称した。平泉寺にはたくさんの坊主がおり、そのなかの悪い連中が平泉寺の領地を奪おうと企てていたが、それを知った当仁坊は彼らを戒めた。当仁坊を煙たがった者たちは、彼を安島浦の海岸見物に誘い、酒で酔わせて高い絶壁から突き落としてしまった。すると晴れていた空がにわかに雷雨となり、落雷によって集まっていた坊主たちの多くが死んだ。更に当仁坊の怨念は炎となって平泉寺に飛び、坊舎をことごとく焼き払ってしまった。それから、安島浦の辺りは四月五日になるとつむじ風や荒波が起き、その風に乗って当仁坊の怨霊が飛ぶのだという。

『日本の民話六 北陸地方』では、高僧と

しての当仁坊の話こそが東尋坊伝説の原型であるとしているが、真偽は不明。少なくとも悪僧東尋坊の伝説は一八世紀の文献に記されている。

〔参考文献〕井上翼章『越前国名蹟考』、『日本の民話六 北陸地方』、杉原丈夫・石崎直義『日本の民話七三 若狭・越前の民話 第二集』

# 【な】

## 謎の松〔なぞのまつ〕

福井県丹生《にゅう》郡下岬村（現・福井市）に伝わる。

居倉の北山から学校へ行く途中の丘に一本の松が立っている。松の近くには二軒の家があるのだが、夜が更けるとこの松から太鼓を叩いたり歌を唄ったりするのが聞こえてくるので、家の者はやかましくて眠れないというのが度々あった。しかも二軒並んでいるのに、片方では聞こえてもう片方では聞こえないということもあり、人々は気味悪がってこれを謎の松と呼んでいたという。

〔参考文献〕鯖江女子師範学校郷土研究部『福井県の伝説』

## 七つの首〔ななつのくび〕

福井県福井市中町の話。

ある家の婦人が妊娠して床で寝ていたら、夜になってふつふつふつふつとやかましい音が聞こえてくる。振り向くと、七つの首がずらりと並んでいたので、あっと叫んで布団を被ってしまった。その日は夫が不在だったので、夫が帰ってきてからこのことを話した。夫は夜の番をしようと寝ずに過ごしていたが、途中で眠ってしまった。すると、またも首が並んで現れたが、婦人は恐ろしくて夫を起こすこともできない。すると首の一つが夫を起こそうとしたが、夫は目覚めなかった。次の夜は二人の男が番をしていると、やはり首が現れて、夫に対して「お前たちがお経を上げてくれないから、わしらは地下で迷っているのだ」と話した。夫が驚いてすぐにお経を上げて謝ったら、それから首が出ることはなくなったという。

［参考文献］中塩清之助「伝説と妖怪譚」（『南越民俗』三号）

### 布淵［ぬのぶち］

福井県吉田郡円山東村（現・福井市）に伝わる。

東今泉と北今泉の間を流れる川の一部は布淵と呼ばれていた。時々この淵の流れのなかを白い布が晒《さら》されてことがあり、これを取ろうと近付いた人が淵の中に落ち込んでしまうのだという。

［参考文献］鯖江女子師範学校郷土研究部『福井県の伝説』

## 【は】

### ばくち穴［ばくちあな］

福井県丹生《にゅう》郡下岬村（現・福井市）に伝わる。

居倉から蒲生《がもう》へ五〇〇メートルほどの所に、八畳間ぐらいの広さの洞窟がある。昔ここに人が集まって賭博をしていたので「ばくち穴」と呼ばれていたのだが、ここから時々化け物が出てきたのだという。ある時、岩永という人が帰路の途中、夜中一時頃にこの穴に来ると目の前に美しい女が笑いながら立っているのを見付けた。岩永が「これは化け物に違いない」と思って蹴飛ばすと、女は悲鳴を上げて下の方の田の中に転がり落ちた。翌日になって田を確認しても何も問題はなかったが、岩永は二、三日も床に就いてしまったのだという。

［参考文献］鯖江女子師範学校郷土研究部『福井県の伝説』

### 機織姫［はたおりひめ］

福井県三方《みかた》郡山東村坂尻（現・三方郡美浜町坂尻）に伝わる。

坂尻の東南、国吉山の麓にある水田は、昔は池であった。ある冬、一人の婦人が機織り道具を抱えて凍った池の上を通っていると、氷の薄い所が割れて婦人は池の中へと落ち、死んでしまった。それからこの池の辺りを通ると、池の中から機を織る音が聞こえるようになったので、村人は哀れに思って祠《ほこら》を建てて婦人の霊を祀《まつ》り、機織姫神社とした。そして池は機織池と呼ばれるようになったが、後に池の水が涸《か》れてしまったので水田とし、機織姫神社は一言主《ひとことぬし》神社と合祀《ごうし》されたという。

〔参考文献〕鯖江女子師範学校郷土研究部『福井県の伝説』

## 八助稲荷〔はちすけいなり〕

福井県遠敷《おにゅう》郡小浜町《おばまちょう》（現・小浜市城内《じょうない》）の小浜城の話。

若狭の殿様・酒井忠勝公が江戸で大老職に就いていた時、若狭の留守居役は江戸との連絡手段に難儀していた。そんな時、八助という仲間《ちゅうげん》（中間）が使いの役目を申し出た。八助が文箱《ふばこ》を持って使いに行けば、小浜から江戸まで六、七日で往復できた。しかしある使いの道中、相模国の小田原にて、八助は大きなむく犬に襲われた。そのため八助は真っ白な大狐の正体を現して、食い殺されてしまった。小浜市の雲浜城址（小浜城の別名）にある小さな稲荷社は、この八助狐を祀《まつ》ったものなのだという。

現在も小浜市の小浜神社境内に八助稲荷大明神として残っている。また、この話はTVアニメ『まんが日本昔ばなし』にも採用された。

〔参考文献〕杉原丈夫・石崎直義『日本の民話四四 若狭・越前の民話 第一集』

## 鉢の鯉〔はちのこい〕

福井県鯖江市上河端《かみこうばた》町の話。

昔、上河端に五郎兵衛という旧家の者がいたが、いつの頃からか家運が傾き、持ち物を売り払って生活していた。最後に天井裏に吊るしてあった箱から、先祖代々の宝である古いどんぶりを見付け、隣村の源右衛門に米五表で売り払った。源右衛門がこのどんぶりに水を注いでみると、中に描かれていた鯉が生きているように泳いだり跳ねたりした。源右衛門は確かに宝物だと思って五郎兵衛の所へ返しに行ったが、五郎兵衛の家では水を注いでも鯉は出てこない。源右衛門の家では鯉が出てくるので、五郎兵衛は「絵に描いた鯉でさえも積善の家を慕うのだろう」と言って、そのままどんぶりを源右衛門に譲ったのだという。

〔参考文献〕杉原丈夫・石崎直義『日本の民話七三 若狭・越前の民話 第二集』

## バベンの婆〔ばべんのばば〕

福井県坂井郡金津町《かなづちょう》（現・あわら市）に伝わる。

『日本の民話七三 若狭・越前の民話 第二集』や、『福井県の伝説』などに記されている。金津の町に「ばべん」という名の旅籠《はたご》があったが、ある日三蔵という侍が、夜道を加賀の大聖寺《だいしょうじ》（現・石川県加賀市）へと帰るためにやってきた。その頃、牛ノ谷峠に夜中になると化け物が出て人を食うと噂されていた。三蔵が牛ノ谷峠に差しかかると、道の傍らの菜の花畑に多くの猫が集って歌い踊っていた。これが化け物かと考えた三蔵が手裏剣を投げ付けると、怒った猫たちが一斉に三蔵に襲いかかった。三蔵は近くの木によじ登って逃れたが、猫たちは「ばべんのばばを呼んでこい」と言って、大きな赤猫を連れてきた。赤猫は頭に鉄鍋を被って木を登ってきたが、三蔵がその背中を刀で刺したため、木から飛び降りて金津へと逃げていった。翌朝、三蔵が旅籠へと引き返すと、その家の婆さんが背中に怪我をして寝込んでいるとのことだった。三蔵がお見舞いのために婆さんの部屋に行くと、婆さんは驚いて猫の正体を現して山へと逃げていった。赤猫は昔から飼われていた猫で、婆さんが死んだ時に死体を縁の下に隠して成り代わっていたのだった。

『日本の伝説四六 若狭・越前の伝説』では馬面《ばべん》の赤猫として紹介している。また、『福井県の伝説』では、人を襲う赤猫たちに協力する老婆の話として紹介されており、老婆を斬った後、祟《たた》りを恐れて白山神社を建てて祀《まつ》ったとされている。

［参考文献］鯖江女子師範学校郷土研究部『福井県の伝説』、杉原丈夫・石崎直義『日本の民話七三 若狭・越前の民話 第二集』、駒敏郎・花岡大学『日本の伝説四六 若狭・越前の伝説』

## 半白のマーさん［はんしろのまーさん］

福井県足羽《あすわ》郡社《やしろ》村（現・福井市）に伝わる。

笏谷《しゃくだに》の瑞源寺《ずいげんじ》（福井市足羽《あすわ》の寺院）付近の山には洞穴があり、そこに半白のマーさんが住んでいる。ある男が近くでマーさんに投げられたとかいう話があるほか、近くに住む山伏が清水の湧く所と洞穴の入り口に供物を置いておくと、清水の所の供物はマーさんが水を飲む時になくなるが、穴の所は人が通るので手を付けないという話もある。

「マーさん」とは天狗のことであり、同じ「断片資料報告」のなかでも、坂井郡鷹巣《たかす》村で天狗をマーサンと呼ぶといった報告がされている。

［参考文献］塚原芥山談「断片資料報告」（『南越民俗』二号）

## ビシャガツク

福井県吉田郡松岡町（現・吉田郡永平寺町松岡）に伝わる。

冬のみぞれが降る夜道を歩いていると、後ろからビシャビシャという足音が聞こえてくる。これをビシャガツクと呼んでいたという。

柳田國男『妖怪談義』の「妖怪名彙」にも紹介されているが、その出典は明記されていない。またここでは「ビシャがつく」としており、ビシャが付いてくるものという想定がなされているようである。

［参考文献］高山巌「松岡附近の伝承」（『南越民俗』三号）

## 人喰鵺［ひとくいぬえ］

福井県敦賀《つるが》郡東浦村赤崎（現・敦賀市赤崎）に伝わる。

その昔、人喰鵺という怪鳥が棲息《せいそく》し人を襲ったので、区民は恐れをなしていた。ある時人々が総出で神仏に祈願することでようやくこれを退治できたので、その祝いとして祭りをするようになったという。

赤崎の八幡神社にて、一月一〇日に「神事始め」という祭りを行う。正午に地域の人々が籠り堂に集まり、それぞれの家から一本ずつ持ち寄った二股大根と、講番（回り持ちで来る当番）が用意した小さな切り昆布二枚、干し蕨《わらび》二本、大豆を煮て、それに豆粉をかけたものを作り、粢《しとぎ》（神前に供える卵型の餅）やお神酒とともに供え、祈《き》禱《とう》した後に直会《なおらい》をする。

　用意する食材のうち、二股大根は怪鳥の胴、昆布二枚は羽、蕨二本は足、豆と粢は臓腑《ぞうふ》になぞらえているのだという。

　この祭りは今も行われているが、一一月九日に行われていた「山の神講」という、子供たちが区内を巡る祭りと合一して行われるようになったようである。

［参考文献］石井左近『敦賀郡神社誌』

## 一目小僧［ひとつめこぞう］

　福井県坂井郡鷹巣《たかす》村（現・福井市）の話。

　郵便屋が、ある坂にさしかかると一目小僧が立っていて「わしはお腹が減ってぺこぺこだから、お前を食べてやる」と言ってきたので、郵便屋は「この電報を必ず持っていかなければならないから、どうか帰り道に食べてください。帰りもこの道を通りますから」と答えた。すると一目小僧は郵便屋を許して見逃した。郵便屋が電報を持っていった先の家で事情を話したら、そこのおばさんが御膳様（詳細不明。仏前に捧げられた飯のことか）を食べさせたので、帰り道では一目小僧と会わずにすんだのだという。

［参考文献］中塩清之助「伝説と妖怪譚」（『南越民俗』三号）

## 平岩の河童［ひらいわのかっぱ］

　福井県坂井郡長畝《のうね》村（現・坂井市）に伝わる。

　村のある農家に美しい妻がいたが、ある時から毎晩夜中になると家を出てどこかへ行ってしまうようになった。しばらくすると、雨も降っていないのにずぶ濡れで疲れ切った様子で帰り、ぐっすり寝てしまう。不審に思った夫がある夜こっそりと妻の後を付けてみると、妻は平岩という人工の川が流れる所まで来た。そこで妻は一人きりで川岸の柳の木にしがみついて「お前たちには負けないぞ」と言いながら、水の中に引き込まれるのを拒んでいる様子だった。それを見た夫が妻を引っ張り上げようとしても、一定の時間が来るまではどうしても引き上げられなかった。妻は日に日に衰弱していき、土地の人たちは「河童に見込まれたのだろう」と話したのだという。

［参考文献］鯖江女子師範学校郷土研究部『福井県の伝説』

## 不思議な甕［ふしぎなかめ］

　福井県足羽《あすわ》郡麻生津《あそうづ》村（現・福井市）に伝わる。

　岸孫兵衛という人が、城ヶ崎地帖（詳細不明）で採掘をしていたところ、三つの甕を掘り出した。一つは鶴嘴《つるはし》で割ってしまったが、二つは完全な形で掘り出せた。この甕の口に耳を当てると、霊妙な楽の音が聞こえてくるということで非常に崇《あが》められた。後に称念寺（坂井市丸岡）に納められたという。

〔参考文献〕鯖江女子師範学校郷土研究部『福井県の伝説』

## ホーソーじいさんとホーソーばあさん

福井県遠敷《おにゅう》郡名田庄《なたしょう》村（現・大飯《おおい》郡おおい町）に伝わる。

名田庄村井上の家では、毎年節分の夜に床の間にホーソーじいさんとホーソーばあさんを並べ、二つの椀に飯を盛って供える。真夜中になるとホーソー神が白い煙となって天井から降りてくるが、その時に床の間でコトリと音がするので、それでホーソー神が来たことを知るのだという。

若狭の各地で祀《まつ》られている疱瘡神《ほうそうしん》の一種と思われる。

〔参考文献〕宮田登「若狭のはやり神」（『若狭の民俗』）、大島建彦「若狭の疫神祭祀」（『西郊民俗』一三八号）

## ぼた餅化物 〔ぼたもちばけもの〕

越前国鯖江付近の新庄村（現・大野市新庄と思われる）の話。『東遊記』後編巻之五に「床下の声」として記されている。

ある時、新庄村の農民の家の下から何物かの声がして、人の言うことを口真似するようになった。家の者が驚いて床板を開いて調べても何もなく、床をもとに戻すとまた床下から口真似をする声がする。このことは村中で知られるようになり、若者が毎夜大勢集まって色々なことを言うと、やはり床下から口真似をした。ある者が「お前は古狸か」と問うと、床下のものは「狸ではない」と答え、「ならば狐か」と問うても「狐でもない」と答えた。猫や鼬《いたち》、河太郎（河童）や川獺《かわうそ》、モグラなど色々な名前を問うても、どれでもないと答えるので、「ならばお前はぼた餅だろう」と言うと「なるほどぼた餅である」と答えた。それからは「ぼた餅化物」と呼ばれるようになり、近所でも大評判となった。噂は城下にまで広がり、事の次第を吟味するべく役人が大勢やってきて家に泊まったが、その時は何の声もなく、役人が帰るとまた声がして色々な話をした。その後も度々役人が訪ねてきたが、役人が来た夜は一度もものを言わないので、仕方ないと捨て置かれた。その後一月ばかりすると全く声がしなくなり、怪事は止まったが、結局何の仕業だったのかはっきりせず、なぜ止まったのかもわからなかったのだという。

〔参考文献〕橘南谿『東西遊記・北窓瑣談』

# 【ま】

## 斑狐［まだらきつね］

越前国坂北郡三国《みくに》（現・坂井市三国町）の話。『北国奇談巡杖記』巻之五に記されている。

坂北郡三国の入り江は北国第一の大港で、多くの店や遊郭で賑《にぎ》わっていた。ある時、黒丸権四郎という角力《すもう》を得意とする若者がいて、用事があって細呂木《ほそろぎ》という駅に向かった。帰る頃には夜半となっていたので人々は留まるようすすめたが、黒丸は怖いもの知らずであり、闇夜のなかを帰路に就いた。すると道中、ある松原で鬼火を照らしながら薜荔《へいれい》（イタビカズラか）を身にまとって踊る、斑毛の狐を見付けた。黒丸が怪しんでいると、狐は人間の若衆の姿へと変化した。黒丸は素知らぬ振りで通り過ぎようとしたが、若衆が声をかけてきたので応じた。若衆が「三国の通りで散財してしまったので、大聖寺《だいしょうじ》にいる親元まで送ってほしい」と頼んできたので、黒丸は承諾し、茶屋で支度をしたいと言ったので、一緒に茶屋で酒でも飲もうということになった。二人は村端の茶屋で酒やご馳走を次々と頼んで存分に楽しんだが、その途中で黒丸はこっそりと抜け出し、茶屋の者に支払いは若衆に請求するよう伝えて帰ってしまった。若衆が気付いて黒丸を呼ぶと、店の亭主が代金として一歩七〇〇文を請求したので、驚いた拍子に九本の尾を振って正体を現してしまった。亭主は怒って棒を振り回して追い立てたが、狐は逃げてしまったという。

［参考文献］『日本随筆大成』二期一八巻

## 真白な鬼［まっしろなおに］

福井県丹生《にゅう》郡大虫村（現・越前市大虫町）に伝わる。

丹生ヶ岳にいつの頃からか山中に真っ白な雌の鬼が棲むようになった。鬼は人里へ来ては農作物を荒らし、婦女子をさらうなどして人々を困らせた。ある年の二月二日に里に来た鬼を見た若者たちが、今日こそは捕まえてやろうと村中総出で狩り立てた。鬼はあちこちを逃げ回ったが、とうとう日野川のほとりで退治されたので、ここには白鬼女《しらきじょ》橋が架けられ、丹生ヶ岳は鬼ヶ嶽（鬼ヶ岳）と呼ばれるようになったという。大虫村では三月二日（旧暦の二月二日）には鬼神祭をするようになった。

［参考文献］鯖江女子師範学校郷土研究部『福井県の伝説』

## まんが淵の主［まんがふちのぬし］

福井県今立《いまだて》郡下池田村（現・今立郡池田

町）に伝わる。

白栗に住む井上子小兵衛の夢枕に美女が立ち「私は淵の主だが、淵に八歯二手の悪魔が来て私を苦しめるので、どうか助けてほしい」と訴えた。子小兵衛は願いを聞いて淵まで行って飛び込み、八本のとがった歯をむき出した悪魔に組み付いた。引き上げてみるとその正体は、恐ろしい馬鍬《まんが》（牛馬に取り付けて代掻《しろか》きなどをする農具）であった。子小兵衛の家はその後、淵の主の守護を受けて栄えたのだという。


［参考文献］鯖江女子師範学校郷土研究部『福井県の伝説』、大矢真一「分類・福井県伝説集」（『南越民俗』六号）

## 御浅の人魚［みせんのにんぎょ］

福井県大飯《おおい》郡内浦村（現・大飯郡高浜町）辺りの話。『諸国里人談』巻之一に記されている。

御浅嶽《みせんだけ》（現・青葉山か）は有名な魔所で、山の八分より先には登らないようにといわれていた。そして、御浅明神の使者は人魚であるとされていた。寛永年間（一六二四～四五）に乙見村の漁師が海に出ると、岩の上で奇妙なものが寝ているのを見付けた。頭は人間だが、襟元に鶏冠《とさか》のような赤くひらひらしたものをまとい、そこから下は魚の体をしていた。漁師が櫂《かい》を振り下ろすとすぐに死んでしまったので、海に投げ入れてそのまま帰ってしまった。すると大風が吹き、海は大荒れになって一七日もの間収まらなかった。それから三〇日ばかり過ぎた後、大地震が起きて御浅嶽の麓から海辺まで地割れが起き、乙見村は呑み込まれてしまった。これは明神の祟《たた》りであろうとされた。

［参考文献］『日本随筆大成』二期二四巻

## モックリコックリ

福井県坂井郡雄島《おしま》村（現・坂井市三国町）の雄島にまつわる伝説。

昔、伝教大師（最澄）が丹波にいた時、モックリコックリという仙人から一〇年間という約束で山を借りていた。しかし大師は証文の「十」の字に一画書き加えて「千」年としたので、モックリコックリは山を取られてしまった。

その後、モックリコックリは大きな魚に姿を変えて越前の海にやってきて、雄島を自分のものにしようと、神通力で九分まで海の中に沈めてしまった。雄島さん（雄島の神）は驚いて、島に生えている竹を矢にしてモックリコックリを射たが、島中の竹を使っても効果がなかった。すると、天から一本の矢が降ってきたのでこれを射ると、一本の矢が四二本に分かれてモックリコックリに当たり、そのうち二本は両目を射抜いた。モックリコックリは死に、雄島は元通り浮かんできた。

モックリコックリの死骸は安島《あんとう》（現・三国町）のアカハシの浜へと流れ着いた。アカハシの石が赤いのは、モックリコックリの血で染まったからだという。村の人々はこの魚を臓物に至るまで食べてしまったので、正月には雑煮を食べるようになった。

また食べても食べてもなくならず、次の年の正月まで残ったので、正月に魚を保存して次の年まで取っておく風習ができたのだという。

［参考文献］鯖江女子師範学校郷土研究部『福井県の伝説』

# 【や】

## 夜叉丸［やしゃまる］

福井県今立《いまだて》郡中河村（現・鯖江市）に伝わる。

後小松院の御代の頃、春から全く雨が降らない時期が続いた。長者は人々が悲しむのを見かねて「どんな人でも雨を降らせることができたら、我が愛娘《まなむすめ》を嫁として遣わせましょう」という高札を作って掲げた。すると、どこからともなく夜叉丸と名乗る一人の美男子が現れ、高札の約束を守るなら雨を降らせようと話したので、長者は訝《いぶか》しみながらも喜んで誓いを立てた。夜叉丸が立ち去ったかと思うと、たちまち風とともに雨が降り出し、草木や田畑も潤った。その後、夜叉丸が再び現れて娘を求め、長者の娘のうち妹の方が嫁ぐこととなった。娘は母に一束の針を求め、これを守り袋に入れて夜叉丸の棲む所へと去っていった。夜叉丸の立派な屋敷は湯尾《ゆのお》峠を越えた先の山深くにあり、二人は夫婦の契りを結んで一年ほど暮らした。しかし夜叉丸は具合が優れず、妻に対して「私は貴女と同棲を始めてから体調が良くない。私たちは相性が良くないようなので、これから貴女と縁を絶ち、親元に帰そうと思う」と語った。妻はこの時身重だったが、とにかく生家と相談しようと使者を向かわせると、家は家運が傾き別の場所に移り住んだようだった。そこでその場所を探して訪ねてゆくと、外の世界は既に一〇〇年近く時が経ち、家も何度も代替わりをしていることがわかった。これでは親元に帰ることもできないと嘆いた妻は夜叉丸の所に戻った。そこで夜叉丸は妻に整骨の術を授け、山の麓に家を

用意してそこに住まわせた。妻は程なく出産し、以後子々孫々に秘伝の整骨の術を伝えて、家は栄えたのだという

〔参考文献〕南条郡教育会『福井県南条郡誌』

## 弥平蛇池〔やへいへびいけ〕

福井県南条郡神山村池ノ上（現・越前市池之上町）に伝わる。

昔、池ノ上に小西弥平という豪農がいた。ある時旱魃《かんばつ》が続いて人々が困り果てていた時、弥平は「誰でも雨を降らせた者には我が愛娘《まなむすめ》を与えよう」と記した高札を掲げた。すると一人の武士が弥平の家を訪ねて「高札の内容に相違なければ、私が雨を降らせよう」と言ったので、弥平は怪しみながらも娘を与えると約束した。すると武士が去ってからしばらくして、黒雲が立ち上がって雨が降り出し、人々は救われた。やがて武士が再び訪ねてきたので、弥平の娘のうち第三女が自ら進んで武士のもとに行くと申し出て、二人は手を携えて弥平の家の裏手にある池へ行き、蛇の姿に変じて池に入っていった。それから後、弥平の家が火事になった時、裏手の池から一匹の雄の大蛇が現れて、火を消すために家を七巻半に巻いて水を求めた。しかし人々が恐れて動けないうちに雄蛇は焼け死んでしまい、焼け残った骨は敷地の西南隅に葬られた。残された雌蛇は池を離れ、夜叉ヶ池に移り住んだのだという。

広域の**夜叉《やしゃ》ヶ池**も参照。

〔参考文献〕鯖江女子師範学校郷土研究部『福井県の伝説』

## 山鮫〔やまざめ〕

福井県大野郡阪谷《さかだに》村柿ヶ島（現・大野市柿ヶ島）の話。

滝ノ谷にある大藪《おおやぶ》を焼畑のために焼いたら、経塚の付近に大きな池が現れた。このため、耕作を取りやめて藪に戻したら、池は消えてなくなった。これは滝ノ谷に棲む山鮫のせいであろうと考えられた。

〔参考文献〕福井県大野郡阪谷五箇両村組合『福井県大野郡阪谷五箇村誌』

## 山姫の布さらし岩〔やまひめのぬのさらしいわ〕

福井県吉田郡浄法寺村（現・吉田郡永平寺町上浄法寺）に伝わる。

浄法寺山の上に大きい岩がある。この岩の半分は雪のように真っ白なので、村人は山姫の布さらし岩と呼んでいる。この岩を他の村から見ると晴れそうな日は赤く、雨が降りそうな日は白く見えるのだという。また、夜中には火が燃えるように見えることもあるのだという。

〔参考文献〕鯖江女子師範学校郷土研究部『福井県の伝説』

## 夜泣石〔よなきいし〕

福井県南条郡南日野村（現・南条郡南越前町嶋《しま》）に伝わる。

烏賀《うが》神社の境内に、延元年間（一三三六～四〇）に杣山《そまやま》に滞在していた新田義貞が愛した石がある。これは一時期、嶋に住む

人の庭石になっていたが、毎日夜になると泣き声を上げたので、人々は民家に置くべきものではないとして、現在の場所に運んで保存したのだという。

〔参考文献〕鯖江女子師範学校郷土研究部『福井県の伝説』、南条郡教育会『福井県南条郡誌』

# 【ら】

## 轆轤首〔ろくろくび〕

越前国敦賀《つるが》（現・敦賀市）の話。『北窓《ほくそう》瑣談《さだん》』巻之四に記されている。

敦賀の原仁右衛門（あるいは、敦賀郡原村の仁右衛門）という人が、所用があって京都へと向かっている間、妻の千代と二歳になる息子の岩助、そして下女の三人で留守を預かっていた。寛政元年（一七八九）一〇月の時、男手もなく寂しいということで、二六、七歳ばかりの下女をもう一人雇ったが、この下女は痰《たん》の持病を抱えていた。ある夜、その下女が寝ながら呻《うめ》いているのを妻が聞き、痰に苦しんでいるのかと息子を抱えて様子をうかがうと、下女の枕元にある小屏風《こびょうぶ》の下に何か丸いものが動いていた。妻が明かりを灯して見ると、下女の首が結髪のまま屏風の下に転がり、一、二尺ずつ屏風を登っては落ちるのを繰り返していた。そのうちに首は屏風を越えて内に入り、また下女の呻き声が聞こえてきたので、妻は気絶するかと思うほど驚き恐れ、下女を起こすこともできずに寝所に戻って布団を被り夜明けを待った。翌朝、妻はすぐに実家の兄・長三郎にこのことを語り、下女には他の理由を付けて暇を取らせたという。

筆者の橘南谿《たちばななんけい》は仁右衛門やその妻から直接この話を聞き、妖怪の類いではなく離魂病の一種だろうと判じている。痰の多い人は陽気が頭上に凝り、その気が形を結んで首から上より出てくる。しかし、寝ているその人を見れば、本物の首はそのまま体に付いているのだという。

〔参考文献〕橘南谿『東西遊記・北窓瑣談』

# 【わ】

## 若宮淵の鯰［わかみやぶちのなまず］

福井県大飯《おおい》郡を流れる南川に出たという。松平春嶽『真雪《みゆき》草紙』に記されている。昔、探源公（福井藩五代・七代藩主の松平昌親《まさちか》か）が南川の若宮淵という所に大鯰が棲んでいると聞いて、火矢を水中に射掛けたのだという。その帰り道に暴風雨に遭ったので市波村の本光寺に立ち寄り、本光寺の門徒がお供して帰城したという逸話がある。また本光寺に鯰が化けた坊主が参ったという話もあるのだという。春嶽は鯰の話は事実無根の説としながら、探源公が若宮淵に火矢を射掛けたこと、その帰りに暴風雨に遭ったことは事実の記録だとしている。

［参考文献］『松平春岳全集』一巻

# 山梨県

# 【あ】

## 赤染衛門の霊
［あかぞめえもんのれい］

筆者命名。甲斐国《かいのくに》の韮崎《にらさき》（現・韮崎市）の話。『宮川舎《みやがわのや》漫筆』巻之一に記されている。

天明年中（一七八一～八九）、甲州の韮崎のとある寺で中門を建立することとなり、本堂の脇にある苔《こけ》むした古墳を取り払うことになった。しかし、工事の前夜、寺の僧の夢に女性が現れて古墳が失われることを嘆き、一枚の短冊を置いていった。僧が目覚めると、その古い短冊は確かに枕元にあり、そこには「なき跡の しるしとなれば その儘《まま》に とはれずとても 有りてしもかな」と書かれていた。このようなことがあったので、古墳を取り払うのは中止され、中門は脇の方に寄せて建立されたのだという。後日、この短冊を奥田という人へ持っていくと、彼が持っていた古筆と筆跡が同じだった。これは赤染衛門の筆によるものだったのだという。

［参考文献］『日本随筆大成』一期一六巻

## 足もとコロリン天吊し
［あしもところりんてんづるし］

山梨県北巨摩《こま》郡清春《きよはる》村（現・北杜《ほくと》市）に伝わる。

清春村の諏訪《すわ》神社の境内に大きな樅《もみ》の木があった。闇夜にこの樅の木の下を通ると、必ず足元でパッと怪光が光る。これに驚いて倒れると、たちまち樹上から巨大な怪物が飛び降りてきて、その人を吊し上げてしまうのだという。これの正体を突き止めようとする者はなく、夜になるとこの付近は恐ろしい場所として通行人が途絶えてしまった。この樅の木はその後、火災で焼失した諏訪神社を再建した時に材木として用いられたが、この木一本で社殿の全てが造られたのだという。

［参考文献］北巨摩郡教育会『郷土研究』二集一冊 口碑伝説集

## アズキ洗い地蔵
［あずきあらいじぞう］

山梨県都留市小形山《おがたやま》に伝わる。

古宿《ふるせき》という所に地蔵がある。昔、ここに住んでいたというアイヌの墓があったが、明治四〇年（一九〇七）の大洪水の時に埋まってしまい、その跡が畑になってしまった。そのため弔う者がいなくなったので、供養してもらいたいがために霊魂となって現れ、アズキを洗う音を夜に出した。それでこの地蔵を建てたら、以後音はしなくなったのだという。

［参考文献］都留文科大学民俗学研究会『小形山の民俗』

## アズキッソギ

山梨県北巨摩《こま》郡白州《はくしゅう》町（現・北杜《ほくと》市白州町）の話。

話者が夜遅くに会合から帰ってきた時、自宅の桐《きり》の木の下でシュッシュッと音がした。家でその話をすると、おばあさんが「それがアズキッソギだ」と教えてくれたという。

また、夜に細切れの沢の竹藪《たけやぶ》でサラサラと小豆の音がする。子供が夜遅くまで外で遊んでいると「アズキッソギが出る」と言って怖がらせたのだという。

〔参考文献〕北巨摩郡教育会『郷土研究』二集一冊 口碑伝説集

## あづきそぎばんばあ

山梨県北巨摩《こま》郡長坂町上中丸（現・北杜《ほくと》市長坂町）に伝わる。

柿の木の平にある諏訪《すわ》神社の東に、あまんどう（豆柿）の大木があり、昔はこの木にあづきそぎばんばあという怪物が棲んでいた。毎夜木の上でザアザアと音を立てて「小豆をおあんなすって」と言って通行人を呼び止める。これにうろたえる人があると、大笊《おおざる》でその人を木の上にすくい上げてしまうのだという。

木の上に引っ張り上げるという点は、**足もとコロリン天吊し**などとも類似する。

〔参考文献〕北巨摩郡教育会『郷土研究』二集一冊 口碑伝説集

## 天津速駒［あまつはやこま］

山梨県北杜《ほくと》市の甲斐《かい》駒ヶ岳に伝わる。

駒ヶ岳には昔から天津速駒という勇敢な白馬が住んでいた。これは武甕槌命《たけみかづちのみこと》の魂から生まれた馬で、両方の肩に銀の翼が生えているのだという。昼は空中を駆け巡り夜になると駒ヶ岳頂上で寝るとされ、これが駒ヶ岳の名の由来になったとされている。

聖徳太子の甲斐の黒駒伝説と類似している。

〔参考文献〕北巨摩郡教育会『郷土研究』二集一冊 口碑伝説集

## 言い負け狸［いいまけたぬき］

山梨県西八代郡上九一色《かみくいしき》村（現・甲府市及び南都留郡富士河口湖町）の話。

昔、ある山に無住寺があり、一人の医者がそこに住んでいた。ある夜、医者が囲炉裏にあたっていると裏の笹藪《ささやぶ》がガサガサ鳴るので、何かいるのかと縁側まで行くと、化け物が破れ鐘のような声で「医者どんの頭をステテコテン、医者どんの頭をステテコテン」と怒鳴りながら雨戸を叩いてきた。

医者は恐ろしくて布団を被って夜を明かし、翌朝に近くの村の人たちにこの話をした。村人たちは狸の悪戯《いたずら》だろうと考え、その晩は村の若者が何人もお寺に行き、医者と一緒に泊まることになった。やがて昨夜と同じ時間に化け物が現れ、雨戸を叩きながら同じように怒鳴ったので、若者たちは一斉に「そんなことという者の頭をステテコテン、そんなことという者の頭をステテコテン」と怒鳴り返した。化け物と若者たちは延々と怒鳴り合い、お寺の大太鼓まで持ち出して大騒ぎになったが、夜中頃になると化け物が負けたのか、すっかり静かになった。夜が明けてから外を調べると、大きな古狸が一匹、自分で自分の腹を食い破って死んでいたのだという。

〔参考文献〕土橋里木編『日本の民話一七 甲斐の民話』

## 家狐〔いえぎつね〕

山梨県北都留郡上野原町棡原《ゆずりはら》（現・上野原市）に伝わる。

昔、話者が奉公に行った家で絶対に奥座敷には入ってはいけないと言われた。夜中になると奥座敷からカタカタと音がして、オカタサン（御方様）が一日に一度食べ物を運んでいた。これはイエギツネが家に憑《つ》いていたのだという。人の目には見えないが、鼠くらいの大きさなのだという。

また、家が貧しくなった時にはイエギツネが米を毛の間に挟んで運んでくる。商人が麦などを買いに来ると、秤《はかり》の上に乗って目方を重くするので、得をしてどんどん金持ちになる。しかし正当に儲《もう》けたわけではないので、争いごとや不幸などで次第に衰えてしまうのだという。

また、イエギツネは憑いている家の人が憎らしいと思う人の所へ飛んで行って生き血を吸う。生き血を吸われた人は病気になったり死んだりする。ある人が病気になったので祈禱《きとう》師に見てもらうと、イエギツネに憑かれていることで、秩父の三峰山（埼玉県の三峯神社）に行って、お札をもらって祈禱をした。すると丑《うし》三つ時にダイジンサマ（大神様、三峯神社で祀《まつ》られている御犬様）とイエギツネが縁の下で争い、イエギツネは退治された。それによって病気は癒え、病人の着物の袂《たもと》からキツネの毛が三本出てきたのだという。

〔参考文献〕都留文科大学民俗学研究会『井戸の民俗：山梨県北都留郡上野原町棡原』

## 池太神〔いけたがみ〕

山梨県南巨摩《こま》郡早川町雨畑《あめはた》に伝わる。

昔、猟師のタカギシゲンザエモン（タカギシ・ゲンザエモンか）が弓矢を持って猟に行くと、大きな池に何やら光るものがあった。ゲンザエモンは「お前が神ならこの弓矢に止まれ」と言うと止まったので、家に持ち帰った。しかし持ち帰ってから家鳴りが続き、夢枕で「七面山《しちめんさん》に私の棲む所がある」と語ったので、七面山に祀《まつ》った。これが池太神さんの始まりだという。

『雨畑の民俗』では池太神の由来や逸話に関する報告がいくつも載せられている。

〔参考文献〕都留文科大学民俗学研究会『雨畑の民俗：山梨県南巨摩郡早川町雨畑』

## 一本足の怪物〔いっぽんあしのかいぶつ〕

山梨県北巨摩《こま》郡の南田に伝わる。

清春《きよはる》村の方から馬に乗った一本足の怪物

が現れ、一跳びで菅原村の古町まで跳んでいった。次に鳳来《ほうらい》村の石尊山《せきそんさん》まで跳んでいったが、そこにはより一層強い魔物が棲んでいた。一本足の怪物はこの魔物と争ったが負けてしまったので、そこにいた一人の姫をさらって南田まで退いた。そして南田に大きな石があったので、そこに足跡を一つ残して古町へと姿を消してしまったのだという。

怪物の残した足跡には水が溜まり、弁天池となった。ここには弁天様が住み、椀を貸してほしいとお願いすれば、欲しい数の椀が水面に浮かんできたという。

［参考文献］北巨摩郡教育会『郷土研究』二集一冊　口碑伝説集

## 鵜飼川［うかいがわ］

山梨県東八代郡石和《いさわ》町四日市場（現・笛吹市石和町市部）の伝説。『裏見寒話』や『甲斐《かい》伝説集』などに記されている。

石和町の遠妙寺《おんみょうじ》に伝わる縁起であり、謡曲「鵜飼」としても知られている。元暦年間（一一八四〜八五）に平家が没落した時、平大納言時忠はこの地に追放され、菊島の郷に住むこととなった。法城山観音寺の寺領は殺生を禁じられた場所だったが、時忠はこの禁を破り、夜になると鵜を放って魚を捕っていた。その所業を憎んだ里人は、岩落の淵《ふち》に時忠を柴漬《ふしづけ》（柴《しば》で包んで縛り、重りとともに水に沈めること）にして殺してしまった。それ以来、時忠の怨念が現れて人々を悩ませたが、日蓮が石に法華経を書写して川に沈め、施餓鬼《せがき》供養をしたので、亡霊は済度され、再び出ることはなかったという。

この鵜飼の翁《おきな》については、平時忠とするほかに鵜飼勘作や勘三郎とすることもある。

［参考文献］三田村鳶魚編『未刊随筆百種』一八、土橋里木『甲斐伝説集』

## 鶯姫［うぐいすひめ］

山梨県を舞台とした話。

昔、富士山の麓に竹取の翁《おきな》という者がいて、竹を栽培して商売をしていた。翁がある時、竹林の竹を伐り出していると、一本の竹の中に鶯の卵があるのを見付け、持ち帰って温めておいた。すると卵が容顔美麗の姫君となっていたので、老夫婦は喜んで鶯姫と名付けて育てた。ある日、二人が田を作るのに忙しくしている時に、鶯姫は知らぬ顔で見向きもしなかったので、婆が見兼ねて「普段ならばともかく、こういう忙しい時は手助けをしなさい」と諭した。すると鶯姫は婆の言葉に憤って家を飛び出し、富士山に登って岩を蹴破って湯を流し、麓の田を残らず焼け野原にしてしまった。老人夫婦は恐ろしくなって白根ヶ峰へと逃げ、田で働いていた馬も駒ヶ峰へと逃げていった。しかしこの馬は飼い慣らしてくれた老夫婦を忘れず、そのもとに通って慣れ親しんだ。このことからこの地を飼国と呼び、後に字が変わって甲斐国《かいのくに》となったのだという。

［参考文献］西脇七良右衛門『日本国名風土記』

## 馬の祟り［うまのたたり］

筆者命名。山梨県大月市七保町《ななほまち》に伝わる。

昔、神主さんの乗った馬が足を折ってしまった。それが原因で馬が代々本家を祟《たた》るようになり、本家生まれの人は足が悪くなったのだという。そこで葛野《かずの》川から石を持ってきて、葛野のツチヤの神主さんに拝んでもらって馬頭観音を祀《まつ》り、毎月八日に線香を上げたのだという。

別の話も報告されている。炭を積んで働いていた馬が崖から足を滑らせて転落死してしまった。この馬が死んだ後に供養しなかったので、ある夜馬が神様になって枕元に現れて「自分を祀らないと子供を取り殺すぞ」と言った。そこで墓を作り、馬頭観音を建てて供養したので、それまで病弱だった長男がすっかり元気になった。今でもご飯を供えて祀っているのだという。

［参考文献］都留文科大学民俗学研究会『上和田の民俗 上和田民俗調査報告書』

## 茌草の孫左衛門［えぐさのまござえもん］

山梨県北巨摩《こま》郡江草《えぐさ》村（現・北杜《ほくと》市須玉町江草）に伝わる。

『甲斐《かい》の伝説』によると、孫左衛門はもともと湯戸に住む人だったという。ある日、孫左衛門が牛を追いながら茅《かや》ヶ岳の麓の屏《びょう》風《ぶ》岩付近へ草刈りに行くと、気高い僧侶二人が碁を打っていた。孫左衛門はそばに立ってそれを見物していたが、僧の一人が彼に豆を一匙《さじ》すくってあげて「もう家に帰れ」と言った。孫左衛門が牛を追いながら家に帰ると、既に三代もの代替わりをするほど時間が経っていて、知らない人ばかりとなっていた。孫左衛門は寂しくなってまた僧のもとに戻ろうとして、村人に「もし屏風岩まで薪取りに行く時は、江草村の者だと告げろ」と言い残して去った。それから、他の村の人がこの山に入れば不幸があるが、江草村の人ならば無事であるとされたという。

『裏見寒話』においては「茌草孫《えぐさまご》右衛《え》門《もん》」として記されており、元は孫右衛門という名で語られていたのだろう。江草村の山中には異人がいた。延宝年中（一六七三〜八一）の頃までは、村人が山に入ればどこともなく現れて、樵《きこり》に交ざって斧《おの》を振るって手伝ったりした。折あるごとに「我は上州の出身で壮年の時に父母を亡くした。それから大酒や放蕩《ほうとう》を続け、親族からも見放されたのでこの地へと来た。その時は武田信虎の時代だったと思う。元来剛力だったので、深山で猟をして鹿、猿、兎などを食い、数年は村に出ることもなく、山谷を棲家《すみか》として日々を送った。三〇年ほど前までは町へも出たりしたが、最近は人々の交わりがうるさいので、甲斐や伊豆の山を巡ることを楽しみとしている」と語った。樵が飯を与えれば喜んでこれを食べた。その後は時々見かける程度で人家に近寄ることもなかった。正徳年中（一七一一〜一六）に江草村の人が山で草刈りをしていたら、異形の者が岩の上に立っているのを見た。

髪は真っ白で髭《ひげ》は胸まで届き、眼光が炯々《けいけい》と輝いていた。これを見た人が驚いていると、たちまち狂風が起こり、黒雲が山に満ちて雷鳴が響いた。これは孫右衛門の眠っているのを知らずに草を刈って驚かせたためだとされた。それ以後も時々姿を現したので、村人は孫右衛門天狗と恐れたという。

『中巨摩郡志』には、茅岳《かや》（茅ヶ岳か）の孫左衛門という山男について記している。孫左衛門はもともと樵だったが、山に入って仙人になったのだという。茅岳や曲岳《まがり》で遊び回っていて、大石を深山に転がしたり、鹿を追って走ったり、岩の上に座したりしているのを目撃することがある。蓬髪《ほうはつ》で目が大きく、大きい体に草の葉や木の皮を綴った衣を着ていて、人と言葉が通じないという。「天外茅山色　宛如鳥角巾　伝云陰洞下　時遇孫真人」という詩が口碑で伝わっているという。

**金ヶ岳の新左衛門**も参照。

〔参考文献〕土橋里木『甲斐の伝説』、三田村鳶魚編『未刊随筆百種』一八、山梨県中巨摩郡総合教育会『中巨摩郡志』

## 槐の邪神〔えんじゅのじゃしん〕

山梨県南巨摩郡の身延山《みのぶさん》の話。『太平百物語』巻之三に「大森の邪神往来の人を悩ませし事」として記されている。項目名は水木しげる『決定版　日本妖怪大全』から採用した。

身延山の麓には大きな森があり、そこには幹が五人で手をつないで囲むほど太く、高さが五、六丈（約一五～一八メートル）ほどの槐の大木がある。その傍らに社があり、日暮れから後にこの前を通ると祟《たた》りがあるとされた。そして、どうしても通らなければならない時は、大層な器物や衣類、または金銀などを槐の根元に供えて礼拝すれば、難から逃れられると伝えられていた。

ある時、茂次という農民が用事で出かけていると、母が急病だと知らせを受けたので、急ぎ帰宅することにした。しかし日暮れの帰り道に槐の社の前を通る時、供える宝物の用意がなかったので、その根元で平伏して「母の急病によって急いでおり、供え物の用意がありません。後ほど宝物を捧げますので、今はお許しください」と祈って駆け出した。すると土風が吹いて後ろから甲冑《かっちゅう》を着た者が大勢追いかけてきた。その者たちは「お前は我々の神に供え物をせずに通り過ぎたが、もし宝物を捧げなければ命を取るぞ」と言ったが、茂次の嘆きを見て、そのうちの年老いた者が「この者は助け難いが、偽っているようでもない。このたびは許すから必ず遠くないうちに供え物をせよ」と言って帰っていった。茂次は何とか帰宅し、母の末期に立ち会って葬式も済ませることができた。しかし森での出来事を人々に話すと皆震え上がり、このまま捨て置くことはできないとした。しかし茂次の家は貧しく、何とか五〇〇文の銭を集めて社に持参するしかなかった。茂次は社に平伏して銭を捧げたが、冷風が吹いて例の姿の邪神が現れ「このような軽々しい供え物で神を軽んじるとは」と言って大きな土鍋を取り出し、茂次を煮殺そうとした。茂次は覚悟を決め、鍋の中で日頃祈りを捧げている不動明王の真言を唱えると、にわかに夕立が降り始めて鍋の火を消した。そして赤い色の童子が一人現れ、邪神たちを散々に打ち負かして茂次を助け出し、鍋を谷に投げ捨てた。童子は「これでもう難はない。お前が捧げた供え物を持ち帰れ」と言って一つの箱を茂次に渡し、一瞬で家まで帰した。茂次が箱を開けてみると中には金子《きんす》が一〇〇〇両もあり、これはどうしたものかと隠し置いていたら、夢枕に童子が立って「その金子はお前の孝心によって、天から与えられたものである」と告げた。そこで茂次は金子をありがたく頂き、それによって次第に富み栄えていったのだという。

〔参考文献〕『近代日本文学大系』一三巻、水木しげる『決定版 日本妖怪大全』

## オイヌさま

山梨県上野原市秋山に伝わる。

鉄砲撃ちが山で鳥を撃っていると、イヌが墓を掘り返して、チリチリという音を立てながら死人を担いでいくのを見た。イヌは鉄砲撃ちが見ているのに気付くと、その喉笛を噛《か》み切って逃げていったのだという。これはオイヌさまというもので、青い目がギラギラと光り、牙が鋭い。これに墓を掘られないように、墓穴は深く掘らなければいけないのだという。

〔参考文献〕東京女子大学民俗調査団『甲州秋山の民俗 山梨県南都留郡秋山村寺下・尾崎』

## おいはぎ

山梨県北巨摩《こま》郡白州《はくしゅう》町（現・北杜《ほくと》市）に伝わる。

松林がずっと続く道があり、昔はここにおいはぎが出た。話者のおばあさんのお母さんが、ある夜にその道を通っているとおいはぎが出た。しかし、象牙のかんざしをおいはぎに向けると逃げていったという。象牙のかんざしは魔除けになるからだといわれている。

〔参考文献〕東洋大学民俗研究会『白州の民俗 山梨県北巨摩郡白州町旧菅原・鳳来村』

## オオソウゲ小僧、オニバンバ
〔おおそうげこぞう、おにばんば〕

山梨県東八代郡芦川《あしがわ》村（現・笛吹市）の話。

鶯宿《おうしゅく》と中芦川の間にオオソウゲという峠がある。往来の時にはこの峠を越えなければならないが、ここにある大きな岩にはオオソウゲ小僧がいて、下を通る歩行者に泥団子を投げ付けたのだという。

また、この岩には髪の長いオニバンバもいたのだという。

〔参考文献〕影山正美「甲州山村における民俗的世界観」（『甲斐路』七六号）

## 大入道［おおにゅうどう］

山梨県北巨摩《こま》郡白州《はくしゅう》町（現・北杜《ほくと》市白州町）の話。

九頭竜という所に氏神が祀《まつ》られている。そこに蛍を捕りに行くと、下の方から大きな入道が迫ってきた。挨拶をしても返事をしなかったが、その頭に大きな蛍が止まったのでそれを捕ろうとすると、入道はスッと消えてしまったのだという。

表題では「ムジナに化かされた話」としている。

［参考文献］東洋大学民俗研究会『白州の民俗 山梨県北巨摩郡白州町旧菅原・鳳来村』

## 大橋の神［おおはしのかみ］

甲斐国《かいのくに》山梨郡国玉《くだま》村（現・甲府市国玉町）に伝わる。『裏見寒話』に記されている。

国玉村にある大橋の上で猿橋（大月市猿橋町の橋）のことを話すと怪異があり、逆に猿橋で大橋のことを話しても怪異があるのだという。

昔、江戸から来た人が猿橋の上で大橋の噂をしたら、一人の婦人が現れて「甲府へ行くのなら、この手紙を国玉の大橋に届けてください」と言った。彼は承諾して手紙を受け取ったが、怪しいと思ったので密かに手紙を開いて読んでみた。すると手紙には「これを届けた者を殺すべし」と書かれていたので、旅人は驚いて「これを届けた者を殺してはいけない」と書き改めた。国玉村の大橋へ向かうと、同じように婦人が現れたが、激しく怒っている様子だった。しかし渡された手紙を読むとたちまち落ち着き、手紙を届けてくれた礼をして消えたのだという。

また、この大橋の上で葵上《あおいのうえ》（能楽の一つ。源氏物語から採用された謡曲）の謡を唄うと道に迷ってしまうが、三輪《みわ》（能楽の一つ。奈良の三輪山伝説から採用された謡曲）の謡を唄うと道が明らかになるのだという。

［参考文献］三田村鳶魚編『未刊随筆百種』一八

## オコツアン

山梨県南都留郡河口村（現・南都留郡富士河口湖町）に伝わる。

一二月八日や二月八日には、オコツアンという神が訪れるので、目籠を軒に吊るし、子供たちには「オコツアンが覗《のぞ》く」と脅かすのだという。オコツアンはオコトサンの訛《なま》りだろうか。

事八日に由来すると思われる。

［参考文献］土橋里木「こと八日と山の神」（『民間伝承』一四巻六号）

## オコトノカミサン

山梨県都留市金井に伝わる。

日本中の病人の名前を帳面に記しているという神で、その帳面をドンドヤキの時に燃やすことで病人が治るのだという。

事八日に由来すると思われる。

［参考文献］都留文科大学民俗学研究会『山梨県都留市金

井の民俗』

## お高やん［おたかやん］

山梨県中巨摩《こま》郡小井川《こいかわ》村（現・中央市）辺りの話。

釜無川の小井川土手の工事の時、お高やんという声のいい美女が粘土搗《つ》きに来ていた。お高やんの歌う「粘土節」があまりに良いので、土工たちが聞き惚れて仕事の手を休めてしまい、また近くに住む人々が歌を聞きに集まるなど、工事に支障をきたすほどであった。仕方なく、工事監督はお高やんの出役を断ったが、お高やんが工事に来なくなると、仕事の能率はかえって悪くなった。工事監督はお高やんにまた来てもらおうと探したが、遂に見付かることはなかった。そこで誰言うとなく、お高やんは工事の能率を良くするために現れた女神だったのだといわれるようになった。

「粘土節」はこの地域に伝わる民謡であり、歌詞にもお高やんが登場する。また、このお高やんという女性も当時実在した人物だったようで、そこから派生した話と考えられる。

［参考文献］竹川義徳「甲州の伝説　釜無川」（『甲斐路』二号）

## お玉［おたま］

山梨県北都留郡大月町（現・大月市）に伝わる。

コンドウ丸という山の麓の池から、水晶の小さい玉を拾い出した。里人はこれを「お玉」と呼び、旱魃《かんばつ》の時はこの玉を水に浸せばたちまち雨が降ったという。

［参考文献］田中磐「お玉が池伝説を巡って」（『あしなか』通巻四四号）

## オテンゴー

山梨県南巨摩《こま》郡大須成《おおすなり》村平須（現・南巨摩郡身延町《みのぶちょう》）に伝わる。

盆の一五日に、オテンゴー花火といって若い衆が集まって花火を上げる。妙法寺の大きな銀杏《いちょう》の木の上に花火の口を作り、提灯を付けてオシンメー（注連縄《しめなわ》か）を吊る。オテンゴー花火をやらないと村がオテンゴーの怒りによって滅びるとされており、大昔に大火事があってそれから祀《まつ》るようになったという。そのため、この花火をヒビセ（火伏せ）の祭りともいう。

また、平須では一九日は妙法神の祭りとしている。妙法神は**タカガミサマ**ともオテンゴーサマとも、妙太郎法太郎の二人の神様ともいう。

五《ご》箇《か》村笹走《ささばしり》（現・南巨摩郡早川町笹走）でも七月一七日に妙法神のオマツリというのがあり、相撲をしたという。

五開《ごかい》村（現・南巨摩郡富士川町）でも、太郎坊（妙太郎法太郎妙法二神）すなわちオテンゴーさんのお祭りだとして、盆の一七日から二九日まで遊ぶ。お盆の遊びついでなのだという。

オテンゴーは天狗に通じる名称と思われる。また、妙太郎と法太郎は身延山に祀られている荒神のことと思われる。

〔参考文献〕服部治則「南巨摩の盆行事」(『民間伝承』一四巻九号)

## オニオさん

山梨県北巨摩《こま》郡白州《はくしゅう》町(現・北杜《ほくと》市)に伝わる。

昔、八ヶ岳からオニオさん(または、鬼や山姥《やまうば》)という偉い神様が土を背負ってきた。しかし、途中でオンガラ(背負子《しょいこ》の肩《かた》紐《ひも》だろうか)が切れてしまい、里人に借りようとしたが誰も貸してくれなかったので、そのまま置いていってしまった。これが今の中山(北杜市にある山)になったのだという。

オニオさんとは、恐らく「お仁王さん」のことなのだろう。

〔参考文献〕東洋大学民俗研究会『白州の民俗 山梨県北巨摩郡白州町旧菅原・鳳来村』

## オノウ

山梨県都留市の平栗《ひらぐり》と加畑《かはた》に伝わる。

小御嶽《こみたけ》神社のある小御嶽山の方から、一月一四日の夜になると笛や太鼓の音がしてくる。拝殿に神様が一杯出てきて、笛太鼓とともに踊るのだという。白装束の神様が幾人も出てきて笛を吹いたり太鼓を叩いたりして踊っているのを見たという。

また、小御嶽神社の山に棲む天狗が踊っているのだともいわれている。

加畑の沖の方(詳細不明)でオノウが笛を吹いたり「オノウオノウ」と言ったりする。笛や太鼓の音が風波に乗って聞こえてくるのだという。

オノウはお能、つまり能楽からきているのだろうか。

〔参考文献〕都留文科大学民俗学研究会『平栗・加畑の民俗:山梨県都留市宝』

## おひめ

山梨県北巨摩《こま》郡大草村(現・韮崎《にらさき》市大草町)に伝わる。

大草村の上條東割におひめ屋敷と呼ばれている屋敷がある。ここはおひめという女の怨霊が祟《たた》っているので、屋敷に住んだ者は病気や火傷などの災いを受けるとされた。また、この屋敷の裏を流れる用水路に架けられた土橋をおひめ橋と呼び、この橋を踏み外したり橋の上で転んだりすると、おひめに川の中へ引き込まれて片袖をむしり取られると恐れられた。また、かつておひめが所有していた田をおひめ田と呼び、ここを耕すとリュウマチなどの病気に罹《かか》ったり怪我をしたりするとされた。

天保年間(一八三〇~四四)の頃、おひめという女が夫とともに貧しい生活を送っていた。おひめは美貌の持ち主だったので、ある村役人がその容色に迷い、ひたすらその歓心を買うことに努めた。おひめも利欲に目が眩《くら》んで村役人に思いを寄せるようになり、二人は遂に邪魔な夫を殺してしまった。村役人の権勢を利用して「夫は野盗に殺された」と嘘をついて葬式を済ませ、その後二人は人目を憚《はばか》ることなく付き合うようになった。しかしこの悪巧みの真相が代官の知るところとなり、おひめは捕らえられて引き回しの末に磔《はりつけ》の刑に処されることとなった。引き回しの途中、おひめは自身の屋敷跡に来て、役人に願って庭に下ろしてもらった。そして庭前の大石に縋《すが》り付いて号泣し、着物を食い破って片袖を土橋から下の川へ投げ捨てたのだという。おひめが縋り付いた大石は今もそのまま残されている。

［参考文献］北巨摩郡教育会『郷土研究』二集一冊　口碑伝説集

## オヒメサン

山梨県北巨摩《こま》郡白州《はくしゅう》町（現・北杜《ほくと》市）に伝わる。

話者がミツメから西田に帰る時、土手に何かが座っているのが見えた。夫に「あそこにオヒメサンが見えるから早く帰れ」といわれた。後で夫が土手を確認すると、人が座っていれば草にその跡が残っているはずなのに、そのような跡は残っていなかったという。また、オヒメサンは足跡を残しても姿は見えないのだという。

別の話では、この辺りに「オシンメサマ」と呼ばれる、こんもりした森があり、ここには「オシンメ前のお姫様」あるいは「オシンメサマのお姫様」という名の美しい狐がいて、花嫁の姿に化けたりするのだという。オヒメサンも、あるいはこの化け狐のことなのかもしれない。

［参考文献］東洋大学民俗研究会『白州の民俗　山梨県北巨摩郡白州町旧菅原・鳳来村』

## オビャッコ

お白狐、白狐ともいう。山梨県北巨摩《こま》郡須玉町《すたまちょう》（現・北杜《ほくと》市須玉町）に伝わる。

オビャッコを見ると縁起が悪いといい、その日は山仕事には気を付けるという。お白狐をいじめると、気がおかしくなったり腹の病になったりするのだという。オビャッコは家にも個人にも憑《つ》く。これに憑かれると病気になったり痩せたりする。

白狐は体長一五センチくらいで、尾が長く目がキョロキョロしており、鼻は黒、耳は小さく白や黒や茶色をしている。イタチに似た体型で胴は鼠より細い。冬眠はせず、山の岩がゴツゴツした所に群れで棲むのだという。

家や人に憑く憑き物の一種とする一方で、山に棲む獣の一種とも考えられていたようである。

［参考文献］「山梨県北巨摩郡須玉町旧増富村」（『民俗採訪』昭和四三年度号）

## おもいの魔物［おもいのまもの］

山梨県南都留郡富士河口湖町辺りの話。富士山麓の大和田山の森に、おもいという魔物が棲んでいた。この魔物は人が心に思ったことを知ることができるという力を持っていたので、これに出会った人は何もできなくなって取って食われてしまうのだという。ある日、一人の樵《きこり》が大和田山で木を割っていると、この魔物が現れた。樵が考えることを次々と言い当ててゲラゲラ笑うので、樵はびくびくしながら仕事を続けていた。その時、樵が割っていた木に大きな瘤《こぶ》があり、ここに斧《おの》が当たって弾け、その欠片《かけら》が近寄ってきた魔物の目に当たった。思いもよらぬ出来事で目が潰れた魔物は、「思うことより思わぬことの方が怖い」と言いながら逃げてしまったのだという。

〔参考文献〕土橋里木『甲斐昔話集』

## お八日様［おようかさま］

山梨県南都留郡忍野《おしの》村に伝わる。

二月八日を「お八日様」と呼び、朝から線香を焚《た》いて仕事は休み、大声で話すのも慎んで静かに過ごし、夜も早くから戸を閉じて寝てしまう。お八日様は疫病神とも、目の大きい怪物とも、一つ目の怪物ともされているが、そうした言葉を口にするのも慎むべきとされていた。この日は「八日だんごきびだんご」といって黍《きび》で団子を作るのだが、団子を作るのに湯を用いないこと、必ず男子によって作ることなどが定められている。

これも事八日の行事に類するものだろう。

〔参考文献〕土橋里木「こと八日と山の神」（『民間伝承』一四巻六号）

# 【か】

## カーッパ

山梨県富士吉田市向原《むかいばら》に伝わる。

川で泳ぐとカーッパにケツの提灯を取られるのだという。しかしこれは子供を騙《だま》すためのもので、実際にそんなものはいないとしている。

〔参考文献〕都留文科大学民俗学研究会『向原の民俗　上』

## 怪法師［かいほうし］

山梨県北巨摩《こま》郡菅原村（現・北杜《ほくと》市白州《はくしゅう》町）に伝わる。

昔、菅原村の付近一帯は湖だった。七里岩の中ほどに御崎という所があり、そこに六、七丈（約一八～二一メートル）くらいの大きな石がある。ある時、村人たちが薪取りに来ると一人の怪法師が現れて、「我はこれより向こうの山（駒ヶ岳）に一飛びしてみせる」と言った。村人たちは信じなかったが、法師は呪文を唱えたかと思うと体が浮いて空高く舞い上がり、向こうの山に姿を消してしまった。村人たちが驚いて法師が立っていた石を見ると、法師の大きな足跡が残っていたのだという。

［参考文献］竹川義徳「甲州の伝説　釜無山」（『甲斐路』二号）

## 隠し坊［かくしっぽ］

山梨県北都留郡上野原町（現・上野原市）に伝わる。

子供が夜遅くまで遊んでいると「カクシッポに連れていかれる」と脅かしたのだという。

［参考文献］都留文科大学民俗学研究会『井戸の民俗：山梨県北都留郡上野原町棡原』

## カシワ

山梨県東八代郡中道町右左口《うばぐち》（現・甲府市右左口）に伝わる。

中道町の滝戸山に、カシワの巣と呼ばれる深い洞穴がある。昔、ここにカシワという怪物が棲み、ビイゲ院という寺で葬式があると、必ず現れて仏（遺体のこと）を奪っていったのだという。カシワは綺麗な女の姿に化け、さらった仏を食べてしまうのだという。ある葬式の時、綺麗な女の人が寺に現れて「住職、今日の葬式の仏をもらいたい」と言ってきた。住職は人間ではないなと思って「仏は葬るものだからあげるわけにはいかない」と断ると、「腕ずくでももらっていくぞ」と立ち去った。そして葬式が始まり、インロウ（引導か？）を渡す時に滝戸山の中腹からカシワが飛んできて、棺桶《かんおけ》をひっくり返して仏を奪って飛び去った。しかし、住職が印を結ぶと、カシワは山へと落ちていなくなってしまった。それからその辺りを仏沢と呼ぶようになったのだという。

カシワは恐らく火車《かしゃ》のことだと思われる。また、このカシワの話と関連付けて、右左口では気性の激しい女や綺麗だが意地悪な女のことを「がし娘」と呼んだりするとも記されている。

［参考文献］東洋大学民俗研究会『右左口の民俗　山梨県東八代郡中道町右左口地区』

## ガス玉

山梨県都留市の平栗《ひらぐり》と加畑《かはた》に伝わる。

『平栗・加畑の民俗』に報告されている。

話者が子供の頃、火の玉やガス玉が出た時は、おじいさんやおばあさんの魂が出たとされた。とあるおじいさんの家の屋根から火の玉がお寺へ向かって飛んでいき、それから一日や二日経つと死んでしまったのだという。

別の話では、桂川でガス玉が爆発して昼間のように明るくなったのだという。また、中が透き通るようなガス玉がほわんほわんと前の方へ行くのを見たのだという

［参考文献］都留文科大学民俗学研究会『平栗・加畑の民俗：山梨県都留市宝』

## 金ヶ岳の新左衛門［かながたけのしんざえもん］

山梨県北杜《ほくと》市の金ヶ岳に伝わる。『裏見寒話』に記されている。

金ヶ岳の深山に新左衛門という異人がいた。いつの頃からかこの山中に棲み、山岳を巡って鬼形と化して風雨雷鳴を起こす。ある年、諏訪《すわ》の方の温泉に甲斐《かい》から来たという人が入浴していた。他の入浴者と語り合っている時に姓名を問われ、金ヶ岳の新左衛門と答えた。また、「我は数百年金ヶ岳に住んでいる。自在に空を飛び、風雨雷鳴を起こすことができる。平素天狗と交流して魔術に通じているので、怒る時は鬼形と化して見る人を死に至らしめるが、穏やかな時は人の姿に化して人と交流をする。荏草《えぐさ》の孫右衛門（**荏草の孫左衛門**のことか）などは術が未熟で自然の変化をなすことができない。猛獣や蛇蝎《だかつ》など、我が恐れるものはない」と語った。こうして語っていると、突然火の玉が現れて浴室の軒に止まった。しかし新左衛門は笑って「あれは白猿というものだ。猿が五〇〇年を経て狒々《ひひ》となり、更に一〇〇〇年を経て白猿となるもので、天狗と同じく猛悪で力を誇ろうとこうした怪異をなすが、恐れるに足らぬ」と語ったのだという。

［参考文献］三田村鳶魚編『未刊随筆百種』一八

## がに坊主［がにぼうず］

山梨県東山梨郡平等《ひらしな》村（現・山梨市）の話。

昔、岩下という所に「かに寺」と呼ばれる寺があったが、ここは僧侶が来ても皆一晩でどこかへ消えてしまうので、荒れ果てた無住の寺となってしまった。ある日、一人の旅僧がこの地へ来て、かに寺で一夜を明かすことにした。夜中、眠っていた旅僧の枕元に一人の僧が立ち、非常に難しい問答をしかけてきた。旅僧は答えられず、何の気なしに「がんにん坊主、がんにん坊主」と連呼すると、枕元の僧はペカリと姿を消してしまった。翌朝、人々は寺の様子を見に行くと、旅僧が変わらずそこにいるのを見て驚いた。人々がこの寺について旅僧に話したら、僧は考え込んでから人々を連れて寺の裏の古池に行き、そこの水を抜いて空にした。するとそこには二畳敷ほどの大きさの蟹がいて、池の底には人間の骸骨がいくつも転がっていた。人々は槍や鉄砲で蟹を退治し、それからは寺に不思議なことは起こらなくなったという。

**長源寺の化け蟹**も参照。

［参考文献］土橋里木『甲斐昔話集』

## 川浦の釜［かわうらのかま］

山梨県山梨市の川浦の話。『裏見寒話』や

『甲斐路《かいじ》』九一号の「秩父街道の伝説と昔話」に記されている。

笛吹川の水源ともされる釜には、一の釜と二の釜の二つがある。川の水が渦巻く所で、川浦山で伐採した材木を流し運ぶ時にこの釜に流れ出ると、たちまち水底に巻き込まれ、浮かび上がってくることはないのだという。里人は酒を一樽と赤飯一櫃《ひつ》をこの釜の中に投げ入れて、水神への供物とする。こうすることで、材木を流しても巻き込まれることはなくなるのだという。供物として捧げる酒樽は口に栓をして、飯櫃は箱に入れて四方を縄で結ぶ。このように厳重に封をしてから釜に投げ入れるのだが、翌朝浮かび上がってくる樽や櫃は空になっており、縄などももとの通り結んであるのだという。

この話は川浦温泉近くの「一之釜」という滝のことだと思われる。「秩父街道の伝説と昔話」では、この話を取り上げて「釜は淵《ふち》と同意語で水深の深い場所のことである」と説明している。

〔参考文献〕三田村鳶魚編『未刊随筆百種』一八、望月整子「秩父街道の伝説と昔話」(『甲斐路』九一号)

## 川天狗〔かわてんぐ〕

山梨県西八代郡上九一色《かみくいしき》村精進《しょうじ》(現・南都留郡富士河口湖町精進)に伝わる。

精進湖には昔から河童がおり、地元の人はこれを川天狗と呼ぶ。川天狗は魚、蛇、石など何にでも化けられるのだという。

ある秋の夜明け頃、精進に住む漁夫が精進湖に魚釣りに行った。湖の近くまで来ると、一人の子供が手拭いのようなものを両手で手玉に取りながらやってきた。小学生くらいの背丈だが、よく見るとこの辺では見知らぬ顔で、顔中にできものの跡があるアバタ面だった。子供は漁夫に「どこへ行って来《き》とォ」と声をかけ、向こうへ行ってしまった。漁夫は身震いがして、あれは川天狗じゃないかと思った。その日の釣りは不思議と鮒《ふな》がよく獲れて、背負い籠が一杯になったのだという。

また、ある夏の夜、精進に住む二人が精進湖の中の島へ鯉を獲りに行った。湖水が増水して島の柳の枝が水に浸かっている辺りに鯉が群れていたので、二人はそこに網を投げていた。すると一人の子供が水面を蹴立ててザブザブと歩いて渡ってきた。二人が驚いて見ていると、子供はそのまま対岸の宇之崎の方へ行ってしまった。これも川天狗ではないかとされた。

また、儀兵衛という爺が精進湖で網を投げていたら、いつもと違った手応えがあり、重くて引き上げられなかった。逆に網ごと引き込まれそうになり、怖くなって網を放って逃げ帰った。翌日また行ってみると、網は湖端に残っていたが、破れて大きな穴が開いていた。これも川天狗の仕業ではないかとされた。

〔参考文献〕土橋里木「精進の民話」(『甲斐路』一二四号)

## カンチキ

山梨県南都留郡道志村に伝わる。

道志本谷の湯本近くのV字谷の淵《ふち》によく出た。河童によく似ていて背に亀甲を背負い、髪をさんばらにした烏《からす》天狗のようなものだという。度々子供が本谷で溺死したが、その死体の腹はペシャンコに凹んでいた。これは、カンチキが人間の尻子玉を好むので、肛門から細い手を差し入れて五臓六腑《ろっぷ》を引っ張り出して食べてしまうからだという。大人でも遠慮なく水に引き込んでしまうとか、カンチキにかかった死体に肉親者が近付くと鼻血が流れるともいう。明治の末年（一九一二）には子供をカンチキから守るため、川遊びを禁じる御触れも出た。

［参考文献］伊藤堅吉「道志炉辺談」（『あしなか』通巻四七号）

## キーキの尾根 ［きーきのおね］

キーキー尾根とも。山梨県韮崎《にらさき》市と南アルプス市の間にある甘利山に伝わる。

甘利山の麓に孫左衛門という老爺がいた。孫左衛門は普段から鼠は大黒様のお使いだとして愛好し、夜には洗い米を器に盛って鼠に与えていた。ある時、孫左衛門は甘利山に行き、日暮れの後に道に迷ってしまった。途方に暮れていると前方に灯りが見えたので、行ってみると一軒の家があった。一晩泊めてもらおうと家を訪ねると、美しい女が出てきて奥の間へ案内し、歓待してくれた。夜も更け、孫左衛門が眠っていると、隣室から多くの人が話している声がして目が覚めた。聞き耳を立ててみると、非常に猫を怖がっている様子だったので、面白半分に猫の鳴き真似をしてみると、キーキーと狼狽《ろうばい》する声とともに散り散りになり、今まであった家も消え失せて辺りは草原となってしまった。

［参考文献］北巨摩郡教育会『郷土研究』二集一冊 口碑伝説集

## キャシャ

山梨県北巨摩《こま》郡清里村（現・北杜《ほくと》市高根町）や笛吹市芦川町《あしがわちょう》 鶯宿《おうしゅく》の話。

『民間伝承』九巻六・七合併号の「甲州清里村覚書」によると、清里村では昔、葬式の行列が墓地に行く途中、湧き出してきた黒雲の中からキャシャが出てきて、死人をさらっていくことがあったという。

『甲斐路《かいじ》』七六号の「甲州山村における民俗的世界観」によると、鶯宿では「キャシャ」とは老猿のことを指す。昔、鶯宿村の北西の山で、ある女性が大石の下で雨宿りをしていて、そのまま眠ってしまった。眠っている間にキャシャに襲われたらしく、数ヶ月後に猿の子としか思えない、赤ら顔の子を出産した。この子供は水を飲むと途端に獰猛《どうもう》になるので、結局殴り殺されてしまったのだという。

［参考文献］笹村草家人「甲州清里村覚書」（『民間伝承』九巻六・七合併号）、影山正美「甲州山村における民俗的世界観」（『甲斐路』七六号）

## 吸血蛇 ［きゅうけつへび］

山梨県中巨摩《こま》郡の話。

中郡（中巨摩郡のこと）の下條という所

に、相応の暮らしをしている家があった。ある年、おかみさんが座敷で飼っている蚕に桑をあげに行ったら、いつまでたっても戻ってこない。心配した下女が様子を見に行ったら、おかみさんは蚕の籠《かご》の上に倒れて青い顔をしていた。驚いた下女が旦那さんや下男を呼んできたら、おかみさんの体から、血が針のように細く、糸のように筋を引いて出て、庭の方へ飛んでいくのを見付けた。不思議に思って庭に出てみると、庭の坪山に大きな空洞のある木が植わっていて、その空洞に血の筋が入っていた。空洞の中を覗《のぞ》いてみると、大きな蛇が鎌首を上げてじっと家の方を向いており、パックリと開いた口に血の筋が飛び込んでいた。蛇を棒で突くと、空洞の奥に引っ込んでしまい、血の筋も途絶えた。それから石を叩き込んだり湯水を注いだりしても蛇は出てこなかったので、煙火《はなび》を作って火を付けて投げ込むと、一二匹もの蛇が燻《いぶ》し出されてきたので、全て打ち殺してしまった。それから血を吸われるようなことはなくなったが、おかみさんは二、三ヶ月完治しなかったのだという。

［参考文献］土橋里木『甲斐昔話集』

## きれいの娘［きれいのむすめ］

山梨県南巨摩《こま》郡早川町奈良田の話。

狩人が魔の谷という初めての山に行くと、見たことのない大きな獣の足跡があった。その跡を付けていく間に日が暮れてしまい、暗くて帰れなくなってしまった。すると「ホーイ」という人の声がしたのでそちらに行ってみると、大きな岩の上に綺麗な娘がいて、頭に百匁蠟燭《もんめろうそく》を立てて布を織っていた。狩人は気味悪く思い、鉄砲でその娘を撃ったが、娘はへらへら笑いながら弾丸を手で摑《つか》み、「鉄砲なんぞはホイコロリン」と言って谷に投げてしまった。するとゴーンと山鳴りがしたので、狩人は怖くなってありったけの弾丸を撃ったが、どれも同じことであった。しかし、最後に一発残った切り玉で頭の蠟燭を狙い、題目を唱えながら撃つと、蠟燭の火が消えて「ギャー」という声とともに大きな山鳴りがして、急に夜が明けた。岩の上を見ると一〇貫匁（約四〇キロ弱）はあるかという古狸が死んでいたのだという。

［参考文献］深沢正志「奈良田の昔話　狸と狩人」（『甲斐路』一〇号）

## 金鹿［きんろく］

山梨県甲府市の八王子山に伝わる。『裏見寒話』に記されている。

塚原村に住む武兵衛という猟師が、五月雨の末頃の夜、八王子山に登った。頂上まで登って東西を見ても、鳥獣の姿は見られなかった。しかし、谷底に金色の光が満ちて白昼のようになっているのを見付け、不思議に思って見ていると、金色の鹿が静かに歩いて山を登ろうとしていた。これは天からの贈り物だろうと考えた武兵衛は鉄砲の筒先を向けようとしたが、突如何者かに髪を摑《つか》まれ、仰向けに引き倒され、鉄砲から放たれた玉は虚空に逸《そ》れた。山神の霊が現れたのだろうとされている。

［参考文献］三田村鳶魚編『未刊随筆百種』一八

## ゴットラ

山梨県南都留郡道志村に伝わる。

ゴットラとは道志村の方言でガマガエルを指す。明治初年（一八六八）の頃、室久《むろく》保沢《ぼさわ》の近くにヌタノテイロという湿地帯があった。夕方頃、ある炭焼きの人が家路を急いでいた時、このヌタノテイロでゴットラが何百匹も群がっているのを見た。そのなかには一際大きい、箕《み》くらいの大きさのゴットラが背中に無数のゴットラを乗せているのがいた。これを見た炭焼きの人は冷や汗を流しながら何とか逃げ帰ったが、二、三日は血の気が引いて、物思いにふけっていたのだという。

［参考文献］伊藤堅吉「道志炉辺談」（『あしなか』通巻四七号）

## 琴川［ことがわ］

山梨県山梨市牧丘町を流れる琴川の話。

琴川の辺りに、一人の美女が住んでいた。女はよく琴を弾いて暮らしていたが、ある年の夏、裏山が崩れて家もろともに押し流されて行方不明となってしまった。その後、琴川の川瀬の音とともに琴の音が聞こえるようになったので、ここを琴川と呼ぶようになったのだという。

［参考文献］竹川義徳「甲州の伝説　笛吹川」（『甲斐路』一号）

## コブツタウシ

山梨県北都留郡小菅村長作《ながさく》に伝わる。

子供が夜遅くまで遊んでいると、籠に入れられて連れていかれるのだという。

［参考文献］東京学芸大学民俗学研究会『調査報告　山梨県北都留郡小菅村長作』

## コンジンサマ

山梨県北都留郡小菅村長作《ながさく》に伝わる。

土の神はコンジンサマと呼ぶ。この神様は怒りっぽく、大正時代には「庭の隅を掘るとコンジンサマが怒る」と親に叱られたのだという。また、ものを動かす時は**スイジンサマ**と同様のことをコンジンサマにも言う。

［参考文献］東京学芸大学民俗学研究会『調査報告　山梨県北都留郡小菅村長作』

# 【さ】

## 西方寺のお地蔵さん ［さいほうじのおじぞうさん］

山梨県富士吉田市向原《むかいばら》に伝わる。

西方寺にある地蔵の周りは、金網で囲ってある。昔、夜になるとその地蔵が歩くようになった。それに困って、地蔵の周囲に金網を張ったのだという。

［参考文献］都留文科大学民俗学研究会『向原の民俗 上』

## 椹池の赤牛 ［さわらいけのあかうし］

山梨県北巨摩《こま》郡藤井村下条《げじょう》（現・韮崎《にらさき》市藤井町北下條・南下條）に伝わる。

昔、ある老婆の額に角が生えてきた。老婆は手拭いを被って角を隠していたが、洗濯をしていた時に風が吹いて手拭いが飛ばされて、二本の角を嫁や近所の人に見られてしまった。老婆はこれを恥じて西山に行き、山の中の池に身を投げてそこの主になった。その池が甘利山の椹池である。その後、天文年間（一五三二～五五）に領主・甘利氏の子供二人がこの池で釣りをしていたら、誤って溺死し、死体も浮かんでこなかった。これは池の主の仕業だろうとされ、領主は里人に命じて付近の椹の木を伐採して池に投げ入れ、その上から土石などを入れて池を埋めてしまった。その時、池から一頭の赤牛が飛び出して大笹池へと走り去った。これは老婆の化した姿だったが、大笹池に行っても定住できず、中巨摩郡御影村（現・南アルプス市）の野牛島《やごしま》の能蔵池に逃げていったという。

**能蔵池の赤牛**も参照。

［参考文献］土橋里木『甲斐伝説集』

## 四尾連湖の主 ［しびれこのぬし］

山梨県西八代郡市川大門町（現・西八代郡市川三郷町《みさとまち》）の四尾連湖に伝わる。

四尾連湖の主は、巨大な牛の怪物だという。昔、兄弟武士が湖に来て、強弓《ごうきゅう》で射てこの怪物を仕留めたが、兄弟もそこで倒れてしまった。二人が倒れた所をデッチと呼び、その亡骸《なきがら》を頂に葬った山を猟師ヶ岳と呼ぶようになった。その年はひどい旱魃《かんばつ》だったが、湖の主が退治された翌日は大雨が降ったので、以来この湖で雨乞いが行われるようになった。

四尾連湖の雨乞いは以下のように行われる。まず、行列を作って兄弟武士の墓に詣でる。そして、太鼓・鐘・法螺貝《ほらがい》などの鳴り物入りで、「四尾連の湖《うみ》の黒雲、主を殺した腹いせに、雨を降らせ給いな」と大声で唱えながら湖の周囲を回る。それでも雨が降らない時は祈願日を延長するか、牛を牽《ひ》いてきてその頭を水に浸す。最も効果があるのは、牛の首を斬って、血の滴る生首を湖中に投げ込むというやり方である。これをすると、必ず大荒れになって豪雨が降るとされていた。

[参考文献] 土橋里木『甲斐伝説集』『甲斐の伝説』

## ジュウバコタタキ

山梨県富士吉田市向原《むかいばら》に伝わる。

昔、月の木と呼ばれる欅《けやき》の木があった。暦を知るために月を見る基準として植えられた木で、枝が屋根まで届き、幹が三抱えも四抱えもあるという大木だった。この木のてっぺんにクダマキという夜行性の鳥が来て「ブンブンブンブン」と鳴いたのだという。また、ジュウバコタタキだとかゴロチだとかいう、鳥だか獣だかわからないものが来るので、「ジュウバコが来るぞ」とか「ジュウバコが縄を下ろして引き上げてしまうぞ」と、子供を脅かしたのだという。

[参考文献] 都留文科大学民俗学研究会『向原の民俗 上』

## 樹海の霊 [じゅかいのれい]

筆者命名。山梨県南都留郡富士河口湖町・鳴沢村の青木ヶ原樹海の話。

樹海の中で死んだ人の霊が、深夜に周囲の道路を歩く。深夜に車で走行中、道路ですれ違った人の姿をバックミラーで確認しようとしても、映っていないのだという。

[参考文献] 幽霊探検隊『関東近郊幽霊デートコースマップ』

## スイジンサマ

山梨県北都留郡小菅村長作《ながさく》に伝わる。

水の神はスイジンサマと呼ぶ。明治時代には祭りや正月に酒を持っていって供え、酒盛りをした。現在は若水を汲《く》む時などにオサゴ（御散供）を供える。

スイジンサマは川のアレゴト（荒れ事）を防ぎ、湧き出る清水を守るのだという。また水に関係なく、庭の石を動かす時などに「スイジンサマ、石を動かしますからあちらにいてください」と言って、水もと（源、水源のことか）に白い紙に乗せた塩を置く。

**コンジンサマ**も参照。

[参考文献] 東京学芸大学民俗学研究会『調査報告 山梨県北都留郡小菅村長作』

## 石塔かじり [せきとうかじり]

山梨県北巨摩《こま》郡小淵沢《こぶちさわ》村（現・北杜《ほくと》市小淵沢町）に伝わる。

昔、小淵沢村に出た。爪で石塔の字を削り、百字削り落としたら、その粉で種々の動物を型作ると、その動物の鳴き声を真似たという。例えば犬の形を作ると犬の鳴き声を出したのだという。

[参考文献] 北巨摩郡教育会『郷土研究』二集一冊 口碑伝説集

## 咳婆さん [せきばあさん]

山梨県西山梨郡千塚《ちづか》村（現・甲府市千塚）

に伝わる。

千塚村橋場の四つ辻から一町（約一一〇メートル）ほど南に行くと、高さ一尺（約三〇センチ）余り、周囲八尺（約二・四メートル）くらいの石が立っている。いつの頃からかこれを咳婆さんと呼び、咳の病気、特に百日咳に苦しんでいる時に、全治したら飴《あめ》を奉納すると約束して祈願すれば効験があるとされた。また、お茶好き婆さんとも呼ばれ、里人はよくお茶をあげているのだという。

［参考文献］西山梨郡教育支会『西山梨郡志』

## 善光寺の棟木［ぜんこうじのむなぎ］

山梨県甲府市に伝わる。『裏見寒話』に記されている。

甲府の善光寺（甲斐《かい》善光寺）は永禄年中（一五五八～七〇）に武田信玄によって建立されたが、奥行き二五間（約四五・五メートル）もある本堂の棟木に、高畑村にある数百年という樹齢の柳を用いることになった。この頃、高畑村の隣の遠光寺《おんこうじ》村に一人の娘がいて、彼女のもとに夜ごとに訪ねてくる男がいた。二人は夜の逢瀬《おうせ》を楽しんでいたが、ある時、訪ねてきた男が嘆きながら「これまで貴方と契りを結んできたが、私の死の時が定まったので、こうして会うのも今宵限りだ」と語った。娘もともに嘆いていると、男は「実は私は人間ではなく、高畑村の古柳の精である。貴方に惚れ込んで人の姿で訪ねてきたが、明日には善光寺の棟木に使われるために伐られることになったのだ。しかし私は伐られた後、たとえ千人の力であってもそこから動くことはない。そこに貴方が来て一声音頭を取ってくれたらすぐにでも動こう」と語って立ち去った。翌日、予定通り高畑村の古柳は伐り倒されたが、倒れた木はそこから少しも動こうとはしなかった。そこに娘がやってきて今様を唄うと、難なく木を運ぶことができた。こうして善光寺本堂は完成し、信玄は娘に手厚く褒美を与えたのだという。

［参考文献］三田村鳶魚編『未刊随筆百種』一八

## 千丁木［せんちょうぎ］

山梨県南巨摩《こま》郡早川町雨畑《あめはた》に伝わる。

ミノヒキ山の辺りのことを、地元の人は千丁木と呼ぶ。昔はここに生えている木はいくら伐ってもなくならず、次の日には伐った跡が元通りになった。一本の木で千丁の薪が採れるので千丁木と呼んだのだという。不思議に思った一人の樵《きこり》が、夜も隠れてそこに残り様子を見ていたら、夜中の一二時か一時頃に、カツノキやヒデノキ、ナラやブナやヒノキやトウキなど、様々な木の精が集まって、「人間がどんなに木を伐っても自分たちがもと通りにしてやるが、木の切り屑《くず》を燃やされたらもう駄目だ」と話しているのを聞いた。翌日、その樵は皆にこの話をして、木を伐った後の切り屑を全部燃やしたところ、もう元に戻ることはなくなったのだという。

［参考文献］都留文科大学民俗学研究会『雨畑の民俗：山梨県南巨摩郡早川町雨畑』

## タカガミサマ

山梨県南巨摩《こま》郡早川町奈良田の話。

外良寺《ういろうじ》の近くの山に天狗森という所がある。ここには三本のヒノキと小さな祠《ほこら》があり、天狗を祀《まつ》っている。明治二二年（一八八九）頃、この森の木を売却することになり、中巨摩郡の大衛門という人が買い主となって伐採が始まった。するとその夜に村で火災が起き、外良寺をはじめ一三戸が焼失した。村人は天狗の祟《たた》りだと恐れ、ヒノキの苗三本を植え、祠を建てて祀った。そして買い主の大衛門も事業の失敗で自殺してしまったというので、村人はますます天狗を畏敬し「タカガミサマ」と呼んで、女人や男児が山に登って遊ぶのを禁じるなどしたという。

［参考文献］深沢正志「天狗」（『甲斐路』六五号）

## 駝䭾［だはく］

山梨県に出たという。『蒹葭《けんか》堂雑録』に記されている。

保坂の牧という所の馬が、放し飼いになっていた牛と交わって仔を生んだ。この仔は頭が馬だが体は牛で、左足の蹄《ひづめ》は馬だが、右足の蹄は牛であった。明和二年（一七六五）の酉年の正月に大阪で見世物となっていたという。『本草綱目』には、雄の驢馬《ろば》が馬と交わって生まれるのを騾《ら》といい、雄の馬が驢馬と交わって生まれるのを駃騠《けってい》といい、雄の牛が馬と交わって生まれるのを駏《こ》驉《きょ》といい、雄の驢馬が牛と交わって生まれるのを駝䭾という、と書いてあるので、この奇畜も駝䭾の類いなのだろうとしている。

［参考文献］『日本随筆大成』一期一四巻

## 太郎婆［たろうばば］

山梨県東八代郡田中村（現・笛吹市一宮町田中）の話。

東郡の田中村では、狸が交尾しているところを見た者は命がないといわれてきた。ある旅商人が村に入る道で狸の交尾を見てしまったので、宿屋も怖がって泊めてくれず、仕方なく村外れの一本杉に登って夜を明かすことにした。夜中になると何十匹もの狸が木の下に集まり、一匹ずつ肩車をして木の上の商人に迫ってきた。しかし商人は刀を抜いて上の方の狸を斬って落としたので、狸たちは相談して「太郎婆を頼んでこい」と言った。やがて赤毛と白毛の混じった古狸が連れてこられて、狸たちは再び肩車を組んだ。その一番上に太郎婆が来たので、商人が刀で斬ろうとしたら、太郎婆は竹で編んだコンドシ（小笊《こざる》）を被っていたのでうまく斬れなかった。しかし何度も刀を振るって何とか斬り落とせたので、狸たちは肩車を崩して逃げ去っていった。商人は夜が明けてから宿で色々聞いてみると、太郎婆とは財産家のご隠居さんのことで、昨夜は小用に起きた時に転んで怪我をしたので寝込んでいるということだった。商人は宿の主人とともに財産家の家に行き、そこで使われているコンドシも二つに斬られているのを見て、家に走り込んで「太郎婆はご隠居を食い殺した化け狸だ。早く殺してしまえ」と叫んだ。これを聞いた太郎婆は太い尻尾を出して正体を現し、山の方へと逃げていったのだという。

［参考文献］土橋里木『山梨県の民話と伝説　ふるさとの民話研究』

## 長源寺の化け蟹［ちょうげんじのばけがに］

山梨県山梨市万力の長源寺に伝わる。『裏見寒話』などに記されている。

昔、長源寺の住職が次々と行方知れずになった。首だけが残って骸《むくろ》は跡形もなくなったり、寺に入ってから帰ってくることがなかったりなどが続いた。また、日暮れからこの辺りを通る者には、沢辺の茂みから奇妙な形のものが現れて追いかけてくるのだという。運の良い人は坂を登りきればそれ以上追われないが、そうでなければ死んでしまうのだという。このようなことがあったので、寺は無住の状態が長く続き、村人たちが寺を壊して空き地にしようかと相談していたところ、旅の僧が来た。僧はこの寺に泊まって妖怪を退治しようと言い、村人が止めるのも聞かずに寺に入っていった。その夜、僧は枕元に斧《おの》を一丁置いて床に就いた。すると深夜に本堂や庫裏《くり》が激しく鳴動し、しゃがれた声が「四手八足とは何か」と問いかけてきた。僧が眠ったふりをして答えずにいると、妖怪は枕元まで近付いて「四手八足とは何か」と再び問いかけてきた。そこで僧は跳ね起きて枕元の斧を力一杯叩き付けた。翌朝、村人が様子を見に寺に来ると、僧はいびきをかいて寝ていた。僧と村人は枕元の血の跡をたどり、やがて洞穴にたどり着いた。洞穴からはうめき声が響き、中には甲羅が二間（約三・六メートル）四方もある蟹がいた。川蟹が年を取って全身に毛が生えているものだったが、背中を斬られて半死半生だったので、洞穴から引きずり出したら、夕方頃には死んでしまった。蟹を退治した僧は長源寺の中興の祖となり、残った蟹の甲羅は寺の宝となったという。ここの沢では、増水すると六、七寸（約一八～二一センチ）くらいの蟹が数多《あまた》出てくる。この蟹は薬としてよく用いられたのだという。

［参考文献］三田村鳶魚編『未刊随筆百種』一八

## 艶姫草［つやひめくさ］

山梨県韮崎《にらさき》市中田町の伝説。

天正年間（一五七三～九二）、武田勝頼は新府城《しんぷじょう》を築いて織田信長との戦いに備えていたが、この城に艶姫という美しい腰元がいた。艶姫は勝頼の家来の男と恋仲になっていたが、新府城落城の時、この家来は落ち延びて行方知れずとなり、艶姫も敵軍に捕らえられてしまった。城址で開かれた宴会の折、家来の男は城の麓まで戻り、艶姫は密かに小舟で濠《ほり》を進み逃げようとしたが、見張りに見付かって男は殺され、艶姫も濠に飛び込んで自害した。それから四月になると艶姫の沈んだ濠に見慣れない水草が浮かぶようになった。茎は長くゴムのよう、葉はハート型、白い花が咲き、それを二つに裂くと四つの菱形《ひしがた》の穴が開いている。このため、里人はこれを艶姫草とも、武田家の家紋にちなんで武田草とも呼んだという。

　また、毎年四月一九、二〇日の二日間は城の祭りであり、この時は必ず大雨になる。しかし何年かに一度は晴れになり、そんな日の朝早くに濠に行くと、水の中から美しい女が玉手箱や鏡や宝剣を持って現れ、この女を笑わせるとこれらの宝物を置いてゆくのだという。

［参考文献］小寺融吉「植物の由来に就いての伝説」（『旅と伝説』四巻三号）

## 手形傘［てがたかさ］

山梨県甲府市太田町の時宗の寺院・一蓮寺に伝わる。『裏見寒話』に記されている。

　昔、この寺に勇猛剛強な僧侶がいて、人々は朝比奈和尚と呼んでいた。ある日、寺で葬式を行ったとき、突如雷鳴が鳴り響き、疾風暴雨が起きた。この時、和尚は龕《がん》（仏龕。仏像などを納める厨子《ずし》）の上に登って読経していたが、突然迅雷が龕の上に落ちてきたかと思うと、大きな手が伸びてきて、和尚を摑《つか》もうとした。和尚は負けじとその腕を摑んで争っていたが、遂に怪異な獣を引きずり下ろし、膝の上に組み敷いた。しばらくしたら雲は晴れ渡り、風雨も止んでしまったので、怪異は空に昇ることもできなくなり、命乞いを始めた。和尚は怒ってこれを聞き入れようとしなかったが、他の僧は命だけは助けてやろうと願った。そこで和尚は時宗の葬式を妨げたり、宗門の人々に雷の災いをもたらしたりせぬよう命じて、怪異は喜んで従った。和尚は約束を違えないよう、証書を書けと命じたが、怪異は深山に棲む獣だから字を書けないと言った。そこで和尚は怪異の手のひらに墨を付け、傘に手形を捺《お》させて証書の代わりとした。それから、寺で葬式を行う時はこの傘を必ず出すようになったのだという。

［参考文献］三田村鳶魚編『未刊随筆百種』一八

## 手白猿［てじろざる］

山梨県の民話。

　昔、大猿がいて、畑を荒らしたり鶏をさらったりして人々を困らせていた。この大猿は手が真っ白だったということで「手白猿」と呼ばれるようになった。手白猿の悪《いた》戯《ずら》は日増しにひどくなっていき、領主の殿様が腹を立ててどうにかして捕まえろと命令した。そこで家来たちは領内に住む相吾の興次郎という鉄砲名人の狩人を呼び出し、手白猿を討ち取るよう命じた。興次郎は鉄砲を手に山へと入り、何日も探してようやく手白猿を見付け出した。しかし手白猿は逃げる様子もなく、しきりに興次郎を拝んでいる。見るとその片手に小さな子猿を抱いているのだった。自分にも妻と幼い子がいる興次郎は何度も躊躇《ためら》ったが、子猿を引き取って育てるからと約束して、遂に鉄砲で手白猿の喉を射抜いて殺してしまった。そして死骸を殿様に献上して褒美をもらい、残された子猿を引き取って、我が子と同じように乳を与えて大切に育てた。大きく育った子猿はある日、母が子に湯浴みをさせているのを真似て、子に熱湯を浴びせて死なせてしまった。母は驚いて子猿を山へ逃したが、興次郎は怒って子猿を撃ち殺そうと山へ追いかけた。しかし子猿は見付からないばかりか、帰ってみると我が子の死体もどこかへ消えてしまったので、これも殺生の報いと意気消沈し、猟師をやめて旅の六部となることを決意した。六部となって村を出た興次郎は、山中で何十匹という猿たちと出くわし、そのなかに例の子猿がいるのを見付けた。猿たちに連れられて山奥に行くと、小さな温泉が湧いていた。子猿はその温泉の中から、死んだはずの子供を連れてきた。子供は火傷の痕もなく、以前よりも元気だったので、興次郎は猿たちに感謝しながら家へと連れ帰った。しかし興次郎の決心は変わらず、妻子を親戚に預けた後、六部として旅に出たのだった。

［参考文献］土橋里木『甲斐昔話集』

## 天狗の能囃子［てんぐののうはやし］

山梨県北都留郡笹子村（現・大月市笹子町）に伝わる。

滝子山《たきごやま》の方で、正月一四日前後になると、どこからか鼓笛の音が響いてくる。音が鳴っている方に近付くと止まり、別の所でまた鳴り出す。ヒュートントンと桶《おけ》の底を叩くような音なのだという。

**オノウ**も参照。

［参考文献］岩科小一郎「天狗ノート」（『あしなか』二四号）

## てんころりん

山梨県西八代郡三珠町《みたまちょう》（現・市川三郷町《みさとちょう》）の話。

ある狩人が山奥に入っていると日が暮れた。向こう側に見える小さな火を頼っていくと、岩山の上に白髪の婆が一人座って、そばに百目蠟燭《ろうそく》を付けて糸車を回していた。これは化け物に違いないと思った狩人は鉄砲で婆を撃ったが、婆は「今夜も一つテンコロリン」と言いながら、飛んできた弾丸をヒョイと手で掴《つか》んでしまった。いくら撃っても弾丸を取られてしまうので、狩人は逃げ帰るしかなかった。狩人は次こそはと思い、弾丸をたくさん作り、神の名を刻んだ切子玉も持って再び山を登った。岩山には同じように婆が糸車を回していたので、狩人が鉄砲で撃つとやはり「今夜も一つテンコロリン」と弾丸を掴み取られてしまう。たくさん作った弾丸を全て取られてしまい、これはおかしいと思った狩人は、今度はそばにある百目蠟燭を狙い、最後に残った切子玉を撃ち込んだ。すると火はたちまち消え、山鳴りとともに化け物は下へと落ちた。夜明けを待って行ってみると、そこには一匹の大きな古狢《ふるむじな》が死んでいたのだという。

［参考文献］土橋里木『山梨県の民話と伝説 ふるさとの民話研究』

## 天づるし［てんづるし］

山梨県北巨摩《こま》郡に伝わる。

進藤という人の家で、夜中になると天井から稚児《ちご》のようなものが下りてくることが度々あった。ある時、たまたま居合わせた神主に祈禱《きとう》をお願いしたところ、快く承諾し、祈りながら家の周囲を巡った。それ以来、天づるしは下りてこなくなったのだという。

［参考文献］北巨摩郡教育会『郷土研究』二集一冊 口碑伝説集

## トオリノカミサマ

山梨県大月市七保町《ななほまち》瀬戸上和田に伝わる。

二月七、八日はオヨウカサマといって、御嶽《みたけ》神社のエンニチである。七日の夜、各家から集めた費用でカギトリの家でヤナギを作り、幟《のぼり》と一緒に神社にオカザリをする。その後、カギトリの家で酒盛りをするが、昔は夜じゅう語り明かした。翌朝の八日には赤飯を炊くが、昔は「八日の朝に遅くまで寝ているとトオリノカミサマが通って厄病が家に入ってくる」とされ、早起きをしたのだという。そのため、茅《かや》の枝を門口と神棚に供え、目籠を戸口に飾り、またヒジロで茅を燻《いぶ》して煙を出して家の中を見えないようにしたのだという。

これらは事八日の行事と同類のものであろう。

［参考文献］都留文科大学民俗学研究会『上和田の民俗 上和田民俗調査報告書』

## 豊三郎と寒三郎［とよさぶろうとかんさぶろう］

山梨県南都留郡忍野《おしの》村に伝わる。

旧暦七月七日の七夕の時、農家では家ごとに麦わらで馬を作り、瓜《うり》や隠元豆の架《くら》にかけておく風習がある。この馬に乗って天から豊三郎（土用三郎）と寒三郎が降りてきて、架の下で農作物の豊凶について話し合うのだという。そのため、この日は畑に入ることを厳しく禁じていたのだという。

［参考文献］後藤義隆「忍野村の盆行事」（『甲斐路』四一号）

## 鳥岩［とりいわ］

山梨県の地蔵ヶ岳に伝わる。

地蔵ヶ岳の頂上には巨大な岩石が二本立っており、遠くから望むと鳥の形に見える。そのため逸見《へんみ》筋の人々は鳥岩と呼んでいる。この岩石の間を通り抜けることは難しいのだが、心がけの良い人は楽々と通り抜けられて、心がけの悪い人は通れないとされている。もし無理にでも通り抜けようとすると、その人は猫になってしまうのだという。

〔参考文献〕北巨摩郡教育会『郷土研究』二集一冊「口碑伝説集」

### 鶏谷〔とりたに〕

山梨県にあったという。『中陵《ちゅうりょう》漫録』巻之三に記されている。

甲州に鶏谷（本文では雞谷）という所があり、ここは自然と鶏が生じるのだという。この鶏を捕まえて家で飼おうとしても、餌を食べずに水だけを飲み、二、三日して自ら死ぬ。その形や色は普通の鶏と変わりはないのだという。

〔参考文献〕『日本随筆大成』三期三巻

## 【な】

### 能蔵池の赤牛〔のうぞういけのあかうし〕

山梨県中巨摩《こま》郡八田村野牛島《やごしま》（現・南アルプス市）に伝わる。

能蔵池の主は赤牛で、日照りの時は雨乞いをすれば雨を降らせ、困った時は何でも願いごとを叶えてくれた。また人が集まるなどで膳椀が必要な時は、何人前でも貸してくれた。しかし、ちゃんと返さない者や汚物を洗う者などがいたため、赤牛が怒って池を飛び出し、甘利山の椹池《さわらいけ》に行ってしまったのだという。

**椹池の赤牛**も参照。

〔参考文献〕影山正美「「椀貸し伝説」考「市」の始原的風景を探る」（『甲斐路』七〇号）

### ノヅチ

山梨県南都留郡道志村に伝わる。

明治の十数年頃、道志村の山にノヅチが棲んでいた。胴体は五升樽くらいで、頭と尾で転がるようにして、矢のような速さで目前を走り去っていったという。藁《わら》打ちに使う木槌《きづち》に似た形なのでこの名が付いたのだという。村人はノヅチを百獣の王と考え、警戒を緩めることはなかった。

本文では「ノヅチは蛇の一種と見る説もある」と記されているので、このノヅチ自体は蛇の一種とは考えられていなかったのかもしれない。

〔参考文献〕伊藤堅吉「道志炉辺談」（『あしなか』通巻四七号）

# 【は】

## ハゲン様〔はげんさま〕

山梨県北巨摩《こま》郡須玉町に伝わる。

七月二日はハゲン様の日で、この日はネギ畑には入ってもいいが、ネギを食べて山に行くと死んでしまうという。昔、ハゲンという人がそうして死んだからだという。また、「ハゲン様にうといから天気が悪い」とか、「ハゲン様にあたたかいから天候が良い」などといったりするという。

七月二日は半夏生《はんげしょう》の始まる日であり、これが関係していると思われる。

〔参考文献〕「山梨県北巨摩郡須玉町旧増富村」（『民俗採訪』昭和四三年度号）

## ヒカリメン

山梨県東八代郡中道町右左口《うばぐち》（現・甲府市右左口）に伝わる。

ある人が夜、山で兎を捕るために罠《わな》を仕掛けに行ったが、暗いので電池（電池式の照明のことだろうか）を持って山に入った。明け方頃、炭を売る人がやってきたところ、山に電池の明かりが光っているのを見て「ヒカリメンだ、ヒカリメンだ」と怖がったのだという。

〔参考文献〕東洋大学民俗研究会『右左口の民俗　山梨県東八代郡中道町右左口地区』

## 一つ目小僧〔ひとつめこぞう〕

山梨県南アルプス市芦安《あしやす》芦倉《あしくら》沓沢《くつざわ》に伝わる。

沓沢では、明治二〇年（一八八七）頃まで一二月一三日をお松節句といって、山の仕事を切り上げて家に帰り、正月の支度をしていた。一三日に山にいると一つ目小僧が出るのだという。この一つ目小僧に家を覗《のぞ》かれないよう、正月飾りと一緒に手すい（麺類をすくう網目状の竹製の道具）やモミの枝に鰯《いわし》を刺したものを門口に飾るのだという。

その昔、金山沢の奥のさかね沢にあった山小屋に、太郎助という男が他の村人らとともに樵《きこり》をしながら寝泊まりしていた。一二月一三日には仕事を休み、家に帰る習慣となっていたが、太郎助だけは山小屋に残り、一人で夜を過ごしていた。すると山小屋の外からゴソゴソという音がして、見ると大きな目をむいた一つ目小僧がじっと太郎助を見ていた。太郎助が震えていると、「今夜の酒の肴はなんだ」と小屋を揺るがすほどの大声で怒鳴ってきたので、太郎助は負けてなるかと「お前のまなこ玉だ」と怒鳴り返した。すると一つ目小僧は逃げ出したので、太郎助は夜明けになってすぐさま家へと帰った。しかし怖さがもとでとうとう死んでしまったのだという。それ以来、沓沢では鰯をモミやカラタチの枝に刺して門口に置くようになった。一つ目小僧が家の中を覗いた時、とがった葉や棘《とげ》で目を刺すようにとしたのだという。

［参考文献］中込松弥「芦安谷の正月行事」（『甲斐路』四号）

## 笛吹川［ふえふきがわ］

山梨県山梨市などを流れる笛吹川の話。『甲斐《かい》名勝志』に記されている。

昔、上釜口村に権三郎という者がいた。彼の母は笛の音色を好み、権三郎は孝行息子だったので笛の吹き方を習い、常々母に聴かせていた。ある時、母は川を渡っている途中に溺れてしまった。権三郎は深く悲しみ、昼夜となく川辺を訪ね歩きながら笛を吹いていたが、遂に淵《ふち》に身を投げてしまった。この時から川を笛吹川、身投げした淵を権三郎淵と呼ぶようになった。この淵には毎月二一日の夜に火の光が出たので、小松村長慶寺の僧侶が憐《あわ》れみ、読経してその霊魂を弔った。それ以降火の光は出ず、水神として祀《まつ》られるようになったという。

［参考文献］『甲斐志料集成』三巻

## 平四郎虫［へいしろうむし］

山梨県南巨摩《こま》郡都川《みやこがわ》村（現・南巨摩郡早川町）に伝わる。『郷土趣味』四巻二号「人が虫になった話」によると、里桂には平四郎虫というオウガ虫（カメムシのことか）に似た虫が出るという。寛政元年（一七八九）、この里の富豪の蔵に賊が穴を開けて忍び込み、財宝を奪う事件が起きた。調べてみると、その穴がとても狭小で人が通れそうにない様子だった。皆が不審に思っていると、平四郎という男が進み出て、「どんなに穴が狭くても、こうすれば通れるだろう」と言って穴の中に蓙《ござ》を巻き入れ、その中に入って通り抜けてみせた。そのため、この平四郎こそ盗人なのではないかという嫌疑がかかり、遂に処刑されてしまった。この平四郎の亡念が虫となって、稲作に害を与えるようになったのだという。

『甲斐《かい》伝説集』によると、西八代郡六郷村（現・市川三郷町《みさとまち》）にも同様の話があり、この平四郎の霊を慰めるためオオガ堂という堂宇を建て、毎年旧暦二月一三日に、平四郎祭といって挽《ひ》き餅を搗《つ》くのだという。

［参考文献］清水時顕「人が虫になった話」（『郷土趣味』四巻二号）、土橋里木『甲斐伝説集』

## 蛇石［へびいし］

山梨県北巨摩《こま》郡清春《きよはる》村（現・北杜《ほくと》市）に伝わる。

清春村の中丸から中島に至る道のそばに、蛇石と呼ばれる石がある。昔、ある石工が大石を割ろうとして鑿《のみ》を打った。しかし、しばらくすると大石の傷から血が吹き出し、石工は驚いて家に走り帰った。石工はそのまま寝込んでしまい、頭を半分潰された大蛇の幻に苦しめられ、そのまま起きることはなかったという。

〔参考文献〕北巨摩郡教育会『郷土研究』二集一冊 口碑伝説集

# 【ま】

## 魔子爺［まごじじい］

山梨県北杜《ほくと》市須玉町辺りに伝わる。

金峰山の麓の松平牧場の西に、相の山または魔子の山という山がある。この山には魔子の人穴という洞穴があり、ここには昔、魔子爺という山人が住んでいた。魔子爺は巨大な体に針のような剛毛を生やし、藤皮の草履を履き、山谷を馳せ回って鳥獣を捕らえ、生のまま食っていた。そして食い物に困ると、人里へ来て家畜を盗み、時には赤子をさらうこともあったという。村人が子供を脅す時に「そんなに泣くと魔子爺が来るぞ」と言っていたのだという。

地理的にも名称的にも、江草村にいたという**荏草《えぐさ》の孫左衛門**と同じものかもしれない。

〔参考文献〕北巨摩郡教育会『郷土研究』二集一冊 口碑伝説集

## みこし入道［みこしにゅうどう］

山梨県都留市谷村《やむら》の話。

鍛冶屋坂という非常に険しい坂があり、その下に天神様と深い森があった。そこに「みこし入道が出る」と人々が噂するようになった。みこし入道は最初こそ小さいけれど、見るたびにだんだん大きくなって、最後には空へ届くほどになる入道なのだという。ある時、盲目の按摩《あんま》さんが笛を吹きながらここを通りかかると、そのみこし入道が出て「これこれ、俺はみこしだぞ」と声をかけた。しかし按摩さんはみこし入道が大きくなっても見えないので、「なに、みこし（神輿）か。ならみこしに神楽は付きものだ。俺が笛を吹くからお前は太鼓を叩け」と言って、笛を吹きながら太鼓を叩く真似をしたので、みこし入道は呆《あき》れて消えてしまったのだという。

［参考文献］堀内真「都留市谷村の昔話」（『甲斐路』六七号）

## 向原の天狗さん［むかいばらのてんぐさん］

筆者命名。山梨県富士吉田市向原に伝わる。

天狗さんと呼ばれる人がいた。母親の手だけで育てられた子供だったが、ある日急にいなくなってから、立派な青年になって帰ってきた。帰ってきてから人にはできないようなことをやるようになったという。

ある時、馬に荷物を載せて運ぶ仕事をしていたが、財布を忘れたまま食堂でご飯を食べてしまった。食堂のお婆さんに明日また来て払うからと言ったが、お婆さんは承服しなかった。仕方なく、天狗さんは天に向かって「お金を貸してくれ」と言ったら天からお金が降ってきたのだという。

また、この天狗さんが夕方に山の畑から帰ってきた時、母親に「今、京都が焼けているからちょっと行ってくる」と出かけた。母親は弁当を持たせようと外へ追いかけたが、もう姿は見えなくなっていた。その翌日には帰ってきて、京都の大火事が御所にまで迫っていたので、御所の中から天皇の御所車を一人で引き出して助けたと語った。天皇から感状をもらってきたといって、菊の御紋が付いた黒漆塗りの箱を持ってきたという。

また、客人が来た時に珍しいものを取ってこようと言って、客が茶を飲んでいる間に富士山まで行ってコケモモの熟した実を持ってきたのだという。この時、これに付いていった者がいた。天狗さんが「俺の足跡を一歩でも踏み外すと付いてこれなくなるよ」と注意したが、その者は足跡を踏み外してしまい、天狗さんよりも遅く帰ってきたのだという。

［参考文献］都留文科大学民俗学研究会『向原の民俗 上』

## 目だらけの化け物［めだらけのばけもの］

山梨県西山梨郡玉諸《たまもろ》村（現・甲府市）の話。

玉諸村の三の宮（玉諸神社）の近くに、大橋あるいは行逢橋という古い橋があった。ある男が夜遅くこの橋を通りかかると、一人の女が子供を抱いていた。女が「この子の足袋の紐《ひも》が解《ほど》けてしまったので結んでほしい。それが嫌なら、私が結ぶ間にこの子を抱いていてほしい」と言ったので、男は子供の足袋の紐を結んでやろうと着物の裾をまくった。すると子供の体中に目があって、それが一斉に睨《にら》んできたので、男は驚いて逃げ出した。三の宮まで逃げてくると、一人の爺が境内を掃除していた。男は爺に先ほど見たものについて話すと、爺は自分の着物を尻までまくりあげて「お前の見たものはこんなものだったか」と見せた。すると爺の体も目だらけだったので、男は腰を抜かして気絶してしまったという。

**大橋の神**も参照。

〔参考文献〕土橋里木『甲斐伝説集』、土橋里木編『日本の民話一七 甲斐の民話』

## モモンガ

山梨県北巨摩《こま》郡白州《はくしゅう》町（現・北杜《ほくと》市白州町）の話。

モモンガは氏神さんの高い所にいるという化け物のこと。子供が泣くと「おっかねえモモンガがさらいに来るよ、連れていかれるよ」と言って泣き止ませたという。

また、倉の中にいて子供を食べるともされた。子供が悪さをした時は「お倉へ入れるぞ」と言って叱ったのだという。

〔参考文献〕東洋大学民俗研究会『白州の民俗 山梨県北巨摩郡白州町旧菅原・鳳来村』

# 【や】

## 八牛の池［やうしのいけ］

山梨県北巨摩《こま》郡高根町村山北割（現・北《ほく》杜《と》市高根町）に伝わる。

八牛には小さい池があるが、昔はもっと大きい池で、八つ頭の牛が棲んでいた。しかし八ヶ岳が噴火して焼け石が流れてきたので、池が埋まって小さくなり、八つ頭の牛もここから飛び出して長野県南佐久郡の八那《やな》池に移ったのだという。この池の水が濁ると雨が降るといわれている。

〔参考文献〕土橋里木『甲斐の伝説』

## 厄王様［やくおうさま］

山梨県南都留郡秋山村（現・上野原市秋山）に伝わる。

二月八日の八日節供には、メケイ（目籠）に榧《かや》の木や鰯《いわし》の頭を串に刺してあぶったものを挿し、戸口にかける。また、夜になってから榧の木をヒジロ（囲炉裏）で燃やす。このようにすると悪魔や疫病神が家に来ないとされた。

この日に履物を外に出しておくと、厄王様がイモガラや藤の蔓《つる》で作った筆で帳面に付ける。帳面に付けられると疫病に罹《かか》ってしまうので、この日は履物を外に出してはいけないとされた。厄王様の帳面はセエノカミ（塞《さい》の神。道祖神）が預かるので、一月一四日の祭りの時に焼いてしまうのだという。

また、薬王さま（厄王さま）は近社神社に合祀《ごうし》された木の祠《ほこら》で、祭日は一二月八日と二月八日とされている。薬王さまはこの日、村中を回って汚れている家を見付けたら、干したイモガラを先にした筆で帳面に付けるのだという。家では薬王さまが来ないように、戸の所に茸《きのこ》をさしておく。そして一月一四日のどんど焼きの時、帳面をなくさせるために焼くのだという。

［参考文献］東京女子大学民俗調査団『甲州秋山の民俗 山梨県南都留郡秋山村寺下・尾崎』

## 夜叉神［やしゃがみ］

山梨県南アルプス市芦安芦倉《あしやすあしくら》に伝わる。

昔、夜叉神峠には夜叉神という悪い神がいた。体が大きく足が長く山谷を越えて暴れ回り村人を苦しめていた。雨雲を集めて大雨洪水を起こしたり、雲を散らして日照りを続けたり、どこからかばい菌を広めて病気を流行させたりした。ある夏のこと、裏山の芦倉岳が崩れて「みでい川（御勅使《みだい》川《がわ》のことだろうか？）」をせき止めてしまい、谷が峠の麓まで水に沈んでしまった。それでも雨が降り止まず、津波のような山崩れが起きて甲府盆地に大きな被害をもたらした。村人たちは夜叉神の祟《たた》りと恐れ、御勅使川の谷を一望できる峠に石祠《せきし》を建て、夜叉神を手厚く祀《まつ》った。それから夜叉神の祟りはなくなったのだという。

［参考文献］清水小太郎「夜叉神峠」（『甲斐路』七六号）

## 雪婆［ゆきばんば］

山梨県西八代郡上九一色村《かみくいしき》（現・南都留郡富士河口湖町）に伝わる。

晩秋の曇った夕方になると、白い粉を背負った小さい羽虫の「しろっこ」が飛ぶ。これが飛ぶようになると、雪婆が近くの山まで降りてくるのだという。子供たちは「ゆぅきばん婆、ゆきばん婆 雪ォ背負っておでやいよ」と歌う。「おでやい」は「おいでください」の意味。また、「しろっこ」には「しィろっこ、しろっこ 杖《つえ》ォついてくだれ」と呼びかける。

［参考文献］土橋里木「甲州 上九一色村の童謡・童戯（一）」（『旅と伝説』七巻一〇号）

## 湯の神［ゆのかみ］

山梨県南都留郡忍野《おしの》村の話。

湯平という字《あざ》には、湯の本の池という温かいお湯が湧く所があり、子供たちの遊び場となっていた。大豆の取り込みで忙しい時も子供たちは手伝わずに遊んでいたので、大人たちは相談して、お湯の湧く人目の付く所に猿の生首を置いた。これによって、子供たちは怖がって池に寄り付かなくなった。しかし、春になっても子供たちは遊びに来ず、湯気も見えてこないので、不思議に思って池に手を入れてみると、お湯ではなく真水になっていた。大人たちが騒いでいると、信心深いおばあさんにお告げがあり「猿の生首など湯の本《もと》に置いたりするから、湯の神が怒ってこの村にお湯をくれなくなった」と語ったのだという。

［参考文献］藤本丑雄「雁坂トンネル周辺の地質」（『甲斐路』九一号）

## 湯村の怪物 ［ゆむらのかいぶつ］

山梨県甲府市湯村に伝わる。『裏見寒話』に記されている。

昔、旗本に多田三八という者がおり、温泉に入ろうと湯村まで来た。天目山の麓の道を通ると、大きな杉の木があり、その枝の上から恐ろしい腕が伸びてきて、三八の名を呼びながらその頭を摑《つか》んできた。しかし三八も勇敢だったので、刀を抜いて頭上で振り、九尺（約二・七メートル）ほどの大きさの片羽を斬り落とした。怪物はどこかへと逃げ去ったので、三八はその片羽を持って湯村に至り、湯治を始めた。するとある日、雨が降って風の激しいなか、一人の法師が湯村に来て入浴した。この法師が大きな刀傷を負っていたので、そばにいた人が湯治の理由を問うと、法師は「多田三八という者と戯れて傷を負った」と語った。それを聞いた三八は「三八はここにいるぞ」と言って刀を抜いたので、法師は驚いて逃げ出した。三八は追いかけたが、遂にその姿を見失ってしまった。多田氏の家では今もその片羽を所持しており、またこの出来事があったので、この温泉を鬼の湯と名付けたのだという。

『甲府市史 別編一 民俗』によると、この多田三八は武田家に仕えた二四将の一人である多田淡路守満頼（多田三八郎）を江戸時代の旗本に改変した話だろうとしている。多田満頼は『甲陽軍伝解』などで、火《か》車鬼《しゃき》という妖怪を斬った伝説でも知られている。

［参考文献］三田村鳶魚編『未刊随筆百種』一八、甲府市史編さん委員会『甲府市史 別編1 民俗』

## 夢見石 ［ゆめみいし］

山梨県甲府市の夢見山の話。

夢見山の頂上には古い大石がある。武田信玄はある日夢見山を登り、この石に座って眠った。すると夢に一人の美女が現れ、三味線を奏でようと言って、袋から数多《あまた》の寄木を取り出した。寄木を組み立てて三味線を作り、奏でようとした時に目が覚めた。起きた信玄が見ると、体中に蜘蛛《くも》の糸が巻き付いていたのだった。それ以来、この蜘蛛は信玄の枕元に現れ、戦の吉凶を占ったので、夢見山の主は蜘蛛であるとされた。この石で眠るものは誰でも吉夢を見るのだという。

この夢見山は、武田信虎が息子・晴信（信玄）を授かる時に夢を見たという伝説でも知られている。

［参考文献］西山梨郡教育支会『西山梨郡志』

# 【ら】

## リョウメキの太鼓 ［りょうめきのたいこ］

山梨県東八代郡芦川《あしがわ》村鶯宿《おうしゅく》（現・笛吹市芦川町鶯宿）の話。

リョウメキあるいはリュウメキは山中の地名であり、村で共有する萱場《かやば》があった。この付近で老人が足を滑らせて亡くなったが、その日から毎晩のように太鼓の音が鳴り響くようになったのだという。

［参考文献］影山正美「甲州山村における民俗的世界観」（『甲斐路』七六号）

# 長野県

# 【あ】

## 青鬼、オードコヌシノカミ［あおおに、おーどこぬしのかみ］

長野県北安《あ》曇《づみ》郡白馬村北城嶺方《ほくじょうみねかた》に伝わる。

青《あお》鬼《に》神社のある山の上の方には、青鬼の棲む大きな祠《ほこら》がある。困ったときには、その鬼が椀を貸してくれたのだという。この青鬼は実はオードコヌシノカミだったともいわれている。

オードコヌシノカミは、大地主神《おおとこぬしのかみ》を指すのかもしれない。

**お善《ぜん》鬼《き》様**も参照。

［参考文献］『長野県史 民俗編』三巻三 中信地方 ことばと伝承

## 青ろじ［あおろじ］

長野県上伊那郡中川村大草に伝わる。

昔、大草の辺りで一番羽振りの良かった造り酒屋があった。この家の酒蔵には大きな青ろじ（アオダイショウのことか）が一匹、主となって棲んでいて、先祖代々の言い伝えで大切にされていた。しかし若い主人が家を継いだ時、その妻が長虫嫌いだったので、この青ろじを斬り捨てて殺してしまった。それから数日後の夜、旅の者が酒屋に来て泊まり込んだが、大変な酒好きで酔うと青い顔になって若主人に悪態をついてきた。これが毎晩続くので、若主人は怒って旅の者を斬り殺し、簀《す》巻《ま》きにして人に担がせ、天竜川の釜ん淵に投げ込んでしまった。するとこれを見ていた人や担いでいた人が祟《たた》られて病気になることが続き、酒屋も子供が死んだり繁盛が止まったりしたので、とうとう遠くへ引っ越してしまったのだという。

［参考文献］下平加賀雄「大草辺の民話・伝説 一」（『伊那』一三巻五号）

## 赤いいたち［あかいいたち］

長野県下伊那郡天龍村に伝わる。

ある所にお供え物をあげておくと、赤いいたちが出てきて運んでいってしまうということがあった。これは変だということで後を付いていくと、古い木の下へと入っていった。このことをねぎ様（禰宜のことか）に話したら、そこを掘ってみたらいいと言われた。穴を掘ると、中からお供え物の餅は出てきたが、いたちは出てこない。もっと掘ってみると水が湧き出てきた。それからその湧き水をいたち水と呼ぶようになり、飲水として利用するようになったのだという。

［参考文献］『長野県史 民俗編』二巻三 南信地方 ことばと伝承

## 赤い口の女［あかいくちのおんな］

長野県下伊那郡上郷町《かみさとまち》（現・飯田市）の話。

庚申沢の辺りの旧道を、黒田在住の男が飯田からの帰りに歩いていた。夜の暗いなかを歩いていると、目の前に美しい女が現れ、飯田までの距離を聞いてきた。飯田ならもうすぐ着くと教えた男が少し歩いてから振り返ると、女の口が赤く般若《はんにゃ》のように耳まで裂け、にたにたと笑っていた。男が逃げると、その先に網代笠《あじろがさ》を被った坊さんがいた。男が坊さんに今見たことを話すと、坊さんが笠を取ってみせた顔も赤い口の裂けた般若のようだった。男は何とか逃げ出したが、しばらく熱が出て寝込んでしまったという。

［参考文献］宮沢千章「上郷の伝説　赤い口の女」（『伊那』三二巻一号）

## 赤子石［あかごいし］

長野県下伊那郡阿智村《あち》に伝わる。

旧中馬《ちゅうま》街道に、二本の楢《なら》の木の下に横たわる大きな石がある。昔、旅の女がこの石のそばで赤子を産み落としたが、難産のためそのまま死んでしまった。残された赤子は泣きながらこの石の上を這《は》い回り、その跡が石に残っているのだという。夜になるとこの石の辺りから赤子の泣く声がしきりに聞こえてきて、通行人を驚かせていた。しかし、ここを通りかかった兼好法師が「赤子石　泣くな今にも　北沢の　姥《うば》の桜が　来て子守るらん」と歌を詠んでからは泣き声が止まったのだという。また、子供の夜泣きを止めるにはこの石に願掛けすればよいとされたという。

［参考文献］奥沢清男「阿智の伝説　赤子石」（『伊那』三二巻一号）

## 朝日天伯［あさひてんぱく］

長野県飯田市の遠山郷に伝わる。

八重河内《やえごうち》に祀《まつ》られている。天伯は天狗を意味する。今はほとんど祀るものはなく、春に禰宜《ねぎ》がお祓《はら》いをするだけだという。運勢を見る神とされているが、現在は神体である鏡が残されているだけだという。

『伊那』一九巻一号の「天白さまという神様」、一九巻四号の「天伯様という神様補遺」などによると、天伯（天白）の名を持つ神は天竜川沿いの各地で祀られており、天狗との関連性を持つ一方、水の神としての性質を有し、河伯や河童との関連もあるという。

［参考文献］東京学芸大学民俗学研究会『遠山の民俗　民俗調査報告』、水野都沚生「天白さまという神様」（『伊那』一九巻一号）、水野都沚生「天伯様という神様補遺」（『伊那』一九巻四号）

## 芦毛の大馬 ［あしげのおおうま］

長野県伊那市の駒ヶ岳の話。『新著聞集』巻六に「信州駒ヶ嶽馬化して雲に入る」として記されている。

寛文四年（一六六四）に尾張から木曽路を巡見するということで、大目付や勘定方などの役人が駒ヶ岳の麓の道を進んでいた。岸壁をよじ登ると、そこに芦毛の大きな馬が立っているのを見た。たてがみや尻尾の毛は地面まで垂れ、眼光は鏡のように光っていて、その形相は見た人が毛を逆立たせるほど恐ろしかった。馬は人影を見て峰の中央まで静かに登っていったが、そこでにわかに立ち込めてきた雲が馬を覆い隠して行方知れずにしてしまった。残された蹄《ひづめ》の跡は一尺（約三〇センチ）を超える大きさだったという。この駒ヶ岳の東の方には、馬の形をした大石があり、春になると、山に積もった雪はこの石の所から溶け消えるのだという。

［参考文献］田山花袋・柳田國男（校訂）『近世奇談全集』

## 芦ノ田の池の赤い手 ［あしのたのいけのあかいて］

長野県松本市洞《ほら》に伝わる。

昔、三才山《みさやま》の庄屋におみつという美人で働き者の娘がいた。おみつはそのうち、村の若者と恋仲になり、芦ノ田の池のふちで逢引《あいびき》するようになった。しかし、松本の殿様がおみつに一目惚れし、城で勤めるようにと命じた。おみつはそれを断り、若者と会い続けていたので、怒った殿様が二人とも斬り捨て、池に投げ込んでしまった。それから、この池の近くに馬を連れて通りかかると、池から血に塗《まみ》れた赤い手が出てきて馬の尻尾を引っ張るようになったのだという。

［参考文献］『長野県史 民俗編』三巻三 中信地方 ことばと伝承

## あずきとぎの女 ［あずきとぎのおんな］

長野県小県《ちいさがた》郡長和町《ながわまち》に伝わる。

昔、集落の真ん中を流れる川に「すぐじの橋」という木の橋が架けられていたが、秋の夕暮れに橋の下からシクシクという女のすすり泣く声が聞こえてきた。これを聞いた村人が聞き耳を立ててみると、泣き声に混じってショキショキと小豆を研ぐような音も聞こえてきた。この噂が広まり、村の若者たちが正体を見届けようと橋のそばで待ち受けてみたが、泣き声のする所に駆け付けても何もない。それからしばらくは音が聞こえることがなくなったが、しばらくするとまた聞いたという人が増えてきた。その上、橋を通ろうとすると音がしなくなり、通り抜けたらまた音がするというようになった。村人たちは「あずきとぎの女」と呼ぶようになり、行儀の悪い子供に「いうこと聞かないと、すぐじの橋のあずきとぎの女にくれてしまうぞ」と叱るようになったという。

［参考文献］『長野県史　民俗編』一巻三　東信地方　ことばと伝承

## あづきとぎ屋敷 ［あづきとぎやしき］

長野県南佐久郡田口村大奈良（現・佐久市田口）に伝わる。

大奈良にあづきとぎ屋敷という屋敷がある。ここにはあづきとぎが住んでいて、夜になると「あづきとぎしやしょか、人とってくやしょか、しょきしょき」と鳴いたのだという。

また、この辺りには**つけひも小僧**も出たという。

［参考文献］南佐久教育会『南佐久郡口碑伝説集』

## 雨乞い獅子 ［あまごいしし］

長野県下伊那郡の大島山に伝わる。

ある日、瑠璃寺《るりじ》に京から仏師がやってきて仏像を刻みたいと頼んだが、住職は信用せず、獅子舞の獅子頭を依頼した。仏師は二一日間滝に打たれて獅子頭を製作し、満願の日に完成したが、不出来だったために滝壺に投げ捨ててしまった。すると獅子頭は真っ青になって浮き上がり、唸《うな》り声を上げた。途端に鍋が割れ、雷鳴が轟《とどろ》いて豪雨となった。そのため、この地を鍋割と呼ぶようになり、青獅子は雨乞い獅子になったのだという。

［参考文献］『長野県史　民俗編』二巻三　南信地方　ことばと伝承

## あまのじゃく

長野県下伊那郡下條村小松原に伝わる。

昔のとある夏、日照りが続いたので雨乞いをすることになった。雨乞いのために、小松原に棲むあまのじゃくという怪物を利用することになり、あまのじゃくの首に紐《ひも》を付けて阿知川の川原に引っ張ってきた。農民たちが「雨が降らん」というと、あまのじゃくが「雨が降る」と言ったので、空がにわかに曇って大雨になったのだという。

［参考文献］下島賢二・亀割竜二・福沢正紀・福沢俊之「下条村の伝説」（『伊那』一九巻二号）

## あらびる神様 ［あらびるかみさま］

長野県北安曇《あづみ》郡小谷《おたり》村中土《なかつち》奉納《ぶのう》に伝わる。

村の中央に位置する薬師堂のある所は、昔は非常に祟《たた》りのある神様が住んでいた。薬師様がこの神様を伏せて、その上に薬師堂を建てたといわれている。人々は前の神様をあらびる神様と呼び、今も薬師堂の縁の下には、あらびる神様を埋めたという盛り土があり、これに触ると祟りがあると恐れたという。

「荒ぶる神様」の転訛《てんか》だろうか。

［参考文献］『長野県史　民俗編』三巻三　中信地方　ことばと伝承

## 石羊 ［いしひつじ］

長野県茅野《ちの》市ちのにある永明寺山に伝わ

る。『信濃奇勝録』巻之四に記されている。

永明寺山の南の中腹に谷があり、そこにある多数の大きな岩石と洞穴の中に異獣が棲んでいる。頭は小さく、大きさや毛色は鹿のようだが、毛が長く垂れ下がって四足を隠すほどであり、毛並みの中に黒白の斑《まだら》がある。二十数匹で群れをなすが、現れるのは稀《まれ》で、炎夏や暴雨の後にミミズを掘るために出てくる。村に近い所だが見た人は少なく、たまたま見た人たちによって石羊とか毛長狢《けながむじな》とか被狢《かぶりむじな》と名付けられた。

［参考文献］『新編信濃史料叢書』一三巻

## いじゃろころがし

長野県南佐久郡南牧村海ノ口に伝わる。

海ノ口に昔、破れたお堂があった。時々、夜遅くになるとそのお堂からいじゃろころがしという化け物が出た。いじゃろ（笊《ざる》）のような形をしていて、人の前に転がってきたら人の形になって驚かすのだという。主に子供にとっついたのだという。


［参考文献］南佐久教育会『南佐久郡口碑伝説集』

## いもりが池［いもりがいけ］

長野県北安曇《あづみ》郡常盤《ときわ》村（現・大町市常盤）に伝わる。

西山の城山の奥に、本城の跡だといわれている場所がある。ここに用水池だったという水たまりがあり、どんな日照りの時もいもりが棲んでいる。そこの城主が死んだ時に、城主の死体が敵の手に渡ることを口惜しく思って用水池に沈めさせた。その亡念がいもりに化けて出るのだという。


［参考文献］信濃教育会北安曇部会『北安曇郡郷土誌稿』二集 口碑伝説篇 第二冊

## 隠居どの［いんきょどの］

長野県佐久市岩村田《いわむらだ》に伝わる（原文には「濃州岩村田」と書かれているが、美濃国《みののくに》ではなく信濃国を指すと思われる）。『寐《ね》ものがたり』に記されている。

岩村田のある農家には、人に化けて隠居のように暮らし、人に金を貸す狸がいるという。人々は隠居どのと呼ぶ。囲炉裏を囲んで色々な話をするが、その時に狸が化ける話をすると、とても腹を立てるのだという。隠居どのから金を借りて、返済の期日を守らないととても迷惑するので、そういった人には金を貸さなくなる。期日を守る人にはいつでも金を貸すのだという。

原文では「佐渡国道三郎の類なるべし」と書かれているが、これは佐渡の**二ツ岩の団三郎**のことであろう。団三郎もまた、金を貸すことで知られている。

［参考文献］『続日本随筆大成』一一巻

## 大姥様［おおうばさま］

長野県長野市中条の虫倉山に伝わる。

『西郊民俗』七九号の「大姥様について」や『長野県史 民俗編 第四巻 三』に記されている。

虫倉山の山頂付近の洞穴に棲む大姥様

は、坂田金時の母親だとされている。虫倉山の峰に幟《のぼり》が立つのが見えると、村人は「大姥様に孫ができた」と話し合った。また、麓の酒屋に白髪の老婆が酒を買いに来た。持ってきたのは二合徳利なのに、酒を注ぐと二升も入った。村人はこれも「大姥様に孫ができたから酒を買いに来たのだ」と話したという。大姥様は金時を酒で育てたので、金太郎の顔は赤いのだとされている。天気の変わり目には大姥様が山を駆け回るのが見えたとか、雨乞いを頼むと大姥様が山で太鼓を鳴らす音が聞こえたともいう。現在は子供の疳《かん》の虫切りの神様として信仰され、お礼には鎌を捧げる。

大姥様は清和天皇の時の大納言・岩倉兼冬の娘・沢瀉姫《おもだか》だといわれている。沢瀉姫は坂田時行に嫁いで懐妊したが、離縁した後に鬼女となり、山に入って金太郎を産んだ。源頼光に金太郎を託した後に虫倉山に移り住み、大姥大明神と崇《あが》められたという。この「大姥様がもとは沢瀉姫」という部分は、近松門左衛門の浄瑠璃《じょうるり》『嫗山姥《こもちやまんば》』の影響が大きいと思われるが、実際の『嫗山姥』で山姥となって金太郎を産むのは遊女・八《や》重桐《えぎり》であり、多少の相違がある。

〔参考文献〕大沢芳江「大姥様について」（『西郊民俗』七九号）、『長野県史　民俗編』四巻三　北信地方　ことばと伝承

## 大蜘蛛〔おおぐも〕

信濃の山口（現・飯山市旭山口？）に伝わる。『信濃奇勝録』巻之二に記されている。

山口の硫黄《いおう》という所に、母と男子の二人で暮らす農民がいた。ある時、子が病気になって臥《ふ》せり、蜘蛛が来ると言って苦しんだが、母が看病していても蜘蛛の姿は見えなかった。日が経っても医薬の効き目がなく蜘蛛に苦しみ続ける子のため、母は飯山の有尾《ありお》の神社（飯笠山《いいかさやま》神社のことか）に祈《き》禱《とう》してもらい、お札を授かって蜘蛛が来るという戸口に貼った。しかし他の所から蜘蛛が来るというので、更にお札を授かってあちこちに貼ったが、それでもどこからともなく来るといって苦しんだ。胸が潰れる思いで看病するうちに、母も蜘蛛の姿が見えるようになり、捕まえようとしても素早く隠れるのであちこちを探すと、子の寝床の下に大きな蜘蛛が潜んでいた。これをどうするか躊躇《ためら》っていると、蜘蛛は母の体に糸を幾重も巻き付け始めたので、母は蜘蛛を庭に引き出して大声で助けを求めた。声を聞いた近所の人々が斧《おの》や鉈《なた》を持って集まり、何とか蜘蛛を退治できた。それから、子は次第に復調していったが、蜘蛛に血を吸われたのか、体は痩せ細り皮がかすれるほどだったのだという。

〔参考文献〕『新編信濃史料叢書』一二巻

## 大仁王、小仁王〔おおにおう、こにおう〕

長野県水内《みのち》郡長野村旭山（現・長野市平芝）に伝わる。

昔、旭山には二匹の大蛇がいた。その名を大仁王と小仁王といったが、大仁王の方は新田町の樵《きこり》が木を伐りに行った時に殺してしまった。樵はその死骸を見世物にして

非常に儲《もう》けたが、蛇の霊が祟《たた》ったことで親類一族がことごとく死に絶えてしまった。

そこで大仁王の死骸は石堂町の刈萱堂《かるかやどう》（長野県長野市の西光寺）に納めて供養したのだという。小仁王は大仁王の子で、鬼無里《きなさ》の方で郵便脚夫を追いかけたとか、動いた跡が一尺くらいの幅で道のように残っていたという話がある。旭山の裏山を流れる五郎ヶ沢は小仁王の棲家《すみか》だといわれている。

長野県長野市の西光寺には、今も境内に「朝日山大蛇の塚」別名「大蛇小蛇《おおにょうこにょう》の塚」が残されている。

［参考文献］淀江国三「土俗伝説聞書集」（『郷土趣味』四巻二号）

## おかん婆ァ［おかんばんばぁ］

長野県諏訪《すわ》郡北山村湯川《ゆがわ》（現・茅野《ちの》市北山）に伝わる。

北山村の湯川という里に、おかんという若い娘がいた。おかんはある日、野へ出た時に空が急に暗くなって大雨となったので、近くの大樹で雨宿りをした。すると、入道雲の中から羽の生えた天狗が来て、おかんを抱き上げてどこかへ飛び去ってしまった。夜になっても帰らないおかんを探して、村中総出であちこちを探したが、遂に見付かることはなかった。それから五〇年が過ぎたある夜、村でどこからともなく気味の悪い悲鳴が聞こえた。毎晩どこから響くのかわからない異様な声が聞こえるので、村人は不安にかられ、若い衆が悲鳴の主を捕まえることとなった。夜に番をしていると、悲鳴は車山の方へと遠のいていくのがわかったので、翌朝から車山の山狩りが行われた。すると頂上の大岩の上に山婆ァ《やまばんば》がいたので、取り囲んで構えていると、山婆ァは髪を振り乱して物凄《ものすご》い剣幕で「俺はおかんだぞ、湯川の者だぞ、俺はお前たちの身代わりになって天狗にさらわれたのだ。天狗の言いなりになって荒ぶる天狗を紛らせていたのだ。どうか助けてくれ、供え物をしてくれ」としゃべって消えてしまった。村人は気の毒に思い、言われた通りに車山へ供え物をするようになった。それから悲鳴は止んで静かになったのだという。

北山村に隣接する湖《こ》東《ひがし》村にも、おかん婆ァの話がある。明治のいつ頃か、村の一二、三歳になる女の子が畑へ草取りに行ったところ、おかん婆ァにさらわれてしまった。村中大騒ぎで探し回ったが見付からず、四、五日して近所の岩の上に弱りきって立っていたのが見付かったのだという。

［参考文献］有賀恭一「信濃諏訪の天狗」（『郷土研究』七巻一号）

## お小僧火［おこぞっぴ］

長野県南安曇《あづみ》郡西穂高村（現・安曇野市穂高牧）に伝わる。項目名の読みは『郷土研究』四巻一〇号の「松本地方雑事」に準拠。

西穂高村の栗尾山満願寺という古寺の裏山に年中見える火光で、時折動くこともある。昔、この寺で虐待された雛僧《こぞう》の亡念が迷っているのだという。

『北安曇郡郷土誌稿 第二集 口碑伝説集第二』には以下のように紹介されている。有明駅から穂高町までの道を夜に通ると、栗尾の満願寺と牧の間に、気味の悪い火がとろとろと燃えているのが見える。昔、満願寺に非常に賢い小僧がいて、何事も方丈様よりよくできた。方丈様はねたましく、また恐ろしく思ったので、小僧を山に誘って落とし穴に落として生きながらに埋めてしまった。方丈様に尽くしてきた小僧は生き埋めにされたことを残念がり、毎夜火となって恨みを残したのだという。

『穂高地方の伝説』には以下のように紹介されている。夜に烏川《からすがわ》を隔てて栗尾山満願寺の辺りを見ると、鬼灯のような一点の灯火が現れる。昔、満願寺に道心の鈍い住職がいた。満願寺の住職は戒行のため、丑《うし》三つ時に末社の小祠《しょうし》へ献灯をする掟《おきて》があったが、この住職はそれを一二歳の小坊主に任せていた。しかし小坊主が嫌になって怠けるようになったので、住職は怒って小坊主を責め殺し、死体を小祠近くの杉の根元に埋めてしまった。翌晩に住職が献灯に行くと、杉の梢《こずえ》に灯火が揺らめいているのを見て驚き、そのまま山を逃げ去った。小坊主の恨みが杉の木に籠もって、夜ごとに明滅するのだという。

〔参考文献〕村沢武夫『信濃伝説集』、平瀬麦雨「松本地方雑事」（『郷土研究』四巻一〇号）、信濃教育会北安曇部会『北安曇郡郷土誌稿』二集 口碑伝説集 第二冊、岡澄昌『穂高地方の伝説』

## お杉お玉の火〔おすぎおたまのひ〕

長野県下伊那郡豊丘村に伝わる。『伊那』通巻三五七号の「お杉お玉の火座談会」などに記されている。

夕方の少し暗くなる頃に、出砂原《ださら》（市田駅の辺り）から二つの火が現れて、吉田河原を横切って一直線に進み、山吹の竜の口と小沼の辺り（山吹駅の辺り）で消える。消えたらまた出砂原から現れて二、三回は同じことを繰り返す。二つの火は追い付いたり離れたりしながら、人が走るより少し速い速度で天竜川を上流へと進む。毎夕同じように出るので、妖怪変化のようなものとは感じなかったという。

昔、古町の某《なにがし》が伊勢参りに行った時、旅芸人だったお杉お玉の二人を妻にすると騙《だま》して連れてきた。しかし家には妻子がいるので、結局二人を出砂原の辺りで殺して天竜川へ投げ込んでしまった。その怨霊が火の玉になって古町の方へ行くのだという。

この火を実際に見た人、見てはいないが知っている人は地域に多くいたようである。この座談会報告を受けて『伊那』通巻三五九号には「お杉お玉の火を見た」「私も子供の頃見た」という題名の追加報告がなされている。

〔参考文献〕林伝治郎ほか「お杉お玉の火座談会」（『伊那』通巻三五七号）、正木只一「お杉お玉の火を見た」・桜井覚道「私も子供の頃見た」（『伊那』通巻三五九号）

## お善鬼様〔おぜんきさま〕

長野県北安曇《あづみ》郡の岩戸山周辺に伝わる。岩戸山にはお善鬼様が祀《まつ》られている。北《ほく》城《じょう》では「青鬼の権現様」、南小谷では「若宮権現」とも呼ばれている。流行病、特に赤痢が流行った時に参詣する人が多いという。毎年三月二八日には善道鬼神を祀るといってお神酒を供え、また節分であってもこの地域では豆撒《まめま》きをしないのだという。

庚申講《こうしんこう》などで人が集まり、多くの膳椀が必要な時、この権現様の洞穴の前でお願いすれば、翌日には必要な数の膳椀が置かれていた。しかし、ある人が借りた椀の蓋《ふた》を一つなくしてしまい、それを黙って足りないまま返してしまったので、それ以来貸してくれなくなったのだという。

また、近くで市が開かれて多くの人で賑《にぎ》わっている時、お善鬼様が人に紛れて買い物に来たのだという。お善鬼様が買い物をした店は、その日は非常に繁盛するのだという。

**青鬼**、**オードコヌシノカミ**も参照。

［参考文献］小池直太郎『小谷口碑集』

## おそう

長野県南佐久郡川上村梓山《あずさやま》に伝わる俗信。

梓山には昔からおそうという小鳥が棲んでいる。この小鳥が夜になってから谷や川を挟んで鳴き合う時は、人が死ぬといわれている。

アトリ科の鳥・ウソを指すものと思われる。

［参考文献］南佐久教育会『南佐久郡口碑伝説集』

## オテングーサマ

長野県上伊那郡中川村に伝わる。

夜明け方にヒューヒューと鳥（ヌイ）が鳴くと、昔の人はオテングーサマの声だといっていた。これが聞こえると、必ず近所で人が死ぬなど不幸があるのだという。

「ヌイ」とは恐らくトラツグミ（鵺《ぬえ》）のことだろう。

［参考文献］『長野県史　民俗編』二巻三　南信地方　ことばと伝承

## オトボウ鯰［おとぼうなまず］

長野県諏訪《すわ》郡湊《みなと》村（現・岡谷市湊）に伝わる。

湊村の花岡城址から西の方に、諏訪湖のうちで最も水底が深いという水神淵がある。この淵には昔、六尺（約一・八メートル）以上もあるかという大きな鯰が棲んでいて、人を見ると飛びかかって食い殺してしまうというので、人々から恐れられていた。その評判を聞いた諏訪の土神龍雹という者が、家臣の音坊という者に、鯰を捕殺するよう命じた。水泳上手だった音坊はすぐさま淵に飛び込み、大鯰を捕まえ、エラに綱を付けて背負って持ち帰ろうとした。しかし、坂道まで差しかかると、大鯰は跳ね返って水神淵へと沈んでいってしまった。それからその坂のことを鯰坂と呼ぶようになり、人々は「音坊鯰の喰いかじり、煮ても焼いても喰われない」と言うようになったのだという。

［参考文献］村沢武夫『信濃伝説集』

## お化けたまご［おばけたまご］

長野県下伊那郡南信濃村木沢（現・飯田市南信濃）に伝わる。

昔、お稲荷様のお祭りで村の者たちが神社に集まり、酒を飲んで賑《にぎ》やかにしていた。すると、一人の男が森の木に鳥の巣があるのを見付け、木登りをして卵を取ってきた。その夜に仲間八人が集まり、その卵を食べることにしたが、鍋で煮た卵はいくら食べてもなくならず、次々と増えていった。八人は驚いて「神様の卵をとってきたので罰が当たった」と腰を抜かし、翌日にはお祓《はら》いをして神様の怒りを鎮めてもらったのだという。それから八人は毎年、神社に集って御日待《おひまち》（夜から身を清めて明朝を待ち、日の出を拝する講の一つ）をするようになり、子孫もその習慣を継承して八人日待と呼んだのだという。

［参考文献］下平正春「木沢の伝説」（『伊那』三二巻六号）

## おまん

長野県上水内《みのち》郡戸隠村（現・長野市）に伝わる。

戸隠山の**鬼女紅葉《もみじ》**に仕えた女の鬼。山の獣を素手で打ち殺す怪力と、一晩に一二〇キロも走る健脚を持っていた。紅葉討伐の時も奮戦したが、一人落ち延びて戸隠山の麓に逃げた。硯石《すずりいし》の水で手足の血を洗った時、世の無常を感じて自らの罪業を深く反省した。そこで戸隠山の本坊勧修院の僧正寛明のもとで出家し、自害した。寛明はおまんを丁寧に葬り、その墓はおまんの健脚にあやかった足神社になったという。また、出家の際の遺髪も保存されているのだという。

［参考文献］『長野県史　民俗編』四巻三　北信地方　ことばと伝承

## 苧を績む山姥［おをうむやまうば］

長野県北安曇《あづみ》郡南小谷《おたり》村千国《ちくに》（現・北安曇郡小谷村千国）に伝わる。

ある夜、正直な女が苧を績んでいた（麻の葉の繊維を紡いで糸にする）ところに、山姥がやってきて一晩泊めてほしいと頼んだ。女が居眠りをしながら苧を績んでいるのを見た山姥は、自分が績んでやるから二、三把よこせといい、受け取った苧を炉の火に焚《く》べてしまった。女が黙ってそれを見ていると、山姥は炉の灰を舐《な》めては口から引き出し、大きな苧桶《おおけ》をまたたく間に麻糸で一杯にしてしまったという。

［参考文献］信濃教育会北安曇部会『北安曇郡郷土誌稿』一集　口碑伝説集　第一冊

# 【か】

## 影取り［かげとり］

長野県小県《ちいさがた》郡と更級《さらしな》郡の境にある半過《はんが》岩鼻《いわばな》（現・上田市小泉）辺りに伝わる。

半過の中腹辺りは影取りと呼ばれる地で、昔は一帯が湖であった。湖水がまだあった当時は、ここに大きなワニが住んでいて、通行人の影が水面に映ると、すぐさま飛び出してこれを捕らえて食った。そのため、影取りという地名になったのだという。

ここでいうワニは鮫《さめ》のことだと思われる。

［参考文献］高島冠嶺「影取りの口碑」（『郷土研究』三巻一号）

## 風三郎［かぜさぶろう］

長野県上伊那郡中川村大草に伝わる。

『長野県史 民俗編 二巻三』には以下のように記されている。風三郎と呼ばれる風の神が、黒い牛に乗ってきて、風穴という岩穴に籠もった。風の神は獅子《しし》が嫌いなので、北山方では神楽の獅子や越後獅子が宮の入坂より奥に上ったことがない。もしこの坂から上に上がれば、風雨を起こすのだという。

『伊那』一三巻五号の「大草辺の民話・伝説一」によると、風三郎様は安産の守り神で、妊婦は底の抜けたお椀を供えるとよいとされている。また、祭りの日には青竹の先に御幣と麻を挟んだ「風袋」を作る。前宮に供えて神主が祝詞をあげたら、若い衆が宮の後ろにある高い檜《ひのき》の木に登り、里に向かって風袋を投げる。これが川を越えていったら豊年で、川を越えずにこちら側に落ちたら凶年だとされたという。

［参考文献］『長野県史 民俗編』二巻三 南信地方 ことばと伝承、下平加賀雄「大草辺の民話・伝説一」（『伊那』一三巻五号）

## 壁塗り天狗［かべぬりてんぐ］

長野県南佐久郡北相木《あいき》村の京の岩に伝わる。

京の岩の七不思議の一つ。相木川の岸にある大きな岩壁の中で、約一間（約一・八メートル）四方くらいの部分が荒壁を塗ったように見える。これは壁塗り天狗の仕業なのだという。対岸の道から見ることができるが、その面積は前より小さくなっているという。また天狗沢という所にこの壁塗り天狗が棲んでいて、夜一二時過ぎになると大きな鋸《のこぎり》でズイコンズイコンと木を伐る音が聞こえるのだという。

京の岩の七不思議は、他には「鳶《とび》と烏《からす》の舞いちがい」「日輪岩」「板碑《いたび》」「梅鉢岩」「おかめ岩」「擂鉢岩《すりばちいわ》」がある。

［参考文献］南佐久教育会『南佐久郡口碑伝説集』、『長野県史 民俗編』一巻三 東信地方 ことばと伝承

## 釜ん淵の青坊主〔かまんぶちのあおぼうず〕

長野県上伊那郡中川村大草に伝わる。

天竜川の釜ん淵には大きな鯉が棲んでいて、いじめたり傷付けたりすると怒って大暴れした。ある時、漁師が投げ網でこの鯉を生け捕りにしようとしたが、鯉は捕まらず逆に荒れ狂って、田島や葛島《かつらしま》の田を流しながらどこかへと行ってしまった。村人が後悔して釜ん淵に松を植えて鯉を慰めたところ、だんだんと大きくなって石神の松と呼ばれるようになった。この松の周りを、息を止めて七回り半回ると釜ん淵から青坊主が出てきて「石ふむな松折るな」と言ってくるのだという。

〔参考文献〕下平加賀雄「大草辺の民話・伝説一」（『伊那』一三巻五号）

## 雷のおばさま〔かみなりのおばさま〕

長野県下伊那郡阿智《あち》村清内路《せいないじ》下清内路に伝わる。

カライナズマがあると、日照りが続く。このカライナズマを雷のおばさまと呼ぶという。

カライナズマがどのような雷の状況を指すのかは不明。

〔参考文献〕『長野県史 民俗編』二巻三 南信地方 ことばと伝承

## 禿水神〔かむろすいじん〕

長野県飯田市千代《ちよ》に伝わる。

米川《よねかわ》の下流に禿淵という淵があり、ここに禿水神が祀《まつ》られている。昔、お香代《かよ》という七、八歳ほどの家のない娘がいた。美しく上品な感じのする娘で、子供のいない金持ちの夫婦に拾われ、幸せな生活を送っていた。しかしある日、遊び友達から「お香代はもともと乞食なのだから一緒に遊ぶ者はいない」と言われ、悲しんでどこかへ消えてしまった。心ならずもお香代の葬式を済ませた夫婦は、その日の夜に全身ずぶ濡れになったお香代と出会った。お香代は禿淵の主となったので、自分の死体を拾い上げないようにと言い、また、赤い帯と赤い下駄を時々もらえるなら、日照りで困っている時に雨を呼ぼうと約束して消えた。この後、お香代は禿水神として祀られるようになり、雨乞いをすれば必ず雨が降ったのだという。

〔参考文献〕萩元義房「千代の伝説」（『伊那』三二巻一号）

## 唐猫様〔からねこさま〕

長野県塩尻市北小野宮前に伝わる。

昔、丸太に彫った唐猫様が、夜な夜な鶏や家畜を食べるので、動けないように釘を打ち付けたのだという。今も宝蔵倉にある唐猫様には、釘を打ち付けた跡がある。

〔参考文献〕『長野県史 民俗編』三巻三 中信地方 ことばと伝承

## ガラン様［がらんさま］

長野県下伊那郡阿南町の伊豆神社に伝わる。

ガラン様（伽藍様）は伊豆権現がこの土地に来る前から祀《まつ》られていた地主神で、力の強い恐ろしい神だという。大国主命《おおくにぬしのみこと》だという人もいて、伊豆神社の奥の院に祀られているともいう。この神様は火を嫌うので、松明《たいまつ》を持っていってはならないとされている。昔、皆がよせというのに松明を持っていった男がいた。皆が一緒に行きたくないというので、男は後からついてきていたが、持っていた松明から山に火が付いてしまった。男が慌てて火を踏み消そうとしたら、着物にも火が回り、下半身の着物が焼けてしまったのだという。

［参考文献］『長野県史 民俗編』二巻三 南信地方 ことばと伝承

## 川死霊［かわしりょう］

長野県の狩猟における習俗。

川死霊は人を一人取ると位が上がっていき、水神の弟子になれる。だから川死霊のいる所では人がよく死ぬ。川で人が死ぬと「川死霊にとられた」とされるのだという。水神には白紙、川死霊には青紙でタカラ（幣《ぬさ》）を作ってあげるのだという。

**キュウセン山の神**も参照。

［参考文献］千葉徳爾「鎌倉福次郎翁狩猟談注釈（二）」（『伊那』通巻三七六号）、向山雅重「信州遠山郷鎌倉福次郎翁狩猟談」（『あしなか』通巻六八号）

## 川鼓［かわつづみ］

河鼓とも。長野県北安曇《あづみ》郡北小谷村（現・北安曇郡小谷村）に伝わる。

北小谷村では、河童は龍神の使徒とされている。龍神は日に三度、夜に三度の三熱の苦悶《くもん》（仏教で龍や蛇が受ける苦悩のこと）を受けるため、それを免れるために河童に人の尻子（シンノコ）を獲らせて喰うのだという。河童が棲むという辺りで賑《にぎ》やかに鼓を打つ音がすると、近いうちに必ず誰かが溺死する。河童たちが人を取る二日ほど前に、祭りをする音なのだという。

［参考文献］小池直太郎『小谷口碑集』

## 川手［かわて］

長野県南佐久郡南牧村平沢に伝わる。

平沢に甚兵衛という農民が住んでいた。ある時、一人で馬を引いて野辺山高原の薊《あざみ》原《はら》という所へ薪取りに行った。ところが薪を伐った木の根元から、眼が皿ほどもある化け物が飛び出してきたので、甚兵衛も馬も驚いて家へ逃げ帰った。しかし夜になると大深山《おおみやま》の上から「甚兵衛！」と大声で叫ぶ声がして、甚兵衛は取り憑《つ》かれたようになってしまった。甚兵衛は「川手やーい」と叫んでその化け物の所へ行こうとしたので、遂に檻《おり》に入れられてしまったのだという。

〔参考文献〕南佐久教育会『南佐久郡口碑伝説集』

## 鬼女紅葉〔きじょもみじ〕

長野県長野市戸隠と鬼無里《きなさ》に跨《またが》る荒倉山を中心とした地域を舞台とした話。

荒倉山には紅葉伝説のものとされる史跡が多く残されているが、もともとは謡曲「紅葉狩《もみじがり》」として記された物語である。信濃国戸隠山に鹿狩りへとやってきた平維茂《たいらのこれもち》一行は、山で紅葉を愛でていた高貴な美女と出会い、ともに宴を催した。美女に心を許した維茂は酒に酔って寝てしまったが、その夢のなかで八幡大菩薩の眷属《けんぞく》から神託を受ける。美女と思っていたものは実は戸隠山の鬼神であったので、維茂は神託とともに授かった神剣によって、鬼女と戦って見事に退治したのだった。

後にこの物語が実際の戸隠山周辺や鬼無里村へと定着し、『戸隠山大権現縁起』などにも影響を与えた。そして『戸隠山鬼女紅葉退治之伝　北向山霊験記』において、源経基に寵愛《ちょうあい》された貴女紅葉が戸隠の村で尊崇されたが、後に鬼女となって悪事を働いたので平維茂によって征伐された、という物語が記された。

『長野県史　民俗編　第四巻　三』によると、荒倉山の北方にある釜岩山に、鬼女紅葉が隠れ住んだという岩穴がいくつか残されている。また別の話では、天皇の命によって戸隠山の鬼女退治に来た平維茂は、上田市別所温泉の北向観音で戦勝を祈願し、戸隠村の志垣（現・長野市戸隠志垣）で「釜岩の岩屋」を住処《すみか》としていた鬼女紅葉を討ち果たした。その首はあまりに重かったので、その場に埋めて五輪の塔を建てた。現在も鬼の塚、紅葉塚として残されている。

〔参考文献〕斎藤一柏・関依川『戸隠山鬼女紅葉退治之伝　北向山霊験記』、『長野県史　民俗編』四巻三　北信地方　ことばと伝承

## キモトリ

長野県岡谷市の小坂《おさか》に伝わる。

昔は、人間の肝を取って肺病の薬にするキモトリというものが出た。おじさんのようなお兄さんのようなもので、サワイリという所に出たので、そこへは一人で行ってはいけないと噂された。しかし実際に肝を取られたという人はいなかったという。

〔参考文献〕『長野県史　民俗編』二巻三　南信地方　ことばと伝承

## キュウセン山の神〔きゅうせんやまのかみ〕

長野県の狩猟における習俗。

獣を撃った時は、赤白の紙を破って木の枝にかけ、「リョウ山の神様（両山の神）」といって拝む。白紙は山の神（女だとも、コノハナサクヤヒメ・イワナガヒメだともされる）に、赤紙はキュウセン山の神に奉る。キュウセンは請先と書き、これは山でこけて（倒れて）死んだ人を祀《まつ》ったものだという。キュウセン山の神は、思いがけぬ時にワザワイをする。山の神にとって「特別な意味がある日」であることを知らせるという意図があり、こちらがそれに早く気

付けば誤りはない。キュウセン山の神は人を一人取るごとに位が上がって偉くなるので、人を取りたがるのだという。山でこけた人が出たら九九の山の神をけがすとして、九九のタカラ（幣）を作って山の神を祀る。

　キュウセン山の神は偉い山の神の先払いを務める使役神と考えられる。同様の関係性を持つ**川死霊**も参照。

［参考文献］千葉徳爾「鎌倉福次郎翁狩猟談注釈（二）」（『伊那』通巻三七六号）、向山雅重「信州遠山郷鎌倉福次郎翁狩猟談」（『あしなか』通巻六八号）

## 九頭龍［くずりゅう］

長野県長野市の戸隠山の伝説。

　天照大神が天の岩戸に隠れた時、天手力《あまのたぢから》男命《おのみこと》が岩戸を引き開け、それが信濃に落ちて戸隠山となり、その時の響きから九頭龍山の九頭龍が生まれた。

　代々戸隠の里の代官を務めていた久山氏の何代目かの人が、九頭龍山の本性を見届けたいと思い、山深くに分け入った。すると美しい山姫がやってきたので、これこそ九頭龍山の化身と考え捕らえようとしたが、山姫の吐き出す毒気によってそれは叶わなかった。それから幾月経ったある日、彼は戸隠山の種ヶ池に行って「主よ、汝《なんじ》に性があるならば、この身を水に隠せ」と願うと、池に渦巻きが起こり、彼を水底に巻き込んでしまった。それから幾代も後の久山氏が眠っていると、夢枕に九頭龍神が現れて「本性を示すから、夜明けに一夜山《いちやさん》を見よ」と告げた。彼が言われた通り夜明け時に一夜山を見ると、九頭の龍が一夜山を七巻半に巻いているのが見えたのだという。

［参考文献］村沢武夫『信濃伝説集』

## 首切り田［くびきりだ］

長野県小県《ちいさがた》郡真田町（現・上田市真田町）に伝わる。

　石舟の下に首切り田という所があって、夜中にそこを通ると亡者が出たり、首を切り落とす音がしたりするのだという。

［参考文献］『長野県史　民俗編』一巻三　東信地方　ことばと伝承

## クブシックリ

長野県伊那市西箕輪《みのわ》羽広《はびろ》に伝わる。

　夕方頃に、道端のくぶしの木（コブシのことか）の下を子供が通ると、クブシックリが顔に張り付くのだという。

［参考文献］『長野県史　民俗編』二巻三　南信地方　ことばと伝承

## くもが渕［くもがふち］

長野県下高井郡木島平村の馬曲《まぐせ》川に伝わる。

　毛無山の西南に馬曲川の峡谷があるが、この谷の上にくもが渕という深い渕がある。昔、村に樵《きこり》の爺さんがいて、山に薪取りに来て、休んでいるうちに眠ってしまった。すると淵のそばの藪《やぶ》から怪物が現れ、爺さんの体に白い糸を巻き付けた。目が覚めた爺さんは自分の体が蜘蛛《くも》のやじ（蜘蛛の巣のことか）で縛られているのを見て大声を出したが、山中だったためどうすることもできず、そのまま餌食になってしまった。翌日、村の人が探すと爺さんの骨が渕のそばに散らばっていたので、それからこの渕をくもが渕と呼ぶようになったのだという。

別の話だと、やじを巻き付けられた爺さんが、それをそっと外して松の木にかけておいた。すると渕の中から怪物が引っ張って、松の木を渕に引き込んでしまった。爺さんは何とか逃げ帰り、このことを村人たちに話したので、それからくもが渕と呼ぶようになったという。

［参考文献］江口善次「動物民譚志」（『あしなか』通巻二九号）

## グリンサマ

長野県飯田市上村下栗《かみむらしもぐり》に伝わる。

中根という集落は赤石山脈に続く山のツルネ（蔓畝《つるね》。蔓のように長く伸びて連なった小高い所）にある集落で、このツルネはグリンサマの通り道とされている。そのため、このツルネでは小便をしてはいけないと戒められている。昔は真夜中になると、この中根ツルネに今でいう楽隊のように鳴り物を賑《にぎ》やかに囃《はや》しながらグリンサマ（テンゴンともいう）が通ったのだという。

中根ツルネのお松木平という所に、お松という小作女が一人で住んでいた。それをグリンサマが見初めて、毎夜通ってきては土産にアメノイヲ（アメノウオのことか）を持ってきて、帰る時に「お松、ここへ置くぞ」と言って置いていった。ある日、お松がタヤ（月経）の時にグリンサマが来て、帰りにアメノイヲを置いて声をかけてきたので、いつものようにお松が返事をすると、グリンサマは非常に怒って「タヤにおって、返事せんでもいい」と言って、お松を両足から二つに引き裂いてしまったのだという。

グリンサマは狗賓《ぐひん》様、テンゴンは天狗に通じると思われる。

［参考文献］井上福實「信州遠山下栗雑記」（『旅と伝説』七巻一一号）

## 黒姫［くろひめ］

長野県上水内《みのち》郡信濃町の黒姫山の伝説。

信濃の豪族・高梨氏は高井郡中野（現・長野県中野市）の城に住んでいた。城主である高梨摂津守政盛には、黒姫という美しい娘がいたが、この黒姫のもとに毎夜狩衣《かりぎぬ》を着た少年が忍んでいた。城の者たちはこの少年を捕らえようとしたが、風のようで捕らえることができなかったので、政盛自身が伝来の名剣を携えて待ち受けた。政盛は夜になって現れた少年を追いかけ、名剣で狩衣の袖を斬ったものの、逃げられてしまった。しかし、その出来事からこの辺りで暴風雨が続くようになり、「岩倉池の龍が黒姫のもとに通っていたが、名剣によって忍び込むことができなくなり、更には顚《てん》末《まつ》を龍王に知られたことで岩倉池を追われることになったので、住処《すみか》を変えるために洪水を起こそうとしている」と噂されるようになり、城の者も城下町に住む者たちも次々と避難を始めた。黒姫は自分がここにいる間は風雨が止まないと思い、一人で家を出ることを決め、父政盛は嘆きながらもかの名剣を黒姫に与えて見送った。黒姫は越後との境の近くで白髪の翁《おきな》と出会い、岩倉山を追われた毒蛇（龍）がこの山に移り棲もうとしていて、これを退治できるのは黒姫の持つ名剣だけであると知らされた。黒姫が名剣と自身の髪の毛を池に投げ込むと龍が現れ、名剣を飲み込んで倒れた。すると山の峰から黒雲が起こり、黒姫の姿を消してしまった。黒姫はこの山に住むこととなったので、黒姫山と名付けられたのだという。

黒姫山の伝説は様々な形で語られるが、大抵の場合、黒姫のもとに龍蛇が忍び、それによって黒姫が山にさらわれるか、龍蛇が退治された後に黒姫が自害するという流れになっている。

［参考文献］『下高井郡誌』、『長野県史　民俗編』四巻三　北信地方　ことばと伝承

## 花童子［げどうじ］

長野県上田市真田町に伝わる。

村で降雨祈願をする時は山家《やまが》神社（真田町の神社）に村中の者が集まり、神主に祈願をしてもらっていたが、時には四阿山《あずまやさん》に出かけることもあった。四阿山で祈願していると花童子という小童《こわっぱ》が忽然《こつぜん》と出現した。これが出た時には必ず雨が降ったのだという。

山家神社の奥宮は四阿山山頂にあり、山中には中宮である西花童子という社がある。また花童子宮（華童子宮）の跡地も残されている。雨乞いで出現したという花童子はこれらの信仰に由来するものと思われる。

［参考文献］『長野県史　民俗編』一巻二　東信地方　仕事と行事

## 毛ボーズの祠［けぼーずのほこら］

長野県木曽郡木曽町開田《かいだ》高原末川髭沢《すえかわひげさわ》に伝わる。

昔、髪を伸ばしたまま僧になった落ち武者がおり、その人の墓なのだという。祟《たた》ることがあったので祠を作って祀《まつ》り、イラクサを植えて人が近寄らないように、特に女の人が小便などしないよう心がけたのだという。

［参考文献］『長野県史　民俗編』三巻三　中信地方　ことばと伝承

## 小嵐稲荷［こあらしいなり］

長野県飯田市南信濃木沢《きざわ》にある。

『遠山の民俗』には、創建は寛政年間（一七八九〜一八〇一）と紹介されている。特に商売繁盛の神として信仰されており、七月二三日の例祭には、近郷だけでなく飯田市の方からも多くの参詣者が来るという。

『長野県史』によると、小嵐稲荷は京都の伏見から迎えた（伏見稲荷神社から勧請《かんじょう》したか）という稲荷で、体に不浄がある時にお参りに行くと、途中で具合が悪くなってしまうのだという。また、何でもないのに社に行き、お参りもせずに帰ると黒い竜巻のようなものが巻き上がるのだという。

この小嵐稲荷のご神木だと知らず、木を伐って家の材木にしてしまった人がいた。その家では日暮れから朝方まで稲荷の方から太鼓の音が聞こえてきた。他の家では聞こえないというので、狐か狢《むじな》の仕業だろうと思った人が、退治しようとその家に泊まった。寝ていると縁側に砂を放り投げてくるものがいたが、起きて見ても何もない。それから二、三日もしたら火事で家が焼けてしまったが、ご神木の材木だけは焼け残った。その材木で仮小屋を建てたら、また太鼓の音がするようになったのだという。

ある時、他所《よそ》から来た若者たちが小嵐稲荷にお参りをして、お神酒を飲み、供えてある刀で木を伐りながら山を下りていった。すると途中から道に迷って山の中に入り込んでしまい、体もおかしくなってきた。神様のものを持ち出したからだと思い、その場に刀を置くとすぐに山を下りられた。

昭和五年（一九三〇）に大火事があり二四軒も家が焼けてしまったが、その時に稲荷様が火を消そうとして、提灯を持って行列を作り、山から下りてきたのだという。

［参考文献］東京学芸大学民俗学研究会『遠山の民俗　民俗調査報告』、『長野県史　民俗編』二巻三　南信地方　ことばと伝承

## 恋が岩［こいがいわ］

長野県西筑摩郡吾妻村（現・木曽郡南木《なぎ》曽町《そまち》吾妻）に伝わる。

妻籠《つまご》の宿の北外れの恋野に、恋が岩という大きな岩がある。地元の人は単に大岩と呼んでいる。昔、大勢の石屋が来てこの石を割ろうとした。仕事初めの日の夜明けに、美しい女が石屋の頭の枕元に来て「私は長年この岩に住んでいる者だ。岩を割るのを止めてもらいたい。もし聞かないなら災難があるだろう」と告げた。このため、石を割る計画は見合わせられたのだという。

［参考文献］林六郎「木曾妻籠より」（『郷土研究』四巻九号）

## 黒大竜王［こくだいりゅうおう］

長野県下伊那郡根羽《ねば》村に伝わる。

根羽村にある「釜ヶ入《かまがいり》の甌穴《おうけつ》（渓流による浸蝕でできた自然の穴）」は底知れぬほど深く、竜宮まで通じているという。この穴の主は黒大竜王といい、時々穴の中から巨大な真っ黒い姿を出す。石を投げ込んだりすると黒雲が巻き起こり、大雨を降らせて暴れるのだという。

［参考文献］浅井舎人「根羽の伝説　へびの伝説」（『伊那』三二一巻一号）

## 小太ばば［こたばば］

長野県上田市国分に伝わる。

ある六部が根津村の長命寺の大日堂でお

籠りをしていた。するとどこからともなくたくさんの猫が集まってうるさく鳴き始めた。それを聞くと「国分寺（上田市の信濃国分寺か）の小太ばば来なけりゃ踊りにゃならん」と言っていて、そのうちに一陣の風とともに大きな怪猫が籠り堂に入って、猫たちと踊り始めた。六部は恐ろしくなり、持っていた仕込み杖《づえ》で怪猫を一突きしたので、怪猫は血を滴らせて逃げていった。次の日、六部は国分寺を訪れて小太ばばについて訪ねたところ、寺の門前の小太郎の家にいる老婆のことだとわかった。老婆は足を痛めて寝ているので会えないと言われたので、六部はお薬師様に祈願して、法力を身に付けて乗り込んでいった。すると老婆は怪猫の本性を現し、嵐とともに逃げていった。実際の老婆は白骨となって縁の下に隠してあった。小太郎も薬師様に願をかけ、六部とともに逃げた怪猫を追い、遂に仕留めたのだという。

〔参考文献〕『長野県史　民俗編』一巻三　東信地方　ことばと伝承

## コタマ太郎［こたまたろう］

長野県伊那市長谷《はせ》市野瀬に伝わる。

ある岩穴にコタマ太郎という人が住んでいた。人が集まって、お椀や皿などの什器《じゅうき》が必要になった時に、品名とその数をお願いすると、翌朝六つの前には揃えて貸してくれた。ところがある時、借りた道具を壊してしまい、それを黙って返した人がいたので、それからは貸してくれなくなったのだという。

〔参考文献〕『長野県史　民俗編』二巻三　南信地方　ことばと伝承

## 権現様［ごんげんさま］

長野県北安曇《あづみ》郡小谷《おたり》村奉納《ぶのう》に伝わる。

昔、奉納にタエムじいさんという人がいた。じいさんが「ししが平」という所へ行くと、一つ目の怖い顔をした権現様が出てきて「ここは来る所ではない。帰れ帰れ」と言った。素直に奉納に帰ってきたじいさんの家は何代も栄えるようになったのだという。

〔参考文献〕『長野県史　民俗編』二巻三　南信地方　ことばと伝承

# 【さ】

## 犀龍 ［さいりゅう］

長野県の松本盆地を舞台とする伝説。

『北安曇《あづみ》郡郷土誌稿 第一集 口碑伝説集第一』には、『信府統記』からの引用として、以下のように記されている。景行天皇の時代の一二年まで、松本盆地は湖であった。ここには犀龍というものが棲み、また東の高梨という所の池には白龍王というものがいた。この両者が子を作り、八峰瀬山《はちぶせやま》（鉢伏山）で日光泉小太郎が生まれた。小太郎は放光寺山の辺りで育ったが、ある時母の犀龍は自身の姿を恥じて湖に隠れてしまった。小太郎が母を訪ねて奥尾入沢まで行くと、犀龍は自身を諏訪《すわ》大明神の化身であると語り、小太郎を背に乗せ、三清路（山清路）という所の巨岩を突き崩し、水内《みのち》の橋下の巨岩も砕き、千曲川を下って越後国の海まで進んだ。犀龍によって崩された所から水が流れ出たことで湖は平地となり、松本盆地となった。そして小太郎が犀龍に乗った所は犀乗沢《さいのりざわ》と呼び、そこから千曲川に合流する川を犀川と呼ぶようになったという。後に犀龍は日輪の精霊（大日如来）の化身であった白龍王とともに仏崎の岩穴に入り隠れたのだという。

常盤《ときわ》村（現・大町市常盤仏崎《ほとけざき》）の仏崎観音寺の裏山にある深い穴が、犀龍と白龍王が隠れた所と伝えられている。弘化四年（一八四七）の善光寺地震の時、岩倉山の崩落が川をせき止め一帯が水没しかけたが、犀に乗った泉小太郎が現れ、山を割って水を流したのを避難者たちが見たのだという。

富山県の**犀の化物**の項にも記したが、ここでいう「犀」は一般に知られる動物としてのサイ（ライノセラス）を直接意味するのではなく、中国から伝来した霊獣としての水犀、通天犀などに由来すると思われる。しかし『穂高地方の伝説』に記された「泉小太郎物語」では、地元の長者の子である泉小太郎の前に、牛よりも大きく真っ黒な厚い皮を持ち鼻先に角を生やした猛獣・犀が現れ、小太郎を乗せて三清路の岩壁を破った、という話になっている。この話をもとにしたのか、安曇野《あづみの》市穂高の穂高神社には、動物のサイに酷似した犀龍に乗る泉小太郎の像が置かれている。

**魔道王**も参照。

［参考文献］信濃教育会北安曇部会『北安曇郡郷土誌稿』一集 口碑伝説集 第一冊、岡澄昌『穂高地方の伝説』

## サガリ

長野県下伊那郡高森町大島山に伝わる。

伝助という男がほろ酔いになって帰る途中、暗闇の中で上から重いものが頭に押し付けられた。見上げると、どうも生首らしい。そこで腹を据えて煙草に火を付けて一服吸うと、化け物の方が逃げ去っていった。それからその場所をサガリというようになった。子供の度胸試しの場にもなったのだという。

［参考文献］『長野県史　民俗編』二巻三　南信地方　ことばと伝承

## 桜の精［さくらのせい］

長野県の上高地の昔話。

麓の村に住む久兵衛という若者が、狩りをするために山深くに入っていった。獲物が見付からないため、どんどんと山奥に入っていくと、山桜が咲き乱れている林へとたどり着いた。桜の木の根元で休んでいると、美しい女が現れ、久兵衛とひと時を過ごした。明日もまた会おうと約束をすると、女は煙のように消えてしまい、同時に山桜も散ってしまった。女と過ごしている間は夢見心地だった久兵衛は、別れてみると気味が悪くなり、教えられた道をたどって家まで急いで帰った。翌日は、山には入らず家に籠もっていたが、その次の日にはさっさと山に入ってしまった。それからしばらくして、山桜の木の下で花びらに埋もれながら死んでいる久兵衛が見付かった。桜の精が久兵衛を見初めたのだろうと村人たちは話し合ったのだという。

［参考文献］青木純二『山の伝説　日本アルプス篇』、胡桃沢友男「山の夜語り」（『あしなか』通巻五六号）

## サスガミ

長野県の狩猟における習俗。

狩りをする際に忌まれるのはクマウジという方角である。クマウジの方角にはサスガミがいるので、この方角では狩りをしないのだという。

クマウジはまず北を基準に男なら左回り、女なら右回りに十二支を数えていき、その日の十二支から二つ目の方角を、その日のクマウジとする。例えば男が寅《とら》の日に狩りに行くなら、寅の方角（東北東）から二つ数えた辰の方角（東南東）がクマウジなので、その方角には狩りに行かない。

クマウジとは熊王子・九魔王神などの方位に関する信仰に由来する。測定法は時代や地域によって差はあるが、総じて忌むべき方角とされている。サスガミも方位の忌みに古くから関わっていると思われる。

［参考文献］千葉徳爾「鎌倉福次郎翁狩猟談注釈（一）」（『伊那』通巻三七五号）

## 誘い神［さそいがみ］

長野県上伊那郡伊那富村北大出《きたおいで》（現・上伊那郡辰野町北大出）の話。

人に誘い神が憑《つ》くと、どんな人でも死にたくなる。川に行けば川に入って死にたくなるし、いい枝ぶりの木があれば、そこで首を括《くく》って死にたくなるので、どうしても長生きができないのだという。昔、ある家で急病人が出た時、お医者様を呼びに行った人が、その帰りに首を括って死んでしまった。村人は誘いの神に憑かれたのだろうと話したという。

［参考文献］野澤虎雄「誘ひ神の話」（『郷土』一巻二号）

## 座頭滝［ざとうたき］

長野県下伊那郡阿智《あち》村に伝わる。

ある座頭が道を間違えて中馬《ちゅうま》街道を外れてしまい、足を踏み外してこの滝へと落ちてしまった。それから、雨が降る前日に、遠くまで雨音が聞こえてくるようになったのだという。

［参考文献］『長野県史　民俗編』二巻三　南信地方　ことばと伝承

## 桟俵を被ったもの［さんだわらをかぶったもの］

長野県南佐久郡小海町《こうみまち》に伝わる。

小海町の松原湖畔のある家に、毎夜桟俵を被ったものが来る。それは縁側に上がって「長太がきくぞ、さっさと踊れ。長太がきくぞ、さっさと踊れ」と言っては踊るのだという。ある夜、その正体を見極めようと後を付けてみると、裏道を通って諏訪《すわ》神社下社の石鳥居の辺りまで来ると消えてしまった。それから毎夜後を付けても同じ所で消えるので、その辺りに石祠《せきし》を建てて祀《まつ》ると、その後は出なくなったのだという。

［参考文献］南佐久教育会『南佐久郡口碑伝説集』

## 地獄石［じごくいし］

長野県上田市真田町に伝わる。

山家《やまが》神社の境内の北側に、高さ一メートルくらいの石が立っている。石の上の方に直径三センチほどの穴が開いていて、これが地獄まで通じているとされている。この穴に耳を当てると、地獄の釜が煮える音が聞こえるのだという。

［参考文献］『長野県史　民俗編』一巻三　東信地方　ことばと伝承

## シッケンケン

長野県諏訪《すわ》郡宮川村、永明村（現・茅野《ちの》市宮川、茅野市ちの）に伝わる。

雪の降った時に出てくる女であり、持っている紐《ひも》で人を縛っていくのだという。

『綜合日本民俗語彙』では、一本脚で片足跳び（ケンケン）をするから、この名前を付けられたのではないか、と解説している。

［参考文献］佐伯隆治「妖怪の名前」（『民間伝承』三巻一一号）、民俗学研究所『綜合日本民俗語彙』

## 尺取虫［しゃくとりむし］

長野県の蓼科山《たてしなやま》の話。

尺取虫は古木の霊気が凝り固まったものであり、その形は苔《こけ》むした古木のようである。人を害することはない。寛永一五年（一六三八）四月、八《や》重《え》原堰《はらせぎ》の堰さらいがあった時、昼休みに麦草の辺りを歩いていると、山際に大きく曲がって苔むした古木があった。居合わせた子供たちがこの木に登ると、古木が動き出し、子供たちを振り落として山の中に走り込んでいった。不思議に思ってこのことを古老に話すと、それはこの所の主で、尺取虫という化け物だと教えられたので、子供たちは恐れたのだという。

［参考文献］高橋宏一「蓼科山紀行」（『旅と伝説』四巻七号）

## 蛇瘤杉［じゃこぶすぎ］

長野県下伊那郡阿智《あち》村の網掛峠（網掛山）に伝わる。

昔、琵琶湖のほとりに住む漁師たちの網元で善平という男がいた。善平には年頃の美しい娘がいて、若者たちは誰もが結婚したいと思っていた。善平は娘のためにと良い婿を見付けていたが、娘には思いを寄せる若い漁師がいた。善平の定めた祝言の日、娘は意中の若者の家に逃げて思いを告げたので、善平も仕方なく二人の結婚を認めた。しかしそれからしばらくして、善平夫婦が病気で相次いで死ぬと、若い二人を憎む村人たちによって村を追い出されてしまった。二人は信濃路を迷い、夫は道中で網を投げてわずかな獲物を得ながら、身重の妻を助けていた。ある峠に差しかかって妻は出産したが、その頂上で親子三人は身を寄せ合って死んでしまった。近くの村人がこれを見付け、三人を一つの所に葬って墓標代わりの杉を植えてやると、杉は一夜にして大木となり、その梢《こずえ》は三つに分かれて蛇の頭のようになり、近江の方を睨《にら》み付けるようになった。それから琵琶湖は大荒れになって船が沈むことが続き、湖水の底に三つの蛇の頭が絡み合っているのを見た漁師もいた。占ってもらうと村を追われた夫婦の祟《たた》りだとされたので、漁師たちは峠を訪ねて三人の亡霊を祀《まつ》り、三社大権現の社を建てて弔った。それから怪異は鎮まり、夫の持っていた網からこの峠を網掛峠、杉の大木を蛇瘤杉と呼ぶようになったという。

［参考文献］岩崎清美『伊那の伝説』

## 蛇抜け［じゃぬけ］

長野県木曽郡南木曽《なぎそ》町《まち》の与川《よかわ》に伝わる。

大雨で山崩れが起きることを木曽では蛇抜けという。山々の主が住処《すみか》を移そうと、大雨を降らせて谷川を荒らし、蛇体を人目にかからないようにする。特に蟒蛇《うわばみ》は威の高いもので、橋の下を通るのを嫌って必ず橋を落として通るのだという。昔、与川の川上に一〇〇人ほどの樵《きこり》が来て、山の木を伐って残るは頂上の杉林のみとなった。すると夜更けに樵の頭の所に美しいお姫様が来て「住む所がなくなるので、どうか杉林だけは伐らないでください」と頼んだ。お姫様は三夜続けて来て頼んだが、樵たちは言うことを聞かずに杉林も伐ろうとした。するとその前日に大雨が降って山が荒れ始め、山の上から美しく悲しい声で「行くぞー、行くぞー」と呼ぶ声がした。それを聞いた者たちが声を合わせて「来いよー」と返すと、たちまち山が崩れて皆川に流されて死んでしまった。一人の持子（荷物運びか）だけが、用事があって里に降りていたので生き残ったが、この者が山崩れとともに山頂から青い色の玉が流れ下るのを見た。これは大蛇の目であったのだという。

**ヤロカ水**も参照。

［参考文献］林六郎「木曾妻籠より」（『郷土研究』四巻九号）

## 三味が淵［しゃみがふち］

長野県南佐久郡佐久穂町の話。

昔、一人の座頭が諏訪《すわ》へ行く道を訪ねたが、村人は嘘を言って正しい道を教えなかった。そのため座頭は道に迷ってしまい、坂を泣きながらさまよい続けた。日が暮れてしまい、途方に暮れた座頭は、三味線を抱えたまま淵に飛び込んでしまった。それから、淵からは三味線の音が聞こえてくるようになったという。また、座頭が泣きながらさまよった坂は「泣き坂」と呼ぶようになったという。

［参考文献］『長野県史 民俗編』一巻三 東信地方 ことばと伝承

## 常念坊［じょうねんぼう］

長野県安曇野《あづみの》市堀金《ほりがね》三田《みた》小田多井《こだたい》に伝わる。

『長野県史 民俗編 三巻三』には以下のように記されている。昔、決まって夕方になると、一人の坊さんが小さな徳利を持って酒を買いに来た。この徳利には酒がいくらでも入ったのだという。坊さんは酒を買うと常念岳の方の闇の中へと消えていくので、人々は常念岳の主である常念坊だと話した。今でも、春の雪解けの頃になると常念岳の東の斜面に、徳利を下げた坊さんの姿が浮かぶのだという。

『信濃伝説集』には、常念岳の麓に棲む山《やま》姥《うば》の話が紹介されている。この山姥は、毎年の暮れの市に来て、酒屋で酒を買う。山姥は五合入れの徳利を差し出して二升や五升も酒を入れろと言う。そんな小さな容器に入り切らないと酒屋は言うが、入れてみると二升でも五升でも言う通りに入ってしまった。山姥は必ず宵闇の頃に現れて、酒を買うとどこへともなく消え去ってしまうので、人々は常念岳の精か、それとも鬼神の仕業だろうかと話し、常念岳に棲む常念坊なのだろうとも考えたという。

［参考文献］『長野県史 民俗編』三巻三 中信地方 ことばと伝承、村沢武夫『信濃伝説集』

## 蕉妖［しょうよう］

長野県に出たという。『中陵《ちゅうりょう》漫録』巻之一三に記されている。

信州のある寺に一人の僧がいた。この僧が夜に読書をしていると、深夜になって一人の美女が来て、僧に戯れた。しかしこの僧は大いに怒って女に刀で斬り付け去らせた。女の去った後には血痕が残っていたので、翌朝その跡をたどってみると、庭に植えてあった芭蕉の木が倒れていた。人々はこれを見て、芭蕉の魂が女に化けたのだろうと話したという。

　筆者・佐藤成裕は当初この話を信じていなかったが、琉球の人から芭蕉が女に化ける話を聞き、信州の話も信じるようになったと記している。

［参考文献］『日本随筆大成』三期三巻

## 死霊べェ［しりょうべえ］

長野県松本市和田南和田に伝わる。

　南和田においては、山の神は二つあり、一つは絶対の山の神といい、大山祇命《おおやまつみのみこと》のことである。もう一つは非絶対の山の神で、これは山で首をつった人などがなる。これは死霊または死霊ベエと呼び、大山祇命の弟子と考えられている。絶対の山の神を祀《まつ》るのには白い紙を、非絶対の山の神を祀るには赤い紙を使用するという。

　**川死霊**や**キュウセン山の神**も参照。

［参考文献］東京学芸大学民俗学研究会『遠山の民俗　民俗調査報告』

## シンキョーボーズ

長野県小県《ちいさがた》郡武石村に伝わる。

　現在は団地がある所に、シンキョーヅカという塚があった。この塚の付近にヒノタマが出たが、村人はこれをシンキョーボーズが出たといっていたという。

［参考文献］『長野県史　民俗編』一巻三　東信地方　ことばと伝承

## ずいとん坊［ずいとんぼう］

　ズイトーンボーとも。長野県東筑摩郡生《いく》坂《さか》村の雲根に伝わる。

　十一面観音のお堂には、昔は坊さんが住んでいて庫裏《くり》もあった。ずいとん坊という狸か狐のお化けがいて、尻尾をズーイとこすってトンと戸を叩いたので、ズイトーンボーというお化けだと子供を恐ろしがらせたという。ズイトーンボーは男の化け物なのだという。

［参考文献］『長野県史　民俗編』三巻三　中信地方　ことばと伝承

# 【た】

## ダイバ

長野県の話。

ダイバという悪霊が駄馬に災いをなすとされている。その形は熊ん蜂を少し大きくしたようなもので、羽の色が鮮麗なのだという。これが馬の耳に飛び込むと、馬はたちどころに跳ね回って倒れてしまう。他にも、一寸ほどの美女がその蜂のようなものの背に跨《またが》って空を飛び来たるのを見たという者もいた。広域の**ギバ**も参照。

〔参考文献〕柳田國男「幻覚の実験」（『旅と伝説』九巻四号）

## 高月輪〔たかつきわ〕

長野県の小田井（現・佐久市小田井）の話。『斎諧俗談』に記されている。

小田井という広い野原に、草が生えずに輪のように丸く見える所がある。輪の幅は一尺（約三〇センチ）ばかりで、差し渡し（直径）一町（約一一〇メートル）もあり、ここには雪や霜も降らない。土地の人はこの所を高月輪と呼ぶ。野原の向こうに木幡山があり、その峰には権現社がある。ここの神が馬に乗って、毎夜この所へ遊びに来るので、時折轡《くつわ》の音が聞こえてくるのだという。

〔参考文献〕『日本随筆大成』一期一九巻

## 七夕様〔たなばたさま〕

長野県南安曇《あづみ》郡梓川《あずさがわ》村下角《しもつの》（現・松本市）や北佐久郡望月町茂田井《もたい》（現・佐久市）などに伝わる習俗。

下角では、七夕の日に必ず白瓜《しろうり》を供える。これを七夕様が枕にするのだという。また、茂田井では、四つ（午前一〇時）前には瓜畑に入るのを禁じている。これは七夕様が畑の中で裸になって眠っているからなのだという

七夕の日に畑に入ってはいけないという禁忌は他の地域にもあり、ささげ畑であったり茄子《なす》畑であったりと様々である。

〔参考文献〕『長野県史　民俗編』五巻総説一　概説

## 太郎山のヒトツビ〔たろうやまのひとつび〕

長野県小県《ちいさがた》郡真田町（現・上田市真田町）に伝わる。

太郎山の中腹には、雨降りや天気の変わり目の夜などには必ずヒノタマが出たという。これを太郎山のヒトツビと呼んだ。

〔参考文献〕『長野県史　民俗編』一巻三　東信地方　ことばと伝承

## たろっ子の婆様［たろっこのばばさま］

太郎っ子の婆様とも。長野県北安曇《あづみ》郡北《ほく》城《じょう》村（現・北安曇郡白馬村北城）に伝わる。『北安曇郡郷土誌稿　第一集』及び『第七集』に記されている。

『第一集』には以下のように記されている。北城村の塩島に太郎っ子という所がある。昔、仲の悪い嫁と姑がいて、嫁のお軽は姑を呪って念仏を唱えていた。ある夜、お軽は切久保《きりくぼ》神社の七道の面という鬼面を持ち出し、障子の隙間から覗《のぞ》いて姑を驚かせて気絶させてしまった。しかしお軽は身に着けたその面が取れなくなってしまったので、仕方なく太郎っ子に住んで人目を避けるようになったという。これがたろっ子の婆様で、付近の人を連れ去って殺すので、三つの村総出でこれを捕らえて、簀《す》巻《ま》きにして生き埋めにしたのだという。

他にも、南小谷《おたり》村の千国《ちくに》に市が立つと、婆様が袋を担いで買い物に来るという話もある。婆様が買い物をした店は縁起が良くなって大儲《もう》けをしたのだという。

『第七集』によると、婆様と行き合った者は誰もいないが、日暮れ方などに白髪を下げた後ろ姿を見た者がいたという。また、鬼に姿を変えて道行く人を取って食うこともあったので、落倉原の道端に観音像を建てて祀《まつ》った。それからそういうことはなくなったのだという。落倉の付近は非常に寂しい場所だったが、真夜中頃に笛や太鼓の音がして賑《にぎ》やかになった。それは多くの眷《けん》属《ぞく》を従えたたろっ子様がお移りになったのだという。このたろっ子様が千国の暮市へ瓢簞《ひょうたん》を下げて酒を買いに来た。瓢簞は二、三合しか入らないように見えたが、不思議にもいくらでも酒が入ったのだという。

［参考文献］信濃教育会北安曇部会『北安曇郡郷土誌稿』一集　口碑伝説集　第一冊・七集　口碑伝説集　第三冊］

## 丹平［たんぺい］

長野県下高井郡瑞穂《みずほ》村小菅（現・飯山市瑞穂）に伝わる。

昔、小菅に丹平という小児がいた。丹平は育っても這《は》うだけで歩く様子がなかったので、家人がなぜ歩かないのか責めると、丹平は家の宝物を全部背負わせてくれれば歩けると答えた。家人は怪しみながらも宝物を出して背負わせると、丹平はすぐに立って駆け出し、関沢の方へと走っていった。家人が追いかけても速くて追い付けず、丹平はそのまま千曲川に飛び込んで消えてしまった。千曲川に棲む河伯《かはく》が丹平として生まれ、家宝を取りに来たのだろうとされた。丹平が飛び込んだ所は渦巻きになっているので、村人は丹平巻と呼んでいる。

［参考文献］江口善次「動物民譚志」（『あしなか』通巻二九号）

## 竹魚［ちくぎょ］

長野県の木曽駒ヶ岳に伝わる。『信濃奇勝録』巻之四に記されている。

駒ヶ岳の麓は川の流れを覆うほどスズタ

ケが茂っているが、このスズタケの葉がイワナと化すのだという。ある人が木曽を越えていく途中、萱平という所でこれを見付け、折り取って持ち帰り、人にも見せたという。また飯田の市岡氏もその干したものを所蔵している。これを見ると笹が化したものでなく、筍《たけのこ》のように皮で覆われている。筍は丸く二方から交互に皮が覆っているが、これは一方からだけ皮が覆って魚のような形になっている。ある説には、唐土《もろこし》でも竹魚という笹が変化するものがあるのだという。

これらは岐阜県の**篠魚**《ささうお》と同じく、植物の虫こぶが魚の形に見えることからこのように考えられたのだろう。

［参考文献］『新編信濃史料叢書』一三巻

## ヂッサババサの石［ぢっさばばさのいし］

長野県松本市に伝わる。

浅間温泉の北の山にある、道路に突き出した大小二つの岩をヂッサババサの石と呼ぶ。これに「お茶を上げます」といって願掛けすると必ず霊験があると流行した。しかしある時、片方の岩が転がって道の下の小川に落ちてしまった。それから、この石の前の道は嫁入り行列が通れなくなった。もしここを無事に通っても、後で何か支障が起きるという。

［参考文献］平瀬麦雨「信州松本より」（『郷土研究』三巻六号）

## ちぼちの池［ちぼちのいけ］

長野県南佐久郡佐久穂町の自成寺の話。

「ちぼち」とは、禅宗で小僧の意味だという。自成寺の近くには、ちぼちの池という池があったのだが、ある日、自成寺の小僧が何者かに殺され、この池に投げ込まれた。それから小僧の祟《たた》りで寺や檀徒《だんと》に災いが付きまとった。後に小田原の最乗寺から来た俊庵麟英という和尚がこの寺に住み、ちぼちの池で一日半も金剛経を唱え続けた。すると池の底から「こんなありがたいお経は初めて聞いた。これで浮かばれる」という声がして、化け物の迷いが解かれたのだという。それから、ちぼちの池は涸《か》れることがなくなり、雨が降ってほしいときは「雨を降らせてください」と書いた紙を投げ込み、水をすくって雨が降ってほしい村の方角へ飛ばすといいとされた。

別の話では、寺の小僧が池まで水汲《く》みに行かされ、その苦しさに耐えかねて池に身を投げたという話になっている。小僧が身を投げて以来、夕方になると池の端に白い坊主のようなものが現れ、村の田畑が荒らされるようになった。村人はちぼち（小僧）の祟りと恐れたが、全国行脚をしていた自成という僧が池のほとりで金剛経を上げると、池の底から「ありがたいお経を聞いて、俺も浮かばれる」と声が聞こえ、化け物は出なくなったのだという。

［参考文献］『長野県史　民俗編』一巻三　東信地方　ことばと伝承

## 茶わんころがし ［ちゃわんころがし］

長野県伊那市西箕輪羽広《みのわはびろ》に伝わる。

長野県駒ヶ根市の中村城跡の辺りを夜に歩くと、堀のあった所にたくさん捨ててあった茶碗の欠片《かけら》などが、起き上がってぞろぞろがちゃがちゃと歩いていったという。見た人は近くの家に逃げ込み、それ以来自分も見たという噂が広まった。そこで、かつて皇室に仕えていたという人が、それら茶碗や鍋などをみんな集めて、穴の中に投げ込んで薪を積んで燃やし、お経を唱えて納めてくれた。それからその場所のことをホーゲンと呼ぶようになったという。

［参考文献］『長野県史　民俗編』二巻三　南信地方　ことばと伝承

## 月夜平の一つ目小僧 ［つきよだいらのひとつめこぞう］

長野県東御《とうみ》市本海野《もとうんの》に伝わる。

昔はよく一つ目小僧に道案内をしてもらって小道を通ったのだという。一つ目小僧は気味が悪いが、目から提灯のような光を放ち、にこっと笑って道を先に立って案内してくれた。

大屋村から急な坂を登ると、月夜平という草原があり、そこに一人の男の子が立っているように見える。真っ暗な夜道に男の子の周りだけ光っており、その後を付いていくと、自分の家へ帰れた。我に返って振り返ると、男の子はにっと笑って足早に去っていった。こういうことが何度もあったので、男の子を「月夜平の一つ目小僧」と呼んだという。

［参考文献］『長野県史　民俗編』一巻三　東信地方　ことばと伝承

## つけひも小僧 ［つけひもこぞう］

長野県南佐久郡田口村大奈良（現・佐久市田口）に伝わる。

**あづきとぎ屋敷**の辺りは、日暮れ方になると付け紐《ひも》を解《ほど》いた七、八歳くらいの子供が出た。その紐を結んでやろうとしてそばへ寄ると、騙《だま》されて一晩中歩かされ、朝帰りになってしまうのだという。子供たちが遅くまでかくれんぼをしていたら、大人は「つけひも小僧が出るぞ」と言って呼び戻すのだという。

［参考文献］南佐久教育会『南佐久郡口碑伝説集』

## どうしん坊主 ［どうしんぼうず］

長野県木曽郡南木曽町《なぎそまち》読書《よみかき》与川《よがわ》に伝わる。

言うことを聞かない子供に対し「夜遅くにお宮の下を通るとどうしん坊主が出る」と脅かした。どうしん坊主はその顔を見ているうちにだんだん大きくなって、見ているこちらが倒れてしまう。悪いことはしないで脅かすだけなのだという。

［参考文献］『長野県史　民俗編』三巻三　中信地方　ことばと伝承

## 疱瘡坊主［とうそうぼうず］

信濃国の飯田（現・飯田市）に出たという。『大語園』七巻に記されている。

ある人の妻が重い疱瘡を患って回復したが、万一のことを考えて床に就き、家の者たちも怠りなく夜伽《よとぎ》をしていた。すると真夜中頃、妻の枕元に立てている屏風《びょうぶ》の陰から大きな坊主が出てきて、上から下を覗《のぞ》き込んできた。それを見た亭主が驚いて刀を取って立ち上がると、坊主は屏風を飛び越して妻を掻《か》き抱いて飛び去ってしまった。亭主が追いかけようとすると、下女がやってきて「奥様はこちらにおいでです」と言ったので、すぐに引き返すと、妻はもとの通りに床に伏していた。これは不思議と妻を揺り起こそうとすると、既に息はなく、死んでいたのだという。

この話の出典として『今昔拾遺物語』なる書名が挙げられているが、詳細は不明。『今昔物語集』にも『宇治拾遺物語』にもこのような話は収録されていないが、『諸国百物語』巻之二に「笠原殿家に大坊主ばけ物の事」として類似の話が収録されている。こちらの話には地域に関する記述はない。

［参考文献］巌谷小波『大語園』七巻

## とかげ丸［とかげまる］

長野県下水内《みのち》郡の秋山郷に伝わる。

ある時、平家の子孫だという福原平右衛門が屋敷温泉の上流に架けられた橋を渡っていた。ふと見ると、川の中の島で、一人の女が髪を梳《と》かしていた。不思議に思って近くを通ると、平右衛門が腰に佩《は》いた名刀・とかげ丸がひとりでにカタカタと音を鳴らし、見ると刀身に真っ赤な血を付けていた。女はどうなったかともう一度見ると、太い松のようなものが流れていくのが見えた。女は大蛇の化身で、とかげ丸はひとりでに鞘走《さやばし》り、大蛇を退治していたのだった。

その後、何代か後の平右衛門が吹雪に閉じ込められ難儀した時、大峰様に願掛けをして「家一番の宝を差し上げるので、どうかお救いください」と祈ったら助かったので、このとかげ丸を差し上げたのだという。

［参考文献］『長野県史　民俗編』四巻三　北信地方　ことばと伝承

## どびんころがし

長野県北安曇《あづみ》郡陸郷《りくごう》村に伝わる。

日岐《ひき》にどびん坂という坂があり、月の良い夜にはここにどびんころがしが出て、土瓶を転がしたのだという。

［参考文献］信濃教育会北安曇部会『北安曇郡郷土誌稿』二集　口碑伝説集　第二冊

# 【な】

## 中山の八ツ鹿 〔なかやまのやっつしか〕

長野県下伊那郡大鹿村鹿塩《かしお》に伝わる。

鹿塩の七不思議の一つ。中山地区には八匹の鹿の群れがいた。狩人が一匹獲っても翌日にはもとの八匹に戻っている。二匹獲っても翌日には八匹になっているのだという。

鹿塩の七不思議は他に「塩の湯」「さかさ銀杏《いちょう》」「大池」「猫のノミ」「夜泣松」「アクナシわらび」がある。

〔参考文献〕伊東千秋「鹿塩の七不思議」(『伊那』一九巻四号)

## 七ツ穴の一ツ目老人 〔ななつあなのひとつめろうじん〕

長野県北安曇《あづみ》郡南小谷《おたり》村(現・北安曇郡小谷村)に伝わる。

真木《まき》の東の方に七つの洞穴がある。新右衛門という猟師が熊を追っていると、熊はこの洞穴の一つに入っていった。新右衛門も洞穴に入って奥へ進んでいくと、途中で白熊が数頭寝ており、奥の方で障子らしきものがあった。それが光明を放って開かれると、一ツ目の老人が裃《かみしも》を着て白扇を持って正座していた。新右衛門は恐ろしくなって洞穴を逃げ出し、知人や子孫にこの洞穴に入ることを禁じたのだという。

〔参考文献〕小池直太郎『小谷口碑集』

## 鳴石 〔なりいし〕

鏡石とも。長野県の蓼科山《たてしなやま》の話。

現存している大石。大きさ六、七尺(約一・八〜二・一メートル)四方で右側の表面が鏡のようになっており、深い切れ目がある。その昔、神様がおいでになった時、投げた鏡が落ちた所で石になったのだという。叩くとボンボンと鳴る。かつて石工がこの石を割ろうとして玄能で叩くと、山鳴りがして山中が振動し、火の雨が降ってきたので石工は死んでしまったのだという。

〔参考文献〕高橋宏一「蓼科山紀行」(『旅と伝説』四巻七号)

## 眠り松 〔ねむりまつ〕

長野県東筑摩郡生坂《いくさか》村の雲根に伝わる。

この松の木の下で一休みすると、必ず眠気が起きて眠り込んでしまうとされた。昔はここで眠ってしまった人が度々追い剝《は》ぎや盗人にあったのだという。

〔参考文献〕『長野県史 民俗編』三巻三 中信地方 ことばと伝承

## 野尻湖の主［のじりこのぬし］

長野県上水内《みのち》郡信濃町の野尻湖に伝わる。

野尻湖の主についてはいくつかの話が伝わっている。

①野尻湖の主は六つの頭の大蛇で、新潟県上越市の青柳池（坊ヶ池）の主と兄弟である。これらの蛇は湖水の底にある龍宮の淵《ふち》の宮殿に住み、「竜宮の鼻」で耳を澄ませば、宮殿で演奏される音楽が聞こえるのだという。また、主の六頭がもう一つ増えて七頭になった時、たちまち湖の水は塩水と化すのだという。

②野尻湖の主は雌雄の大蛇で、湖底深くに棲み毎年一〇匹の子を産む。この時「地震滝」（苗名滝《なえなたき》か）の主である大蟹も、一〇匹の子を産む。そして滝の主は産んだ子たちを引き連れて野尻湖に行き、大蛇の子を食わせてしまう。大蛇は戦うも、大蟹の黒がねの甲羅と鋭い鋏《はさみ》に太刀打ちできず、敗北してしまう。そのため、主の大蛇の子孫はいつまでも増えないのだという。

③昔、一人の武士が野尻湖畔を通ると、美女が現れて、腰の刀を少しの間貸してほしいと頼んできた。武士が刀を女に貸すと、女は喜んで刀を持ったまま湖に沈んでいった。すると湖の水が真っ赤に染まり、女は再び姿を現した。女は「刀を貸してくれたおかげで、仇討ちをすることができました。お礼にこの竹竿を差し上げます。これを地面に立てれば、清らかな水がいつまでも湧き続けます」と言って、武士に短い竹竿を与えた。武士がこの竹竿を湖のほとりに立ててみると、そこから清水が湧き出すようになったという。

［参考文献］『長野県史　民俗編』四巻三　北信地方　ことばと伝承

## 信太郎［のぶたろう］

長野県北安曇《あづみ》郡会染《あいそめ》村（現・北安曇郡池田町会染）に伝わる。

会染村の林中の南部に、久兵衛という金持ちがいた。これの息子に信太郎というものがいたが、怠け者だったともいわれている。ある年、信太郎が友人と馬羅尾《ばろお》の奥に笹刈りに行き、帰りがけに昼寝をした。すると寝ている間に信太郎の頭に二本の角が生えて、それが地上に突き刺さって抜けなくなっていた。友人が村人を呼んでこようと信太郎を置いて山を下り、また戻るとその姿は消えていた。信太郎は自分の醜い姿を知ってもう里に帰れないと考え、山奥に消えていったのだという。別の説では、馬羅尾の谷にある天狗岩という大岩まで行った時、信太郎が急に馬の背に立ち上がって、天狗岩に飛び移った。そして見る間に雲を突く巨人となって「さらばよう」と三声呼びかけてから、山をまたいで姿を消したのだという。他にも天狗にさらわれたとか、「自分は鬼になって故郷を守らん」と言って山奥へ入っていったともいわれている。

信太郎が姿を消してから三年ほどは、農繁期になると一夜のうちに田が耕され、田植えや収穫まで終わってしまうということがあった。ある日、鬼の姿になった信太郎が昼寝していたのを妻が見付け「そんな恥ずかしい姿で来てくれるな、家の方は心配することはない」と言ったので、それからは田の手伝いをしてくれることはなくなった。村の人々は畏怖の念にかられ、天狗岩の近くに祠《ほこら》を建てて信太郎を祀《まつ》った。これが信の宮であり、信太郎が山に消えた一〇月一七日には、林中の人たちは山に行って赤飯を炊き、お祭りをしたのだという。

『あしなか』通巻五六号の「山の夜語り」にも、同様の昔話が記録されている。


［参考文献］信濃教育会北安曇部会『北安曇郡郷土誌稿』一集 口碑伝説集 第一冊、胡桃沢友男「山の夜語り」（『あしなか』通巻五六号）

## 野守［のもり］

信州の松代（現・長野市）を舞台とした話。建部綾足《たけべあやたり》の『折々草』『漫遊記』に記されている。

松代に、とある力持ちで有名な男がいた。水無月（六月）頃、男は友人と二人で山に入り、柴刈りをした帰り道、なにか柔らかいものを踏み付けた。すると草原が騒ぎたって、桶《おけ》ほどの太さを持つ大蛇のような怪物が起き上がって、男に巻き付いてきた。その頭は犬よりも大きく、目が怪しく光り、男の喉に食い付こうとしていた。そこで男は両手で怪物の上下のあごを摑《つか》み、引き裂いて殺そうとした。しかし敵わなかったので、友人が持っていた鎌を受け取って、怪物の口から喉を二尺（約六〇センチ）ばかり斬り裂いた。怪物が苦しんで締め付けを緩めたので、男は更に鎌を振るって怪物を三つ四つに斬り分けてしまった。その怪物は、首は普通の蛇のようだが、足が六つに指も六つあった。丈は一丈（約三メートル）余り、胴の太い所は桶ほどもあるが、頭と尾はずっと細くなっていた。男は怪物の頭や尾の部分は谷に蹴り込み、胴の一番太い部分だけ持って帰り、親や村の者に誇ろうとした。しかし、男の帰りを待っていた親はこれを見て、「これは山の神に違いない、きっと祟《たた》りを被るだろう」と怒って男を追い出そうとした。それからこの怪物の胴は数日も経つと大変臭くなり、その臭いが男にも移ってしまった。男は衣服を脱ぎ捨て体を洗ったが臭いは消えず、悩んだ末に医者に相談して薬を出してもらった。この時、話を聞いた医者は「それは野守という虫だったのだろう。井守《いもり》や屋守《やもり》というのがいるように、野にいる虫である」と語った。それから男は特に祟りを受けることはなかったが、後に国が領する山の木を盗んだ罪で処刑された。そのため人々はあの怪物に復《ふく》讐《しゅう》されたのだろうと話したという。

『大語園』七巻では「野守蟲」という題名でこの話を取り上げている。


［参考文献］『日本随筆大成』二期二一巻、『近世物語文学』六巻、巌谷小波『大語園』七巻

# 【は】

## はいもり様［はいもりさま］

長野県北安曇《あづみ》郡七貴《ななき》村（現・安曇野市）に伝わる。

七貴村の荻原中ノ澤に、はいもり様のお宮があったが、廃れてしまった。ある時親切なおかみさんに取り憑《つ》いて「俺ははいもりであるぞ。先年の火事の時は屋根棟にいて、いつか家主になろうと思って隠れていたが、この人の体に乗り移ったから思うことをしてみせる」と言った。間もなく、取り憑かれたおかみさんは取り殺されてしまった。その後も同じように取り憑かれて急に倒れるものが多くなったので、村人たちは宮沢の入に祠《ほこら》を建てて祀《まつ》ったのだという。

［参考文献］信濃教育会北安曇部会『北安曇郡郷土誌稿』七集 口碑伝説集 第三冊

## 白馬の祟り［はくばのたたり］

長野県南佐久郡海瀬《かいせ》村（現・南佐久郡佐久穂町海瀬）に伝わる。

一ノ淵《ふち》には白馬の碑がある。昔、ある戦で大将の乗っていた白馬が敵方の大将の槍で腹に傷を受け、乗っていた大将も討ち死にしてしまった。戦が済んだ後、逃げていた土地の人たちが家に戻ると、血を流した白馬が山から降りてきて死んでしまった。人々は馬を埋めてやったが、病気が流行するなど悪いことや不作が続いたので、白馬の祟りではないかと恐れられた。そしてある晩、一人の子供が「馬の腹はちぎれた。田は乾いてしまう」と歌いながら道を通ってどこかへ消えていった。いよいよ白馬の祟りだと恐れた人々は、碑を建てて祟りを払ったので、それから変事は起こらなくなったという。

［参考文献］南佐久教育会『南佐久郡口碑伝説集』

## はげん様［はげんさま］

長野県の俗信。

七月の半夏生《はんげしょう》の日は、根深（葱《ねぎ》）の畑に入ってはいけない。昔、はげん様という農事に熱心な人がいたが、ある日葱畑を耕していた時に死んでしまった。それ以来、その日をはげんと呼んで葱畑に入らないようにしたのだという。

また、はげん様は築島をして（埋め立てをして、という意味か）田畑を増やしたが、この時もし今日中にできなければ自分の命をやる、と命をかけてやり始めた。しかし夕方になっても出来上がらなかったので、お日様を招き返して日のあるうちに作り上げた。しかし、葱畑で働いていて日暮れ時に死んでしまった。その死んだ日が半夏で、この日に葱畑に入ると死ぬといわれるようになったという。

『南佐久郡口碑伝説集』によると、北牧村本間川では、七月のはげん（半夏生）に葱畑に入るものではないとしている。またこの日は葱を食べてはいけないとしている。これは昔、はげんの日に葱畑で死んだ人がいたからだという。

〔参考文献〕中島繁男「半夏生」（『民間伝承』二巻一一号）、南佐久教育会『南佐久郡口碑伝説集』

## 柱の夜泣き〔はしらのよなき〕

長野県松本市新橋に伝わる。

柱を立てる時に木の根の部分が上で頭が下のさかさ柱にすると、柱が夜泣きするのだという。昼間はなんともなくても、夜になるといつ行ってもその音がするという。

〔参考文献〕『長野県史 民俗編』三巻三 中信地方 ことばと伝承

## 八面大王〔はちめんだいおう〕

魏石鬼《ぎしき》とも。長野県安曇野《あづみの》市に伝わる。『仁科濫觴記《にしならんしょうき》』『信府統記』『長野県史 民俗編 第三巻 三』『北安曇郡郷土誌稿』などに記されている。

八面大王は安曇野市の有明山や中房山《なかぶさやま》に住み、近隣の人々を苦しめた盗賊あるいは鬼である。坂上田村麻呂が征伐に乗り出し、三三節のある山鳥の尾羽で作った矢によって退治した。その死体は斬り分けられ、松本市の筑摩神社に首を埋めた首塚が建てられ、安曇野市の大王神社に胴が埋められ、足や耳も別々に埋められたという。

〔参考文献〕『長野県史 民俗編』三巻三 中信地方 ことばと伝承、信濃教育会北安曇部会『北安曇郡郷土誌稿』二集 口碑伝説集 第二冊・七集 口碑伝説集 第三冊

## 早梅の精〔はやうめのせい〕

長野県飯田市上川路《かみかわじ》の開善寺にまつわる物語。『伽婢子《おとぎぼうこ》』巻之一二に書かれている。

開善寺の早梅は類いなき名木で、冬至の前後から咲き始めたのだという。昔、村上頼平の家人に埴科文次《はにしなぶんじ》という、武士でありながら和歌を好む心優しい者がいた。甲斐《かい》の武田氏と村上氏の間で戦が起きた時、文次は開善寺の梅が盛りと聞いて、中間《ちゅうげん》一人を供として密かに陣を離れて寺へと向かった。梅の花と香りに感じ入って和歌を詠んでいると、この辺りでは見慣れない女が、童女を供として現れた。文次と女は互いに和歌を詠み合ったことで心が通じ合い、お堂の軒に座して酒を飲み交わした。文次が酔いから覚めると既に朝方であり、女の姿は消えていた。女は早梅の精だったのである。文次は陣屋に帰ってからも女の面影が忘れられず、夕暮れには涙を流し続け、次の日の戦で討ち死にしてしまったのだという。

〔参考文献〕『近代日本文学大系』一三巻

## 半白半黒［はんしろはんくろ］

長野県下伊那郡清内路《せいないじ》村（現・下伊那郡阿《あ》智《ち》村）の昔話。

昔、人里離れた所に爺と婆が二人で暮らしていたが、七〇を過ぎて寂しくなったので、互いにどちらかが死んだら首を半分白く半分黒くして、押し入れの中にしまっておこうと約束した。そのうち、婆は体を悪くして死んでしまったので、爺は婆の首を切り取って半白半黒にして押し入れに入れておいた。三日ほどすると、押し入れから婆の首が「とっさ（お父さん）おるかい」と言ってきたので「おーるぞよ」と返事をしたが、しきりに話しかけてくるのでだんだんと恐ろしくなってきた。そこへ薬売りが一晩泊めてほしいとやってきたので、爺は家に病人がいるからと嘘をつき、留守番を任せて買い物に行ってしまった。薬売りは押し入れからの声に返事をしていたが、爺とは違う返事をしてしまったので、婆の首が押し入れから転がり出てきた。薬売りは驚いて逃げ出したが、婆の首はコロコロ転がって「とっさおるかい、とっさおるかい」と言いながら追いかけてきた。薬売りは黒川まで逃げて、架かっている橋を渡って様子をうかがった。すると婆の首は橋の傾いている所から転がり落ちてしまった。その後、薬売りが正体を確かめようと婆の首の口を開いてみたら、歯がすっかり抜けた歯無しだったのだという（最後のオチは歯無しと話をかけたものと思われる）。

［参考文献］立石憲利『長野県清内路村の民話　一』

## ビジンサマ

長野県上伊那郡川島村（現・辰野町上島《かみじま》）に伝わる。

山に棲むものであり、晴れた日の午後二時頃に、木の唸《うな》るような音を立てて通る。黒雲に包まれた丸い玉で、下に赤青などの色をしたビラビラが下がっていて、その大きさは両手で抱えられないほどである。これの通る日は山仕事は止めるのだという。また、これと同じようなものを蓼科山《たてしなやま》でも見た人がいるという。

［参考文献］金子総平「ビジンサマ」（『民間伝承』六巻八号）

## 瓢箪石［ひょうたんいし］

長野県下伊那郡上飯田町（現・飯田市上飯田）に伝わる。

上飯田町の長久寺の境内に、瓢箪石という瓢箪の浮き出た石がある。昔、この近くに大酒飲みの農民がいた。毎日大瓢箪に入る酒を買わせて朝から晩まで飲み続けていたので、おかみさんは困り果てて、瓢箪を庭石に投げ付けて砕いてしまった。お酒を飲めなくなった亭主は間もなく死んでしまった。すると砕けた瓢箪が石になって、夜になると「お酒が飲みたい、お酒が飲みたい」と泣いたので、石を長久寺に納めてお経を上げてもらった。それから石は泣かなくなったが、まだ未練が残っているようで、石を踏むと「おこり（マラリア）」に罹《かか》るようになったという。

〔参考文献〕石川正臣「飯田の伝説」（『伊那』三二巻一号）

## ヒョウタン婿様〔ひょうたんむこさま〕

長野県下伊那郡清内路《せいないじ》村（現・下伊那郡阿智《あち》村）の昔話。

昔、ある家が婿として青くて長い顔をした男を迎えた。姑の婆様が風呂を焚《た》いて婿を入れてやったが、湯加減を聞いても返事をしないので、婆様はどんどん火を焚いて湯を熱くしていった。するとと風呂からピシーンと音がして、見ると湯の中に瓢簞《ひょうたん》が浮いていて、それに割れた傷が入っていた。瓢簞が男に化けて、婿となっていたのだという。

〔参考文献〕立石憲利『長野県清内路村の民話　二』

## ふくろかつぎ

長野県埴科《はにしな》郡倉科《くらしな》村（現・千曲市倉科）の俗信。

夕方に隠れ鬼（かくれんぼ）をすると魔に隠されるという。この魔をふくろかつぎと呼ぶのだという。

〔参考文献〕松林六郎「更埴地方の言い慣わし」（『郷土』一巻四号）

## 文永寺の鐘〔ぶんえいじのかね〕

長野県飯田市下久堅《しもひさかた》の文永寺に伝わる。

文永寺の鐘は、淵《ふち》から引き揚げられたものだという。昔、寺僧が鐘を求めていたら、夜に白く長い髭《ひげ》を生やした年寄りが枕元に立ち「黒瀬ヶ淵（天竜川の流れの淵）へ行ってみよ。わしが鐘を授けてやろう」と言った。そこで僧は黒瀬ヶ淵に行ってお経を上げると、淵が明るくなって、中から小さなかわいい鐘が浮かんできた。これを持って帰って寺に吊るして鳴らすと、一突きするたびに良い音がして大きくなった。やがて今の大きさになって良い音を響かせたが、この評判を聞いた殿様が鐘を取り上げてしまった。すると鐘は鳴らすたびに「文永寺恋しやゴーン」と鳴りながら泣くので、結局文永寺に返されたのだという。

〔参考文献〕『長野県史　民俗編』二巻三　南信地方　ことばと伝承

## 北條亡魂〔ほうじょうぼうこん〕

長野県松本市梓川《あずさがわ》梓の下角《しもつの》に伝わる。

蛍くらいの大きさの真っ黒い虫で、空を飛べず、足が速い。桑畑に多く発生する。戦国時代、野々宮合戦で小笠原氏の軍勢が武田氏の軍勢に敗れ、敗残兵が北條に逃げ込んだが全滅した。その亡魂が黒虫となって桑の葉につくようになったのだという。

〔参考文献〕『長野県史　民俗編』三巻三　中信地方　ことばと伝承

## 星糞〔ほしくそ〕

長野県佐久市岩村田《いわむらだ》に伝わる。『諸国里人談』巻之二に記されている。

岩村田の辺りは、春に田を耕すと土中から石が出てくる。色は薄鼠色で、水晶石に似ている。大きいものは稀《まれ》で、火打ち石の欠片《かけら》程度の角張ったものである。この地は他よりも流星が多い所で、流星の多かった年はこの石が多く出てくるのだという。これを星糞と呼ぶのだという。

［参考文献］『日本随筆大成』二期二四巻

## ほっちくび

長野県南佐久郡佐久穂町に伝わる。

佐口《さぐち》から臼田町の観音様へ行く途中の所を「ほっちくび」と呼ぶ。昔、ここで和尚様が鉈《なた》で刻まれて殺されたので、今もそこを通ると鉈を刻む音が聞こえてくるのだという。

［参考文献］『長野県史　民俗編』一巻三　東信地方　ことばと伝承

# 【ま】

## 魔道［まどう］

長野県の狩猟における習俗。

「山で寝るなら西北枕、南枕は神枕」といって、南の方角に枕を向けて寝るとマドウ（魔道）がさわるとされた。神枕とは、悪い神がワザをする（祟《たた》りがある、といった意味か）ことをいう。また「知らない山へ行ったら北枕」ともいい、北に枕を向ければマドウが妨げをしないとされ、死んだ人を北枕に寝かせるのもそのためだという。家の中においては、家の神が祀《まつ》られているので、どの方角で寝てもいい。

［参考文献］向山雅重「信州遠山郷鎌倉福次郎翁狩猟談」（『あしなか』通巻六八号）

## 魔道王［まどうおう］

長野県南安曇野《あづみの》郡穂高町（現・安曇野市穂高）の伝説。

昔、安曇平（松本盆地）は一面の海であったが、長者の子・泉小太郎と犀（**犀龍**《さいりゅう》）によって、水が流れ去って肥沃な平地となった。人々はこの平地に移り住んだが、中《なか》房山《ぶさやま》に棲む魔道王という鬼神が現れ、里を荒らすようになった。魔道王は妖術を用いて姿を消したり雲を呼んで雷雨を降らせたりしたので、小太郎も手を焼いていた。ある時、有後の姫という娘が、魔道王から人々を守るため全国を回る千日行を始めた。そして京都にたどり着いた時、帝に仕える雨宮殿という武将と出会った。魔道王について聞いた雨宮殿は、このことを帝に奏上し、吉田殿という将軍と二人で退治に乗り出した。二人の武将と小太郎が率いる軍勢は、魔道王の軍勢と木曽川で戦い、諸神諸仏の加護もあって魔道王を討ち果たすことができた。この功があって雨宮殿は信濃を治める国司となり、小太郎は川会《かわあい》明神として祀《まつ》られるようになったという。

［参考文献］岡澄昌『穂高地方の伝説』

## ママッカカサ

長野県松本市の俗信。

『郷土研究』三巻六号の「信州松本より」によると、夏秋の頃、庭に来る大きな黒揚《くろあげ》羽蝶《はちょう》は、ママッカカサ（継母）ともオットヒコイ（一昨日来い）とも呼び、凶蝶なのだという。また、朝の蜘蛛《くも》は福を持ってくるので、茶碗で伏せて恵比寿様の神棚へ上げるが、夜の蜘蛛や羽虫は災いの使いなので、戸を開けて一昨日来いと言って外に投げるのだという。

「継母」という呼び名は、昔話によく登場する意地悪な継母のイメージに由来するのかもしれない。

『郷土研究』三巻一号の「紀州より」によると、和歌山県東牟婁《むろ》郡色川村（現・東牟婁郡那智勝浦町）にも類似の俗信がある。家で買うミツバチにヒキガエルが付いた時は、これを捕まえて急流の向こう岸に投げて「一昨日来い」と言うと戻ってこない。また田辺の辺りでは、コガネムシなどが灯火の周りをうるさく飛び交う時にも「一昨日来い」と言いながら外へ放つのだという。

［参考文献］平瀬麦雨「信州松本より」（『郷土研究』三巻六号）

## 魔物、山犬［まもの、やまいぬ］

長野県下伊那郡松川町に伝わる。

塩を買って帰る時、魔物または山犬が付いてくるから、なるべく午前中に買って帰るようにしたという。もし夜に買って帰る場合は、家に入る時に塩の上に火を載せて入ればいいとされた。

［参考文献］『長野県史 民俗編』二巻一 南信地方 日々の生活

## みこし

長野県北安曇《あづみ》郡社《やしろ》村や常盤《ときわ》村（現・大町市）などに伝わる。

『北安曇郡郷土誌稿 第一集』には以下のように記されている。社村の曽根原にハンノキの大木があったが、この付近にみこしが出た。みこしは見ているとだんだんと大きくなっていき、最後には倒れる。その倒れた方向には何か災難が起きるので、気を付けなければいけないという。

社村と大町の境に椹《さわら》の大木があったが、この付近にみこしが出た。木舟《きぶね》に住む庄屋が大町から帰ってくる時、みこしが出てだんだんと大きくなり、非常に大きな坊主になった。みこしに飛び越されると死ぬということを聞いていたので、小刀を抜いて突きかかると、消え失せたのだという。

常盤村の須沼に大きな椹の木があったが、その付近ではみこしが出て、見れば見るほど大きくなって、見上げているうちに喉を締められてしまうといわれていた。

また、みこしという大入道は「見こし見下げる」といって地面を見下げると消えるのだという。見上げてしまうと見上げるほどに大きくなって、後ろに倒れた時に喉笛を嚙《か》まれて殺されるのだという。

『北安曇郡郷土誌稿 第二集』には、陸郷《りくごう》村の例が記されている。陸郷村の日岐《ひき》に城下という所があり、雨が降る日には必ずみこしが出た。男が見れば女のみこし、女が見れば男のみこしになって見えた。みこしを見た時はなるべく下を向いて「みこし見たぞ」と言わなければ、上を向いた時に喉笛に食い付かれるのだという。

［参考文献］信濃教育会北安曇部会『北安曇郡郷土誌稿』一集 口碑伝説集 第一冊・二集 口碑伝説集 第二冊

## 水井出之山人、虚深之山姥

［みずいでのさんじん、からふかのやまうば］

長野県の蓼科山《たてしなやま》の話。

山嵐の瘴気《しょうき》が陰陽の二気に合して、長い年月を経て凝り固まり、霊物となる。これが時々人を脅かすことがあり、ある時は姿を現し、ある時は叫び、またある時は霜雪の上に大きな足跡を付け、千変万化して人を驚かすのだという。

正徳五年（一七一五）の秋、ある新人の樵《きこり》が一人で山に入った。未明に木を伐ろうとしたら、にわかに生臭い風が吹いてきた。様子をうかがっていると、奥の方からかすかに木の唸《うな》る音が聞こえ、だんだんと近付いてくる。そして音は太鼓を打つような音に変わり、鐘の音や笛の音も混じって音楽のようになった。更に四、五人がしわがれ声で笑う声や泣く声も聞こえてきたので、恐怖して逃げようとすると「それそれ」という声も聞こえてきた。結局すぐに里まで下りて、古参の樵に話をすると「山に一人で行く時は、初日に必ず酒を供え、木を取る理由を権現様に訴え、ねんごろに祈ってから伐り始める。そうでなければ必ず祟《たた》りがあり、木を伐ることができない」と教えられたのだという。

また『信濃国怪異奇談』という本に載っている話として、次のような話も紹介されている。享保二〇年（一七三五）八月、蓼科山で千曲川橋に使う材木を伐ろうと、三〇〇〇人の人足を連れて山に入り、小屋を建てた。すると夜の間は様々な怪異が起き、小屋の外へ出ることができなくなった。ある時は谷底から大音声で呼ぶ声がし、ある時は小屋の近くで大木を伐り倒す振動が響くなどした。夜が明けて外の様子を見ても、木が倒れた様子はなかった。日中になって木を伐って運び出す時、大声で叫ぶと晴天がすぐに曇って大雨が降り出すが、静まればたちまちに晴天になる。また深谷の雲霧の中から太鼓の音が聞こえたかと思うと、たちまち霧が広がって周りが見えなくなり、大雨が降る。これも人声を立てずにいればまた晴れる。この他にも様々な怪異があったのだという。

「水井出之山人」や「虚深之山姥」といったものが蓼科山に実際に出たというより、山で起こる様々な怪異を紹介するに際し、通称としてこれらの名を付けたようである。

〔参考文献〕高橋宏一「蓼科山紀行」（『旅と伝説』四巻七号）

## ミソカヨー

長野県南佐久郡北牧村（現・南佐久郡小《こ》海町《うみまち》及び佐久穂町）に伝わる。

『旅と伝説』一一巻八号の「南佐久郡北牧村民俗語彙」によると、大みそかには山に行ってはいけないとされている。「ヅクノナイセツキバタラキ」をする者が山に行くと、ミソカヨーとどこからか呼ぶ声がして、何者が呼ぶのか見ようとしても、首が曲がらないのだという。声の主は山の神とも鬼ともいわれている。ヅクノナイセツキバタラキについての詳細は不明だが、同じ「南佐久郡北牧村民俗語彙」では「ヅクノナイモノ」は怠け者の意味としている。また「セッツ」とはホオジロのことで、博打《ばくち》打ちが負け続けて喧嘩をし、遂に殺されてしまったが、その怨みが鳥になって「チョッキリ、イツツブ、ニシュマケタ（チョッキリ五粒二朱負けた）」と鳴くのだと紹介している。これらを考えると、ヅクノナイセツキバタラキは「博打ばかりする怠け者」というような意味になるのだろうか。

『長野県史 民俗編 第一巻 三』には、南佐久郡佐久町上本郷の話として、一月三〇日に山に入るとミソカヨーが出るとしている。

『南佐久郡口碑伝説集』によると、北牧村本間川では、一月三一日のみそかには山へ行ってはいけないとしている。この日に山へ行くと、何かが山にいて「みそかやーい」と大きな声で呼ばれるのだという。また馬越では、みそかの日に山へ行くと天狗様が「みそかだぞう」と言ってくる。その時、こちらからも「みそかだぞう」と言い返せばよいが、黙っていると天狗様にさらわれるのだという。

〔参考文献〕武田明「南佐久郡北牧村民俗語彙」（『旅と伝説』十一巻八号）、『長野県史 民俗編』一巻三 東信地方 ことばと伝承、南佐久教育会『南佐久郡口碑伝説集』

## 三つ目の兎［みつめのうさぎ］

長野県南佐久郡北牧村宮下（現・南佐久郡小海町《こうみまち》）に伝わる。

宮下の七不思議の一つ。諏訪《すわ》神社の北にある「高嶺さんの森」には、三つ目の兎がいるが、滅多に見た者はいない。村人が集まった時に「三つ目の兎なんて、そんな馬鹿なものはない」と話をしていたら、ひょっこりと姿を見せることがある。これが出ると村に何か変わったことが起こるというので、村人は三つ目の兎の話を嫌っているという。

宮下の七不思議は他に「社のすおうの木」「両葉のすすき」「日向《ひゅうが》のそらの寒桜」「なめ岩の白酒《はくしゅ》」「お経塚の夜の雨」「高根林のほらが石」がある。

〔参考文献〕南佐久教育会『南佐久郡口碑伝説集』

## モモンガ

長野県下伊那郡天龍村の坂部《さかべ》に伝わる。オーマガドキ（黄昏時）にはモモンガが出るので外出するなといわれている。モモンガは老人の姿で現れて、その姿を見ると気が狂うか、病気になって死ぬのだという。

［参考文献］『長野県史　民俗編』二巻三　南信地方　ことばと伝承

## モリドン

長野県の佐久地域に伝わる。

五月の男の子の節句（端午の節句）には、鯉幟《こいのぼり》だけでなく軒先や柱に蓬《よもぎ》と菖蒲《しょうぶ》を付けたり差し込んだりする。蓬は乾燥させて弓の矢に使い、菖蒲の葉は突き刺す穂先や剣を表している。これらの飾りは、モリドンという悪者が古くなった家に雨漏りをさせるので、それを退治するために用意するのだという。

多くの場合、端午の節句は鬼や蛇などを祓《はら》う行事であるが、この例においては、全国で語られる「ふるやのもり」系統の昔話との関連性がうかがえる。

［参考文献］渡辺重義「佐久の「子供の節句」」（『伊那』四五巻一一号）

## 森のホロツク［もりのほろつく］

長野県南佐久郡大沢村本郷（現・佐久市大沢）に伝わる俗信。

本郷の北側には稲荷さんの森があり、南側には天神様の森がある。昔は夜になるとこの森でホロツクが鳴いた。鳴き声を聞いて「今夜は稲荷さんの森で鳴くから、どこかで子供が生まれた」とか「今夜は天神様の森で鳴くから、誰かが死んだ」というように、その鳴き声で吉凶を判断したのだという。

ホロツクは恐らくフクロウのことと思われる。

［参考文献］南佐久教育会『南佐久郡口碑伝説集』

# 【や】

## 夜光の玉［やこうのたま］

長野県安曇野《あづみの》市の有明山に伝わる。

有明山の中心には夜光の玉があり、これのおかげで、近くの里はどんな夜の闇の中でも、鼻をつままれてもわからないということにはならない、と信じられている。また山の名もこれが由来であるとしている。

［参考文献］平瀬麦雨「信州松本より」（『郷土研究』三巻六号）

## 山口の一つ火［やまぐちのひとつび］

長野県上田地方の山口村（現・上田市上田山口?）に伝わる。

毎夜、一〇時過ぎに上田の方から山口村の方を見ると、一つの火の玉がふらりふらりと現れる。上田地方の七不思議の一つとしても数えられている。

昔、山口村に一人の美しい乙女がいて、松代の男と恋仲になった。女は松代の男に会うため、毎夜太郎山・鏡台山・妻女山《さいじょさん》などの山々を、必ず二つの温かい餅を持って通っていた。男は女が毎晩山々を越えて餅を持ってくるのを疑い、仔細《しさい》を聞いてみた。すると女は「あなたに会いたい一念でいるのだから、どうして夜の山道が恐ろしいでしょう。餅は家を出る時に握ってくるもち米が、いつの間にか餅へと変わっているのです」と語った。男は不思議に思い、このままでは身の破滅を招くと考え、女を殺そうと山中で待ち伏せした。女が疾風のように飛んできたので、男は断崖から谷底へと突き落としてしまった。それから、この山々に真紅のツツジが咲くようになり、火の玉が現れるようになったのだという。

これとは別の話も記されている。昔、松代から地蔵峠を越えて曲尾《まがりお》を過ぎてこの峠を通る美人がいて、これを知った村の若者たちが正体を見極めようと夜に山中で待ち伏せていた。すると凄《すご》い勢いで走ってくるものがあったので、若者たちが捕らえようとした。女は護身用に剃刀《かみそり》を持っていたが敵わず、袋叩きにされて谷底に投げ込まれてしまった。それから、女の思いが一つ火となって、雨の降る夜などにありありと現れるのだという。

［参考文献］村沢武夫『信濃伝説集』

## 山崎吹刀自姫霊神［やまざきふきとじひめれいじん］

長野県飯田市の遠山郷《とおやまごう》に伝わる。

熱心に神仏を拝んで祈禱《きとう》をしていたが仏にも神にもなれなかった人を祀《まつ》っているのだという。この神を祀る家の子供が三つか四つの頃に病気になった。この時、この霊神様を祀っていなかったからだとされ、それ以来、祀り続けているのだという。

［参考文献］東京学芸大学民俗学研究会『遠山の民俗 民俗調査報告』

## やまんば

やまおんばとも。長野県上伊那郡伊那富村北大出《きたおおいで》（現・上伊那郡辰野町北大出）の話。

昔、高遠道に萩原町という大きな街があった。月に一度、ここに市が立ったのだが、この市にやまんばが来てぶらぶらと歩いていた。やまんばは草鞋《わらじ》の前後をひっくり返して履いていたので、ある人がそれに気付いて後を付けていった。やまんばは桑沢山のアラダニの太郎小屋という穴小屋に入っていったので、中の様子をうかがった。すると「今日は人間に後を付けられて、えらい目にあった。加持祈禱《きとう》をしてすぐ追い出してしまえ」と話し声が聞こえてきて、面白い話や良い音のするものを叩く音などが聞こえてきた。その人はそれらに聞き入っているうちに、いつの間にか何かに乗せられ、萩原の里に送り返されていた。その次の年、萩原町はやまんばに火を付けられて丸焼けになってしまった。その時焼死した大勢の人たちは、どれが誰かわからなくなってしまい、一つの所に埋葬したので、その所を石仏と呼ぶようになったのだという。

〔参考文献〕野澤虎雄「やまんばの話」（『郷土』一巻二号）

## ユキフリババア

長野県諏訪《すわ》郡上諏訪町（現・諏訪市上諏訪）に伝わる。

雪の降った時に出てくる女であり、持っている紐《ひも》で人を縛っていくのだという。

**シッケンケン**も参照。

〔参考文献〕佐伯隆治「妖怪の名前」（『民間伝承』三巻一一号）

## 雪娘〔ゆきむすめ〕

長野県下伊那郡清内路《せいないじ》村（現・下伊那郡阿智《あち》村）の昔話。

昔、子供のいない老夫婦がいて、子供を育てたいと毎日神様に願掛けしていた。するとある雪の降る晩、小さい女の子が道に迷って泣いていたので、引き取って育てることになった。雪と名付けられた女の子は、大きくなったある年の正月、友達と外で縄跳びをして遊んでいた。すると雪だけが他の子よりも寒がって震えたので、焚《た》き火に近付いて温まっていると、シューシューと消えてしまった。大騒ぎになって神様に拝むと、神様から授けられた雪娘だから、火にあたって溶けてしまったのだとわかった。

〔参考文献〕立石憲利『長野県清内路村の民話　一』

# 【ら】

## 霊界公衆電話〔れいかいこうしゅうでんわ〕

筆者命名。北佐久郡軽井沢町軽井沢の話。夜中のある時間にある公衆電話を使うと、ダイヤルした相手につながらず、女の人の声が「助けて」など色々話しかけてくるという。

また、ある人が軽井沢でこの話を聞いた後、車の無線に雑音が入ったり、碓氷《うすい》峠の旧道付近で人の声のようなものが聞こえたりしたという。

〔参考文献〕幽霊探検隊『関東近郊幽霊デートコースマップ』

# 【わ】

## 笑う木 ［わらうき］

長野県北佐久郡立科町《たてしなまち》に伝わる。『長野県史 民俗編 第一巻 三』に記されている。津金寺《つがねじ》（立科町の天台宗寺院）の庭に植えてあるサルスベリの木は、枝の下を撫《な》でると笑うのだという。

『綜合日本民俗語彙』によると、サルスベリのことを埼玉県入間郡ではワライギ、群馬県山田郡ではオドリバナ、島根県の出雲地方ではコチョコチョノキ、熊本県玉名郡ではクスグリッキなどと呼称する。地方ごとに差異はあれ、サルスベリはくすぐったり撫でたりすると、笑うあるいは踊る木であると認識されていたようである。

［参考文献］『長野県史 民俗編』一巻三 東信地方 ことばと伝承、民俗学研究所『綜合日本民俗語彙』

# 岐阜県

# 【あ】

## 雨乞の藁の竜［あまごいのわらのりゅう］

岐阜県郡上《ぐじょう》郡五町《ごちょう》村（現・郡上市八幡町五町）に伝わる。

昔、奥美濃《みの》一帯で全く雨の降らない夏があり、五町では雨乞いをしようということになった。そこで村人が藁を持ち寄り、諏《す》訪《わ》神社の拝殿で長さ三間（約五・五メートル）、胴回り三尺（約九〇センチ）の藁の竜を作り上げた。翌日になって拝殿を見ると、藁の竜は勝手にとぐろを巻いて頭を持ち上げ、本殿の方を睨《にら》み付けていた。村人たちは驚いたが、用意した酒を竜の口から飲ませて長良川まで運んでいき、大矢渕の岩の上に置いた。そしてお祈りをして渕へ竜を沈めようとすると、竜は自分から跳ね起きて、渕の中へと飛び込んでいった。その後、黒雲が集まって大雨が降り出し、三日、四日も続いたので、村人は神様の怒りに触れたかもしれないと恐れ、諏訪神社に再び集まってお祈りをした。すると黒雲が薄れ始め、大矢渕から竜が立ち上がって空へと昇っていった。この雨と洪水で、段々畑だった村の畑は平らになり、よく肥えた広い畑になったのだという。

［毛利恵太］

［参考文献］赤座憲久『日本の民話五一　美濃の民話　第一集』

## 雨乞旗［あまごいばた］

岐阜県吉城《よしき》郡船津町朝浦（現・飛騨市神岡町朝浦）に伝わる。

朝浦の八幡神社には雨乞旗という古い旗が納められている。貞享元年（一六八四）に日照りが続き、田畑の作物がほとんど枯れてしまいそうになった。その時、この旗を出して祭りを行ったところ、大雨が降って実りを得た。それ以来、もともと春に行っていた祭りを八月一五日に行うようにして、初穂を供えるようになったのだという。雨乞旗は普段社殿に納められているが、外に出せば大雷雨が起きるので、雨乞いの時以外は外に出さないようにしているのだという。

［毛利恵太］

［参考文献］林魁一「みき田及び雨乞旗」（『民間伝承』八巻七号）

## あはずの火［あわずのひ］

岐阜県稲葉郡三里《みさと》村と市橋村（現・岐阜市）との境、南大門社前（現在の岐阜県美術館や岐阜県図書館のある辺りか？）道路に「あはずの火」という怪火が出たという。

昔、神官が人に殺されたので、その亡魂であると地元の人は称しているという。

［怪作戦テラ］

［参考文献］土岐琴川『美濃志』

## 一目蛇 ［いちもくへび］

岐阜県下呂《げろ》市萩原町萩原に伝わる。

昔、金森長近がこの地に諏訪《すわ》城（萩原諏訪城）を築城するため、重臣の佐藤六郎左衛門（六左衛門）を奉行に命じた。しかし、築城のためには諏訪神社が邪魔になるので、これを移転させようとしたが、一匹の小蛇が境内に現れて決して動こうとしなかった。六左衛門はそばの梅の木の枝を折り、それで小蛇を打ちのめすと、小蛇の片目が潰れてしまった。その後、六左衛門は大坂の陣に参加し、そのまま討ち死にしてしまったので、土地の人は小蛇の祟《たた》りだろうと噂した。片目の小蛇は以降も諏訪神社の境内に棲み、この神社で梅の木を植えてもすぐに枯れてしまうようになったのだという。

［毛利恵太］

［参考文献］巖谷小波『大語園』一巻

## 犬娘 ［いぬむすめ］

飛騨の山奥に樵《きこり》の夫婦が住んでいたが、なかなか子供ができなかった。それで山の神にお祈りをしたところ、双子の娘が生まれたが、産後の肥立ちが悪くて母親は死んでしまった。父親は赤ん坊に乳をあげられず途方に暮れていたが、そこに山犬が二匹の子犬を連れて現れた。父親は山犬に「お前の乳を分けてくれるなら、二人の娘をお前の子犬の嫁にやろう」と約束すると、山犬は赤ん坊たちに乳を飲ませてくれた。その後も赤ん坊たちは山犬の乳を飲んで育ち、美しい娘となった。娘たちは一緒に育った子犬を「アカ」と呼んで大事にしていたが、そのうちに年を取って二匹とも死んでしまった。そこで娘たちはそれぞれ立派な農家に嫁いでいったが、嫁いだ先の夫が娘の背後に大きな犬が座っている幻に怯《おび》えるようになり、とうとう二人とも実家に帰されてしまったという。

［毛利恵太］

［参考文献］江馬三枝子『日本の民話一五　飛騨の民話』

## 岩魚の怪 ［いわなのかい］

岩魚の妖怪といえば、いわゆる「岩魚坊主」が有名である。水木しげるの妖怪図鑑類などにもよく掲載されているが、これは『想山《しょうざん》著聞奇集』に載るもので、岐阜の話である（ただし、原題が「イハナ（が）坊主に化けたる事」であるだけで、「岩魚坊主」という呼び名だったわけではない）。『想山著聞奇集』に載るものは、現在の中津川市辺りの話であるが、飛騨地方にも類話がある。

①三好想山が知人から聞いた話。

美濃国の内、信州寄りで御嶽山《おんたけさん》の麓近くは尾張藩の飛び地で、川上《かわうえ》、付知《つけち》、加子母《かしも》という村がある（現・中津川市）。この辺りでは「毒もみ」という方法で魚を獲る。ある時、若者たちが毒もみで漁をしようとしていたところ、僧侶が現れて毒もみを止めるように言う。皆、薄気味悪く思い、毒もみを控える話をしながら食事をした。僧侶にも団子や食事を分け与えた。

僧侶が去った後、結局、一部の強気な者に引きずられて毒もみを決行してしまった。多くの魚が獲れ、また六尺（約一八〇センチ）もある岩魚も得た。喜んで村に持ち帰って料理したのだが、腹を割ったところ、僧侶に振る舞った団子や料理などが出てきた。さすがに皆、気分が優れず、食べなかったという。

②岐阜県下呂《げろ》市萩原町山之口に団子淵《だんごぶち》という淵がある。昔、村人が「ね」という、山椒《さんしょう》の皮や毒草を煎《せん》じた物を川へ入れて魚を殺して獲る、いわゆる「毒もみ」用の薬を作ろうと、囲炉裏に大鍋をかけて煮ていた。すると、見慣れない僧侶が現れて殺生を止めるように説いた。ちょうど団子も作っていたので僧に差し上げると食べて外に出て、魚を獲ろうとしていた淵のそばで消えた。

「ね」が完成したので、僧の言ったことを無視して淵へ「ね」を入れると大きい岩魚が浮かんだ。担いだら尾が地に着くほどであった。腹を割ると団子が出てきたので、その淵を団子淵と呼ぶようになったという。また、他に小坂、久々野《くぐの》、清見村坂下、吉城《よしき》郡坂下などでも、岩魚が僧に化けた話があるという。

③昔、一人の若者と妻が割石（現・飛騨市）の切雲《きりも》谷へ小屋をかけて炭焼きをしていた。妻は身籠もり、若者に子が産まれるまで殺生をしないように、魚釣りもしないように頼んだ。若者は承諾し、妻は一旦実家に帰った。若者はよく働いたが、つい出来心で釣りに出てしまい、大漁で小屋に戻った。釣った魚の大部分を小屋脇の小池に飼い、死んだものや小さいものを囲炉裏で焼いてたらふく食べた。満腹になって眠ってしまい、目を覚ますといつの間にか妻がいて泣いている。妻の肩はぞっとするほど冷たかった。破約を責めて離婚を迫る妻に若者は池の岩魚を谷へ戻し、今後も魚釣りを止めると誓った。妻は機嫌を直して床に就いた。

翌朝、若者が目を覚ますと妻がいない。急いで小屋を出て妻の実家に行ったが、妻も両親も昨夜のことを知らないという。そこで、岩魚の精が同僚を救いに来たのだろうということになったという。

［怪作戦テラ］

〔参考文献〕小島千代蔵『飛騨の伝説』、谷川健一『日本庶民生活資料集成』第十六巻 奇談・紀聞、水木しげる『決定版 日本妖怪大全』、村上健司『改訂・携帯版 日本妖怪大事典』、村上健司『妖怪事典』

## 姥切石［うばきりいし］

岐阜県養老郡養老町高田に伝わる。

高田の荘福寺境内に、人が屈《かが》んだような形をした、七〇センチほどの自然石がある。

昔、この石のそばで悶死《もんし》した女の霊が乗り移ったので、夜中になると人肌ほどに温かくなって奇声を発した。京都から来た高僧が「おふちには　あふこと難き　姥石の　さこそ肌《はだえ》の　つめたかるらん」と歌を詠んで活を入れたら、石は冷たくなって声も上げなくなったという。

［毛利恵太］

〔参考文献〕川出由太郎「山姥の話（一）」（『美濃民俗』二三二号）

## 馬の幽魂〔うまのゆうこん〕

美濃国《みののくに》岐阜の芥見《あくたみ》村（現・岐阜市芥見）の話。『想山《しょうざん》著聞奇集』巻之二に記されている。

この辺りでは馬に灸《きゅう》の治療をした後、三日目、七日目、二一日目には「血返し」といって休ませなければ凶事があるとされていた。しかし、ある人の馬に灸をしてから七日目の時、大事な荷運びの仕事が入ったので、主人はこの馬に運ばせようとした。馬子はそれを聞いて「この馬は灸をしてから三日目にも休ませていないので、どうか休ませてほしい」と主人に頼んだ。これに対して主人は「二一日目には必ず休ませる。荷物が来るのを差し置いて休ませることはできない。お前の気が進まないのなら、自分で連れていく」と言って、自ら馬を連れて出立してしまった。その道中、日野坂という所で、その馬は**ギバ**にかかって倒れ、死んでしまった。それから、この地に馬の霊魂が残り、ここへ馬を連れていくと必ず馬のいななく声が聞こえてくるのだという。連れている馬はこのいななき声に応えて鳴き合うが、人の目には何も見えない。いななき声はいつも道から五間（約九メートル）ほど先の畑の中から聞こえてきて、その音色もいつも同じなのだという。死んだ馬を大切に世話していた馬子は、馬の死後に後を追うように病死したので、馬の霊と馬子の霊が一緒になってこの地に留まっているのだろうともされた。　〔毛利恵太〕

〔参考文献〕田山花袋・柳田國男（校訂）『近世奇談全集』

## おうひと

飛騨の山中に出たという。『山人外伝資料』に紹介されているが、もとは『視聴草《みききぐさ》』第四集巻六に記されているもの。

飛騨の山中にはおうひとというものがいる。背丈九尺（約二・七メートル）ばかりで木の葉を綴って着物としていて、何かを話しても、それを聞き取れる人はいない。ある猟師が獲物を求めて山深くに分け入った時、これに会ったのだという。飛ぶように走り来て逃げることもできなかったので、何とか助かろうと持っていた握り飯を差し出すと、それを食べて非常に喜んだ。するとおうひとは狐や狢《むじな》を数多く殺して持ってきた。猟師は労せず多くの獲物を得たことを喜び、それから日ごとに握り飯を持っていって獣と交換するようになった。しかし、隣に住む猟師がこれを怪しみ、密かに後を付けていって、おうひとのことを知ってしまった。鬼なのではと思った隣の猟師は鉄砲でおうひとを撃ち、撃たれたおうひとは逃げてしまった。もとの猟師はこのことを聞いてからおうひとを探し、谷底におうひとが倒れているのを見付けたが、そばにおうひとに似たような者がいるのを見付け、撃たれた仇を自分に返しに来るかもと恐れてその場を去った。その後、撃たれたおうひとは死んでしまったという。

おうひとは恐らく大人《おおひと》に由来する命名なのだろう。

『山人外伝資料』の筆者・柳田國男は上記の話を引用して、話の調子が良すぎて物語のようだと評価しており、飯と獣の交易の部分までは（記録として）信用したいとも記している。

［毛利恵太］

［参考文献］柳田國男『定本柳田国男集』四巻

## 大柏の霊［おおかしわのれい］

岐阜県恵那郡蛭川《ひるかわ》村（現・中津川市蛭川）に伝わる。

柏ヶ根には昔、大柏が多くあった。そのなかでも周囲が一丈六尺（約四・八メートル）もある大柏はご神木として崇拝され、決して汚損することはなかった。ある時、雨が降り続けてあちこちで地崩れが起きて川が氾濫したため、墓が流出して人骨が散乱してしまった。村人は家を建て直す前にこの骨をどうにかしようと、大柏の神木の根元に埋めておいた。夜になると、人の悲鳴らしきものが聞こえてきたが、村人は気に留めず神木を祀《まつ》ろうともしなかった。時が流れて後、村で発狂する者や高熱にうなされる者が現れ、それらが皆、大柏の霊を祀るように口走った。そこでこれは大柏の祟《たた》りだとなったので、念仏を唱えて石像を安置し、大柏の根元に経石を埋めて怒りを鎮めたのだという。

［毛利恵太］

［参考文献］中京大学民俗学研究会『中京民俗』三〇号

## 狼の送火［おおかみのおくりび］

岐阜県の長良川に伝わる。

長良川下流の堤防に時々鬼火の一種が出る。夜更けに堤防を通るとどこからともなく現れて、家まで親切に送ってくれるので、道に迷うことなく帰宅できる。しかしこの火を恐れたり、つまずいて倒れたりすると、火がのしかかってきてその人を噛《か》み殺してしまう。そのため狼の送り火と呼ばれ、これに出会った時はなるべく平気にして、倒れないよう注意して歩くのだという。

［毛利恵太］

［参考文献］巖谷小波『大語園』二巻

## おちょまの火［おちょまのひ］

岐阜県羽島市竹鼻町の話。

竹鼻の東小畑の池の辺りに、夜更けになるとおちょまの火というものが出る。昔、この地におちょまという女がいて、この池の辺りで殺されてしまった。それ以来、雨の降る夜は必ず火の玉となって池の上に浮かぶのだという。ある時、竹鼻に住むお光という気丈な女が、この火の玉の正体を見極めてやろうと思い立ち、雨の夜に待ち構えていた。するとやはり火の玉が現れ、堤防の木々の間を南に行ったり北に戻ったりを繰り返した。お光が思わず「此方へ来い、此方へ来い」と声をかけて招くと、火の玉は次第に接近してきて、もう二、三間（約四、五メートル）というところで方向を変え、彼方へと飛び去り消えてしまったという。

［毛利恵太］

〔参考文献〕巌谷小波『大語園』二巻

## 乙姫様〔おとひめさま〕

岐阜県吉城《よしき》郡上宝《かみたから》村双六《すごろく》（現・高山市上宝町双六）に伝わる。

双六の小字・尻高《しったか》に龍神淵という水の深い所がある。昔、美しい娘が有馬氏の家に機織り機を借りに来て、その礼として串に刺したたくさんの魚を必ず持ってきていた。娘は度々家に来たが、帰る時は「私の帰るのを見てはいけない」と常に言っていた。しかしある時、家の者が障子の破れ穴から娘の帰るのを覗《のぞ》いて、橋の上から紙のようにふわふわと水底に降りていく姿を見てしまった。それ以来、娘が来ることはなくなり、人々は龍宮の乙姫様が機織り機を借りに来ていたのだろうと語った。その後、毎年養蚕を終える時期になるとエンザ（円座のことか）の中に繭三個を包み、火打ち石を打ってから双六川に流し、来年の養蚕の無事を祈るようになったのだという。

〔毛利恵太〕

〔参考文献〕林魁一「飛驒国吉城郡上宝村双六の土俗」（『民族学研究』八巻三号）

## おはぐろ蛇〔おはぐろへび〕

鍋山氏に養子入りした、戦国武将の三木《みつき》顕綱《あきつな》は、兄・三木自綱《よりつな》をねたんでいた。兄が朝廷から官位を授けられ、姉小路の名跡を継承し、関白から偏諱《へんき》（貴人が自分の名の一字を与えること）も賜って姉小路頼綱と名乗るようになると、いよいよ兄を殺そうと考え、同志を募っていた。しかし、兄・自綱も計略を感知して、逆に弟を滅ぼす計画を立てていた。

兄・自綱の家臣、長瀬甚平、土川新三郎が鍋山城に派遣された。密書であるからと人払いをさせ、弟・顕綱に文字の読みにくい密書を渡した。両手を組んで判読に手間取っているところを組み伏せて斬り殺した。合図を待って仲間も城へ斬り込んだ。顕綱の奥方は夫の最期を聞いて城から逃げ出したが追手に追い詰められてしまった。観念して奥方は帯を解《ほど》き、谷に投げ込むと「汝《なんじ》、霊あらば大蛇となってここに残れ」と叫んで、間もなく、雑兵の手にかかって命を落とした。

その後、奥方の帯が化けて「おはぐろ蛇」という歯の黒い蛇が生まれ、鍋山の主として棲み、時々見る人があると伝えられている。

また、後に顕綱の子孫で平野清心という者が松之木に百姓となって住んでいたが、「我は鍋山城主の妻なれど妾《わらわ》の白骨が久しく七夕岩の辺りに埋もれて誰一人として供養してくれないので成仏できずにいる。何《なに》卒《とぞ》弔って成仏させてほしい」という夢のお告げを三日続けて見た。そこで七夕岩の辺りを掘ると白骨が数片見付かった。高山雲龍寺の脱山和尚に頼み、顕綱夫妻の冥福を祈り、石塔を建てて供養したという。

〔怪作戦テラ〕

〔参考文献〕小島千代蔵『飛驒の伝説』

## おばさんおばけ

岐阜県美濃《みの》加茂市にある正眼寺《しょうげんじ》は関山国師が開いた名刹である。寺院の再興に尽力した佐藤駿河守《するがのかみ》夫妻の墓が、塔頭《たっちゅう》了心院にある。

駿河守夫妻は、禅を住職に学んでいた。ある時、一つの公案を授けられたのだが、数年解決できないまま死んでしまった。その魂魄《こんぱく》が残ったものか、了心院の留守をする人（禅堂の高席の人が一年交代で務める）の目に幽霊の見えることがあるという。寺僧が「お婆さんおばけ」と名付けているという。

ちなみに『美濃誌』の記事タイトルは「おばさんおばけ」とされているが、文中では「お婆さんお化け」と書かれている。

［怪作戦テラ］

［参考文献］土岐琴川『美濃志』

## 負ばりょか
［おばりょか］

八右衛門の前の道を少し下ると川沿いの道に大きな胡桃《くるみ》の木があった。ここを夜遅くに通ると、怪しいものに後ろから「負ばりょか負ばりょか」と呼びかけられた。腰を抜かしたり、転んで怪我をしたり、川へ落ちたりするなど何人も犠牲者が出たが、化物の正体はわからなかった。力自慢の七兵衛が化物を捕らえようと何度も通ってみたが、その時は変わったことも起きなかった。

秋の収穫が終わったある夜に七兵衛が通りかかり、異常がないようだったので安堵して通り過ぎようとすると後ろから重い太い声で「負ばりょか」とはらわたをえぐるような凄《すご》い声で呼ばれた。腹に力を入れて身構えると「負ばれてみょっ」という叫びとともに、後ろから何かモジャモジャしたものが襲いかかってきた。七兵衛は向きを変えて抱き付き、押し倒そうとしたが怪力でびくともしない。七兵衛は大声で「化物」と叫び、とうとう敵をねじ倒した。

近所に住む助左衛門は、呻《うめ》き声が聞こえるので寝床から起きて、倅《せがれ》とともに出てみると、七兵衛が藁棚《わらだな》を押し倒して藁の中を及び回っていた。そして目の色を変えている七兵衛は助左衛門に襲いかかり、三人で藁の中で組み打ちとなった。そして灯の火が藁に移って燃えだしてしまった。

助けを呼ぶ声に近所の人々が駆け付けて火を消し、七兵衛を取り押さえた。こんなことが起きてはたまらないと、人々は相談して胡桃の木を伐ってしまった。その後は化物は出なくなったという。『飛驒の伝説』の著者・小島千代蔵は、子供の頃によくこの話をされ、脅かされたという。

［怪作戦テラ］

［参考文献］小島千代蔵『飛驒の伝説』

# 【か】

## カイナンボウ

岐阜県揖斐《いび》郡徳山村（現・揖斐郡揖斐川町。徳山村の地域は徳山ダムとなった）の俗信。

塚という地域では、囲炉裏の金輪《かなわ》を叩くとカイナンボウが出るので叩いてはならないとされている。カイナンボウは人の持たないものをくれといってせびるのだという。同じ村の門入《かどにゅう》という地域でも金輪を叩くことは忌むが、ここでは荒神様が怒るからだとされている。

［毛利恵太］

［参考文献］桜田勝徳『美濃徳山村民俗誌』

## 駕籠訴の亡魂［かごそのぼうこん］

大原騒動（百姓一揆）の折、百姓代表の七人が江戸表に向かい、安永二年（一七七三）七月二六日に、飛驒百姓の窮状を訴えるべく駕籠訴を決行した。六人がすぐに捕らえられて入牢させられた。

六人を代表に出した村々の代表者が大原代官に召し出されて取り調べを受けたが、罪を恐れて「駕籠訴は一部の者が勝手に行ったこと」「検知増石には反対ではない」などと裏切り、そうした趣旨の書付に印を押した。駕籠訴の人々はそのために江戸で磔《はりつけ》になり、首は桐生《きりう》河原に晒《さら》された。その時、おびただしい数の蝗虫《こうちゅう》が湧いて、国中の稲を食い荒らした。特に裏切った村々の代表者は「駕籠訴が蝗虫になって恨みを晴らしに来た」と恐れた。今でも蝗虫は駕籠訴の亡魂だと言われているという。

［怪作戦テラ］

［参考文献］小島千代蔵『飛驒の伝説』

## 火車［かしゃ］

岐阜県山県《やまがた》郡伊自良《いじら》村（現・山県市）に柏尾という字がある。これを「カシャ尾」と呼んでいる。

昔、掛《かけ》村（現・山県市掛）大性寺《だいしょうじ》の門徒に葬儀があった。導師は大性寺（真宗）の院主だったが、隣村の東光寺（禅宗）の和尚も参列していた。出棺となり、葬列が墓地に向かっていたのだが、にわかに一天掻《か》き曇り雷雨とともに何物かが棺《ひつぎ》の上に舞い降りた。院主は狼狽《ろうばい》して成すところ知らなかったが、和尚は着ていた袈裟《けさ》を脱いで棺を覆った。すると雨が止み空も晴れて無事葬儀を済ますことができた。それ以来、大性寺院主の肝の小ささに呆《あき》れ、この字の者は東光寺に転宗したと伝わっている。

［怪作戦テラ］

［参考文献］土岐琴川『美濃志』

## カシワの神［かしわのかみ］

岐阜県吉城《よしき》郡坂下村（現・飛驒市宮川町）に伝わる。

カシワの神はどこにも祀《まつ》られてはいないが、肘杖《ひじづえ》をしてご飯を食べる神なのだという。また、常に地震を押さえ付けている神様だともされている。

「地震を押さえている」という要素は鹿島明神に由来するものだろうか。［毛利恵太］

［参考文献］平瀬拠英「信仰の諸相　岐阜県吉城郡坂下村」（『西郊民俗』四号）

## 風玉［かぜだま］

岐阜県揖斐《いび》郡徳山村（現・揖斐郡揖斐川町。徳山村の地域は徳山ダムとなった）に伝わる。

明治三〇年（一八九七）の大風の時、お盆くらいの大きさの風玉がたくさん出て、周囲が明るくなった。嵐の最中、山から出てきて何回も行き来していたのだという。

［毛利恵太］

［参考文献］廣瀬貫之「美濃揖斐郡徳山村郷土誌」（『旅と伝説』一三巻五号）

## がたがた橋［がたがたばし］

大島の金右衛門の家の前には谷川が流れていたため、板橋が架けてあった。その板橋を渡って、だらだら坂を登って峠を越すと隣の村に出るようになっており、日中は日々、様々な人が通っていた。

ある晩のこと、台所で夜業をしているとカラカラガタガタゴトゴトと、橋を次々と大勢が渡る音が聞こえてきた。隣村へ行く人か、金右衛門の家に来る人しか渡らない橋なので、皆、不思議に思った。しばらくすると足音が絶えた後、ヒソヒソ話し声が聞こえて、何人かが隣村へ行く様子であった。しかし、金右衛門が戸を開けて外を見たが、誰一人見当たらない。その後も毎晩、同様なことが続き、また雨の晩にはしくしく泣きながら、見えない何かが通っていく。町の占者に占ってもらうと「隣村の先は越中の立山まで続いており、立山には色々な恐ろしい地獄がある。家の前を通っているのは立山の地獄に墜《お》ちる亡者の群れだ」という。金右衛門は意味悪く思って引っ越してしまった。また、亡者たちの冥福を祈るため、僧侶を招いて盛大な供養を行い、橋の近くに経塚も作った。それからは足音も止むようになったという。経塚は今でも残っているという。

［怪作戦テラ］

［参考文献］小島千代蔵『飛驒の伝説』

## カマイタチ

岐阜県揖斐《いび》郡徳山村（現・揖斐郡揖斐川町。徳山村の地域は徳山ダムとなった）に伝わる。

転んだ時に鎌の形のひどい傷を負うことがあるが、この傷は痛くないのだという。

昔、那須の殺生石をゲンノー和尚（玄翁《げんのう》和尚）がホッソ（払子《ほっす》のことか）で打ち割ったが、その欠片《かけら》が歩き、この傷を付けるのだという。カマイタチにやられる人は二度三度と続くが、全くやられない人もいるとされている。

［毛利恵太］

［参考文献］廣瀬貫之「美濃揖斐郡徳山村郷土誌」（『旅と伝説』一三巻五号）

## 雷主［かみなりぬし］

岐阜県揖斐《いび》郡に伝わる。

昔、揖斐に長蔵という老人が一人で暮らしていた。長蔵は村の人々に顔を合わせるたびに「わしが死んだら雷になる」と言っていた。ある年の夏、長蔵が死んだので村人が葬式を挙げてやり、棺《ひつぎ》を担ぎ出そうとした時、晴れていた空が真っ暗になり、物《もの》凄《すご》い雷雨となった。人々は長蔵の棺を何とか墓に埋めたが、その途端に雷雨は止んでしまった。それから何年かして、夏の日照りが続いて作物が弱り始めたので、人々が長蔵の一件を思い出し、墓へ行って雨を降らせてくれと頼んだ。すると大雨が降り出したので、人々はその墓を雷主と呼んで大事にしたのだという。

［毛利恵太］

［参考文献］赤座憲久『日本の民話六三　美濃の民話　第二集』

## がらん婆［がらんばば］

岐阜県郡上《ぐじょう》郡和良《わら》村（現・郡上市和良町）に伝わる。

日吉神社の裏辺りから役場の裏辺りへ抜ける旧道に、がらん婆の手形というものがある。また、がらんという家があって、ここにがらん婆さんと称する婆さんが住んでいたという。がらんの意味ははっきりせず、がらん婆さんの住んでいた家ががらんとしていたからだともいわれている。また、役場のある辺りをがらんと呼んでいたのだという。

［毛利恵太］

［参考文献］東洋大学民俗研究会『和良の民俗　岐阜県郡上郡和良村』

## ガワイロ

岐阜県武儀《むぎ》郡板取村（現・関市板取）などに伝わる。

『民間伝承』五巻八号の「板取雑記」によると、よく子供に化けてきて相撲を挑んでくるが、手を引くとそのまま抜けてしまうのだという。頭の皿に入っている毒で川の水を粘らせ、川に入った人を川から上がれなくして、その者のイドコ（肛門）を取ってしまうという。また、胡瓜《きゅうり》の尻を食べてから川に行くとガワイロに引かれて溺死すると忌まれている。

『常民』二四号には、武儀郡洞戸《ほらど》村（現・関市洞戸）の例が報告されている。ガワイロは川に現れ、ケツノコ（肛門）を抜く。瓜を食べて川に行くとガワイロにケツノコを取られるが、仏さんに上げたご飯を食べてから行くと、決してガワイロに食べられない。ガワイロが出るから一人で川に行ってはいけない。乙姫岩の前にガワイロ淵という所があり、よくそこで子供がお尻（エドコ）を取られて死んだのだという。

〔毛利恵太〕

〔参考文献〕直江廣治「板取雑記」（『民間伝承』五巻八号）、中央大学民俗研究会『常民』二四号

## カワランベ

岐阜県賀茂郡太田町（現・美濃《みの》加茂市太田町）に伝わる。

太田町付近では、河童をカワランベと称する。ドチ（スッポンのこと）に似た動物で、頭に皿型の髪の毛を残した一二、三歳くらいの童子に化けて人家に来る。そして子供を誘い出して川で一緒に泳ぎ、「尻のこ」を引き取って水死させるのだという。子供が水死した時、肛門が大きく広がっているのは尻のこを取られたからだとされた。

六月一六日までに河童一匹につき一六個の尻のこを水神に献上しなければならないとされ、このため一六日以前に子供が一人で泳ぎに行くことは最も戒められている。

また、河童は胡瓜《きゅうり》が好きなので、胡瓜を食べてから川に行くことはとても不用心とされた。

〔毛利恵太〕

〔参考文献〕林魁一「美濃の河童及び狗賓」（『郷土研究』三巻八号）

## 亀甲池の蛙〔きっこういけのかえる〕

岐阜県山県《やまがた》市谷合《たにあい》の話。

谷合村に善導寺という寺がある。昔、この寺の住持だった智通和尚が、西の庄の亀甲池から聞こえる蛙の鳴き声に耐えかねて、しばらく他所《よそ》に移り住んでいた。するとある夜一人の老婆が訪ねてきて「貴僧はなぜこのような山中に移り住まれたのか」と問うた。和尚が「亀甲池の蛙の鳴き声がうるさく、念仏の邪魔になるので仕方なくここに来た」と答えると、老婆は「ならば今日より後は、蛙の声を固く止めさせますので、すぐにもとの寺へお帰りなさい」と言った。和尚は不思議に思って何者か尋ねると、老婆は「私は亀甲池に棲む蝦蟇《がま》である」と答えて姿を消した。和尚がすぐに寺に戻ると、老婆の言った通り蛙の鳴き声がパッタリと止まっていた。そこでこの池は亀甲池から不鳴池《なかずいけ》と呼ばれるようになったという。

〔毛利恵太〕

〔参考文献〕巌谷小波『大語園』三巻

## 鬼姫生の鬼〔きびゅうのおに〕

岐阜県揖斐《いび》郡藤橋村（現・揖斐郡揖斐川町）に伝わる。

鎌倉時代の中頃、杉原に一軒の飴屋《あめや》があり、お菊という美しい娘がいた。お菊には心を寄せる男がいたが、彼は商売でここに来る人で、既に妻がいた。それを知ったお菊は食事もとらなくなり、ある夜に店の飴を髪に塗り付け五筋に結び上げて、真っ赤な袴《はかま》をはいて消え失せてしまった。何年かの後、村外れの辻堂に鬼が棲み着き、村から赤ん坊や牛馬をさらうようになった。村の若者たちが正体を見届けようと辻堂に集まったが、ゴーゴーという声と髪を振りか

ざした姿に恐れをなして逃げ出した。遂に辻堂を焼いてしまうことになったが、火が回り始めると、角が五本あり赤い着物を着た怪物が飛び出してきた。そして「私は杉原村の飴屋の娘お菊だ。浅ましい考え違いから心を寄せた男を殺し、今では赤ん坊や牛馬を食う身となってしまった。世間体が悪くこの辻堂に隠れていたが、もう仕方ないので法華経で弔ってほしい」と泣きながら語って火の中に飛び込んでいった。このようなことがあったので、この里を「鬼姫生」と呼ぶようになったのだという。

この話は仏教説話集『閑居友』下巻に「恨み深き女、生きながら鬼になる事」として記された話がもとになっている。ここではただ美濃国《みののくに》の話とされているが、後に『新撰美濃志』に杉原村の一部だった鬼姫生の話として紹介された。［毛利恵太］

［参考文献］横山周導「杉原の民話　民謡・伝説」（『美濃民俗』九四号）

## 狗賓［ぐひん］

天狗様とも。岐阜県賀茂郡太田町（現・美濃《みの》加茂市太田町）に伝わる。

狗賓は深山に棲み、夜は火の玉を灯して人を驚かせる。加茂川堤の大杉、天神山の大杉などは天狗の宿所であり、火の玉がそれらの杉に留まっているのを見ることがある。山道を夜中に歩いている時、天狗様の機嫌が良い時は高笑いの声が聞こえてくる。逆に機嫌が悪い時は山の上から小石や砂などが落ちてきて、こういう時はその下を通行してはいけない。もしも通行すれば災難に遭い、天狗に手足を引き裂かれるのだという。［毛利恵太］

［参考文献］林魁一「美濃の河童及び狗賓」（『郷土研究』三巻八号）

## 蜘蛛桂［くもかつら］

岐阜県吉城《よしき》郡船津町笈破《おいわれ》（現・飛驒市神岡町笈破）に伝わる。

船津町の笈破には蜘蛛桂という大木がある。天正年間（一五七三～九二）の頃、江馬小三郎貞盛という武士が兄の輝盛と不和になり、害を受ける前に能登へと逃れようとした。貞盛は姉と家来たちを連れて城を出たが、山越えの途中に大雪となり、進退窮まってしまった。何とか家の明かりを見出して訪ねると、家は火があるのに無人であった。一行が火を囲んで休んでいると、姉や家来たちは疲れから居眠りを始め、貞盛は一人の家来とだけ話し合っていた。すると背丈が一丈（約三メートル）もあるかという男が二人、包丁と俎板《まないた》を持ち、女を一人連れてやってきた。女はよく見ると姉と瓜《うり》二つだったが、当の姉は変わらず眠っているので、貞盛たちはやってきた男たちが何をするのかと見ていた。男たちは俎板に女を乗せると、包丁で斬って火であぶって食べようとした。ふと見ると、姉の姿が消えて血溜まりだけが残っていたので、貞盛たちは驚いて男たちに斬りかかった。男たちは斬られて傷を負うと大きな山蜘蛛の正体を表し、同時に家と思っていた所が桂の大木の根元となった。雪の降り積もるなかで、貞盛たちは愛犬の導きで笈破村にたどり着いたが、家来の多くが桂の木の下で死に、貞盛も数日後に病死したという。

『高原史蹟 飛騨と江馬氏』によると、貞盛は江馬氏の一五代当主・時盛の三男で、兄・輝盛が父と不和となったことを知り、災いを受ける前に逃げようとした。しかし能登へ向かう道中に雪が激しく遭難しかけ、笈破にたどり着くも病死してしまったという。貞盛の愛犬は先に立って主人一行を導いていたが、貞盛の死を知って食を断ち、殉死したのだという。

［毛利恵太］

［参考文献］柴田神水「高原の伝説」（『ひだびと』四年九号）、柴田忠太郎『高原史蹟 飛騨と江馬氏』

## 黒い玉［くろいたま］

岐阜県郡上《ぐじょう》郡大和町（現・郡上市大和町）に伝わる。

ある人が、夜に庄兵衛という人の家に遊びに行く途中、真っ黒い玉が行く先に転がってきた。暗い中で黒い玉が見えるはずがないのに、前に転がってきてしょうがなかったので、負けるものかと思って小便をかけてみたら、付いてこなくなったのだという。

［毛利恵太］

［参考文献］大和町『大和町史 通史編 下巻』

## 黒淵の牛［くろぶちのうし］

岐阜県吉城《よしき》郡上宝《かみたから》村（現・高山市上宝町）に伝わる。

双六谷《すごろくだに》（双六渓谷）の黒淵には、背中に白い斑《まだら》のある大きな黒牛が棲んでいて、時折水の中から頭を出す。それを村人が見付けた時は、必ず大旱魃《かんばつ》になって、二〇日も三〇日も雨が降らないのだという。そうなった時は、村人一同で雨乞いをする。淵に向かって雨を乞い、雪洞《ぼんぼり》に蠟燭《ろうそく》を灯して淵に流す。もしそれが渦に巻き込まれて沈み、水底から光が差せば、雨乞いが聞き届けられた印である。この淵の主は炎をとても嫌うのだという。

［毛利恵太］

［参考文献］柴田神水「高原の伝説」（『ひだびと』五年一号）

## 黒ん坊［くろんぼう］

岐阜県本巣郡根尾村（現・本巣市根尾）に出たという。『享和雑記』巻之二に記されている。

美濃国《みののくに》の大垣から北へ一〇里（約四〇キロ）ほど行くと、外山《とやま》という所がある。ここから山に入って三里（約一二キロ）の難所を越えると、根尾という所に着く。ここに善兵衛という樵《きこり》がいて、山奥に入って木を伐り出す仕事を数十年続けていた。この善兵衛に懐き、黒ん坊と名付けられたものがいた。その姿は猴《さる》（猿）のようで、大きく色黒で毛が長く、人のように立ち歩き、言葉をしゃべる。また神のように人の思うことを察し、誰かがこれを殺そうと思えば、先んじてその意を知って逃げ去るので、捕まることはなかった。善兵衛が山に入れば黒ん坊が現れて仕事を手伝い、大いに助けとなるが害をなすことはなく、そのうちに善兵衛が家へと連れ帰って働かせるようなことが度々あった。

　その頃、この辺りには三〇歳ほどの後家の女が住んでいた。女は再婚をせず一人暮らしをしていたが、ある夜更けに何者かが家を訪ねて契ろうとしてきた。女は怖がってこのことを人々に話し、夜の番をしてもらった。しかし夜に誰かが番をしている時はその者は現れず、女が一人でいる夜には決まってやってきたので、困り果てた女は家に昔から伝わる観音像に一心に祈った。すると夢の中で「人に頼っては去りがたい、心を定めて決断せよ」と告げられた。その日の夜、またその者は現れたが、非常に怒った様子で「我が意に背くなら、お前が大切にしている観音像を壊して捨ててやる」と仏壇から観音像を引っ張り出した。そこで女は用意していた鎌でその者に斬り付けたので、その者は大いに狼狽《ろうばい》して逃げ出した。その後、人々が集まって残された血の跡をたどっていくと、善兵衛の家の縁の下へと続いており、そこから山の方へと逃げ出した様子であった。この出来事から後、黒ん坊が来ることはなくなったので、これの仕業だとわかったのだという。

　この黒ん坊については、『本草綱目』などにも記された玃《やまこ》の類いだろうとしている。玃には雄しかおらず、人の婦女に接して子を産ませる生き物であると記されている。

［毛利恵太］

［参考文献］『未刊随筆百種』三巻

## 玄興寺の狐［げんこうじのきつね］

　玄興寺（高山市岡本町）の住職は、火葬場からの帰りに子狐を拾い、寺で飼い始めた。ある日、高山別院の法被を着た男が寺を訪れ、「御輪番様が近くまでお勤めに来るので、評判のかわいい子狐を見せてほしい」と言う。その後、輪番一行が夜更けに寺を訪れ、歓待の後、子狐を披露した。

　輪番は、子狐をかわいがった後、内密の話があるとして人払いを頼んだ。住職が人払いをすると、門末《もんまつ》の寺で困難事があり、従者に書類を持たせているので文箱《ふばこ》を取ってきてほしいという。住職が外へ出ると従者はおらず、戻ると輪番もいない。よく見ると庭に向かった障子に大きな穴が開いており、毛が散っていた。白い座布団には足跡もあった。これは親狐に子狐を取り返されたのであった。

　翌日、西一色《にしのいっしき》の定助が言うには「昨日の夕方、隣の市蔵さんと大雄寺《だいおうじ》に参った帰りに玄興寺の前を通ると、一匹の狐が門の中に入るのが見えた。しかし、市蔵さんには『法被を着た男』に見えたようだ。その時、大雄寺の上人様の卒塔婆を書いてもらって持っていたので、自分の目にだけは化け狐の正体が見えたのだろう」ということであった。

［怪作戦テラ］

［参考文献］小島千代蔵『飛騨の伝説』

## 元正狐［げんしょうぎつね］

美濃国《みののくに》北縣（現・本巣郡北方町《きたがたちょう》）の話。『閑散余録』巻之二に記されている。

浅見重次郎（浅見絅斎《けいさい》。江戸時代の儒学者）の弟子である若林新七（若林強斎。儒学者、神道家）が、ある時濃州北縣で講義を行った。その頃、北縣には元正という野狐がいた。数百年を経た妖術を使う狐だが、一方で医薬の心得があった。土地の人々は病気になれば元正を頼り、元正は処方を書いて与えていたが、もしそれが不治の病であれば、どれほどお願いしても処方を出すことはなかった。この狐は老翁《ろうおう》に化け、新七の講義に日々通っていた。老翁の顔は黒《ほく》子《ろ》が多く、人に顔色を見られるのを好まない様子だった。新七は講義の後、この狐に座を与えて物語をさせたり、鼠の油煎《あぶらいり》を食わせたりしていたのだという。［毛利恵太］

［参考文献］『日本随筆大成』二期二〇巻

## 高賀山の妖魔［こうかさんのようま］

岐阜県武儀《むぎ》郡洞戸《ほらど》村（現・関市洞戸）の高賀神社を中心とした高賀山に伝わる縁起及び伝説。『洞戸村史 上巻』に、縁起本に記されていた物語が紹介されている。縁起本によって内容が多少異なるが、ここでは高賀神社の縁起本である『高賀宮記録』の物語を取り上げる。

六〇代後醍醐天皇が在位した延長年間（九二三〜九三一）の頃、高賀山の艮の嶽に妖魔が棲み着いた。その姿は牛に似て、鳴き声も牛のような恐ろしい獣で、これを恐れた人々は山中に入ることもなくなった。ある時は黒雲に乗って近江国まで行って様々な害をなし、また六月に雪を降らせるなどもした。人々の苦しみを聞いた朝廷は承平三年（九三三）に、藤原高光に命じて妖魔の討伐に向かわせた。高光の軍勢は山中を探し回ったが妖魔を見付けられなかったので、高賀神社に参拝して祈誓した。すると東の大谷に妖魔がいると神のお告げを受けたので、軍勢を連れてそこに向かうと、翁《おきな》の姿をした善貴星という神から粥《かゆ》を授かった。その後、高光が妖魔を見付け出すと、妖魔は一丈（約三メートル）余りの大きさの、髪の毛赤く牛角を生やし、紅の口に金色の両眼という鬼人の姿となって戦った。高光と軍勢は何とかこの妖魔を討伐し、高賀神社を再建して善貴星を神として祀《まつ》った。

それから後、六一代朱雀天皇の在位した天慶二年（九三九）、また別の悪魔がこの地に棲み、災いをなした。以前と同じく近江国へ行って大紅蓮《だいぐれん》をなし、夏に雪霜を降らせて五穀を枯らして飢饉《ききん》を引き起こすなどしたので、再び高光が軍勢を連れて討伐に乗り出した。この悪魔は姿を見定められず、鳴き声が雉《きじ》のようにも杜鵑《ほととぎす》のようにも聞こえた。そして山々を飛び回るので、なかなか討伐できなかった。そこで高光は軍勢の多くを都に戻し、二、三〇人ほどの兵と勇士を残して、再び高賀神社で祈誓した。すると、山頂の大岩に童子と老人の姿をした神々が現れ、石を据え置いて悪魔を封じたので、東の洞穴から行って対峙せよと告げた。言われた通りに向かうと、悪魔は一丈余りの雉の形の大鳥となって襲ってきたので、高光は神から授かった蕪雁股《かぶらかりまた》の弓矢で射落とし、討伐した。その後、この悪魔の死体と以前討伐した妖魔の骨を一緒に焼き払い、災いは治まったのだという。

この高光の妖魔退治の物語は地元の伝説としても定着し、源頼政の鵺《ぬえ》退治の説話の影響を受け、鵺退治あるいは**さるとらへび**退治の伝説へと変形していったと思われる。

［毛利恵太］

［参考文献］洞戸村史編集委員会『洞戸村史 上巻』

## 高坂猫［こうさかねこ］

二三〇〜二四〇年も昔のこと。岐阜県下呂市萩原町に高坂屋彦右衛門という大金持ちの酒屋があった。数年前から「熊」という名の猫をかわいがっていたが、化けるとか踊ると噂になった。

ある夕方、彦右衛門は熊が手拭いを口にくわえて駆けだすのを見かけ、後を付けた。鎮守諏訪《すわ》の森で子猫が十数匹集まっており、猫は頬かむりをして子猫と松阪踊りを始めた。これは折を見て殺すしかないと彦右衛門は心に決めて機会をうかがった。ある天気の良い日、軒下で日向ぼっこをしながら眠っている熊を見かけたので、家に伝わる無名の一刀で斬り付けたが、不思議なことに、見る間に三倍以上に変じて彦右衛門に飛びかかってきた。しかし、彦右衛門は武芸の嗜《たしな》みがあったので二刀目で脳天を斬り下げて即死させた。彦右衛門は刀を猫斬丸と名付けて諏訪様に奉納し、猫は松ヶ瀬というところに埋めた。筵《むしろ》に包んで運んだのだが、頭と尾がはみ出すほど大きかったという。しかしその後、高坂屋には不幸が続き、零落してしまった。町の人は猫の祟《たた》りと噂したという。

［怪作戦テラ］

［参考文献］小島千代蔵『飛騨の伝説』

## 荒神様の石［こうじんさまのいし］

岐阜県高山市岡本町の話。

昔、岡本の辺りに住んでいた人の話であり、詳細な地域は不明。荒神社の床下にある手のひら大の石を借りてきて、鼠の通路に置くと鼠が来なくなるという信仰があった。農繁期や養蚕期など、鼠害《そがい》を恐れる時期にこの石を借り、不要となったら似通った石を見付けて二つ一緒に返したのだという。その人の父が長患いをして原因がわからなかったので、占い師に見てもらうと何らかの祟《たた》りだとされた。そこで二、三年前に借りてきた荒神様の石を返していないことを思い出し、その日の夜中に返しに行ったのだという。

この信仰自体は一時の流行で終わったらしいが、もととなったと思われる信仰が丹生川《にゅうかわ》村（現・高山市丹生川町）にもある。丹生川村の十二ヶ岳のコダマ石（または貫取り石）といって、養蚕の時に鼠に食われないよう、猫の代わりをするという石を借りてくる。借りた石を返す時は、石の数を倍にして返すのだという。

［毛利恵太］

［参考文献］村田祐作「村の猫」（『ひだびと』九年三号）

## 茸の化け物［こけのばけもの］

岐阜県大野郡丹生川《にゅうかわ》村（現・高山市丹生川町）に伝わる。

山小屋に樵《きこり》がいたが、毎夜小屋に変な怪物が姿を見せるので、気持ち悪くて家に逃げ帰った。帰ってから皆に相談しても何なのかよくわからなかったが、旅の六部が来たので相談してみた。すると六部は「それは何百年も経た猿の腰掛という茸が化けているのだろうから、茄子《なす》を煎《せん》じてその汁をかければよい」と教えてくれた。そこで村人たちが大勢で茄子の煎じ汁を持って山小屋へ行くと、小屋のそばの木に一抱え以上もある猿の腰掛が生えていた。村人たちがその茸に煎じ汁をかけると、木からぽとりと離れて落ち、怪物は出てこなくなったのだという。それから、茸の入った漬物は茄子を入れて漬けるようになったのだという。

［毛利恵太］

［参考文献］新田貞子「飛騨の昔話と伝説　丹生川村の昔話」（『ひだびと』四年六号）

## 小天狗［こてんぐ］

岐阜県益田《ました》郡川西村（現・下呂《げろ》市）の話。

樵《きこり》が山小屋で入浴していると、そばの木の上から「気持ちがよいか、気持ちがよいか」と声をかけてくるものがあった。樵がこれに対して「この小天狗、黙っとれ、やかましい」と答えると「覚えておれ」と返してきた。翌朝、樵が仕事を始めようとすると、大事なまさかりが飴《あめ》のようにねじ曲げられていたのだという。

［毛利恵太］

［参考文献］白川烏衣「杣人と天狗」（『ひだびと』四年七号）

## 小坊主［こぼうず］

岐阜県山県《やまがた》郡美山町（現・山県市）に出たという。

報告者の次姉が子供の頃、さなぶり（早苗饗。田植え終了後の祝いまたは休日）の宵に隣村の酒屋へお使いに行った。土葬墓の下道を通ったら、透き通るような青い小坊主が現れて、「こっちいおで、こっちいおで」と墓場の方へいざなってきたのだという。

［毛利恵太］

［参考文献］河出碩文「人魂はある」（『美濃民俗』二六二号）

## コマネズミ

岐阜県吉城《よしき》郡坂下村（現・飛騨市）に伝わる。

中沢上の稲荷様の使いはコマネズミである。稲荷様を祀《まつ》ればいくらでもコマネズミを貸してくれる。それを使えばお金をいくらでも儲《もう》けられるが、コマネズミは人の肺《はい》腑《ふ》を食うので、その人は早死にするのだという。そのため、この稲荷様を信仰する人はほとんどいない。

［毛利恵太］

［参考文献］平瀬拙英「信仰の諸相　岐阜県吉城郡坂下村」（『西郊民俗』四号）

## 狐狸怪異［こりかいい］

金森長近が高山城を築いた際、京都から普請に召された儀左衛門という大工があった。高山滞在中に石浦村（現・高山市石浦町）の長兵衛という大工と親しくなった。

儀左衛門が再度、仕事を請け負って高山に来た際に、長兵衛の家に泊めてもらおうとしたが、不自然に断ろうとする。怒って出ていこうとすると、実は一〇日前に死んだはずの妻の幽霊が現れるのだという。

その様子はというと、「悲しい、顔を見せよ」と凄《すさ》まじい声で泣き、浴衣を着て青い顔で髪を振り乱して窓から顔を覗《のぞ》かせたり、痩せ衰えた手を戸の間から出したりするという。火を嫌い、「火を消してくれ」というので、幽霊に近付かれぬように夜は大きな火を焚《た》いて夜を明かしているので、儀左衛門を泊められないのだという。

儀左衛門は、その幽霊を怪しみ、むしろ泊まることにした。そして道具箱から鎗《やり》を取り出して磨き、長い柄を付けて備えた。裏口を一ヶ所だけ開けて待っていると、その夜も妻の幽霊が現れた。鎗で突くとギャーッと叫んで怪物は逃げ出した。翌朝、裏口を見てみると血と足跡が続いている。それは西一色《にしのいっしき》の小絲坂上の松林に続いており、大きな穴があった。これを掘ってみると何年を経ているのかわからないような古狸が死んでいたという。

［怪作戦テラ］

［参考文献］小島千代蔵『飛騨の伝説』

## 牛蒡種［ごんぼだね］

岐阜県の吉城《よしき》郡、益田《ました》郡、大野郡などに伝わる。『郷土研究』四巻八号の「飛騨の牛蒡種」、四巻一一号の「牛蒡種の事」などに記されている。

憑《つ》き物筋の一つ。「飛騨の牛蒡種」によると、牛蒡種という家筋は大野郡や吉城郡、益田郡などに散在している。この家筋の人は男女を問わず不思議な力を有し、家筋外の人に対して憎いとか嫌いと思って睨《にら》むと、相手は病気になったりするとされた。軽ければ数十日で回復するが、重いとそのまま死んでしまうこともあった。この力は同じ家筋の者には効果がなく、また力を使っている時も自身には何の影響もない。しかし、郡長や警察署長、村長といった目上の人には効果が発揮されないという。これらのため、牛蒡種の家筋が多いとされた地域は、他の村から恐れられていた。

「牛蒡種の事」によると、飛騨で牛蒡種の本場とされているのは吉城郡上宝村《かみたから》（現・高山市上宝町、奥飛騨温泉郷）である。牛蒡種の者は愛憎の念によって相手に病気の発作を起こすほか、他人の農作物を枯らすこともあるとされた。目上の人に対して力を持たず、人家が密集している場所に来ても作用できない。牛蒡種を持つ者がそれを免れるためには、金に付けて道路に捨てる。道端で金の入った財布を猫ばばしようと拾った者が、金に付いていた牛蒡種に憑かれてしまったという噂もあった。しかし、実際に牛蒡種に取り憑かれたという者はなく、ただ噂だけが漠然と伝わっているのだという。

［毛利恵太］

［参考文献］野崎壽「飛驒の牛蒡種」（『郷土研究』四巻八号）、住廣造「牛蒡種の事」（『郷土研究』四巻一一号）

## 【さ】

### 境川の桜鮠［さかいがわのさくらばえ］

岐阜県稲葉郡佐波《さば》村（現・岐阜市柳津町《やないづちょう》）と羽島郡足近《あぢか》村（現・羽島市足近町）の間を流れる境川に伝わる。

境川の北の堤には一本の桜の大樹があり、花が満開になる時期は根元に人々が集まった。この花が散ると、花びらが川に流れて魚と化し、桜鮠（カワヒガイの別名であり、春の繁殖期、雄のカワヒガイは桜色の婚姻色が出る）として食膳に上ったのだという。

この桜の木は洪水で流失し、今は残されていない。

［毛利恵太］

［参考文献］稲葉郡教育会『美濃国稲葉郡志』

### 篠魚［ささうお］

笹魚とも。岐阜県高山市奥飛驒温泉郷の平湯《ひらゆ》などに伝わる。『蒹葭堂《けんかどう》雑録』や『碩鼠《せきそ》漫筆』などに記されている。

『蒹葭堂雑録』によると、飛驒国の山中に生える笹で、春の下旬になると笹の節から筍《たけのこ》のようなものが生えてくる。その形は魚のようで、五月雨が降り続く頃に自ら落ちて谷水に入って魚となり、水中を泳ぐのだという。これを岩魚《いわな》とも篠魚ともいい、二年ほど年を取った鱒《ます》のようで、食べても鱒を彷彿《ほうふつ》とさせる味なのだという。

これは笹にできる虫こぶの一種であり、今でも確認することができる。江戸時代には比較的有名だったようで、多くの文献でその存在を確認できる。

**竹魚**《ちくぎょ》も参照。

［毛利恵太］

［参考文献］『日本随筆大成』一期一四巻、『続日本随筆大

成』七巻

## 皿屋敷的の火［さらやしきてきのひ］

岐阜県揖斐《いび》郡鶯《うぐいす》村字麻生《あそう》（現・揖斐郡大野町麻生）に昔、長者があった。その家に宝物として伝わる大切な皿を牛洞《うしぼら》（現・大野町牛洞。麻生の少し北に位置する）生まれの下女が誤って一枚を割ってしまった。長者は大いに怒って厳しく罰した。下女は口惜しく思って井戸に身を投げて死んだ。その魂が火の玉となって牛洞の方へ帰るという。［怪作戦テラ］

［参考文献］土岐琴川『美濃志』

## さるとらへび

岐阜県武儀《むぎ》郡洞戸《ほらど》村（現・関市洞戸）に伝わる。

昔、高賀山《こうかさん》に得体の知れない魔物がいて、里へ下りては田畑を荒らし、女子供《おんなこども》をさらい、夏に大雪を降らせるなどして村人を苦しめた。また雲に乗って都まで行き、御殿の稚児《ちご》をさらって高賀山頂の岩の上で日干しにするなどした。そこで村人の願いを聞き、帝の命を受けた藤原高光が部下を引き連れて討伐に来た。しかし高賀山の深山は攻めるのが難しく、高光は神仏の加護を願おうと高賀山の麓にお宮を建て、村人とともに神に祈った。ある夜、夢のお告げで「ふくべ（瓢箪《ひょうたん》）の中の動かぬものを討て」と告げられたので、高光はふくべが岳まで登っていった。ふくべが岳の頂上には池があり、ほとりの大きな木にはつるが巻き付いて大きな瓢箪がぶら下がっていた。高光がこの大瓢箪を射抜くと、頭が猿、体が虎、尾が蛇の魔物が姿を現して死んだという。

この話は高賀山信仰の縁起物語である、藤原高光（あるいは藤原広光）による**高賀山の妖魔**退治に由来する。口碑伝説となるなかで、源頼政による鵺《ぬえ》退治説話の強い影響を受けたと考えられる。［毛利恵太］

［参考文献］中央大学民俗研究会『常民』二四号、洞戸村史編集委員会『洞戸村史　上巻』

## 猿の祟り［さるのたたり］

岐阜県恵那郡山岡町（現・恵那市山岡町）に伝わる。

昔は猿がたくさんいて、この猿が祟ることがあった。猿が足を叩いて「あの家燃えろ、あの家燃えろ」というと、その家は火事になるのだという。［毛利恵太］

［参考文献］中央大学民俗学研究会『中京民俗』一七号

## 猿丸［さるまる］

岐阜県大野郡荘川村猿丸（現・高山市荘川町猿丸）の話。

昔、諸国行脚の僧が飛騨国の深山に分け入って迷っていると、近くの滝の裏から母親と子供の二人連れが出てきた。驚いた僧が二人に人家のある所を尋ねると、滝の裏からつながる隠れ里へと案内された。僧は母子の家に招かれてもてなされ、しばらくそこに逗留《とうりゅう》することにした。ある時、里の村祭りの時期となり、山神に捧げる生贄《いけにえ》にその家の娘が選ばれた。家族は嘆き悲しんだが、僧は正しき神ではないと考え、娘の身代わりを買って出た。祭りの日、僧は生贄として山駕籠《やまかご》に乗せられて神殿に捧げられた。夜更けになると神殿から怪しいものが現れて山駕籠に手をかけようとしたので、僧は飛び出して持っていた刀で斬り付けた。逃げ出した山神を取り押さえてみると、その正体は大猿であった。捕らえた大猿を見せると、里の者たちは「これは猿丸といって、人家につないで人が玩弄《がんろう》していたものだ。このようなものに長く生贄を捧げていたのは愚かであった」と語った。僧たちは猿を殺そうとしたが、猿が泣き叫ぶのを見て憐《あわ》れに思い、杖《つえ》で打ち据えてから解き放ってやった。その後僧は娘の婿として迎えられ、名を式部と改めて里に住むようになったのだという。

［毛利恵太］

［参考文献］高山西小学校研究部『飛騨の伝説と民謡』

## 三福寺峠の狐［さんふくじとうげのきつね］

三福寺村では、峠で狐が人を化かすので困っていた。村の伝吉は自分は狐に化かされないと思い、峠を登った。侍の一行がやってきたのを見て、狐が化けていると思い、お供を張り飛ばしたのだが、駕籠《かご》から出てきたのは高山陣屋の手代、遠山源八郎だった。手打ちにされそうになったが、通りがかった雲龍寺の和尚に助けられ、髪を剃《そ》ってその場で弟子入りすることになった。

伝吉が戻らないので村人が峠を探すと、伝吉は桑畑に座り込み、桑の木の根を叩きながら喚《わめ》いていた。和尚さんからお経を教わっているのだという。髪もすっかり剃られており、伝吉は村人に笑われたという。

［怪作戦テラ］

［参考文献］小島千代蔵『飛騨の伝説』

## 正願坊［しょうがんぼう］

昔、正願坊（現・飛騨市。詳細は不明）近くに妖怪が出没して通行人を苦しめていた。道端の岩に腰かけると動き出して人が川に引き込まれたり、牛追いが牛を取られたりしていた。そのため、郷士の宇治原権守（小谷《こだに》の人という。飛騨市宮川町小谷付近か）に退治が命じられた。権守が淵《ふち》を毎日観察していると、見慣れない岩があるのに気が付いた。よく見ると、淵の主である大亀であった。権守は大石を投げ付け腰の名刀で斬り付けた。淵は血に染まり、七日七夜の後、大亀の死体が浮かんだ。妖怪が出なくなったので人々も安堵した。

しかし、これで話は終わらなかった。権守に子が生まれ庄蔵と名付けられたのだが、五年経っても歩きも話しもしない。ある日、権守は子を抱きながら、このままでは名刀も家伝の宝も他人に譲るしかないものかと嘆いた。するとこれまで一言もしゃべらなかった庄蔵が「宝物や名刀が見てみたい」という。夫婦は喜んで見せてやると、庄蔵は宝物を背負い、刀を杖《つえ》にして初めて立ち上がった。両親は大いに喜んだが、庄蔵は家を三回りしたかと思うと、谷へ降りていってしまった。権守は驚いて追いかけたが、庄蔵はドンドン駆け下り、大亀の棲んでいた淵へ飛び込んでしまい、宝物も死体も浮かんでは来なかった。それからその淵を「庄ヶ淵」と呼び、後に正願坊と書くようになったという。［怪作戦テラ］

［参考文献］小島千代蔵『飛騨の伝説』

### ショーライ様［しょーらいさま］

岐阜県大野郡丹生川村《にゅうかわ》（現・高山市丹生川町）に伝わる。

丹生川村の瓜田《うりだ》では、八月三〇日から九月一日までの三日間にショーライ様（精霊様か）が草刈場にいて足を切るので、草刈りの仕事は休むのだという。

八月二九日か三〇日の朝には、墓を掃除して草線香を備える。また三〇日の朝はエンエ（縁側）に養蚕で用いる給桑台《きゅうそうだい》を二組立ててその上に戸板を載せ、仏壇から先祖の位牌《いはい》を出してエンエからゲンゲ（路地）の方に向かうように飾る。そして桐《きり》の葉を五、六枚敷いてその上にスイカ・カリン・スモモ・トマト・トウモロコシなどを供える。桐の葉をショーライ様の御膳という。胡瓜《きゅうり》か茄子《なす》に薄《すすき》の穂の尻尾を付け、細い木の足を四本挿し、馬として家の内側に向けて供える。この馬にショーライ様が乗って帰ってくるのだという。三〇日の夕方は「迎えウドン」と称して、うどんを茹《ゆ》でて汁などをかけずに供える。日が落ちてからショーライ様を迎えに行くとして、松明《たいまつ》を燃やして墓まで行く。

昔、ある家の主人が欲深だったので、これらショーライ様の飾りをせずに昼寝をしていたら、仏壇からガサゴソと音がした。見ると仏壇の前をショーライ様が上がったり下りたりしていたのだという。

［毛利恵太］

［参考文献］松岡浅右衛門「飛騨丹生川村 瓜田付近の精霊盆」（『民間伝承』八巻六号）

### しらが平の婆餅［しらがだいらのばばもち］

岐阜県郡上《ぐじょう》郡大和村上栗巣《かみくりす》（現・郡上市）の昔話。

昔、一軒の空き家があり、子供たちが毎晩集まってお話会などをしていた。正月の二日の夜、二階に何かが落ちる音がしたので上ってみると、大きな餅が落ちていた。子供たちは餅を下に降ろして、囲炉裏であぶって食べてしまった。次の日の夜も更に大きな餅が落ちてきたので、これも食べてしまった。そしてその次の夜、やはり何かが落ちる音がしたので、明かりも灯さずに二階に上ってみると、餅ではなく、しらが平（白髪が一杯の、という意味らしい）の婆さんがいた。婆さんは「これまで食べた餅の代金をよこせ」とせがんだが、子供たちは「ただでくれたのだと思ったから払えない」といって謝りながら逃げ出した。しかし、一人の腕白な子供が謝るどころか石や木切れを投げ付けてからかいながら逃げたので、婆さんはその腕白な子供だけを追いかけた。子供は川岸まで逃げたので、近くの木に登ってやり過ごそうとしたが、婆さんもだんだんと木を登ってきた。困った子供は川の淵《ふち》が渦巻いているのを見て思い切ってそこに飛び込んだが、渦に巻き込まれて死んでしまったのだという。

ＴＶアニメ『まんが日本昔ばなし』には、この話をもとにした「餅ばばあ」というエピソードがある。　［毛利恵太］

［参考文献］稲田浩二『日本の昔話　一六　美濃の昔話』

## 宿儺［すくな］

両面宿儺とも。岐阜県の伝説。

最も古い記述は『日本書紀』の「仁徳天皇六五年丁丑」のもの。飛騨国に宿儺という人がいた。一つの胴に二つの顔を持ち、それが背中合わせになっている。頭は合一していてそれぞれが手足を持ち、膝はあるが膕《ひかがみ》（膝の裏側）と踵《かかと》はない。力が強くて素早く、左右に剣を佩《は》いて四本の手に弓矢を並べて持っていた。宿儺は朝廷の命令に従わず、人民から略奪することを楽しみとしていたので、朝廷は和迩《わに》氏の祖である武振熊《たけふるくま》を遣わして、これを誅《ちゅう》したという。

『飛騨の伝説と民謡』は、岐阜県高山市丹生川町《にゅうかわちょう》の千光寺にある両面宿儺像を取り上げて、以下の話を記している。宿儺は飛騨国に住んでいた怪盗であり、身の丈は六尺（約一・八メートル）あまり、顔が二つに手足が四本という化け物のような人間で、力も非常に強くて四、五〇人を一度に相手取ることができた。宿儺は手下どもを従えて出羽ヶ平（現・高山市丹生川町日面《ひよも》）の岩窟に住み、夜になると人里まで降りてきて略奪するのを繰り返していた。その暴れように役人も耐えかね、遂に天子様に宿儺退治の願いを申し立てた。仁徳天皇はこれを聞き入れ、武振熊に命じて飛騨へと征伐に向かわせた。宿儺は都の軍勢を侮《あなず》り、手勢を率いて美濃《みの》の高沢山《たかさわやま》（岐阜県関市の山）に陣を張ったが、武振熊の軍勢によって蹴散らされ、最後は出羽ヶ平の岩窟で捕らえられ、首を斬られて退治されたのだという。

以上のように朝廷に従わなかった盗賊や怪人として扱われる宿儺だが、両面宿儺像を祀《まつ》る千光寺においては仏法に帰依して千光寺を開山した人物として信仰されており、また周辺地域でも土地の豪族や英雄として扱う伝承が多い。　［毛利恵太］

［参考文献］『日本書紀』、高山西小学校研究部『飛騨の伝説と民謡』

## 勢至の一つ火［せいしのひとつび］

岐阜県養老郡養老村字白石に千人塚と称する古墳がある（現・養老郡養老町養老の千人塚1号古墳か）。養老鉄道の終点より滝（養老の滝を指すか）に至る松原の中に位置している。伝承によると、往古、この地に大戦があり、その戦死者を埋めたものだという。

この塚から、一つの妖しい火の玉が毎夜に出でて、同郡の勢至に向かって飛び、あるいは桜井などの村々を飛んで白石に帰るという。「勢至の一つ火」と称されているという。

［怪作戦テラ］

［参考文献］土岐琴川『美濃志』

## 関の太郎［せきのたろう］

岐阜県可児《かに》郡上之郷村（現・可児郡御嵩《みたけ》町《ちょう》）に伝わる。

昔、上之郷の岩穴には関の太郎という鬼が棲んでいた。月のない晩に里へ出てきて、女《おんな》子供《こども》をさらっていくので、村人に恐れられていた。村の力持ちや弓の名人などが退治に向かっても、帰ってくることはなかった。そこで、薬師様のお祭りの時にみんなで退治しようということになり、村人全員が手のひらに印を付け、人に化けた関の太郎をすぐに見破れるようにした。そしてお祭りの日、関の太郎にどんどん酒を振る舞い、酔って倒れてから首を斬って退治した。関の太郎の首は都に運ぼうとしても、物凄《ものすご》く重くなってしまったので、その場に埋めてしまい、その首塚が今も残っているのだという。

現在、御嵩町には鬼岩公園という公園があり、関の太郎伝説にまつわる首塚や岩が残されている。

［毛利恵太］

［参考文献］赤座憲久『日本の民話五一　美濃の民話　第一集』

## 背くらべ［せくらべ］

岐阜県武儀《むぎ》郡洞戸《ほらど》村（現・関市洞戸）などに伝わる。

『常民』二四号によると、背くらべは麦畑に出てきて、自分より背の低い子供を食べてしまうという。また、五、六月に遅くまで遊んでいると、麦畑から背くらべが出てきて連れていかれるともされている。

『和良《わら》の民俗』によると、岐阜県郡上《ぐじょう》郡和良村（現・郡上市和良町）では、夕方には麦畑の中に背くらべがいて、子供と背くらべをする。すると背くらべより背が低くても高くても連れていかれてしまう。また、麦の穂より背が高くなると背くらべに捕まえられるともされている。

『美並《みなみ》村史　通史編　下』によると、岐阜県郡上郡美並村（現・郡上市美並町）では、夕方に子供が遊びに出ると、麦畑の中から背くらべが出て、どこかへ連れていってしまうという。また、麦畑の麦が人の背丈ほどになると、日暮れに背くらべが出るといって子供が夕暮れまで遊ばないように脅した。また、麦の穂が出る五月末から六月は背くらべが出て、子供の背に合わせて大きくなってさらっていくという。この他にも、夜に子供が外に出ると背高坊主が背くらべをしに連れていくとか、**モウ**（お化けのこと）が来ると言って子供を脅したという。

［毛利恵太］

［参考文献］中央大学民俗研究会『常民』二四号、東洋大学民俗研究会『和良の民俗　岐阜県郡上郡和良村』、美並村教育委員会『美並村史　通史編　下』

## 背黒又黒郎［せぐろまたくろう］

岐阜県恵那郡静波村《しずなみ》（現・恵那市明智町の旧静波村地域）に伝わる。

馬木《ばき》の近くに土橋という五つに分かれた辻がある。この辻で日が暮れて、どちらに行ったらいいかわからなくなる時がある。これは背黒又黒郎という狸に化かされたのだという。［毛利恵太］

［参考文献］東洋大学民俗研究会『旧静波村の民俗』

## 祖師野丸［そしのまる］

岐阜県下呂《げろ》市金山町祖師野に伝わる。

源悪源太義平が祖師野の地に来た時、ヒヒが村に現れて荒らし回っていた。村人の困りようを見た義平はヒヒ退治を請け負い、腰の大刀で見事に退治した。そして義平はその刀を村に置いていき、村人は刀に祖師野丸と名を付け、八幡神社の宝刀とした。その後、江戸時代になると、和良《わら》村の代官が郡上《ぐじょう》の藩主・青山公の使いとして来て、藩主のご所望として祖師野丸を無理に借りていった。するとその日の夜から大雨と雷鳴が続いたので、神主と村人は祖師野丸の祟《たた》りと考え、代官を追って和良村へと向かった。すると和良村からも代官が来て、和良でも天変地異が起こりそうなので刀を返しに来たと言った。そうして祖師野丸は元通り八幡神社に納められ、天気ももとに戻ったのだという。［毛利恵太］

［参考文献］赤座憲久『日本の民話五一　美濃の民話　第一集』

# 【た】

## 狸の書物［たぬきのしょもつ］

岐阜県下呂《げろ》市萩原町西上田に、道場といって、旅僧の宿をする寺のような百姓家があった。ある時、非常に偉いお坊様らしき人が、大勢の弟子を供に駕籠《かご》に乗って訪れ、道場で休んだ。名僧の来訪前には、たいてい前触れがあるので道場の人々は驚いたが、あり合わせのもので接待をした。お坊様は記念にと「悤」の字と七言二句を達筆に書いて、終わりに「天下之禅僧紫野一松軒梅翁書之」としたためて去っていった。

この僧は高山を過ぎて越中に向かい、各

地でこの書を与えていったが、越中で猛犬に噛《か》まれて老狸の正体を現して死んだという。それで「狸の書」として珍重がられて、今でも軸仕立てにして秘蔵されているという。

［怪作戦テラ］

［参考文献］ 小島千代蔵『飛騨の伝説』

## タリ

岐阜県揖斐《いび》郡徳山村（現・揖斐郡揖斐川町。徳山村の地域は徳山ダムとなった）に伝わる。

長い道を歩くのなら、たとえ不味《まず》いご飯であっても食べておかなければ、タリに憑《つ》かれてしまう。タリに憑かれると、お腹が空いて弱り、足が動かなくなって帰れなくなる。夏にだけなるもので、水のショー（精）なので、熱いお茶を飲めばよい。山道でも村の中でも憑かれるが、草の根や木の実を食べて腹が膨れれば良くなるという。

［毛利恵太］

［参考文献］ 廣瀬貫之「美濃揖斐郡徳山村郷土誌」（『旅と伝説』一三巻五号）

## 忠五の墓［ちゅうごのはか］

岐阜県可児《かに》郡小泉村（現・多治見市小泉町）に伝わる。

小泉村の根本の北洞に、忠五という農家の死んだ所とされる塚がある。忠五は鉄砲の名手であり、悪戯者《いたずらもの》でもあった。人が担いでいる肥桶《こえおけ》の紐《ひも》を鉄砲で撃ち切ったり、丁髷《ちょんまげ》の元結を撃ち落としたりして人々を困らせていた。ある時、忠五は伊勢参りに行って伊賀の上野を通りかかると、武士たちが鉄砲の練習をしていた。忠五は武士たちの腕前を笑ったので、武士が怒って「お前が射ってみよ」と鉄砲を渡した。忠五は山から六角棒を転がさせ、走りながら後ろ向きに三発撃って棒に六つの穴を開け、そのまま走り去ってしまった。しかし、村では忠五が留守の間に彼を殺す相談がなされ、浪人を雇って忠五を殺してしまうよう頼んだ。帰ってきた忠五が農作業をしていると、浪人がやってきて煙草の火を求めた。その時、向こうの山で鉄砲を撃つ音が響き、忠五がそれに聞き耳を立てた隙に斬り捨ててしまった。その場所に忠五の霊が祟《たた》り、塚をなぶると病気になるとされた。村の老人たちはこの塚を「サンドナシ」と呼んでいる。

［毛利恵太］

［参考文献］ 木全圓寿「美濃国可児郡小泉村の伝説（二）」（『旅と伝説』一六巻一二号）

## チンマ

岐阜県大野郡（現・高山市）に伝わる。

日和田の豪家であった原家に、チンマという下働きの女がいた。チンマはよく働き力が強く、料理も上手で美人であったため、家でも重用されていた。チンマは朝日村の西洞に住む小三郎という樵《きこり》と好き合う仲であったが、ある日突然姿を消してしまった。人々は「チンマは料理に蛇の出汁《だし》を使っていた」「チンマの正体は蛇身で、だからこそ強力で美しかった」と噂して、「チンマは自分の正体を知られたから姿を消した」「チンマの着物に糸を通した針を刺した人がいて、それをたどると池の原の雌《め》の池《いけ》に着いた」「チンマは雌の池の主だった」などと語り合った。この頃から、小三郎は血色が悪くなり、元気もなくなっていった。そしてある日、小三郎が仲間と木を伐る仕事をしていた時、空になった弁当箱を溝川に入れておいたら、その中に大きな岩魚《いわな》が二匹入ってきた。小三郎がその岩魚を焼いて食べると、喉の渇きが止まらなくなり、溝川に直接口を付けて水を飲み始めた。そして仲間に「俺の腹が裂けて池になってしまうほど、水を飲んでしまった。お前は早く里に帰ってくれ」と言ったかと思うと、溝川は池と化し、小三郎の姿は消えてしまった。後に話を聞いた小三郎の母が、池の岸まで来て小三郎を呼ぶと、池の真ん中から蛇身が現れ、母が「元の姿を見せてくれ」と頼むと、半身だけ蛇となった小三郎が姿を現した。それから間もなく、チンマがいるという雌の池は涸《か》れてしまった。チンマが小三郎のいる杣《そま》が池に移り、一緒に暮らすようになったからだと伝えられている。

［毛利恵太］

〔参考文献〕海野金一郎「杣が池物語（下）」（『ひだびと』一一巻二号）

## 月糞〔つきくそ〕

月の糞とも。岐阜県土岐《とき》郡月吉村・日吉村（現・瑞浪《みずなみ》市明世《あきよ》町《ちょう》月吉・日吉町）に伝わる。『諸国里人談』巻之二に記されている。

月吉村と日吉村には、秋になると夜ごとに空から降ってくるものがある。長さ四寸（約一二センチ）ばかりの石で、螺貝《つぶがい》のように屈曲していて色は薄い白である。これを月の糞と呼ぶのだという。

**星糞**も参照。

［毛利恵太］

〔参考文献〕『日本随筆大成』二期二四巻

## つし婆〔つしばばぁ〕

岐阜県郡上《ぐじょう》郡美並《みなみ》村（現・郡上市美並町）に伝わる。

つし婆が出ると言って子供を脅した。つし婆は頭が丸坊主で、大きな目が一つと皿のような口なのだという。

つしとは茅葺《かやぶ》きの家の二階のことで、物置として使われるが、昼でも薄暗い。ここにつし婆さがいる、と語られたという。

［毛利恵太］

〔参考文献〕美並村教育委員会『美並村史 通史編 下』

## 槌蛇〔つちへび〕

岐阜県益田《ました》郡下原村福来《ふくらい》（現・下呂《げろ》市金山町福来）に伝わる。

国鉄高山本線の益田川第一鉄橋の福来側の岸辺りは断崖が険しく、人道もここで途絶えている。この手前に杉林があり、ここに槌蛇が出たという。槌蛇はノズチ（野槌）

のことで、頭も尾もない槌のような形の蛇であり、山の高みからコロコロと転がり落ちてきて人を襲うのだという。しかし実際にこの蛇を見たという人はなく、二匹の蛇がもつれ合っている姿を見たのだろうともいわれている。

［毛利恵太］

［参考文献］熊原政男「飛驒中山物語」（『あしなか』一二四号）

## 十九女池［つづらいけ］

岐阜県不破郡関ケ原村に十九女池というものがある。

池の中に大蛇が棲んでおり、一七、八の婦人に化けて付近の民家に椀を借りに来ていた。あまりに度々来るので民家でもうるさく思い、椀の糸底に針を刺して貸すと、その後は借りに来ることはなかったという。

『美濃誌《みのし》』では「十七、八の婦人」としているが、WEBサイト「関ケ原観光ガイド」などでは、素直に（池の名前に準じる形で）「歳は十九の別嬪《べっぴん》」としている。池の名の由来、もしくは逆に池の名からできた伝承であろう。『美濃誌』では触れられていないが、女は横笛を吹いて通り、椀を借りたという。

また、横笛と椀が、八幡神社と法忍寺の宝物として残っているという。

［怪作戦テラ］

［参考文献］土岐琴川『美濃志』

## 出歩き地蔵［であるきじぞう］

岐阜県恵那郡蛭川《ひるかわ》村（現・中津川市蛭川）に伝わる。

一色《いしき》にある地蔵様が、夜になると度々お堂の戸を開けて外に出て、里を歩き回るようになった。噂が人々の間に広まって、ある人がお堂まで確かめに行くと、戸が開いていて人は誰もいなかった。辺りの雪の上に地蔵様のものと思われる足跡があったので、次の夜に人々が集まってお堂のそばで隠れて見張ることになった。吹雪のなかで待っていると、お堂の戸が開いて地蔵様が出てきたが、その時誰かが悲鳴を上げたので、地蔵様はお堂の中に引っ込んでしまった。次の日、村の中で供養のできる人に頼んで、地蔵様を供養してもらったら、もう出歩くことはなくなったのだという。

［毛利恵太］

［参考文献］中京大学民俗学研究会『中京民俗』三〇号

## ドウサイ

岐阜県大野郡丹生川《にゅうかわ》村（現・高山市丹生川町）の話。

ある時、樵《きこり》たちが三、四人一緒になって山小屋を建て、そこを拠点に木を伐っていた。すると毎晩、どこからか美しい女がやってきて、行灯《あんどん》を付けて糸車で木綿糸を引く様子を樵たちに見せるようになった。どんなに追い払っても、次の夜にはいつの間にかやってきて同じようにするので、樵たちは化け物に違いないと考えた。そこで猟師に頼んで鉄砲を撃ってもらったのだが、どんな腕自慢の猟師たちが狙っても命中しなかった。女は変わらずに毎晩糸車を回し、鉄砲を向けると「また今晩もですか」などとからかって笑ったりした。ある時、一人の猟師が「行灯さえなくなれば糸車を回せなくなる」と考え、女ではなく行灯を狙って鉄砲を撃った。すると行灯の火が消え、女の姿も見えなくなった、翌朝その場所へ行ってみると、目に鉄砲の弾を受けたドウサイ（蟇《ひきがえる》のこと）が死んでいた。このドウサイは頭の先から下まで三尺（約九〇センチ）もあったのだという。

［毛利恵太］

［参考文献］新田貞子「飛騨の昔話と伝説　丹生川村の昔話」（『ひだびと』四巻六号）

## 道三の首さがし［どうさんのくびさがし］

斎藤道三（美濃《みの》の戦国大名）は我が子、義龍と戦って敗れた。首を実検（本人の首であるか確認）された後、鼻を抉《えぐ》られ胴は源太（小牧源太）が長良川河畔に葬った。現在、道三塚と称されているものである。

このように胴と首が別々になってしまったので、道三の亡魂が火の玉となり、毎夜、この塚から出て自分の首を探し回るという。

道三塚は現在、岐阜市長良福光にあるが、もとはもう少し長良川に近い崇福寺《そうふくじ》にあったという。

［怪作戦テラ］

［参考文献］土岐琴川『美濃志』

## 東門奴［とうもんやっこ］

岐阜県稲葉郡蘇原《そはら》村字東門（現・各務原《かかみがはら》市蘇原東門町か）と字坂井との間の畷《なわて》を夜間、点火して往復する怪物がある。土地の人はこれを「東門奴」と称しているという。伝承には昔、一人の奴が殿様の金子《きんす》を他へ届ける時に、この畷でなくしてしまったため、殿様に手打ちになり、その亡魂が夜な夜な出てその金を探すのだという。

［怪作戦テラ］

［参考文献］土岐琴川『美濃志』

## ドクジババノキ

岐阜県揖斐《いび》郡春日村（現・揖斐郡揖斐川町春日）に伝わる。

集落の山林原野を含んだ境目をセコといい、家のある所はホラ、同じ一族の家が数戸集まっている所をヤシキと呼ぶ。セコの境にはドクジババノキと呼ばれる榎《えのき》の木が四八本あって、木の周囲六尺（約一・八メートル）には絶対に立ち寄ってはならないとしている。この木は山伏がドクジ（土公《どく》神《じん》のことか）を祝い込めたもので、ドクジはオハライサマのことなのだという。山芋を掘りに来た男がこの木のそばで掘っていると、木の枝の上から「いかい芋があるかや」という声がしたのだという。

［毛利恵太］

［参考文献］千葉徳爾「美濃春日村見聞記」（『民間伝承』一三巻一一号）

## 戸だて［とだて］

岐阜県郡上《ぐじょう》郡大和町（現・郡上市大和町）に伝わる。

戸を立てられたかのように、昼でも周りが暗くなって前に進めなくなるという。剣《つるぎ》という所に住むよねさという人が床屋で頭を刈ってもらった帰り、あと一〇〇メートルくらいで家が見えるというところで網を張られたようになって前へ進めなくなった。仕方ないので親類の家に行って、一晩泊めてもらってから帰ったのだという。

［毛利恵太］

［参考文献］大和町『大和町史　通史編　下巻』

## どちろ

どちろべいとも。岐阜県郡上《ぐじょう》郡美並《みなみ》村（現・郡上市美並町）に伝わる。河童の類いを指すもの。

川の中に入ると、水が粘っこくなって出られなくなり、どちろに「いどこ（肛門）」を取られる。岩の上に子供を抱いて座っているのを見た人もいた。またある時、川で子供の話し声が聞こえたので、行ってみても誰もいなかったという。

川で泳いでいると、どちろが来たというので岸に上がって見ていると、石の所を笠のような直径四〇センチぐらいのものが流れてきた。どちろは茗荷《みょうが》が嫌いで、茗荷の汁を尻に塗って水に入れれば、どちろにやられない。どちろは尻の穴から腸を取るのだという。

どちろは頭に皿があって、それにねばいぼつ（粘っこい餅、という意味か）が付いていて人を引く。子供があまり長いこと川に入っていると「どちがひく」と言った。

どちろべいは瓜《うり》が好きである。白石の渕《ふち》にどちろべいがいて、瓜を食べてから川に入ったら引かれると、親から戒められる。

釜の口の下の白石の岩をどちろ岩と呼んだ。昔、どちろが岩の上にいて、その辺りで泳ぐとどちろに引かれるというので泳がなかった。

下田の南側にある長良川の水中にもどちろ岩があって、一間（約一・八メートル）ほどの横穴が開いていた。ここはどちろの住処《すみか》だという。

［毛利恵太］

［参考文献］美並村教育委員会『美並村史　通史編　下』

# 【な】

## 鳴り岩［なりいわ］

岐阜県武儀《むぎ》郡上之保《かみのほ》村（現・関市上之保）に伝わる。

小那比《おなび》川に面した山林に大きな岩がある。この岩の下を通ると「ザアー」と音が鳴るので、鳴り岩と呼ばれているという。

［毛利恵太］

［参考文献］中央大学民俗学研究会『中京民俗』二〇号

## のう

岐阜県恵那郡坂下町（現・中津川市坂下）に伝わる。

昔、坂下に「のう」という怪物がいた。のうは木曽川を跨《また》いで水を飲むほど大きく、天気が悪い年はのうが暴れるから悪い天気が続くと、村人は話し合っていた。のうが暴れると川の水が溢《あふ》れて田畑や橋が流され、家が水に浸かるなどするので、村では毎年一番かわいい女の子をのうに捧げていた。やがて村にかわいい女の子が一人もいなくなり、母と二人暮らしのあまりかわいくない女の子が一人だけ残った。その年も天気が崩れてきたので、その女の子は自分から進んでのうのもとに行ってしまった。村人はのうが余計に怒ってしまうのではないかと心配したが、次の日の夕暮れには女の子はにこにこしながら帰ってきた。女の子と会ったのうは「今までちっともかわいい子をくれなかったのに、お前は本当にかわいい良い子だ。初めからお前のようなかわいい子が来てくれたら、こんなに暴れることはなかったのに。お前はかわいいけなげな子だから、帰ってお母さんを大事にしろ」と帰してくれたのだった。そしてのうは、これからはもう暴れることはしないと約束したのだった。のうは約束通り大人しくなり、女の子の機嫌を損ねることを何より怖がったので、女の子が空を睨《にら》むと静かになったのだという。やがてのうは大きな足跡を残して空の隅っこへ引っ越していったが、その足跡が池になったので、そこを「のうが池」と呼ぶようになった。

［毛利恵太］

［参考文献］赤倉憲久『日本の民話六三 美濃の民話 第二集』

# 【は】

## 梅庵狐［ばいあんぎつね］

筆者命名。美濃国《みののくに》安八《あんぱち》郡春近村（現・本巣市春近？）の話。『塩尻』巻之六八に記されている。

春近村の富農・井上与三郎という人の家の庭に、昔から老狐が住んでいた。老狐は代々の地主と親しくし、村人たちともよく言葉を交わしていた。その名は板益亥正といい、別名を梅庵といった。書が巧く、禅について詳しく医学の心得もあったが、ある時行方知れずになってしまった。その後、村の者が江州《ごうしゅう》の大津（滋賀県大津市）に行った時、この狐に会った。狐は故あって都に移住したが、年老いて死が近くなってしまったと語り、一筆書いて日頃の厚情を感謝して村の者に託した。狐は井上の子供にも、よく孝行し学問を怠るなと伝えるようにと言って別れ、村人が帰郷してこれを伝えると、村中が嘆き悲しんだ。この狐はもともと寧波《ニンポー》（中国浙江《せっこう》省の都市）近くの生まれの僧であったが、ある時邪心を起こしてしまったために獣の身となり、以来善行を続けたのだという。

［毛利恵太］

［参考文献］『日本随筆大成』三期一五巻

## 化け椿［ばけつばき］

岐阜県郡上《ぐじょう》郡大和町（現・郡上市大和町）に伝わる。

小田坂という所の大きな椿の木の下を通ると、急に前が真っ暗になって一歩も進めなくなるという。

また、その近くの桑の木では、月夜にその下を通ると大坊主とぶつかるという。何かにぶつかったと思って見上げると、ぶつかったのは大坊主の腰辺りで、高い所から見下ろしていたのだという。

［毛利恵太］

［参考文献］大和町『大和町史 通史編 下巻』

## ハザコ

岐阜県武儀《むぎ》郡上之保《かみのほ》村（現・関市上之保）に伝わる。

昔、堺に豪エ門という商人がいた。豪エ門の商売は繁盛していたが、年老いた母が急な病気となり、なかなか良くならなかった。美濃《みの》の山奥にいるハザコ（サンショウウオのことか）の黒焼きを食べればどんな病気も治ると聞き、豪エ門は供の者を連れて上之保の地までやってきた。そして津保《つぼ》川で三尺（約九〇センチ）もあるハザコを二匹見付けて捕まえた。その日の夜、豪エ門が寝ている間に、供の者たちがハザコの一匹を勝手に殺して食べてしまった。すると豪エ門の夢枕に一人の若者が現れ、「私はあなたの捕まえたハザコです。あなたのお供が私の妻を殺して食べてしまいました。その上、あなたもこれから私を焼いて病気の母親に食べさせるつもりでしょうが、それでは決して病気は治らず、お供にも天罰が下るでしょう。母親の苦しみを取り除きたいなら、庚申《こうしん》様・富士神社・白山様の鳥居を一つずつ建て、私の妻の四十九日があけたらその三つの鳥居をくぐりなさい」と語った。翌日、豪エ門が見ると、捕まえていたハザコは消え、供の者たちも身に着けていたものだけ残して消えていた。そこで豪エ門は村人に頼んで三つの鳥居を建ててもらい、五〇日後にその鳥居をくぐって帰っていった。すると母は床から起き上がるほど回復しており、病人とは思えないほど元気になったという。　［毛利恵太］

［参考文献］中央大学民俗学研究会『中京民俗』二〇号

## 蛤石［はまぐりいし］

蛤城（古河城）には、蛤石と呼ばれる二つの石があった。夜には一方から白気《はっき》を吹き、二つの石が相応じて唸《うな》り声を発するという。

飛騨を平定した金森長近は、この石を高山城に移すように命じた。数十人の人夫で車で運んでいたが、次第に重くなり、桜野辺に至る頃には動かなくなってしまった。人数を一〇〇〇人ほどまで増やしたが動かず、ブウブウという不気味な唸り声が鳴り始めた。長近は誤りを認め、石をもとに戻すよう命じた。すると数十人の人夫でもとの天主台へ戻すことができたという。

それから数十年後、飛騨一円で大規模な日照りがあった。様々な雨乞いを試したが一向に雨は降らない。そこで蛤石の一つを宮川の淵《ふち》に沈めてみたところ、たちどころに雨が降り出したという。片方の石は今でも天守跡にあるが、雌か雄かはわからず、また、一つになった後は不思議な力もなくなったようだという。　［怪作戦テラ］

［参考文献］小島千代蔵『飛騨の伝説』

## はんつも

岐阜県揖斐《いび》郡坂内村（現・揖斐郡揖斐川町坂内）に伝わる。

今は横山ダムに沈んでしまった所に風穴があり、そこは山姥《やまうば》とその一人娘の住処《すみか》だった。娘の本名は誰も知らず「はんつも」と呼んでいた。仁左衛門平の草分けの家が娘を雇い、糸紡ぎや子守をさせて、夕暮れに帰る時は「あばよ　はんつもよ　またこいひぐれよ」と言って見送っていた。「はんつも」とは半錘のことであり、一日かけて麻を紡いでも紡錘の半分しか紡げない、のさなやつ（手の鈍《のろ》い奴）という意味のあだ名だった。しかし、普通は一錘で一反の布が織れるはずが、娘の紡いだ半錘の糸を布に織り上げると、それだけで八反にもなったのだという。　［毛利恵太］

［参考文献］松岡浩一「あばよ　はんつもよ　山姥糸取り娘の話とアバヨ語源の説と」（『美濃民俗』一九三号）

## 人喰いエビス［ひとくいえびす］

岐阜県武儀《むぎ》郡洞戸《ほらど》村（現・関市洞戸）に伝わる。

人喰いエビスというものがこの辺り一帯を荒らしていたので、正之御前という人が弓矢で退治した。弓矢で血を流したエビスが登った谷を赤谷と呼ぶようになった。登った先の恵比寿岳の岩屋に隠れたので、正之御前はその向かいのトチダナという山の頂上で見張りをした。この正之御前を祀《まつ》った社で雨乞いをすると、必ず雨が降ったという。

他にも、正之権現とエビスが喧嘩をして、エビスが恵比寿山の岩屋に逃げ込み、権現は向かいの板取老洞《いたどりおいぼら》で番をしているとか、正之御前が北の方から妖怪を追ってきて弓を放ち、妖怪は血を流しながら恵比寿山の銅山岩屋に逃げ込んだといった話もある。

［毛利恵太］

［参考文献］中央大学民俗研究会『常民』二四号

## 火柱［ひばしら］

岐阜県高山市上宝町鼠餅《ねずもち》に伝わる。

鼠餅では、径一尺（約三〇センチ）もある燃える火のような柱が田畑に立つことがある。これを火柱と呼び、火事の前兆と信じている。この火柱が倒れた方面に火災が起こるとされた。

また、飛騨双六《すごろく》（双六渓谷）の金木戸（現・高山市上宝町金木戸）では、昔集落のほとんどが消失する大火事があった時、その数日前に提灯ほどの火の玉が出たという。子供を含む集落の人々がこれを目撃していたので、これは大火事の前兆だったのだろうと語られた。

［毛利恵太］

［参考文献］林魁一「飛騨双六及び鼠餅の前兆」（『民間伝承』一一巻二号）

## 福富の火の玉［ふくとみのひのたま］

岐阜県山県《やまがた》郡厳美《いずみ》村大字福富（現・岐阜市福富）に辰巳屋と称する商家があった。この家の付近に毎夜、怪火が燃えたという。昔、この家の婦人が殺されたことがあり、その亡魂が毎夜出るのだという。数町離れた所からは明らかに見えるのだが、近付けば何もないという。

［怪作戦テラ］

［参考文献］土岐琴川『美濃志』

## 箒の神［ほうきのかみ］

岐阜県吉城《よしき》郡坂下村（現・飛騨市宮川町）の話と俗信。

ある人が難産で困っていたので巫女《みこ》に見てもらった。すると、産婦が妊娠中に掃除をしていて、箒の毛を一本、火で燃やしてしまったため、箒の神が大火傷をして怒っているのだとされた。それで箒にお明かしをあげて（灯火を奉ること）お祀《まつ》りしたら、すぐに子が生まれたという。

中沢上では、死者が硬直して浄土縄のかからないときは、箒で叩けばよいとされ、普通の時に人を箒で叩くのは忌まれた。酒を飲み過ぎて意識が遠くなっている人は、箒を枕にして寝かせればよいとされた。また、箒を跨《また》いだり踏み付けたりするのも忌まれた。

［毛利恵太］

［参考文献］平瀬抛英「信仰の諸相　岐阜県吉城郡坂下村」（『西郊民俗』四号）

# 【ま】

## マチイヌ

岐阜県揖斐《いび》郡坂内村川上（現・揖斐郡揖斐川町坂内川上）に伝わる。

マチイヌは「ほしいほしい」と低い声を出しながら、行く手の前に現れるのだという。

［毛利恵太］

［参考文献］高橋丈太郎「奥美濃の民俗」（『旅と伝説』一三巻八号）

## ムネンコ

岐阜県大野郡丹生川《にゅうかわ》村（現・高山市丹生川町）に伝わる。

猫は死人に憑《つ》くので、葬儀のある家には猫を入れないようにした。猫が死人を跨《また》ぐとムネンコ（たましい）が乗り移り、死人が踊りだすのだという。死人を寝かせた部屋を猫が覗《のぞ》いただけで憑かれたとも語られた。死人の上にトノゴンボという植物の葉を載せておけば憑かないとされたが、この葉は冬にはないものなので、冬のマヂナイ（まじない）にはならないのだという。

［毛利恵太］

［参考文献］村田祐作「村の猫」（『ひだびと』九年三号）

## モウ

岐阜県郡上《ぐじょう》郡和良《わら》村（現・郡上市和良町）に伝わる。

子供が悪いことをしないよう「悪いことをするとモウが来る」と言って戒めた。モウとは化け物のことで、一説では蒙古のことなのだという。

［毛利恵太］

［参考文献］東洋大学民俗研究会『和良の民俗　岐阜県郡

上郡和良村』

## 亡者道［もうじゃみち］

岐阜県高山市の乗鞍岳《のりくらだけ》の話。

乗鞍岳の西の麓に千町ヶ原《せんちょうがはら》という高原があり、ここにはいくつもの沼が散在している。これを地元の人は精霊田と呼んでいるが、ここから信州へと通じる道を亡者道といって恐れていた。昔、朝日村の青屋という所に平十郎という農家がいて、狩猟を好んでいた。平十郎は秋の暮れの頃、青屋から平金《ひらがね》へ通る乗越の桜ヶ根という、亡者道の続きになっている場所に霞網《かすみあみ》を張って小鳥を捕っていた。ある霧深い朝、霞網を張った方から誰かが喚《わめ》く声が聞こえてきたので、小屋の窓から外を眺めてみた。すると網に人の生首がいくつもかかって、それが口々に「平十郎とろう（捕ろう?）」と叫んでいた。これを見た平十郎が戸を閉めて震えていたら霧が晴れて怪異も消えた。平十郎は早々に引き揚げようと例の沼地へ差しかかると、急に深い霧が立ち込めて、沼の淵《ふち》に数多くの亡者がしがみついて水を飲んでいるのが見えたという。それ以来、村の人たちはこの辺りを魔所として恐れ、亡者の通る道だとして通行しなかったのだという。

［毛利恵太］

［参考文献］代情山彦「山小屋のむかし話」（『ひだびと』三年一一号）

## 文殊の首探し火［もんじゅのくびさがしび］

岐阜県本巣郡文殊村（現・本巣市文殊）の城主某は、戦に負けて敵に首を奪われた。臣下の者が主君の首を探すと伝わっている。

この怪火は、文殊村の西の門から中村に至る畷《なわて》と、南當門谷汲《たにくみ》街道と二ヶ所に出て往来するという。『美濃誌《みのし》』の著者、土岐琴川も実見したと記している。［怪作戦テラ］

［参考文献］土岐琴川『美濃志』

# 【や】

## 夜叉蛇［やしゃへび］

岐阜県揖斐《いび》郡藤橋村（現・揖斐郡揖斐川町）に伝わる。

西杉原（鶴見）の外れ、徳山街道に沿った辺りに経塚がある。昔、この付近には龍宮に達するほど深いという沼があり、ここを埋め立てて水田にすることになった。しかしこの沼は揖斐川に面した赤池という池と連なっており、そこには夜叉蛇が棲んでいるといわれていた。この沼を埋め立てて祟《たた》りがあってはいけないということで、坊さんに供養してもらい、穴を掘ってお経千巻を入れ、上に檜笠《ひのきがさ》千枚を入れて埋めた。この塚を掘ると鶴見が潰れるといわれていた。

この沼の埋め立て中、赤池の夜叉蛇は旅人の姿になって金森万衛という人のもとへ膳椀を借りに来た。「埋め立て工事の人々にご馳走をしたいから膳椀を貸してほしい」というので貸したら、翌朝にお礼として「あま」に付ける「かぎ」（自在鉤のことか）に一杯の魚を持ってきた。それから毎日かぎに魚を吊るしてくれていたが、かぎを金属製のものに変えてから、魚を吊るしに来なくなったのだという。　［毛利恵太］

［参考文献］横山周導「杉原の民話　民謡・伝説」（『美濃民俗』九四号）

## 山鳥の火［やまどりのひ］

岐阜県揖斐《いび》郡徳山村（現・揖斐郡揖斐川町。徳山村の地域は徳山ダムとなった）に伝わる。

ヤマドリが火を灯して化けることがある。ヤマドリの尾羽根は一二段の模様になっているが、これが一三段になっているものが火を灯すのだという。また、ヤマドリの尾羽根で輪を作って覗《のぞ》くと、その火が普通のものなのか、化けたものの火なのか、区別が付けられるのだという。

［毛利恵太］

［参考文献］廣瀬貫之「美濃揖斐郡徳山村郷土誌」（『旅と伝説』一三巻五号）、高橋丈太郎「奥美濃の民俗」（『旅と伝説』一三巻八号）

## 山姥［やまんば］

六厩《むまや》川（岐阜県高山市）に女滝という幅の広い滝がある。そこから下流二里の間を地獄谷と呼んでいる。

昔、大勢の杣《そま》（樵《きこり》）が地獄谷に泊まり込みで伐採に入った。年の暮れになったのでほとんどの者は帰宅したが、徳助というものだけは、親兄弟、家もないため、泊まって年を越すことにした。酒を用意し、白い飯を炊いて御幣餅《ごへいもち》を作って山の神に供え、次に自分の生まれた村の氏神様にも供えた。「山の神様おあがりください。氏神様おあがりください。徳助も年を取ります」といって年取りを始めようとすると、掛莚《かけむしろ》をはぐって、非常に痩せた女が入ってきた。寒い寒いと火にあたり酒も飯も汁もたちまちに平らげてしまった。女は辺りを見渡し、「もうこれだけかい。杣さんあるだけ出せよ。おうあったあった」と神棚の徳利まで二本下ろして振ってみながら前に据えた。その時、掛莚をはぐって一人の老人が入ってきて、一本の徳利を奪い「これは俺の分だ」という。また、掛莚をはぐって元気な男が入ってきたかと思うと、もう一本の徳利を取り「これは俺の分だ」という。女は男たちに追い詰められ、だんだん後ずさりしていく。小屋の奥に追い詰められた女は、小屋の板壁を破って逃げてしまった。男たちが「ここに居ては命が危ない。送るので早く小屋から去るがいい」というので、徳助は大急ぎで荷物をまとめ、松明《たいまつ》を灯して六厩の里まで降りた。そして後ろを振り返り、雪の上にひれ伏して神に礼を述べた。

徳助を助けた老人は山の神で、男は氏神様だったという。このようなことがあるので、昔から年取りに山小屋等に泊まってはならぬという。
　また、地獄谷の山姥は月の美しい晩などに、よく女滝の下の瀬で髪を洗っていたという。
［怪作戦テラ］
［参考文献］小島千代蔵『飛騨の伝説』

## 幽霊街道［ゆうれいかいどう］

岐阜県高山市奥飛騨温泉郷の平湯《ひらゆ》峠の話。
　平湯峠の頂上から国府村（現・高山市国府町）の広瀬まで伸びている尾根続きの山道は、幽霊街道と呼ばれていた。夜中に得体の知れないものが通るというので、日暮れ近くには山仕事の人々は慌てて山を降りていた。その頃、新張《にいばり》に住む藤十郎という農家がその正体を見極めようと、村の仲間とともにその道に留まり続けた。夜になって尾根で野宿していると、枕元を数十人の群れが通り過ぎながら盛んに喚《わめ》いているので、耳を澄ますと「藤十郎捕まったか」「三日前に御仏米食べてるから捕まえることができぬわい」と話しながら行き過ぎていった。夜が明けると他の者たちは青くなって早々に麓へ下りていったが、藤十郎は一人残り続け、幾日かして平湯峠の頂上にたどり着いた。しかし帰ってから「あの街道を通るものはこの世のものではない、山で野宿しても決して尾根道で寝てはならない」と語り、それ以外のことは口を閉ざしたという。今も飛騨の山仕事の人々は尾根から少し下った所で寝るようにしており、お守りとして御仏米を食べる習慣ができたという。
［毛利恵太］
［参考文献］代情山彦「山小屋のむかし話」（『ひだびと』三年一一号）

## 雪三郎［ゆきさぶろう］

岐阜県郡上《ぐじょう》郡和良《わら》村（現・郡上市和良町）に伝わる。
　雪が降る前に戸がバタバタと音がすると、雪三郎が連れていくのだと恐れたのだという。
［毛利恵太］
［参考文献］東洋大学民俗研究会『和良の民俗　岐阜県郡上郡和良村』

## 雪入道［ゆきにゅうどう］

岐阜県郡上《ぐじょう》郡和良《わら》村（現・郡上市和良町）や郡上郡大和町（現・郡上市大和町）などに伝わる。
　和良村では、雪の降った次の日、雪の上に大きな足跡があると、雪入道だといった。大和町では、雪入道が小間見《こまみ》と西俣で家を一軒ずつ潰しながら、水沢上《みぞれ》の池へ入っていったという。
［毛利恵太］
［参考文献］東洋大学民俗研究会『和良の民俗　岐阜県郡上郡和良村』、大和町『大和町史　通史編　下巻』

## ユキノドウ

岐阜県揖斐《いび》郡坂内村川上（現・揖斐郡揖斐川町坂内川上）に伝わる。

『旅と伝説』一三巻八号の「奥美濃《おくみの》の民俗」によると、本来は目に見えないものだが、時々女の姿に化けたり、雪玉の形になって現れるのだという。山小屋で「水をくれ」といってくるが、水をやると殺されるので、水ではなく熱いお茶を出す。これを撃退する呪文として「先クロモジに後ボーシ（いつき）、アメウジガワ（黄牛の皮）ノ八ツ緒バエ、締メツケ履イタラ、如何ナルモノモ、カナウマイ」という。これは、この地方で輪かんじきを作る時、前後の輪を別の木を使って作る習慣があるところと関係があるという。

『旅と伝説』一三巻五号の「美濃揖斐郡徳山村郷土誌」によると、岐阜県揖斐郡徳山村（現・揖斐郡揖斐川町。徳山村の地域は徳山ダムとなった）にも、冬のうちにユキノドーが出るという。女の姿に化けて、夜でも昼でも人の少ない時間に出るのだという。原文には「身体がセガレテつくかんじよー」と書かれているが、詳細は不明。　［毛利恵太］

〔参考文献〕高橋丈太郎「奥美濃の民俗」（『旅と伝説』一三巻八号）、廣瀬貫之「美濃揖斐郡徳山村郷土誌」（『旅と伝説』一三巻五号）

## 横障子［よこしょーじ］

岐阜県郡上《ぐじょう》郡大和町（現・郡上市大和町）に伝わる。

夜、遅くまで遊んでいた帰り道、寂しい所まで来ると、どうしてもおそごうて（恐ろしくなって）先へ行けなくなってしまう。神路にある大きなクルミの木が虚《うつ》ろになっていて、その辺りに来たら髪の毛が逆だってしまって、どうしても通れなくなるのだという。　［毛利恵太］

〔参考文献〕大和町『大和町史　通史編　下巻』

## 夜泣き石［よなきいし］

岐阜県恵那郡蛭川《ひるかわ》村（現・中津川市蛭川）に伝わる。

一色《いしき》から福岡町の高山に行く峠道に一つの石がある。夜に馬に乗って通ると、その石の辺りから赤ん坊の泣く声が聞こえるとされ、人々から恐れられた。噂は苗木の殿様まで届き、殿様は行者に鎮めるように頼んだ。行者が石に×印を付けると泣き声はしなくなったという。その後はこの石にお参りすると子供の夜泣きが治るとされた。

これとは別の話も記録されている。昔、蛭川に赤ん坊を連れた貧しい夫婦が仕事を求めてきた。その道中、一つの石があったので夫婦はそこに赤ん坊を置いていき、村へ仕事を探しに行った。一時間ほどで戻ると赤ん坊の姿は消えてしまっていた。夫婦は赤ん坊に悪いことをしたと悲しみ、この石の近くに住むようになった。ある時、石が泣いていることに気付いた夫婦が石をあやしながら頬ずりすると、泣き止んだのだという。　［毛利恵太］

〔参考文献〕中京大学民俗学研究会『中京民俗』三〇号

## 夜泣きの墓［よなきのはか］

安永（一七七二～八一）の大原騒動の折、

一揆の中心地、一之宮の神主である森伊勢、山下和泉は中心人物として磔《はりつけ》に処された。二人の妻は桐生《きりう》河原の刑場から首を持ち去り、大幢寺《だいとうじ》（『飛騨の伝説』では大憧寺と表記している）の近くに首と伝家の名刀を埋め、目印として二本の松を植えた。その後、松は巨木に育ったが、この墓から夜な夜な松の嵐に混じって、女のすすり泣く声がするという。

『飛騨の伝説』では「夜泣きの墓」としているが、今日、大幢寺が紹介される際には「夜泣き松」として紹介されることが多いようである。

［怪作戦テラ］

［参考文献］小島千代蔵『飛騨の伝説』

# 【ら】

## 頼光の狒々退治［らいこうのひひたいじ］

甲賀山（現・高賀山《こうかさん》）に大きな狒々が棲んでいた。これを退治しようと源頼光が岸《きし》見《み》神社に七日七夜参籠《さんろう》して出発した。その際、一羽の雉《きじ》が飛んで行き、狒々の様子を頼光に報告したという。岸見神社とは雉見神社のことであり、この雉を祭るともいう。

**さるとらへび、高賀山の妖魔**も参照。

［怪作戦テラ］

［参考文献］土岐琴川『美濃志』

## 雷の大入道［らいのおおにゅうどう］

筆者命名。美濃国《みののくに》の露村（現・海津《かいづ》市南《なん》濃町《のうちょう》辺りと推定）の話。『因果物語』に「破戒の坊主雷に逢う事」として記されている。

美濃の養老の滝の麓に、露村という村がある。ここに本慶寺という寺と、一人の僧がいた。この僧は悪人で殺生を好んでおり、人々が戒めても「我らの宗門において、殺生は慈悲である。動物は仏体を受けた人間に食われることで救われるのだ」と言って相手にしなかった。一九歳まで殺生を続けたが、寛永二〇年（一六四三）一〇月一三日の夜五つ時、寺で旦那衆二、三人とその家族などが火にあたっていると、家の破風《はふ》がみりみりと鳴り、光とともに大入道が二人現れ、例の僧の両脇に座った。人々が驚いて逃げ去ると、大入道たちは僧の両手を取り、引っ張り上げて破風から飛び出し、町の上で「本慶寺の悪人坊主を連れていくぞ、再び娑婆《しゃば》へ返すべからず」と三度叫んでから飛び去ってしまったのだという。

［毛利恵太］

［参考文献］鈴木正三『因果物語』下巻　神珍名著文庫　四四巻

## 六部が火［ろくぶがひ］

岐阜県稲葉郡方県《かたがた》村石谷《いしがい》鵜飼山の「バンフトコロ」の裏、伊自良《いじら》街道が山に突き当たるところの雑木林の中に「六部が墓」というものがあり、古びた一本の石碑がある。この墓から怪火が出て東の石谷へ通うという。

伝承によると昔、回国修行の六十六部がこの地で死んだ。配偶者が東の方に居るために、その亡魂が毎夜東へ行くのだという。この「六部の火」と称するものは宇多坂の西にも出て、同じような伝説があるという。

［怪作戦テラ］

［参考文献］土岐琴川『美濃志』

## ロクロ首［ろくろくび］

岐阜県恵那郡静波《しずなみ》村（現・恵那市明智町の旧静波村地域）に伝わる。

岩村から明智に抜ける旧街道に、長い髪で赤い舌を出すロクロ首の女が出るという。これは蛇が化けたもので、この街道の松はロクロ首が下がるため、枝が全て下向きになっている。土地の人々はロクロ首について、「下り松に逃げ登るより、ロクロ首の家に泊まれ」と語っていた。ある時、侍がこの街道を通りかかるとロクロ首が赤い舌を出して出てきた。侍は斬り捨てようと考え、山と山の間に隠れていると、ロクロ首が長い首を引きずりながら近付いてきたので、その首を斬って退治したのだという。

［毛利恵太］

［参考文献］東洋大学民俗研究会『旧静波村の民俗』

# 【わ】

## 若宮狐［わかみやぎつね］

宮村（現・高山市一之宮町）から高山へ出る途中に稲荷の森があり、川向こうは若宮の森（現・若宮八幡社か）で、人家がなく、夜になると神変不可思議の老狐が現れて人々を誑《たぶら》かしていた。

宮村の七兵衛と与作が酒に酔って若宮歩《ば》危《け》に差しかかると、向こうに女が二人で歩いている。七兵衛は寒気がして酔いが覚めたが、酔ったふりをして近付いてみると、一人は自分の妻で、もう一人は与作の妻のようである。迎えに来たが、しびれを切らして帰りかけたところだという。外見は自分の妻に間違いないが、これまで迎えに来たこともないし、二人で来る点もどうにも怪しい。七兵衛は隠し持っていた刺身包丁で自分の妻を刺した。「ヒヒヒー」という悲しい声とともに妻は道下へ転がり落ち、与作は妻を追ってかどこかへ消えた。七兵衛は急いで帰宅すると妻は何事もなく家で待っていた。先ほどのことを話すと「早く帰ればよいのに……と独り言を言って寝たら恐ろしい夢を見た。迎えに行くと包丁で刺される夢で、目が覚めてドキドキしていたら七兵衛が帰ってきた」という。七兵衛は走って引き返すと、道に血が流れており、道下の向こうで老狐が殺されていた。後で聞くと与作は石浦の出店で寝てしまっており、同行はしていなかったという。

神通力を持つ老狐が退治されてから道端の稲荷社もなくなり、夜に通っても安全な道になったという。また、昔、狐の出没した頃は、松明《たいまつ》を付けて通れば騙《だま》されないと言うので必ず松明を用いており、宮の外れと石浦の外れの出店には、松明を売っていたものだという。

［怪作戦テラ］

〔参考文献〕小島千代蔵『飛騨の伝説』

## 椀借り武士〔わんかりぶし〕

項目名は『大語園』九巻から採用。岐阜県の話。

美濃国《みののくに》のある村に一人の長者がいて、何不自由なく暮らしていた。ある年の盆の日に、一人の武士が長者の家を訪ねて、「自分は山奥の城に住む武士だが、今夜一晩だけ二〇人前の膳椀を借りたい」と頼んできた。長者は言われた通りに貸し与えたが、その後も毎年盆の時期になると必ずこの武士が来て、膳椀を借りに来るようになった。さすがに怪しいと思った長者は、人を使って武士の後を付けさせた。すると武士は山奥の大きな池の中に入っていったので、後を付けた人は驚いて逃げ帰り、長者に見たことを報告した。長者は気味悪く思い、翌年に膳椀を貸す時、膳の一つに縫い針を刺してから武士に貸してやった。するとその後、武士はもう借りに来なくなったのだという。

［毛利恵太］

〔参考文献〕高山西小学校研究部『飛騨の伝説と民謡』、巖谷小波『大語園』九巻

COLUMN 04

# 狐狸妖怪とはいうものの

「狐狸妖怪」といえば、お化けを指し示す定番の四字熟語であります。

筆者は特に愛知の妖怪を調べていますが、狐と狸でいえば、狐の話の方が多く見受けられ、特に「名前の付けられた○○」としては、狐が圧倒的に多く記録されています。日本全国の傾向を安易に断定することはできませんが、四国などの特定地域を除くと、やはり全国的にも狐優位の傾向にあるように思われます。

もちろん、愛知でも狸の話が全然見受けられないようなことはなく、例えば早川孝太郎の『猪・鹿・狸』は、その名の通り、一冊の三分の一が狸の話で占められていて、怪しいお話も多数載っています。ただ、○○狸といった「名付け」はほとんどされていないのです。

狐と狸を比べると、狐の方が圧倒的に多く名が付けられている。これは、地元の妖怪を調べるようになって感じた素直な驚きでありました。

理由は色々と考えられますが（生息数、環境、稲荷信仰……）、地域資料で確認できる一つの興味深い要因として「コックリさんが流行った」「このように名付けられた」という例を尾北地方などで見ることができます。コックリの当て字も狐狗狸と書き、狸の字も入ってはいますが、やはり狐のイメージが強いでしょう。コックリさんの流行を通じて名付けられた狐が、一定程度はいるのではないかと思われるのです。思えば「おとら狐」なども「憑《つ》かれた人が名乗る」例です。「トランス状態になった人が名乗った」ことで狐に名が付いたケースは、一定程度あるように思われます。

＊狸憑きより狐憑きが多いのは何故か……というのも、また別の課題設定かと思います。

［怪作戦テラ］

# 静岡県

# 【あ】

## あかんべえ

静岡県浜松市南区新橋町《にっぱしちょう》に伝わる。

浜松の神田町《かみだまち》と新橋町の間の辺りに、昔は沼田の池と呼ばれる池があった。ここにはあかんべえという化け物が棲んでいて、その姿を見た人は死んでしまうと恐れられていた。頭はとても大きく、首の長さが一メートルもあり、目をらんらんと輝かせて「そんなことはあかんべえだ」と言って赤い目をむくのだという。池に行った人はあかんべえを呼び捨てにせず、必ずあかんべえさまと呼んでいた。様付けをしないと、乗っている舟を覆されてしまうという。ある日、村で一番強かった太吉という若者があかんべえを退治しようと、舟で池に乗り込んで「あかんべえ、いるなら顔を出してみろ」と大声で呼んだ。するとあかんべえは池から顔を出し「見たくば今見せてやろう。だがお前の命はないぞ」と言って物凄《ものすご》い目で睨《にら》み付け、舟を覆してしまった。翌朝になって村人に助けられた太吉は、怖い怖いと叫びながら息を引き取ったのだという。

〔参考文献〕渥美静一『浜松の伝説　上巻』

## 秋葉神火〔あきはしんか〕

静岡県浜松市天竜区の秋葉山に出たという。『諸国里人談』巻之三に記されている。

夜、秋葉山から玉のような火が出て、空中を飛んで海の方へ行くことがある。土地の人はこれを狗賓《ぐひん》が漁へ行くのだとしており、これが出て二、三日は不漁になるのだという。

秋葉山は三尺坊という修験者を権現として習合している。一般に天狗とも目される三尺坊の影響がうかがえる。

〔参考文献〕『日本随筆大成』二期二四巻

## 悪禅師の風〔あくぜんじのかぜ〕

静岡県に出たという。『斎諧俗談』に記されている。

伊勢、尾張、美《み》濃《の》、飛騨などでは、不意に暴風が吹いて、大木を倒したり岩を崩したり、民家を破損させたりすることがある。これを一目連《いちもくれん》と名付けて神風とするが、駿《する》河国《がのくに》においても同様のものがある。これを悪禅師の風と名付ける。この神の姿は人に似て、茶褐色の袴《はかま》を着ているのだという。

「悪禅師」とは勇猛な僧侶、武芸を嗜《たしな》む僧侶などへの呼び名であり、『平治物語』などにおいては源頼朝の異母弟・阿野全成《ぜんじょう》が「醍醐の悪禅師」と呼ばれた、と記述されている。全成は駿河国阿野荘（現・沼津市辺り）を領有し、また全成の墓とされる墓碑は沼津市井出の大泉寺にあるため、関連があるのかもしれない。

〔参考文献〕『日本随筆大成』一期一九巻

## 天城トンネルの女〔あまぎとんねるのおんな〕

筆者命名。静岡県伊豆市と賀茂郡河津町をつなぐ旧天城トンネルの話。

雨の夜などによく幽霊が出る。車でトンネルの中を進んでいると、女の人が車の前に飛び出したり、走って後から追いかけたりしてくるという。

霊感が強い親子が四人でここを通りかかった時、一斉に鳥肌が立って車のエンジンが止まってしまった。仕方がないので車を押してトンネルを抜けると、途端にエンジンがかかり、振り返ると女の人が道路の真ん中で、薄ら笑いを浮かべながら親子を見ていたのだという。

〔参考文献〕幽霊探検隊『関東近郊幽霊デートコースマップ』

## あめりか狐〔あめりかきつね〕

静岡県富士郡（現・富士宮市）などに出たという。

安政五年（一八五八）頃、富士郡を起点に静岡各地でコレラが流行するようになり、その原因は「あめりか狐」という異獣が人に取り憑《つ》くからだと噂された。このコレラ流行は日本がアメリカなど海外各国に港を開いた時期と重なったため、あめりか狐のほか、くだ狐、千年もぐら、地熊、疫《えき》兎《と》などの異獣が異国から持ち込まれたことが原因と考えられた。同じ頃に各地で異様な姿の獣が見付かったこともあり、埼玉県秩父市の三峰山・三峯神社の御犬様の力を借りて治めようとしたという。

〔参考文献〕『静岡県史　別編一　民俗文化史』

## 一本足の怪物〔いっぽんあしのかいぶつ〕

静岡県磐田郡（現・浜松市天竜区）の川上に伝わる。

愛知県北設楽《したら》郡と地続きにある磐田郡川上の黒手の山（詳細は不明）には、一本足の怪物が棲む。雪の降った後にこの山に行くと、必ず足跡が残されているのだという。

ある樵《きこり》が山仕事をしている時、誤って斧《おの》で片足を切って死んでしまったので、その亡念がこの怪物になったのだとされている。

〔参考文献〕早川孝太郎「月の大欅　設楽雑談」（『旅と伝説』一巻一〇号）

## イナブラさん

静岡県熱海市下多賀に伝わる。

晩秋から初冬にかけて海上から吹き付ける冷たい風雨をナライシブタ（ナライシブキとも。ナライをナレーと訛《なま》ることが多い）と呼ぶが、これが吹く頃、晩方にオハマ（神社下の御浜）を通ると、網代《あじろ》の奥の方からイナブラさんが来て人がさらわれるという。イナブラさんは田圃《たんぼ》のイナブラ（イナムラ、稲叢、刈り取った稲を乾燥させるために積み上げたもの）のような格好で、人にオッカブサッテくる。急いで逃げようとすると急いで追いかけてくるが、立ち止まると向こうも止まるのだという。イナブラさんにかぶされた人は死骸も残らないとか、イナブラさんはナライシブタに乗ってくるともいわれている。

**スマブクロ**も参照。

［参考文献］木村博「伊豆の妖怪譚「イナブラさん」と「スマブクロ」」（『民間伝承』四五巻二号）

## 兎の腹鼓［うさぎのはらつづみ］

静岡県に出たという。『譚海《たんかい》』巻之八や『一話一言』に記されている。

新左衛門村という所があり、昔は河津氏が領したという三〇〇〇石の村である。この村には河津氏が祀《まつ》っていた三社明神という社が山谷の入り交じる所にあるが、ここには兎が殊の外多くいた。地元のある老人が三社明神に参詣し、その帰りの山道を歩いていると、挟箱《はさみばこ》（棒を挿して担ぐ衣装箱）の鐶《かん》（箱に付いている金属の持ち手）が箱を叩くような音がしてきた。不思議に思って様子をうかがうと、兎が数十匹も連なって輪になっており、立ち上がって両手で自分の腹を打っていた。一同が揃って腹を打つので、その音が高く響いていたのだった。しかし覗《のぞ》いていた老人は風邪気味だったため、我慢できずに咳《せき》をしてしまった。その音に驚いた兎たちは、残らず林の中へ逃げてしまったのだという。

［参考文献］津村正恭『譚海』

## 宇津ノ谷峠の鬼［うつのやとうげのおに］

静岡県静岡市駿河《するが》区宇津ノ谷に伝わる。

宇津ノ谷峠の北に梅林院という寺があった。ここの住職が病気になって血膿《ちうみ》が出たので、小僧に吸い出してもらっていた。そのうちに小僧は人の血肉の味を好むようになり、人を食う鬼となってしまった。鬼は峠を住処《すみか》とし、道行く旅人を捕らえて食うようになったので、峠には人が寄り付かなくなった。ある時、京都の在原業平がこのことを知り、地蔵菩薩に救難を祈願したところ、地蔵菩薩は旅の僧となって宇津ノ谷峠へと向かった。宇津ノ谷峠で旅の僧は祥《しょう》白《はく》童子と名乗る不思議な子供と出会ったが、僧はすぐにその子供が鬼の化けた姿であると見破った。正体を現した大鬼に僧は「お前の神通力で小さくなって手のひらに乗ることもできるか」と問うと、鬼は小さな玉となって僧の手のひらに乗った。そこで僧は杖《つえ》で玉を叩き、一〇に砕けた粒を呑み込んで退治してしまった。その後、地蔵菩薩は土地の人に一〇個の団子を作って鬼の祟《たた》りを避けるよう教えたので、ここでは十団子が作られるようになったという。

厄除けの十団子は今でもこの辺りで作られている。

［参考文献］岡部町教育委員会『岡部のむかし話』

## 馬石［うまいし］

静岡県御前崎市御前崎に伝わる。『雲根《うんこん》

志《し》』巻之一に記されている。

遠江国《とおとうみのくに》に駒形の浜という灘《なだ》があり、渡海のための港がある。ここの海底には馬の形をした巨大な石がある。この灘を往来する船は、本物の馬に限らず様々な道具に至るまで、馬の形をしたものや馬の絵や文字を乗せてはならず、馬という言葉を口にするのも禁じられている。もし誤って馬の類いが船の中にあると、たちまち怪異が起きるとされていた。江戸へ運ぶ売り物の中にカルタが入っていることがあるが、その時も四八枚の札のうち馬の描かれた札だけ荷を別にして陸路で運び、江戸でもとの通りに寄せ合わせるのだという。

豊臣秀吉が北条征伐に軍を差し向けた時、この灘から馬を乗せた船を出すことになった。船乗りがこの灘で馬を船に乗せない理由を伝えると、秀吉は一書をしたためて文箱《ふばこ》に収め、もし船に怪異が起きたら、この文箱を海に流すようにと命じた。その後、馬を乗せた船が出港して一〇里ばかり進むと、にわかに海が荒れ始めて船がひっくり返りそうになった。しかし、船頭が渡された文箱を海に投げ入れると、たちまち風が収まり無事に船を進められた。その文箱には、秀吉から龍宮へ、船を無事に渡すように頼む手紙が収められていたのだという。

［参考文献］木内石亭『雲根志』

## ウミコゾウ

静岡県賀茂郡南崎村（現・南伊豆町）に伝わる。

大瀬と下流《したる》（ともに南伊豆町の地名）のケイカイバ（境目という意味か）にある仏島に出た。目の際まで毛を被った小僧が、釣り針の紐《ひも》を手繰ってきてニッコリと笑ったのだという。これを恐ろしく思った人が、タカンバの地蔵さんを建てたのだという。

［参考文献］大藤時彦「一七　海の怪異」（『海村生活の研究』）

## 海坊主［うみぼうず］

静岡県小笠《おがさ》郡横須賀町沖之須（現・掛川市沖之須）の話。

昔、海に出て漁をしていた船が、大漁になって夜の海を帰っていた。すると突然すーっと生臭い風が吹き、星が消えて暗くなったかと思うと大きな小山のような波が立ち、波の上に大きな黒い目が光る坊主頭が出てきた。坊主頭は耳まで裂けた赤い口を開いてにたにたと笑ったので、漁夫たちが呆然としていると、船が大波に乗り上げて転覆し、漁夫たちは坊主頭に呑まれてしまった。このように、一年に一度は必ず海で人が死ぬのだという。

［参考文献］静岡県女子師範学校郷土研究会『静岡県伝説昔話集』

## エンノコ

静岡県周智郡の常光寺山（静岡県浜松市

天竜区水窪町《いさくぼちょう》の山）に伝わる。

常光寺山にはえんのこ沢という所があり、ここにエンノコという子犬ほどの大きさの獣が出没する。毛の色は白いもののほか、赤いものも稀《まれ》にある。山深くまで入ると時々これを見ることがあり、特に害はないが狩人はこの獣を見ると不吉だとして嫌う。また狩るために狙っても撃つのは難しいのだという。


［参考文献］早川孝太郎「参遠山村手記」（『民族』三巻一号）

## 大鐘婆サの火［おおかねばあさのひ］

静岡県小笠《おがさ》郡横須賀町（現・掛川市横須賀）に伝わる。

横須賀地方では、夏の夜に蛍狩りをする子供たちが「大鐘婆サ遠い遠い、近い近い」と呼ぶ。昔、この地方に大鐘という金持ちの家があったが、次々と家の者が死に、婆さんが一人取り残されてしまった。その婆さんも弱って床に就き、家の相続が決まる前に死んでしまい、野辺送りの後に弔ってくれる者もなく、遺産の始末も付かなかった。それを恨んだ婆さんが、夏の雨の降る夜に青い火を灯して現れ、「これも家の田だ、これも家の畑だ」と言いながら田畑の上をさまよい、婆さんの墓がある宝珠寺の上で消えるのだという。灯は田畑の上を動くばかりで人に害を加えないが、「大鐘婆サ遠い遠い」と呼ぶと近くに寄ってくるので、子供たちは怖がって「近い近い」と呼ぶのだという。


［参考文献］戸塚生「大鐘婆サの火」（『郷土研究』一巻二号）

## 大すずき［おおすずき］

静岡県浜松市中区蜆塚《しじみづか》に伝わる。

蜆塚の宗源院がある辺りはすずき谷と呼ばれる谷で、昔は大きな池であった。ある時、男がこの池で釣りをしていると、連れてきたはずの子供がいなくなった。この池には怪しいものが棲むという噂を聞いていた男は、それの仕業と心得て、刀を携えて池に飛び込んだ。すると、襲いかかってくるものがあったので、男は刀で頭や尾と思われる所を何度も突き刺して、ようやく退治した。引き揚げてみると、その正体は大きなすずき（鱸）で、腹を割って見ると気を失った子供が出てきた。この魚がいなくなってから、池は浅くなって辺りは田になったという。


［参考文献］渥美静一『浜松の伝説　上巻』

## 大竹［おおたけ］

静岡の府中（現・静岡市）に出たという。『諸国里人談』巻之四に記されている。

元禄年中（一六八八～一七〇四）の頃、府中のとある寺の庭が、一夜のうちに築山のように地面が盛り上がった。その一両日後にそこから筍《たけのこ》が生えてきた。筍は日を追うごとに成長し、目測でおよそ三尺（約九〇センチ）周りほどの大きな竹になった。人々が見物に集まるようになったので、住職が迷惑に思って竹を伐ってしまった。人々は伐られた竹を配分し、それぞれが丸盆や煙草盆、罇など思い思いの器物に加工した。ある人は飯注子（飯櫃《めしびつ》のようなものか）に加工したが、その大きさは径が八、九寸（約二四～二七センチ）ほどもあったという。

［参考文献］『日本随筆大成』二期二四巻

## 大坊主小坊主 ［おおぼうずこぼうず］

静岡県伊豆の国市韮山《にらやま》地域の話。

ある巡業芝居の座員たちが韮山の宿屋に泊まった時、二階の部屋に衣装屋が入った。その部屋はひどく陰気で、壁に大坊主と小坊主の形の雨染みがあった。この雨染みは壁紙を張り替えても同じように滲《にじ》み出てくるのだという話だった。その真夜中、衣装屋が寝ていると閉めたはずの格子戸が開く音がして、手ではたいて砂を落とすサラサラという音がしてきた。そして雨染みの大坊主と小坊主が抜け出てきたので、驚いて二階で寝ていたお囃子《はやし》役のもとに逃げていった。太った座員が騒ぎを聞き、その部屋で衣装屋と一緒に寝てやると、小坊主が耳元で「手をひっぱるぞ、手をひっぱるぞ」と言ってきたので「ひっぱってみろ、その面を見てやる」と答えた。すると手を引っ張られてずるずると床の間の方まで引きずられてしまったので、さすがに怖くなって音を上げてしまったのだという。

［参考文献］鰭廣彦「猿今昔」（『旅と伝説』五年一〇号）

## 大ヤマメ ［おおやまめ］

静岡県伊豆市湯ヶ島の話。

明治三四年（一九〇一）の夏、本谷《ほんたに》川と猫越《ねっこ》川が合流する地点から少し下った辺りにある淵《ふち》に、奇怪な大魚が泳いでいるのが見付かった。湯ヶ島の人々が集まって背負い籠《かご》や土嚢《どのう》で堰《せき》を作り、網を投げて怪魚を捕まえようとしたが、網はズタズタに破られてしまった。そこで一人の若者が大鎌を長柄に括《くく》り付けたものを持ち出し、怪魚の腹に突き刺して引き揚げた。それは長さ四尺（約一・二メートル）近く、暗灰色の体に紅色の斑点がある大きなヤマメだった。集まった人々は「浄蓮の滝の主ではないか」と話し合い、怖がって持ち帰る者もいなかったが、天城山で伐採事業をしていた商事の人が高額で買い取り、塩漬けにして興行師に売ったのだという。大鎌で刺した若者はその後、しばらくの間は悪夢に悩まされていたが、大きな後難はなかったという。

［参考文献］納富重雄「浄蓮の滝に絡まる伝説」（『旅と伝説』七年四号）

## 送り鼬 ［おくりいたち］

静岡県の北伊豆地方に伝わる。

夜に道を歩いていると、人の後ろを付いてくる。草履を投げてやると、付いてくるのを止めるのだという。

［参考文献］三島・三田久太郎「伊豆の送り鼬」（『郷土研究』二巻七号）

## 和尚狸 ［おしょうたぬき］

静岡県賀茂郡宇久須《うぐす》村（現・賀茂郡西伊豆町宇久須）に伝わる。

宇久須の明泉寺《めいせんじ》に、数人の侍僧を連れた高位の老僧が来て「鎌倉建長寺の貫主としてこの地を巡っているが、一泊させてほしい」と頼んできた。事前の連絡もない訪問を怪しく思った明泉寺の住職がこれを断ると、高僧の一行は宇久須の名主の家に行き、泊めてもらった。名主の家にいる間、高僧は犬をひどく怖がり、また食事をする姿を決して見せなかった。そして泊めてくれた名主に、お礼として見事な鹿の絵を描いて与えた。その後も高僧の一行は伊豆の家々や寺を巡り、そのたびにお礼として鹿の絵を描き残していった。しかし、ある渡し場に差しかかった時、狩人が連れた白い犬が高僧の乗る駕籠《かご》に飛び込み、その喉笛に噛《か》み付いて殺してしまった。侍僧たちが高僧の遺体を調べると、その姿はたちまち古狸に変わった。いつの間にか、高僧に化けた狸が入れ替わっていたのだった。高僧に化けた狸が描き残した鹿の絵は、狸が描いた絵として珍重されたという。［毛利恵太］

［参考文献］後藤江村『伊豆伝説集』

## オセン松 ［おせんまつ］

オセンさんの松とも。静岡県志太《しだ》郡大井川町中島（現・焼津市）に伝わる。

中島の大満にある水田の中に、松の古木が一本生えていて、小祠《しょうし》も祀《まつ》られている。土地の人は祠《ほこら》を「オセンさん」、松を「オセンさんの松」と呼んでいる。昔、大井川が氾濫した時にオセンという女性の溺死体とともに、根付きで流れ着いたのだという。若くして死んだオセンの怨霊が取り憑《つ》いているとされ、「オセン松に手を付けるな」として、木を消毒するとき以外では一切触れない。祠は家の仏壇に向かい合わせて祀られ、年中行事のときには仏壇と同じものを供えるのだという。

［参考文献］『静岡県史　資料編二四　民俗二』

## お鷹権現 ［おたかごんげん］

静岡県浜松市天竜区春野町石切に伝わる。

金剛山にお鷹権現と呼ばれる古い檜《ひのき》の木があった。これを伐ると祟《たた》りがあるとされたので、人々は手を付けず、大木となった。昔、この付近に民家があったが、家の人が病に罹《かか》ることが続いたので、易者に見てもらった。すると「この木に棲んでいた古い鷹を射た猟師が、この家に一晩泊まったことがある。そのことが原因で祟っている」とされたので、鷹の霊を祀《まつ》り、後に家を移転したのだという。

［参考文献］『静岡県史　資料編二五　民俗三』

## オトボウ淵 ［おとぼうぶち］

静岡県周智郡水窪町草木《みさくぼちょうくさぎ》（現・浜松市天竜区水窪）に伝わる。

草木の桐山《きりやま》にオトボウ淵《ぶち》と呼ばれる淵が

ある。昔、この近くに一人の物持が住んでいた。物持の家が栄えていたのは、淵の主と懇親を結んで、事あるごとに膳椀ではなく銭金を融通してもらっていたからであった。家には度々淵の主からの使者が訪れたが、そのたびに蓼汁《たでじる》（タデの葉を入れた味噌汁）だけは嫌いだと言っていた。ある時、家の者がそのことを忘れて使者への振る舞いの膳に蓼の葉を付けてしまったところ、使者はひとくち食べて「これはしまった」と叫んで、そのまま淵に転がり落ちていった。淵に落ちたその姿は、人間ではなく赤い腹を見せた大きな魚だった。魚は水中を流れていったが、しきりに「オトボウや、オトボウ」と連呼した。これ以来、淵の主との縁も切れ、物持の家はたちまち家運が傾いてしまった。それから淵のことをオトボウ淵と呼ぶようになったという。土地の人によると、オトボウとは父親の呼称なのだという。

［参考文献］早川孝太郎「河童俗伝 天龍川流域各地の河童其他」（『民族』三巻五号）

## オトラ霊神［おとられいじん］

静岡県浜松市天竜区水窪町《みさくぼちょう》奥領家草木《くさぎ》に伝わる。

草木の某家にはオトラ霊神という神が祀《まつ》られている。昔、オトラという物乞いの老婆がヒョー越《ご》峠《し》（兵越峠）を越えてこの地へ来た。このオトラを村から追い出そうとしたが、誤って殺してしまった。その怨霊が祟《たた》って疫病を蔓延《まんえん》させたので、霊神として祀り上げたのだという。春秋の彼岸の時にオタカラ（御幣）を切って祀るのだという。

［参考文献］『静岡県史 資料編二五 民俗三』

## 怨情虫［おんじょうむし］

静岡県静岡市葵《あおい》区辺りの話。『駿国雑《すんこくざっ》志《し》』巻之二五の「虫」に記されている。

安倍郡の安倍川辺りや府中の本通などに、怨情虫と呼ばれる虫が多く出る。三月末から出てきて四月に群れて飛び、その形はカトンボに似ている。土地の人によると、この虫は府中で生まれて、暑くなってくると深山に入る。その時、頭は全て尾州（尾張国《おわりのくに》）の方を向いているが、最後は行方がわからなくなる。これはかつての国主である今川義元の怨魂が虫となったためであり、それゆえに怨情虫と呼ばれるのだという。

**正雪蜻蛉《しょうせつとんぼ》**も参照。

［参考文献］阿部正信『駿国雑志 第四冊』

## 陰摩羅鬼［おんもらけ］

静岡県安倍郡（現・静岡市）の安倍川の話。『駿国雑《すんごくざっ》志《し》』巻之二四下の「怪異」に記されている。

雨の降る寂しい夜、安倍川の川原にある仕置場（渡し場や刑場として使われる場所）に奇火が出るのだという。その火の色は青く、人の姿に似ている。他にもあちこちの古戦場や墳墓のある古い土地に同じような火が出ることがある。これを里人たちは幽霊火と呼ぶが、人の血が土の中で凝って消えることなく長く残ることで陰火をなす「陰摩羅鬼」というものだろうとしている。

廣田龍平「友達の目のところが変な風になっていました―大学生から聞いた怖い話（二〇一九年度）」には、安倍川に出た「オンモラケ」という火の玉の話が報告されている。これは大学生が祖母から聞いた話であり、『駿国雑志』に記されたものとの関連性は不明だが、現代における興味深い事例としてここに紹介する。

［参考文献］阿部正信『駿国雑志 第四冊』、廣田龍平「友達の目のところが変な風になっていました―大学生から聞いた怖い話（二〇一九年度）」（『世間話研究』二八号）

# 【か】

## 杜若の精霊 ［かきつばたのせいれい］

静岡県静岡市葵《あおい》区の駿府《すんぷ》城に出たという。『駿国雑志』巻之二四下「怪異」や『静岡市の史話と伝説』に記されている。

駿府城に駿河《するが》大納言・徳川忠長がいた頃の話。忠長は気性が荒いわがままな殿様だった。ある時、三河国《みかわのくに》の八橋（現・愛知県知立《ちりゅう》市八橋町）に美しい杜若の花があると聞き、取り寄せて城の泉水に植えさせた。春雨の降る時、花を眺めていた忠長が謡曲「杜若」の一節を口ずさむと、紫の着物に赤い袴《はかま》を着けた、一七、八歳ばかりの美しい上臈《じょうろう》が、檜扇《ひおうぎ》で顔を隠しながら現れた。忠長が何者か問うと、上臈は「私は杜若の精霊です。殿様の庭で慈しみに預かりありがたく思っています。その御礼として申し上げたいのは、殿様は御気が荒々しく、そのままでは身を滅ぼすことにつながりますから、どうぞ改めなさいますよう」と答えた。忠長はその言葉に怒り、上臈に数歩近付くと、その姿は消えてしまった。その後も忠長は乱暴な行いを改めなかったが、杜若の謡を歌うごとに、泉水のそばに上臈の姿がしょんぼりと現れたので、家臣たちの間でも噂になった。駿府城が番城（城主などを置かず、侍大将などが交代で番をする城）となった後、御番衆の一人である大久保という者が城内で杜若の謡を歌うと、泉水の中から何者かが「植えおきし 昔の宿の杜若 色ばかりこそ 昔なりけり（謡曲「杜若」のなかで詠まれる和歌）」と歌う声が聞こえてきた。それからは城中で杜若を謡う人はいなくなったのだという。

謡曲「杜若」は、在原業平が八橋に植え

た杜若の霊が、生前の業平の功徳を語るという物語。徳川忠長は後に乱行を咎《とが》められ、高崎城（現・群馬県高崎市）で切腹を命じられた。

［参考文献］飯塚伝太郎『静岡市の史話と伝説』、阿部正信『駿国雑志　第四冊』

## 陰貉［かげむじな］

静岡県庵原《いはら》郡山原村（現・静岡市清水区飯田町）の話。『駿国雑志《すんこくざっし》』巻之二五の「獣」に記されている。

　享和年間（一八〇一～〇四）、この辺りで痘瘡《とうそう》（天然痘）が流行し、多くの子供が死んだ。この頃、一匹の奇獣が現れた。毎夜墓場に現れて、新しく埋葬された墓を暴いて死体を食うので、人々はこれを悲しんで墓場の周囲を固く囲った。しかしこの獣は遠くから穴を掘って墓場に入り、一ヶ月の間死体を食い続けた。最後は鉄砲で撃ち殺すことができたが、その形は狸のようであった。村の老人がこれを見て「これは陰貉というものだ」と言った。古い百怪の絵巻物に「墓洗い」という獣の姿が描かれているが、その形は狸のようで尾が短く、四足に三本の指が生えている。爪は赤くて口は広く、目は細くて頭の後ろの方にあり、総身に胡麻《ごま》斑の毛が生えている。これこそ陰貉の一種であり、墓洗いとは墓荒らしが訛《なま》った名なのだろう。

「古い百怪の絵巻物に描かれた墓洗い」は、恐らく『弘賢随筆』に「石塔洗ひ取毀《こわ》しに付御触等」として記されているものと思われる。これ自体は絵巻物ではないが、描かれた「はかあらひ」の図は陰貉で記された墓洗いの姿とほぼ一致している。

『日本怪異妖怪事典　関東』の「石塔磨」も参照。

［参考文献］阿部正信『駿国雑志　第四冊』

## 河鹿の屏風［かじかのびょうぶ］

静岡県田方《たがた》郡上狩野《かみかの》村（現・伊豆市湯ケ島）に伝わる。

　上狩野のある旧家に菊三郎という怠け者の若者がいた。菊三郎は家の所有する田畑や山林を売り払って遊び暮らし、借金を作ってしまった。そこで最後に残った山を売るため、その山に登って下見を始めた。その山にある川床は河鹿（カジカガエルのこと）が多く住んでいたため、河鹿沢と呼ばれていた。山を見て回った菊三郎が河鹿沢の岩陰で休んで眠っていると、不思議な顔付きの老人が現れた。その老人の顔は河鹿にそっくりで、着物は川藻《かわも》のように濡れて垂れ下がっていた。老人は「わしはこの河鹿沢に棲む河鹿の頭領じゃ。この山が売られたら、木々が伐り払われて沢が濁り、河鹿が住めなくなってしまう。どうか売らないでほしい」と菊三郎に頼み込んだ。菊三郎が目覚めると老人の姿は消えていたが、菊三郎は家の骨董品などを売ることで算段を付け、山を手放さないようにした。そして最後まで売れなかった真っ白な枕屏風を、菊三郎が寝床に広げて寝ると、翌朝には多くの河鹿が遊ぶ姿が見事に描かれていた。菊三郎はこの屏風を家宝とし、生まれ変わったように働き者となって家を再興した。そして老いた菊三郎が亡くなると、屏風の絵は次第に薄れて消えてしまったのだという。

［参考文献］岸なみ『日本の民話 第四巻 伊豆の民話』

## 片身のスズキ［かたみのすずき］

静岡県浜松市中区富塚町に伝わる。

昔、ごんげんさま（権現様。徳川家康のことか）が負け戦を続けていた時、富塚のごんげん谷という所に陣を張った。その時ごんげんさまは無性に魚が食べたくなり、家来に命じて近くの池で魚を捕まえさせた。すると一匹の大きなスズキが捕れたので、ごんげんさまはその片身を切らせて食べた。そこへ敵の大軍が押し寄せてきたので、ごんげんさまは片身だけが残ったスズキを池に放して逃げていった。放されたスズキはそのまま泳いでいき、後に佐鳴《さなる》湖の主となった。またこのスズキが捕れた池を片身の池と呼ぶようになったという。

［参考文献］渥美静一『浜松の伝説 上巻』

## 河童の甕［かっぱのかめ］

静岡県賀茂郡河津町谷津《やつ》に伝わる。

谷津の栖足寺《せいそくじ》には、河童の甕とされる壺がある。昔、寺の田の田植えを終えた農家が河津川で馬を洗っていると、突然馬が岸へと飛び上がった。その尻尾には河童がぶら下がっていた。農家がこの河童を捕まえて殺そうとすると、栖足寺の和尚が来て、今日は寺田の田植えの日だからと助けてやった。その日の夜、和尚のもとに白髪の老人が訪ねてきて、命を助けられたお礼として壺を差し出し、この地を離れて遠くへと去っていった。それ以来、河津川で子供が河童に殺されるということはなくなった。河童の甕に耳を当てると、川の流れのような音が聞こえてくるのだという。

［参考文献］後藤江村『伊豆伝説集』

## 金玉［かねだま］

静岡県沼津市などに伝わる。

金玉を拾って床の間に安置すると、一代の間に大金持ちになれる。しかし金玉はそのままの自然な形で保存しなければならず、表面にエビス様などの彫刻・細工を加えると、その家は一代で断絶するのだという。

沼津市浅間町《せんげんちょう》のある商家の老母が、明治の初めに金玉を拾った。これによって家は栄えたが、主人の意向で金玉にエビス様だか大黒様だかの姿を彫らせたところ、たちまち一家離散し断絶してしまったという。その金玉は一二ポンドの砲丸ほどの大きさで、あまり重くはなかった。その家では床の間に小さな赤い絹布団を敷き、そこに安置していたという。道に転がる金玉は両手で押さえ付けようとしても逃げ出してしまうが、女性が腰巻きを外して被せると動かなくなり、その時に取るのだという。

〔参考文献〕黒柳秀雄「「家の盛衰」について」（『民間伝承』一五巻一号）

## 釜の河伯［かまのかはく］

静岡県駿東《すんとう》郡徳倉《とくら》村（現・駿東郡清水町徳倉）に伝わる。『駿国雑志』巻二四下の「怪異」に記されている。

狩野《かの》川の東に釜ヶ淵という淵がある。昔、この地の山王社に大きな釜が二つあった。ある時、盗人が社に来て大釜の一つを盗んでいったが、道中で誤って狩野川に落としてしまった。その後、この釜は河伯（川の神）となったのだという。

〔参考文献〕阿部正信『駿国雑志』第四冊

## かわらんべ

静岡県磐田郡水窪《みさくぼ》町《ちょう》西浦《にしうれ》（現・浜松市天竜区水窪町）に伝わる。

ある家に住む娘が美しいと評判になっていたが、それを聞き付けたかわらんべが色男に化けて毎晩その家に通ってきた。かわらんべはいつもその家で稗《ひえ》団子を食っていったが、ある日、稗団子によく似たひえご石（碁石のことか）を焼いて食べさせたところ、正体を現して死んでしまった。それ以来、その家では代々障害を持つ子が生まれたという。

針間野《はりまの》のある女は夜釣りが大好きで、毎晩大川に出かけていた。するとかわらんべが男に化けて現れ、女といい仲になってしまった。やがてその女には子供ができて、盥《たらい》が一杯になるほどかわらんべの子供を産んだ。その時、川原から家まで火がひとひっぱりだった（火が続いていた）のだという。

〔参考文献〕中京大学民俗学研究会『中京民俗』八号

## カンカンツルシ

静岡県御殿場市上小林に伝わる。

カンカンツルシといって、朝まで一晩中、田の中をぐるぐると歩き回っている人がいたという。

本文ではこれしか記されていないが、狐に化かされた話と同列にされているため、これも狐の仕業なのかもしれない。

〔参考文献〕東京女子大学史学科民俗調査団『富士東麓の民俗』

## クダショー

静岡県浜松市天竜区水窪《みさくぼ》町《ちょう》地域に伝わる。

水窪方面では、原因不明の腹痛や高熱でうわ言を言ったりすると「クダショーに取り憑《つ》かれた」とされた。クダショーに取り憑かれたら禰宜《ねぎ》様に祈祷《きとう》をしてもらうか、山住様（水窪町山住の山住神社）から御犬様のお札を借りてくる。お札を借りる時は三人で行き、青竹に挟んで持ち帰る。この時、後ろを振り返っても竹を地面に下ろしてもいけないという。クダショーはイタチに似た小さな動物で、毛は白か灰色である。姿を見せたり隠したり自在であり、正体を見た者はいない。クダショーの家から嫁をもらうと、急に家が栄えて裕福になるともいわれた。

〔参考文献〕『静岡県史　資料編二五　民俗三』

## 肥付石〔こえつけいし〕

静岡県静岡市葵《あおい》区東に伝わる。

『修訂駿河国《するがのくに》新風土記　上巻』によると、この石に触った人は「こえはち（肥発）」という足の病になるといわれていた。「こえはち」は足が浮腫《むくみ》のようになり、時にはそれが体中に広がるのだという。この病を患った人は、鉄針で鳥居の形を作り、この石に祈れば治るとされた。

『伊豆伝説集』では、田方《たがた》郡函南《かんなみ》村塚本（現・田方郡函南町塚本）の話としている。塚本の町田に黒光りする青い石があり、この石は土足で踏まれるのを嫌ったので、踏むと祟《たた》りで足が水腫《ば》れのようになったという。肥付石に登らないようにと教えられてはいたが、路傍の石であるため踏んでしまう者が多く出た。そこでこの石に土を被せて埋めてしまい、塚を作って登らないようにしたのだという。

〔参考文献〕新庄道雄『修訂駿河国新風土記　上巻』、後藤江村『伊豆伝説集』

## 木葉天狗〔このはてんぐ〕

静岡県の大井川に伝わる。『諸国里人談』巻之二に記されている。

夜更けの闇のなか、大井川の堤で密かにうかがってみると、六尺ばかりの鳶《とび》のような羽を持つ、大鳥のようなものが川面に多数飛んでくる。それらが上がったり下がったりして魚を獲るが、人の音がすればたちまち去ってしまう。これらは術を持たない木葉天狗の類いとされた。

〔参考文献〕『日本随筆大成』二期二四巻

## ころ柿山〔ころかきやま〕

静岡県賀茂郡下河津村（現・賀茂郡河津町）に伝わる。

この村には「ころ柿山」という山があり、名前の通りコロ柿（干し柿の別名。干し柿にするための渋柿の木のことか）の大木がある。幾百年経ったかわからないほどの古い木だが、女の人は決してこの木に触らない。昔、この木にたくさんの柿がなったので、村人が女も男も皆これを取りに行った。男は木に登って自由に柿を取ったが、女は木に登れず、下に落としてくれとせがむしかなかった。しかし、ふとした拍子にある女の子が木に触ると、突然木が女の子をくるっと巻き込んでしまい、木に登っていた男たちは皆落ちてしまった。そういうことがあったので、今も女の子が木に触ると巻き込まれるからといって、木のそばに近付けないのだという。

〔参考文献〕静岡県女子師範学校郷土研究会『静岡県伝説昔話集』

# 【さ】

## サイキョネズミ

静岡県御殿場市上小林に伝わる。

人の背中に「ネズミ」と三度書くと、その人にネズミが乗り移って色々なことを占ってくれる。用が済んだら「猫」という字を三度書くと、その人はもとに戻るのだという。

［参考文献］東京女子大学史学科民俗調査団『富士東麓の民俗』

## 桜が池の主［さくらがいけのぬし］

静岡県御前崎市佐倉の桜ヶ池に伝わる。

『譚海《たんかい》』巻之六には以下のように記されている。桜ヶ池は東海道袋井宿の近くにある。毎年秋の彼岸の中日に、村人が赤飯を箱に入れ、固く封じて池の神に供える。山伏が飯の入った箱を舟に積んで池に漕《こ》ぎ出し、その中心で箱を水に入れる。すると全て沈んでいき、二、三日もすると浮かんでくるが、箱に入れた赤飯はなくなっているのだという。この池の主は大蛇であるとか、円光大師（浄土宗開祖・法然）の師匠がこの池に入って主になったともされている。

『斎諧俗談』には以下のように記されている。笠原庄桜村に、二つの池がある。それぞれ男池、女池といい、五町ばかりの広さの池である。桜ヶ池とも呼ばれ、池の社には牛頭天王《ごずてんのう》が祀《まつ》られている（現在の池宮神社）。毎年八月の彼岸の中日の午《うま》の刻に、半《はん》切桶《ぎりおけ》に赤飯を盛ったものを、泳ぎの得意な者が池の真ん中に押していく。すると池の水が渦巻いて、桶が水底に沈んでいくのだという。昔、この国の国主が京都から初めて来た時、妾・桜の前とともにこの池で遊興していた。すると池が波立って妾を水中に引き込んでしまった。国主は大いに怒り、数万もの石を焼いて、七日七夜の間池に投げ入れさせた。すると池の水が黒色に変わり、青色に変わり、やがて血の色に湧き上がって一匹の毒蛇の死体が浮かんできた。その姿は牛のような頭で背に黒い鱗《うろこ》があり、白い角が生えていて、見た者で恐怖しない者はないほどであったという。

［参考文献］津村正恭『譚海』、『日本随筆大成』一期一九巻

## 座敷坊主［ざしきぼうず］

静岡県浜松市天竜区水窪町《みさくぼちょう》奥領家門谷《かどたに》に伝わる。

座敷坊主は坊主頭の按摩《あんま》のような姿をしていて、枕返しをするのだという。昔、門谷のある家に坊主が泊まって殺されたと

か、夜も明けぬ暗いうちに出立させられて道中で殺されたなどのため、その怨霊が出て寝ている位置を変えてしまうのだという。

［参考文献］折口信夫「座敷小僧の話」（『旅と伝説』七巻一一号）

## ザラザラザッタラ

ザザラザッタラとも。静岡県榛原《はいばら》郡上川根村千頭《せんず》（現・榛原郡川根本町千頭）に伝わる。

ある人が一人で山小屋に泊まって火にあたっていると、入り口の筵《むしろ》を上げて南瓜《かぼちゃ》のような丸いものが転がってきて、ゆるい（囲炉裏）のそばで止まった。「気味の悪いものが来たなあ」と思うと、その丸いものが「何でもないよ、俺はザラザラザッタラというものでござんす」と言った。その後もその人が思ったことをいちいち覚《さと》って返事をしてきた。しかし、恐ろしいと感じながら火を強くしようと薪を取って折ったら、そのはずみが丸いものの顔と思われる辺りにぶつかった。すると「これは考え付かなかった」と言って逃げてしまったという。

［参考文献］静岡県女子師範学校郷土研究会『静岡県伝説昔話集』

## 七人狩人［しちにんかりゅうど］

七人塚あるいは七人ミサキとも。静岡県磐田郡龍山《たつやま》村白倉《しらくら》（現・浜松市天竜区龍山町）に伝わる。

白倉山にミナミザアという深山があり、そこに七人狩人の墓とされる塚がある。昔、七人の狩人がミナミザアに入り、そのまま行方知れずとなってしまった。深い山で道に迷い餓死してしまったのだろうと、塚を築いて七人のミサキ（霊）を祀《まつ》ったのだという。また七人の遺体を見付けた場所に塚を築いたともいう。山の神として祀ったともされ、塚のそばには「山の御神」と刻んだ碑もあるのだという。この山には一部の狩人以外は入ることはなく、また山に入れば深夜に鶏の鳴き声がして、これを聞いた者は三日以内に死ぬとされ、恐れられていたという。

［参考文献］早川孝太郎「参遠山村手記」（『民族』三巻一号）

## シャグマ

静岡県周智郡の常光寺山（静岡県浜松市天竜区水窪町《みさくぼちょう》の山）などに伝わる。

常光寺山の中で、シャグマという怪物が捕らえられたことがある。顔が赤く、頭は毛深く、人に似ているが人ではなく狒々《ひひ》のようなものだったという。また、常光寺山の南西にある竜頭山《りゅうとうざん》にも、時折シャグマが現れた。ある時、水窪に住む狩人の親子三人が竜頭山に入り、それらしき怪物に出会った。顔の色は赤黒いが判然とせず、頭に長髪が生え、首筋から背にかけては蓑《みの》を着ているかのような毛が生えていた。三人の行く手にしばらく立っていたが、時間は日暮れ近くで、三人のうち父親は最後まで気付かなかったが、息子の兄弟二人は明らかにそれを見たのだという。

［参考文献］早川孝太郎「参遠山村手記」（『民族』三巻一号）

## 出世猫［しゅっせねこ］

静岡県静岡市葵《あおい》区の駿府《すんぷ》城の話。『駿国雑志』巻之二四下の「怪異」と巻之二五の「獣」に記されている。

駿府城の大手御門内の河内屋敷に一匹の黒猫がいる。たまに姿を現し、それを見た者には幸福があり、必ず立身出世するのだという。そのため、出世猫と呼ばれた。

［参考文献］阿部正信『駿国雑志 第四冊』

## 正雪蜻蛉［しょうせつとんぼ］

静岡県静岡市に伝わる。

『静岡県伝説昔話集』では、静岡市の夏の夜に出る蚊とんぼは、江戸時代に反乱を起こそうとして失敗した由井正雪の亡念であり、静岡以外にはいない虫だとしている。

『静岡市の史話と伝説』では、静岡市の夏の初めに出る川とんぼが、正雪や今川義元の妄念だと紹介されている。川とんぼは何万となく群れて水気のある所を飛び交い、その体を押すとビシッと潰れて群青色の糞《ふん》を出す。これを鶏に与えると喜んで食べるのだという。

［参考文献］静岡県女子師範学校郷土研究会『静岡県伝説昔話集』、飯塚伝太郎『静岡市の史話と伝説』、『静岡県史 資料編二四 民俗二』

## 女郎蜘蛛［じょろうぐも］

静岡県伊豆市湯ヶ島の浄蓮の滝に伝わる。

浄蓮の滝の主は女郎蜘蛛だといわれている。ある農夫が滝の近くで腰を下ろしていたら、一匹の女郎蜘蛛が彼の足に糸を巻き付けていく。彼はその糸を外し、傍らの桑の木にかけた。すると桑の木がメリメリと引き抜かれてしまい、彼は危ういところで助かったのだという。

また、別の話もある。ある樵《きこり》が使っていた鉈《なた》を滝壺に落としてしまった。するとそこへ美しい女が現れ、鉈を返してくれた。女からこのことを口止めされたが、樵はある時うっかり話してしまった。翌朝、彼の死骸が滝壺に浮かんでいるのが見付かったという。

［参考文献］後藤江村『伊豆伝説集』、『静岡県史 資料編二三 民俗一』、納富重雄「浄蓮の滝に絡まる伝説」（『旅と伝説』七巻四号）

## 白髯童子［しらひげどうじ］

静岡県磐田郡龍山《たつやま》村瀬尻（現・浜松市天竜区龍山町瀬尻）に伝わる。

『龍山村誌』においては「大平の一本足」として紹介されている。昔、瀬尻の寺尾という里に角右衛門という者がいて、中村に住む助右衛門とともに山奥に分け入った。すると一陣の風とともに「逃げよ、逃げよ」と叫ぶものがあり、見ると白髯の大男が樅《もみ》の木の枝に腰掛けて煙草をくゆらせていた。「これこそ噂に聞く山男、白髯童子だ。先ほどの声は産土神《うぶすながみ》の警告だったのだ」と考え、二人は急いで帰宅した。その三日後の朝、角右衛門が味噌作りをしていると、門の方から「角右衛門、味噌をこねるか」と声がして、見ると脛《すね》から上が見えないほどの大男が立っていた。後になって家人に尋ねても、声を聞いた者も大男の姿を見た者もいなかった。助右衛門の家に変事はないかと訪ねると、助右衛門は朝から床に臥《ふ》せっていて、間もなくして死んでしまったという。

また、白髯童子は橿山《かしやま》の神妻《かづま》（現・天竜区佐久間町?）の神主の夢枕に立ち、自らを祀《まつ》るよう請うた。そこで神主が椎《しい》ヶ沢に宮を建てて白髯神社として祀ると、降雨の霊験あらたかだったという。

白髯童子は奥山郷大井村（現・天竜区佐久間町大井）の倉木山に棲む山姥《やまうば》の子であるともされている。この山姥には三人の子がいて、長男は龍頭嶺の主・龍筑坊、次男は戸口村の神三沢の主・白髯童子、三男は山住《やまずみ》奥の院の主・常光坊であるという。

［参考文献］『静岡県史 資料編二五 民俗三』

## 白い着物を着た人［しろいきものをきたひと］

静岡県庵原《いはら》郡富士川町南松野（現・富士市南松野）に伝わる。

南松野の矢所では、正月三が日の間は餅を入れた雑煮を作ることを禁忌としている。しかし、他の村に年始の挨拶へ行き、そこで雑煮をご馳走になるのは構わないとしている。正月四日を解禁日とし、この日の早朝に家の長男あるいは戸主が山へモシキ（薪）を採りに行き、そのモシキを使って餅を入れた雑煮を作る。この禁忌を犯すと「祟《たた》りがある」「ウブスナさん（産土神、氏神）が嫌う」「ムラに流行病が起こる」とされている。昔、この禁忌を破った家では、雑煮を作っていた鍋がひっくり返って火傷をしたと伝えられている。これに関連して、昔、白い着物を着た人が屋敷の戌亥《いぬい》の方角（北西）から現れて「正月三が日は雑煮を食べるな」と言って消えた、という話もある。矢所の本家筋では、屋敷の戌亥の方角に地の神を祀《まつ》り、先祖神としているのだという。

［参考文献］『静岡県史 資料編二四 民俗二』

## 白鼠［しろねずみ］

静岡県富士市本市場《もといちば》の話。『塩尻拾遺』巻之八四に記されている。

本市場のある酒屋に、白い鼠が多く出るようになった。家の中二階に店があり、そこに米を置いておくと無数の鼠が走り出てくる。その中に真っ白な鼠が多く交ざっていて、米を食べる。越後兎（トウホクノウサギ）のようで、毛が雪のように白く、目が赤く、口の周りに紅が差していて、とても愛らしいものである。この家はとても貧しかったが、白鼠が出るようになってからは富み栄えるようになり、白鼠を飼い慣らして、呼べば必ず来るようにしたのだという。

［参考文献］『日本随筆大成』三期一八巻

## 白坊主［しろぼうず］

静岡県富士郡芝富村長貫《ながぬき》（現・富士宮市長貫）に伝わる。

『静岡県伝説昔話集』には以下のように記されている。長貫では正月になっても「どんどん焼き」をしない。昔、どんどん焼きをしていると、白鳥山《しらとりやま》から白坊主が「ほーいほーい」としきりに呼びかけてくるので、気味が悪くなって止めてしまった。その後もどんどん焼きを始めると白坊主が呼びかけてきたので、この行事は取り止めてしまったという。

『芝川町誌』には、昔、真っ白い大きな鳥が大和の方から飛んできて、どんどん焼きの煙を見て村の方を向いて羽ばたきしたので、村人がどんどん焼きをしてはいけないのかと思って取り止めてしまった、という話が記されている。

［参考文献］静岡県女子師範学校郷土史研究会『静岡県伝説昔話集』、芝川町誌編さん委員会『芝川町誌』、『静岡県史 資料編二四 民俗二』

## 白羽火［しろわび］

静岡県磐田郡掛塚町白羽（現・磐田市白羽）に伝わる。

明治初年（一八六八）に不思議な火が白羽のある家から出て、近所の人々を驚かせた。最初はボーッと大きな火が現れて、だんだんと二つ四つと分かれて家を取り巻き、さまようようにうろうろしてから上っていき消える。人々は地名から白羽火と呼んでいた。

昔、白羽にある金持ちがいて、家の子供のために一人の子守を雇っていた。ある日、子守が子供を背負って遊んでいると、誤って井戸に子供を落としてしまった。大騒ぎで子供を助けたが既に死んでおり、主人は怒って子守に「どうしてもこの子を生き返らせろ」と命じた。困り果てた子守は実家の親とともに必死にお詫《わ》びしたが許されなかった。そこで子守の親も怒り、子守を同じ井戸に投げ込んで「性があらば七代祟《たた》れ」と呼びかけた。その夜から、例の火が井戸から出るようになり、金持ちの家の人は死に絶えてしまったのだという。

［参考文献］静岡県女子師範学校郷土研究会『静岡県伝説昔話集』

## ズイゴン坊［ずいごんぼう］

静岡県引佐《いなさ》郡引佐町（現・浜松市北区引佐町地域）に伝わる。

昔、ある村にずいごん坊がいた。村で刈り取った麦を干していると突然大雨が降ってきたが、ずいごん坊が大急ぎで麦をしまってくれたので濡れずに済んだ。このずいごん坊はタデ汁（蓼《たで》の葉を使った味噌汁か）が大嫌いだったが、ある時、一人のおばあさんがタデ汁をずいごん坊にあげてしまったので、ずいごん坊はいなくなってしまった。そのおばあさんの家はずいごん坊に祟《たた》られ続けているという。

タデ汁を嫌うという要素などは**竜宮小僧**と共通している。

〔参考文献〕中京大学民俗学研究会『中京民俗』一七号

## スマブクロ

静岡県熱海市下多賀に伝わる。

夜磯に行く（夜の潮が引いた時にイソモノを取りに行くこと）と、二ツ根（長浜にある大小二つの岩）の辺りでイナブラ（稲叢、刈り取った稲を乾燥させるために積み上げたもの）のような格好をしたものが、自分にかぶさるように来るという。スマブクロとは脱穀したスマ（フスマ、脱穀した小麦のぬかのこと）を入れておく南京袋（麻袋）のことである。

**イナブラさん**も参照。

〔参考文献〕木村博「伊豆の妖怪譚「イナブラさん」と「スマブクロ」」（『民間伝承』四五巻二号）

## 石妖〔せきよう〕

静岡県に出たという。『中陵《ちゅうりょう》漫録』巻之一三に記されている。

豆州《ずしゅう》の山に石の産地がある。ここで石工が数人働き、昼休みをとっていた。そこに一人の女が来て、按摩《あんま》をしてあげようと言って、一人の肩を按摩し始めた。それがとても上手なので、受けた者はすぐに眠ってしまった。女は一人ずつ按摩していき、皆寝入ってしまったので、最後に残った一人は怪しみ、これは妖婦だろうと考えて逃げ出した。逃げた先で猟師に会い、このことを話すと、それは狐狸《こり》の仕業かもしれないということで、猟師を連れて戻った。猟師は逃げ去る女を追いかけ、鉄の弾丸二つを撃ち込んだ。すると女は石になって砕け散ってしまった。この女は石気《せっき》の怪であったとして、按摩を受けた人を見ると、その背中には石で按摩したような引き傷が縦横にあった。皆気絶して大病を患っているようであったが、家に帰して医薬を受けてようやく回復したのだという。

〔参考文献〕『日本随筆大成』三期三巻

## 洗濯狐〔せんたくきつね〕

静岡県引佐《いなさ》郡麁玉《あらたま》村（現・浜松市）に伝わる。

麁玉村の宮口東に平釜川という流れがある。付近に寺と木が茂っている所があり、夜になると狐が出て川岸でザブザブとものを洗う音が聞こえてくるのだという。

〔参考文献〕静岡県女子師範学校郷土研究会『静岡県伝説昔話集』

## 仙人の蜜柑〔せんにんのみかん〕

静岡県沼津市西浦木負《きしょう》に伝わる。

昔、たくさんの蜜柑山を持っている男がいた。ある年、あちこちの山で蜜柑が鈴なりになったのに、一つだけ蜜柑が全くならない小山があった。男がその小山を回って調べると、小山の真ん中辺りに一つだけ、大きな蜜柑がなっていた。その後も男は蜜柑の実の確認をしたが、そのたびにどんどん大きくなっていき、とうとう一抱えもの大きさになって地面に着いてしまうほどになった。しかし、収穫しようとすると蜜柑の中から「まてまて」という声がした。小さな穴を開けて中を覗《のぞ》いてみると、二人の痩せた老人が碁盤を囲んで碁を打っていた。片方の老人が負け続けていたので、男は碁盤を覗いて勝ち筋をこっそり教えてやった。やがて相手の老人が男に気付き、二人の老人は笑い合って、碁石を男に投げかけて姿を消した。後には二つに割れた蜜柑の種だけが散らばっていたので、男はその種を集めて育ててみたところ、今までにない蜜柑の木が育ち、甘くて大きな実がなるようになったのだという。

［参考文献］『沼津市誌　下巻』

# 【た】

## ダイダラボッチ

静岡県御殿場市上小林に伝わる。

昔、ダイダラボッチという大男が、山を藤蔓《ふじづる》で縛って背負ってきた。足柄山のある辺りで蔓が切れ、山はそこに落ちてしまった。これが現在の矢倉岳で、この山にはクツバフジ（葛《くず》のことか）は生えていないのだという。

また、ダイダラボッチは富士山を背負ってきて、現在の所に置いてきたという話もある。

［参考文献］東京女子大学史学科民俗調査団『富士東麓の民俗』

## 対島の赤牛［たじまのあかうし］

静岡県田方《たがた》郡対島村（現・伊東市）に伝わる。

対島村の古池には赤い牛が棲んでいた。この池の近くに龍渓院という寺があるが、ここから十数町山奥に福泉寺という寺もあった。この寺は住職が去ってから荒れ放題になり、更には新しい住職が決まって寺に入ってもすぐに姿を消してしまった。その後、一人の行脚僧がこの荒れ寺を宿にしたが、これも行方知れずとなった。人々は福泉寺には魔物がいると考えるようになり、その噂を聞いた修験僧が魔物を退治しようと寺に入ったが、やはり行方知れずになってしまった。それから後、美濃国《みののくに》から斎藤龍興の三男である和泉守良孝という武家が、出家して閑居の地を求めて対島村まで訪ねてきた。そこで無住の寺に魔物が棲むと聞き、正体を見極めようと福泉寺に泊まった。その夜、振り絞るような鳴き声とともに大きな牛が寺の庭に現れた。良孝が「何物か、仏性があるのならば人の姿をしてこい」と言うと大牛は去り、一人の美しい女が現れた。女は「私は対島の池の主でございます。一〇〇〇年余りも生きていますが、まだ仏法のありがたさを知らず、功徳を求めてこの寺に参りましたが、いつも怪しまれ殺されかけたので、やむなくお坊様を殺してきました」と語った。良孝は哀れに思い、赤牛の精である女に三帰戒《さんきかい》を授けて説法してやった。女は感謝して寺を去り、その翌朝、村人たちが良孝の無事を知って高僧と崇《あが》めた。良孝は龍渓院の開山となってこの地に留まり、赤牛は成仏して護法一龍八王大美神となって祀《まつ》られたのだという。

［参考文献］後藤江村『伊豆伝説集』

## 蓼原のコンジャロカムリ ［たじゃあらのこんじゃろかむり］

静岡県沼津市戸田《へだ》中上《なかがみ》に伝わる。

中上の山の中に蓼原《たじはら》という所があった。そこには「タジャアラのコンジャロカムリ」という化け物がいて、人を化かしたのだという。

「蓼原のコンジャロを被ったもの」という意味だろうか。コンジャロは不明。

［参考文献］梅原弥吉『弥吉じいさん 戸田村のむかしばなし』

## チャンチャン坊さん ［ちゃんちゃんぼうさん］

静岡県沼津市東熊堂《ひがしくまんどう》に伝わる。

昔、一人の坊主が金岡《かなおか》地方に来て、毎日托鉢をして村内を歩き回っていたが、各所で盗みや空き巣狙いなどもして、村人に迷惑をかけていた。そのため、村人はこの坊主を生き埋めにすることにし、東熊堂の谷戸の洞の人目に付かない所に埋めてしまった。坊主は息の続く限り鉦《かね》を打ち続け、その音がチャンチャンといつまでも鳴り響いたという。その塚は今でも谷戸の洞に残っているという。

［参考文献］『沼津市誌 下巻』

## チョーチンギ

静岡県沼津市西浦地域に伝わる。

夜、下を向いて木を伐っていると、上の方でゴーゴーという音がする。見上げると提灯が一杯あるように見えたのだという。

［参考文献］『静岡県史 資料編二五 民俗三』

## 手無地蔵 ［てなしじぞう］

静岡県田方《たがた》郡錦田村（現・三島市）に伝わる。

昔、棗《なつめ》にある石地蔵が化けて人を驚かすと噂になり、狩野家の剛毅な若侍が正体を見極めてやろうと考えた。若侍は夜更けに石地蔵の所に行き、化けるかどうか見張っていたが、一向に化ける気配がない。ただの噂かと考えて帰ろうとすると、後ろから太い手が伸びてきて髷《まげ》を摑《つか》んできた。若侍が振り向くと、口から血潮を垂らした鬼女が手を伸ばしていた。若侍は腰の刀で斬り付け、見事に鬼女の片腕を斬り落とし、鬼女は姿を消した。夜が明けてから調べると、石地蔵の左手が斬り落とされ、近くに転がっていた。それ以降、石地蔵が化けることはなくなったのだという。

［参考文献］後藤江村『伊豆伝説集』

## 天狗の羽音 ［てんぐのはおと］

静岡県浜松郡中ノ町村（現・浜松市東区中野町）に伝わる。

中ノ町村にいた五兵衛という男は、生まれつき殺生を好み、いつも天竜川で魚を捕っていた。ある夜、いつものように川へ行ったら、一回の網で笊《ざる》が一杯になるほど魚が捕れた。五兵衛が大喜びで堤を歩いていると、耳のそばでヒュッヒュッと羽が風を切るような音が聞こえてきた。空耳かと思っていたが、耳に手を当てても聞こえてくるので「さては噂に聞く天狗さまの羽音か」と気付いた。天狗が水の中に蓄えておいた魚を人が捕ると、天狗が怒って羽音を立てるのだとされていた。しかし五兵衛は平気な顔をして家に帰り、戸を閉めて寝てしまった。すると屋根の上でごろごろと石を転がすような音も聞こえてきて、一晩中眠れなかった。結局、捕った魚を川へ逃してやったら、それらの音はしなくなったのだという。

［参考文献］渥美静一『浜松の伝説 下巻』

## 天狗の火 ［てんぐのひ］

静岡県浜松市・湖西市の浜名湖に伝わる。

昔、篠原《しのはら》村（現・浜松市西区篠原町）に、魚釣りの好きな男がいて、浜名湖に舟で漕《こ》ぎ出していた。その日は面白いほどに魚が釣れるので、辺りが暗くなるまで過ごしていたが、ある時、遠くに蛍ほどに火があるのを見付けた。火はみるみる近付いてきて提灯ほどの大きさになったので、男は天狗が魚を奪いに来たと思い、舟底にうつ伏せになって草鞋《わらじ》を頭に被せた。天狗に襲われた時は草鞋を頭に乗せると、天狗が逃げていくという言い伝えがあったからであった。すると、明るくなっていた辺りがまた暗くなり、顔を上げると火は消えていたという。

［参考文献］渥美静一『浜松の伝説 下巻』

## 藤八権現 ［とうはちごんげん］

静岡県静岡市清水区由比東倉澤・西倉澤に伝わる。

藤八権現は東倉澤・西倉澤の境にある山の峰に祀《まつ》られている。寛政年間（一七八九〜一八〇一）に東倉澤に住む藤八という人が天狗になり、他界する時に「自分を東倉澤と西倉澤の境の峰に祀ってくれれば、ムラの安全を守る」と言い残した。明治に入ってから中峰神社と名が変わった。戦時中は出征者の無事を祈願する人が多く、日中戦争の折、大陸で道に迷った北海道の人が藤八権現のお告げで導かれて助かったという話も伝わっている。

〔参考文献〕『静岡県史 別編一 民俗文化史』

### 灯明榎 〔とうみょうえのき〕

静岡県静岡市葵《あおい》区の駿府《すんぷ》城の話。『駿国雑誌』巻之二四下の「怪異」に記されている。

駿府城内の東小屋に灯明榎と呼ばれる大木があった。この木は二本に分かれているが、片方は枯れており、大きな虚《うろ》があった。夜になるとこの虚穴から金色の光が輝くことが続き、人々が怪しんだ。調べてみると、穴の中から数千の玉虫が見付かり、それを取り出した後は光ることはなくなった。しかし四、五日もすると、また光が出るようになり、今度は大きな法師が黒染めの衣に菅笠《すげがさ》を被って現れ、灯明から油を吸っていくという噂も流れた。宿老たちが評議し、御番衆のなかでも力量に優れた織田という武士に変化退治を命じた。織田が東小屋に向かうと、噂の通りに榎が光を発し、大きな法師が菅笠を被って立っていた。織田は法師に組み付いて捕らえようとしたが、全く動く様子がなかったので、用意しておいた縄で幾重にも縛り付け、大声で「大法師を捕まえたぞ」と叫んだ。人々が集まって法師を取り囲んだが、一向に動かせないので、不審に思って火を灯して調べると、榎の切り口に下男の着る麻の衣がかけられ、その下に油をさして火を点《つ》けた土器と、雨よけの古菅笠が被せられているだけだった。これが何者の仕業であるかは誰も知らなかったが、この後織田は褒賞としてこの菅笠を贈られ、家宝としたのだという。

〔参考文献〕阿部正信『駿国雑志』四冊

## 【な】

### なみうち

静岡県安倍郡井川村（現・静岡市葵《あおい》区井川）に伝わる。

何かはわからないが、ざあっという音がすることがある。土地の人はこれをなみうちといって、神様にしているのだという。

〔参考文献〕望月禮子「河童・天狗など」（『女性と経験』一巻二号）

### 波切り地蔵 〔なみきりじぞう〕

静岡県賀茂郡下田町（現・下田市）に伝

わる。

下田の町のある米屋に、白い髭《ひげ》の老人が来て、米屋の息子に「津波が来るから下田富士へ逃げろ」と教えた。息子は町の人にこのことを伝えたが、誰も信じなかったので、病気の母を背負って二人だけで下田富士へ逃げた。下田富士の麓に着くと津波が襲ってきた。するとまた老人が現れて「津波が引いても、また大きい波が来るから家には帰るな」と教えた。山の中腹から見ていると、老人は津波の中を光となって駆け抜けていった。後になって老人の正体は町の道端にあった波切り地蔵だとわかったので、生き延びた親子はこの地蔵を祀《まつ》って暮らしたのだという。

［参考文献］『静岡県史 資料編二三 民俗一』

## 浪小僧［なみこぞう］

静岡県浜松市に伝わる。

『静岡県伝説昔話集』には以下のように記されている。昔、曳馬野《ひくまの》（現・浜松市北区三方原町《みかたはらちょう》辺り）に一人の少年が母とともに暮らしていた。ある日、田を耕してから小川で足を洗っていると、草むらの中から「もしもし」と呼ぶものがある。見ると、親指ほどの大きさの子供がいて「お助けください、私はこの先の海に棲む浪小僧というものです。先日の大雨で陸に流れ着き、日照りのために家に帰ることができません。どうぞ海までお連れください」と願ってきた。気の毒に思った少年は言う通りに海まで連れていってやった。その後、この辺りは日照りが続いて田の水が涸《か》れ、少年は途方に暮れていた。ある日海辺まで行くと、海間から先日助けた浪小僧がやってきて「旱魃《かんばつ》で大変お困りのようですが、私の父は雨乞いの名人ですので、早速雨を降らせてもらいましょう。これから先、雨が降る時は東南で、雨の上がる時は西南で浪を鳴らしてお知らせしましょう」と言って姿を隠した。間もなくして大雨となったので、少年も里の人々も大いに助かり、それからは浪の音によって天気予知ができるようになったのだという。

『浜松の伝説 下巻』には静岡県敷知《ふち》郡西大山村（現・浜松市西区大山町）の話として、以下のように記されている。昔、西大山村の大山寺という寺に、徳の高い和尚がいた。ある時、和尚は刈入れの終わった田から倒れていた案山子《かかし》を担いできて「用が済んだとはいえ、長い間田を守っていたのだから」とお経を上げて案山子を祀《まつ》ってやった。そして案山子を近くの花川まで持っていき「海へ出ていって、農民のために天気を知らせておくれ」といって川に流してやった。それから、浜松では天気が悪くなると東の方で、天気が良くなると西の方で海が鳴るようになった。これは案山子が海に棲んで浪小僧となり、太鼓を叩いて天気を知らせてくれるのだと伝えている。

また「遠州なだの波小僧」として、浜松地方に伝わる猟師が捕まえた波小僧の話と、大山町地方で伝わる弘法大師の作った藁《わら》人形が波小僧になった話も紹介されている。

〔参考文献〕静岡県女子師範学校郷土研究会『静岡県伝説昔話集』、渥美静一『静岡県史 資料編二五 民俗三』、『浜松の伝説 下巻』

## なめだらうし

静岡県益津《ましづ》郡 郡《こおり》村（現・藤枝市郡）に伝わる。『駿国雑志《すんこくざっし》』巻之二四下の「怪異」に記されている。

郡村に青池という池があり、弁財天が祀《まつ》られている。この池の主は「なめだらうし」と呼ばれ、これが吠《ほ》える時は近いうちに必ず雨が降る。その吠え声は近い所よりも遠い所でよく響くという。旱魃《かんばつ》の年には、農家の人々が大きな牛の形を作り、鐘太鼓を鳴らして踊ってからこの牛を水に投げ込む。すると三日以内に必ず雨が降るという。

また、この池は佐倉の池と通じており、佐倉の池の祭りで納められた赤飯櫃《びつ》が、この青池に浮かんでくることがあるのだという。**桜が池の主**も参照。

『駿河《するが》の伝説』にも『駿国雑志』からの引用として同様の話を記しているが、ここでは主の名を「ナメダラウン」としている。誤記と思われる。

〔参考文献〕阿部正信『駿国雑志』第四冊、小山有言『駿河の伝説』

## 肉人〔にくじん〕

静岡県静岡市葵《あおい》区の駿府《すんぷ》城に出たという。『一宵話《ひとよはなし》』に記されている。

神祖（徳川家康）が駿河《するが》にいた時の話。ある日の朝、城の庭に小児のような形をした、肉人とでも呼ぶべきものがあった。手はあるが指はなく、指のない手で上を指して立っていた。見た人は驚き、変化のものだろうかと騒いだが、どうしたらよいかわからなかったので、家康公の判断を仰いだ。すると「人の目に付かない所に追い出せ」と命じたので、城から遠い小山の方に追いやってしまった。後にある人がこの出来事を知り、「人々の不学のために、このような仙薬を主君に捧げる機会を失うとは惜しいことだ。それは白澤《はくたく》図に書かれた封《ほう》というもので、これを食せば多力を得て武勇にも優れた者となれるのである」と話したという。

以上の話の後には、たとえ虚弱な人が薬などで強壮となっても、服薬を常に続けねばならず、逆にもとから強健の人は、服薬することもなく背に灸《きゅう》の痕もないとして、自然に多力で武勇があれば薬に頼る必要もない、穢《けが》らわしいものを食べて武勇を得ようとするのは武士の本意ではなく卑怯《ひきょう》なことである、と記されている。

〔参考文献〕『日本随筆大成』一期一九巻

## にょうら姫〔にょうらひめ〕

静岡県浜松市天竜区龍山町《たつやまちょう》に伝わる。

山小屋でお爺さんが寝ていると、一人の娘が小屋に来て、道に迷ったという。お爺さんが娘を火にあたらせ雑炊を食べさせると、娘はお礼に珍しいものを見せると言った。娘が瓢簞《ひょうたん》を取り出して振ると、豆粒ほどの兵士たちが出てきて、関ヶ原の戦いを再現した。娘は歌うように戦いを説明し、兵士たちは娘の言うままに動いた。娘は「にょうら姫」と名乗り、このことは誰にも話してはいけないと口止めした。しかし、お爺さんはお婆さんにこのことを話してしまったため、お爺さんは床に伏して起き上がれなくなってしまったという。今も山小屋があった所を「にょうらひめ」と呼ぶのだという。

〔参考文献〕龍山村教育委員会『龍山村民俗誌　第一集　龍山の伝説　ふるさと夜話』

## 猫南瓜〔ねこかぼちゃ〕

静岡県賀茂郡三浜村（現・賀茂郡南伊豆町子浦《こうら》）に伝わる。

昔、子浦の網元の家で魚の盗み食いが続き、一人の下女が犯人だろうと責められた。しかし、ある船主が網元の家に泊まっている時、家で飼っている一匹の古猫が、夜中に戸棚の魚を食っているのを見付け、翌朝主人に教えてやった。すると、猫は恐ろしい目で船主を睨《にら》み付けたので、船主は怖くなってその日の夜は船上で眠りに就いた。しかし、猫は海を泳いで船まで乗り込んできて、船主の喉笛に襲いかかったので、若い漁夫が棒で叩き殺した。船主は猫の死骸を網元の家まで持っていき、主人は畑の隅に穴を掘って埋めてやった。翌年、また網元の家に来た船主に、主人が季節外れの南瓜を振る舞った。しかし、この南瓜が猫を埋めた所から生えてきたものだとわかり、畑の隅を掘り返してみると、猫の死骸は生々しく残っており、その真っ赤な口から南瓜が生えていたのだった。

〔参考文献〕後藤江村『伊豆伝説集』

## 猫蜜柑〔ねこみかん〕

静岡県有渡《うど》郡鴨村（加茂村のことか。現・静岡市清水区）の話。『駿国雑志《すんこくざっし》』巻之二四上の「怪異」に記されている。

この村に久太夫という農家がいて、家の庭に蜜柑を植えて育てていた。久太夫は蜜柑の実を多く収穫しようと、毎年数多くの猫を殺して木の根元に埋めて肥やしとしていた。文化九年（一八一二）、蜜柑の実が多く成ったので、親族や村人たちに配った。しかし、その実の皮を剝《む》いてみると、果肉が猫の形になっていた。久太夫は怪しみ恐れて、この木を伐り倒そうとしたが、伐った木の幹が久太夫の上に倒れかかり、体を打たれた久太夫は痛みに耐えられず、その日のうちに死んでしまった。その後も家には凶事が続き、家中の者は皆死に絶えてしまった。人々は猫の遺恨が祟《たた》りをなしたか、非道の行いに天が咎《とが》めたかと噂し、猫蜜柑と称して語り種にしたという。

〔参考文献〕阿部正信『駿国雑志　第四冊』

## 乗込み仏〔のりこみぼとけ〕

静岡県伊東市川奈に伝わる。『静岡県史資料編二三　民俗二』に記されている。

もとは『川奈郷土誌』に書かれている。八月一六日に出航したり、夜中に灘《なだ》を航行したりすると、艫《とも》チリの間から白い着物を着た仏様（死者）が大勢船に乗り込んできて、船頭にシャーコ（杓子《しゃくし》）を貸せと言う。シャーコは海水を汲《く》む時に使う、柄の長い柄杓《ひしゃく》で、小さな船にも五、六本はある。しかし万が一これを仏に貸してしまうと、仏はこれで船に海水を汲み込んでしまうので、船頭はシャーコの底を抜いて貸す。仏はそれで水を汲もうとするが、水が溜まることはない。それでも仏たちは去ろうとしないので、船頭は「一六日は湊《みなと》に帰るつもりだったが、灘が長くて（航海が長くて）遅れてしまった。一七日には必ず帰って供養するから許してくれ」と言ったので、仏たちはいつの間にかいなくなっていたという。

漁師の間では広く知られた話で、この仏たちのことをツレボトケ（連れ仏）といって恐れる。また、盆の一六日は仏が帰る日だから、子供が一緒に連れていかれないよう、海で泳ぐことを禁じるのだという。

［参考文献］『静岡県史　資料編二三　民俗一』

# 【は】

## はたおり姫［はたおりひめ］

静岡県安倍郡井川村（現・静岡市葵《あおい》区井川）に伝わる。

ほかいだるという所の橋の下で機を織る音がしていたが、川上の方でやまし（山師か）が入ってから音がしなくなった。それから井川の村は貧乏になったのだという。土地の人は、これをはたおり姫だといい、蛇だともいっていた。

［参考文献］望月禮子「河童・天狗など」（『女性と経験』一巻二号）

## 八幡蛍［はちまんほたる］

静岡県浜松市に伝わる。

浜松市の野口八幡の付近に出るホタルは、他の地域のホタルに比べて大きく光るので八幡蛍と呼ばれている。これは元亀年間（一五七〇～七三）に武田氏と徳川氏が合戦した際（三方《みかた》ヶ原の戦いか）、討ち死にした兵卒の亡魂が蛍に化したのだと伝えられている。

［参考文献］清水時顕「人が虫になった話」（『郷土趣味』四巻二号）

## 萬二郎天狗、萬三郎天狗［ばんじろうてんぐ、ばんざぶろうてんぐ］

静岡県の伊豆半島にある天城山に伝わる。

天城山の萬次郎山（万二郎岳）には萬次郎天狗が、萬三郎山（万三郎岳）には萬三郎天狗がそれぞれ棲んでいた。この天狗たちは兄弟で仲がよく、時々山から出かけては八丁池で水浴びをしていたという。萬次郎山のほとりには「天狗の土俵場」という所があり、そこは丸く踏みならされて木が生えることがない。兄弟天狗がここで相撲を取った跡なのだという。

［参考文献］後藤江村『伊豆伝説集』

## 火屋のばあさん［ひやのばあさん］

静岡県静岡市葵《あおい》区に伝わる。

安倍川の橋から通じる所にある土手を、昔は火屋の土手と呼んでいた。それは、この場所に火屋（火葬場のこと）があったことに由来する。昔はここに「火屋のばあさん」が祀《まつ》られていて、死んだ子供たちが賽《さい》の河原で石を積んでいるのを厳しい顔で見ていた。それで子供が小さい時には「火屋のばあさんが来る」と脅かしていたのだという。

火屋の土手は現在「薩摩土手」として知られている所である。火屋のばあさんは奪《だつ》衣婆《えば》のことと思われる。

［参考文献］静岡県女子師範学校郷土研究会『静岡県伝説昔話集』

## フーライ猫［ふーらいねこ］

静岡県御殿場市の周辺に伝わる。

猫は狐の使いとされ「猫は狐のミチビキ（手引）をする」といわれている。狐は猫を使って人に取り憑《つ》くとされ、そうした猫は子供、特に赤子に憑きやすい。病気に罹《かか》って治らないと「フーライ猫が取り憑いたらしい」といわれ、退治する風習があった。特に風邪の症状で高熱が長引き、医者にかかっても治らない時にフーライ猫退治が行われた。

御殿場市印野では、以下のようにして猫を退治する。まず、親戚や近所の人が見舞いに集まり、狐が猫を使って取り憑いていると判断されたら、カラネコという仕掛け罠《わな》を張って猫を捕らえる。妖怪猫はすぐに捕らえないと地を掘って逃げるとされているので、罠を張ったら一同は夜通し見張り続ける。しかし罠にかかった猫が鳴いたら、普通の猫なのですぐに逃がす。妖怪猫は捕まえても鳴くことはないという。捕まえたら、足に火箸《ひばし》を刺して、ボロ布を燻《いぶ》して煙を送り、弱らせてから殺す。猫の肉は泡が立たなくなるまで煮込み、砂糖醤油で味付けをして食べてしまう。狐の化身となった猫は、赤子の乳を吸い取っているので、胃袋を開くと乳が出てくるのだという。

［参考文献］『静岡県史　資料編二四　民俗二』

## 富士川太郎［ふじかわたろう］

静岡県富士市に伝わる。

富士川には昔、富士川太郎という大きな鮫《さめ》がいて、富士川の主として村人から恐れられていた。ある年、大雨が続いて富士川が洪水を起こし、川を渡っていた一艘《そう》の船が岩にぶつかり、船頭らが川に投げ出された。川下の方からその様子を見ていた魚屋が、上流から流れてくる船頭を飲み込もうとする富士川太郎を見付けた。魚屋が船頭を引き揚げたため、船頭は食われずに済んだが、助けられた時には船頭は既に死んでいたのだという。

［参考文献］富士川町文化財保護審議会『ふるさと富士川 第二集 昔ばなし・伝説』

## 船倉ボーコ ［ふなくらぼーこ］

静岡県伊東市八幡野《やわたの》に伝わる。

夜、浜の方が賑《にぎ》やかなので「イカ漁の船でも帰ったか、手伝いしてやろう」と思って行っても月が輝いているだけで何もない。しかし家に帰ると、石を投げる音や人声らしきものが聞こえる。そこで再び浜に出ても何もないのだという。子供がバンゲ（晩方）まで浜で遊んでいたら「ホレ、船倉ボーコが出るぞ」と言って脅かしたのだという。

ボーコとは亡魂の意味だろうか。

［参考文献］『静岡県史 資料編二三 民俗一』

## 兵太ヶ滝の蟹 ［へいたがたきのかに］

静岡県賀茂郡仁科《にしな》村（現・賀茂郡西伊豆町仁科）に伝わる。

大城《おおじろ》の北の方に、高さ一六丈（約四八メートル）、幅三丈（約九メートル）の大滝がある。昔、ここで兵太という男が死んだので、兵太ヶ滝と呼ばれるようになった。この滝壺には一〇〇〇年も経たという大きさ一丈（約三メートル）四方の大蟹が住んでいる。この滝の主であり、時々滝を抜け出して稲取（現・賀茂郡東伊豆町）の海まで出かけるのだという。夜半に山々が鳴動し、一陣の風が吹き過ぎていくと、人々は「それ、兵太ヶ滝の蟹が出た」といって恐れたという。

［参考文献］小山有言『伊豆の伝説』

## 蛇肌婿 ［へびはだむこ］

静岡県静岡市葵《あおい》区昼居渡《ひるいど》に伝わる。

昼居渡では、セッキ（年末）に餅を搗《つ》くことはない。「ヒゴト（火災）に祟《たた》る」として忌んでいる。

昔、昼居渡のある娘が水見色《みずみいろ》（同じ葵区）の若者と恋仲になり、婿として迎えた。ところが婿は決して肌を見せたがらず、風呂も最後にしか入らなかったので、娘や家人は不思議に思っていた。そこである日、婿が風呂に入っているところを覗《のぞ》いてみると、鱗《うろこ》のある蛇肌をしていた。家人は驚き、セッキの一二月二八日に、カマドで餅搗き用のもち米を蒸していた婿を、その火の中に押しやって殺してしまった。婿は「セッキの餅はヒゴトに祟る」と三回唱えながら焼け死んだ。これ以来、ヒゴト（あるいはカマド）の霊となった婿の怨霊のため、セッキの餅は搗かなくなったのだという。

餅を搗くことは禁じられているが、他所《よそ》から届けられた餅を正月に食することはある。その場合、小正月一三日以降に餅を搗いてお返しするのだという。また、寺の住職が迷信だといって禁を犯して餅を搗いたら、寺のチョーズヤ（手水舎、トイレ）が焼けてしまい、住職は村にいられなくなって引っ越してしまったという話もある。

この他にも、静岡の各地に正月に餅を搗《つ》かない習慣の地域があり、それに付随する伝承なども多く点在している。

［参考文献］『静岡県史 資料編二四 民俗二』

## ホッチョ婆［ほっちょばば］

静岡県周智郡熊切村（現・浜松市天竜区）に伝わる。

熊切村の青塔の山中は、昔から夕方に通るとよく化かされた。ある木挽《こびき》が夕方の薄暗い中、この山中を歩いていると、行く手の道に一人の婆さんが現れた。手拭いを被って手をぶらりとだらしなく下げた婆さんが、木挽のそばに来て手をかけてきたので、恐ろしくなった木挽は大声で叱り付けて二、三歩後ずさりした。その時には婆さんの姿は消えていた。この話が大正一〇年（一九二一）頃に評判になり、ある婆さんが日暮れ時に荷物を背負ってこの山を歩いていた時、別の木挽たちが「これはホッチョ婆さんが化けたのに違いない」と思い込んで、お婆さんを叩きのめしてしまった。お婆さんが家へ帰ってこのことが明らかになり、木挽たちは酒を買って詫《わ》びたのだという。また、犬居村で祭りや祝いごとがあると、近くの熊切村でもその物音が聞こえたり明かりが見えたりする。これも青塔の怪物が業をしてみせるからだとされている。

［参考文献］静岡県女子師範学校郷土研究会『静岡県伝説昔話集』

## 法螺貝［ほらがい］

静岡県沼津市柳沢に伝わる。

昔、柳沢の谷間に怪物が棲んでいて、風雨の夜には必ずその唸《うな》り声が聞こえてきた。ある年の初秋の薄暮れ時、谷の上に雲が生じて風が吹き、雷電が光って怪物が咆《ほう》哮《こう》した。人々が息を潜めていると、渓谷で荒れていたものが南に移っていき、夜明け頃には原町の海岸の松林に達して天地が震動した。それからしばらくして怪物の声が消え、雷鳴や風雨も止まって黒雲も晴れた。人々が怪物の通り道を調べると、柳沢から高橋川を下り、東縦川に沿って大帯を引いたような一条の痕跡が残っていた。古くから柳沢に棲む法螺貝が、一〇〇〇年の年を重ねたので風雨を起こして海へと入っていったのだろうと考えた。

また、柳沢の八畳石という巨石のそばには、下の方に径数尺ほどの穴の開いた石がある。この石から法螺貝が抜け出したのだと伝えられている。

［参考文献］『静岡県駿東郡誌』、『沼津市誌 下巻』

# 【ま】

## 孫太郎婆［まごたろうばば］

静岡県富士宮市北部の話。

甲州の太物（綿や麻の織物）商人が駿河《するが》へ商いに行き、その帰りに国境沿いの三里ヶ原（朝霧高原）で日が暮れてしまったので、枯れ草に潜り込んで夜を明かすことにした。すると夜中に山犬の群れに襲われたので、木の上に登って逃げた。山犬は木登りができないので「孫太郎婆を呼んでこい」といって、古い虎猫を連れてきた。虎猫は山犬に連なって梯子《はしご》を作るよう指揮し、木の上の商人まで迫っていった。商人はもっと高く登ろうとしたが、木の上に何かの巣があって登れないので、旅差し（旅人の護身用の刀）で巣を突いた。するとそれは熊の巣だったので、眠っていた熊が地面へと転げ落ちた。山犬たちは落ちた熊を追いかけたが、商人ではないとわかったので再び木を取り囲んだ。しかし東の空が白んできたのを見て「今夜の沙汰にゃゆかぬ」といって皆帰ってしまい、商人は命拾いしたのだという。

［参考文献］土橋里木『山梨県の民話と伝説』

## 万法師［まんほうし］

静岡県榛原《はいばら》郡萩間《はぎま》村（現・牧之原市）に伝わる。

丸尾原に上がる御相談坂の上り口に橋があり、この橋を越して右手の道の先に、誰もが手を入れるのを忌む田がある。この田を耕すなどすると家中の者に病人や怪我人が出るなど、何かしらの災いがあった。そのため、田の持ち主が次々と変わっていったのだという。昔、西萩間の原平に万法師という法師がいた。法師は自身の所有する土地を見回って眺めるのを無上の喜びとしていて、そのため土地に対する執着が強かった。例の田もまた、この法師の所有する土地だった。ある時、法師は病気になり、その命が尽きようとする時、遺言で「俺の死体は俺の地所がよく見える所に埋めてくれ」と言って死んだ。遺言の通り、法師の死体は例の田の西側にある小高い山の麓に埋められた。そのため、他に人に田を扱われることを無念に思い、災いをなすのだとされた。

［参考文献］静岡県女子師範学校郷土研究会『静岡県伝説昔話集』

## 無縁仏様［むえんぼとけさま］

静岡県安倍郡井川村（現・静岡市葵《あおい》区井川）に伝わる。

盆月に泳ぎに行くと、無縁仏様に引っ張られるのだという。

［参考文献］望月禮子「河童・天狗など」（『女性と経験』一巻二号）

## 無間の鐘［むげんのかね］

静岡県掛川市の無間山観音寺の伝説。『東海道名所図会』巻之四によると、淡《あわ》ケ《が》嶽《たけ》（現・粟ケ岳）の観音寺には無間の鐘と呼ばれる鐘があった。この鐘を撞《つ》けば現世で無量の財貨を得ることができるが、未来（来世）では無間地獄に堕落するのだという。そのため、この山を無間山と呼ぶようになったのだが、今はその鐘はなくなっている。土地の人によるとお堂の下に埋めたとか、明応年間（一四九二～一五〇一）の頃の住僧が「諸人に罪を与えるようなものだ」と考えて古井戸の底に投げ落としたとされている。この井戸に榊《さかき》を逆さまに投げ入れると鐘を撞いたのと同じことになり、やはり財貨を得られるともされた。

『諸国里人談』巻之五には、別の話が記されている。佐《さ》夜《よ》中山街道から三里（約一二キロ）北に行ったところに光明山がある。この寺の鐘を撞いた人は、必ず福徳を得て富貴となるが、来世では無間地獄に堕ちると伝えられていた。この鐘は土地の人によって埋められたので撞くことはできなくなったが、貪欲な人は鐘を埋めた地の上で足踏みをするのだという。

［参考文献］秋里籬島（編）『東海道名所図会』下巻、『日本随筆大成』二期二四巻

## 目一つ小僧［めひとつこぞう］

静岡県伊豆市の各地に伝わる。『静岡県史 資料編二三 民俗一』によると、一二月八日や二月八日の八日節供、あるいは節分の日には目一つ小僧が来るのだという。

八日節供の晩、目一つ小僧が家々を訪れ、戸の隙間などから中を覗《のぞ》いて歩く。これは人々に病気を付けるためなので、病人のように鉢巻をして、フンフンいいながら赤飯のムスビを食べるなど、既に病気に罹《かか》っているふりをすればよいのだという。

他にも、軒先に高い竿を立て、その先に目籠やヒイラギやシキミを挿しておく。また目籠の竿の下にはバケツや手《て》桶《おけ》に白水（米の研ぎ汁）を入れておく。これは、目籠にあるたくさんの目で、目一つ小僧を驚かせるため、また手桶の水面に目籠が映れば目の数は倍になるからだという。

目一つ小僧が来る夜に下駄などを戸外に出しておくと、判を押されてしまうので、必ず屋内に入れておく。そして風呂に入ると目一つ小僧が風呂桶ごと頭にささいで行く（頭に担いで連れて行くといった意味か）から、風呂には入らないのだという。

また、目一つ小僧は一二月八日に家々を回って、病気にする者の名を厄病帳に記してセーノカミ（塞《さい》の神、道祖神）に預けておく。二月八日に再び来て返してもらおうとするが、セーノカミは「正月のどんどん焼きで帳面を焼かれてしまったよ」と答えるのだという。

『沼津市誌 下巻』には「木《き》負《しょう》の目一つ小

僧」の話が紹介されている。昔、朝鮮から農具を作る技術者が渡ってきて、この付近に住んでいた。鍛冶屋はふいごを使って鎌や鍬《くわ》を作っていたが、ある日犬に追いかけられた拍子に麻縄につまずいて片目を失ってしまった。それ以来、鍛冶屋では麻縄を使わなくなり、人々はこの鍛冶屋のことを目一つ小僧と呼ぶようになった。そして毎年二月八日には目一つ小僧の日として、農具を作ってくれたことに感謝するお祭りをするようになったのだという。

［参考文献］『静岡県史 資料編二三 民俗一』、『沼津市誌 下巻』

## めやかし

静岡県益頭《ましず》郡焼津村（現・焼津市焼津）の話。『駿国雑志《すんこくざっし》』巻之二四下の「怪異」に記されている。

焼津村の鎮守である入江明神（現在の焼津神社）から二町（約二一八メートル）ばかり離れた海辺に、継子《ままこ》の森と呼ばれる森がある。この森から、雨の夜更けになると二つの陰火が飛び出す。陰火は森から四町ばかり先の、城之腰《じょうのこし》村（現・焼津市城之腰）の田子橋まで往来する。これを見る者が往々にしてあり、その火は人の形に似ているが声はないのだという。里の人々はこれを「めやかし」と呼んでいる。恐らく、めやかしとは怪《あやかし》が転訛《てんか》したものなのだろう。

［参考文献］阿部正信『駿国雑志 第四冊』

# 【や】

## 安松火［やすまつひ］

静岡県浜名郡芳川《ほうがわ》村安松（現・浜松市南区安松町）に伝わる。

『静岡県伝説昔話集』には以下のように記されている。昔、芳川村安松に平野という浪人が住んでいた。ある夏の日、平野が下男を連れて外出した帰り道、あまりに暑かったので道端の瓜《うり》を盗んで食べてしまった。平野は下男に固く口止めをしたが、この一件が気掛かりで仕方なかったので、とうとう下男を殺してしまった。下男の母親は非常に悲しがって「一体お前は何をして殺されたのか」と言って、金火箸《かなひばし》を死体の頭に突き刺し、芳川に持っていって「もし悪いことをして殺されたなら下に流れよ、悪くもなく殺されたなら上に流れよ」と流れに投げ込んだ。すると下男の死体は頭だけ浮き上がって川上へと流れていった。母は怒って「それだけの魂があるなら、きっと仇を取れ」と言った。それから毎夜、盥《たらい》ほどもある大きな火の玉が村中を転げ回った末、平野の家に飛び込んでくるくると回って消えるということが続いた。村人たちは火の玉が出るたびに棒や刃物を持って追い回したが、結局捕まえることができず、最後には祠《ほこら》を作ってこれを祀《まつ》った。平野の家は間もなく廃れてしまったという。祠は「じょうど様」と呼ばれ、社に雨漏りがするようになると、火の玉が出るとされた。また花火や余興でお祭りをやらないと、悪病が流行するとして、毎年お祭りをしていたという。

『浜松の伝説 下巻』には以下のような話が記されている。昔、安松という者が主人のお供をして歩いていた。瓜畑に差しかかると、安松は、以前主人とともに畑の瓜を盗んで食べたことを思い出して「あの時の瓜は格別でしたね」と話した。主人は最近陰で瓜盗人と呼ばれているのを知っていて、安松が瓜を盗んだことを言いふらしたものと考え、安松を斬り殺してしまった。その日の夜から、安松が殺された近くを怪しい火が飛ぶようになり、人々は安松の魂が火の玉になってさまようのだと話した。安松の地名はこの魂を弔うために名付けたのだという。

［参考文献］静岡県女子師範学校郷土研究会『静岡県伝説昔話集』、渥美静一『浜松の伝説 下巻』

## 八十松火［やそまつひ］

静岡県浜名郡神久呂《かくろ》村神ケ谷（現・浜松市西区神ケ谷町）に伝わる。

『静岡県伝説昔話集』には以下のように記されている。神ケ谷には昔から八十松という怪火が出て人を驚かしていた。浜名湖に注ぐ川の下の方から現れるもので、ある時島村という若者が正体を見届けようと、近くの「お休み場」という所まで出かけた。松の大木の根元に身を潜めて怪火を待ち受けていると、小さな白い火の玉が現れ、川岸を上流に向かって進んでいたが、中橋《なかんばし》の当たりまで来ると方向を変えてお休み場まで飛んできて、また戻って下流の方へと去っていったという。この火はかつて八十松という小僧が主人の使いで金を運んでいたが、それをなくしてしまったため叱責《しっせき》され、無念の思いで自殺してしまったので、その怨霊が現れて金を探すのだとされている。

『浜松の伝説 下巻』にも同様の話が記されている。神ケ谷のある家に、八十松という実直な小僧が奉公していた。ある日、八十松は主人の言い付けで大金を預かり、浜松の町まで使いに行った。しかし、その帰り道の神ケ谷から入野に流れる川辺りで、その大金を落としてしまった。八十松が主人に報告すると、主人は一生働いて弁償しろと怒鳴り付けたので、一生かかっても返しきれないと思いつめた八十松は、神ケ谷の森の松の木で首を括《くく》って死んでしまった。それから、八十松の魂が火の玉となって、落とした金を探すように川のほとりをさまようようになったのだという。

〔参考文献〕静岡県女子師範学校郷土研究会『静岡県伝説昔話集』、渥美静一『浜松の伝説 下巻』

## 山ババア〔やまばばあ〕

静岡県周智郡水窪町《みさくぼちょう》（現・静岡県浜松市天竜区水窪）に伝わる。

水窪町の根《ね》という集落は山中にあり、最も高い所にある屋敷に山ババアが来て休んでいったという話がある。冬も近くなった頃、体に木の皮を綴ったものを着て、和の相を持つ女が来て、縁側に腰を下ろして家人に飯炊き用の釜を貸せと所望した。家人が飯を炊くのなら鍋でもよいかと言っても、ぜひとも釜が欲しいと望んだので、釜を貸した。すると山ババアが懐から二合ほどの米を出し、釜で炊き始めたところ、大きな釜が飯で一杯になってしまった。山ババアはこれまでは戸中山（浜松市天竜区の山）の経塚で暮らしていたが、山が寒くなってきたのでこれから常元寺の表山に行くと語り、去っていった。この山ババアはあまり年を取っているようにも見えず、物腰にも変わったところはなかったが、縁側に腰を下ろした時に床がミリミリと音を立てて揺れたのだけは不思議だったという。

〔参考文献〕早川孝太郎「参遠山村手記」（『民族』三巻一号）

## 山びこさん〔やまびこさん〕

静岡県安倍郡井川村（現・静岡市葵《あおい》区井川）に伝わる。

かもり峠という所を通って信州に行く途中に山びこさんがいる。山びこさんは体の小さい小僧さんの姿で、かすりの着物を着ているのだという。

〔参考文献〕望月禮子「河童・天狗など」（『女性と経験』一巻二号）

## 山吹猫〔やまぶきねこ〕

静岡県静岡市葵《あおい》区の駿府《すんぷ》城の話。『駿国雑志』巻之二四下の「怪異」と巻之二五の「獣」に記されている。

城内に一匹の老猫がいて、山吹猫と呼ばれている。普段は御庭に住んでいて、まれにその姿を見る者があれば、その者は必ず瘧《おこり》（マラリアの一種）を病むのだという。

〔参考文献〕阿部正信『駿国雑志 第四冊』

## 雪王〔ゆきおう〕

静岡県安倍郡の七ツ峰（現・静岡市葵《あおい》区）に伝わる。

明和元年（一七六四）の一二月、薬沢村の六兵衛と上田村の彦右衛門という二人の木挽《こびき》が、七ツ峰の東に小屋を作って仕事をしていた。雪の降るある夜、二人が寝ていると小屋で飼っている犬がしきりに吠《ほ》え始め、小屋の周りをどたどたと何かが回る音がしてきた。やがて小屋が倒れるかと思うほど動揺し、吊り置いていた丸太が転げ落ちるほどになった。六兵衛は怖がって彦右衛門を起こしたが、日頃剛夫で知られた彦右衛門は小屋から外に出て周囲を見回った。すると周囲には一尺五、六寸（約四五～四八センチ）ばかりの足跡が残っていたが、それ以外には何もなかった。翌朝、小屋を出て大日嶺の方に行く道中で、同じ足跡を見付けたが、一枚草履という所で消えていて、やはり姿は見られなかったという。山中の人はこの怪物を雪王と呼び、雪の精が凝ったものとしていた。

　また、西河内《にしごうち》（現・静岡市清水区）の奥から藁科諸子沢《わらしなもろこざわ》へ行く道にも、雪に大きな足跡が残ることがあった。天保二年（一八三一）の正月、腰越村の谷間の一里ほどの道で大きな足跡が残っていた。民家の前を通った時、夜中に姿を見た人がいたが、家の軒と同じ背丈の人のようなものが通っていたのだという。

［参考文献］新庄道雄『修訂駿河国新風土記　上巻』、高橋文太郎『山と人と生活』

## ユリバーサ

　ユリババとも。静岡県周智郡森町鍛冶島《かじしま》の話。

　ユルイ（囲炉裏）の中の灰をヒバシでいじったりすると、「ユリバーサが出てくる」と大人が脅すのだという。ヒバチの中の灰をかき回しても同じように言うのだという。子供の火遊びを戒めるためのものだろう。バーサやババは婆のことである。

［参考文献］増田昭子「ユリバーサの話」（『民俗』一六二号）

# 【ら】

## 竜宮小僧［りゅうぐうこぞう］

　河小僧とも。静岡県引佐《いなさ》郡引佐町（現・浜松市北区引佐町地域）に伝わる。

　久留女木《くるめき》には大淵《おおぶち》という大きな淵があり、ここに河小僧（竜宮小僧）が住んでいた。久留女木の田の仕事や、雨が降った時に干物《ほしもの》をしまうのを手伝ったりしてくれた。小僧はタデ汁（蓼《たで》の葉を使った味噌汁か）を嫌っていたが、ある人が試しにタデ汁を作って飲ませたら、苦しんで死んでしまった。村人は小僧を山の中腹でねんごろに葬ったら、その場所から泉が湧き出るようになり、一年中欠かさず水が湧いたのだという。

［参考文献］御手洗清『遠州伝説集』、中央大学民俗学研究会『中京民俗』一七号

# 【わ】

## ワタリ

静岡県伊豆市に伝わる。

馬が特に体調を崩していないのに、路上でバッタリと倒れてしまうことを「**ダイバ**にかけられる」などというが、伊豆の方ではこれに相当する現象を「ワタリに遭う」と呼ぶ。これは防ぎようがない不可思議な現象として恐れられ、馬がこのような死に方をした時は、その場所に必ず馬頭観音の塔などを建てて祀《まつ》るのだという。

広域の**ギバ**も参照。

［参考文献］『静岡県史　資料編二三　民俗一』

# 愛知県

# 【あ】

## あいづ小僧［あいづこぞう］

飯沼林右衛門は広井に住んでいる。夜話から帰る際に従者が「南の道から帰るのがよい」という。それでは遠回りになってしまうので、理由を聞くと、迎えに来る途中、東光寺の壁の下に小坊主が一人立っているのを見かけたのだが、非常に恐ろしかったためだという。

林右衛門は笑って、それならばなおさら行ってみようと向かうと、果たして一二、三歳くらいの小僧がいた。ものを尋ねたが答えない。捕らえて引き立てようとしたが、非常に力が強くて動かない。しかし、林右衛門も剛の者だったので強引に引っ張り、近くだったので家に連れ帰った。ぶん殴って尋問したが、それでもものを言わない。夜が明けてから改めて尋問しようと厠《かわや》に強く縛り付けておいたのだが、朝には消えていた。殴っている間に一声だけ「あいづ」と言ったため、世間ではこれを「あいづ小僧」と呼んでいるという。

以上は『視聴実記』に載る話である。柳田國男も『山の人生』のなかで取り上げているが「あいづ小僧」ではなく「あいつ小僧」と表記している。名古屋市図書館デジタルアーカイブで確認できる原本二種では「あいづ」表記になっており、柳田の見た写本が別のものであったのか、単に記載ミスであるのかはわからない。「あいづ」という単語の意味も不明である（ああ痛い？　あの人？　会津？）。殴られている間に発した言葉なので、そもそも意味のない発言であるかもしれない。

広井町（現・名古屋市中村区・西区）は名古屋駅の南側にあった地名であり、現在の東光寺もその南東に確認できる。ただし、『名古屋時代ＭＡＰ』を確認すると、もう少し北東位置に東光寺と確認できるので、若干、移転しているかもしれない。何にしても、広井町からやや東の方に東光寺は実際にあるようである。広井町の自宅から見て、東の方で夜半まで話していた帰り道、東光寺付近で起こった事件なのであろう。

今日の価値観では、単なる拉致暴行といえるが、ことに江戸時代以前、夜間に見かけた不審な人物、特に子供を「世の人ではないもの」として扱う事例は少なくない。世間の評判も、飯沼林右衛門を非難するでもなく、妖しい小僧の出没に関心を向けていたように思われる。

［参考文献］『視聴実記』、柳田國男『山の人生』、新創社『名古屋時代ＭＡＰ　江戸尾張編』

## 赤子石［あかごいし］

愛知県北設楽《したら》郡各地に伝わる。

東栄町足込《あしこめ》では、このような話である。旅の母子のうち、母が殺されて赤子が渕《ふち》に捨てられた。赤子は母を慕って這《は》い出し、岩や石に足跡を付けた。その後、付近を通ると乳を求める赤子の泣き声が夜な夜な聞こえるようになった。赤子の足跡に触る波のささやきであった。一つの石を道の上に引き上げて供養すると泣き声は止んだという。また、この赤子石にお詣りをすると赤子の夜泣きが治るという。

東栄町振草《ふりくさ》でも、巨石の窪《くぼ》みが赤子の足の形に似ており、祈ると赤子の夜泣きに効くという。

東栄町三輪にも赤子石（アカッコイシ）があり、やはり足跡の付いた石から赤子の泣き声がするという。そこを赤子山（アカッコヤマ）と呼んだり、赤子塚と言って祀《まつ》ったりした。

また、設楽町川向《かわむき》でも、深夜、赤子の泣き声のする渕を「あかご渕」と呼んでいる。東栄町にも同名の渕があり、こちらは、夜半に赤子の泣き声がすると、渕の朴《ほお》の木の枝から、にぎり飯がするすると降りてくるという。このにぎり飯を食べさせると夜泣きが止むという。

足跡の付いた石、泣き声といった要素は共通しており、また、昔から赤子の夜泣きに悩まされてきたことが偲《しの》ばれる。

〔参考文献〕北設楽郡史編纂委員会『北設楽郡史』民俗資料編、東栄町誌編纂委員会『東栄町誌』自然・民俗・通史編

## アカチンボ

一九五九～六〇年頃、愛知県豊田市（藤沢町～押沢町付近）にある旧藤沢小学校（二〇〇九年度末に廃校）の児童らの間で噂になった妖怪。山から山へ飛び回っていた（と噂された）らしい。どのような姿をしていたかは不明だが、その呼び名から「赤い男性器」を彷彿《ほうふつ》とさせる。「子供の時にあった話」として一九八五年頃に父親から話を聞いた男性が妖怪同人サークル・怪作戦のメンバーへ情報を提供。これをもとに、二〇一九年、同人誌『愛知妖怪雑録』へ掲載された。

この冊子がCBCラジオ「つボイノリオの聞けば聞くほど」（二〇二〇年四月一七日放送分）で取り上げられ、話題となる。この時、該当地域のリスナーから「実際に聞いたことがある」と反応があり、「アカチンボ」の噂話が実在していたことが証明された。

なお、この項目については、本書のカバーイラストを担当した桂つかさ氏が、執筆を担当した。

〔参考文献〕怪作戦『愛知妖怪雑録　増補版』

## アナド婆さん〔あなどばあさん〕

愛知県豊橋市に嵩山蛇穴《すせじゃあな》という遺跡がある。様々な伝説が伝わっているが、そのなかに「アナド婆さんが住んでいる」というものがある。一二月三一日にはアナド婆さんが外出して留守になるので、この時に蛇穴に入るとよいという。ある人が皆を「アナド婆さんだ」と脅かそうと中に入って待

っていたが誰も来ない。諦めて出ようとしたがどうしても出られない。金毘羅《こんぴら》権現に祈ってようやく出られたという。この話を記録した人の祖父は、アナド婆さんが怖いので、蛇穴には一度も入ったことがないという。

実際には鍾乳洞で、縄文人が暮らしていた遺構が残る。大蛇が棲んでいたとか、善光寺まで続いているという話や、武田勝頼の軍資金を武者が守っているという話も伝わる。

［参考文献］豊橋市石巻中学校国語部『弓張風土記』

## 磯天狗［いそてんぐ］

夜、磯で漁をしていると、風呂桶《ふろおけ》ほど大きな火の玉がこちらに向かってくる。履いていた草鞋《わらじ》を頭の上に載せて（魔除けの所作として信じられていた）念仏を唱えると、火の玉は去っていく。しかし、いつの間にか魚籠《びく》の魚はなくなってしまっていた……。これを磯天狗という。磯に現れる天狗というのは珍しいが、怪火が現れて魚が消えてしまうパターンは、川天狗や「天狗の漁撈《ぎょろう》」などでも見られる。また、佐久島（現・愛知県西尾市）の記録では「磯天狗は位のないもので、悪戯《いたずら》ばかりする」ともあり、天狗のなかでも低俗な種類（？）という認識もあったようだ。別の話として、山（丘程度のようであるが）で大豆を植えていると海から竜巻のようなものがやってきて、海まで吹き飛ばされてしまった。これを「磯天狗」と認識した例もある。「天狗といえば、山や木の上にいるもの」という常識の枠に収まらない、ちょっと変わった天狗である。

［参考文献］怪作戦『愛知妖怪画談』第二巻 磯天狗・小牧山吉五郎、瀬川清子『採集手帖（沿海地方用）』、小栗久夫『半田の伝説』、南知多町誌編纂委員会『南知多町誌』

## 市衛雷［いちえかみなり］

寛政（一七八九〜一八〇一）の頃、下之《しもの》一色町《いっしきちょう》（現・名古屋市中川区）に森市右衛門という庄屋がいた。ある日、村に乞食が来たので番人に追い出させると、誤って殺してしまった。その後、市右衛門は衰弱して寛政五年（一七九三）に死んでしまう。

葬儀の日、一人の愛らしい少女が来て出棺の時刻を聞いた。家の者は八つの刻と答えて帰した。その後、檀那寺《だんなでら》である正雲寺の住職にこの話をすると、住職は驚いて四つの刻に葬儀の時間を早めた。

その日は快晴であったのだが、葬儀を終えて棺《ひつぎ》が村の端まで至った頃、北西に暗雲が現れたかと思うと、急に大雨が降り、雷鳴が轟《とどろ》いた。火葬場に着いた頃にはますます激しくなり、そして、どこからともなく先ほどの少女が現れて屍《しかばね》を奪おうとした。正雲寺住職は火葬が終わるまで死人を預かる定めであったので、魔が襲ってくることも恐れず棺に跨《またが》って無事に式を終えた。それから、この雷を「市衛雷」というようになったという。いわゆる「火車《かしゃ》」の類話であるが、「愛らしい少女」が襲ってくるというのは珍しい。『下之一色郷土史』『中川区の昔話と伝説をたずねて』にも類話がある。

［参考文献］愛知郡役所『尾張国愛知郡誌』、後藤邦四郎『下之一色郷土史』第二巻、福田祥男『増補愛知県伝説集』、岡田弘『中川区の昔話と伝説をたずねて』

## 牛巻大蛇〔うしまきおろち〕

愛知県名古屋市に「牛巻」という変わった地名がある。これは昔、牛や馬に巻き付いて絞め殺してしまう、非常に大きな蛇が棲んでいる淵《ふち》があり「牛巻淵」と呼ばれたことを由来とする説がある（異説もあるので事実かはわからない）。

室町時代の頃、熱田神宮の神官、大原武継という者が牛巻淵を通りかかると、大蛇が牛に巻き付いて、淵に引きずり込もうとしているところであった。武継は弓の達人でもあったので、大蛇を射殺した。この大蛇を埋めた「蛇塚」が大悲堂という寺院に残っている。

［参考文献］名古屋市教育委員会『名古屋叢書続編』第四巻尾張徇行記（二）、岡田啓・野口道直『尾張名所図会』

## 海幽霊〔うみゆうれい〕

いわゆる「船幽霊」のことである。

愛知県の知多半島の先端にある師崎《もろざき》では、旧暦一二月三一日には船を出さないことにしていた。船を出せば、周囲に海幽霊が現れて「あかとりくれい　あかとりくれい」と気味の悪い声を発しながら近付いてくる。「あかとり」というのは、船に溜まる汚水（アカ）を掻《か》い出す道具のことである。

恐ろしさのあまり、海幽霊の声に従って「あかとり」を渡してしまうと、幽霊船のアカを汲《く》み入れられ、船を沈められてしまう。そこで、底の抜けた「あかとり」を海に投げ込んでやると、海水を汲み入れることができずに、海幽霊は消えるという。

同じ伝承のなかで、汲み入れる水が「幽霊船のアカ」だったり「海水」だったり混乱してしまっている。何らかの水を入れてくるのであろう。『愛知県伝説集』『南知多町誌』などに載る。似た怪異は江戸時代から『秉穂録《へいすいろく》』や『小治田《おわりだ》之真清水』にも載るが、そこでは「（普通の）柄杓《ひしゃく》を投げ込めばよい」となっていて「底の抜けたアカトリ」を投げ込む呪術とは逆のベクトルになっている。

［参考文献］愛知県教育会『愛知県伝説集』、怪作戦『愛知の船幽霊』、岡田啓『尾張名所図会附録（小治田真清水）』、『日本随筆大成』一期一八巻、南知多町誌編集委員会『南知多町誌』

## 大蔵猫〔おおくらねこ〕

いわゆる化け猫譚《たん》である。

六美《むつみ》村大字正名《しょうな》（現・岡崎市正名町辺りか）に、大蔵という者がいた。一匹の猫を我が子のようにかわいがっていたが、幾年月を経るうちに、猫は次第に劫《こう》（長い年月）を経て、人真似を覚えるようになった。

ある日、大蔵が耕作に出て、老婆が一人で留守番をしていた。猫は好機到来と老婆を食い殺し、老婆の姿となった。着物を着て前垂れをかけ、手拭いを被って大きな袖なしを来て、煙管《キセル》で煙草を吸って老婆を装った。

　大蔵が耕作から帰っても、偽の婆さんには気付かず、それどころか、大事な猫が見当たらないことを心配して八方探し求めたが、老婆に化けているのだから、もちろんのこと見付からなかった。

　何日か過ぎたある夜半、大蔵が異様な物音に目を覚ますと、婆さんの猫が耳まで裂けた大口を開いて、凄《すさ》まじい形相で呼吸も荒く、行灯《あんどん》の魚油を舐《な》めていた。大蔵が驚いて大声を上げると、猫は姿を消して逃げ去ったという。

　「化け猫が行灯の油を舐めるのは、魚の油だったから……」とは、よく聞く説明であるが、資料にはっきりと「魚油を舐めて」と書かれており、理由がよくわかる記述になっている。

〔参考文献〕愛知県教育会『愛知県伝説集』、六ツ美村是調査会『六ツ美村誌』

## おくわ様としっけち様
〔おくわさまとしっけちさま〕

長篠《ながしの》城（愛知県新城《しんしろ》市）の北東辺りに伝わる二匹の大蛇の話である。「おくわ様としっけち様」「ゆりの沢の大蛇」という記録が確認できる。

　下平（新城市睦平下平《むつだいらしもだいら》という地名があるが、前後関係からは別の場所か？）の北に大きな岩山があり「おくわ様」という大蛇を祀《まつ》る祠《ほこら》がある。この岩山の付近はいつも生臭いにおいが漂っており、誤ってその「気」に触れると、急に重い病気になってしまうので、山へ行く人も近寄らないようにしている。

　「おくわ様」の長さは一〇メートルもあり、頭は四斗樽（直径五〇センチくらい。神社に飾ってあったり、鏡開きをしたりするサイズ）ほどもあり、時々「馬崩れ」というところに出かけていった。

　また、対岸の乗本川にある岩山には「しっけち様」という大蛇が棲んでいて、時々、山を降りては宇連《うれん》川を渡って「おくわ様」に会いに行く。この二匹が出会う姿を見かけた者は、やはり急に重い病気に罹《かか》ってしまうという。

　また、似た話（別側面？）として、阿寺《あてら》川を少し上った右側に「ゆりの沢」という小さな沢があり、蛇穴という洞穴がある。この洞穴には大蛇が棲んでいて（この伝承では無名）、対岸の下平の岩山に棲む「おくわ様」に会うため、時々、山を下って宇連川を渡る。長さは川幅よりずっと長く、頭が下平側に渡っても、尻尾は、まだ大野側に残っているほどである。

　この大蛇は案外大人しく、人畜に危害を与えるわけではないのだが、遭遇してしまった人は、謎の高熱を出して寝込むという。『鳳来町《ほうらいちょう》誌』に載る。更にその出典として『東陽風土記』『東陽中編伝説と民話』とあるが、そちらは原本を確認できていない。『鳳来町誌』では富栄《とみさか》・乗本・大野の話としている（新城市富栄、新城市乗本、新城市大野と推測される）。どちらも長篠城の北東、宇連川を挟んだ地域であり、この付近で二匹の大蛇が川を渡って交流する話が色々と伝わっていたようである。

［参考文献］鳳来町教育委員会『鳳来町誌』民俗資料編二 伝説と民話

## オケハン狐［おけはんぎつね］

犬山周辺の狐狸譚《こりたん》に度々登場する狐である。桶半とも。また王畦半《おけはん》稲荷大明神として祀《まつ》られてもいる。代表的なエピソードを紹介する。

①基本となるエピソードは『愛知県伝説集』などに載る。

楽田《がくでん》村（犬山市南部）青塚の茶臼山付近（青塚古墳か?）にオケハンという古狐が棲んでいた。馬子が付近を通りかかった際、一人の美女が後を付いてくる。その女は「私は小松寺（青塚のやや南東。田縣《たがた》神社のすぐ南の辺り）の者で、道に迷って困っている。馬の背に乗せてほしい」と言う。馬子は薄々正体に気付いていたが、女を馬の背に乗せて、紐《ひも》で馬に縛り付けた。

帰宅して妻が不思議に思い、仔細《しさい》を尋ねると、馬子は笑って「今日はこの珍客を座敷に通して青松葉で蒸そう」と言った。馬子がその女から（今後、人を化かさないという趣旨の?）詫《わ》び証文をとったあと、女は正体を示すような一声を鳴いて消えてしまったという。その後、王畦半稲荷大明神として祀られてからは、人が化かされることもなくなったという。

②『小牧原のむかし話』には、「小牧原きつね物語」の中に、岩崎山（愛知県小牧市）の勘八側に味方する親分としても登場する。

天保一二年（一八四一）川西の西巾に鉄造という親分狐がおり、岩崎山の勘八狐と対立していた。その他、周辺に楽田村青塚の半五郎（桶半）、毘沙田《びしゃた》に春吉、岩崎原に茂左、間々原の藤五郎山に藤五郎、東山に陣五郎、西町に遠五郎など、親分狐が大小の縄張りを競っていた。

岩崎山にある熊野神社境内で行われた博《ばく》打《ち》のトラブルで、鉄造と勘八が決闘することになる。

周辺の親分狐たちも二派に分かれて木津《こつ》用水で決戦となったが、半五郎（オケハン狐）の子分が大声で殴り込みをかけたために、勘八陣営が勝利したという。

オケハン狐は話中で中心的な存在ではないが、青塚の狐として知られており、また決戦の勝敗を左右する実力のある狐だったことがわかる。

③『こまき物語』には、他にも様々なエピソードが紹介されている。

街道で侍の髷《まげ》を切ってしまうのが趣味で、行き来する侍たちは、恥をかかされぬように恐れたという。

また、久保一色《くぼいしき》の名家に、毎夜もらい風呂に来ていたという。しかし、その家が引っ越しの際にはお礼の品を持ってきたという。

人を騙《だま》す狐として名が知られていたのだから、文字情報に残っていない話も多く語られたのではないかと思われる。尾北《びほく》地方には名のある狐の話が多くあるが、**小牧山**

**吉五郎**に次いで、オケハン狐のエピソードは数多く残っているように思われる。

〔参考文献〕愛知県教育会『愛知県伝説集』、開校十周年事業委員会『小牧原のむかし話』、小牧商工会議所『こまき物語』

## 長田蟹〔おさだがに〕

「オサダガニ」と読む。平家蟹などと同じ人面蟹の一種である。確認できている最も古い記録としては『三河雀』（一七〇七）に記述があり、その他、『尾張方言』『張州府志』『尾張志』『尾張名所図会』『愛知県伝説集』など、尾張の地方資料には数多く記録が残っている。また『千虫譜』など、虫（蟹も虫の一種と捉えられていた）の図鑑にも登場する。

有名な平家蟹と違い、壇ノ浦で滅びた平家の恨み……に比べると、どうしても歴史的背景がローカルかつマニアックなのであるが、できるだけ掻《か》い摘《つま》んで説明する。

源頼朝、義経の父である源義朝は、平治の乱に敗れ、都落ちをする。知多の野間庄にある、重臣鎌田政清の嫁の実家、長田忠《おさだただ》致《むね》を頼って逃げ延びることになった。

長田は、当初は歓待したものの、平家が優勢となるのを見て心変わりし、入浴中の義朝を殺してしまう。しかし、後に源氏が天下を取った後、頼朝の父を殺した大罪人として磔《はりつけ》に処されたという。この長田忠致・景致《かげむね》親子の恨みが蟹に宿って、人面の蟹として知多の野間に出没する、これを長田蟹という。

他にも様々な側面があり、例えば、蟹の甲羅に人面を描いて魔除けとしたものも「長田蟹」と呼ばれるのだが、描かれた顔は源義朝だという。どういう理路で義朝を描いた蟹の甲羅を「長田蟹」と呼ぶのか、よくわからない。また、かつては郷土玩具としても売られたようで、人面蟹の形の素焼きの文鎮や水差しを「長田蟹」と称していたようである。

また、『愛知県伝説集』には「長田貝」も紹介されている。長田山から出る貝殻化石が「長田貝」と呼ばれており、これは磔にされて殺された長田の死体を山に埋めたので、長田の霊が貝となって出るのだという。（人面貝なのかどうかは記録にない）

〔参考文献〕愛知県教育会『愛知県伝説集』、怪作戦『愛知妖怪画談』第四巻 八面鬼・長田蟹、怪作戦『愛知妖怪雑録』増補版、深田正韶・中尾義稲・岡田啓『尾張志』、岡田啓・野口道直『尾張名所図会』、川崎巨泉『おもちゃ画譜』、松平君山・千村伯斎『張州府志』、亀井鉱『東海の郷土玩具』、名古屋市蓬左文庫『名古屋叢書三編』第一五巻

## おとら狐〔おとらぎつね〕

狐の憑《つ》き物である。柳田國男と早川孝太郎の共著『おとら狐の話』で知られる。非常に多くの記録が残っており、多くのエピソードや側面を持つ。確認する限り、最も古い記録としては幕末に書かれた『参河国《みかわのくに》名所図絵』に載っており、長きにわたって長篠《ながしの》地方を中心に各地で信じられていたようである（豊田、豊川、浜名湖の辺りまでは名称が確認できる）。以下で、いくつかの話を紹介する。

①もとは長篠城鎮護の社の、末社の使いだ

ったという。長篠合戦の折（もっとも、設楽原《したらがはら》の野戦ではなく、長篠城攻防戦の折と考えられる）、櫓《やぐら》から戦を見物中に流れ弾が左の目を傷付け、片目になったという。また、長野県犀川《さいがわ》の岸で昼寝をしているときに、猟師に撃たれて左足を痛めた。あるいは長篠城の軍議を盗み聞きしていて、城主に長刀で斬られたともいう。このため、おとら狐に取り憑かれた者は、左目から目ヤニを出し、左足を痛めてしまう。

その後、長篠城が廃城になった後、社を祀《まつ》る者がいなくなったため、恨んで付近の人に取り憑くのだという。別に流れ弾で目を傷付けたことなどを恨んで人に取り憑くのではないようだ。むしろ、おとら狐に取り憑かれた者は長篠合戦の軍談を語るともされるので、本人にとっては「昔ヤンチャした武勇伝」なのかもしれない。

②おとら狐に憑かれたものは、前述のように左目、左足を痛めるのであるが、その他にも様々な症例が記録されている。

・一晩中踊り狂う
・生魚をバリバリと齧《かじ》る
・狐のような形相になる
・遠方の、見えるはずのないものを知る
・赤飯や油揚げを欲しがる
・長篠合戦の軍談を語る

③おとら狐が片目片脚になった謂《いわ》れとして、別系統の話も伝わっている。弓の名人に射られて足を傷付けたという話である。

林藤太夫高英という日置《へき》流雪荷《せっか》派の弓の名人がいた。これは一七三七年頃の生まれなので、長篠の戦い（一五七五年）とは、随分時代に開きがある。古くからの徳川家の家臣の子孫だが（「献兎賜盃《けんとしはい》」のエピソードで知られる林光政の子孫という）、この頃は長篠村の代官を務めていた。

この家は代々弓術の名家として、カラスさえ止まらないと言われていた。おとら狐が、一つ試してみようとカラスに化けて屋根に止まり、二、三声鳴くと、書見をしていた藤太夫は「はて耳ざわりな。我が家の門へはカラスさえ止まらぬというに、憎らしき畜生だ」と、弓を取って鵜引き目の法で射た。手応えはあったが、急所は外したようで、カラスは狼狽《ろうばい》して飛び去った。その後、この出来事をおとら狐が取り付いた人の口から話したという。このために足を傷めたと。

ちなみに雪荷派には実際に蟇目《ひきめ》の法が伝わっており、普通の矢ではなく先端に穴の開いた、ある種の鏑矢《かぶらや》を射て、高い音で魔物を退散させるという。

『おとら狐の話』では、おとら狐は基本的に化けないように書かれているが、このエピソードではカラスに化けており、化ける話が全くないわけではないようだ。

④おとら狐には天敵がある。「山住さま」という「お犬様」で、静岡の山住神社に祀られている。お札や姿絵を迎える。ほか、岐阜の方の山犬も効くというが、お犬様の効力でおとら狐が人から離れても、死んでしまうことが多かったようである。

⑤『おとら狐の話』には、外見上の特徴なども色々と書かれている。曰く……

・白狐で背中に井桁《いげた》の印がある。

・雉猫《きじねこ》のような毛色である。

・また「おさだ狐」という孫がいるともいう。

ほか、『長篠村誌』には名前由来の一説があり「百姓万右衛門の娘おとらについたのが初め」という。また、長篠城の本丸から出る、真っ黒に焼けた米を持っているとおとら狐が憑かないともいう。

⑥『郷土の伝説』という地元資料には、あまり他の書籍に書かれていない情報が多数載っている。曰く……

・おとら狐は長篠合戦の話をするというが、実際に聞いた人の話は聞かない。話を聞く時には羽織袴《はかま》で下座をしなければならない。

・おとら狐は、これまでに二度、恐ろしい目に遭った。それは足を斬られた奥平信昌でも、弓の名人、林藤太夫でもない。一度は箱根付近で曽我五郎を誑《たぶら》かそうとした時に返瞋《さかにら》みを食らった時。もう一度は、越路で戸樫左右衛門が書見をしているところを後ろから押さえ付けようとして返瞋《へんしん》された時。この時は障子を蹴破って逃げたという。そのため、おとら狐除けに曽我五郎や戸樫（富樫？）左右衛門と書いた札を祀る人もあったという。

要するに「おとら狐に憑かれた」とされた、感じた人の語った内容の集合体であり、また、付近の歴史的文物なども貪欲に取り込まれて語られ続けたようなので、非常に多様なエピソードが残っていると考えられるのである。

［参考文献］怪作戦『愛知妖怪画談』第五巻 おとら狐、音羽町誌編纂委員会『音羽町誌』、御手洗清『郷土随筆 伝説の浜名湖』、古谷文一郎『郷土の伝説』、長篠郷土研究会『長篠村誌』、宮本常一・宮田登（編）『早川孝太郎全集』第四巻、鳳来町教育委員会『鳳来町誌』民俗資料編2伝説と民話、夏目可敬『参河国名所図絵』、愛知県南設楽郡教育会『南設楽郡誌』

## 恩田の初連［おんだのはつれん］

愛知県刈谷市恩田町の松雲院を中心に、様々な話の伝わる狐である。『民族と歴史』『刈谷町誌』『刈谷の伝説』『続刈谷の伝説』『昔話 天狗火』などに載る。刈谷市には初連を筆頭にその仲間の狐たちの話が数多く伝わっており、バリエーションも多い。名前だけでも恩田の初連、築地《ついじ》の尾白《おしろ》、築地の耳切、弥陀坂（萩田）のお梅、高須の耳切れ、小垣江《おがきえ》の尾切、小垣江の尾白、曲り戸のチョンガレ……と多く、読んでいて飽きない。いくつかの話を紹介する。

①現在、最も知られているパターンが「初連が刈谷藩の嫁取りを邪魔する話」である。

恩田の松雲院に初連という狐が親子で棲んでいた。非常に子煩悩で、また神通力は豊川稲荷も及ばないほどであったという。

当時の刈谷藩主三浦侯が鷹狩《たかがり》の折に松雲院に立ち寄り、お茶を召された。その際に使われた文福茶釜を気に入り和尚と懇意になった。この文福茶釜は頼朝が富士の巻狩りに使用したといい、板倉侯から拝領したものだという。

三浦侯は度々、鷹狩の際に松雲院に寄るようになり、退屈したお供の者が、初連の巣穴のそばで子狐をいじめた。このため、初連は刈谷藩を恨むようになる。

その頃、東北から刈谷藩へ輿《こし》入れの話があった。初連はこれを好機と仲間を集め、自らは姫に成り済まし、嫁入り行列を作って本物の行列に先んじて刈谷に乗り込んだ（この時の仲間が築地山の耳切れと萩のお梅だという。仲間の狐の名は資料によっても異なる）。荷の受け渡しの際にはたくさんのご馳走が出たが、後で見ると、皆、不浄物だったという。

荷物の受け渡しも無事に済み、姫は城内に乗り込んだ。大広間で儀式が執り行われ、お床入りの前に入浴することになった。ところが、風呂の水音が奇妙なので、家老が湯殿を覗《のぞ》いてみると、一匹の年老いた白狐が大きな尾で風呂の水をかき回していた。驚いて抜き打ちざまに斬り付けたが、狐は消え去ってしまった。

三浦侯は石高半減の上、国替えとなってしまった。松雲院の幽石和尚は、もとは初連をかわいがっていたが、今回の件は許しがたいと初連を激しく折檻《せっかん》した。初連は「恩田ばかりに日は照りやすまい　箱根日も照る　雨も降る」と言い残して箱根に去った。しかしその後、三浦侯に悪いと思ったのか、参勤交代の折には箱根付近で金銀染め分けの綱を沿道に張って、行列の警戒をしたという。

②松雲院の住職が眼病で、有名な福田の眼科医にかかっていた。小僧に薬を取りに行かせると、薬局では「先ほど、あなたのような小僧さんが来て薬を持っていかれた」という。帰って和尚に話すと、初連の仕業だろうから巣穴を見てくるように言う。小僧が来てみると初連が小狐に目薬をさしていた。和尚はこれについては咎《とが》めなかったという。

この話には後日譚《たん》もあり、遊びに来た小垣江の狐がその話を聞き、痔《じ》が悪かったので尻に塗り、尾が白くなってしまったために「尾白」と呼ばれるようになった話もある。

③その他、次のような話がある。

・絵描きに「屋島の戦い」を化けて見せてあげた話

・「高須の大耳」と化け勝負をすることになり、大名行列に化けたと騙《だま》し、不用意に近付いた「高須の大耳」が侍に斬られ、「高須の耳切れ」になってしまう。後に改めて化け勝負をして、それでも初連が勝つ話

・「寛政の一揆」の際に、狐たちが集まって会議をする話

初連が登場せず、初連と絡んだ名のある狐たち単独の話もある。

このように、刈谷周辺にて恩田の初連を中心に様々な狐たちの話が親しまれている。恩田の初連はアニメの『まんが日本昔ばなし』にも登場した。

〔参考文献〕怪作戦『愛知妖怪画談』第三巻　恩田の初連、刈谷町誌編纂会『刈谷町誌』、刈谷郷土を学ぶ会『刈谷の伝説』、刈谷郷土を学ぶ会『続刈谷の伝説』、民族と歴史編輯所『民族と歴史』第八巻一号、加藤則幸『昔話　天狗火』

# 【か】

## 風越三十六人衆

〔かぜこえさんじゅうろくにんしゅう〕

天狗の三六人チームで、御堂山観音の守護神である。

御堂山は愛知県北設楽《したら》郡設楽町田口にある。昔は御堂山から風越にかけて、多くの天狗がいたという。添沢《そえざわ》にも一八人おり、鹿島にも何人かいたという。御堂山に「三十六人衆」、添沢にも「十八人衆」として祠《ほこら》がある。

ある年の霜月一八日の祭りの夜、火祭りが終わった頃に、村人の一人が「風越三十六人衆」と叫んで松明《たいまつ》を空中に投げた。すると松明が空高く舞い上がり、風もない静かな夜空を、風越の方に燃えながら飛んで行ったという。

『御堂山観音由来記』には、冒頭写真の説明文を「風越え36人衆（天狗）の祭」としており、「かぜこえ」と読むようである。祭りの際は、七人の宮人が山に入って鉈《なた》で大根を削って祠の前の焚《た》き火に供えるという。

〔参考文献〕愛知県教育会『愛知県伝説集』、北設楽郡教員会『北設楽郡伝説集』、財団法人御堂山会『御堂山観音由来記』

## かなつるべ

いわゆる「ツルベオトシ」の一種である。『新城《しんしろ》の伝説』にはこのような話が載っている。

「島原の梅岡真一さんのやぶの中に、大きなえのきの木が一本立ってますが、むかしその木から、『かなつるべ』がさがってきたといわれています」

「釣瓶《つるべ》」とは、井戸で水を汲《く》み上げる時に滑車の先端に付いている容器、あるいはそのシステムの全体を指す言葉である。柳田國男は「妖怪名彙」にて、恐らくは「かなつるべ」を念頭に「……あるいは大きな杉に鬼が住んでいて、下を人が通ると金の釣瓶ですくい上げたという話もある（愛知県伝説集）。人をさらうためだけなら金にも及ばなかったろう。何かこれには隠れた意味がありそうである」と、これをゴールドの釣瓶と解釈している。

しかし、柳田が参照した『愛知県伝説集』に「杉に住む鬼」として載っている話も「鬼が、かなつるべで人をさらった」という内容であり、特にゴールドには関係ないようである。

「64 杉に住む鬼（北設楽《したら》郡）一宮村江島のある杉林に大きな杉があつた。この木には鬼が住んでゐて下を通る人をかなつるべでさらつたといふ。」

これは「金属の釣瓶＝金釣瓶《かなつるべ》」だったのではないかと考えられる。金物《かなもの》のカナである。今日では金属製の桶《おけ》が釣瓶として使われることも特殊ではないが、昔であれば木製が多かったと思われる。何か金属音でも鳴ったものであろうか。いずれにせよ、三河地方各地で「かなつるべ（金属の釣瓶）」が下りてきて、人をさらってしまうという話があったようである。

他にも『郷土誌　舟着《ふなつけ》物語』にはこのような話も載っている。

新城市日吉の権現坂は、樹木が鬱蒼《うっそう》と茂り、太い檜《ひのき》の大木があった。この檜の大木から「金つるべ」が下りてきて、悪いことをする人を連れていってしまうと言われていた。

近くに太助という悪童がおり「悪太郎」と呼ばれて嫌われていた。この悪太郎が子供に乱暴をして権現坂を通ると、檜の大木から金つるべが下りてきて、悪太郎をすくいあげてどこかへ連れていってしまった。その後、付近の子供たちは安心して遊べるようになったという。

こうして見てみると、少なくとも新城市一帯では、何ヶ所かで「かなつるべ」というものに対して、ある程度の共通理解があったようである。

〔参考文献〕愛知県教育会『愛知県伝説集』、鈴木隆一『郷土誌　舟着物語』、柳田國男『新訂　妖怪談義』、山本一三二『新城の伝説』

## カネ掘リ婆サン〔かねほりばあさん〕

曇った夜、森の中から火が見えて森の中を走り回るのは、カネ掘リ婆サンが金を探して居るのだという。

『現行全国妖怪辞典』に載る。今のところ、この資料の記述しか見付かっていない。地域も「愛知県渥美《あつみ》郡」とだけあるので、おおよそ田原《たはら》市の辺りと考えられるが、豊橋市の南部である可能性もある（愛知県の東側の大きな半島が「渥美半島」で、旧渥美郡はおおよそ半島全体である）。

〔参考文献〕佐藤清明『現行全国妖怪辞典』

## かりやたろう

夜、浜辺へ出て大きな声で「かりやたろう」と叫ぶと火の玉が来る。初めは沖で小さな火が見えるのだが、みるみるうちに大きくなり、真上に来る頃には風呂桶《ふろおけ》のような大きさになってグルグルと回る。ただ、波打ち際から先、陸の方には来ない。逃げ遅れた時は草履を頭へ載せて這《は》っていればそのうちに帰っていくという。草履を頭に載せる対策方法は、近隣地域で**磯天狗**への対処でも見られる。

ある時、三人の元気な若者衆が「火の玉など怖くない」と、あえて浜辺に出て「かりやたろう」と叫び、呼んだ。火の玉が近付いてくると用意しておいた下肥を肥柄《こえび》杓《しゃく》でひっかけた。汚いものが嫌いだからとやったのだが、火の玉は真上に来たので、自分たちが糞《くそ》を被ってしまった。三人とも糞だらけで帰ってきたという。

愛知県には「刈谷」という地名があるが（車に関する企業が多いことで有名）、場所は離れており「かりやたろう」の意味はよくわからない。風呂桶ほどの怪火という点では磯天狗にも似ており、実際、『知多半島の民話』では「野間では磯天狗のことを『かりやたろう』と呼んでいた」としている。

〔参考文献〕吉田弘『知多半島の民話』、山本豊治郎・夏目つや・都築武七・神谷治郎・磯村彦四郎『野間町史』、美浜町誌編さん委員会『美浜町誌』資料編二

## 河小僧〔かわこぞう〕

いわゆる「河童」の類いには地方名が数多く存在する。愛知でも様々な呼称が残るが「カワコゾウ」は代表的なものの一つである。その他には**カワランベ**、**ノシ**、**トチ**などが多く、どちらかというと、三河でカワコゾウが多く、尾張でトチが多い。

古くは江戸時代の『尾張方言』（一七四八）に「かはこぞ　亦《また》かはらんべといふ」とあり、古くから「カワコゾウ」と呼ばれていたことがわかる。また、柳田國男が「妖怪名彙」にヒヲカセという名で載せた妖怪も、もとは「亀淵《かめぶち》の河小僧」という話である。

語られる内容としては、河童駒引きや蓼《たで》を嫌う話が散見される。また、祇園祭りの日に出るとされる場合もある。県内の河小僧譚《たん》を全て掲載することは叶わないが、代表的なものをいくつか掲載する。

①北設楽《したら》郡三輪村（現在の東栄町辺りか）の長岡と川合の境に亀淵という淵がある。大力で知られた杣《そま》職の鬼久右衛門という者が、夜道を川合へ帰ろうと歩いていると、自分の前を七、八歳の禿《かぶろ》の童子が歩いていく。

声をかけても返事をせず、一定の距離を保って久右衛門の前を歩いていく。不思議だと思いながら歩いていくと、禿は亀淵の前で急に振り返って「火を貸せ」といった（資料によって「おいお爺火をお貸せ」など台詞《せりふ》には異同がある）。亀淵には河小僧が出ると聞いていたので、これは子供ではなく河小僧だったかと考え、大きな煙管《キセル》の雁《がん》首《くび》で禿を殴り付けたのだが、同時に気を失ってしまった。翌日には気が付いたので帰宅できたという。その子は亀淵の主であるという。

②本郷町大字本郷（現・東栄町）に、おおかげという力の強い馬が飼われていた。代掻《しろか》きの帰り、柳瀬へ洗いに行って馬を泳がせた。そこには深い淵があり、カアランバ（川小僧・河童）がいると言われていた。家に帰るとカアランバが馬の尻尾にぶら下がっている。川小僧は捕らえられ、厩《うまや》の入り口の柱に縛り付けられた。小憎たらしい顔をしていたので、女衆が「憎たらしい奴だ」と頭から水をかけると、川小僧は恐ろしい力で縄を斬り、川へ逃げていった。川小僧は馬を引き込もうとして川から引き上げられ、頭の鉢の水をこぼしたので力がなくなったのだが、再び水を得て強くなったという。

頭の皿ではなく「鉢」と表現されて記録に残っている点が興味深い。

③昔、津具《つぐ》川の二子島（現・設楽町か）の持ち主が島で仕事をしていると、一人の小僧が頻繁にやってくるのだが、どうも様子がおかしい。

近くに「蛇淵」と呼ばれる淵があり、カワコゾウかもしれないと思い、弁当の菜に蓼を入れ、昼飯の際にそれを与えると、小僧は「しまった」と叫んで川に飛び込んだ。

翌日、淵の真ん中に大きな魚が腹を背にして浮かんでいた。立派なイワナだったので持ち帰って食べたところ、一家は毒でことごとく死んでしまい、二子島も洪水で荒れて砂地になってしまったという。

④昔、上郷（現・豊田市大野瀬の上郷？）の「ウオドメ淵」にはカワコゾウが棲んでいて、淵に入ると尻の子を抜かれて浮かび上がってきたという。

　そのカワコゾウは、昼間にも出てきて、畦豆《あぜまめ》（田の畦に植えられる大豆）を食うともいう。

⑤旧南設楽郡作手《つくで》村（現・新城《しんしろ》市）では、「川にカワコゾウがいる」と伝えられており、特に「祇園の日川へ行くとカワコゾウに引きずり込まれる」と恐れられた。

⑥西尾市佐久島でも瀬川清子の調査記録に「カハコゾウ　シリゴを抜く。水死人は尻があいてゐる」とある。目立った川のない島なので、これは海に出たものか。

⑦旧南設楽郡（現・新城市）では、六月一五日に川に行くと川小僧がシンノコ（尻子玉のようなものか）を抜くといって忌む。夜は赤い小提灯をたくさん吊るしてその前で拝んだという。

　資料上の表記は「河」も「川」も散見される。また、河小僧＝川坊主＝河童のような記述も少なくない。様々な地域資料に記録が残っており、愛知県各地で、河童的な水怪、現象を指す比較的一般的な呼び方だったようだ。

［参考文献］愛知県教育会『愛知県伝説集』、怪作戦『愛知の河童』愛知妖怪画談第七巻、和田寛『河童伝承大事典』、北設楽郡史編纂委員会『北設楽郡史』、佐藤清明『現行全国妖怪辞典』、瀬川清子『採集手帖（沿海地方用）』、柳田國男『新訂　妖怪談義』、名古屋市蓬左文庫『名古屋叢書』三編第十五巻、池田弥三郎・大藤時彦・牧田茂・和歌森太郎編『日本民俗誌大系』第五巻、東栄町誌編集委員会『東栄町誌』自然・民俗・通史編、鳳来町教育委員会『鳳来町誌』民俗資料編2　伝説と民話、南設楽郡教育会『南設楽郡誌』、国学院大学民俗学研究会『民俗採訪』昭和四九年度

## 川尻婆ァの古提灯
［かわじりばばあのふるちょうちん］

泙野《なぎの》（愛知県豊川市）に何代も続いている長者が住んでいた。泙野小町と評判された一人娘がいたのだが、誰かに叶わぬ恋心を抱き（渥美《あつみ》大夫源国重だともいう）、毎晩、龍光寺（現・大恩寺か）の拝殿に忍び込んで額《ぬか》ずいていた。いつしか里人の噂となり、娘は気が狂って座敷牢で悶《もだ》え死んでしまった。その後、龍光寺の杉の木に怪火が出るようになり、里人は娘の怨霊だとか、娘の霊を慰めるために龍宮から灯明があがるのだと噂した。また、龍光寺の頂きに燃える妖しい火は、必ず「むらさき川」を南に走って海の彼方《かなた》へ飛び去るという。

　また、薪取りの里人が夕刻に、龍光寺の門前で、髪を振り乱した恐ろしい顔の老婆に会ったといい、麓の岩をよじ登っていた、口が耳まで裂けていたなどとも言われ、これを泙野小町と結び付けて、小町がまだ生きているのではないかと恐れられたという。

　これが「川尻婆ァの古提灯」の話であるのだが、掲載されている『東三河の伝説物語』にも「構成に無理がある」と言及されている。いささか散らかった感のある記録

である。川尻というのも、川沿いに飛ぶ火を指したものか、よくわからない。源国重という人物も不明であるが、田原《たはら》の鸚鵡石《おうむせき》の話には「渥美大夫重国」という人物は登場している。渥美半島付近の、偉い人の代名詞なのかもしれない。

［参考文献］乙部静夫『東三河の伝説物語』

## 勘五郎火［かんごろうび］

尾張地方北部に伝わる怪火の名称である。母子の悲話にまつわる火で、田の周辺で見られる点が共通している。

①犬山に伝わる話は、『雑話犬山旧事記』『犬山視聞《みきき》図会』『犬山里語記《りごき》』『尾張名所図会』『愛知県伝説集』などに載る。「妖怪名彙」のオサビの項目中でも（勘太郎火という名称で）言及されている。ただ、「妖怪名彙」では「二つの火が一しょに出るという話は、名古屋附近にも……」という趣旨で言及されているのだが、江戸期の記述では、「二つの火」が現れる内容にはなっていない。また、『尾張名所図会』では「橋爪妖火」という項目名にて紹介されている。

一例として、『犬山里語記』巻の一〇、妖怪の部には、以下のような話として載っている。

昔から橋爪村（現・犬山市橋爪、東橋爪）の青木堤に勘五郎火というものがある。毎年夏、青木川の堤に夜な夜な霊火が徘徊《はいかい》する。里語に、四〇〇年前、勘五郎という者がいて、田の水論のことで殺された。勘五郎の母は悲しんで気が狂って死んでしまった。その霊火だという。また、青木川の堤は毎年のように壊れた。農民はこれを悲しんで勘五郎親子の祟《たた》りだろうとも言われた。寛政の頃、北みの狭間村（岐阜県の旧迫間《はさま》村か）に占いのうまいアリマサという老婆がいた。この老婆に占ってもらうとやはり勘五郎親子の魂が原因だという。徳授寺の大陽和尚に青木川の堤で大施餓鬼会《だいせがきえ》（餓鬼道に苦しむ死者を供養すること）をしてもらうと、以後は堤が壊れることもなくなった。

しかし、これが『郷土趣味』第四巻第八号に書かれた記事を経て『愛知県伝説集』に載った際には、（母子の）「二つの火が出る」という話に変わり、今日では「二つの火が出る話」という内容で、地元の民話としても定着している。

②岩倉市八劔町《やつるぎちょう》（犬山市のやや南西）の人たちは、昔から「勘五郎火」を見てきたと『岩倉町史』は記す。

田植えの始まる頃、五月雨の降る夜に多く見える。勘五郎という子供がホツタロ（ホタル）を捕まえに行って消えてしまった。悲しんだ母親が「勘五郎やあい、勘五郎やあい」と切ない声で叫びながら尋ね歩いているのが勘五郎火だという。ある程度青みを帯びた一つの赤いはだか火で、あまり高いところは飛ばず、麦畑すれすれくらいのところを、消えたり灯ったりしながら飛んでいくという。

③『現行全国妖怪事典』には【ガンゴロー】勘五郎。怪火。愛知県東春日井郡（一一六二）とのみ記載されている。旧東春日井郡

は瀬戸市、春日井市、小牧市などを含む地域で、前述の犬山や岩倉とは異なる場所である。詳細は不明だが、ここにも別の「勘五郎火」があったようである。

〔参考文献〕愛知県教育会『愛知県伝説集』、犬山市教育委員会・犬山市史編さん委員会『犬山市史』史料編4近世、日比野晃『「犬山里語記」について 肥田信易とその周辺』、岩倉町史編さん委員会『岩倉町史』、岡田啓・野口道直『尾張名所図会』、佐藤清明『現行全国妖怪辞典』、柳田國男『新訂 妖怪談義』、林英夫『日本名所風俗図会6』東海の巻、岩崎美術社『復刻版郷土趣味』

## 祇園坊主〔ぎおんぼうず〕

河童、あるいは河童に類する怪異について、今日では一種のUMA的な解釈でもって、普通の生き物のように年中無休で人を襲ってくるような捉え方をされているケースが少なくない。しかし、地域資料などを紐解《ひもと》くと、特定の日、特に祇園祭りの日に川に入ることを戒める記録が少なからず存在する。

愛知県の場合、トチといった名で呼ばれることも多いが、そのものズバリ、「祇園坊主」という名で呼ばれるケースも確認できる。「坊主」といっても僧形などのことではなく、「○○野郎」とか、「○○太郎」といった趣旨での名付けのようである。

①『下山村史』には旧下山村（現・豊田市）における祇園坊主の記録が二件残されている。

羽布《はぶ》の熊野神社（羽布ダムのやや北西）の西、約二〇〇メートルの県道下に、若宮淵と呼ばれる淵がある。

ある年の送り神（祇園祭り）の日、年若い宮司がこの淵でみそぎをしていたが、深みにはまって死んでしまった。二、三日後、「ぎおん坊主」に尻を抜かれた水死体が淵に浮かんだ。このことから「若宮淵」と呼ばれているという。羽布城主の若君が溺死したからともいう。

立岩《たていわ》（豊田市立岩町〜栃立町《とちだちちょう》付近）では、他の地域より一日早い旧暦六月一三日に祇園祭りをする。一般的には旧暦の六月一五日が祇園祭りである例が多いようだが、ここでは一三日を「一日早い」としているようである。この祇園祭りの日に川に行くと「ギオン坊主」が出てきて、人を川に引きずり込むというので、大人も子供も川に近付かない。

②『豊明《とよあけ》市史』にも旧暦の六月一五日は天王祭り（祇園祭り）が行われ、この日に池や川に入ると祇園坊主（トッチ）にお尻のトッコを抜かれたり、水の中に引き入れられるとある。

トッチ、トチは愛知各地で言われる、スッポンのような河童のような怪であり、詳しくは**トチ**を参照されたい。トッコは、いわゆる尻子玉の地方名（方言）の一種と考えられる。愛知では他に「シンノコ」などと呼ばれることも多く、詳しくは**しんのこ亀**を参照されたい。

その他、西加茂郡小原《おばら》村（現・豊田市）ではお盆にボンボウズが出るという話もある。「お盆」と「祇園祭」の違いはあるが、比較的似た性質、ネーミングと考えられ、興味深い。

〔参考文献〕下山村『下山村史』資料編Ⅲ、豊明市史編さ

ん委員会『豊明市史』本文編

## 金兵衛茸［きんべえきのこ］

『知立《ちりゅう》市史』に載る。

牛田に坂田金造の子で、金兵衛という真面目な青年が住んでいた。貧乏であったが、妻は牛田小町と評判の気立ての優しい美人であった。

宝暦三年（一七五三）一二月二三日。しとしと雨の降る中、金兵衛は岡崎の宿に使いに出た。小作農だけでは年貢を払うにも足りず、働く必要があったのである。すると、日頃、金兵衛の妻に横恋慕していた庄屋が留守宅に押しかけ、滞納している年貢米三升五合の取り立てを理由に、強引に関係してしまった。

帰宅した金兵衛は理不尽な仕打ちに腹を立て、庄屋の家に駆け込み、脇差で役人に斬り付けてしまった。そのため、金兵衛は公儀に刃向かった罪で、打ち首となってしまう。

七日ほど後、金兵衛の家の壁に、蓑《みの》を着たような形の茸が生えてきた。妻は不思議に思ったが、抜いても抜いても生えてくる。これは夫の自分への思いと無念からこのような姿で現れるものと考え、西教寺の和尚に頼んで経を上げてもらった。和尚が数珠で茸をさするとコロリと落ち、後には血のようなものが滲《にじ》んでいた。妻は髪をおろし、仏門に入った。そのことが村中に知れると庄屋は体裁が悪く村にいられなくなり、どこかへ行ってしまったという。

『知立市史』には、金兵衛屋敷跡の地蔵や、西教寺の金兵衛茸の写真なども載っている。

『参河国《みかわのくに》名所図絵』には「金兵衛子」として載る。『知立市史』と異なる点がいくつかある。

まず、特に妻が美人とは書かれていない。ただし、金兵衛も青年とは書かれていないので若くなかったかもしれない。金兵衛が働きに出ている間に庄屋が押しかけてくるが、年貢のことを強く責められたとしか書かれていない。金兵衛が殺された後、壁に茸が生えてくるが、それは「男根のごときもの」だったという。一度抜いてもまた生えてきて、二度目は鍬《くわ》でようやく取ったという。和尚は登場しないが、「其男根のごときもの今当寺（西教寺）にありて」とあり、西教寺がらみの案件であることは変わらないようだ。

［参考文献］知立市史編纂委員会『知立市史』下巻、夏目可敬『参河国名所図絵』

## クダギツネ

長野を中心に知られる憑《つ》き物であるが、愛知の記録や事例も少なくない。いくつか例を挙げる。

①古くは『想山《しょうざん》著聞奇集』の「信州にて、くだと云怪獣を刺殺たる事」の項に、三州（三河）についても言及されている。「三州・遠州などにて管狐《くだぎつね》と云は至て少く、管の中へ入る故に名付けたる狐とはいへども、実は其形ち、鼠程有狐にて、慥《たしか》に見たりと云

者、三州荒井に有て能々《よくよく》聞置たることもあれども、此類の種類も、いくらも有事と見えたるゆゑ、管に入のも有にや」

「至って少ない」とは言うものの、三河で確かに見たという人から話を聞いたこともあるといい、三河地方で事例があったことがわかる。

俗に「三遠南信」（三河、遠江《とうとうみ》、南信濃）とも言い、三河地方北部には、長野南部と共通する文化も多い。

②早川孝太郎の「三州横山話」には、「○クダ狐　狐に管狐と云う一種があって、単にクダともクダン狐とも謂《い》います。鼬《いたち》によく似て、鼬より体が小さく、毛の色が心持ち黒味を帯びていると謂います。狐使いの家などで使うのはこの類で、様々な通力を持っていると謂いますが、これに、白飯に人《じん》糞《ぷん》をかけて喰べさせると、通力を失って馬鹿になると謂います」とある。

③クダギツネの事例は三河地方に限らず、尾張地方にもある。例えば『民間伝承』八巻八号には、一宮市の話としてこのような話が載っている。

一宮市の明神の東にうどん屋があり、市の日に八卦見が出ていたのだが、クダギツネを使っていた。隣の家のお櫃《ひつ》の米がなくなったり、うどん玉が足らなくなったりしていた。八卦見が狭い布で囲った中で女性を占っていたが、手を動かして両耳の辺りを払って筮竹《ぜいちく》（易占に使う竹の棒）を使っていたので、クダ使いだと明らかになった。

クダギツネは伏見稲荷からもらい受けてくる。指くらいの太さの管の中央にしきりがしてあり、奉書で包んである。何か一つのことを頼んで受けてきて、二、三年は思い通りになる。狐のささやきが、受けてきたものには聞こえる。狐には名もあり、伏見では戸籍のようなものもある。受けてくる時には日当たりの扶持《ふち》を決め、それを必ず与えなければならない。二、三年を過ぎると、狐が中央のしきりを取るように頼んでくるようになり、取ると狐が急に増える。増えた分だけ扶持を与えないといけない。狐は一度に一つのことしか報告できないので、何度も調べに行かせて聞く必要がある。そのため、何度も耳の辺りを払って、狐に繰り返し命令する必要があるのだ。

④『瀬戸市史』にも載る。

クダ（管狐）は、本来は神の使いで、普通の人には見えない。家に棲み着くと人に取り憑く。取り憑かれた人は手の甲の側で脈を打つようになる。

ある例では、危篤の重病者が急に元気になり、稲荷寿司を求めるようになった。大便に狐の毛が混じり、寝床にも毛が付くようになった。クダが憑いたと思われたので拝み屋に祈禱《きとう》してもらうとクダが病人から抜け出し、死臭が漂った。病人は何日も前から死んでいたのである。松を燻《いぶ》すとクダは体から出るともいう。クダは山野にいるポッポネズミ（ヒメネズミ）ではないかともいうが、はっきりしないという。

［参考文献］谷川健一『日本庶民生活資料集成』第一六巻奇談・紀聞、池田弥三郎・大藤時彦・牧田茂・和歌森太郎（編）『日本民俗誌大系』第五巻、『民間伝承』一五巻七号、瀬戸市史編纂委員会『瀬戸市史』民俗編

## 黒姫さま〔くろひめさま〕

『南知多町誌』『増補愛知県伝説集』などに載る。『愛知県伝説集』や『日間賀島《ひまかじま》民俗誌』にも、黒姫様に関連する「御姫屋敷」についての記録が残っている。

日間賀島は知多半島の先端にある島である。西部の、現在郵便局がある辺りを、かつては「御姫屋敷」と呼んでいた。この一帯は豪族、鈴木五太夫の所有地であり（もとは武士であったのだが、江戸時代には一帯の里長、あるいは庄屋の扱いであったようだ）、御殿風の立派な屋敷があり、島民の接近が禁じられていた。

江戸時代には尾張藩の領地であり、対岸の師崎《もろざき》から、御船奉行千賀志摩守の監視のもと、藩主の家族や高級藩士の不義者など、わけありの尾張藩関係者を「島流し」にしたところでもあった。

いつの時代か、この屋敷に首から上を黒布で包んだ若い女性が住むようになり、それからというもの、島で不祥事が続発した。若者が忽然《こつぜん》と姿を消したり、平穏な海上で漁船が沈没したりしたのである。島民は、「御姫屋敷」の奇怪な存在と結び付けて「黒姫さま」と呼んで恐れたという。

実際に江戸時代の日間賀島は、代々鈴木家が支配していたようだが、黒姫さまの具体的なモデルまではっきりしない。尾張藩主が遊覧したりしたことはあったようだ。

〔参考文献〕怪作戦『愛知妖怪画談』第六巻 女の妖怪、福田祥男『増補愛知県伝説集』、池田弥三郎・大藤時彦・牧田茂・和歌森太郎（編）『日本民俗誌大系』第五巻、南知多町誌編集委員会『南知多町誌』

## けさだにし

有名な「九尾の狐」に、くっついて飛んできて、落ちたというタニシの話が伝わっている。

長篠《ながしの》城（愛知県新城市《しんしろ》）の少し北に位置する医王寺は、長篠合戦の折、武田勝頼が本陣を敷いたことで知られる。この医王寺の少し南に天神様が祀《まつ》られており、その前の田に、袈裟《けさ》懸けに筋の入った珍しいタニシがいるという。

九尾の狐が京で正体を暴かれ、東に飛び去る時、尾にタニシがくっついていた。途中、長篠の上空を通りながらそのタニシを落としていった。このタニシが「けさだにし」である。

『鳳来町《ほうらいちょう》誌』は「けさだにし」の前段で九尾の狐について説明している。一般的に伝わる話では、鳥羽上皇が九尾の狐を寵愛《ちょうあい》したことになっているが、本誌では近衛天皇であるとしている。しかし、近衛天皇は一七歳の若さで亡くなっている。なぜこのように伝わったのか不思議だ。また、珍しい模様のタニシの由来譚《たん》だが、「九尾の狐にくっついてきたタニシだから袈裟懸けに筋が入っているのだ」という、わかったようなわからないような理由が述べられている。

〔参考文献〕鳳来町教育委員会『鳳来町誌』民俗資料編2 伝説と民話

## 外道蜘蛛［げどうぐも］

『みなみ』第三二号、『南知多町誌』などに載る。いわゆる「飯食わぬ女房」譚《たん》である。師崎《もろざき》ではその正体が蜘蛛とされた（話がある）のだが、更にその正体が「女山ン坊」だという。

師崎は知多半島の先端に位置する。そこで三十路近い男が嫁を探していた。山家育ちの娘を世話してもらい、美人、親切、働き者の素晴らしい嫁だったが、なぜか思いもよらぬ早さで家の米が減っていく。二人で食事をしている時の女房は非常に小食だったので、不思議に思った男は仕事に行くふりをして隠れて様子を見ることにした。

女房は三升余りの米を炊いたかと思うと、握り飯を作っては頭上に投げる。すると頭のテッペンにもう一つ口がありパクパクと食べてしまった。

男は「この化道《げどう》め、正体を見破ってやるぞ」と夕方になるのを待って家に帰り、別れ話を切り出した。女は悲しむ様子もなく、最後に風呂に入るように勧める。男が風呂に入ると女は風呂桶《ふろおけ》を被せてきて、縄で縛ってしまった。

女房はそのまま桶ごと、湯ごと、人ごと背負って山道を登っていく。男は、化物が休息した隙に桶から抜け出した。姿を見ると、身の丈七丈（二一メートル余り）で、顔も人間とも猿とも見分けが付かない怪物になっていた。やがて怪物は、かつて城があった所にある大穴に着くと、「今戻ったぞ」と叫んだ。すると三匹の怪物の子が出てきた。化物は風呂桶の中に食事があると言ったが、中には水しかない。

怪物は「今晩、夜中に化道蜘蛛に化けて、天窓から降りて摑《つか》んでくるので待っておれ」と子に諭した。男は村に帰って親戚などに相談し、焼き殺す準備をして待った。

やがて九ツ（一二時）になると、天窓に大きな二つの目がランランと光り、長く太い毛もくじゃらの足、顔、胴で、黒と茶の虎斑《とらふ》の化道蜘蛛が姿を現した。尻から糸を出し、少しずつ降りてきたが、半分ほど下がったところで、隠れていた者たちが焚《た》き物に火をつけ、棒で打ちかかった。化道蜘蛛は糸が焼き切れて火の中に落ち、抵抗したものの、やがて尻が焼けて死んでしまった。

しかし、死んだ姿は化道蜘蛛ではなく、猿とも人間ともわからぬ大きな「女山ン坊」であったという。『南知多町誌』では単に「山婆」としている。

それからというもの、師崎では「夜の蜘蛛は親の生まれ変わりと見ても殺せ。そして尻を焼け」というようになったという。

［参考文献］山下清『みなみ』第三十二号、南知多町誌編さん委員会『南知多町誌』資料編五

## 毛脚［けのあし］

豊橋の商人が祈願のために本宮山《ほんぐうさん》を登っていた。途中、雲に覆われて進めなくなってしまい、休んでいると、美しい女性が着物の裾を乱して登ってくる。母の病気治癒

を祈るために来たのだという。二人で山を登るうち、男は劣情を催し女を口説いた。女は、神を拝む前に身を汚すわけにはいかないので、参拝を終えてから……と言う。男は喜んで鳥居の近くまで進むと、女が「足袋の紐《ひも》が解《ほど》けてしまったが、脚が痛くで屈《かが》むことができないので結んでほしい」と言う。男が結ぼうと屈んで脚を見ると、女の脚は杵《きね》のように逞《たくま》しく、針のようにとがった毛がビッシリと生えている。驚いて見上げると、背は七、八尺（約二メートル）、顔も猿のようで、ギラギラ光る目で男を見ている。驚いて祠《ほこら》に駆け込むと老人が一人いて、茶を煎《い》れてくれた。落ち着いたので先ほどの女について話すと「お前が見たのはこのような脚ではなかったか」と、ビッシリと毛の生えた脚を見せた。男は気を失って倒れてしまった。

通りがかった猟師に薬を飲まされると回復し、感謝して帰ったそうである。

再度の怪であり、艶笑《えんしょう》要素もある。『夜窓鬼談』の作者である石川鴻斎《こうさい》は豊橋の出身であるが、地元資料には、ほぼこの話は見えず、地域の伝承というよりは創作である可能性が高そうである。

［参考文献］石川鴻斎『夜窓鬼談』

## ごひん

天狗の別名をグヒン（狗賓）とも言い、また愛知県ではゴヒンとも呼んでいる。ただし、必ずしも天狗の別名とは限らず、ゴヒンはゴヒンとして別途扱われている場合もある。

『廣瀬今昔物語』には「この辺りでは天狗を『ぐひん』とも言って、多くは神様のように敬う」と書かれている。しかし、具体的に目撃した者はいないという。ただ「あれはグヒンの仕業だろう」と解釈された現象には遭遇しているようで、例えば、沢鳴りがしたと思うと、木の裏でドカンと大きな火が燃えるようなことがあったとか、山の頂きに松明《たいまつ》のような火が見えて、その火が近くの松の木の上に来て恐ろしい音がしたといった体験などを、ゴヒンの仕業と解釈したようである。

『田原町史』では「ぐひんさま」は俗に「ごひんさま」とも言われていると記す。事例としては、田原湾の海面各所に怪火が広がり、漁撈《ぎょろう》者だけでなく、陸上からも見えたという。また、蔵王山頂上にも現れ、神様が竜に火を燃やさせて魚を集めさせるのだと非常に恐れられた。太平洋側でも現れ、多くは夏の雨降り、曇り空の夜に見え、晴れた日には見えなかったという。火の出た日は大漁になるのだが、漁師たちは獲物を完全には持ち帰らないか、あるいは捨ててすぐに帰ったという。

しかし『武豊町誌《たけとよちょうし》』では、特に天狗の別名とは解釈せず、悪魔のことであるとしている。

弥三郎さんが稲番（害獣に田を荒らされないように番をすること）のために後田《うしろだ》へ行った際、突然、太鼓の音とともに大風が吹いて大雨が降り出した。田の中で屈《かが》んでいたらしばらくして静かになった。さぞや周囲も荒れてしまっているだろうと思って顔を上げると、不思議なことに、周りはもとのままで何も起きていなかった。村ではこうした経験をした人が少なくなく、これをゴヒンさん（悪魔）がいさむといって恐れていた。

［参考文献］武豊町誌編さん委員会『武豊町誌』資料編二、田原町文化財保護審議会『田原町史』上巻、月山左一郎・月山峰太郎『廣瀬今昔話』

## 小牧山吉五郎［こまきやまきちごろう］

小牧山に棲む、狐の親分の名である。

ただ、この吉五郎狐には、地元で実際に語られてきた「伝承上の狐」としての側面と、その「地元に伝わる話」をもとに描かれた創作物語『伝説老狐小牧山吉五郎』の主人公としての二つの側面がある。そして、物語から地元の伝承へ、逆輸入された節も見受けられる。

まず、小説である『伝説老狐小牧山吉五郎』について紹介する。

作者は郷土史家の津田応助。昭和六年（一九三一）に刊行されている。江戸時代に書かれた書物と地元の話を脚色して書いたというが、書物の実在は疑わしい。内容を要約して紹介する。

小牧山には大昔から小牧山吉五郎という妖狐が棲んでおり、尾張一円の狐の親分であった。

付近の山中藪《やぶ》の美男狐、藤九郎と御林山の美人狐お梅は恋仲であったが、吉五郎が難癖を付けて寝取り、藤九郎は吉五郎の弟分になる。

しばらくは平穏な暮らしが続いたが、吉五郎が、子分の娘お初を愛人に迎えると、お梅は藤九郎と吉五郎の毒殺を企む。しかし木葉《このは》天狗に聞かれたことで露見してしまう。激怒した吉五郎は手近にいた子分を連れてお梅を襲ったが、藤九郎一家が待ち構えており、吉五郎はお梅に背中を斬られて逃げ帰る。一旦は吉五郎の襲撃を撃退したものの、勝ち目のないお梅、藤九郎は南に逃げていった。

その後、吉五郎はお初と正式に夫婦になり、四匹の子をもうけて明治まで暮らすが、猟師に撃たれて吉五郎は剝製《はくせい》にされてしまう。剝製を取り戻そうとしたお初と二人の子も罠《わな》にかかって死に、残りの二匹の子は、今でも小牧山で栄えているという。

地元の伝承としては、『伝説老狐小牧山吉五郎』刊行前にも記録はあり、古いものでは大正一二年（一九二三）の『東春日井郡誌』に「狐にて命名され居たるもの左の如し。小牧山に棲むもの、吉五郎、山中藪に棲むもの、藤九郎、御林に棲むもの、おうめ、おりつ山に棲むもの、おはつ」とある。また『伝説老狐小牧山吉五郎』の序文には、市橋鐸《たく》が刊行前の話として「吉五郎稲荷が既に小牧山にあったこと」「吉五郎話を集めてみたが、名前のみよく知られていて、とりとめのない話が多かった」ことを書いている。これらは創作物語が作られる以前の地元伝承と言えるだろう。

小牧市観光協会が作成したリーフレット「小牧のむかしむかし 吉五郎伝説」にも、「このマップは、その著（『伝説老狐小牧山吉五郎』）からと、現在の古老たちに取材したもの（約五十余話）から、代表的『きちごろう狐』話を選び……」とあり、地元に根差した吉五郎話も多いことがわかる。しかし、狐の大親分イメージとしての吉五郎は『伝説老狐小牧山吉五郎』で形作られたといってよいだろう。

『小牧宿のむかし話』には、吉五郎にまつわる話、昔は「吉五郎だんご」を売っていた話、子脅しにも使われていた話などが書かれている。

『小牧のむかしむかし』には吉五郎が著名であったこと、騙《だま》された話などが話者が明記された形で書かれている。

吉五郎は図書館のイメージキャラクターや、ゆるキャラにもなっており、小牧駅前には銅像もある（二〇二一年現在）。小牧市周辺では様々なモチーフとして愛されるキャラクターともなっている。

二〇二二年現在、「吉五郎親子の像」は、駅前の開発に伴って駅前のペストリアンデッキ上から、近隣の小牧市中央図書館前にある「小牧市にぎわい広場」に移設されている。

〔参考文献〕岩崎貞雄『小牧宿のむかし話』、小牧市文化財資料研究員会『小牧叢書11　小牧のむかしむかし』、小牧市観光協会「小牧のむかしむかし　吉五郎伝説」、津田応助『伝説老狐小牧山吉五郎』、東春日井郡役所『東春日井郡誌』

## コメカシ

西尾市佐久島にコメカシというものが出るという。海岸の藪《やぶ》でガシガシいって出るといい、米以外にも小豆もかすのだという。米を「かす」というのは、米を研ぐ意味の方言である。

〔参考文献〕瀬川清子『採集手帖（沿海地方用）』

# 【さ】

## 座敷小僧〔ざしきこぞう〕

「三州横山話」『遠野のザシキワラシとオシラサマ』などに載る。

いわゆる「ザシキワラシ」といえば、東北地方を中心に知られる妖怪である。一般の知名度も高い。しかし、実は東北地方以外にも似た話は散見され、愛知にも座敷小僧と呼ばれる存在について記録が残る。

北設楽《したら》郡本郷村（現・東栄町）にあったキンシ（金鵄？）という酒醸造家の奥座敷には座敷小僧が住んでいたという。雇人が夕方に雨戸を閉めに行く時などに見かけたといい、一〇歳くらいの子供であったという。キンシ家は、没落して今はないという。

また、横山村（現・東栄町）の神田という家も、一〇〇年前までは栄えていたが、誤って茶釜にツモノケという機織り具を当ててしまい、座敷小僧が逃げ去ったため衰えたという。翌朝に裏口から大きな足跡が山の方に一つだけあったという。

「三州横山話」には、他にも「ザシキコゾウ」という名ではないものの、家屋に、いないはずの子供を思わせる何かがあった話も複数残る。屋根裏から三味線が聞こえる、盆の一四日の夜に、仏壇の前の膳に白砂を盛っておくと子供の足跡がある……など。名付けの有無、記録の有無の違いだけで、東北地方以外にも似た妖怪譚《たん》はもっと多くあったのかもしれない。

［参考文献］佐々木喜善『遠野のザシキワラシとオシラサマ』、池田弥三郎・大藤時彦・牧田茂・和歌森太郎（編）『日本民俗誌大系』第五巻

## サメ小僧［さめこぞう］

『美浜町誌』にこのような内容が書かれている。

「サメ小僧 盆を過ぎると海へ入ってはいけないとのいい伝えがある。盆を過ぎると、サメ小僧が尻を抜きに来るというのである」。祇園祭りの日や、お盆（お盆以降）に水に入るのを戒める習俗は各地に見られ、愛知県でも「盆鮫《ぼんざめ》に襲われる」などとも言う。書かれた記録は少ないが、西尾市東幡《は》豆《ず》町《ちょう》には「盆に泳ぐと盆鮫に喰われる」との記録がある。

しかし、「サメ小僧が尻を抜く」となると、怪しげな童子が海中に現れて尻を抜く（尻子玉を抜く類い）イメージを想起してしまう。

だが、『愛知県南知多方言集』によると、どうも南知多周辺では、鮫そのものを「サメ小僧」と呼んでいたようである。動物にまつわる方言について、鮫のことを「サメコゾ（鮫小僧）」と言うと書かれている。犬っころ、馬っこ、牛っこなどと近い用法であろうか。

［参考文献］鈴木規夫『愛知県南知多方言集』、愛知県教育委員会『三河湾・伊勢湾漁撈習俗緊急調査報告第2集』、美浜町誌編さん委員会『美浜町誌』資料編二

## 七本鮫［しちほんざめ］

三重県の鳥羽を中心とした伝承であるが、海を隔てた佐久島（愛知県西尾市）にも同じ名の怪が伝わっている。ただし、細部は異なる。

佐久島では、七本鮫は龍宮様のお使いのもので、六月一四日に「上がる」ために、この日は泳ぐなと言われたという。

鳥羽の伝承では旧暦の六月二五日、ゴサイの日に伊雑宮《いざわのみや》へ上がるというものだが、佐久島では六月一四日とされている。また、行先も伊雑宮ではなく、津島神社であるようだ。

瀬川清子の『採集手帖』には、七本鮫の「この日」部分へのメモとして「天王様に＝

津島様」と挿入されている。旧来の祇園祭りの日程であるので、「六月一四日に龍宮の使いである七本鮫が津島神社へ上がるので泳ぐのはNG」と理解するのが適当と思われる。

瀬川清子の記録には、引き続いて「スサノオノミコトは大神宮様に悪戯《いたずら》して罰せられて龍宮に行き乙姫とできて間にウガヤフキアヒズの尊《みこと》が出来たので」とある。スサノオノミコトは祇園神と同一視されることもあるので、祇園信仰との関係からも興味深い。

〔参考文献〕瀬川清子『採集手帖（沿海地方用）』

## 猩々岩〔しょうじょういわ〕

昔、定光寺山《じょうこうじさん》（愛知県瀬戸市）に棲む猩々と、外之原《とのはら》の川平山（春日井市）に棲む天狗が大喧嘩をした。猩々は天狗に刺され、岩の上を飛び回って逃げたが、力尽きて死んだ。鹿乗《かのり》ガ淵《ふち》の南にある岩に赤い苔《こけ》が生えているのは猩々の血であるといい、このことから猩々岩と呼ばれるようになったという。

もとは赤い色の岩から命名されたのではと思われるが、猩々が登場する話は愛知県内では珍しい。「お話」としてではないが「猩々の大人形」は県内各地の祭りに登場する。定光寺山と外之原は、庄内川を挟んで東西の位置にあり、猩々岩のある鹿乗橋付近は、やや南ではあるが、中間地点に位置すると言える。

猩々が棲んでいたとされる定光寺山は、行政上は瀬戸市に属する。

〔参考文献〕春日井郷土史研究会『春日井のむかし話』

## 二龍松〔じりょうまつ〕

アニメ『ゲゲゲの鬼太郎』第五期には「妖怪四十七士」というものが登場したが、愛知県代表とされた「松の精霊」が、この二龍松である。『古今百物語評判』に「参州加茂郡長興寺門前の松童子にばけたる事」として、次のような話が載る。

三河の加茂郡に長興寺という寺がある。門前の松が龍の形に似ていたので、人々が二龍松と呼んでいた。ある時、寺へ童子が二人来て「この辺りの者だが硯《すずり》を貸してほしい」という。硯と紙を出すと一首の絶句を書き付けた。「客路三川風露秋　袈裟一角事勝遊　二龍松樹千年寺　古殿苔深僧白頭」。この詩を書いて帰ったので、僧が怪しんで行方を見ると、門前の松の木陰で消えてしまった。人々は松の精が童子となったのだろうと噂した。

原文の「二龍」には「じりやう」とルビが振られているので、「ジリョウマツ」と呼ぶべきだろうか。樹木としての「二龍松」自体は『参河国《みかわのくに》名所図絵』にも記述があり、古くから知られていたようである。しかし、松の精霊についての記述は書かれていない。むしろ「千年松樹化雙龍」とある。地元に伝わる話としても、長興寺といえば「長興寺の鐘」の話の方が知られており（盗まれた鐘が重くなり、鳴き、盗人が諦めて寺に帰す）、松の精霊の話は、実際に地元に伝わった話ではなさそうである。

ちなみに長興寺は有名な信長の肖像を所有していることでも知られる。また、童子は「二龍松樹千年寺」と寿《ことほ》いだが、『古今百物語評判』刊行前にも後にも、度々火災に遭っており、現在の本堂も昭和の再建である。

［参考文献］太刀川清『続百物語怪談集成』、夏目可敬『参河国名所図絵』

## しんのこ亀［しんのこがめ］

いわゆる「河童」の類いについて、日本各地で様々な呼び方をされていることは比較的知られている。

実は、いわゆる「尻子玉」についても、似たような存在が様々に呼ばれている。愛知では「シンノコ」と呼ばれる例が少なくない。この「しんのこ亀」は、その「シンノコ」がそのまま妖怪名の一部に採用されており、ニュアンス的には「尻子玉亀」といったところだろうか。

『弓張風土記』には、「しんのこを抜かれた話」として、このような話が載っている。

石橋山の南東に「三ツ口池」という池がある。昔、金田の住民は、金肥（金銭で購入する肥料）の代わりに、三ツ口池を通って石巻山《いしまきやま》に登り、草を刈って肥料にしていた。

金田の村人が二人で草を刈り、下山した。どうにも暑かったので一人が裸になって三ツ口池に飛び込んだ。すると不思議なことに、仰向けになってグルグル回りながら大声で笑いだした。やがて回転がだんだん速くなり、水中へ姿を没してしまい、いつまでも上がってこなかった。

古老の話では、しんのこ亀（スッポン）が「しんのこ」を抜いたのだといい、それから池に飛び込む者はいなくなったという。

愛知では、河童的な怪の正体をスッポンとするところも多い。

［参考文献］愛知県豊橋市立石巻中学校国語部『弓張風土記』

## 善恵坊が火［ぜんえぼうがひ］

安祥城（愛知県安城市）は、松平氏と織田氏が、ちょうど信長や家康の父の代に何度も攻防を繰り広げた場所である。何度目の戦いの際かはっきりしないが（天文一三年？）、織田信秀が安祥城を攻めた際、安祥村の住人で大力の荒法師である善恵坊という者が、類親の者が難儀しているのを見て松平方に加勢した。四尺一寸（約一二四センチ）の太刀で数知れないほど打ちのめしたが、織田信秀が飛び道具で打ち取るように指示し、鉄砲を雨のように浴びせられたので、田の畔《あぜ》に拳を握り、目をむき出して、居すくんで死んだ。それからというもの、月の暗い夜には、その田の辺りから火の玉が飛んだ。これを善恵坊が火という。

安祥城は清洲同盟の後、廃城となって廃れてしまったようで、その点も怪火の噂が出る要因だったかもしれない。現在は安祥城址公園になっており、「善恵坊が火」ならぬ「善恵坊の碑」が建てられている。

［参考文献］夏目可敬『参河国名所図絵』

# 【た】

## タカ坊主 ［たかぼうず］

「見越し入道」とか「見上げ入道」という妖怪がある。見上げれば見上げるほど大きくなるといった妖怪で、日本各地で呼び方は異なるが、類似の怪異がある。

「高坊主」という名称もそのうちの一つで、四国や奈良の記録が知られる。愛知でも少なくとも西尾周辺では「タカ坊主」という名称で、類似の怪異が理解されていたようである。

『西三河の昔話』には「タカ坊主」という話が方言で書かれている。このような内容である。

タカ坊主とは狸が化けるもので、大きな弁慶縞《じま》の衣を着てケタケタ笑う。徳次《とくつぎ》（愛知県西尾市徳次町）のシンキョウ寺（信龍寺か。もとは矢《や》作《はぎ》古《ふる》川沿いにあったものが、江戸時代に西に移転しているようである）と言われたか……八ツ面《おもて》の堤防の下り坂のところ（西尾市八ツ面町。徳次の北で、どちらも矢作古川に沿っている）で、雨が降ったり止んだりする夕飯頃、傘をさしていたらタカ坊主が出た。恐ろしくて無我夢中で傘をぶつけたら消えた。タカ坊主は死んだと思い、既に晩で暗かったので手探りで（投げ捨てた）傘を探して、何とか見付けてまた少し行くと「今、何かあんた行き会わしたか」と言われる。「うん、タカ坊主というものを皆に聞いていたが、初めて出会ってしまった。無我夢中で傘を放り投げた。傘を探すのに骨が折れたが、何とかあった」というと、「大きかったか、これぐらいか」というので「もっと大きい」と答えた。「これぐらいか」というので「もっと大きかった」と答える。しまいにはとうとう、そいつがタカ坊主になってしまったという。

もう一例、西尾市佐久島について瀬川清子が調査した『採集手帖（沿海地方用）』には、このような記録がある。「狸　タカボーズ（大入道）になって八丈や弁慶の着物を着て榎《えのき》の木や藪《やぶ》の処に立ってゐる」

どちらも狸を正体としており、また弁慶縞の着物を着ている点も共通している。

［参考文献］瀬川清子『採集手帖（沿海地方用）』、山本節・永田典子・山田八千代『西三河の昔話』

## たぬき塚［たぬきづか］

桃太郎神社の裏山にある、白ひげ滝へ通じる道端に、たぬき塚というものがあるという。

昔、栗栖《くりす》村には狐狸《こり》がたくさん棲んでおり、月夜には子狸が腹鼓を打ったり鳴いたりして遊んでいた。村人の多くも腹鼓の音などを楽しんでいたが、伝五郎というものだけは不快に思っていた。そのため、ある時、山へ入って狸の住処《すみか》を青松葉で燻《いぶ》し、出てきた子狸を一匹残らず殺してしまった。親狸は餌を探しに出ていて無事であった。

その後、伝五郎がいつも通る土橋から川面を覗《のぞ》くと、自分の顔が狸として映って見える。伝五郎は罪を悔い、毎日、狸の穴の前へ行って泣いて謝った。これが、たぬき橋と伝五郎の泣き石だという。

その後、生き残った親狸は猟師に捕らえられたが、栗栖古屋敷（桃太郎神社の辺り）で茶屋を営む佐助というものがもらい受けて飼った。無事に天寿を全うした後に葬られたのが「たぬき塚」である。

［参考文献］犬山市教育委員会・犬山市史編さん委員会『犬山市史』別巻文化財・民俗

## 狸の逆立ち［たぬきのさかだち］

ある人の祖母は八開《はちかい》村（現・愛西《あいさい》市）江《え》西《にし》に奉公していたが、何もないはずの門先（門前）や往還（道）の真ん中に、一丈（約三メートル）くらいの松の木が、晩に時々生えて、ボウッと明るいことがあった。男衆が「また、ど狸が化けている」と言って根元を殴り付けると、キャンキャンと言って松の木は消えたという。裏の藪《やぶ》に棲む狸が逆立ちして手足を広げて、松の木の枝に見せて化けるのだと噂された。

［参考文献］愛知県教育委員会『木曽川下流低湿地地域民俗資料調査報告―』

## 倦怠仏［だりぼとけ］

花丸峠の麓に苔《こけ》むした墓石があり「一観良葉禅門」と銘がある。寛永年間（一六二四～四五）にこの場所で行き倒れて死んだ者があった。村人が道端に埋葬して墓石を立ててやったのだが、その後、旅人がこの場所を通ると激しい倦怠感に襲われ、顔色は真っ青になり、呼吸も苦しく、足も痺《しび》れて歩けなくなるようになってしまった。ただ、意識ははっきりしていて、木の葉でもよいので何かを口に含めば元気を回復するという。旅人の死霊の祟《たた》りとして恐れられたという。

［参考文献］愛知県教育会『愛知県伝説集』、北設楽郡史編纂委員会『北設楽郡史』、北設楽郡教員会『北設楽郡伝説集』、設楽民俗研究会『設楽』、東栄町誌編纂委員会『東栄町誌』自然・民俗・通史編

## 段戸の池の平らの主
［だんどのいけのたいらのぬし］

昔、段戸（現・設楽町《したらちょう》）の池の平には池があり、その主は巨大なイモリであった。長さは八尺（約二四〇センチ）もあったという。

池の主をイモリとする話は、愛知県内では珍しい。

段戸の「池の平」という地名は不明であるが、「段戸湖」という湖沼は現存している。二メートル級の主が棲むにも相応《ふさわ》しい、それなりに大きな湖であるが「昔、池があった」と過去形で語られているので現在の「段戸湖」とは別に、主が棲めるような池があったものであろうか。

［参考文献］北設楽郡史編纂委員会『北設楽郡史』民俗資料編、北設楽郡教員会『北設楽郡伝説集』

## 段戸の大坊主
［だんどのおおぼうず］

昔、武節《ふせつ》村小田木《おたぎ》（現・豊田市）に茂平という男がいた。ある時、段戸の「蛇が平」という所を通りかかった際、大きな坊主に遭遇した。不思議なことに近付くほどに一層大きくなり、しまいには見上げるほどになった。茂平は腰にしていた山刀で斬り付けたが、近付くこともできずに投げ飛ばされてしまった。諦めずに挑んだが、何度も投げ飛ばされてしまう。今日は駄目だと考え、他日の再戦を約束して帰宅した。

約束の日に出かけようとしたのだが、家人に引き止められ、再仕合することはできなかったという。

武節村と段戸は、かなり距離が離れており、茂平氏は出稼ぎにでも行っていたものであろうか。

［参考文献］北設楽郡史編纂委員会『北設楽郡史』民俗資料編、北設楽郡教員会『北設楽郡伝説集』

## 塚穴の大入道
［つかあなのおおにゅうどう］

愛知県西尾市にある五釜《ごかま》古墳群のうち、一号墳に関する話である。人々はこれを「塚穴」と呼んでおり、ここに埋葬されているのは偉い人だったと伝えていた。石室の中に刀が埋めてあったので、地主さんがその刀を持ち出して、タンスの引き出しに仕舞った。すると、夜に戸口で「こんばんは」と何度も声がする。戸口を少し開けてみるのだが誰もいない。しかし、閉めて少し経つと「こんばんは」と声がする。改めて開けると大入道が入ってきて驚いた。大入道の行先を見ると、タンスの前でじっと引き出しの中の刀を見ているようであった。少しすると何も言わずに帰っていった。何日も続いたので気持ちが悪くなり、刀をもとの塚に返したという。

近年の発掘で、実際に金環と刀片が出土したが、これが地主さんが一旦持ち出して、後に返した刀なのかはわからない。古墳は

移転を経て、現在は三和《みわ》小学校の校庭にあるようである。

〔参考文献〕西尾市史編纂委員会『西尾市史』現代五

## つと蛇〔つとへび〕

いわゆる「ツチノコ」に類する呼称の一種である。ツトッコ、槌蛇《つちへび》などとも言う。「ツチノコ」というのは槌（横槌）に似た形状を指していると思われるが、「ツトヘビ」の場合は藁苞《わらづと》に似た形状を指しているようである。藁苞というのは藁で造られた包装で、納豆を入れる藁容器のイメージがわかりやすいだろうか。

呼称としては、古くは『一宵話《ひとよばなし》』の「異人」の項にも「封はツトヘビ、ソウタの類ならん」との記述がある。エピソードは駿《する》河《が》の話であるが、著者の秦鼎《はたかなえ》は美濃《みの》出身で尾張藩に仕え、編者の牧墨僊《まきぼくせん》も尾張藩士である。東海地方では、ある程度馴染みのある名称だったかもしれない。

外見の特徴は（個々には様々だが）ツチノコと似ているが、「竜神である」とか「毒がある」など、今日では、あまり印象にない特徴の記録も多い。新城《しんしろ》市に伝わる話を二つ紹介する。

①長さ一〜二尺（約三〇〜六〇センチ）の太いものを目撃した後、寝込んでしまったので寺の人に見てもらうと、それは「ツトヘビ」というもので、竜神だから祀《まつ》った方がよいと言われ、盛大にお祀りをした。今でも柿平に二匹居るという。

②蛇の頭だけになったものが死なずに尾が生えたものだともいう。山や沢にいて強い毒を持ち、噛《か》まれると命はない。

奥三河を中心に、愛知県の各地でこの呼称の記録が残る。

〔参考文献〕北設楽郡教員会『北設楽郡伝説集』、設楽民俗研究会『設楽』、長篠郷土研究会『長篠村誌』、日本随筆大成編輯部『日本随筆大成』一期一九巻、池田弥三郎・大藤時彦・牧田茂・和歌森太郎（編）『日本民俗誌大系』第五巻、鳳来町教育委員会『鳳来町誌』民俗資料編2 伝説と民話、国学院大学民俗学研究会『民俗採訪』昭和49年度

## 椿の森の河童〔つばきのもりのかっぱ〕

名古屋駅の西側に「椿町」という地名がある。かつて、この辺りには「椿の森」と呼ばれた一帯があったようで『尾張名所図会附録（小治田《おわりだ》之真清水）』には「椿の森」という項があり、「椿の森河童乃怪」というイラストも掲載されている。河合小伝治という老人が河童に遭遇した話なのだが、よく読むと、どうも「椿の森で河童に遭った話」ではなく「椿の森に棲む河童と（少し離れた場所の）押切町附近で遭遇した話」のようである。内容は次のようなものである。

椿の森は、高畑《たかばた》村の東にある笈瀬《おいせ》川の西岸にある。古木が生い茂って椿の大樹も多くあって古めかしい森である。

山岡恭安《きょうあん》の『百二十石』という随筆によると、織田家のもと家来で、河合小伝治という老士が幅下《はばした》の西に住んでいた。宝暦六年（一七五六）七月三日の暁、目が覚めて

眠れなかったので、野外の曙《あけぼの》の気色を見ようと押切の田面辺りをあちこち歩いていた。すると、七、八歳くらいの子供が一人、後を付いてくる。怪しんで「どこに行くのか」と問うと、「椿の森に住むもので、押切の水車まで行くのだ」と答える。「だったら、私の前を歩け」と言うのだが、「嫌だ。私は後ろに立ってゆこう」と言いつつ、小伝治の肩に手をかけて引き倒そうとする。物凄《ものすご》い力だった。しかし、小伝治も勇強な男だったので、逆に引き捕らえて「おのれ河童《かわらんべ》、不届きな。若い頃だったら一拳で打ち殺すところだが、今は念仏修行のみの老人であるから許す」と睨《にら》み付ければ、笠瀬川に飛び込んで逃げていった。

笠瀬川は現存しないのだが、現・押切町付近を通って、名古屋駅の西側、椿の森の方へ流れていたようで、「椿の森に住んでいる」と名乗った河童（らしきもの）と老人は、椿の森ではなく、もう少し北東の押切町付近で取っ組み合っていることがわかる。

『小治田之真清水』で言及されている『百二十石』には、もう少し違った記述がされており、河合小伝治は山岡恭安の舅《しゅうと》だとも書かれている。自分の舅についての記述なので、少なくとも実在の人物であり、（河合さん自身の体験としては）実際にあった出来事の記録だったようである。『小治田之真清水』では「かわらんべ」と読みが振られているが、『百二十石』では「かはたろ（河太郎）」と振られている。最後に「これは本草綱目でいう水虎《すいこ》で京辺りでは河太郎、江戸では河童、尾州では川小僧……」と、当時の尾張人の河童認識についても書かれている。

［参考文献］岡田啓（著）・名古屋温故会（編）『尾張名所図会附録（小治田之真清水）』、山岡恭安『百二十石』

## 天狗火 ［てんぐび］

天狗の仕業とされ、独特の呼称をもって呼ばれる事象は様々にあるが（天狗倒し、天狗礫《つぶて》、天狗笑いなど）、愛知県内でも各地にて天狗火と呼ばれる事例が数多く確認できる。

北設楽《したら》郡では、天狗棚（北設楽郡設楽町津具《つぐ》）と呼ばれる山で雨の夜などに折元《おりもと》峠との間に不思議な火が現れて、二〇ばかりに広がったかと思うと、一つになったりした。これを天狗の火と言っていた。明治の初め頃からはなくなったという。

大府《おおぶ》では、川で魚を獲っていると田の稲《いな》叢《むら》から火が出るので消そうと駆け寄ると、実際には燃えておらず、川に戻ると獲ったはずの魚が消えている。これを天狗火としていた。

春日井では赤い光の天狗火が見えた晩に外に出ると、天狗に連れ去られて帰ってこられないといい、ただ、逆に、山で雷が鳴って真っ暗になり、困っていたところを、天狗が光を出して道を教えてくれたという話もある。

知立《ちりゅう》では、夜、松や杉の老木から、ゴウゴウと音を立てて火炎が天に向かって燃え上がり、大音響とともに天狗が天に昇る。これを天狗火としている。いくぶん派手な事例である。

牛田の松の大木で天狗火がよく見えたといい、また、金山《かなやま》の松の木からもよく天狗火が出て、これを長く見て遊んでいると、街中まで天狗に飛ばされると言われた。

明治に、まだ知立に電灯がなかった頃、若者が知立神社でお籠りをしている際、便意を覚えて外へ出ると、拝殿の前の空が真っ赤に染まり、大杉の三分の一くらい上から炎がゴウゴウと天に昇っていた。若者は用もたさずに部屋に戻って布団を被り、夜明けを待った。これが天狗火だろうと言われた。

様々な怪火が、各地で「天狗の火」として解釈されていたことがわかる。

〔参考文献〕愛知県教育会『愛知県伝説集』、大府市誌編さん刊行委員会『大府市誌』、北設楽郡史編纂委員会『北設楽郡史』民俗資料編、知立市史編纂委員会『知立市史』下巻

## 道兼ばば［どうがねばば］

冨貴《ふき》の道兼に「道兼ばば」という子供好きの山姥《やまんば》がいた。子供も山姥を慕って遊んでもらっていた。えらい山なので、暗くなると親も恐ろしくて迎えに行くことができなかったが、親の心配を他所《よそ》に、子供は、朝になると元気に帰ってきていた。

しかし、ある時、野良仕事に付いていった子供が、道兼付近で行方不明になった。数年後、白骨が見付かり、着物の切れ端から行方不明になった子供のものだとわかった。母親は塚を作って供養し、人々は道兼ばばの仕業だと恐れた。

地図上で確認すると、山といっても小高い丘程度のようだが、現在でも木々が鬱蒼《うっそう》と茂っているようである。冤罪《えんざい》のように思われなくもないが、あるいは危険な山についての子脅しだったのかもしれない。

〔参考文献〕武豊町誌編さん委員会『武豊町誌』資料編二

## 洞泉寺の怪火［どうせんじのかいび］

昔、洞泉寺（愛知県豊田市）の僧侶が不義をして女に子を産ませた。困った僧侶は赤子を密かに古井戸に捨ててしまった。その子の亡魂の祟《たた》りで、火の気のない寺の石垣や屋根から火が出て、寺が全焼したことがあるという。

〔参考文献〕下山村『下山村史』資料編Ⅲ

## ドーツン

『現行全国妖怪辞典』には、シンプルに「南設楽《したら》郡でいう、河童のことである」とのみ記録されている。南設楽郡とは、現在の新《しん》城《しろ》市付近にあった行政区画である。

これだけでは、単に河童の別名（地方名）という趣旨しかわからないが『三河国宝飯《ほい》地方民俗資料』には、松原（現・豊川市松原町）の話として「ギオン祭り、昔はこの日川に入るとドーツンにシンノコをぬかれるから水泳ぎをするなといわれた」とある。松原は豊川（河川）に接しており、旧宝飯郡は旧南設楽郡のすぐ南である。現在確認できる「ドーツン」という呼称の記録は少ないが、（河川としての）豊川沿いに、（河

童の類いとして）一定の広がりを持つ呼称だったかもしれない。シンノコというのは、いわゆる「尻子玉」の位置付けにある器官と思われ、ドーツン以外にも、愛知各地の河童的な怪が抜くものとして、様々な記録に登場する。祇園祭りの日にシンノコを抜く怪としては**トチ**も参照されたい。

［参考文献］佐藤清明『現行全国妖怪辞典』、熊谷勉『三河国宝飯地方民俗資料』

## トチ

「トチ」は、スッポンを指す愛知の方言（『愛知のことば』）であり、また河童の地方名とも言える。ドチ、トッチなどともいう。愛知各地ではスッポンが河童の役割を担っている場合が少なからずある。ただ、「トチ」という名で、スッポンの性質とはかけ離れた妖怪とされる事例も確認できる。トチは祇園祭りの日に水に入ると人を襲うとかシンノコ（尻子玉的な位置付けの器官？）を抜くとも言われる。

愛知県内のトチにまつわる、いくつかの事例を挙げる。

①大治町《おおはるちょう》では、土用が明くとトチに尻の栓を抜かれるので川に入るなという。トチはスッポンのことで河童ではないという。

②音羽町（現・豊川市）では、六月一五日の天王様（ぎおん様）に川に入ると、とちにしんのこ（尻の子）を抜かれるという。

③岡崎では、河童がトチと呼ばれて、子供が溺れると尻を抜いたという。

④八開《はちかい》村（現・愛西《あいさい》市）では、津島の天王祭りの頃に川へ行くとドチ（スッポン）にノコ（尻）を抜かれて天王さんに供えられるという。

⑤犬山では、六月一六日以前には、池のトチがノコを三つずつ、閻魔《えんま》様に納めるので、水を浴びると危険だという。

⑥鳥羽（愛知県西尾市）では、盆に泳ぐとトチという海の怪物がケツを抜くという。

［参考文献］永田友市『愛知のことば』、怪作戦『愛知の河童』愛知妖怪画談第七巻、犬山市教育委員会・犬山市史編さん委員会『犬山市史別巻』文化財・民俗、名古屋民俗研究会『大治町民俗誌』下巻、新編岡崎市史編集委員会『新編岡崎市史』史料民俗19、音羽町誌編纂委員会『音羽町誌』、八開村史編さん委員会・八開村史調査編集委員会『八開村史』民俗編、愛知県教育委員会『三河湾・伊勢湾漁撈習俗緊急調査報告第２集』

# 【な】

## ナンドババサ

ナンドババア、ナンドバアサンとも。

尾張地方西部の大治町《おおはるちょう》では、母屋の納戸にはナンドババア、ナンドババサが潜んでいるというが、その実態はよくわからないらしい。

愛知県瀬戸市余床町《よどこちょう》では、納戸にはナンドババアがいると言われ、子供がやんちゃを言うと、親が「納戸に入れるぞ」といって大人しくさせたという。

十四山《じゅうしやま》村（現・弥富《やとみ》市）では、納戸に「ナンドババサが出る」と子供たちに恐れられていたという。

**ナンドボウズ**も参照。

［参考文献］名古屋民俗研究会『大治町民俗誌』下巻、十四山村史編集委員会『十四山村史』民俗編、瀬戸市史編纂委員会『瀬戸市史』民俗編

## ナンドボウズ

納戸には婆だけではなく、坊主もいる。

西春町（現・北名古屋市）では、子供が言うことを聞かない時には、納戸の押し入れに木戸の帯戸（中間部に帯状の桟が入れられたもの）があったので、「ナンドに入れるぞ」と言って脅したという。ナンドにはナンドボウズが出ると言われ、実際に納戸や蔵などに入れられた子供も多かったという。また、人目に付かずに納戸に寝かされた病人がナンドボウズなのだともいう。

**ナンドババサ**も参照。

今のところ確認しているナンド○○の類いは尾張北西部に集まっており（大治町《おおはるちょう》、弥富《やとみ》市、瀬戸市、北名古屋市……）、少なくとも、この辺りでは子脅しのネタとして「納戸に妖しい何かがいる」という話が分布していたようである。

［参考文献］西春町史編集委員会『西春町史』民俗編2

## 二段畝の厄火［にたんせのやくび］

六月頃、田植え仕事を終えて夕方になると、安井町（愛知県名古屋市北区）付近にある森から怪火が出た。提灯の火を真綿で包んだような火であり、時には高張提灯ほどに大きく、時には蛍火ほども小さくなり、また一つであることも、数個であることも、一つの火が四散して数個の火に変じることもあった。村人は「にたんせが出た」と言って恐れていた。明治に電灯が引かれると出なくなったという。また、古老の話では「魚の精が怒って村人たちを驚かしているのだ」と「魚天狗」とも呼ばれていたともいう。

畝とは、作物を作るために盛り上げた土である。田植えのエピソードとはあまり合致しないようにも思われるが、畑もあった

ものであろうか。魚の精＝魚天狗という呼び方も興味深い。川付近で出る怪火を、川天狗や天狗の漁撈《ぎょろう》と称する例は各地に見られる。安井町は矢田《やだ》川に接しているので、矢田川の魚を指すのであろう。

［参考文献］北区役所教育課『北区誌』

## 入道小僧［にゅうどうこぞう］

『北設楽《したら》郡史』『北設楽郡伝説集』『愛知県伝説集』などに載る。『北設楽郡伝説集』は「入道子僧」と表記している。

武節《ふせつ》村小田木《おだぎ》（現・豊田市）に入道淵という淵がある。この村で正月に門松を立てると、入道小僧が淵から出てきて「ヤーイ門松を立てんなよ」と叫び歩いたので、小田木では門松を立てなくなったという。

『北設楽郡史』や『北設楽郡伝説集』には「明治維新後には『そんな馬鹿げた話はない』と立てるようになったが、川の附近では今でも立てない」とある『北設楽郡伝説集』の記述を信じれば、明治時代より古くから、このような伝承があったものと思われる。

［参考文献］愛知県教育会『愛知県伝説集』、北設楽郡史編纂委員会『北設楽郡史』民俗資料編、北設楽郡教員会『北設楽郡伝説集』

## 入道坊主［にゅうどうぼうず］

いわゆる「見越し入道」の類いである。

柳田國男の「妖怪名彙」で取り上げられているが、もとの話とは若干の相違がある。「妖怪名彙」では、「ニュウドウボウズ　入道坊主、見越し入道のことである。三河の作手《つくで》村でかつてこれを見たという話がある。始めは三尺足らずの小坊主、近付くにつれて七八尺一丈にもなる。先ずこちらから見ていたぞと声をかければよし、向こうからいわれると死ぬという」（愛知県伝説集）とあり、人間側から「見ていたぞ」と声をかければよいという説明になっている。色々な妖怪事典の解説でも、そのように説明されることが多い。

しかし、『愛知県伝説集』に書かれたもとのエピソードはこのようなものである。

作手村大和田の阿部助左衛門が天保一四年（一八四二）一一月、友人との猟の帰り、雨の中、玉坂という所に差しかかった。和尚が来たようであったのに、近付くと大坊主になった。これは「入道坊主」に違いないと考え、傍らの石に腰を下ろして鉄砲で足を目がけて放ったら姿が消えたという。それから「鬼もかなわぬ助左衛門」と呼ばれるようになった。玉坂には今でも入道が出るという。

入道坊主に逢う時は三尺（約九〇センチ）ほどの小坊主が来るのが見え、それが次第に大きくなって、二、三間（三〜五メートルほど）くらいの距離になると、八尺から一丈（二〜三メートル）くらいの大坊主になる。その時、「見越し入道よ俺が見越したぞ」と言うと消えるが、先に入道から「見ていたぞ」と言われると自分の方が死んでしまうという。また、この入道坊主は狸が化けたものだという。

一読してわかるように「見ていたぞ」は

入道坊主のセリフであって、人間のセリフではない。効力があるのは定番の「俺が見越した」の方である。「妖怪名彙」の記述によって知られてしまったため、本来の伝承とは違った説明が広まってしまったようだ。

　入道坊主に出会った際、あなたが鉄砲を持っていれば足元を撃つのがよいのだが、残念ながら鉄砲を持っていなかった場合は、「見ていたぞ」ではなく、「見越し入道よ俺が見越したぞ」と言うのがオススメである。

[参考文献] 愛知県教育会『愛知県伝説集』、柳田國男『新訂 妖怪談義』

## ノシ

　愛知県における河童的な怪の呼称としては「**河小僧**」あるいは「トチ」が多い印象である。次いで散見される特徴的な呼称に「ノシ」がある。「ヌシ（主）」とされている場合もあり「〇〇の主」という趣旨が、訛《なま》って「ノシ」と呼ばれているのかもしれない。性質として近い**トチ**も参照。

　いくつかの事例を紹介する。

　猪高《いたか》村（現・名古屋市の名東区付近）では、旧暦の六月一六日に「ヌシ」がお尻を引くといって水泳ぎを禁じていた。「祇園の日に泳ぐとノシ（主）がお尻を引き抜く」とも言う。同じ説明中に「ヌシ」と「ノシ」が、ほぼ同一の対象を指す呼称として記録されている。

　設楽町《したらちょう》では「ノシは河童の事」とされ、河童駒引き譚《たん》が伝わり、そのために設楽の川に「ノシ」は棲まないという。

　北設楽郡東栄町では、下粟代《しもあわしろ》の「とくの渕《ふち》」に「ノシ」が棲んでいたという。目撃譚として、とくの渕の上の刈場で、馬草を刈っていると、とくの渕から小さな菅笠《すげがさ》を被ったような小さい小僧が登ってきたため、これは「ノシ」だと判断して鎌を夢中で振ると、ノシが石ころのような形になって渕へ転がり込んだという話がある。

　他にも御殿《みどの》村（現・東栄町）では「ノシ」の特徴について様々な話が残されている。

◎一人で河へ遊びに行くと「ノシ（河童）」がシンノコを抜く

◎河で死んだ人は「ノシ」が「シンノコ」を抜くので肛門が開いている

◎「ノシ」は魚や亀に化けて浅いところまで出てきて子供を狙っている

◎「ノシ」は擂鉢《すりばち》を伏せたような形の頭で小僧のような体付きである

◎「ノシ」は丘に上がって頭の凹みの水がこぼれると死ぬ

◎「ノシ」は水が三合あれば生きられる。引く力は強いが押す力は少しもない

　河童の特徴として一般的に言われる「頭の皿」が「擂鉢」と記録されている点など、興味深い。

[参考文献] 怪作戦『愛知の河童』愛知妖怪画談第七巻、怪作戦『愛知妖怪雑録』増補版、猪高村誌編纂委員会『猪高村誌』、北設楽郡史編纂委員会『北設楽郡史』民俗資料編、設楽民俗研究会『設楽』、東栄町誌編集委員会『東栄町誌』自然・民俗・通史編

## のた坊主［のたぼうず］

人間に化け、白黒のでんち（殿中羽織）を着た酒飲み狸である。TVアニメ『まんが日本昔ばなし』でも取り上げられている。

昔、上半田（現在の半田市堀崎町付近）に大きな酒蔵があり竹藪《たけやぶ》があって昼でも薄暗かった。そして竹藪には「のた坊主」が親子で何組も棲んでいたという。

「のた坊主」とは、人間の姿に化け、白と黒のだんだら模様のでんちを着て蔵に入り、発酵中の元酒を盗み飲む古狸のことである。酒樽を作るタガとして竹が必要であったので竹藪をなくすわけにもいかず、蔵番は苦労したという。

三月終わりの暖かい日、のた坊主が蔵に現れた。若衆たちは、今回は酔わせてから捕まえようと知らんぷりをしていた。のた坊主は杓子《しゃくし》で何倍も酒を飲むと酔って捕まってしまった。古狸は「何を隠そう、私は裏藪に棲む狸でございます。今後一切、こんな悪いことはしませんから、どうか命だけはお助けください」と涙ながらに謝った。恩返しに家の繁盛を守ると約束したので、裏藪まで連れていき、逃がした。その後、蔵の主人は毎年「たぬき祭り」をした。その後は「のた坊主」も出なくなり、毎年良い酒ができて、家も繁盛したという。

ちなみに、あくまで「人間の姿に化けて」白黒の殿中羽織を着た狸なので注意が必要である。なぜ白黒の殿中羽織を着るのかは不明だが、西尾付近の**タカ坊主**も、正体は狸で、弁慶縞《じま》の衣を着るとされるので、関連性が気になるところである。また、「でんち」は一般的に防寒着であるようなので、夏の「のた坊主」がどのような装いであるかは不明である。

［参考文献］小栗久夫『半田の伝説』

# 【は】

## 肌無女郎［はだなしじょろう］

いわゆる「片脚上臈《かたあしじょうろう》」として知られる怪（姫女臈《ひめじょろう》を参照）の別名か、類似の怪と思われる。

阿《あ》寺《てら》の七滝に入る手前に「はだなし」という所がある。ここには「肌無女郎」が祀《まつ》ってあると延享二年（一七四五）の古記録（『やまよしだの昔話』）に書かれているが、現在の位置はよくわからない。

この山に紙緒の草履を履いて入ると、帰りには必ず裸足になると言い伝えられており、この地は「はだなし」と呼ばれている。

また、姫女臈（片脚上臈）のように、「草履の片方だけ盗られる」といった説明はない。なぜ山中に紙の緒の草履で入るのかは、**姫女臈**を参照。

［参考文献］鳳来町教育委員会『鳳来町誌』民俗資料編2 伝説と民話、山吉田郷土研究会『やまよしだの昔話』

## 八面鬼［はちめんき］

『塩尻』『張州府志』『尾張志』『尾張名所図会』などに載る。顔が八つある鬼と「愛智御曹子」という武士が盤双六《ばんすごろく》で勝負したという。

昔、稲沢市付近の八面森《やつおもてのもり》に顔が八つある八面鬼が棲んでいた。愛智御曹子（『尾張名所図会』では「御曹司」表記）との双六勝負で負け、人を哀れむ神となり、祠《ほこら》に祀《まつ》られたという。

「○○御曹司」呼びは、主に源氏の子弟が居住地＋御曹司名で呼ばれることが多く、源義朝も上総《かずさの》御曹司と呼ばれたことがある。源頼朝、義経の兄弟に源義円《ぎえん》という者がおり、この子孫が尾張の愛智郡に土着して愛智氏の祖となった。八面鬼と対戦したのは、どうも義円の子か孫にあたるようである。

『尾張名所図会』では「愛智御曹司八面鬼と双六を打図」のタイトルで、江戸時代に描かれた八面鬼画を見ることができる。

［参考文献］怪作戦『愛知妖怪画談』第四巻 八面鬼・長田蟹、深田正韶・中尾義稲・岡田啓『尾張志』上巻、田中重策『尾張国愛知郡誌』、岡田啓・野口道直『尾張名所図会』、天野信景『塩尻』、名古屋史談会『張州府志』、名古屋市教育委員会『名古屋叢書続編』第四巻尾張徇行記（三）

## 鼻天狗［はなてんぐ］

国霊《くにたま》神社（愛知県北名古屋市徳重米野《とくしげこめの》）には、二抱えもある大きな松があった。その松の上で深夜二時頃、赤い灯りが見えることがあった。これは「鼻天狗」が火を焚《た》いているのだといわれ、この光を長く見ているとバチが当たるといい、見かけた者は急いで家の中へ走り込んだという。

「鼻天狗」というのは、いわゆる「鼻高天狗」の趣旨であろうか。特に「鼻天狗」の容姿に関する記録は残っていない。いずれにせよ、「鼻天狗」という呼び方は、あまり愛知県内では聞かない例である。

［参考文献］西春町史編集委員会『西春町史』民俗編2

## 婆桜［ばばざくら］

『岩津町誌』『愛知県伝説集』『新編岩津町誌』などに載る。『愛知県伝説集』では「桜婆」の漢字に「さくらばば」とルビを振っている。後続の『増補愛知県伝説集』などでは、漢字表記を優先解釈してか、「桜婆」表記に「さくらばば」のルビを振っているが、地元資料である『岩津町誌』が「婆桜」表記であるため（刊行も『愛知県伝説集』より一年古い）、サクラババではなくババザクラが正しいと思われる。

昔、丹坂から奥殿《おくとの》へ向かう峠に、二抱えもあるような太く古い桜の木があった。ある日、樵《きこり》がこの桜の木を伐り倒そうと朝から懸命に鋸《のこぎり》を使っていた。日が暮れた頃、麓から一人の美人が物憂げに登ってきた。美人は悲しそうな声で「その桜の木を伐るのは止めてください」と歎願し、どこかへ行ってしまった。樵は狐狸《こり》の仕業と考えて伐り倒して帰宅したが、そのまま床に就いて間もなく死んでしまったという。今でもその切株が残っており、里人はこれを婆桜と呼び、気味悪く思っているという。

『愛知の伝説』（一九六三）には「桜婆の木」とされる写真が載っており、また『新編岩津町誌』には「丹坂から奥殿に超える峠には桜の切株が見られ、村人はこれを『婆桜』と呼んでいる」「……婆桜と呼ばれる桜の古木は峠のそばにある。木を伐ると祟《たた》りがあるというので枝も伸び放題……」といった記述がある。

切株があるのか古木があるのか、両方あるのか、また「伐り倒されたから」祟られたなら、古木は残っていないのでは、と疑問も湧くが、少なくとも『新編岩津町誌』刊行時点（一九八五）では、現地に「婆桜」と呼ばれる木が現存していたようである。

［参考文献］愛知県教育会『愛知県伝説集』、田中玄次郎『愛知の伝説』、怪作戦『愛知妖怪画談』第六巻 女の妖怪、加藤錫太郎『岩津町誌』、新編岩津町誌編集委員会『新編岩津町誌』、福田祥男『増補愛知県伝説集』

## 反魂香［はんごんこう］

愛知に「反魂香」という地名がある（あま市上萱津《かみかやづ》反魂香）。その名の通り反魂香（焚《た》くと死者の生前の姿が現れるお香）に由来し、「反魂塚碑」というものもある。様々な地理誌などに由来が書かれているが、主に二系統の話が伝わっている、また、『尾張旧説』には今日あまり語られないストーリーも書かれている。

①現在は大須にある七寺《ななつでら》の縁起にまつわる話。

天応元年（七八一）奥州の反乱鎮圧のために河内権守紀是広《きのこれひろ》が出羽に出陣した。出陣前に妻が身籠もっており、光麻呂（光麿、光丸とも）を出産後に病死した。七歳になった光麻呂は父を慕って奥州へ向かったが、萱津（愛知）で死んでしまう。是広は帰国中に萱津で我が子の死を知る。正覚院《しょうかくいん》（後の七寺）の智光《ちこう》上人は哀れんで反魂香を焚いた。すると光麻呂が一時的に蘇り、父子で初めて会うことができた。やがて完全に死んでしまったので、正覚院へ葬り、七堂伽藍《がらん》を立てた。これによって「七寺」と呼ばれるようになったという。（後日、大須付近に移転した）

②現在も萱津に残る正法寺《しょうぼうじ》の縁起にまつわる話。

宝亀一二年（七八一）、藤姫と恩雄《やすたか》という若い夫婦が奥州信夫《しのぶ》の里から、京の藤姫の父に会うために旅をしていた。しかし、藤姫が萱津で死んでしまう。恩雄は現地で出家して菩提《ぼだい》を弔っていた。

天応元年、橋本中将が関東に向かう途中に阿波手《あわで》の杜《もり》に寄ると、自分がかつて奥州で召使（身籠もっていた）に託した薬師如来像を見付けた。藤姫のものであった。事情を聞いた橋本中将は悲しみ、正法寺の和尚（東岩和尚、東巌和尚、東岸和尚などと書かれる）が反魂香を焚くと、一六歳くらいの女性の姿が浮かび上がった。中将が抱きしめようとしたが、消えてしまった。その後、藤姫の墓を反魂塚と呼ぶようになった。

③『尾張旧説』に載るもの。

村の老人の話に曰く。昔、武蔵国の商人が京に上った時、娘が父を慕って後を追った。しかし萱津で病死してしまった。僧が葬って札を立てて娘を知る者が通り縋《すが》るのを待った。商人が京から戻る際に札を見付け、僧に事情を聞いた。商人は泣いて娘を墓から掘り出して見たいという。僧はこれを許さずにその代わり、香を焚いてその中に娘の姿を見せた。この場所を反魂香山という。娘の死んだ場所をあわでの森という。

この話は、寺院の縁起と紐《ひも》づいていないこともあり、今日、あまり知られていないが、記録としては尾張の各種地誌より古い部類である。（『尾張旧説』は一七四九年序）

［参考文献］名古屋温故会『尾張旧事記』、岡田啓・野口道直『尾張名所図会』、甚目寺町史編纂委員会『甚目寺町史』、名古屋史談会『張州府志』、林英夫『日本名所風俗図会 6 東海の巻』

## ばんじょうげつの髪洗い婆

［ばんじょうげつのかみあらいばばあ］

バンジョウゲツは地名であり番匠貝津のことであるようだ。「ばんじょうげつの髪洗い婆」として、二つの話が残されている。

①番匠貝津にある学橋《まなびばし》は寂しい所で、人通りは少ない。昔から、雨の降る夕方には、この橋の下で髪の真っ白な老婆が、ジャボン、ジャボンと髪を洗っていたという。

②昔から、番匠貝津の橋の下では、雨や曇りの夕方には、綺麗な女の人が川の中で長い黒髪を櫛《くし》ですきながら洗っているという。

昔、島原の上の方にある川端の家に若い夫婦が住んでいた。男は綺麗好きで身なりも垢《あか》ぬけていたが、女は顔にも似ず、不精で髪もすいたことがなくボウボウにしていた。そのため夫婦喧嘩になり、男はヤケ酒を飲み過ぎて死んでしまう。女は自分の不精が原因で夫が死んでしまったことを悔やみ、気が狂ってしまった。その後、毎日川へ行っては髪を洗い、櫛ですきながら不精だったことを悔やんでいたが、大雨で水が出た日の夕方、流されて死んでしまった。それからというもの、雨や曇りの夕方には、その女が髪をすいているのが見えるという。

老婆なのか、若い女なのか、二つの話に登場する女性は異なっている。基本的には橋の下から髪を洗っているような音が聞こえる怪であろうか。

［参考文献］山本一三二『新城の伝説』

## 番太坂の怪

［ばんたざかのかい］

日吉駐在所（愛知県新城市《しんしろ》）の東の道を上がった先に、藪《やぶ》や林に囲まれた「番太坂」と呼ばれる坂があり、妖しい話が色々と伝わっている。

坂道の途中に、罪人の首を投げ込んだという首切井戸があった。深い井戸で、石を投げ込むと「ジャンガラ、ジャンガラ」と不思議な音がするのでジャンガラ井戸ともいう。番太（番人）によって処分された罪人の霊の声が付近から聞こえたり、怪しげな火の玉がさまよったともいう。井戸は埋められてしまって今はない。

「どうかんぼろ」という藪があるが、楠《くすのき》の大木の洞穴の中に白狐が住んでおり、悪戯《いたずら》をしたという。雨がしとしと降る晩に、坂で油壺を転がしたり、目玉だけを大きく光らせて坂道の真ん中に座っていたりして、人間を化かしたという。

［参考文献］鈴木隆一『郷土誌 舟着物語』

## 日影のたぬき ［ひかげのたぬき］

昔、黒坂（愛知県豊田市黒坂町）に住む老婆が、日影（豊田市和合町日影）の裏山で笹を刈っていた。すると、お宮の方から子供の大騒ぎする声が聞こえてくる。今日は甘酒祭りだったろうかと思い、高い所からお宮の方を眺めたが、それらしい様子はない。太鼓の音もいつの間にか止んで、黒坂の方は静まり返っていた。

狸に化かされたと思い、急いで笹を背負って山を降り始めた。すると、今度は頭の上でポンポン音がする。震えて般若心経《はんにゃしんぎょう》を唱えると、近くでバサッと音がして、太鼓の音も止んだという。

『下山村史』には三巴《さんば》小学校編『郷土を語る』よりとある。三巴小学校は合併により閉校している。

［参考文献］下山村『下山村史』資料編III

## 一ツ目 ［ひとつめ］

愛知県江南市に「一ツ目」という地名があり、由来にまつわる妖しい話が様々に記録されている。
①現在の一ツ目の西に、観音寺という古寺があり、ある程度の兵力を備えていた。小牧長久手の合戦の際、羽柴秀吉軍がここを攻め、戦死者を一ツ目の地に大きな穴を掘って弔ったという。後に雨の夜などに穴から戦死者の亡霊が出て人を驚かせたのであるが、なぜか、その亡霊たちは、皆、目が一つであった。このことから「一ツ目」という地名になったという。
②観音寺城主が妻の不義を怒り、その首を斬って岩の棺《ひつぎ》に朱詰めにしたため、一つ目の亡霊が出るという。
③浮野《うきの》合戦（織田信長と織田信賢の戦い）の戦死者が埋められており、地元では「人詰め」と言っていたという。後に野原で片目の男が店を出して焼き豆腐を売っていたので「一ツ目」と呼ばれるようになったという。
④観音寺でなく、江南市中奈良の正号寺（詳細不明）と取り換えられた話も伝わっているという。
［参考文献］江南市史編集委員会『江南市史』資料四文化編

## 姫女臈 ［ひめじょろう］

ヒメンジョロウ、ヒンメ女郎とも。一般には「片脚上臈《かたあしじょうろう》」の名で知られるが、地元の伝承には、そうした呼称は確認できていない。

『綜合日本民俗語彙』や、その他妖怪の事

典類などでも「片脚上臈」の名で載るが、もととなる早川孝太郎『猪・鹿・狸』の記述にはその名はなく、次のような話として載っている。

阿寺《あてら》の七滝の水源である、栃《とち》の窪《くぼ》からハダナシにかけての山中は、昔から狩人が獲物を奪われると言い伝えがあった。山に棲む姫女臈（ヒメンジョロウ）の仕業だともっぱら言われている。しかも、山の主は美しい片脚の上臈なので、紙緒草履を履いていると、必ず片方を盗られるという。

阿寺の七滝周辺には、子抱き石という礫《れき》岩《がん》の一種があり、子供のない女性が拾って帰ると懐妊するという言い伝えがあった。そのため、女連れで出かける者もいたのだが、紙緒草履を履いていると、いつの間にか片方を取られて片裸足にされるという。これも姫女臈の仕業であるという。

『東三河の伝説物語』には、もう一つ類話が記録されている。

阿寺の七滝付近の郷家に意地の悪い姑がおり、子がないことで嫁いびりをしていた。息子も気付いていたが母を咎《とが》めずに陰で嫁を慰めていた。三年経っても子ができず、嫁は阿寺の滝に打たれて祈願した。ようやく子が授かったが、姑は嫁いびりを止めなかった。嫁がお礼参りのために子を抱いて、紙緒の草履を履いて岩の上に来た時、後を付けてきた姑が子供もろとも、嫁を滝壺に突き落としてしまった。その後、姑は何食わぬ顔で帰宅したが、その夜のうちに何者かに引き裂かれて寝所で惨《むご》たらしい死骸となっていた。

母子の恨みが石に残っているので、祈願すると子を授かることができるが、訪れる際は紙緒草履を履くことは固く禁じられており、その禁を犯すと必ず祟《たた》られるという。今でも「紙緒草履を履いて参ればヒンメ女郎に奪われる」という。

**肌無女郎**でも、とにかく「紙緒草履を戒めたい」という強い意志を感じる。山道で紙の鼻緒の草履は危険だったのかもしれない。

［参考文献］早川孝太郎『猪・鹿・狸』、財団法人民俗学研究所『改訂綜合日本民俗語彙』第一巻、乙部静夫『東三河の伝説物語』

## 平瀬池の大金魚 ［ひらせいけのおおきんぎょ］

かつて、愛知県愛西《あいさい》市に平瀬池という大きな池があった。山路町から立田町船《せん》頭《ど》平《ひら》まで至るような大きな池であったという。

大正時代（一九一二〜二六）、漁師が夜明け前まで魚を獲っていると、船の前に伝馬船ほどもある赤い大きな魚が浮かんできた。二、三度泳いで池の中へ消えた後、船に向かって泳いでくる。その泳ぎ方が金魚と同じであり、赤色も濃く、あまりにも大きかった。漁師は恐ろしさのあまり大声を上げ、一晩中獲った魚を全て池に投げ込み、家に逃げ帰り、朝食も食べずに布団を被って寝てしまった。

二週間ほど経つと気持ちも落ち着いて、漁に出るようになったが、以後、夜の漁には絶対に出ず、昼の間、他の方面で少し魚取りをするだけで、晩年は網ばかり作って暮らしたという。八〇歳くらいで死ぬ数年前に友人に語った話であるが、以前からも「平瀬池の主は金魚である」と言い伝えているという。

　愛知県の金魚養殖生産量は全国第二位であり、弥富《やとみ》、愛西市付近で盛んである。明治頃から盛んになったようなので、大正には、既に近隣で金魚の養殖は行われていたと思われる。

［参考文献］水谷一雄『立田村史』

## びんずるばばあ

　連吾川《れんご》（愛知県新城市《しんしろ》）と飯田線の交差する地点に、釜淵《かまぶち》という淵がある。別名「びんずる淵」ともいう。昔、この淵の岩の上に、時々「びんずるばばあ」が出ては、ビーン、ビーンと糸を紡いでいたので、空道様が石でびんずる様を刻んで祀《まつ》ると、びんずるばばあは出なくなったという。そのびんずる様は、今でも淵の上の屋敷に祀られているという。

　賓頭盧《びんずる》様とは十六羅漢の筆頭で、日本では赤い像の「なで仏」として寺に祀られていることが多い。

　また、空道様とは、新城市で活躍した実在の僧侶で、絵画や彫刻作品を多く残している。また、空道和尚作の神馬が毎夜抜け出したという伝説も残っている。

［参考文献］山本一三二『新城の伝説』

## 吹上坊主［ふきあげぼうず］

　名倉《なぐら》（現・設楽町《したらちょう》）の吹上峠に、昔、大入道が現れて通る人を悩ませていた。いわゆる「見越入道」というもので、みるみる大きくなって天に届くほどになるが「見越入道見越した」と声をかけると、煙のように消えるという。明治になって、人を大入道と見間違えた笑い話が残っている。

『北設楽郡史』ではタイトルが「吹上坊主」となっているが、文中の呼称は「大入道」もしくは「見越入道」である。吹上峠に出没したので「吹上坊主」とも呼ばれたのか、記録される際に仮にそう名付けられたのかはわからない。

　有名な「見越入道見越した」という呪文が活きていた記録として、また、見間違えた話も（半信半疑ながら？）当時の人が、ある程度リアリティを持って「大入道」を認識していた記録として興味深い。

［参考文献］北設楽郡史編纂委員会『北設楽郡史』民俗資料編

## フトンカブセ

　非常に情報の少ない妖怪である。

『採集手帖（沿海地方用）』に書かれた「フトンカブセ　ふはつと来てすつと被せて窒息させる」。

　及び、このメモをもとに書かれたと思われる記事、「島の人―佐久島―」の「蒲団被せがふわつと来てすつと被せて窒息させた」という記述だけが残されている。

　出没場所は西尾市佐久島であるという。前後に書かれた情報が、藪《やぶ》に出たという

「コメカシ」と、触れるとマラリアになるという「オコリヤブ」についての話なので、屋外の出来事の可能性もあるかもしれない。

〔参考文献〕瀬川清子『採集手帖（沿海地方用）』、民間伝承誌友会「民間伝承」15巻7号

## 賁亀〔ふんき〕

三足亀とも言う。宮路山七不思議の一つ。持統上皇が宮路山（愛知県豊川市）に御幸の際、亀が御車の前に現れて（車輪に轢《ひ》かれて）一本の足先を斬られた。それからは宮路山の亀は一本の足先がなくなったという（場所も「車引」と呼ばれるようになった）。明治の頃には、生け捕りになって見世物になったこともあると語られる。

ちなみに宮路山の七不思議とは、①賁亀②登り藤（花が逆向き）③蛭石《ひるいし》（蛭が血を吸っているように見える鉱石）④片葉の石《せき》菖《しょう》⑤三ツ葉楓《かえで》（紅葉の一種にとがりが三つ出ているものがある）⑥八の字まむし（頭に八の字がある。人は嚙《か》まない）⑦木々の紅葉（様々な落葉樹が紅葉する）である。

〔参考文献〕音羽町誌編纂委員会『音羽町誌』

## ぶんたのこし

愛知県知多郡美浜町布《ふっ》土《と》上《うえ》村と平田（現・名古屋市）の間の神明社《しんめいしゃ》の隣に、鬱蒼《うっそう》と茂った森がある。ここは「ぶんたのこし」と呼ばれ、馬の首や大きな怪火が出ると恐れられた。「ぶんた」という古狐が棲んでいたと伝わり、村人を化かすなどしたという。子脅しとして、言うことを聞かない子供に対して「ぶんたのこしへほうかってくるぞ」と言って脅したともいう。

名前の由来は不明である。

〔参考文献〕美浜町誌編さん委員会『美浜町誌』資料編二

## 平七狐〔へいしちぎつね〕

いわゆる「豊川稲荷（妙厳寺《みょうごんじ》）」には「平八郎稲荷」と称する伝説がある。妙厳寺の公式HPに載る話は、平八郎という謎の老人が万能不思議の釜と三〇一の眷属《けんぞく》の力で神通力を発揮したという興味深いものだが、更に異説として「平七狐稲荷」という話を早川孝太郎が書き残している。『郷土研究』に掲載された「三河南設楽《したら》郡より」という記事には次のような内容がある。

豊川稲荷は、もとは「平七狐稲荷」と称されていた。昔、平七という一人の棒手振《ぼてふり》（天秤棒《てんびんぼう》を担いで売り歩く人）がいた。ある時、豊川の渡しに差しかかると、多くの狐が集まって土手を越えようと競っていた。平七はこれを見てその群れに入って、真っ先に塀を乗り越えた。すると容貌が狐へと変わり、その狐たちの棟梁となって、遂には稲荷として祀《まつ》られるようになったという。

〔参考文献〕郷土会『郷土研究』

## 宝泉坊狐［ほうせんぼうぎつね］

昔、大井の宝泉坊（現在の宝乗院。医王寺の塔頭《たっちゅう》の一つだったという）の縁の下に狐がおり、村人を騙《だま》していた。ある時、医王寺の和尚が小僧を目薬を買いにやると、店の人は先ほど既に小僧が目薬を買っていったという。不思議に思いながら同じ目薬を買って帰ると、宝泉寺の縁の下で子狐が親狐に目薬をさしていた。和尚に話すと、人を化かす狐は村から追い出す必要があるということになり、村人と一緒に追い出してしまった。

狐の一族は小海田《こかいた》（宝泉坊のやや北）へ逃げ、そこでも百姓の弁当や漁師の魚を娘に化けて盗んだりして困らせた。

ある時、庄屋の市右衛門が馬を引いて野良仕事から帰ってくると、間哉《まがな》（小海田の南）の松の根元に狐がおり、松葉を耳に当てて綺麗な娘に化けた。娘は庄屋に「村まで馬に乗せてほしい」と言ってきたが、庄屋は化けるところを事前に見ていたため、「落ちると危ないので」と言って、娘（狐）を馬に縛り付けて帰宅した。唐辛子と松葉の煙を団扇《うちわ》で扇《あお》いで燻《いぶ》ると、狐は正体を現した。庄屋は今後の悪事を戒めて縄を解《ほど》いた。それからは狐の悪戯《いたずら》はなくなったという。

狐が目薬を求めるエピソードについては**恩田の初連**も参照されたい。

［参考文献］南知多町誌編さん委員会『南知多町誌』資料編五

## 保木沢の怪物［ほきんざわのかいぶつ］

愛知県新城《しんしろ》市の名越《なこし》から名号《みょうごう》へ行く道は、岩が切り取られたS字の難所になっており、昼間でも薄暗い。昔は怪物が出て通行人を困らせたという。

怪物は人間に似た顔をしており、猪《いのしし》のような体で全身に苔《こけ》が生えていた。道端の岩にぶら下がり、人が通ると「朝は四本、昼は二本、夜には三本になるのは何だ」と謎をかけ、答えられないと崖下に突き落としてしまうので、人々は恐れて夜などは通らなかった。名越のある青年が「それは人間だ」と答えると、怪物は崖下に落ちるように姿をくらまし、以後は出なくなったという。

危険な道への戒めとして、スフィンクスの話を取り入れて作られたものであろうか。夜道より日中の方が怪物には発見されそうには思われる。薄暗く、危険な道であれば、怪物の有無にかかわらず、夜道は避けるべきであっただろう。外見の描写は特にスフィンクスには似ていない。

［参考文献］鳳来町教育委員会『鳳来町誌』民俗資料編2伝説と民話

## 本遠寺の枕返し［ほんのんじのまくらがえし］

熱田の本遠寺では、住職の部屋で寝ると、夜中に枕返しをされるという。枕返しとは、右枕で眠っていると左枕に、左枕で眠っていると右枕に変えられてしまうのだという。これは「本遠寺の枕返し」と伝えられ、寺に棲む狸の仕業と考えられていた。住職の部屋だけで発生し、他の部屋では起こらなかったという。「寝返り」と何が違うのかはよくわからないが、「いつの間にか枕が足元に……」という話ではないようである。

また、本遠寺の狸は日清、日露の戦争にも弟子を連れて参加したという。古狸で何にでも化けることができ、人間には悪さをしなかったとされる。

本遠寺は空襲で焼けており、現在の建物は戦後に復興されたものである。

〔参考文献〕熱田久知会『熱田風土記』中巻

# 【ま】

## マドウ

「マドウクシャ」の名で事典類などにも載るが「マドウ」もしくは別名、同義の語として「クシャ」と理解するのが正しい。『日間賀島《ひまかじま》民俗誌』の「とむらい」の項にある、葬送に関する次の記述から生じたものと思われる。

マツゴの水をやると、帷子《かたびら》を裏返してかけて、「重いものを被せるな」という。死人の上に筬《おさ》を上げる。マドウ——クシャと云う一〇〇年以上の猫——がとりに来るので、目の多いものを上げるのである。産室にも網を張って、やはり目の多いものを、という。

これがひとつながりの語として受け取られ「マドウクシャ」という名で流布してしまったようである。恐らくマドウは魔道、クシャは火車《かしゃ》の意であろうか。葬儀の際に猫を忌んだり、筬を魔除けにしたりする風習は、愛知県内でも各地で見られる。また、火車の話も点在している。

『日間賀島民俗誌』執筆のもとになった『採集手帖』には、もう一ヶ所「マドウ」について「マイハヒ風にあたつたと云つて四方からの風の吹き込みで上げられる。その中にマドウがゐるから側に行かれぬ」という記述がある。

この場合の「マドウ」が、年を経た火車的な猫のことを指しているのか、それとも、妖怪的な存在全般を「マドウ」と呼んだ文脈なのかはよくわからない。少なくとも、かつての日間賀島で「マドウ」と呼ばれる何かが畏怖されていたことは確かである。

〔参考文献〕財団法人民俗学研究所『改訂綜合日本民俗語

彙』第一巻、瀬川清子『採集手帖（沿海地方用）』、池田弥三郎・大藤時彦・牧田茂・和歌森太郎（編）『日本民俗誌大系』第五巻

## 豆狸［まめだぬき］

池鯉鮒宿《ちりゅうじゅく》（現・知立市《ちりゅう》）は東海道五十三次の宿場の一つとして栄えていたが、裏通りは竹藪《たけやぶ》になっており、狸の棲む寂しい所であった。

現在の駅前付近、小松寺（西町）から称念寺（新地町）辺りも竹藪になっており、豆狸が多く棲んでいた。夜道を歩くと目に見えない狸が足の間を千鳥に歩くため、つまずきそうになって歩きにくかったという。また、小松寺の門前辺りは狸が美女に化けて男の袖を引いたといい、闇夜でも着物の柄がはっきり見えたという。

『知立市史』には、他の狸話も色々と載っている。

称念寺裏の竹藪に家が一軒だけあった。夜、戸閉まりの後、「トントン、庄兵衛さ、庄兵衛さ」「トントン、庄兵衛さ、庄兵衛さ」と、戸を叩いて老人の名を呼ぶ声がする。戸を開けても外には誰もいない。一度、戸を開けてやると戸は叩かれなくなる。これは家の中に狸が棲んでいて、夜、遊んでいて締め出されると、老人の名を呼んで、戸を開けてもらって家に入ったのだという。

ある冬の火、老婆がボロ（あられ）を煎《い》っていると、寺の小僧が来てボロが欲しいという。老婆は風呂敷を出すように求め、小僧が大きな風呂敷を広げると、煎りたてで火傷するほど熱いボロを入れた。すると「あつい！　あつい！」と言いながら小僧は逃げていったという。風呂敷も消えていた。恐らく雄の狸（キンタマを広げた）だったのだろうという。

また、ある人力車ひきが、草刈（現・西町）の辺りで美しい娘を乗せて帰宅したところ、娘が家から出ていかない。おばあさんが、狸が化けたものと考えて、なんばの木を燻《いぶ》したら、ようやく出ていったという。

［参考文献］知立市史編纂委員会『知立市史』下巻

## 山都［みこしにゅうどう］

『烟霞《えんか》奇談』に載る。山都と表記して「みこしにゅうどう」と読ませている。日本の妖怪を中国の妖怪（的なもの）になぞらえた中華風の表記である。話は次のようなもの。

正徳（一七一一～一六）の頃、三河の吉田町（現・豊橋市）に善右衛門という古手《ふるて》商売（古着や古道具を扱う）の商人がいた。武家から幕の注文を五張請け負った。吉田で三張を調達し、残りを岡崎で手に入れようとしたがうまくいかない。残りを名古屋で手に入れようと大浜茶屋（現・安城市）で一泊した。馬を借りて夜半に出発すると、馬奴が「池鯉鮒《ちりゅう》（現・知立市）付近から名古屋の伝馬町《てんまちょう》へ近道があるので、その道を行こう」という。これ幸いとその道を行くと、烏頭村《うとう》（現・岡崎市宇頭町《うとうちょう》～現・安城市宇頭茶屋町付近か）に差しかかった。小さい松があり、ススキの生えた広い野原になっていた。

するとにわかにつむじ風が起き、馬は足を折って蹲《うずくま》った。善右衛門も馬奴も気分が悪くなって地面に臥《ふ》せった。そして小さな松の所から、一丈三、四尺（約四メートル）ほどの仁王のような大入道が現れた。目は多く鏡のように爛々《らんらん》と輝いている。二人は、いよいよ意識も朦朧《もうろう》として地面に伏していたが、化物は程なくして去っていった。

やがて回復した二人と馬は、一里ほど進むとようやく夜が明けた。民家で煙草を吸い、人心地ついて主人に「この辺りに天狗や怪異のものなどはいないか」と聞いたのだが、山中でもないので天狗やそのような怪物はいないという。烏頭村で怪物に遭った話をすると「それは不思議なことだ。天狗でもないであろうし、昔からいう山都というものだろう」と笑った。

その後、善右衛門は名古屋に着いて残りの幕を調達するのだが、食欲も失せ、発熱や頭痛に苦しむ。医者に診てもらい、化物に遭ったことを語って薬を用いてもらったが一向に良くならず、駕籠《かご》で吉田に戻ることになる。しかし、ますます熱も激しく遂に一三日後には死んでしまった。化物は疫病の神だからであろうという。

［参考文献］『日本随筆大成』一期四巻

## 無三殿さん［むさんどさん］

塩竈《しおがま》神社（愛知県名古屋市）に「無三殿大神」として祀《まつ》られる河童の神である。商売や水泳にも御利益があるが、特に痔《じ》を治してくれる「根抜きの神」として知られる。変わった名の由来はこのようなものである。

松平康久という武将が出家して「無三」と名乗った。中川と笈瀬《おいせ》川の合流地点辺りに屋敷があり、いつしかその周辺が無三屋敷、無三殿、無三戸（ムサンド）などと呼ばれるようになった。そして、その無三殿入り江に棲む河童（神）として、無三殿さんと呼ばれるようになったという。

塩竈神社の石碑によると、江川には古来より霊鼈（スッポン）が棲むと畏敬され、また巨石に無三殿主神と刻まれており、痔疾に霊験があると信じられていた。河川の改修工事の際にこの巨石が出てきてしばらく町神として祀られたが、後に塩竈神社に移されたものだという。これが今日では「河童の神様」として親しまれている。また、様々な「昔話」としても「河童の無三殿さん」物語が書かれている。

関連する話として、山王橋の西北西の橋上から尻を堀川に映すと痔を川神が治してくれるという伝承が確認できる。現在の「河童の無三殿さんが痔を治してくれる」という信仰は、これとも習合したものだろうか。

江戸期の資料には、『尾張名陽図会』などに「無三殿圦《いり》」についての記述は見えるもののスッポンや河童に関する記録は今のところ、確認できない。大正時代に「川に白餅を投げ込むと痔疾が治る」といった信仰の記録は残っている。

無三殿さんは、笈瀬町の神明社《しんめいしゃ》の一角にも分祀《ぶんし》されて祀られている。

〔参考文献〕怪作戦『愛知の河童』愛知妖怪画談第七巻、小島勝彦『尾張の民話』、郷土会『郷土研究』第四冊、露橋小学校100周年記念誌編集委員会『地図でみる露橋の歴史―親子でみつけるつゆはしのあゆみ―』、林英夫『日本名所風俗図会』6東海の巻、岡田弘『中川区の昔話と伝説をたずねて』

## 村積山の毒石〔むらづみやまのどくせき〕

九尾の狐が退治された時に化したという那須の殺生石。この「飛び散った破片」とされるものが各地に伝わっている。愛知にも、岡崎市奥山田町に「村積山の毒石」として伝わっている。

村積山の山頂にある村積神社に、石の柵で囲われた古い岩がある。これは那須野ヶ原の殺生石の破片が飛んできたもので、触れば必ず病になるという。

文献上は今のところ初出として『三河国額田《ぬかた》郡誌』（一九二四）に確認でき、より古い地元資料である『岩津村誌』（一九一七）では確認できない。そして『岩津村誌』ではこの石を細川義季《よしすえ》、義宗の霊を祀《まつ》ったものとしている。ほか、『新編岩津町誌』や『新編岡崎市史』によると、『細川家御由緒』には、「この石は、神霊石とか石神とかいわれ、細川氏の守りの石塔である」と記されており、細川氏の墓であるとは書かれていないという。また、石の前にある石灯籠には「献燈祖先霊」「真福寺代官柴田文三郎則房……建立」と刻まれているという。

いわゆる「細川氏」（有名な細川勝元、藤孝、首相も務めた護熙氏などなどを輩出……）は、源氏が愛知の細川郷に土着したことに由来する名字である。また、村積神社は物部大連《おおむらじ》の弟、真福《まさち》に由来するという古社である。細川氏土着後は、細川氏の血族が神職を務めたようだ。

要するに、細川氏が「神霊石」「石神」として信仰していた岩、もしくは細川氏の墓であったものが、いつの頃からか（明治～大正期？）、殺生石の破片としても扱われるようになったようである。夢のある解釈としては「殺生石の破片を細川氏が神霊石として祀った」と考えることも、時系列的には不可能ではないかもしれない。

〔参考文献〕愛知県教育会『愛知県伝説集』、加藤錫太郎『岩津町誌』、新編岩津町誌編集委員会『新編岩津町誌』、新編岡崎市史編集委員会『新編岡崎市史』史料民俗19、愛知県額田郡役所『三河国額田郡誌』

## めったいくやしい

洞隣寺《とうりんじ》（愛知県刈谷市今岡町）に一人の下女がいた。気立ては良かったが容貌が醜かった。後に高津波町《たかつなみちょう》にある医王寺に移って住み込みで働くことになった。ところが当時の住職が世にも稀《まれ》な美男子であったので懸想してしまい、何とか気に入られようと色々と心を砕いた。しかし、住職は仏に仕える身でもあり、殊に醜女でもあったので全く靡《なび》かなかった。諦められない下女は毎夜、お堂に忍び込んで、本尊である薬師如来の御灯の油を盗んでは、頭髪に付けて身を嗜《たしな》んでいた。しかし、和尚に露見して厳しく叱責《しっせき》され、医王寺から追放されてしまった。下女は恋が成就しなかったことを恨み悲しんでこの世を去った。前に働いていた洞隣寺の住職が不憫《ふびん》に思い、境内の墓地に弔ってやった。

ところがその後、雨のシトシト降るような暗い晩には、洞隣寺の墓から青白い蠟燭《ろうそく》ほどの火が出て堤防沿いに医王寺の方へ行くという。ある物好きな青年が一つ見届けてみようと堤防の陰で待ち構えていた。すると、気味の悪い風が吹き、下女の墓辺りから青白い火が近付いてくる。人間の歩くくらいの所で、火だけが動いていて、人影は見えない。油が燃えるようなジワジワという音がして、それが「めったいくやしい、めったいくやしい」と聞こえる。思わず大声を上げると火はもとへ引き返してしまったという。明治初年までは見た人がいたという。

医王寺は洞隣寺の南西に位置し、逢妻《あいづま》川が近くを流れているので、逢妻川沿いに火が飛んだということであろう。洞隣寺には「めったいくやしい」の墓が現存している。

〔参考文献〕刈谷市誌編さん委員会『刈谷市誌』、刈谷町誌編纂会『刈谷町誌』

## 木魚がえる 〔もくぎょ がえる〕

小牧・長久手の合戦の折、岩崎城は羽柴方の池田勝入《しょうにゅう》の攻撃を受けた。城主丹羽氏次の弟、氏重（有名な丹羽長秀とは別系統の丹羽氏）が防戦したが、城内の兵はことごとく討死した。亡骸《なきがら》は周辺の塚と城の周りに埋葬された。里人は落城の日である四月九日に慰霊祭を行っている。また周辺の住民は昔から「お城の山の周りには木魚がえるが棲んでいる」と言っていたという。

梅雨の雨の後などには、裏山の竹藪林の中で、戦死者の霊を慰めるような蛙《かえる》の鳴き声がするといい、「ろくろくろく坊 なむあみだ ぽこぽこぽこぽこ なむあみだ」とそんなリズムが感じられるという。

また、岩崎城の公式サイトには明治三九年（一九〇六）頃、火の玉が目撃されるようになり、岩崎城の戦死者が成仏していないと噂になったと書かれている。明治四〇年（一九〇七）には供養碑を作り、以後、慰霊祭が続いているという。

〔参考文献〕岩崎誌編纂委員会『岩崎誌』

## 文殊坊坂の袖ちぎり 〔もんじゅぼうざかのそでちぎり〕

日吉神社前（新城市）を吉川へ行く坂道を文殊坊坂と呼んでいる。坂の上に、かつて文殊坊という寺があったことからこう呼ばれているのだが、この坂で転ぶと必ず片袖がちぎりとられるという。

愛知県内のいわゆる「袖もぎ」の話は『広瀬今昔話』にも見える。勘八山（豊田市勘八町）の二の瀬という所で、ある男が闇夜に袖を引かれるので、これがかねて聞く「袖引き」だろうと、引かれた所を手で摑《つか》むと、茨《いばら》の蔓《つる》で手を傷付けた。人々の怖がる「袖引き」の正体がわかって喜んだという。

要するに「勘違いだった」という話ではあるが、当時（幕末頃）の豊田の人が「袖引き」を認識していたことがわかる。

〔参考文献〕鈴木隆一『郷土誌 舟着物語』、月山左一郎・

月山峰太郎『廣瀬今昔話』

## もんじろ狐［もんじろぎつね］

師崎《もろざき》の神護寺《じんごじ》の裏山に「もんじろ狐」と呼ばれる狐がいた。尾に白い紋のある狐で、年を経てからは大人しくなり、和尚にも懐いていたが、若い頃は大変な悪戯《いたずら》狐であった。

　ある晩のこと。神護寺の和尚が経を上げていると、いつのまにか本尊が二体ある。和尚は「うちの本尊さまは、よく、くしゃみをされるので、くしゃみをしない方が偽物だ」と独り言を言った。すると「はっくしょん」と大きなくしゃみがする。くしゃみのした方を引きずり下ろすと、もんじろ狐が正体を現して謝った。和尚は「饅頭《まんじゅう》が欲しけりゃやるぞ。もう悪戯はするな」と諭して放してやった。それからは和尚に懐き、お手伝いもするようになったという。

［参考文献］南知多町誌編さん委員会『南知多町誌』資料編五

# 【や】

## ヤゾウキツネ

竹村（現・豊田市）の谷間に「ヤゾウ」と呼ばれる古狐が棲んでいた。凄《すご》い力を持った狐であり、既に五代目くらいだろうと言われた。手下の狐を連れたボス狐でもあった。谷間の斜面に直径七〇センチ、奥行き三メートルくらいの穴が二つあり、ここにヤゾウキツネは棲んでいた。近くに小さい穴もあり、そこには手下の狐が棲んでいた。ヤゾウキツネは昼は穴の中で体を休め、夜になると手下と一〇里（約四〇キロ）も駆け回り、餌をあさったり他の狐を脅したりした。

　大正の中頃でもヤゾウの「ケンケン」「コンコン」と鳴く声を聞いた人がおり、丸くなって寝ているのを見た村人もいた。人を化かすのもうまかったといい、村人は谷間を通るのを恐れていた。

　谷間の下を流れる逢妻《あいづま》男《お》川に沿った蔵福《ぞうふく》という所に水車小屋があり、粉引き稼業のマルトウという男がいた。大正八年（一九一九）の秋、隣村の土橋にうどん、そば等を届けた帰り道。仕事後に酒を飲んで良い心持ちで谷間のヤゾウの住処《すみか》へ通りかかると、突然、大きな青入道が現れた。そしてマルトウ目がけて次々と石を投げてきた。マルトウも青入道へ石を投げ返した。しばらくすると青入道はいなくなっており、自分は小さな溝にはまり込んでいた。マルトウはびしょ濡れになって家に帰った。一一時を回っており、着物にはたくさんの小石が入っていて、足には裂けたような傷もあった。この青入道こそヤゾウキツネの化けたものだろうと村の評判になったという。

ヤゾウキツネの穴は終戦の頃までは残っていたという。

［参考文献］竹村郷土史研究会『竹村風土記』

## やろか雨［やろかあめ］

尾張北部に江戸初期に作られた大きなため池「入鹿《いるか》池」。この決壊にまつわる怪異譚《たん》が残っている。

慶応四年（一八六八年。明治元年でもある）五月、尾張富士の頂上で声高に「やろかやろかやろかやろか」と盛んに叫ぶ者があった。池の堤から誰かが「いこさばいこせ」と怒鳴った。すると大雨が二〇日も降り続き、川は濁り水で一杯になり、橋も大概流されてしまった。尾張富士で叫んだのは神様で、これは神様の仕業であるといい、この雨のことを「やろか雨」と言った。

また、入鹿池が切れそうになった時、池の主が大音響で「やろか！」と叫んだ。すると、他の池の神が「よこさばよこせ」と叫び返した。次いで水がどーと来た。だから「やろか雨」と言う、という話もある。

［参考文献］市橋鐸麿『入鹿切聞書』

## ようじの婆さん［ようじのばあさん］

『大府《おおぶ》市誌』に載る。愛知県大府市北崎町の話として分類されているが、文中で示される場所は逢妻《あいづま》川（北崎町より南の刈谷市付近）辺りである。

昔、刈谷の高津波《たかつなみ》の医王寺から、今岡の洞隣寺《とうりんじ》へ、寺女中の霊が毎晩八〜九時頃、雨の夜も風の夜も灯をつけて逢妻川の堤防を通ったという。それは、寺女中をしていた「ようじの婆さん」が灯明の油を髪の油に使い、返さずに亡くなったために迷いの霊となって現れるのだという。**めったいくやしい**も参照。

［参考文献］大府市誌編さん刊行委員会『大府市誌』

# 【ら】

## ろくろ首［ろくろくび］

いわゆる「ろくろ首」といえば、首が伸びたり頭が抜けたりする妖怪で、怪談や見世物に登場していて比較的創作色が強い印象もある。愛知県内では郷土資料にも「地元の話」として二例確認できる。『岩倉市史』には、このような話が記録されている。

昔、とある家の一人娘が嫁に行ったのだが、三日と経たないうちに戻されてしまった。その後はどこにも嫁に行かなかったが、それはこの娘が「ろくろ首」だったからだという。この女は農家の生まれで、オシャゴジ近くの田へ出かけていたが、オシャゴジの塚の土を一鍬《くわ》ずつせぶって（盗んで）は自分の田を広げていたので、その祟《たた》りで「ろくろく首」になってしまったのだという。オシャゴジは曽野村郷前《ごうまえ》（岩倉市曽野町か）にある場所だというが、詳細は不明である。

『小牧市史』には、このような話が記録されている。

米野《こめの》（小牧市中央？　現・米野小学校の辺りか）に住む喜平という者が夜中の丑《うし》三つ時に小牧の方へ出かけた。村外れの下墓の辺りまで行くと「ろくろく首」がゆっくりと歩いてくるところに出会った。仰天して家に帰ると寝込んでしまった。二、三日後には隣人も同じ場所で「ろくろく首」に出会い、寝込んでしまった。話を聞いた村一番の剛の者で五助という者が同じ時刻に村外れに向かった。案の定「ろくろく首」が現れたが、気を奮って竹で相手を突き、ひるんだところに飛び付いたが「ろくろく首」が身をかわして南に逃げていったという。その後は「ろくろく首」は出なくなり、寝込んでいた二人も回復したが、結局「ろくろく首」の正体はわからず仕舞いだったという。

〔参考文献〕岩倉市史編集委員会『岩倉市史』下巻、小牧市史編集委員会『小牧市史』本文編

# 【わ】

## ワラヒ仏［わらいぼとけ］

『採集手帖（沿海地方用）』に書かれた「ワラヒ仏と云ふものがゲタゲタ笑ってゐる」という一文のみが記録に残っている、非常に情報の少ない妖怪である。

記録された場所は西尾市佐久島という狭い島である。路傍の地蔵のようなものが、ゲラゲラ笑っていたものであろうか。

〔参考文献〕瀬川清子『採集手帖（沿海地方用）』

# 中部広域

# 【あ】

## 甘酒婆［あまざけばば］

長野県下伊那郡川路村（現・長野県飯田市川路）や新潟県古志郡長岡町（現・新潟県長岡市）、山梨県など各地に伝わる。

『信濃昔話集』によると、昔、川路村の辺りを甘酒婆というものが歩いたという。雪が積もった真夜中に足音もなく現れ、家の戸を叩いて「今晩は酒はいらんかナ」と言ってくる。家の者が驚いて戸を開けても人影はない。そんなことが村のいくつもの家で起きたが、その姿を見た者は誰もいなかったのだという。

『ひじろ』一一号「山の妖怪」によると、山梨県の村里で毎夜、家の戸口を訪ねてきて甘酒や酒を売ろうとするアマザケバンバァというものが出たという。戸口に「甘酒や酒は嫌いだ」と書いて貼ると来なくなったのだという。

また、『猿猴庵《えんこうあん》日記』には文化一四年（一八一七）の尾張国（現・愛知県西部）の記録が記されている。「あまさけ姥《ばば》」というものが歩き回り「甘酒はいらぬか」と声をかけてくる。これに答えるとそのまま流行り病に罹《かか》ってしまうということで、人々は大いに恐れた。これに対する呪《まじな》いとして、杉の葉に南天の枝と唐辛子を結び付け、門に掛けるなどしたという。

『越の寄ふみ』四号「問答」には、弘化三年（一八四六）の噂話として記されている。秋になると長岡町に甘酒婆々という怪が現れた。夜更けに家の外から嗄《しわが》れた老婆の声で甘酒を乞うてくるが、これに応えてしまうと奇病を患うのだという。それから誰が教えたのか「白い紙に『かないつんぼあまざけなし』と書いて戸に貼れば、婆々が問うてくることがなくなる」として、家々や寺社もそのようにしたが、間もなく怪は現れなくなったのだという。

「近世疫病神と妖怪　甘酒婆の全国的展開」では、これらの他にも広島や青森、秋田といった東北、江戸や京都といった都市部などで、近世から同様の噂が確認できることを紹介している。そして、もともと酒や甘酒を介して病気を広める疫病神のような存在として噂されていた甘酒婆が、時を経るごとに病気の要素が欠落していき、家々を訪ねる声だけの妖怪へと変化していったと指摘している。

［毛利恵太］

［参考文献］牧内武司『信濃昔話集』、笹方政紀「近世疫病神と妖怪　甘酒婆の全国的展開から」（『御影史学論集』三七号）

## 荒川岳の怪［あらかわだけのかい］

静岡県静岡市と長野県下伊那郡の間にある荒川岳の話。

昭和三四年（一九五九）の夏、荒川小屋

に宿泊していた登山者たちが、夜に「おーい、おーい」とか「タスケテクレー」と、助けを求める声を聞いた。小屋番が声のする方へ出向くと、雪渓に滑り落ちたような痕跡があるので、誰かが滑落したかもしれないとして周囲を探した。しかし誰も見付からず、こちらが呼びかける声にも返事がないので仕方なく山小屋に戻ると、再び声が聞こえてきた。更に、尾根の壁面を懐中電灯のような光がゆっくり降りてきてスーッと落ちた。しかし光は再びもとの所に現れてまた降りていき、それが何度も繰り返されていた。翌日、声の聞こえてきた辺りをまた探してみたが、やはり誰もいなかった。その辺りは前年に滑落、遭難した登山者たちが死んだ所で、その者たちを荼毘《だび》に付した所だったのだという。　［毛利恵太］

［参考文献］原田望「荒川岳の怪」（『伊那』三五巻一号）

## 黄金の鶏［おうごんのとり］

富山県下新川郡入善町《にゅうぜんまち》に伝わる。『郷土研究』一巻一〇号の「黄金の鶏」に記されている。

入善町のある神社では、境内から時々黄金の鶏が飛び立つことがある。境内に黄金を入れた器が埋めてあり、その黄金が時折鶏の形になって現れる。しかし境内のどこに埋めてあるのか、誰も知らないのだという。

岐阜県可児《かに》郡小泉村（現・多治見市虎渓《こけい》山町《ざんちょう》）では「金鶏塚《きんけいつか》」というものが伝わる。虎渓山の裏に金鶏塚があり、ここにはチャボ（金鶏）の番《つが》いが埋められているのだという。虎渓山が荒廃した時に掘り出して、再興の費用にするために埋めたのだとされ、元旦にはこの金鶏が鳴き声を上げるのだという。また、この塚に自分の年齢の数だけ鳥の子（赤飯の握り飯）を供えると、痔《じ》を治す効験があるとされている。

金の鶏が鳴き声などで宝の在処《ありか》を示すという話は、中部地方に限らず全国で確認できる。　［毛利恵太］

［参考文献］門太郎「黄金の鶏」（『郷土研究』一巻一〇号）、木全圓寿「美濃国可児郡小泉村の伝説（一）」（『旅と伝説』一六巻一一号）

岐阜県海津市の行基寺にまつわるもの。南北朝時代、北畠顕家《あきいえ》軍と土岐《とき》頼遠《よりとお》が戦った青野（原）合戦の際、行基寺の僧が宝を埋めて「朝日さす夕日さす三辻の元に粟米縄三バ金の鳥」という歌を残した。そして、旧正月の元旦になると金鶏が出て山に鳴くという。揖斐《いび》郡鶯《うぐいす》村（現・大野町）、清水村（現・揖斐川町）、不破郡青墓村（現・大垣市）にも類話がある。

旧稲葉郡では、方県《かたがた》村（現・岐阜市）駒ヶ岩の上、長良村（現・岐阜市）字八代縣《あがた》神社境内、芥見《あくたみ》村（岐阜市）大洞《おおぼら》願成寺旧坊日輪寺址、岩村（現・岐阜市）字岩田七つ塚、鷺山《さぎやま》村（現・岐阜市）字正木小字御厨址、常磐村（現・岐阜市）字城田寺《ぎだいじ》市橋留衛門邸前の石の下、同上土居《かみつちい》字冨塚熊野神社力石の下、厚見村（現・岐阜市）字川手閻魔堂、鵜沼《うぬま》村（現・各務原《かかみがはら》市）金縄《きんじょう》塚《づか》、蘇原《そはら》村（現・各務原市）野口字位能の大杉下などに金鶏が埋まっており、正月元旦の朝に出て鳴き、その声を聞くと長者になれるという。

旧本巣郡では、真桑《まくわ》村（現・本巣市）大字軽海《かるみ》大塚の杉の木の下に、正月元旦の朝、三羽の金鶏が鳴くといい、席田《むしろだ》村大字芝原村（現・本巣郡北方町）東の塚の上に、正月元旦、金鶏が現れて鳴き、文殊村（現・本巣市）字円蔵の三塚に金鶏が埋められており、正月元旦に鳴くという。

旧揖斐郡では、西郡《さいぐん》村（現・大野町）字志名《しな》妙見堂の一本松の根元に金鶏が埋まっており、正月元旦の朝に一声鳴くといい、鶯村（現・大野町）大霊鳥寺址礎石の上に正月元旦の朝、金鶏が現れて鳴くという。

旧不破郡では、玉村（現・関ケ原町）目《め》醒《ざめ》の滝の側にある大きな石の上、府中村（現・垂井町《たるいちょう》）王寺の墓の桜の古木の枝の上、府中村平尾旧平尾堂庭内の石の上、青墓村（現・大垣市）字榎戸《えのきど》村西の大石の上に、正月元旦の朝、金鶏が現れて鳴くという。

旧加茂郡では、加茂野村（現・美濃加茂市）大字今泉字洞泉寺《どうせんじ》に昔、寺があったのだが、夕田《ゆうだ》城の戦で戦火に遭った。その時、寺に伝わる金鶏を梵鐘に入れて埋めた。この金鶏が正月元旦の朝に出て鳴くという。富田村（現・富加町）大字羽生《はにゅう》字金塚に、昔、金鶏を埋めた所があり、正月元旦の朝に出て鳴くという。

旧可児《かに》郡では、土田《どた》村（現・可児市）字定安寺に石を集めた所がある。ここへ正月元旦に金鶏が出て鳴くという。春里村（現・可児市）横市の山林に金鳥塚があり、昔、金鶏を埋めたと伝わる。

旧山県郡では、大桑《おおが》村（現・山県市）の城山を金鶏山と称しており、土岐頼芸が斎藤道三に攻められた際に、家宝の金鶏を堀井の中に捨てて逃げたためだという。その金鶏が正月元旦の朝に出て三声鳴くといい、これを聞くために村人はこの日に早起きをするという。

旧武儀《むぎ》郡では、下有知《しもうち》村（現・関市）王塚に金鶏が埋まっているといい、正月元旦の朝に出て鳴くという。乾《いぬい》村（現・山県市）と山県郡北山村（現・山県市）の境、字タニシノオの渡に北山の宮の神様と柿野の宮の神様が別れの盃をされ、金の盃と金の鶏を埋め置かれた。その鶏が正月元旦の朝に出て鳴くという。（以上は『美濃志』）

高山市でも、尾崎城を別名金鶏城といい、落城の際に金鶏の床飾りや軍資金が城の一角、白躑躅《つつじ》の咲く下に埋められたという。元旦の朝にはこの金鶏が東天紅と告げ、その声を聞いた者はたちまち大金持ちになれるという。（『飛驒の伝説』）

愛知の岡崎市でも大平町の今奥屋（現・岡崎市大平町奥屋？）に奥屋という鋳物長者があり「神の木」という大木が生えていた。ある年、火事にあってからは衰退して絶家してしまったのだが「神の木」の根元には奥屋秘蔵の金矮鶏《きんちゃぼ》が埋めてあり、毎年正月元旦の未明に一声鳴くという。この声を聞く者は長者になると伝わっている。かつて、この金矮鶏の発掘を試みたところ、病気に罹《かか》ったり死んでしまったので、今ではこの地に近寄る者もいないという。（『愛知県伝説集』）

愛知の北設楽《したら》郡設楽町でも東納庫《なぐら》の字城

山に金鶏井戸があるという。昔、鍬塚《くわづか》城が落城する際、城の奥方は代々伝わる金の鶏を井戸へ投げ込むと薙刀《なぎなた》を手に斬り込んで果てた。今でも、元旦の朝早くに井戸に立つと、地の底から鶏の鳴き声が聞こえてくるという。（『増補　愛知県伝説集』）

［怪作戦テラ］

［参考文献］土岐琴川『美濃志』、小島千代蔵『飛驒の伝説』、愛知県教育会『愛知県伝説集』、福田祥男『増補　愛知県伝説集』

# 【か】

## ギバ

馬の突然死を引き起こす怪異が各地に伝わっている。ダイバ（頽馬・提馬・大馬）、提馬風《たいばふう》などとも言う。『想山《しょうざん》著聞奇集』には、尾張・美濃《みの》地方ではこれがギバと呼ばれたとあり、詳しい風聞や姿についても書き残されている。

三好想山（永孝）が下男の吉松（馬方経験あり）から聞いた話はこのようなものである。

ギバというのは、近江に住む娘（老父が死んだ馬の処理で収入を得ている）が死んでギバとなって、馬を殺しているのだという。そのため、馬に娘の出身地の書かれた腹当を付けておけば被害に遭わないともいう。

ただし、斃馬《へいば》の処理は「死んだ場所準拠」で行われることを通例とするので、この説明は実情には合わない。要するに老父の居住地以外の遠方で馬が死んでも、別に老父の収入にはならないのである。あくまで斃馬処理の当事者ではない、馬方などの間で語られた風聞であるといえる。

吉松は姿形を詳しく説明しており、曰く「玉虫のように黄金色の小さい馬に乗った女で、猩々緋《しょうじょうひ》の衣服を着て金の瓔珞《ようらく》（菩薩像や仏壇に使われる装身具。もとはインド貴族の装身具）を被り、糸の切れた凧《たこ》のように上空からヒラヒラと降りてくる。そうすると、（被害側の）馬は股綱《またづな》を切って首を上げて、ただならぬ声で嘶《いなな》く。その時、ギバの乗った妖馬は前足を（被害側の）馬の口の方に当て、後ろ足を（被害側の）馬の耳からたてがみの方へ向かって踏み、ちょうど馬の顔を抱きかかえるような状態になる。この時、ギバの怪女は必ずニッコリ笑い、そして姿は消えてしまう。すると（被害側の）馬は右の方へ三度回り、倒れてすぐに死んでしまう」という。また、馬《ま》士《ご》半《ばん》纏《てん》を頭に被せたり、鍼《はり》を打って被害を防ぐ方法も詳しく説明されている（馬の鼻から入って尻から抜けるので、それを防ぐのだという）。

吉松は、二度、ギバに遭ったという。また、他の者も同じように、玉虫色の馬に乗って猩々緋の着物に瓔珞を被ったギバを見ているのだと証言している。また、白馬に限って襲われるといい、栗毛鹿毛は被害に遭わないという。

ただ、想山は別の捨松という下男からも話を聞いており、捨松は「ギバは白虻《しろあぶ》のようなものだと伯楽（馬医、あるいは馬に詳しい人）は言っているが、はっきり見たものはいない」と証言している。四～七月に被害に遭うといい、何歳くらいが被害に遭いやすいとか、女馬はかからないといった証言も残している。馬の毛色についても、吉松の証言とは異なる。想山は「詳しく知ろうと思って馬医はもちろん、馬術の専門家など、馬に関わる様々な人に何年も尋ねたが、説はまちまちであった」と述べている。

吉松の証言は容姿なども詳しく説明されており、玉虫色の馬に乗った赤の着物に金の冠の少女がニッコリ笑う……と大変インパクトがあるが、あくまで（尾張・美濃地方に限っても）諸説の一つと考えるべきであろう。

［怪作戦テラ］

〔参考文献〕谷川健一『日本庶民生活資料集成』第十六巻 奇談・紀聞

# 【さ】

## 蛇身［じゃしん］

慶長一九年（一六一四）四月二九日、連日の大雨のために木曽川の堤防が多く切れ、濁水は尾張にも流れ込み、中でも海東郡勝幡《しょばた》村の堤は崩れた箇所が多く、田畑の被害も大きかった。これは円城寺村下笠町の百姓甚右衛門の姪《めい》が、蛇になって勝幡の池に飛び入ったために、他の村に比べて災いが多かったのだと伝わっている。

濁水が流れ込んだとされる旧海東郡勝幡村は現在の愛知県西部辺りと思われるが、池に飛び込んだ姪の出身地である「円城寺村下笠町」は、現在の「岐阜県羽島郡笠松町円城寺」辺りと思われ、『美濃志《みのし》』には岐阜（美濃）の話として記録されている。

［怪作戦テラ］

［参考文献］土岐琴川『美濃志』

## 蛻庵狐［ぜいあんきつね］

長野県西筑摩郡福島町（現・木曽郡木曽町福島）の興禅寺と岐阜県高山市国府町の安国寺に伝わる。

『信濃伝説集』によると、飛騨高山の松倉城（岐阜県高山市の山城）に参議秀綱（姉小路秀綱のことか）がいた時、城内に棲んでいた一匹の古狐をかわいがっていた。しかし豊臣秀吉の家臣・金森長近に攻められ、参議の一族は離散、古狐も放浪し、諏訪《すわ》にたどり着いた。古狐は僧の姿に化け、蛻庵と名乗って郷士の家に住み込み、利発で俊敏な性格もあって人々から親任された。しかしある時、隠していた尻尾を同僚に見られてしまい、暇を願い出て再び旅に出た。木曽路を進んで落ち着いたのが、福島町の興禅寺であった。ここでも蛻庵は納所《なっしょ》坊主としてまめまめしく働き、住職の桂岳《けいがく》和尚から寵愛《ちょうあい》された。ある日、飛騨国下呂《げろ》の安国寺へのお使いを任されたが、道中日が暮れてきたので、日和田村（現・岐阜県高山市高根町日和田）の民家に泊めてもらった。しかし、ここでも尻尾を見られてしまった蛻庵は、猟師だった主人に鉄砲で撃たれ、死んでしまった。それから日和田村は疫病が流行し、猟師の一家も死に絶えてしまったので、村人は相談して興禅寺を訪ね、法会を営んでもらい、日和田村は興禅寺の檀《だん》家《か》となったのだという。

『国府のむかし話』では、飛騨の安国寺の桂岳和尚と、和尚に懐いた小狐が化けた、蛻庵という小僧の話となっている。蛻庵は、興禅寺の住職となった桂岳和尚に従って木曽福島に移っていたが、和尚のお使いで久しぶりに安国寺へ行くことになった。しかし日和田村の農家に泊まった時、鉄砲の筒穴から蛻庵を覗《のぞ》いた農家はその正体に気付き、鉄砲で撃って殺してしまった。安国寺には蛻庵稲荷が祀《まつ》られていて、お堂の下に揚げ豆腐を置くと、いつの間にかなくなっているのだという。

［毛利恵太］

［参考文献］村沢武夫『信濃伝説集』、国府町教育委員会『国府のむかし話』

## 大婆王［だいばおう］

長野県と富山県に跨《またが》る白馬岳の話。

昔、白馬岳の山麓の長者に、手巻《たまき》という美しい娘がいた。若者たちの憧れの的だったが、手巻は小姓姿の少年と恋仲になった。手巻は少年と夜ごとに逢引《あいびき》をしていたが、この少年がどこから来るのか、どういった素性なのかは一切明かされなかった。そのうちに秘密の逢引が父親の知るところとなり、少年と縁を切るように命じた。手巻は悲しみつつも、いつも会う高原で少年に「しばらくは会わないでいよう」と伝えると、心変わりしたと考えた少年は「裏切る女には男の呪いがある」と言って、たちまち恐ろしい悪魔に変じた。そして突然降り出した雨のなか、気を失った娘を抱えて、黒雲に乗って白馬岳の頂上に飛び去っていった。小姓の姿に化けていたのは、大婆王という魔神であり、手巻は体を八つ裂きにされ、その血が高原に咲く花を血で染め、純白であった傘桜も紅色になった。それから紫紅色に咲くようになった花を、大桜草と呼ぶようになったのだという。

［毛利恵太］

［参考文献］青木純二『山の伝説　日本アルプス篇』

## ダダ星様［だだぼしさま］

岐阜県と滋賀県を跨《また》いで伝わる。

昔、美濃《みの》と近江の境にダダ星様という大きな人がいた。ある時、力試しをしようと考え、大きな畚《もっこ》（縄や藁《わら》を編んで作った背負い籠）を作り、伊吹山と養老山を入れて背負った。すると畚の目から土がこぼれ落ち、それが美濃の中山（南宮山）となったという。そして背負う時に力んだため、足が地面に食い込んで、美濃と近江に一つずつ足跡が残ったのだという。

特徴的な名前だが、**ダイダラボッチ**などと同系統の伝説である。

［毛利恵太］

［参考文献］藤井治左衛門「ダダ星様」（『民俗』二年二報）、音木花四郎「ダダ星と大駄法師」（『民俗』三年一報）

# 【ま】

## みの虫［みのむし］

福井県坂井郡春江村（現・坂井市春江町）などに伝わる。

雨の降る夜に野道を歩くと、笠から雫《しずく》がぽたぽたと落ちてきて、その中の一番大きい玉が正面に下がってくる。それを手で払うと笠の縁に沿って横へ行くが、正面にまた同じような水玉が下がってくる。払っても払っても数が増えるばかりで、目を眩《くら》ませてしまう。これは狸の仕業とされ、電気のある明るい所では付かないほか、大工や石屋にも付かないのだという。

石川県石川郡金石町《かないわまち》（現・金沢市金石地区）にも「ミノ虫」として伝わる。生ぬるい小雨が降る夜、渚で起こる現象とされている。投網を打ちに行った漁師のミノやスソマキに、釜底の火のように明滅する光虫が付着する。払っても光が広がるだけだが、家に帰るとすぐに跡形もなく消える。妖霊として漁民の間では言い伝えられている。

［毛利恵太］

［参考文献］坂、春江村、窪田「断片資料報告」（『南越民俗』一巻二号）、『金石町誌』

新潟県においては「蓑虫火《みのむしび》」として伝わっている。

信濃川流域、鳥屋野《とやの》潟、内沼潟（新潟県新潟市）など水辺に現れるという。鳥屋野潟で小雨の降る真っ暗い夜、魚とりなどで舟で往来していると、突然着ている蓑に小さな虫のようなものが付いて光る。蓑から振り払おうとすればするほど光がますます広がる。これを蓑虫といい、蓑虫に付かれるとその人は間もなく死ぬといわれた。内沼潟では潟でエビスキ中に雨にあうと蓑虫が出るという。雨の雫が光って火に見えるのだという。蛍の光より強い赤光をしていて、その雫が飛んでほかの人に移ることもあるという。ここでは人に害はないというが、蓑虫のために潟の中で方向を見失う人もあった。

［高橋郁丸］

［参考文献］新潟市『新潟市史　資料10　民俗編1』、『豊栄市史民俗編』

# 【や】

## 八百比丘尼［やおびくに］

福井県遠敷《おにゅう》郡小浜町《おばまちょう》（現・小浜市）の伝説。全国各地に類似の伝説があるが、ここでは小浜男山の空印寺に伝わる話を紹介する。

空印寺の境内には、入り口の高さ一丈四、五尺、幅一丈、奥行き一四、五間の洞窟がある。昔、小浜の浜に道満という漁夫がいて、一人娘とともに暮らしていた。ある日、娘は海岸に流れ着いた奇妙な魚を拾い、それを焼いて食べてしまった。これは人魚という魚で、その肉を食べた者は決して年を取らないという不思議な効き目があった。そのため、娘はいつまでも年を取らず、若い綺麗な娘の姿のままとなった。周りの人々が皆年を取って死んでいったが、人魚を食べた娘だけはそのままで生き続けたので、次第に生きているのが退屈になり、ある日近所の人々を集めて「私は生きているのに飽きたので、尼になって洞窟に入り、読経の行を始める。洞窟の入り口に植えた椿の木が花を咲かせる間は、私はまだ生きていると思ってほしい」と言い残して洞窟に籠もってしまった。それからこの町では娘、八百比丘尼の姿を見たものはなく、ただ洞窟の奥から鐘を叩く音だけが聞こえるようになったという。

八百比丘尼伝説を伝える空印寺には『八百比丘尼略縁起』という縁起も遺されている。

［毛利恵太］

［参考文献］鯖江女子師範学校郷土研究部『福井県の伝説』

山伏が振る舞った焼肉を田屋の人が持ち帰り娘が食べて年を取らなくなった、という話が新潟県の佐渡市、十日町市、長岡市で伝わっている。

佐渡市大石では、娘は五〇〇歳で諸国行脚から一度戻るが、再び旅に出て福井県小浜市空印寺に庵《いおり》を作ったという。十日町市松代《まつだい》儀明《ぎみょう》では父が持ち帰った庚申講《こうしんこう》の集まりのお膳の魚を一七歳の娘が食べて八百比丘尼となったという。

長岡市野積《のづみ》では、高津家の一六歳の娘が八百比丘尼になったという。娘は三六回も嫁入りし、三〇〇歳の時に、庭に三本の松を植えて比丘尼となったのだという。そして小浜に草庵を結び、八〇〇歳で自害したという。野積には、彼女の手植えの松が今も残っている。

［高橋郁丸］

［参考文献］新潟妖怪研究所『新潟伝承樹木地図』

愛知でも各地にいわゆる八百比丘尼の話が残る。『小治田之真清水』では別名、白比丘尼、若狭比丘尼ともいうとしている。

犬山市五郎丸万願寺に八百比丘尼が住んでいたといい、入定した大椿は七枝に分かれていて「お化けの椿」といわれている。また位牌が五郎丸の庚申堂にあったという。

この五郎丸に住んでいた八百比丘尼の夢枕に、尾張富士の祭神である木花咲耶姫が立ち「お隣の本宮山の峯よりも背が低いから残念でならぬ。どうかして背が高くなりたい。誰でもよいお山の峯へ小石一つでも上げて背を高くしてくれ。どんな願でも叶えてやろう」と言われた。比丘尼がこのことを里人に伝えると皆、非常に喜んでお山に石を上げて色々祈願した。すると家内安全無病息災になった。これが尾張富士の「石上げ祭り」の由来であるという。

春日井市白山町の円福寺山内に、比丘尼の生まれた比丘尼谷というものがあり、境内に八百比丘尼堂がある。

昔、円福寺近くまで浜辺であったころ、漁師が顔が人間で体が魚の奇魚を獲った。漁師たちは捨てようとしたのだが、旅人が庚申祭りを勧め、奇魚を供えた。しかし、遊んでいた小娘が食べてしまった。娘は美しく育ったが歳を経ても容姿が衰えず、夫も親族も死に、数百年を過ごした。出家して比丘尼となり、諸国を遍歴した後、若狭の洞窟で姿を消したという。

他、知多市南粕谷本町の大智院（めがね弘法で知られる）にも八百比丘尼が植えたという大樟があり、枝葉を採って薬用とすると、如何なる難病気も平癒し不老長寿の薬になるという。また一宮市の金光寺、金光寺町（真清田神社の東とされるが現存せず詳細不明）も八百比丘尼の生誕地だという。

岐阜でも各地に話が残っている。

馬瀬村中切（現・下呂市馬瀬中切）に次郎兵衛という大酒屋があった。ある時から小僧が小さな瓢簞で一斗の酒を買いに来るようになった。とても入るように見えないのだが、不思議と一斗の酒が入ってしまう。不審に思って後をつけると、彼は竜宮の乙姫の使いであった。次郎兵衛は三日三晩歓待され、土産に「聞き耳の箱」を貰って帰る。鳥、獣、虫などの話を人間の言葉で聞ける箱であった。家では三年の月日が経っていた。

次郎兵衛は再び稼業に励んだが、娘のおみつが宝箱（聞き耳の箱）を開けてしまう。中には人魚が入っており、おみつはその人魚を食べてしまった。

次郎兵衛は旅先で休止し、母もしばらくして亡くなった。おみつは人魚を食べた報いで長寿を保ち、父母の菩提を弔うために比丘尼となって諸国を巡った後、萩原の花池（現・下呂市萩原町花池）に草案を結んで八百年の一生を終えたという。

各務群前野の里（現・各務原市蘇原）にアサキという長者があったが、一人娘を残して死んでしまう。娘は毎日麻木の箸で食事をして、箸についた飯粒を苧ヶ瀬池の魚に施した。この施業の功力で八百歳の長寿を保ったという。各務村（現・各務原市）に住み、その住居跡に六字名号（南無阿弥陀仏）の碑があるという。八百年生きたために八百比丘尼と名付けられ、後に若狭国で死んだという。

［怪作戦テラ］

［参考文献］愛知県教育会『愛知県伝説集』、名古屋温故会（編）『尾張名所図会附録（小治田真清水）』、小島千代蔵『飛騨の伝説』、土岐琴川『美濃志』

## 夜叉ヶ池〔やしゃがいけ〕

福井県南条郡南越前町にある池にまつわる伝説。岐阜県揖斐《いび》郡揖斐川町との境目に位置し、双方の地域に複数の伝説が語られている。

岐阜県では、美濃国《みののくに》平野庄（現・安八郡《あんぱちぐん》神戸町《ごうどちょう》）の話として伝えられている。弘仁八年（八一七）、各地で大旱魃《かんばつ》が起き、平野庄の人々も大いに苦しんだ。当時の領主であった安八大輔安次は、神仏に祈って雨を乞うたが効き目はなく、自身の田畑を調べている時に小蛇を見付けて、「もしもお前が雨を降らせて難事を除けてくれたら、我が娘をお前に与えよう」と語りかけた。するとその後に空が曇って大雨となり、人々は旱魃から救われた。そして安次の家に一人の客が訪ねてきて「私はあなたと約束をした小蛇の化身である。雨を降らせたから、約束通り娘をもらいに来た」と話したので、安次は仕方なく三人娘のうち二人目の夜叉姫を蛇に与えることとなった。蛇の化身と夜叉姫は婚姻の式を執り行い、人々に見送られて村を発ち、杭瀬《くいせ》川の流れに飛び込んで上流へと去っていった。その後、安次が供の者を連れて二人の跡を追うと、どれほどの深さかわからないほど大きな池があった。安次はこの池の水面で夜叉姫と再会したので、この池を夜叉ヶ池と呼ぶようになったという。

福井県に伝わる南条郡神山村池ノ上（現・越前市池之上町）の話は、福井県の**弥《や》平《へい》蛇池**の伝説の続きとして語られている。夫である雄蛇に先立たれた雌蛇は夜叉ヶ池に移り住んだが、ここには既に美濃国から来た夫婦の蛇が住んでいた。二匹の雌蛇は仲が悪く、平穏に暮らすことができなかったので、雄蛇は何とかしようと考え、鯖波《さばなみ》街道（北国《ほっこく》街道の鯖波宿辺りのことか）に出て大蛇の姿となり、道を遮るように横たわった。通行人は皆恐れて近付くことができなかったが、ある加賀藩の武士が藩命を帯びてやってきて、大蛇の体を飛び越えて先に進もうとした。そこで大蛇は山伏の姿となって武士の勇気を認め、武士のお使いを届ける代わりに力を貸してほしいと頼んだ。武士はこれに応じ、山伏に連れられて夜叉ヶ池に向かった。山伏は二匹の雌蛇が蝶《ちょう》の姿となって争っているので、片方の腹の赤い蝶を弓矢で射止めよと命じ、武士はその通りに赤い蝶を射止めた。射られた蝶はもともと夜叉ヶ池に住んでいた方の雌蛇だったという。

明治の小説家・泉鏡花は夜叉ヶ池の伝説をもとに、戯曲『夜叉ケ池』を著した。戯曲の舞台は越前国大野郡鹿見村となっているが、実際の鹿見村（堺村）は南条郡に属している。

〔毛利恵太〕

〔参考文献〕鯖江女子師範学校郷土研究部『福井県の伝説』

## ヤロカ水〔やろかみず〕

柳田國男の『妖怪談義』でも言及され、水木しげるの図鑑にもよく取り上げられている。木曽川流域に沿って、愛知県、岐阜県に跨《またが》って各地に伝わっている。おおよそ、このような話である。

貞享四年（一六八七）八月二六日のことだという。何日も雨が降り続いたある日の真夜中、鵜沼《うぬま》の伊木山《いぎやま》（木曽川に面している）の淵《ふち》から「やろかやろか」と大声で呼ぶ者がある。警戒に出ていた男が「いこさばいこせ」と叫んだ。すると流れが急に増して、みるみるうちに低地一帯が水に没してしまったという。

今のところ、文献上で確認できる最も古い記録は『犬山里語記』（一八一七年序）に載るものである（愛知県犬山市）。次いで『郷土研究』四巻五号（一九一六）に「美濃《みの》太田の俗伝」（岐阜県美濃加茂市太田町）が確認でき、この記事に応える形で『郷土研究』四巻九号に「やろか水伝説」が掲載された（愛知県犬山市）。ほか、『愛知県伝説集』（一九三七）にも葉栗郡（愛知県江南市付近）の話として載っている。また、返答台詞《せりふ》は「いこさばいこせ」「よこさばよこせ」「おこさばおこせ」と、資料によって異同がある。

ほか、犬山には「やろか大神」を祀《まつ》る吉野神社があり、江南市にもやろか水の際に流れ着いたとされる仏像や地蔵が、道音寺、地蔵山公園などに祀られている。

長野県の**蛇《じゃ》抜け**も参照。　［怪作戦テラ］

［参考文献］愛知県教育会『愛知県伝説集』、犬山市教育委員会・犬山市史編さん委員会『犬山市史』史料編4近世、犬山市教育委員会・犬山市史編さん委員会『犬山市史』別巻 文化財・民俗、日比野晃『校訂「犬山里語記」巻の2』、江南市史編集委員会『江南市史』資料四文化編、柳田國男『新訂妖怪談義』、郷土会『郷土研究』第四冊、日本放送協会『日本伝説名彙』、村上健司『日本妖怪大事典』、郷土趣味社『復刻版『郷土趣味』』

# 【ら】

## 雷の鳥 ［らいのとり］

越《こし》の白山（現・石川県白山市と岐阜県大野郡白川村に跨《またが》る白山）に伝わる。『諸国里人談』巻之一や『輶軒小録《ゆうけんしょうろく》』に記されている。

白山には雷の鳥という鳥がいる。これは雷を食らうとされていて、姿は雉《きじ》に似ている。「しら山の 松の木陰に かくろいて やすらにすめる 雷の鳥かな」という和歌をすらにすめる家の中に飾れば、そこには雷の難は来ないのだという。

これはライチョウのことだと思われる

が、現在の白山ではライチョウがほとんど確認されていない。〔毛利恵太〕

〔参考文献〕『日本随筆大成』二期二四巻

# その他

# 【あ】

## 青沼の虫 ［あおぬまのむし］

筆者命名。信濃国の青沼（現・長野県佐久市辺り）に出たと『姫国山海録《きこくせんがいろく》』に記されている。

その形は蛙に似ていて、人のように立ち上がるがひ弱な子供のようであるという。この虫に舐《な》められると虫病（腰痛を伴う病の総称）を患うとされている。［毛利恵太］

［参考文献］近藤瑞木『百鬼繚乱　江戸怪談・妖怪絵本集成』

## 垢嘗 ［あかなめ］

『信濃化けもの秘録』に記された話。

ある時、伊那（現・長野県伊那市か）の某家の人々は、親類の家で行われる葬式に参列した。一〇日ほど親類の家に滞在してから家に帰り、主人は汗を流そうと風呂場に行った。するとそこに体の赤い見慣れぬ男が入ってきて、床に溜まっていた湯垢をペロペロと舐《な》めて綺麗にしてしまった。不審に思った主人が尋ねると、男は「俺は垢嘗さ。垢を舐めたくなると一家の者を他所《よそ》にやり、垢が生えたら舐めに来るのさ」と笑って出ていったのだという。

垢嘗は鳥山石燕《せきえん》の『画図百鬼夜行　前篇』で風呂場に現れるお化けとして描かれ、これをもとにしたおもちゃ絵なども複数描かれた。また『古今百物語評判』には「垢ねぶり」という化け物についての記述がある。『信濃化けもの秘録』の垢嘗は、これら江戸時代の垢嘗をもとにして、山田野理夫が創作したものと思われる。

「垢嘗」並びに「垢舐」については『日本怪異妖怪事典　関東』を参照。［毛利恵太］

［参考文献］山田野理夫『信濃化けもの秘録』、高田衛（監修）『鳥山石燕　画図百鬼夜行』

## 雨龍 ［あまりょう］

越後長岡藩（現・新潟県長岡市、新潟市辺り）の九代藩主・牧野忠精《ただきよ》が好んで描いていたもの。

雨龍は中国の龍の一種で、雨を降らせるとされており、文様や家紋の題材としても使われている。忠精は若年の頃から老年に至るまで数多くの雨龍を描き、その内容は多岐にわたる。大黒天のように袋と木槌《きづち》を持った姿や、学問や書をする姿、琴を弾く姿など、様々な雨龍を描き、同時代に生きた徳川家斉や酒井忠徳などから要望を受けて描いたこともあった。『北越名流遺芳《いほう》』においても「忠精は螭龍《あまりょう》の画を以《もっ》て聞ゆ」と記されている。

［毛利恵太］

［参考文献］今泉鐸次郎『北越名流遺芳』第一集、長岡開府400年HP「越後長岡ROOTS400」第九号

## 家を守る翁［いえをまもるおきな］

筆者命名。『絵本小夜時雨』一巻に「翁疫神を防ぐ」として記された話。

永正年間（一五〇四～二一）の頃、越前国（現・福井県越前市辺り）の村々で咳《せき》の病気が流行し、多くの人が伏せっていた。その中で、ある浪人が住んでいたが、その家だけは病気に罹《かか》る人はいなかった。ある夜、浪人の家を翁が訪ねて「我はこの家の辰巳《たつみ》（東南）の方角の隅に住むものである。このところ、咳病の鬼が家々に入って人を悩ませているが、我は汝《なんじ》の徳行に感じ入り、夜ごと門に佇《たたず》んで鬼を防いでいる」と語って出ていった。その後、浪人が敷地の辰巳の方を掘ってみると、一つの筥《はこ》（箱）があった。これが家を守る翁の正体だとして、社を建てて祀《まつ》るようになったのだという。

［毛利恵太］

［参考文献］近藤瑞木『百鬼繚乱　江戸怪談・妖怪絵本集成』

## 猪鼻山の天狗［いのはなやまのてんぐ］

猪鼻山の魔王とも。『古今奇談紫双紙』に登場する。

室町時代の武将・蒲生《がもう》貞秀に仕える土喜（土岐）大四郎元貞は蒲生家では無双の大力で知られていた。ある時、元貞は主君から「甲州（現・山梨県）の猪鼻山に棲み、悪さをする天狗の正体を見極めよ」と命じられ、山上にある魔王堂へと出向いた。元貞が魔王堂に辿り着くと、仁王と阿弥陀仏の姿をした化け物に相撲勝負を挑まれたので、これを投げ飛ばした。すると阿弥陀仏の腹から小さな骸骨の軍勢が出現し、蝶《ちょう》の姿となって纏《まと》わりついてきた。

蒲生貞秀は実在の人物だが、その家臣という土喜大四郎元貞や甲州にあるという猪鼻山は実在が確認できない。しかし歌川国芳の「本朝水滸伝剛勇八百人一個　土喜大四郎元貞」や、月岡芳年の「新形三十六怪撰　蒲生貞秀臣土岐元貞甲州猪鼻山魔王投倒図」など、人気の画題だったことがうかがえる。

［毛利恵太］

［参考文献］名古屋市博物館ほか（編）『歌川国芳展　生誕200年記念』、レファレンス協同データベース「「甲州猪鼻山」はどこにある山か」

## 守宮［いもり］

福井県南条郡湯尾《ゆのお》村（現・南条郡南越前町）を舞台にした話。『伽婢子《おとぎぼうこ》』に書かれている。

越前国湯尾の奥地に城郭の跡があり、塵《じん》外《がい》という僧侶がここに草庵《そうあん》を結び生活し始めた。ある夜、身の丈四、五寸（約一二～一五センチ）ほどの人が、黒い帽子を被って細い杖《つえ》を突きながら現れた。塵外は声をかけられたり、机に上がられたりしても動揺せずに扇で払い落としたら、罵《ののし》りながら門から出ていった。すると次に四、五寸ほどの女房が五人出てきて、更に五、六寸ほどの人が一万余り現れて塵外の耳鼻に群が

ったので、たまらずに庵《いおり》から逃げ出した。南の方へ逃げると別の門があったが、そこからも同じような人が数多く出てきて塵外を捕まえた。赤い装束の大将のようなものが塵外の手足を斬って罰としようとしたので、塵外は恐れて謝罪した。許されて門から追い出されると庵の前だった。夜が明けてから調べると、丘のある所に穴が開き、守宮が多く出入りしていた。人を雇ってここを掘ると、底は一丈（約三メートル）ほども広く、守宮は二万ほどもいて、そのなかでも色が赤く一尺（約三〇センチ）ほどの大きさのものが一匹いた。村に住む翁《おきな》が話すには、昔ここには瓜生《うりゅう》判官という人が城を構えていたのだという。判官の舎弟に義鑑坊《ぎかんぼう》という僧侶がいて、これが新田義治（新田義貞の甥《おい》・脇屋義治か）に見惚れてしまったので、兄である判官を説得して義兵を挙げた。しかし義鑑坊は本意を遂げる前に討ち死にし、その亡魂が守宮になって城の井戸に入ったのだという。これを聞いた塵外は守宮に改心を促す経文を書いて読み上げたので、守宮たちは全て死んだ。その死体を焼いて灰にして以降、怪異はなくなった。

　この話は地域の伝承ではなく、中国の随筆『酉陽雑俎《ゆうようざっそ》』の「守宮」を翻案した小説である。

［毛利恵太］

〔参考文献〕『近世物語文学』六巻

## 異類異形編［いるいいぎょうへん］

越後長岡藩（現・新潟県長岡市、新潟市辺り）の九代藩主・牧野忠精《ただきよ》が描いた絵巻物。

　安永八年（一七七九）に描かれたもので、一〇三体の化け物の姿が並んでおり、このうち第七一まではそれぞれ番号が振られている。「百鬼夜行絵巻」や「百怪図巻」などのような一定のパターンで描かれた絵巻物の系列とは全く内容が異なるため、忠精自身が考案した化け物の絵であると考えられる。明治以降は新潟の神官・歌人である日野資徳《すけのり》が旧蔵していたと思われ、現在は広島県尾道市瀬戸田町の耕三寺博物館に所蔵されている。

［毛利恵太］

〔参考文献〕耕三寺博物館ＨＰ及びＴｗｉｔｔｅｒアカウント

## 岡崎の化け猫［おかざきのばけねこ］

岡崎の猫、猫石の精とも呼ばれる。歌舞伎に登場する化け猫として広く知られた。

　複数の作品に登場しているが、端緒となったのは鶴屋南北（四世）作の『獨道中五《ひとりたびごじゅう》十三驛《うさんつぎ》』（一八二七）である。しかし、この時点では化け猫（丸子《まりこ》の猫石の精）は岡崎に関わらない。愛知の池鯉鮒《ちりゅう》（現・知立市）や静岡の鞠子《まりこ》宿（現・静岡市駿河区丸子《まりこ》）を舞台に活躍する。ただし、この作品で後に「岡崎の化け猫」と総称される主な演出（婆・猫踊り・十二単《ひとえ》・油なめ・猫石）が出揃うことになる。

　歌舞伎で描かれる化け猫シーンの一例を挙げると……老婆に化けている化け猫が十二単を着て、古寺にいる。十二単は、もとは（主役側の主家筋の）姫の着ていたもの等が来歴。夜、行灯《あんどん》の魚油を嘗《な》めていて正体がばれる。猫は宙乗りをしたりして大暴れをする。小さい猫が手拭いを被って「猫じゃ猫じゃ」と踊ったりもする。後に人や犬などに退治される。猫は大きな石となり猫石と呼ばれるようになる。話の本筋は主人公たちの仇討ちなどで、化け猫退治そのものがメインではない。……といったものである。

この『獨道中五十三驛』がヒットしたことにより、ストーリーや配役を変えた上で「東海道を舞台としつつ、途中に化け猫が出てくる（主に仇討ちものの）」歌舞伎などが次々と作られるようになる（『梅初春五十三駅』（一八三五）、『尾上梅寿《おのえきくごろう》一代噺《ばなし》』（一八四七）、『吾孺下《あずまくだり》五十三駅《つぎ》』（一八五四）、『東駅《とうかいどう》いろは日記』（一八六一）、『千歳《せんざい》鶴《づる》東《えど》入《いり》双六《すごろく》』（一八六八）、『東海寄談音児館』（一八七一）、『五十三駅扇宿付』（一八八七）、『東海道五十三駅』（一九〇四）……）。一つ一つの「話」はまるで異なり、化ける姿もばらばら（老婆・踊りの若師匠・殿様の後室）なのだが、これらの総称が「岡崎の化け猫」といえる。岡崎を舞台としたものもあるが、何が決定打となって「岡崎の〜」と呼ばれるようになったのかははっきりしない。

これらの歌舞伎作品の化け猫が登場する場面を描いた役者絵も数多く販売された。御簾《みす》から巨大な猫の顔が覗《のぞ》いている絵や、十二単を着た化け猫老婆の絵を見たことがある方も少なくないのではないだろうか。これらは非常に映えるモチーフで、一見、どれも似た内容に見えるのだが、もととなった歌舞伎作品が異なる場合は、実は「背景となっているストーリーは全て違う」絵であると言える。

同様に化け猫騒動で知られている「鍋島の化け猫」や「有馬の化け猫」が（媒体によって相違はあるものの）ある程度、固有のバックボーン、ストーリーに沿っているのに対し、岡崎の化け猫は南北によって作り出された純然たるフィクションに基づくものである（『大南北全集第十五巻』での渥美清太郎の解説によると、猫の怪を出そうとは決めたものの、良い趣向が浮かばないでいたところ、隣家の猫が十二単の官女を描いた錦絵をくわえて家にたまたま入って来たことから創作した——と語られる）。「岡崎の化け猫とは、このようなお話だ」という固有のストーリーすらなく、一種の「型」や「趣向」の総称であると言える。

近代的な感覚でたとえるのは難しいが、例えば……魔法少女、魔女っ子物の変身シーン、（特に昭和の）ヒーロー戦隊物の名乗りシーン、あるいは探偵物で関係者を一堂に集めて謎解きをするシーン……などは、背景となるストーリーは作品ごとに全く異なるものであるが、該当部分だけ抜き出すと、外見上の型としては非常に似通って見えるのではないだろうか。「岡崎の化け猫」というのは「こうしたお話」というより、このような型・演出・ビジュアルモチーフの総称と捉えた方がわかりやすい。

歌舞伎のヒット、それをもとにした浮世

絵の流通は、更にそれをもとにしたカルタ、双六などのイラストにも発展した。こうなると完全にストーリーなどは関係なく、御簾から覗く巨大猫や、十二単を着た老婆猫モチーフ自体が「岡崎の化け猫」と解釈されている（歌川芳藤『五十三次之内猫之怪』や、歌川芳員《よしかず》『百種怪談妖物双六《むかしばなしばけものすごろく》』の「古御所《ふるごしょ》の妖猫《ばけねこ》」などのように、特に「岡崎」とは言及されずに描かれる場合もある）。

　岡崎の化け猫は、講談や芝居で知られる鍋島の化け猫・有馬の化け猫と並んで「日本三大怪猫伝」「日本三大化け猫」などと称される場合もある。ただ、江戸期の記述には「日本三大……」といった書き方は管見の限り確認できず、明治以降、映画などの宣伝文句として吹聴された可能性もある。（一九五四年公開の映画『怪猫岡崎騒動』のポスターに「日本三大怪猫伝」のキャッチコピーを確認できる。また、この映画は「化け猫女優」と言われた入江たか子が、鍋島、有馬の化け猫に続いて「三本目に」出演した映画でもあった）

「岡崎の化け猫」は、歌舞伎を直接の題材として古くから映画にもなって、戦後も知名度を保っていたが、近年は映像化される機会も減り、名のみ残って現在は一層実態がわからないような状態になってしまっている。

〔怪作戦テラ〕

〔参考文献〕氷厘亭氷泉「猫石ごろごろり」、坪内逍遥・渥美清太郎編『大南北全集第十五巻』、福岡市博物館『幽霊・妖怪画大全集』、湯本豪一『今昔妖怪大鑑』

## 朧車〔おぼろぐるま〕

『信濃化けもの秘録』に記された話。

　長野県南佐久郡川上村には、崇徳院（崇徳天皇）の皇子・重仁《しげひと》親王の離宮跡がある。保元の乱の後に京を追われた親王はこの地に移住したのだという。春の終わりになると夜空をカタカタと朧車が駆けていき、また秋の終わりには戻ってくる。これは親王が讃岐国《さぬきのくに》白峰（現・香川県坂出市の白峰宮）に眠る父帝のもとを訪ねているのだという。

　重仁親王は保元の乱の後に仁和寺に入って出家し、若くして亡くなったとされているが、川上村には重仁親王が落ち延びてきたという一種の貴種流離譚《たん》が伝わっている。この伝説をもとに、鳥山石燕《せきえん》が『今昔百鬼拾遺 中之巻』で描いた「朧車」を取り入れて創作されたものと思われる。

〔毛利恵太〕

〔参考文献〕山田野理夫『信濃化けもの秘録』、高田衛（監修）『鳥山石燕 画図百鬼夜行』、雨海博洋「悲運の皇子重仁親王の流離」（『文藝論叢』六号）

# 【か】

## 影女［かげおんな］

『信濃化けもの秘録』に記された話。

中山道の洗馬《せば》（現・長野県塩尻市宗賀にある宿場町・洗馬宿）のある旅籠《はたご》に、安中藩の小畑某という者が宿泊した。この旅籠は亭主が一人で切り盛りしており、配膳なども亭主が行った。しかし、小畑が酒を飲んでいると障子に女の影が映ったので、亭主にこのことを尋ねると「あれは影女という妖怪です。女手のない家に住み着くと聞いていています」と語った。その夜、小畑の部屋の隅に美しい女が座って、ケラケラと笑った。明くる日に小畑が出立すると、すれ違った老婆が鉦《かね》をチンチンと叩きながら「影女を見たろ」と言ってきたという。

本文では、この話は小畑の旅日記に記されているとしているが、この旅日記に相当するものは確認されていない。また著者の山田野理夫は『東北怪談の旅』において山形県の話として影女について記している。

これらの話は鳥山石燕《せきえん》が『今昔百鬼拾遺上之巻』で描かれた「影女」をもとにして作られたと思われる。山形県の「影女」については『日本怪異妖怪事典　東北』を参照。

［毛利恵太］

［参考文献］山田野理夫『信濃化けもの秘録』、高田衛（監修）『鳥山石燕　画図百鬼夜行』

## 紙舞［かみまい］

『信濃化けもの秘録』に記された話。

寛保年間（一七四一～四四）の頃、高遠《たかとお》（現・長野県伊那市高遠町か）に住む紫杉という俳人の家で、句会が設けられ、各地から俳人が集まった。席題が出され、それぞれが詠んだ句を記した紙が紫杉の手元に集められたが、その紙が風もないのにヒラヒラと舞い上がった。句会に集まった人々が騒いでいると、紙はそのまま蝶《ちょう》のように中天に飛び、消えてしまった。しかし紫杉は落ち着いて「あれは紙舞妖怪のしわざです」と言ったのだという。

「紙舞」という妖怪はもともと『妖怪画談全集　日本編上』で描かれたものである。ここでは『稲生《いのう》物怪録』のある一場面に「紙舞（風なきに自ら紙一枚一枚づつ舞ひ歩く神無月の怪）」というキャプションを加えた形で紹介されている。しかし、おおもとの『稲生物怪録』においては屋敷で起こる怪事のごく一部でしかなく、当然「紙舞」という名称もない。『妖怪画談全集』の著者・藤沢衛彦の手による創作解説から生まれた妖怪なのである。

その後『妖怪魔神精霊の世界』において「紙舞妖怪」として紹介され、これの共同著者だった山田野理夫によって長野県の妖怪としてアレンジされたものと思われる。

［毛利恵太］

［参考文献］山田野理夫『信濃化けもの秘録』、藤沢衛彦『妖怪画談全集　日本編上』、山室静・山田野理夫・駒田信二ほか『妖怪魔神精霊の世界』

## クダベ

富山県の立山に出たとされる。

『道聴塗説』第二〇編には以下のように記されている。立山で薬草などを集めるのを仕事としている男がいた。彼がある日、山深くまで入った時に、山精《さんせい》が現れた。山精は「我はこの山に久しく住み続けるクダベというものである。今年から三、五年の間、得体の知れない病が流行し、草の根や木の皮を使った薬も効き目なく、扁鵲《へんじゃく》や倉公《そうこう》（ともに古代中国の伝説的名医）もその術を失う。しかし、我が肖像を写し取り、一度でもそれを見たものは必ず災難を免れるだろう」と告げて、かき消すように消えたという。

宮武外骨の『奇態流行史』も、『虚実無尽蔵』第四巻に書いてあったこととして同様の例を紹介している。文政一〇年（一八二七）の冬の頃、諸国に流行したという。越中立山にて薬種を得ていた人に「当年より四、五年内に名も知れぬ悪病が流行し、老若ともに多くの人が死ぬだろう。しかし、この図を描いて常に見れば、その病を避けることができる。ゆめゆめ疑ってはならない」と告げて消えたのだという。

『道聴塗説』と『奇態流行史』は、ともに人面獣身の挿絵も掲載している。だが『道聴塗説』においては「近年流行せし神社姫の類にて、好事者の申出せし戯作、一笑すべし」と締め括《くく》っており、この頃に流行した迷信の一種であったことがうかがえる。立山に実際にこの伝承が存在したのかについては疑問視するべきだろう。［毛利恵太］

［参考文献］『鼠璞十種』第二、宮武外骨『奇事流行物語　奇態流行史』

## 近藤家の家鳴り［こんどうけのやなり］

筆者命名。『絵本小夜時雨』四巻に「近藤氏の怪異」として記された話。

寛永年間（一六二四〜四五）の頃、若狭国（現・福井県南部辺り）に住む近藤某の家は、家鳴りが響いて障子が揺れることが度々あった。そこで朋輩《ほうばい》の武士たちが相談して「我々で家に行き、怪しい物を捕らえよう」と、夕方から近藤の家で待つことになった。しかし、物音一つもしないので「我らの威に恐れをなして出てこないものよ」と罵《ののし》ると、にわかに体が震えて竦《すく》んでしまった。そして家鳴りが起き、家の奥の方で立ち騒ぐ音がしてきたので、武士たちは打ち倒れ、ほうほうの体で逃げ帰った。後に逸見某という老人がこの話を聞き、近藤の家で鳴弦（弓の弦《つる》を鳴らして妖魔を退散させる呪法）を行うと、怪異はたちまち止まったのだという。

［毛利恵太］

［参考文献］近藤瑞木『百鬼繚乱　江戸怪談・妖怪絵本集成』

# 【さ】

## 撞木娘［しゅもくむすめ］

江戸時代のかるた絵などに登場する妖怪。撞木とは鉦《かね》や半鐘を打ち鳴らすために使うT字形の棒のことで、その名の通り左右の目が両側に飛び出した、シュモクザメのような顔をした娘である。

かるたの読み札には「うすい峠（碓氷峠）のしゅもくむすめ」と書かれていることが多い。碓氷峠は群馬県安中市松井田町と長野県北佐久郡軽井沢町の境にある峠で、古くから難所として知られていた。しかし実際の碓氷峠にそのような妖怪に関する記録・伝承はなく、そもそも撞木娘自体が江戸時代のおもちゃ絵のために創作されたお化けである。「うすい峠のしゅもくむすめ」の他に「しゅもく橋のしゅもくむすめ」などの例もあるため、読み札を読み上げる時の口当たりの良さによって書かれただけと考えるのが適切だろう。

「撞木娘」の詳しい考察は『日本怪異妖怪事典 関東』の該当項目を参照。

［毛利恵太］

［参考文献］多田克己（編）『江戸妖怪かるた』、日本かるた文化館HP「化け物かるた」、氷厘亭氷泉「芳年のつづらのアレ」（『大佐用』二五号）

## 諏訪の八百八狐［すわのはっぴゃくやぎつね］

浄瑠璃《じょうるり》や歌舞伎の演目『本朝二十四孝』に登場する。

『本朝二十四孝』は戦国時代の武田氏と上杉氏の戦いを題材としている。武田家が諏訪明神から賜った「法性《ほっしょう》の兜《かぶと》」を長尾（上杉）家が返さないことから両家の不和が始まるが、室町将軍・足利義晴の仲介により、武田の嫡男・勝頼と長尾の娘・八重垣姫の縁組が成立する。しかし義晴が何者かによって暗殺されたので、勝頼は暗殺者探しと兜の奪還のため、身分を隠して潜伏した。追手を差し向けられた勝頼を助け出そうと、八重垣姫が祀《まつ》られていた兜を押し戴《いただ》くと、その身に狐が宿った。兜には諏訪明神の使いである八百八の狐が付き添っていたのである。兜を被った八重垣姫は狐火の導きによって凍りついた諏訪湖を渡り、勝頼のもとへ向かうのだった。

八重垣姫に狐が乗り移る「四段目 十種香・奥庭狐火の段」は浮世絵の題材としても定番であり、歌川国芳『木曽街道六十九次之内 下諏訪 八重垣姫』や月岡芳年『新形三十六怪撰 二十四孝狐火之図』などが知られている。

［毛利恵太］

［参考文献］中山道広重美術館『武者絵でたどる木曽街道』、『近代日本文学大系』第九巻、山本九馬亭『浄瑠璃通解』第三編

## 大宝・曽儀［だいほう・そうぎ］

長野県や新潟県の各地の神楽に登場する神。

『神楽』によると、長野県木曽郡にある木曽駒ヶ嶽神社（木曽駒ヶ岳山頂）にて行われる神楽の中に「大宝舞」という演目がある。この神楽は烏帽子《えぼし》と狩衣《かりぎぬ》姿に弓矢を持つ「曽儀」という神と、鳥甲《とりかぶと》に天狗面、千《ち》早《はや》装束で杵《きね》を持つ「大宝」という神が現れ、互いに名乗りを上げる。そしてそれぞれが持つ弓矢と杵を用いて東西南北の四方を巡り、葦原中津国《あしはらのなかつくに》にやってくる「諸々《もろもろ》の悪神（悪魔）」が入ってこないように魔除けをする。

長野県飯山市太田の神楽では「大宝・双祇」という神が登場する。大まかな流れは木曽駒ヶ嶽神社の演目と同じだが、異なる部分も多い。ここでは葦原中津国にいる「蛍火光神《ほたるびかがやくかみ》」や「蠅聲邪神《さはいなすあしきかみ》」を払い鎮め、四方だけでなく人々の身体の各部を病から守るとしている。

『語り物・風流』によると、新潟県の神楽の脚本『伊勢うつし』にも大宝の舞が記されている。これも内容としては長野県の例と同様である。この中では丑寅《うしとら》の方角に「キマンゴク（鬼満国）」という地があり、ここから吹いてくる風が人々に災いをもたらすとしている。

［毛利恵太］

［参考文献］本田安次『神楽』木耳社、本田安次『語り物・風流』

## 富山の怪魚［とやまのかいぎょ］

筆者命名。『街談文々《がいだんぶんぶん》集要』に記されている。

文化二年（一八〇五）の五月、越中国富山領の放生津《ほうしょうづ》（現・富山県射水市にあった港町）の海から、一日に二、三度も怪魚が現れることがあった。怪魚は身の丈が三丈五尺（約一一メートル）、顔の大きさが三尺（約九〇センチ）、髪の長さが一丈四尺（約四メートル）、脇ヒレが六尺（約二メートル）余り、背は薄赤く腹は火のようであった。怪魚が現れて海を荒らすので、近海で漁ができなくなったほか、浜辺の村々では火災が起きた。領主は人々の訴えを受けて、数多《あまた》の鉄砲によってこれを退治した。その時の怪魚の唸《うな》り声は三〇町（約三キロ）先まで聞こえてきたという。

この話は怪魚の絵姿とともに彩色の刷り物として街で売られていたようで、絵の写しも本文に併せて載せられている。もとの絵には「顔は般若《はんにゃ》のようで、ヒレに唐草のような文様あり、左右の横腹に三つの眼がある」とも記されている。しかし、加賀藩の御屋敷からはそのような話はなく、虚説であろうとしている。また、神蛇姫（神社姫。『我衣《わがころも》』などに記録された人魚の一種）の類いを焼き直ししたものであろうとも記している。

『姫国山海録』にも類似のものが描かれているが、ここでは宝暦九年（一七五九）春に、加賀国（石川県）に出たとしている。これも火焔を吐いて家々を焼失させたが、最後は猟銃によって殺されたのだという。

［毛利恵太］

［参考文献］鈴木棠三（編）『近世庶民生活史料 街談文々集要』、近藤瑞木『百鬼繚乱 江戸怪談・妖怪絵本集成』

# 【な】

## 寝太り ［ねぶとり］

『信濃化けもの秘録』に記された話。

飯田藩（現・長野県飯田市に存在した藩）のある家臣の妻女は、夫より後に布団に入り、朝は先に起きるのを日課としていた。しかしある日、夕刻から風邪をひいてしまったので、夫は労《ねぎら》って先に寝かせた。しばらくして夫が様子を見ようとすると、小柄なはずの妻が布団からはみ出すほど太った姿で眠っていた。翌朝、いつものように早起きした妻は元通りの小柄な姿になっていた。夫は内密に藩医に相談したが、これは病気などではなく寝太り妖怪のしわざだろうとされたという。

この話は藩医・丸山家に仕えた某《なにがし》の手記に記されている、と説明されているが、この手記なるものは実在が確認されていない。『絵本百物語』には「寝肥《ねぶとり》」という妖怪が描かれており、『信濃化けもの秘録』の挿絵もそれに準拠している。著者・山田野理夫がこの「寝肥」を参考に創作した話なのだろう。

［毛利恵太］

［参考文献］山田野理夫『信濃化けもの秘録』、多田克己（編）『竹原春泉 絵本百物語』

## 白蝙侯［はくへんこう］

福井県の金ヶ崎城周辺を舞台とした話。浮世草子『多満寸太礼《たますだれ》』に記されている。

金ヶ崎城があった金が御嶽《みたけ》には霊験あらたかな「嶽の明神」という社があり、その傍らの寺院で朝暮の法施が欠かさず行われていた。しかし建武の兵乱において破壊され、その後再建されることもなく荒れ果てていたところに、南都から永好《えいこう》律師という名僧が訪れ、ここを住まいとした。するとある夜、律師の庵《いおり》に数十もの人が訪ねてきた。彼らは身の丈三尺（約九〇センチ）ばかり、黒い帽子を被り、薄墨の衣を着た唐人のような姿で、顔色は黒く目は小さく丸く光っていた。庵の外にも武装した者たちが五、六〇人も座していた。それらの主人らしき黒白の衣を着た者が律師に白蝙侯と名乗り、長くここの社に住んでいたが、律師がここを庵としたので眷属《けんぞく》や客人が通り道をなくして困っている。早々にここを去らなければ命はないだろうと語った。律師は相手が奇畜化鳥の類いであり、社に住み着いて怪異をなしていると見抜いて、逆に早々に退散するよう告げた。化け物たちは口汚く罵《ののし》ったが、律師が密呪（真言の類い）を唱えると囲炉裏から火の玉が飛び出し、化け物たちを退散させた。翌朝、律師が社の扉を開いてみると、数百の蝙蝠《こうもり》が飛び出して逃げ出し、朝日に焼かれて逃げられぬものもあった。そのなかに白いまだら模様の蝙蝠が一匹、片羽を焦がして死んでいるのがいた。これこそ大将・白蝙侯の正体だろうと、他の蝙蝠とともに捨てて退治したのだった。この後も永好律師はこの庵に住み続け、棲み着いていた化け物たちを退散させたので人々から崇《あが》め敬われたという。

福井県の話とされているが、『多満寸太礼』に収録されている話の多くが中国の志怪小説から翻案されていることを考えると、この話も土地で語られていた伝説というより別の話から翻案されたか、創作された話と考えるべきだろう。

［毛利恵太］

［参考文献］『叢書江戸文庫三四　浮世草子怪談集』

## 飛驒の大蟇［ひだのおおひき］

江戸時代のかるた絵に登場する妖怪。

お化けの絵を用いたかるたに大きなヒキガエルが描かれ、読み札では「ひだの山おく大ひき」と書かれている。

岐阜県には確かに**ドウサイ**など大きなヒキガエルの妖怪の話はあるが、かるたは読み上げる時の口当たりの良さなどによって読み札が書かれることが多いため、伝承・伝説とはほぼ無関係と考えられる。

［毛利恵太］

[参考文献] 多田克己（編）『江戸妖怪かるた』、日本かるた文化館HP「化け物かるた」

## ヒタヒタ

『信濃化けもの秘録』に記された話。

夜道を歩いていると、背後からヒタヒタと誰かがついてくる足音がする。中山道を旅する者が、よくこのヒタヒタの足音を耳にしたのだという。

昔、軽井沢の遊女・お松が病気の母親に会うために逃げ出して碓氷《うすい》峠（群馬県安中市松井田町と長野県北佐久郡軽井沢町の境にある峠）を駆けていたが、追手の男も迫っていた。二人が駆けていると、後ろからヒタヒタの足音が聞こえてきたので怖くなったが、お松が「ヒタヒタ、さきにおゆき」と言うと、背後の足音がピタリと止まった。それでおまつは逃げおおせることができたのだという。

『信濃化けもの秘録』では、本文の中で「雪の道ではピシャピシャの音がするので、ピシャツクといっている」や「奈良県地方ではベトベトさんともいう」と書いている。ピシャツクは福井県の**ビシャガツク**のことだろうか。ヒタヒタの話はこの本以外での記録がないため、これら足音の妖怪をもとにして作られたのかもしれない。

［毛利恵太］

[参考文献] 山田野理夫『信濃化けもの秘録』

## 吹消婆 [ふきけしばば]

『信濃化けもの秘録』に記された話。

宝暦年間（一七五一～六四）の頃、善光寺（現・長野県長野市長野元善町の寺院）の僧が本堂に置いている蠟燭《ろうそく》の火を消して歩いていたら、どこからか若い女が現れて「お願いがございます」と言ってきた。僧が何事かと尋ねると、女は「私は幽霊なのですが、赤子を宿したまま死にました。月が満ちても子を産めないので、どうか腹を割いて産ませてください」と願った。僧は「仏に仕える身で女の腹は割けない。法力に願おう」と言ってその夜から本堂に籠もり、経文を上げ始めた。数日後、再び女が現れて「おかげで無事に子を産めました。これからは本堂の火は私が吹き消しましょう」と言い、これ以来、蠟燭の火を消す役を務めた。僧が他の寺に移る時、女もそれに従って去ったのだという。

この話は他に記録がなく、善光寺にも類似の記録は見つかっておらず、同著者の『東北怪談の旅』には秋田県の話として「吹き消し婆」の話が書かれている。鳥山石燕《せきえん》の『今昔画図続百鬼　巻之中』に描かれた「火消婆」をもとに作られた話だと思われる。秋田県の「吹き消し婆」については『日本怪異妖怪事典　東北』を参照。

［毛利恵太］

[参考文献] 山田野理夫『信濃化けもの秘録』、高田衛（監修）『鳥山石燕　画図百鬼夜行』

## 福島潟の亀女 [ふくしまがたのかめおんな]

福島潟（新潟県新潟市）に「亀女」とい

うものが出たという図が残っている。亀女は「これから悪い病が流行って人が死ぬが、自分の姿を書いて朝晩見ていれば、災難から逃れられる」と言ったという。他にも「越後国福島に光り物出て予言する」という波の上に人が飛んでいる図や、人魚のようなものが現れて同様の予言をしたという図もある。『藤岡屋日記』という書物に、福島潟に現れたこの予言をする怪しい女性を絵に書き「七月盆後より、越後国福嶋潟之人魚之図、先へ三番出し処に、跡追々出て、十六番迄《まで》出候よし」と書かれているので、福島潟に亀女をはじめとした予言をする女性の妖怪が出たということが紹介されたところ、江戸市中で大人気になったものと思われる。

〔高橋郁丸〕

〔参考文献〕鈴木棠三（編）『近世庶民生活史料　藤岡屋日記』第三巻、新潟市潟環境研究所『みんなの潟学―越後平野における新たな地域学』

# 【ま】

## 松茸の化け物［まつたけのばけもの］

『怪談豆人形』に登場するお化け。

小人島に棲む小さな化け物たちが日本へと渡ってきて見聞を広めようとするが、吉野山や妹背山《いもせやま》、嵯峨《さが》などに棲む日本の化け物たちにいじめられてしまう。小さな化け物たちが逃げ出した先は三保の松原（現・静岡県静岡市清水区の三保半島にある景勝地）だったが、そこで大きな松茸の化け物と出会った。松茸の化け物は小さな化け物たちを世話してしばらく逗留《とうりゅう》させ、箱根山までの道順を教えてやった。そして「貴様たちはまず、なり（姿）が小さいから人が怖がらぬ」と忠告してよく修行するようにと諭した。

『怪談豆人形』は「黄表紙」と呼ばれる江戸時代の草双紙の一つであり、当然のことながら伝承や伝説とは関わりのないお話である。

〔毛利恵太〕

〔参考文献〕江戸文学研究会（編）『黄表紙二十四篇』、アダム・カバット『江戸滑稽化物尽くし』

## 藻之花の怨魂［ものはなのえんこん］

『梅花氷裂』に登場する。

貞治六年（一三六七）頃、信濃国の守護に仕えていた唐琴浦右衛門《からことうらえもん》は妻の桟《かけはし》との間に子供ができなかったので、妾として藻之花を迎え入れた。藻之花が妊娠したことに嫉妬した桟は、浦右衛門の持つ名刀を狙う旧鳥蓑文太《ふるとりさぶんた》にそそのかされ、藻之花を腹の子もろともに責め殺してしまう。この時、藻之花が吐いた血が金魚の泳ぐ水槽に流れ込み、金魚は人の血の色に染まり、体が膨れて妊婦の腹のようになった。桟と蓑文太は出奔して出羽国と越後国の境にある葡萄《ぶどう》峠に隠れるが、桟は数多《あまた》の金魚が体に食い付いてくるという悪夢に悩まされ、更に藻之花の恨みによって全身が金魚のように膨れる奇病に罹《かか》ってしまう。その後、桟は蓑文太によって殺されてしまうが、裏切られた桟は藻之花の怨魂と合一し、怨霊となって蓑文太を苦しめた。金魚の品種の一つである蘭鋳《らんちゅう》は、この藻之花の怨魂によって変じたものなのだとしている。

『梅花氷裂』の作者・山東京伝は冒頭で「全て虚にして一点の実なし」として、中国の小説を翻案・混合した創作であると記している。また、水木しげるはこの話と挿絵をもとに「金魚の幽霊」という妖怪を作り上げた。

［毛利恵太］

［参考文献］水野稔（編）『山東京伝全集』一六巻、水木しげる『決定版 日本妖怪大全 妖怪・あの世・神様』

# 【や】

## ヨゲンノトリ

項目名は山梨県立博物館による。山梨県山梨市で記録された。『暴瀉病《ぼうしゃびょう》流行日記』に記されている。

甲斐国《かいのくに》の市川村の名主が日記に記録している。加賀国白山（石川県白山市の山）に鳥が現れ「来年の八、九月の頃、世の人が九割方死ぬほどの難が起きる。我が姿を朝夕に拝んで信心するものは、その難を逃れられるだろう」と語ったのだという。

この日記が書かれた安政五年（一八五八）はコレラが流行した時期であり、この鳥が実際に地元に伝わっていた話などではなく、疫病への不安から流布した噂、あるいは混乱に便乗した絵札の売買に由来するものと思われる。日記では上記の後に「これは熊野七社大権現の神武を示す烏《からす》の事といわれている」と記されており、熊野権現の神使である烏（八咫烏《やたがらす》）になぞらえたものだったのだろう。

「ヨゲンノトリ」という呼称は、山梨県立博物館で二〇二〇年に行われた展示において命名された。

［毛利恵太］

［参考文献］『山梨市史 史料編 近世』、山梨県立博物館「疫病退散！ ヨゲンノトリコーナー」

# 五十音順索引

この索引は、本書収録の全怪異・妖怪を五十音順に配列したものである。

## あ

## か

## た

## な

## は

五十音順

## ま



## や

## わ

# 部類別索引

この索引は、本書収録の項目を部類別にまとめたものである。見出しは五十音順に配列してある。複数該当するものは重複して掲載してもいる。

### 鼬



### 銀杏



### 井戸・泉水



### 犬

五十音順
**部類別**
属性別

## 貝



## 怪火・怪光・光物

### 怪物・異獣



### 蛙



### 鏡



### 柿



### 傘

## 抜首（ろくろくび）

# 属性別索引

この索引は、本書収録の項目のうち属性別にできるものをまとめたものである。関連する人物・作品での横のまとまりも、主なものをこちらに挙げた。

### 空海・弘法大師



### 草木からなる魚



### 薬・療法の由来



### 声掛け合い



### 最澄・伝教大師



### 下がり



### 躾

## 退治・討伐



## 武田信玄



## 祟り

## 憑き物



## ツチノコ



## 通せん坊・通行不可

**見越し**



**虫になった怨念**



**物借り・物貸し**



**予兆・前兆**

# おわりに

発端は二〇二〇年九月のことでありました。

笠間書院の方より朝里樹先生からのご紹介とのことで、怪作戦テラ宛てに「中部地方の「怪異・妖怪」に関する情報提供、可能であるならば執筆も（できれば中部全部で！）」とのご依頼をいただいてしまったのでした。

地元である愛知の妖怪については一〇年以上調べ続けており、多少の自負はありました。しかし、なればこそ「一県だけでもこれだけ大変」ということも、十分にわかっており、またコロナウイルスの流行もあって、簡単には他県の図書館にも遠征できない状況でもございました。大変光栄なご依頼ではあったものの、全域の執筆は丁重に辞退し、新潟についてお詳しい方として、直接の面識はほとんどありませんでしたが、高橋郁丸さんをご提案させていただいたことを覚えております。

そうした経緯を経て、毛利恵太さんが愛知県、新潟県以外の七県（後に岐阜の半分程度はテラが協力しました）を担当されると聞き、人選に安堵すると共に「この量を一人で担当されるのは毛利さんといえど大変だぞ……」と密かに心配したものです。もちろん、本書を御覧になればおわかりいただけますように、そのような杞憂を物ともせず、広範囲に渉《わた》る怪異・妖怪たちを見事にまとめていただきました。結果的に、地元在住で妖怪を調べている調査者二人と、妖怪全般に詳しい研究者との共著にて本書を刊行できたことは、良いバランスの布陣だったのではないかと思います。

思い返せば、かつて二〇一八年に、自らの同人誌（『怪作戦クロニクル』）で、当時から一〇年ほど前までの妖怪界隈の（特にインターネット上の）流行を確認したことがあります。おおよそ二〇一二年頃から「地域の妖怪を発掘する」活動が盛んになってきたように思われます。

あれから一〇年。調査研究の蓄積や、全国の妖怪好きの皆さまの「もっと各地の、まだ知られていない妖怪を知りたい」という思いが、この『日本怪異妖怪事典』シリーズに結実していっていることは大変喜ばしいことだと思います。そして、既刊の著者皆さまも繰り返し述べられているように、本書に収録した妖怪たちも、各地に伝わる妖怪の中のほんの一握りに過ぎません。ええ。愛知だけでも、本当に絞って絞ってこれだけですから。これからも、各地の妖怪記録などがますます発掘され、知られ、愛され楽しまれることを願って止みません。

最後に、笠間書院及び制作・編集の皆様、監修の朝里樹様、表紙イラスト担当の桂つかさ君、蘭陵亭子梅君。そして様々にご助言、ご協力していただきました氷厘亭氷泉様に、僭越《せんえつ》ながら著者一同を代表して篤く御礼申し上げます。ありがとうございました。

**疫病と戦争の終結を祈りつつ**

**怪作戦テラ**

- 林英夫『日本名所風俗図会　6　東海の巻』、角川書店、1984 年
- 村上健司『日本妖怪大事典』、角川書店、2005 年
- 氷厘亭氷泉「猫石ごろごろり」 http://aichiyoukwaitai.web.fc2.com/
- 山本豊治郎・夏目つや・都築武七・神谷治郎・磯村彦四郎（編）『野間町史』、野間町、1955 年
- 八開村史編さん委員会・八開村史調査編集委員会『八開村史　民俗編』、八開村、1994 年
- 早川孝太郎『早川孝太郎全集　第四巻』、未来社、1974 年
- 小栗久夫『半田の伝説』、誠進堂、1974 年
- 東春日井郡役所『東春日井郡誌』、東春日井郡、1923 年
- 乙部静夫『東三河の伝説物語』、東三河の伝説刊行会、1934 年
- 小島千代蔵『飛騨の伝説』、小島千代蔵、1968 年
- 山岡恭安『百二十石』、萬屋九兵衛・菁屋儀兵衛、1798 年
- 月山登（監修）中村博之（読解・編集）『廣瀬今昔話』、石野郷土史研究会、2011 年
- 郷土趣味社『復刻版　郷土趣味』、岩崎美術社、1984 年
- 鳳来町教育委員会『鳳来町誌　民俗資料編（2）　伝説と民話』、愛知県南設楽郡鳳来町、1975 年
- 愛知県額田郡役所『三河国額田郡誌』、愛知県額田郡役所、1924 年
- 熊谷勉『三河国宝飯地方民俗資料』、国書刊行会、1980 年
- 夏目可敬『参河国名所図絵』、愛知県郷土資料刊行会、1981 年
- 『三河国歴史地理資料』、歴史図書社、1980 年
- 愛知県教育委員会『三河湾・伊勢湾漁撈習俗緊急調査報告　第 2 集』、愛知県教育委員会、1969 年
- 財団法人御堂山会『御堂山観音由来記』、財団法人御堂山会、2001 年
- 山下清『みなみ　第三十二号』、南知多郷土研究会、1981 年
- 南設楽郡教育会『南設楽郡誌』、愛知県南設楽郡教育会、1926 年
- 南知多町誌編さん委員会『南知多町誌　資料編五』、南知多町、1996 年
- 南知多町誌編集委員会『南知多町誌』、南知多町誌編集委員会、1965 年
- 土岐琴川『美濃志』、宮部書房、1915 年
- 美浜町誌編さん委員会『美浜町誌　資料編二』、美浜町役場、1985 年
- 民間伝承誌友会『民間伝承　15 巻 7 号』、民間伝承の会、1951 年
- 国学院大学民俗学研究会『民俗採訪　昭和 49 年度』、国学院大学民俗学研究会、1975 年
- 民族と歴史編輯所『民族と歴史　第八巻一号』、日本学術普及会、1922 年
- 加藤則幸『昔話　天狗火』、いろは書房、1976 年
- 六ツ美村是調査会『六ツ美村誌』、六ツ美地区総代連絡協議会、1986 年
- 石川鴻斎『夜窓鬼談』、春風社、2003 年
- 柳田国男『山の人生』、青空文庫、2013 年
- 山吉田郷土研究会『やまよしだの昔話』、鳳来町山吉田地区公民館、1962 年
- 福岡市博物館『幽霊・妖怪画大全集』、福岡市博物館、2012 年
- 愛知県豊橋市立石巻中学校『弓張風土記』、豊橋市立石巻中学校国語部、1980 年
- 村上健司『妖怪事典』、毎日新聞社、2000 年

● 『視聴実記』、名古屋市図書館デジタルアーカイブ
● 甚目寺町史編纂委員会『甚目寺町史』、愛知県海部郡甚目寺町、1975 年
● 後藤邦四郎『下之一色郷土史　第二巻』、後藤邦四郎、1958 年
● 下山村『下山村史　資料編Ⅲ』、下山村、1987 年
● 十四山村史編集委員会『十四山村史　民俗編』、十四山村、1999 年
● 山本一三二（編）『新城の伝説』、新城市郷土研究会、1959 年
● 柳田国男『新訂　妖怪談義』、角川学芸出版、2013 年
● 新編岩津町誌編集委員会『新編岩津町誌』、岩津地区総代連絡協議会、1985 年
● 新編岡崎市史編集委員会『新編岡崎市史　史料民俗 19』、新編岡崎市史編さん委員会、1984 年
● 瀬戸市史編纂委員会『瀬戸市史　民俗編』、愛知県瀬戸市、2006 年
● 福田祥男『増補　愛知県伝説集』、名古屋泰文堂、1974 年
● 刈谷郷土を学ぶ会『続　刈谷の伝説』、刈谷郷土を学ぶ会、1979 年
● 太刀川清（校訂）『続　百物語怪談集成』、国書刊行会、1993 年
● 坪内逍遥・渥美清太郎（編）『大南北全集　第十五巻』、春陽堂、1927 年
● 武豊町誌編さん委員会『武豊町誌　資料編二』、武豊町、1983 年
● 竹村郷土史研究会『竹村風土記』、竹村郷土史研究会、1991 年
● 水谷一雄（編）『立田村史』、海部郡立田村教育委員会、1965 年
● 田原町文化財保護審議会『田原町史　上巻』、田原町教育委員会、1984 年
● 露橋小学校開校 100 周年記念誌編集委員会『地図でみる露橋の歴史―親子でみつけるつゆはしのあゆみ―』、露橋小学校開校 100 周年記念事業実行委員会、2006 年
● 吉田弘（編著）『知多半島の民話』、吉田弘、2010 年
● 名古屋史談会『張州府志』、愛知県郷土資料刊行会、1974 年
● 知立市史編纂委員会『知立市史　下巻』、知立市、1979 年
● 津田応助『伝説老狐小牧山吉五郎』、津田応助、1931 年
● 東栄町誌編集委員会『東栄町誌「自然・民俗・通史編」』、北設楽郡東栄町、2007 年
● 亀井鉱『東海の郷土玩具』、中日出版社、1979 年
● 佐々木喜善『遠野のザシキワラシとオシラサマ』、中央公論新社、2007 年
● 豊明市史編さん委員会『豊明市史　本文編』、豊明市、1993 年
● 岡田弘『中川区の昔話と伝説をたずねて』、岡田弘、1986 年
● 長篠郷土研究会『長篠村誌』、長篠郷土研究会、1958 年
● 新創社『名古屋時代 MAP　江戸尾張編』、光村推古書院、2009 年
● 名古屋市蓬左文庫『名古屋叢書三編　第十五巻』、名古屋市教育委員会、1986 年
● 名古屋市教育委員会『名古屋叢書　続編　第四巻　尾張徇行記（一）』、名古屋市教育委員会、1964 年
● 名古屋市教育委員会『名古屋叢書　続編　第六巻　尾張徇行記（三）』、名古屋市教育委員会、1966 年
● 西尾市史編纂委員会『西尾市史　現代五』、西尾市、1980 年
● 西春町史編集委員会『西春町史　民俗編 1』、西春町、1984 年
● 西春町史編集委員会『西春町史　民俗編 2』、西春町、1984 年
● 山本節・永田典子・山田八千代（編著）『西三河の昔話』、三弥井書店、1981 年
● 谷川健一（編）『日本庶民生活史料集成　第十六巻　奇談・紀聞』、三一書房、1970 年
● 日本随筆大成編輯部『日本随筆大成　1 期 4』、吉川弘文館、1975 年
● 日本随筆大成編輯部『日本随筆大成　1 期 19』、吉川弘文館、1976 年
● 日本随筆大成編輯部『日本随筆大成　1 期 20』、吉川弘文館、1976 年
● 日本放送協会『日本伝説名彙』、日本放送出版協会、1951 年
● 池田弥三郎・大藤時彦・牧田茂・和歌森太郎（編）『日本民俗誌大系　第五巻』、角川書店、1974 年

- 岩津村役場『岩津村誌』、岩津村役場、1917年
- 名古屋民俗研究会『大治町民俗誌　上・下巻』、大治町、1979年
- 大府市誌編さん刊行委員会『大府市誌』、大府市、1986年
- 音羽町誌編纂委員会『音羽町誌』、音羽町、1975年
- 川崎巨泉『おもちゃ画譜』、村田書店、1979年
- 名古屋温故会『尾張旧事記』、東海地方史学協会、1981年
- 深田正韶・中尾義稲・岡田啓（編）『尾張志　上巻』、愛知県郷土資料刊行会、1979年
- 田中重策（編）『尾張国愛知郡誌』、マイタウン、1986年
- 小島勝彦（編）『尾張の民話』、未来社、1978年
- 岡田啓・野口道直（著）小田切春江（画）『尾張名所図会』、愛知県郷土資料刊行会、1970年
- 岡田啓（撰述）小田切春江（画）『尾張名所図会　附録（小治田之真清水）』、愛知県郷土資料刊行会、1971年
- 水木しげる（画）村上健司（編著）『改訂・携帯版　日本妖怪大事典』、角川書店、2015年
- 柳田國男（監修）民俗学研究所（編）『改訂　綜合日本民俗語彙　第1巻』、平凡社、1955年
- 春日井郷土史研究会『春日井のむかし話』、春日井郷土史研究会、1975年
- 和田寛（編）『河童伝承大事典』、岩田書院、2005年
- 刈谷市誌編さん委員会『刈谷市誌』、刈谷市、1960年
- 刈谷町誌編纂会『刈谷町誌』、刈谷町、1932年
- 刈谷郷土を学ぶ会『刈谷の伝説』、刈谷郷土を学ぶ会、1977年
- 愛知県教育委員会『木曽川下流低湿地域民俗資料調査報告Ⅰ』、愛知県教育委員会、1972年
- 名古屋市北区教育課『北区誌』、北区総務課、1964年
- 山本隆『北設楽郡旧三輪村物語』、鳳来町文化協会、1994年
- 北設楽郡史編纂委員会『北設楽郡史　第1　民俗資料編』、北設楽郡史編纂委員会、1967年
- 北設楽郡教員会『北設楽郡伝説集』、北設楽郡教員会、1977年
- 郷土会『郷土研究　第四冊』、名著出版、1976年
- 鈴木隆一『郷土誌　舟着物語』、新城市立舟着小学校、1976年
- 御手洗清『郷土随筆　伝説の浜名湖』、宝林堂書店、1953年
- 福田祥男『郷土のしらべ　増補　愛知県伝説集』、名古屋泰文堂、1974年
- 古谷文一郎『郷土の伝説』、佳藤木登志、1994年
- 水木しげる『決定版　日本妖怪大全　妖怪・あの世・神様』、講談社、2014年
- 佐藤清明「現行全国妖怪辞典」『方言叢書』7篇、中国民俗学会、1935年
- 日比野晃「校訂「犬山里語記」　巻の2」『中日本自動車短期大学論叢』第6号、中日本自動車短期大学、1974年
- 日比野晃「校訂「犬山里語記」　巻の九・十」『中日本自動車短期大学論叢』第16号、中日本自動車短期大学、1986年
- 江南市史編集委員会『江南市史　資料四　文化編』、江南市、1983年
- 小牧市史編集委員会『小牧市史　本文編』、小牧市、1977年
- 小牧市文化財資料研究員会『小牧叢書11　小牧のむかしむかし』、小牧市教育委員会、1988年
- 岩崎貞雄（編）『小牧宿のむかし話』、小牧市立小牧小学校PTA、1981年
- 小牧市観光協会『小牧のむかしむかし　吉五郎伝説』、小牧市観光協会、2007年
- 開校十周年事業委員会『小牧原のむかし話』、小牧市立小牧原小学校、1985年
- 小牧商工会議所『こまき物語』、小牧商工会議所、2005年
- 湯本豪一『今昔妖怪大鑑』、パイインターナショナル、2013年
- 瀬川清子『採集手帖（沿海地方用）』、岩田書院、2014年
- 天野信景『塩尻　上・下』、東海地方史学協会、1984年
- 設楽民俗研究会『設楽』、愛知県郷土資料刊行会、1974年

- 鰭廣彦「猿今昔」『旅と伝説』5 年 10 号、三元社、1932 年
- 早川孝太郎「参遠山村手記」『民族』3 巻 1 号、民族発行所、1927 年
- 納富重雄「浄蓮の滝に絡まる伝説」『旅と伝説』7 年 4 号、三元社、1934 年
- 早川孝太郎「月の大欅　設楽雑談」『旅と伝説』1 巻 10 号、三元社、1928 年
- 清水時顕「人が虫になった話」『郷土趣味』4 巻 2 号、郷土趣味社、1923 年
- 増田昭子「ユリバーサの話」『民俗』162 号、相模民俗学会、1997 年

**【広域・その他】**

- 国府町教育委員会『国府のむかし話』、国府町教育委員会、1984 年
- 金石町『金石町誌』、金石町、1941 年
- 村沢武夫（編）『信濃伝説集』、山村書院、1943 年
- 牧内武司『信濃昔話集』、山村書院、1939 年
- 河合千秋（編）『福井県の伝説』、福井県鯖江女子師範学校郷土研究部、1936 年
- 山梨市『山梨市史　史料編　近世』、山梨市、2004 年
- 原田望「荒川岳の怪」『伊那』35 巻 1 号、伊那史学会、1987 年
- 門太郎「黄金の鶏」『郷土研究』1 巻 10 号、郷土研究社、1913 年
- 藤井治左衛門「ダダ星様」『民俗』2 年 2 報、人文社、1914 年
- 音木花四郎「ダダ星と大駄法師」『民俗』3 年 1 報、人文社、1915 年
- 坂・春江村・窪田「断片資料報告」『南越民俗』1 巻 2 号、南越民俗発行所、1938 年

**[怪作戦テラ]**

- 愛知県教育会『愛知県伝説集』、郷土研究社、1937 年
- 鈴木規夫（編）『愛知県南知多方言集』、国書刊行会、1976 年
- 怪作戦『愛知の河童　愛知妖怪画談　第七巻』、怪作戦、2019 年
- 永田友市『愛知のことば』、中部日本教育文化会、1978 年
- 福田祥男（監修）田中玄次郎（編）『愛知の伝説』、田中玄次郎、1963 年
- 怪作戦『愛知の船幽霊』、怪作戦、2021 年
- 怪作戦『愛知妖怪画談　第二巻　磯天狗・小牧山吉五郎』、怪作戦、2013 年
- 怪作戦『愛知妖怪画談　第三巻　恩田の初連』、怪作戦、2014 年
- 怪作戦『愛知妖怪画談　第四巻　八面鬼・長田蟹』、怪作戦、2015 年
- 怪作戦『愛知妖怪画談　第五巻　おとら狐』、怪作戦、2016 年
- 怪作戦『愛知妖怪画談　第六巻　女の妖怪』、怪作戦、2017 年
- 怪作戦『愛知妖怪雑録　増補版』、怪作戦、2021 年
- あいち妖怪保存会『愛知妖怪事典』、一粒書房、2016 年
- 池田長三郎編『熱田風土記　中巻』、熱田久知会、1980 年
- 猪高村誌編纂委員会『猪高村誌』、猪高村誌編纂委員会、1959 年
- 犬山市教育委員会・犬山市史編さん委員会『犬山市史　史料編 4　近世上』、犬山市、1987 年
- 犬山市教育委員会・犬山市史編さん委員会『犬山市史　別巻　文化財・民俗』、犬山市、1985 年
- 日比野晃「「犬山里語記」について　肥田信易とその周辺」『中日本自動車短期大学論叢』第 5 号、1973 年
- 早川孝太郎『猪・鹿・狸』、角川書店、1955 年
- 市橋鐸麿『入鹿切聞書』、愛知県小牧中学校校友会、1931 年
- 岩倉市史編集委員会『岩倉市史　下巻』、岩倉市、1985 年
- 岩倉町史編さん委員会『岩倉町史』、愛知県丹羽郡岩倉町、1955 年
- 岩崎誌編纂委員会『岩崎誌　愛知県日進町』、愛知県日進町岩崎区、1985 年
- 愛知県額田郡岩津町『岩津町誌』、愛知県額田郡岩津町、1936 年
- 加藤錫太郎（編）『岩津町誌』、国書刊行会、1981 年

- 野崎壽「飛騨の牛蒡種」『郷土研究』4 巻 8 号、郷土研究社、1916 年
- 新田貞子「飛騨の昔話と伝説　丹生川村の昔話」『ひだびと』4 年 6 号、飛騨考古土俗学会、1936 年
- 河出碩文「人魂はある」『美濃民俗』262 号、美濃民俗文化の会、1989 年
- 林魁一「みき田及び雨乞旗」『民間伝承』8 巻 7 号、秋田書店、1942 年
- 廣瀬貫之「美濃揖斐郡徳山村郷土誌」『旅と伝説』13 巻 5 号、三元社、1940 年
- 千葉徳爾「美濃春日村見聞記」『民間伝承』13 巻 11 号、秋田書店、1949 年
- 林魁一「美濃の河童及び狗賓」『郷土研究』3 巻 8 号、郷土研究社、1915 年
- 木全圓寿「美濃国可児郡小泉村の伝説（一）」『旅と伝説』16 巻 11 号、三元社、1943 年
- 木全圓寿「美濃国可児郡小泉村の伝説（二）」『旅と伝説』、16 巻 12 号、三元社、1943 年
- 村田祐作「村の猫」『ひだびと』9 年 3 号、飛騨考古土俗学会、1941 年
- 川出由太郎「山姥の話（一）」『美濃民俗』232 号、美濃民俗文化の会、1986 年
- 代情山彦「山小屋のむかし話」『ひだびと』3 年 11 号、飛騨考古土俗学会、1935 年

**【静岡県】**

- 後藤江村『伊豆伝説集』、郷土研究社、1931 年
- 小山有言『伊豆の伝説』、安川書店、1943 年
- 御手洗清『遠州伝説集』、遠州出版社、1973 年
- 岡部町教育委員会『岡部のむかし話』、岡部町教育委員会、1995 年
- 静岡県『静岡県史　資料編 23　民俗 1』、静岡県、1993 年
- 静岡県『静岡県史　資料編 24　民俗 2』、静岡県、1993 年
- 静岡県『静岡県史　資料編 25　民俗 3』、静岡県、1993 年
- 静岡県『静岡県史　別編 1　民俗文化史』、静岡県、1995 年
- 静岡県駿東郡『静岡県駿東郡誌』、静岡県駿東郡、1917 年
- 静岡県女子師範学校郷土研究会『静岡県伝説昔話集』、静岡谷島屋書店、1934 年
- 飯塚伝太郎『静岡市の史話と伝説』、松尾書店、1967 年
- 芝川町誌編さん委員会『芝川町誌』、芝川町、1973 年
- 小山有言編『駿河の伝説』、安川書店、1943 年
- 龍山村教育委員会『龍山村民俗誌　第 1 集　龍山の伝説ふるさと夜話』、龍山村教育委員会、1978 年
- 中京大学郷土研究会『中京民俗　8 号』、中京大学郷土研究会、1971 年
- 中京大学郷土研究会『中京民俗　17 号』、中京大学郷土研究会、1980 年
- 沼津市誌編纂委員会『沼津市誌　下巻』、沼津市、1958 年
- 渥美静一『浜松の伝説　上巻』、浜松市立図書館、1970 年
- 渥美静一『浜松の伝説　下巻』、浜松市立図書館、1970 年
- 富士川町文化財保護審議会『ふるさと富士川　第 2 集　昔ばなし・伝説』、富士川町教育委員会、1981 年
- 東京女子大学史学科民俗調査団『富士東麓の民俗　静岡県御殿場市上小林』、東京女子大学史学科民俗調査団、1975 年
- 梅原弥吉『弥吉じいさん　戸田村のむかしばなし』、メグ出版、1976 年
- 土橋里木『山梨県の民話と伝説　ふるさとの民話研究』、有峰書店、1979 年
- 黒柳秀雄「「家の盛衰」について」『民間伝承』15 巻 1 号、秋田書店、1951 年
- 三島・三田久太郎「伊豆の送り鼬」『郷土研究』2 巻 7 号、郷土研究社、1914 年
- 木村博「伊豆の妖怪譚「イナブラさん」と「スマブクロ」」『民間伝承』45 巻 2 号、六人社、1981 年
- 戸塚生「大鐘婆サの火」『郷土研究』一巻二号、郷土研究社、1913 年
- 早川孝太郎「河童俗伝　天龍川流域各地の河童其他」『民族』3 巻 5 号、民族発行所、1928 年
- 望月禮子「河童・天狗など」『女性と経験』1 巻 2 号、女性民俗学研究会、1956 年
- 折口信夫「座敷小僧の話」『旅と伝説』7 巻 1 号、三元社、1934 年

- 井上福實「信州遠山下栗雑記」『旅と伝説』7 巻 11 号、三元社、1934 年
- 平瀬麥雨「信州松本より」『郷土研究』3 巻 6 号、郷土研究社、1915 年
- 高橋宏一「蓼科山紀行」『旅と伝説』4 巻 7 号、三元社、1931 年
- 萩元義房「千代の伝説」『伊那』32 巻 1 号、伊那史学会、1984 年
- 水野都沚生「天白さまという神様」『伊那』19 巻 1 号、伊那史学会、1971 年
- 水野都沚生「天伯様という神様補遺」『伊那』19 巻 4 号、伊那史学会、1971 年
- 江口善次「動物民譚志」『あしなか』通巻 29 号、山村民俗の会、1952 年
- 淀江国三「土俗伝説聞書集」『郷土趣味』4 巻 2 号、郷土趣味社、1923 年
- 浅井舎人「根羽の伝説　へびの伝説」『伊那』32 巻 1 号、伊那史学会、1984 年
- 中島繁男「半夏生」『民間伝承』2 巻 11 号、秋田書店、1937 年
- 金子総平「ビジンサマ」『民間伝承』6 巻 8 号、秋田書店、1941 年
- 平瀬麥雨「松本地方雑事」『郷土研究』4 巻 10 号、郷土研究社、1917 年
- 武田明「南佐久郡北牧村民俗語彙」『旅と伝説』11 巻 8 号、三元社、1938 年
- 胡桃沢友男「山の夜語り」『あしなか』通巻 56 号、山村民俗の会、1957 年
- 野澤虎雄「やまんばの話」『郷土』1 巻 2 号、郷土研究社、1931 年
- 桜井覚道「私も子供の頃見た」『伊那』通巻 359 号、伊那史学会、1958 年

**【岐阜県】**

- 東洋大学民俗研究会『旧静波村の民俗　岐阜県恵那郡明智町旧静波村』、東洋大学民俗研究会、1971 年
- 中央大学民俗研究会『常民　24 号　岐阜県武儀郡洞戸村調査報告書』、中央大学民俗研究会、1987 年
- 柴田忠太郎『高原史蹟　飛驒と江馬氏』、江馬史蹟保存会、1935 年
- 中京大学郷土研究会『中京民俗　20 号』、中京大学郷土研究会、1983 年
- 中京大学郷土研究会『中京民俗　30 号』、中京大学郷土研究会、1992 年
- 高山西小学校研究部『飛驒の伝説と民謡』、高山西小学校研究部、1933 年
- 洞戸村史編集委員会『洞戸村史　上巻』、洞戸村、1988 年
- 美並村教育委員会『美並村史　通史編　下巻』、美並村、1984 年
- 稲葉郡教育会『美濃国稲葉郡志』、大衆書房、1969 年
- 桜田勝徳『美濃徳山村民俗誌』、刀江書院、1951 年
- 大和町『大和町史　通史編　下巻』、大和町、1988 年
- 東洋大学民俗研究会『和良の民俗　岐阜県郡上郡和良村』、東洋大学民俗研究会、1979 年
- 松岡浩一「あばよはんつもよ　山姥糸取り娘の話とアバヨ語源の説と」『美濃民俗』193 号、美濃民俗文化の会、1983 年
- 直江廣治「板取雑記」『民間伝承』5 巻 8 号、秋田書店、1940 年
- 高橋丈太郎「奥美濃の民俗」『旅と伝説』13 巻 8 号、三元社、1940 年
- 住廣造「牛蒡種の事」『郷土研究』4 巻 11 号、郷土研究社、1917 年
- 平瀬拋英「信仰の諸相　岐阜県吉城郡坂下村」『西郊民俗』4 号、西郊民俗談話会、1957 年
- 横山周導「杉原の民話　民謡・伝説」『美濃民俗』94 号、美濃民俗文化の会、1975 年
- 海野金一郎「杣が池物語（下）」『ひだびと』11 巻 2 号、飛驒考古土俗会、1943 年
- 白川鳥衣「杣人と天狗」『ひだびと』4 年 7 号、飛驒考古土俗学会、1936 年
- 柴田袖水「高原の伝説」『ひだびと』4 年 9 号、飛驒考古土俗学会、1936 年
- 柴田袖水「高原の伝説」『ひだびと』5 年 1 号、飛驒考古土俗学会、1937 年
- 林魁一「飛驒双六及び鼠餅の前兆」『民間伝承』11 巻 2 号、秋田書店、1946 年
- 熊原政男「飛驒中山物語」『あしなか』124 号、山村民俗の会、1970 年
- 松岡浅右衛門「飛驒丹生川村　瓜田付近の精霊盆」『民間伝承』8 巻 6 号、秋田書店、1942 年
- 林魁一「飛驒国吉城郡上宝村双六の土俗」『民族学研究』8 巻 3 号、日本民族学会、1942 年

- 伊藤堅吉「道志炉辺談」『あしなか』47号、山村民俗の会、1955年
- 深沢正志「奈良田の昔話　狸と狩人」『甲斐路』10号、山梨郷土研究会、1964年
- 清水時顕「人が虫になった話」『郷土趣味』4巻2号、郷土趣味社、1923年
- 服部治則「南巨摩の盆行事」『民間伝承』14巻9号、秋田書店、1950年
- 清水小太郎「夜叉神峠」『甲斐路』55号、山梨郷土研究社、1986年
- 影山正美「「椀貸し伝説」考　「市」の始原的風景を探る」『甲斐路』70号、山梨郷土研究会、1991年

**【長野県】**

- 岩崎清美『伊那の伝説』、山村書院、1933年
- 信濃教育会北安曇部会『北安曇郡郷土誌稿　第1集　口碑伝説篇　第1冊』、長野県北安曇教育会、1979年
- 信濃教育会北安曇部会『北安曇郡郷土誌稿　第2集　口碑伝説篇　第2冊』、長野県北安曇教育会、1979年
- 信濃教育会北安曇部会『北安曇郡郷土誌稿　第7集　口碑伝説篇　第3冊』、長野県北安曇教育会、1979年
- 村沢武夫『信濃伝説集』、山村書院、1943年
- 長野県下高井郡『下高井郡誌』、名著出版、1973年
- 東京学芸大学民俗学研究会『遠山の民俗　民俗調査報告』、東京学芸大学民俗学研究会、1979年
- 長野県『長野県史　民俗編　1巻2　東信地方　仕事と行事』、長野県史刊行会、1986年
- 長野県『長野県史　民俗編　1巻3　東信地方　ことばと伝承』、長野県史刊行会、1987年
- 長野県『長野県史　民俗編　2巻1　南信地方　日々の生活』、長野県史刊行会、1988年
- 長野県『長野県史　民俗編　2巻3　南信地方　ことばと伝承』、長野県史刊行会、1989年
- 長野県『長野県史　民俗編　3巻3　中信地方　ことばと伝承』、長野県史刊行会、1990年
- 長野県『長野県史　民俗編　4巻3　北信地方　ことばと伝承』、長野県史刊行会、1986年
- 長野県『長野県史　民俗編　5巻総説1　概説』、長野県史刊行会、1991年
- 立石憲利『長野県清内路村の民話　桜井小菊さんの語り　1』、吉備人出版、2002年
- 岡澄昌『穂高地方の伝説』、新光社、1949年
- 南佐久教育会『南佐久郡口碑伝説集』、信濃毎日新聞、1939年
- 小池直太郎『炉辺叢書13　小谷口碑集』、名著出版、1976年
- 奥沢清男「阿智の伝説　赤子石」『伊那』32巻1号、伊那史学会、1984年
- 石川正臣「飯田の伝説」『伊那』32巻1号、伊那史学会、1984年
- 大沢芳江「大姥様について」『西郊民俗』79号、西郊民俗談話会、1977年
- 下平加賀雄「大草辺の民話・伝説一」『伊那』13巻5号、伊那史学会、1965年
- 林伝治郎ほか「お杉お玉の火座談会」『伊那』通巻357号、伊那史学会、1958年
- 正木只一「お杉お玉の火を見た」『伊那』通巻359号、伊那史学会、1958年
- 高島冠嶺「影取りの口碑」『郷土研究』3巻1号、郷土研究社、1915年
- 伊東千秋「鹿塩の七不思議」『伊那』19巻4号、伊那史学会、1971年
- 千葉徳爾「鎌倉福次郎翁狩猟談注釈（一）」『伊那』通巻375号、伊那史学会、1959年
- 千葉徳爾「鎌倉福次郎翁狩猟談注釈（二）」『伊那』通巻376号、伊那史学会、1959年
- 宮沢千章「上郷の伝説　赤い口の女」『伊那』32巻1号、伊那史学会、1984年
- 下平正春「木沢の伝説」『伊那』32巻6号、伊那史学会、1984年
- 林六郎「木曾妻籠より」『郷土研究』4巻9号、郷土研究社、1916年
- 松林六郎「更埴地方の言い慣わし」『郷土』1巻4号、郷土研究社、1931年
- 渡辺重義「佐久の「子供の節句」」『伊那』45巻11号、伊那史学会、1997年
- 野澤虎雄「誘ひ神の話」『郷土』1巻2号、郷土研究社、1931年
- 有賀恭一「信濃諏訪の天狗」『郷土研究』7巻1号、郷土研究社、1933年
- 下島賢二・亀割竜二・福沢正紀・福沢俊之「下条村の伝説」『伊那』19巻2号、1971年
- 向山雅重「信州遠山郷鎌倉福次郎翁狩猟談」『あしなか』通巻68号、山村民俗の会、1960年

- 大矢真一「分類・福井県伝説集」『南越民俗』6号、南越民俗発行所、1938年
- 筆者不明「分類・福井県伝説集追補（一）」『南越民俗』2巻4号、南越民俗発行所、1939年
- 高山巌「松岡附近の伝承」『南越民俗』3号、南越民俗発行所、1937年
- 玉岡松一郎「若狭常神小集　三方郡西田村」『近畿民俗』1巻3号、近畿民俗学会、1936年
- 大島建彦「若狭の疫神祭祀」『西郊民俗』138号、西郊民俗談話会、1992年

**【山梨県】**

- 都留文科大学民俗学研究会『雨畑の民俗　山梨県南巨摩郡早川町雨畑』、都留文科大学民俗学研究会、1989年
- 都留文科大学民俗学研究会『井戸の民俗　山梨県北都留郡上野原町棡原』、都留文科大学民俗学研究会、1979年
- 東洋大学民俗研究会『右左口の民俗　山梨県東八代郡中道町右左口地区』、東洋大学民俗研究会、1984年
- 土橋里木『甲斐伝説集』、山梨民俗の会、1953年
- 土橋里木（編著）『甲斐の伝説』、第一法規出版、1975年
- 土橋里木『甲斐昔話集』、郷土研究社、1930年
- 都留文科大学民俗学研究会『上和田の民俗　上和田民俗調査報告書』、都留文科大学民俗学研究会、1977年
- 北巨摩郡教育会『郷土研究　2集1冊　口碑伝説集』、北巨摩郡教育会、1935年
- 東京女子大学民俗調査団『甲州秋山の民俗　山梨県南都留郡秋山村寺下・尾崎』、東京女子大学史学科民俗調査団、1974年
- 甲府市市史編さん委員会『甲府市史　別編1　民俗』、甲府市、1988年
- 東京学芸大学民俗学研究会『調査報告　山梨県北都留郡小菅村長作』、東京学芸大学民俗学研究会、1971年
- 山梨県中巨摩郡連合教育会『中巨摩郡志』、山梨県中巨摩郡連合教育会、1928年
- 西山梨郡教育支会『西山梨郡志』、名著出版、1974年
- 東洋大学民俗研究会『白州の民俗　山梨県北巨摩郡白州町旧菅原・鳳来村』、東洋大学民俗研究会、1978年
- 都留文科大学民俗学研究会『平栗・加畑の民俗　山梨県都留市宝』、都留文科大学民俗学研究会、1985年
- 國學院大學民俗学研究会『民俗採訪　昭和43年度号　山梨県北巨摩郡須玉町旧増富村』、國學院大學民俗学研究会、1968年
- 都留文科大学民俗学研究会『向原の民俗　上』、都留文科大学民俗学研究会、1983年
- 都留文科大学民俗学研究会『山梨県都留市小形山の民俗』、都留文科大学民俗学研究会、1970年
- 都留文科大学民俗学研究会『山梨県都留市金井の民俗』、都留文科大学民俗学研究会、1967年
- 土橋里木『山梨県の民話と伝説　ふるさとの民話研究』、有峰書店、1979年
- 中込松弥「芦安谷の正月行事」『甲斐路』4号、山梨郷土研究会、1962年
- 後藤義隆「忍野村の盆行事」『甲斐路』41号、山梨郷土研究会、1981年
- 田中磐「お玉が池伝説を巡って」『あしなか』通巻44号、山村民俗の会、1955年
- 藤本丑雄「雁坂トンネル周辺の地質」『甲斐路』91号、山梨郷土研究社、1998年
- 土橋里木「甲州　上九一色村の童謡・童戲（一）」『旅と伝説』7巻10号、三元社、1934年
- 笹村草家人「甲州清里村覚書」『民間伝承』9巻6・7合併号、秋田書店、1943年
- 影山正美「甲州山村における民俗的世界観」『甲斐路』76号、山梨郷土研究会、1993年
- 竹川義徳「甲州の伝説　釜無川」『甲斐路』2号、山梨郷土研究会、1961年
- 竹川義徳「甲州の伝説　笛吹川」『甲斐路』1号、山梨郷土研究会、1961年
- 土橋里木「こと八日と山の神」『民間伝承』14巻6号、秋田書店、1950年
- 土橋里木「精進の民話」『甲斐路』24号、山梨郷土研究会、1973年
- 小寺融吉「植物の由来に就いての伝説」『旅と伝説』4巻3号、三元社、1931年
- 望月整子「秩父街道の伝説と昔話」『甲斐路』91号、山梨郷土研究会、1998年
- 堀内真「都留市谷村の昔話」『甲斐路』67号、山梨郷土研究社、1989年
- 深沢正志「天狗」『甲斐路』65号、山梨郷土研究会、1989年
- 岩科小一郎「天狗ノート」『あしなか』24号、山村民俗の会、1951年

● 中央大学民俗研究会『常民　22号　石川県石川郡鳥越村調査報告書』、中央大学民俗研究会、1986年
● 中央大学民俗研究会『常民　27号　石川県鳳至郡門前町調査報告書』、中央大学民俗研究会、1991年
● 辰口町史編纂専門委員会『辰口町史　第1巻　自然・民俗・言語編』、辰口町、1983年
● 能登島町『能登島町史　資料編　第2巻』、能登島町、1983年
● 黄地百合子ほか（編著）『南加賀の昔話』、三弥井書店、1979年
● 石川県輪島市教育委員会『輪島の民話』、石川県輪島市教育委員会、2004年
● 長岡博男「ウバノホトコロ」『民間伝承』3巻9号、秋田書店、1938年
● 四柳嘉孝「奥能登のアシカの伝承」『加能民俗』12号、加能民俗の会、1952年
● 宮崎九鬼「怪墓探査」『加能民俗』2巻5号、加能民俗の会、1953年
● 小倉学「加賀・能登の天狗伝説考」『昔話伝説研究』2号、昔話伝説研究会、1972年
● 室木弥太郎「鹿島郡中島町のミソシ（河童）」『加能民俗』4巻3号、加能民俗の会、1958年
● 長岡博男「河童駒引譚・其の他」『加能民俗』4巻3号、加能民俗の会、1958年
● 今村充夫「蟹の甲石伝説の要素」『加能民俗』5巻11号、加能民俗の会、1962年
● 小倉学「カワソ（河童）の名剣」『加能民俗』4巻4号、加能民俗の会、1958年
● 今村充夫「ガンノコウの話　鳳至郡柳田村字五十里の雨乞い伝説」『加能民俗』5巻9号、加能民俗の会、1962年
● 藤井春洋「気多通信（一）」『民俗学』1巻4号、民俗学会、1929年
● 小倉学「ゴメキ石」『加能民俗』12巻2号、加能民俗の会、2001年
● 小倉学「水死人の捜索と鶏」『西郊民俗』通巻113号、西郊民俗談話会、1985年
● 京都下鴨村金澤生「池中の鞍」『郷土研究』1巻2号、郷土研究社、1913年
● 藤島秀隆「『長太・貉物語』、（仮称）翻刻と解説及び小考」『加能民俗研究』24号、加能民俗の会、1993年
● 中村浩「能登島採訪録」『民俗学』1巻2号、民俗学会、1929年
● 尾佐竹猛「能登の龍燈伝説」『郷土研究』3巻6号、郷土研究社、1915年
● 小倉学「白山々麓白峰地方のカワラメ（河童）」『加能民俗』4巻3号、加能民俗の会、1958年
● 若月麗子「半浦の伝説」『ひでばち』8号、ひでばち民俗談話会、1958年
● 石川県JH生「不審の石」『民族と歴史』4巻1号、日本学術普及会、1920年

**【福井県】**

● 杉原丈夫『越前の民話』、福井県郷土誌懇談会、1966年
● 大野市史編さん委員会『大野市史　第12巻　方言編』、大野市、2006年
● 石井左近『敦賀郡神社誌』、福井県神職会敦賀郡支部、1933年
● 福井県大野郡阪谷五箇両村組合『福井県大野郡阪谷五箇村誌』、阪谷五箇両村組合、1929年
● 福井県『福井県史　資料編15　民俗』、福井県、1984年
● 南条郡教育会『福井県南条郡誌』、南条郡教育会、1934年
● 河合千秋（編）『福井県の伝説』、福井県鯖江女子師範学校郷土研究部、1936年
● 國學院大學民俗学研究会『民俗採訪　福井県三方郡三方町旧西田村』、國學院大學民俗学研究会、1959年
● 和歌森太郎（編）『若狭の民俗』、吉川弘文館、1966年
● 杉原丈夫「おはる狐」『南越民俗』1号、南越民俗発行所、1937年
● 寺門良隆「首無し行列の話」『郷土研究』2巻9号、郷土研究社、1914年
●「新聞切抜き　新福井日報昭和十二年七月武生の座談会より」『南越民俗』5号、南越民俗発行所、1938年
● 吉田健三「杣山城を繞る口碑」『南越民俗』3巻2・3合併号、南越民俗発行所、1940年
● ウィリアム・グリフィス（著）杉原丈夫（訳）「大名政府」『若越郷土研究』11巻6号、福井県郷土誌懇談会、1966年
● 福井県鯖江市宮林（談）「断片資料報告」『南越民俗』2号、南越民俗発行所、1937年
● 山本蕙市「敦賀の伝説異聞」『南越民俗』3巻4号、南越民俗発行所、1941年
● 中塩清之助「伝説と妖怪譚」『南越民俗』3号、南越民俗発行所、1937年

- 『黒部峡谷誌料』、新興出版社、1990 年
- 中明宗平（編）『鷹栖村史』、鷹栖自治振興会、1962 年
- 北日本放送『伝説とやま』、北日本放送、1971 年
- 沢田毅（編）『利賀の民話』、高田安徳、1974 年
- 佐伯安一『砺波民俗語彙』、高志人社、1961 年
- 東洋大学民俗研究会『富山旧白萩村の民俗　富山県中新川郡上市町旧白萩村』、東洋大学民俗研究会、1967 年
- 富山県『富山県史　民俗編』、富山県、1973 年
- 藤井昭二『富山湾　この知られざる世界』、巧玄出版、1974 年
- 滑川の民俗編集委員会・滑川市立博物館『滑川の民俗　中』、滑川市教育委員会、1995 年
- 入善町誌編纂委員会『入善町誌』、入善町、1967 年
- 氷見市史編修委員会『氷見市史』、氷見市、1963 年
- 魚津歴史同好会方言調査委員会『ふるさと魚津　風土に生きる方言』、魚津歴史同好会、1988 年
- 松本駒次郎『八尾史談』、松六商店、1927 年
- 森俊「「アズキトギトギ　ウメボッシャスイスイ　メンパコロガシ」？　富山県魚津市鉢の妖怪伝承」『とやま民俗』58 号、富山民俗の会、2002 年
- 森俊「アマより出現する怪」『とやま民俗』50 号、富山民俗の会、1997 年
- 佐伯安一「越中の“山の神”断片」『伊勢民俗』3 巻 3・4 号、伊勢民俗学会、1957 年
- 森俊「神通川川漁における怪異伝承」『とやま民俗』57 号、富山民俗の会、2001 年
- 金子総平「センポク、カンポク」『民間伝承』6 巻 8 号、秋田書店、1940 年
- 林宏「砺波地方怪恠譚（一）」『とやま民俗』10 号、富山民俗の会、1977 年
- 林宏「砺波地方怪恠譚（二）」『とやま民俗』11 号、富山民俗の会、1977 年
- 佐伯安一「砺波のヒンナ神」『民間伝承』13 巻 12 号、秋田書店、1949 年
- 富山県教育委員会「富山県内漁村地域民俗資料緊急調査報告書その 1（県西部）」『日本の漁村・漁撈習俗調査報告書集成　第 5 巻　中部地方の漁村・漁撈習俗 1』東洋書林、2003 年
- 富山市日本海文化研究所「富山湾沿岸漁業民俗調査報告書」『富山市日本海文化研究所紀要』5 号、富山市日本海文化研究所、1992 年
- 廣瀬誠「母たちからの伝承」『とやま民俗』52 号、富山民俗の会、1998 年
- 京都風来坊「針山供養針千本」『郷土研究』1 巻 10 号、郷土研究社、1913 年

**【石川県】**

- 石川郡自治協会『石川県石川郡誌』、臨川書店、1985 年
- 江沼郡『石川県江沼郡誌』、臨川書店、1985 年
- 尾口村史編纂専門委員会『石川県尾口村史　2 巻　資料編 2』、尾口村、1979 年
- 鹿島郡自治会『石川県鹿島郡誌』、鹿島郡自治会、1928 年
- 河北郡『石川県河北郡誌』、臨川書店、1985 年
- 能美郡『石川県能美郡誌』、臨川書店、1985 年
- 羽咋郡『石川県羽咋郡誌』、臨川書店、1985 年
- 鳳至郡『石川県鳳至郡誌』、臨川書店、1985 年
- 山下久男『加賀江沼郡昔話集』、小川書店、1935 年
- 藤島秀隆『加賀・能登の伝承』、桜楓社、1984 年
- 金石町『金石町誌』、金石町、1941 年
- 金沢市史編さん委員会『金沢市史　資料編 14　民俗』、金沢市、2001 年
- 国府村史編纂委員会『国府村史』、国府村、1956 年
- 石川県七浦小学校同窓会『七浦村志』、細川敬文社、1920 年
- 中央大学民俗研究会『常民　6 号　石川県鳳至郡能都町高倉地区調査報告書』、中央大学民俗研究会、1967 年

- 幽霊探検隊『関東近郊幽霊デートコースマップ』、リム・ユナイト、1989 年
- 宮武外骨『奇事流行物語　奇態流行史』、人物往来社、1961 年
- 水木しげる『決定版　日本妖怪大全　妖怪・あの世・神様』、講談社、2014 年
- 山田野理夫『信濃化けもの秘録　信濃の民話』、ナカザワ、刊行年不明
- 山本九馬亭『浄瑠璃通解　第 3 編』、博文館、1903 年
- 妻木直良（編）『真宗全書　第 32 巻』、蔵経書院、1914 年
- 柳田國男（著）小松和彦（校注）『新訂　妖怪談義』、角川学芸出版、2013 年
- 千葉幹夫『全国妖怪事典』、講談社、2014 年
- 巖谷小波（編）『大語園』第 1〜3 巻、第 7 巻、第 9 巻、平凡社、1935 年
- 本多静六『大日本老樹名木誌』、大日本山林会、1913 年
- 柳田國男『定本柳田国男集　第 4 巻』、筑摩書房、1968 年
- 日野巌『動物妖怪譚　下』、中央公論新社、2006 年
- 斎藤一柏・関依川（編）『戸隠山鬼女紅葉退治之伝　北向山霊験記』、辻岡文助、1886 年
- 平野威馬雄『日本怪奇物語』、日本文芸社、1981 年
- 今泉鐸次郎『北越名流遺芳　第 1 集』、巣枝堂目黒書店、1914 年
- 松平春岳全集編纂委員会『松平春岳全集　第 1 巻』、原書房、1973 年
- 黒史郎『ムー民俗奇譚　妖怪補遺々々』、学研プラス、2019 年
- 中山道広重美術館『武者絵でたどる木曽街道』、中山道広重美術館、2002 年
- 藤沢衛彦『妖怪画談全集　日本編上』、中央美術社、1929 年
- 村上健司（編著）『妖怪事典』、毎日新聞社、2000 年
- 白川まり奈『妖怪天国　新発見化け物集成』、ベストセラーズ、1994 年
- 山室静・山田野理夫・駒田信二ほか（著）『妖怪魔神精霊の世界　四次元の幻境にキミを誘う』、自由国民社、1974 年
- 小松和彦・常光徹（監修）香川雅信・飯倉義之（編）『47都道府県・妖怪伝承百科』、丸善出版、2017 年

**【Webサイト】**

- 長岡開府 400 年 HP「越後長岡 ROOTS400　第 9 号」
  https://www.city.nagaoka.niigata.jp/dpage/nagaoka400/roots9.html
- 国際日本文化研究センター「怪異・妖怪伝承データベース」 https://www.nichibun.ac.jp/YoukaiDB/
- 加賀市文化財総合活用事業実行委員会『加賀ふるさと検定　加賀市歴史文化学習帳 II』
  https://kaga-kentei.com/wp-content/uploads/2019/09/gakusyu_shizen-doubutsu_20180920.pdf
- レファレンス協同データベース「「甲州猪鼻山」はどこにある山か」
  https://crd.ndl.go.jp/reference/detail?page=ref_view&id=1000255517
- 日本かるた文化館 HP「化け物かるた」
  https://japanplayingcardmuseum.com/4-5-4-0-bakemonocarta-goastful-popular/
- 山梨県立博物館「疫病退散！　ヨゲンノトリコーナー」
  http://www.museum.pref.yamanashi.jp/3rd_news/3rd_news_news200410.html
- 氷厘亭氷泉「芳年のつづらのアレ」(『大佐用』25 号） https://yokaidoyukai.ho-zuki.com/taisayo25.htm
- 耕三寺博物館 HP　https://www.kousanji.or.jp/museum/
- 耕三寺博物館 Twitter　https://twitter.com/kousanjimuseum

**〇県別地域資料**

**【富山県】**

- 小柴直矩『越中伝説集』、富山県郷土史会、1959 年
- 大山町史編纂委員会『大山町史』、大山町、1964 年
- 土橋里木『甲斐昔話集』、郷土研究社、1930 年

● 雄山閣出版『近世物語文学　第6巻　怪談奇譚名作集』、雄山閣出版、1960年
● 国民図書『近代日本文学大系　第9巻　名作浄瑠璃集　下』、国民図書、1927年
● 国民図書『近代日本文学大系　第13巻　怪異小説集』、国民図書、1927年
● 宮永正運（著）岩倉規夫ほか（解読校）富山県郷土史会（編）『越の下草』、富山県郷土史会、1980年
● 日置謙（校）『三州奇談』、石川県図書館協会、1933年
● 水野稔（編）『山東京伝全集　第16巻』、ぺりかん社、1997年
● 新庄道雄（著）足立鍬太郎（補訂）『修訂駿河国新風土記　上巻』、国書刊行会、1975年
● 信濃史料刊行会『新編信濃史料叢書　第13巻』、信濃史料刊行会、1976年
● 阿部正信（編）『駿国雑志　第4冊』、吉見書店、1912年
● 木越治（校）『叢書江戸文庫34　浮世草子怪談集』、国書刊行会、1994年
● 森銑三・北川博邦（編）『続日本随筆大成』6～7巻、11巻、吉川弘文館、2007年
● 国書刊行会『鼠璞十種　第2』、国書刊行会、1916年
● 大日本地誌大系刊行会（編）日本歴史地理学会（校）『大日本地誌大系　第13冊』、大日本地誌大系刊行会、1917年
● 多田克己（編）『竹原春泉　絵本百物語』、国書刊行会、1997年
● 津村正恭（員正恭）『譚海』、国書刊行会、1917年
● 秋里籬島（編）『東海道名所図会　下巻』、吉川弘文館、1910年
● 橘南谿（著）永井一孝（校）『東西遊記・北窓瑣談』、有朋堂書店、1927年
● 高田衛（監修）稲田篤信・田中直日（編）『鳥山石燕　画図百鬼夜行』、国書刊行会、1992年
●『日本国名風土記』、西脇七良右衛門、1665年
● 飯田武郷『日本書紀通釈　第3』、日本書紀通釈刊行会、1940年
● 日本随筆大成編輯部『日本随筆大成』1期14巻、吉川弘文館、1993年
● 日本随筆大成編輯部『日本随筆大成』1期16巻、19巻、23巻、吉川弘文館、1994年
● 日本随筆大成編輯部『日本随筆大成』2期12巻、吉川弘文館、1994年
● 日本随筆大成編輯部『日本随筆大成』2期18巻、20～21巻、24巻、吉川弘文館、1995年
● 日本随筆大成編輯部『日本随筆大成』3期3巻、吉川弘文館、1995年
● 日本随筆大成編輯部『日本随筆大成』3期15巻、18巻、吉川弘文館、1996年
● 太田頼資（著）日置謙（校）『能登名跡志』、石川県図書館協会、1931年
● 森田盛昌（著）日置謙（校）『咄随筆』、石川県図書館協会、1933年
● 近藤瑞木（編）『百鬼繚乱　江戸怪談・妖怪絵本集成』、国書刊行会、2002年
● 三田村鳶魚（校）随筆同好会（編）『未刊随筆百種　第3』、米山堂、1927年～1929年
● 三田村鳶魚（校）随筆同好会（編）『未刊随筆百種　第18』、米山堂、1927年～1929年

**【論文】**

● 笹方政紀「近世疫病神と妖怪　甘酒婆の全国的展開から」『御影史学論集』37号、御影史学研究会、2012年
● 大門哲「クワンクワン考　方法としてのオノマトペへ」『加能民俗研究』31号、加能民俗の会、2000年
● 廣田龍平「友達の目のところが変な風になっていました　大学生から聞いた怖い話（二〇一九年度）」『世間話研究』28号、世間話研究会、2021年
● 雨海博洋「悲運の皇子　重仁親王の流離」『文藝論叢』6号、立正女子大学短期大学部文芸科、1970年

**【その他書籍】**

● 名古屋市博物館ほか（編）『歌川国芳展　生誕200年記念』、日本経済新聞社、1996年
● アダム・カバット『江戸滑稽化物尽くし』、講談社、2011年
● 多田克己（編）『江戸妖怪かるた』、国書刊行会、1998年
● 本田安次『神楽』、木耳社、1966年
● 本田安次『語り物・風流』、木耳社、1970年

- 藤田陳平『米納津物語』、藤田陳平、1929年
- 不苦楽庵主人『佐渡の昔話』、池田商店出版部、1938年
- 文野白駒『加無波良夜譚』、玄久社、1932年
- 北条時宗「祭文台本　猫又吉十郎」『あしなか』通巻29号、山村民俗の会、1952年
- 巻町『巻町史　資料編6　民俗』、巻町、1992年
- 山田佐千夫『方言で読む越後魚沼の昔咄』、野島出版、2002年
- 大和町史編集委員会『新潟県大和町史　中巻』、大和町、1991年
- 柳都山人『にいがた夜話』、鳥屋野出版、1987年

**【Webサイト】**

- 栃尾観光協会HP　http://tochiokankou.jp

**［毛利恵太］**

**○総合的な資料**

**【民俗資料】**

- 柳田國男（編）『海村生活の研究』、日本民俗学会、1949年
- 民俗学研究所『綜合日本民俗語彙』、平凡社、1955～1956年
- 小松和彦（監修）『日本怪異妖怪大事典』、東京堂出版、2013年
- 福田晃（編）『日本伝説大系　6巻』、みずうみ書房、1987年
- 小倉学・藤島秀隆・辺見じゅん（著）『日本の伝説12　加賀・能登の伝説』、角川書店、1976年
- 辺見じゅん・大島広志・石崎直義（著）『日本の伝説24　富山の伝説』、角川書店、1977年
- 駒敏郎・花岡大学（著）『日本の伝説46　若狭・越前の伝説』、角川書店、1980年
- 研秀出版『日本の民話6　北陸地方』、研秀出版、1976年
- 岸なみ（編）『日本の民話4　伊豆の民話』、未来社、1957年
- 江馬三枝子（編）『日本の民話15　飛驒の民話』、未来社、1958年
- 土橋里木（編）『日本の民話17　甲斐の民話』、未来社、1959年
- 杉原丈夫・石崎直義（編）『日本の民話44　若狭・越前の民話』、未来社、1968年
- 赤座憲久（編）『日本の民話51　美濃の民話　第1集』、未来社、1973年
- 石崎直義（編）『日本の民話55　越中の民話　第2集』、未来社、1974年
- 赤座憲久（編）『日本の民話63　美濃の民話　第2集』、未来社、1977年
- 杉原丈夫・石崎直義（編）『日本の民話73　若狭・越前の民話　第2集』、未来社、1978年
- 稲田浩二『日本の昔話16　美濃の昔話』、日本放送協会出版、1977年
- 高橋文太郎『山と人と生活』、金星堂、1943年
- 青木純二『山の伝説　日本アルプス篇』、丁未出版社、1930年
- 佐伯隆治「妖怪の名前」『民間伝承』3巻11号、秋田書店、1938年
- 柳田國男「幻覚の実験」『旅と伝説』9巻4号、三元社、1936年

**【古典資料】**

- 鈴木正三（著）饗庭篁村（校）『因果物語』、富山房、1911年
- 木内石亭『雲根志』、築地書館、1969年
- 井上翼章（編）日置謙（校）『越前国名蹟考　第12巻』、中村興文堂ほか、1903年
- 中越史談会『越中史料　1巻』、清明堂、1904年
- 甲斐志料刊行会『甲斐志料集成　3巻』、甲斐志料刊行会、1933年
- 日置謙（校）『加能越金砂子』、石川県図書館協会、1931年
- 江戸文学研究会『黄表紙二十四篇』、耕文社出版本部、1929年
- 田山花袋・柳田国男（編）『近世奇談全集』、博文館、1903年
- 石塚豊芥子（編）鈴木棠三（校）『近世庶民生活史料　街談文々集要』、三一書房、1993年

# 参考資料

### ［高橋郁丸］


- 稲田浩二・小沢俊夫（責任編集）『日本昔話通観　10　新潟』、同朋舎出版、1984 年
- 岩室村史編纂委員会『岩室村史』、岩室村史編纂委員会、1974 年
- 大場厚順『史跡と伝説の旅　越後の親鸞　新装版』、新潟日報事業社、2013 年
- 鏡淵九六郎（編）『新潟古老雑話』、新潟温古会、1933 年
- 潟東村誌編さん室『潟東村誌』、潟東村、1989 年
- 蒲原宏『にいがたふる里さんぽ話』、新潟雪書房、1993 年
- 小須戸町史編纂室『小須戸町史』、小須戸町、1983 年
- 児玉宗栄（著）井出文蔵（絵）『佐和田国仲の伝説と世間話：佐渡の民話』、佐渡時事通信社、1981 年
- 駒形覐『にいがたの怪談』、新潟日報事業社、1995 年
- 駒形覐・佐藤和彦・鶴巻武則『新潟県伝説の旅』、新潟日報事業社出版部、1987 年
- 小山直嗣『新潟県伝説集成　下越篇』、恒文社、1996 年
- 小山直嗣『新潟県伝説集成　佐渡篇』、恒文社、1996 年
- 崑崙橘茂世『北越奇談』、野島出版、1978 年
- 斎藤順作『角田山周辺綜合調査　民俗篇の 1　村・家・人　巻町双書 16』、巻町役場、1971 年
- 佐藤和彦・高橋郁子（著）新潟市（編）『新潟市の伝説　新潟歴史双書 1』、新潟市、2006 年
- 鈴木棠三（編）『近世庶民生活史料　藤岡屋日記　第 3 巻』、三一書房、1988 年
- 新発田市史編纂委員会『新発田市史　資料第 5 巻　上・下』、新発田市史刊行事務局、1972 年
- 鈴木牧之・山東京山『北越雪譜』第一編、丁子屋文溪堂、1837 年
- 鈴木牧之・山東京山『北越雪譜』第二編、丁子屋文溪堂、1841 年
- 外山暦郎『越後三條南郷談』、郷土研究社、1926 年
- 高田衛（編、校注）『江戸怪談集　上』、岩波書店、1989 年
- 高橋郁丸（文・監修）『絵草子黒鳥兵衛ものがたり』、新潟市立黒埼中学校、2001 年
- 高橋郁丸『新潟の妖怪』、考古堂書店、2010 年
- 高橋郁丸『龍の玉の秘密』、安塚町、1989 年
- 高橋光則『新潟県郷土叢書　第 13　桜井古水鏡』、歴史図書社、1978 年
- 月潟村教育委員会ほか（編）『月潟村の民話』、月潟村教育委員会、1981 年
- 豊栄市史調査会民俗部会『豊栄市史　民俗編』、豊栄市、1999 年
- 中里村史専門委員会『中里村史　通史編下巻　近代・現代・民俗』、中里村史編さん委員会、1989 年
- 中野城水『伝説の越後』、関川善三郎、1920 年
- 中野城水『伝説之越後と佐渡　続篇』、文章院、1949 年
- 中村忠一『岩樟舟夜話』、高志社、1938 年
- 新潟県『新潟県史蹟名勝天然紀念物調査報告　第 1 輯』、新潟県、1930 年
- 新潟県漁業協同組合連合『新潟県漁村生活誌』、新潟県漁業協同組合連合会、1984 年
- 新潟市潟環境研究所『みんなの潟学』、新潟市潟環境研究所、2018 年
- 新潟市史編さん民俗部会『新潟市史　資料編 10　民俗Ⅰ』、新潟市、1991 年
- 新潟市文化スポーツ部文化政策課『新潟市民文化遺産ガイドブック』、新潟市、2016 年
- 西川町文化財調査審議委員会『西川町史考 その 18』、西川町教育委員会、1990 年
- 能生町図書館『越後能生郷』、能生町図書館、1996 年
- 速水春暁斎（作）「佐渡怪談藻塩草」『近世民間異聞怪談集成　江戸怪異綺想文芸大系　第 5 巻』、国書刊行会、2003 年
- 廣瀬南雄『伝説の親鸞』、法蔵館、1923 年
- 藤沢衛彦（編）『日本伝説叢書　佐渡の巻』、日本伝説叢書刊行会、1918 年

【監修】

## 朝里 樹（あさざと・いつき）

怪異妖怪愛好家・作家。1990年、北海道に生まれる。2014年、法政大学文学部卒業。日本文学専攻。現在公務員として働く傍ら、在野で怪異・妖怪の収集・研究を行う。著書に『日本現代怪異事典』（笠間書院）、『日本のおかしな現代妖怪図鑑』（幻冬舎）、『日本現代怪異事典 副読本』（笠間書院）、『歴史人物怪異談事典』（幻冬舎）、『世界現代怪異事典』（笠間書院）、『つい、見たくなる怪異な世界』（三笠書房）、『山の怪異大事典』（宝島社）、『日本怪異妖怪事典 北海道』（笠間書院）、『21世紀日本怪異ガイド100』（星海社）、『玉藻前アンソロジー 殺之巻』（文学通信）、「放課後ゆ〜れい部の事件ファイル」シリーズ（集英社）ほか。

【著者】

## 高橋郁丸（たかはし・ふみまる）

新潟県、中部広域、その他担当

新潟県生まれ。新潟妖怪研究所所長。新潟県民俗学会理事。新潟市里潟環境ネットワーク会議アドバイザー。新潟国際情報大学非常勤講師。その他、新潟県内の市町村史の民俗編調査執筆委員を多数務めた。また、著書に『新潟の妖怪』『絵草子酒呑童子』『まんが良寛ものがたり』などがある。「妖怪は文化だ」をキャッチフレーズに、著作物や妖怪イラスト展、講演会などで新潟の文化・伝承の普及に努めている。

---

## 毛利恵太（もうり・けいた）

富山県、石川県、福井県、山梨県、長野県、岐阜県、静岡県、中部広域、その他担当

1991 年、神奈川県生まれ。妖怪数奇者。

共著に『妖怪・憑依・擬人化の文化史』（笠間書院）、『列伝体 妖怪学前史』（勉誠出版）があるほか、『暗黒神話 TRPG サプリメント トレイル・オブ・クトゥルー・ジャパン』（グループ SNE）の制作に協力。HN「こぐろう」及び個人サークル「松籟庵」として、Twitter アカウント「瓶詰妖怪」の運営、同人誌『明治の讀賣新聞における「化物会」の活動について』の執筆、VTuber「蠱毒大佐」のプロデュースなども行う。

---

## 怪作戦テラ（かいさくせん・てら）

愛知県、岐阜県、中部広域、その他担当

サークル「怪作戦」代表。1979 年生まれ。同人活動歴 14 年。地元である愛知の妖怪を調べて 10 年余り。本書のイラストを担当している桂つかさ、蘭陵亭子梅と共に活動し、『愛知の船幽霊』『愛知の河童』など、同人誌を 20 冊以上制作。その他、トークイベントへの出演や、愛知の妖怪に関する研究発表も行う。京極夏彦氏の『虚実妖怪百物語 急』（文庫版）に「怪作戦三兄弟」としてちょっとだけゲスト出演している。

# 日本怪異妖怪事典 中部

令和4年(2022)9月5日　初版第1刷発行

監修 ―――――――――― 朝里 樹
著者 ―――――――――― 高橋郁丸　毛利恵太
怪作戦テラ

カバー・扉イラスト―― 桂つかさ、蘭陵亭子梅

発行者 ―――――――― 池田圭子

発行所 ―――――――― 笠間書院

〒101-0064　東京都千代田区神田猿楽町2-2-3
電話:03-3295-1331　FAX:03-3294-0996
https://kasamashoin.jp/
mail:info@kasamashoin.co.jp

ISBN 978-4-305-70968-4　C0539


アートディレクション ―― 細山田光宣
装幀・デザイン ―――― 鎌内 文(細山田デザイン事務所)
本文組版 ―――――― キャップス
印刷/製本 ―――――― 大日本印刷


本書収録の事項には、現在の社会通念から見て不適切と思われる表現が含まれておりますが、史料的な価値を考慮し、当時のものをそのまま採用しております。ご了承ください。